中华人民共和国行业标准

Gonglu Gongcheng Biaozhun Guifan Huibian Quanshu

公路工程标准规范汇编全书

基 础 卷

本社汇编

人 民 交 通 出 版 社

内 容 提 要

《公路工程标准规范汇编全书》分九卷对现行公路工程类行业标准、规范、规程进行了汇编，并对上述图书出版过程中的疏漏予以校正。本书为《公路工程标准规范汇编全书》之基础卷，汇编了《公路工程技术标准》（JTG B01—2003）、《公路工程名词术语》（JTJ 002—87）、《公路自然区划标准》（JTJ 003—86）、《公路工程抗震设计规范》（JTJ 004—89）、《公路建设项目环境影响评价规范》（JTG B03—2006）、《公路环境保护设计规范》（JTJ/T 006—98）、《公路项目安全性评价指南》（JTG/T B05—2004）、《公路工程混凝土结构防腐蚀技术规范》（JTG/T B07-01—2006）等八部现行公路工程行业标准，以便于相关公路工程技术人员查用。

图书在版编目(CIP)数据

公路工程标准规范汇编全书·基础卷/人民交通出版社汇编 .—北京：人民交通出版社，2007.5

ISBN 978-7-114-06396-1

Ⅰ.公…　Ⅱ.人…　Ⅲ.道路工程-标准-汇编-中国　Ⅳ.U41-65

中国版本图书馆 CIP 数据核字(2007)第 015366 号

书　　名：公路工程标准规范汇编全书·基础卷
著 作 者：本社汇编
责任编辑：李　农
出版发行：人民交通出版社
地　　址：(100011)北京市朝阳区安定门外外馆斜街 3 号
网　　址：http://www.ccpress.com.cn
销售电话：(010)85285656,85285838,85285995
总 经 销：北京中交盛世书刊有限公司
经　　销：各地新华书店
印　　刷：北京牛山世兴印刷厂
开　　本：787×1092　1/16
印　　张：36.75
字　　数：1123 千
版　　次：2007 年 6 月第 1 版
印　　次：2007 年 6 月第 1 次印刷
书　　号：ISBN 978-7-114-06396-1
印　　数：0001—2000 册
定　　价：118.00 元

目　录

JTG

中华人民共和国行业标准 JTG B01—2003

1

公路工程技术标准

Technical Standard of Highway Engineering

2004-01-29 发布 2004-03-01 实施

中华人民共和国交通部发布

中华人民共和国交通部公告

2004 年第 1 号

关于发布《公路工程技术标准》(JTG B01—2003)的公告

现发布《公路工程技术标准》(JTG B01—2003),自 2004 年 3 月 1 日起施行,原《公路工程技术标准》(JTJ 001—97)同时废止。

《公路工程技术标准》(JTG B01—2003)由交通部公路司和中国工程建设标准化协会公路工程委员会共同编制。标准的管理权和解释权归交通部,日常解释及管理工作由交通部公路司负责。

请各有关单位在实践中注意积累资料,总结经验,及时将发现的问题和修改意见函告部公路司(北京市建国门内大街 11 号,邮政编码:100736;联系电话:010 - 65292718),以便修订时参考。

特此公告。

中华人民共和国交通部

二○○四年一月二十九日

前　言

为适应公路建设的可持续发展，交通部以厅公路发[2002]36号文决定对1998年1月1日实施的《公路工程技术标准》(JTJ 001—97)进行修订。修订工作由交通部公路司和中国工程建设标准化协会公路工程委员会负责，并得到了各省(市、自治区)交通厅的支持与配合。

《标准》的修订工作全面总结了1997年以来我国公路建设的经验，在12项关键技术研究成果的基础上，充分借鉴和吸收了国外的相关标准和先进技术。修订后的《标准》进一步明确了各级公路的功能和相应的技术指标，突出体现了公路工程建设中安全、环保以及以人为本的指导思想和建设理念，科学、实用、易于掌握，对加快我国公路建设步伐，促进公路交通事业健康、协调、持续发展，具有重要的指导作用。

《标准》修订后分为九章，分别是：1 总则、2 控制要素、3 路线、4 路基路面、5 桥涵、6 汽车及人群荷载、7 隧道、8 路线交叉、9 交通工程及沿线设施。本次修订的公路分级仍为高速公路、一级、二级、三级、四级等五个等级，但纳入了公路功能、通行能力、服务水平等内容；将“小客车”定为各级公路交通量换算和通行能力分析的标准车型；调整了各级公路的设计速度、路基压实度值、特大与大桥的分类、中与短隧道的分类；对公路交叉设计的主要技术指标、交通工程及沿线设施的分级与安全指标以及设施配置等进行了修订；在设计与管理思想上引入了运行速度和安全性评价的概念。

请各有关单位在执行过程中，将发现的问题和意见，函告交通部公路司(地址：北京市建国门内大街11号，邮编：100736，电话：010－65292718，E-mail：shc@ rioh. ac. cn)，以便下次修订时参考。

主 编 单 位：交通部公路司
　　　　　　中国工程建设标准化协会公路工程委员会
主要起草人：杨盛福(顾问)
　　　　　　陈永耀　成　平　周荣贵　葛起华　黄颂昌
　　　　　　鲍卫刚　李春风　刘子剑　何　勇　霍　明

目　次

目　次

1 总则

1.0.1 为统一公路工程技术标准，指导公路工程建设，制定本标准。

1.0.2 本标准适用于新建和改建公路。

1.0.3 公路根据功能和适应的交通量分为以下五个等级：

1 高速公路为专供汽车分向、分车道行驶并应全部控制出入的多车道公路。

四车道高速公路应能适应将各种汽车折合成小客车的年平均日交通量25 000 ~ 55 000 辆；

六车道高速公路应能适应将各种汽车折合成小客车的年平均日交通量45 000 ~ 80 000 辆；

八车道高速公路应能适应将各种汽车折合成小客车的年平均日交通量60 000 ~ 100 000 辆。

2 一级公路为供汽车分向、分车道行驶，并可根据需要控制出入的多车道公路。

四车道一级公路应能适应将各种汽车折合成小客车的年平均日交通量15 000 ~ 30 000 辆；

六车道一级公路应能适应将各种汽车折合成小客车的年平均日交通量25 000 ~ 55 000 辆。

3 二级公路为供汽车行驶的双车道公路。

双车道二级公路应能适应将各种汽车折合成小客车的年平均日交通量5 000 ~ 15 000 辆。

4 三级公路为主要供汽车行驶的双车道公路。

双车道三级公路应能适应将各种车辆折合成小客车的年平均日交通量2 000 ~ 6 000 辆。

5 四级公路为主要供汽车行驶的双车道或单车道公路。

双车道四级公路应能适应将各种车辆折合成小客车的年平均日交通量2 000 辆以下。

单车道四级公路应能适应将各种车辆折合成小客车的年平均日交通量400 辆以下。

1.0.4 各级公路设计交通量的预测应符合下列规定：

1 高速公路和具干线功能的一级公路的设计交通量应按20 年预测；具集散功能的一级公路，以及二、三级公路的设计交通量应按15 年预测；四级公路可根据实际情况确定。

2 设计交通量预测的起算年应为该项目可行性研究报告中的计划通车年。

3 设计交通量的预测应充分考虑走廊带范围内远期社会、经济的发展和综合运输体系的影响。

1.0.5 公路等级选用的基本原则：

1 公路等级的选用应根据公路功能、路网规划、交通量，并充分考虑项目所在地区的综合运输体系、远期发展等，经论证后确定。

2 一条公路，可分段选用不同的公路等级或同一公路等级不同的设计速度、路基宽度，但不同公路等级、设计速度、路基宽度间的衔接应协调，过渡应顺适。

3 预测的设计交通量介于一级公路与高速公路之间时，拟建公路为干线公路，宜选用高速公路；拟建公路为集散公路，宜选用一级公路。

4 干线公路宜选用二级及二级以上公路。

1.0.6 公路建设应贯彻切实保护耕地、节约用地的原则，在确定公路用地范围时应符合以下规定：

1 公路用地范围为公路路堤两侧排水沟外边缘（无排水沟时为路堤或护坡道坡脚）以外，或路堑坡顶截水沟外边缘（无截水沟为坡顶）以外不小于1m 范围内的土地；在有条件的地段，高速公路、一级公路不小于3m、二级公路不小于2m 范围内的土地为公路用地范围。

2 在风沙、雪害等特殊地质地带，设置防护设施时，应根据实际需要确定用地范围。

3 桥梁、隧道、互通式立体交叉、分离式立体交叉、平面交叉、交通安全设施、服务设施、管理设施、绿化以及料场、苗圃等用地，应根据实际需要确定用地范围。

1.0.7 公路建设必须贯彻国家环境保护的政策，并符合以下规定：

1 公路环境保护应贯彻“以防为主、以治为辅、综合治理”的原则。

2　公路建设应根据自然条件进行绿化、美化路容、保护环境。

3　高速公路、一级公路和有特殊要求的公路建设项目应作环境影响评价。

4　生态环境脆弱的地区，或因工程施工可能造成环境近期难以恢复的地带，应作环境保护设计。

1.0.8　公路分期修建必须遵照统筹规划、总体设计、分期实施的原则，使前期工程在后期仍能充分利用。

高速公路整体式断面路段不得横向分幅分期修建。

1.0.9　公路交通量接近或达到饱和时，应对改建与新建方案进行比选论证。采用改建方案时，应符合以下规定：

1　改建公路，当利用现有公路的局部路段，因提高设计速度可能诱发工程地质病害时，经论证，该局部路段的设计可维持原设计速度，但其长度不宜大于相应公路等级的设计路段长度。

2　高速公路的改建必须在进行交通量预测、交通组织设计、交通安全评价等基础上作出具体实施方案设计。在工程实施中，应减少对既有公路的干扰，并应有保证通行安全的措施。维持通车路段的服务水平可降低一级。

3　一、二、三级公路改建时，应作保通设计方案。

1.0.10　公路建设项目，应综合考虑设计、施工、养护、管理等成本效益，分析其安全、环保、运营等社会效益，选用综合效益最佳的方案。

2 控制要素

2.0.1 公路设计所采用的设计车辆外廓尺寸规定如表2.0.1。

表2.0.1 设计车辆外廓尺寸

车辆类型	总长(m)	总宽(m)	总高(m)	前悬(m)	轴距(m)	后悬(m)
小客车	6	1.8	2	0.8	3.8	1.4
载重汽车	12	2.5	4	1.5	6.5	4
鞍式列车	16	2.5	4	1.2	4+8.8	2

2.0.2 交通量换算采用小客车为标准车型。确定公路等级的各汽车代表车型和车辆折算系数规定如表2.0.2。

表2.0.2 各汽车代表车型与车辆折算系数

汽车代表车型	车辆折算系数	说明
小客车	1.0	≤19座的客车和载质量≤2t的货车
中型车	1.5	>19座的客车和载质量>2t~≤7t的货车
大型车	2.0	载质量>7t~≤14t的货车
拖挂车	3.0	载质量>14t的货车

1 畜力车、人力车、自行车等非机动车,在设计交通量换算中按路侧干扰因素计。

2 一、二级公路上行驶的拖拉机按路侧干扰因素计。

三、四级公路上行驶的拖拉机每辆折算为4辆小客车。

3 公路通行能力分析所要求的车辆折算系数应针对路段、交叉口等形式,按不同的地形条件和交通需求,采用相应的折算系数。

2.0.3 公路设计小时交通量宜采用年第30位小时交通量,也可根据公路功能采用当地的年第20~40位小时之间最为经济合理时位的小时交通量。

2.0.4 公路服务水平分为四级。各级公路设计采用的服务水平规定如表2.0.4。

表2.0.4 各级公路设计采用的服务水平

公路等级	高速公路	一级公路	二级公路	三级公路	四级公路
服务水平	二级	二级	三级	三级	—

1 一级公路作为集散公路时,可采用三级服务水平设计。

2 互通式立体交叉的分合流区段、匝道以及交织区段,可采用三级服务水平设计。

2.0.5 各级公路设计速度规定如表2.0.5。

表2.0.5 各级公路设计速度

公路等级	高速公路			一级公路			二级公路		三级公路		四级公路
设计速度(km/h)	120	100	80	100	80	60	80	60	40	30	20

1 高速公路特殊困难的局部路段,且因新建工程可能诱发工程地质病害时,经论证,该局部路段的设计速度可采用60km/h,但长度不宜大于15km,或仅限于相邻两互通式立体交叉之间,与其相邻路段

的设计速度不应大于 80km/h。

2　一级公路作为干线公路时，设计速度宜采用 100km/h 或 80km/h。

一级公路作为集散公路时，根据混合交通量、平面交叉间距等因素，设计速度宜采用 60km/h 或 80km/h。

3　二级公路作为干线公路时，设计速度宜采用 80km/h。

二级公路作为集散公路时，混合交通量较大、平面交叉间距较小的路段，设计速度宜采用 60km/h。

二级公路位于地形、地质等自然条件复杂的山区，经论证该路段的设计速度可采用 40km/h。

2.0.6　高速公路设计路段不宜小于 15km；一、二级公路设计路段不宜小于 10km。不同设计速度的设计路段间必须设置过渡段。

2.0.7　各级公路建筑限界应符合图 2.0.7 的规定。

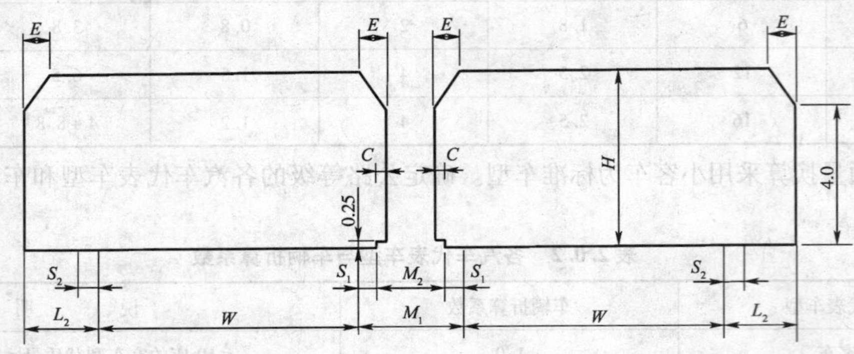

(1)高速公路、一级公路(整体式)

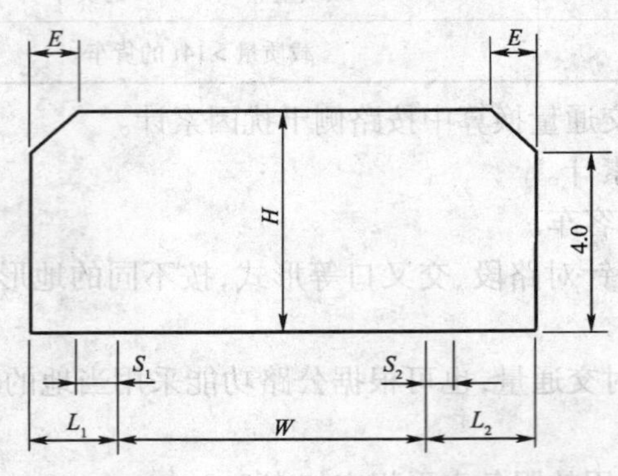

(2)高速公路、一级公路(分离式)

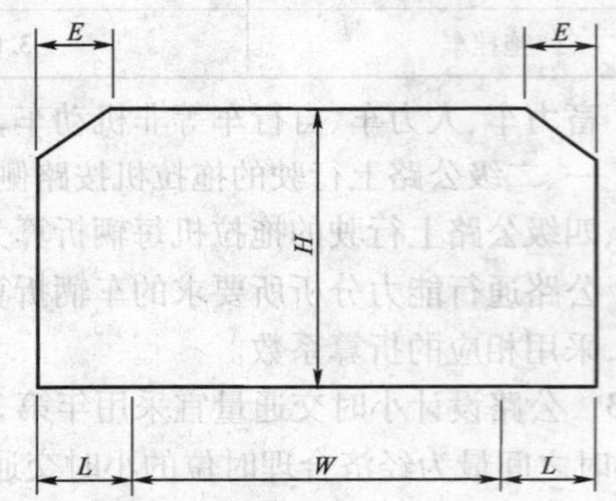

(3)二、三、四级公路

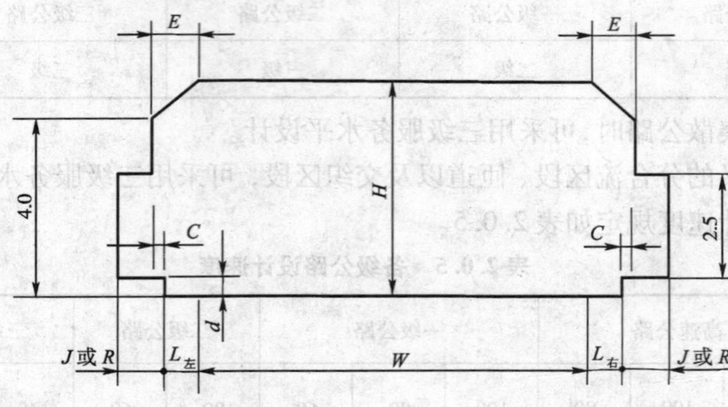

(4)隧道

图 2.0.7　公路建筑限界(单位:m)

图中：

W——行车道宽度；

L_1——左侧硬路肩宽度；

L_2——右侧硬路肩宽度；

S_1——左侧路缘带宽度；

S_2——右侧路缘带宽度；

L——侧向宽度：

高速公路、一级公路的侧向宽度为硬路肩宽度（L_1 或 L_2）；

二、三、四级公路的侧向宽度为路肩宽度减去 0.25m；

隧道内侧向宽度（$L_{左}$ 或 $L_{右}$）应符合本标准 7.0.3 隧道最小侧向宽度的规定；

C——当设计速度大于 100km/h 时为 0.5m，等于或小于 100km/h 时为 0.25m；

M_1——中间带宽度；

M_2——中央分隔带宽度；

J——隧道内检修道宽度；

R——隧道内人行道宽度；

d——隧道内检修道或人行道高度；

E——建筑限界顶角宽度：

当 $L \leq 1$m 时，$E = L$；

当 $L > 1$m 时，$E = 1$m；

H——净空高度。

1 当设置有加（减）速车道、紧急停车带、爬坡车道、慢车道、错车道时，建筑限界应包括相应部分的宽度。

2 八车道及八车道以上的高速公路（整体式），设置左侧硬路肩时，建筑限界应包括相应部分的宽度，如图 2.0.7 中（2）所示。

3 桥梁、隧道设置检修道、人行道时，建筑限界应包括相应部分的宽度。

4 一条公路应采用同一净高。高速公路、一级公路、二级公路的净高应为 5.00m；三级公路、四级公路的净高应为 4.50m。

5 检修道、人行道与行车道分开设置时，其净高应为 2.50m。

2.0.8 抗震设计应符合以下规定：

1 地震动峰值加速度系数小于或等于 0.05 地区的公路工程，除有特殊要求外，可采用简易设防。

2 地震动峰值加速度系数等于 0.10、0.15、0.20、0.30 地区的公路工程，应进行抗震设计。

3 地震动峰值加速度系数大于或等于 0.40 地区的公路工程，应进行专门的抗震研究和设计。

4 做过地震小区划地区的公路工程，应按主管部门审批的地震动峰值加速度系数进行抗震设计。

3　路线

3.0.1　一般规定

1　路线设计应根据公路等级及其功能，正确运用技术指标，保持线形连续、均衡，确保行驶安全、舒适。

2　确定路线走廊带应考虑走廊带内各种运输体系的分工与配合，据以统筹规划、近远期结合、合理布局，充分发挥和提高公路总体综合效益。

3　公路选线必须由面到带、由带到线，在对地形、工程地质、水文地质等调查与勘察的基础上论证、确定路线方案。

4　路线线位应考虑同农田与水利建设、城市规划的配合，尽可能避让不可移动文物、自然保护区，保护环境且同当地景观相协调。

5　高速公路、一级公路应做好总体设计，使各技术指标的设置与平、纵线形组合恰当，平面顺适，纵面均衡；各构造物的选型与布置合理、实用、经济。

3.0.2　车道宽度应符合表3.0.2规定。

表3.0.2　车道宽度

设计速度(km/h)	120	100	80	60	40	30	20
车道宽度(m)	3.75	3.75	3.75	3.50	3.50	3.25	3.00 (单车道时为3.50)

注：高速公路为八车道，当设置左侧硬路肩时，内侧车道宽度可采用3.50m。

3.0.3　高速公路、一级公路各路段的车道数应根据设计交通量、采用的服务水平确定，当车道数为四车道以上时，应按双数增加。

3.0.4　高速公路、一级公路整体式断面必须设置中间带。中间带由两条左侧路缘带和中央分隔带组成，其各部分宽度应符合表3.0.4规定。

表3.0.4　中间带宽度

设计速度(km/h)		120	100	80	60
中央分隔带宽度(m)	一般值	3.00	2.00	2.00	2.00
	最小值	2.00	2.00	1.00	1.00
左侧路缘带宽度(m)	一般值	0.75	0.75	0.50	0.50
	最小值	0.75	0.50	0.50	0.50
中间带宽度(m)	一般值	4.50	3.50	3.00	3.00
	最小值	3.50	3.00	2.00	2.00

注："一般值"为正常情况下的采用值；"最小值"为条件受限制时可采用的值。

3.0.5　路肩宽度应符合表3.0.5-1规定。

1　高速公路、一级公路应在右侧硬路肩宽度内设右侧路缘带，其宽度为0.50m。

2　高速公路、一级公路采用分离式断面时，应设置左侧硬路肩，其宽度应符合表3.0.5-2规定。左侧硬路肩宽度包含左侧路缘带宽度。

表 3.0.5-1 路 肩 宽 度

设计速度(km/h)		高速公路、一级公路				二级公路、三级公路、四级公路				
		120	100	80	60	80	60	40	30	20
右侧硬路肩宽度(m)	一般值	3.00或3.50	3.00	2.50	2.50	1.50	0.75	—		—
	最小值	3.00	2.50	1.50	1.50	0.75	0.25			
土路肩宽度(m)	一般值	0.75	0.75	0.75	0.50	0.75	0.75	0.75	0.50	0.25(双车道)
	最小值	0.75	0.75	0.75	0.50	0.50	0.50			0.50(单车道)

注:①“一般值”为正常情况下的采用值;“最小值”为条件受限制时可采用的值;

②设计速度为 120km/h 的四车道高速公路,采用 3.50m 的右侧硬路肩;六车道、八车道高速公路,采用 3.00m 的右侧硬路肩。

表 3.0.5-2 分离式断面高速公路、一级公路左侧路肩宽度

设计速度(km/h)	120	100	80	60
左侧硬路肩宽度(m)	1.25	1.00	0.75	0.75
左侧土路肩宽度(m)	0.75	0.75	0.75	0.50

3 八车道高速公路宜设置左侧硬路肩,其宽度应为 2.50m。左侧硬路肩宽度内含左侧路缘带宽度。

3.0.6 高速公路、一级公路的右侧硬路肩宽度小于 2.50m 时,应设置紧急停车带。紧急停车带宽度应为 3.50m,有效长度不应小于 30m,间距不宜大于 500m。

3.0.7 高速公路、一级公路的互通式立体交叉、服务区、停车区、公共汽车停靠站、管理设施等的出入口处,应设置加(减)速车道。

3.0.8 高速公路、一级公路以及二级公路的连续上坡路段,当通行能力、运行安全受到影响时,应设置爬坡车道。爬坡车道宽度应为 3.50m。

3.0.9 连续长陡下坡路段,危及运行安全处应设置避险车道。

3.0.10 四级公路采用 4.50m 路基时,应设置错车道。设置错车道路段的路基宽度应不小于 6.50m。

3.0.11 各级公路路基宽度应符合表 3.0.11 规定。

表 3.0.11 各级公路路基宽度

公路等级		高速公路、一级公路								
设计速度(km/h)		120			100			80		60
车道数		8	6	4	8	6	4	6	4	4
路基宽度(m)	一般值	45.00	34.50	28.00	44.00	33.50	26.00	32.00	24.50	23.00
	最小值	42.00	—	26.00	41.00	—	24.50	—	21.50	20.00

公路等级		二级公路、三级公路、四级公路					
设计速度(km/h)		80	60	40	30	20	
车道数		2	2	2	2	2或1	
路基宽度(m)	一般值	12.00	10.00	8.50	7.50	6.50(双车道)	4.50(单车道)
	最小值	10.00	8.50	—	—	—	

注:①“一般值”为正常情况下的采用值;“最小值”为条件受限制时可采用的值;

②八车道高速公路路基宽度“一般值”为设置左侧硬路肩、内侧车道采用 3.50m 时的宽度;

八车道高速公路路基宽度“最小值”为不设置左侧硬路肩、内侧车道采用 3.75m 时的宽度。

1 各级公路路基宽度为车道宽度与路肩宽度之和,当设有中间带、加(减)速车道、爬坡车道、紧急停车带、错车道等时,应计入这些部分的宽度。

2 二级公路因交通量、交通组成等需设置慢车道的路段,设计速度为 80km/h 时,其路基宽度可采

用15.0m；设计速度为60km/h时可采用12.0m。

3　四级公路宜采用双车道路基宽；交通量小的路段，可采用单车道4.50m路基宽。

4　确定路基宽度时，中央分隔带宽度、左侧路缘带宽度、右侧硬路肩宽度、土路肩宽度等的“一般值”和“最小值”应同类项相加。

3.0.12　视距应符合以下规定：

1　高速公路、一级公路的停车视距应符合表3.0.12-1规定。

表3.0.12-1　高速公路、一级公路停车视距

设计速度(km/h)	120	100	80	60
停车视距(m)	210	160	110	75

2　二、三、四级公路的停车视距、会车视距与超车视距应符合表3.0.12-2规定。

表3.0.12-2　二、三、四级公路停车视距、会车视距与超车视距

设计速度(km/h)	80	60	40	30	20
停车视距(m)	110	75	40	30	20
会车视距(m)	220	150	80	60	40
超车视距(m)	550	350	200	150	100

3　双车道公路应间隔设置具有超车视距的路段。

4　高速公路、一级公路以及大型车比例高的二、三级公路，应采用货车停车视距对相关路段进行检验。

5　积雪冰冻地区的停车视距宜适当增长。

3.0.13　直线的最大与最小长度应有所限制。一条公路的直线与曲线的长度设计应合理。

3.0.14　圆曲线最小半径应符合表3.0.14规定。

表3.0.14　圆曲线最小半径

设计速度(km/h)		120	100	80	60	40	30	20
一般值(m)		1000	700	400	200	100	65	30
极限值(m)		650	400	250	125	60	30	15
不设超高最小半径(m)	路拱≤2.0%	5500	4000	2500	1500	600	350	150
	路拱>2.0%	7500	5250	3350	1900	800	450	200

3.0.15　直线与小于表3.0.14所列不设超高的圆曲线最小半径相衔接处，应设置回旋线。回旋线参数及其长度应根据线形设计以及对安全、视觉、景观等的要求，选用较大的数值。

四级公路的直线与小于不设超高的圆曲线最小半径相衔接处，可不设置回旋线，用超高、加宽缓和段径相连接。

3.0.16　最大纵坡应符合表3.0.16规定。

表3.0.16　最大纵坡

设计速度(km/h)	120	100	80	60	40	30	20
最大纵坡(%)	3	4	5	6	7	8	9

1　设计速度为120km/h、100km/h、80km/h的高速公路受地形条件或其他特殊情况限制时，经技术经济论证，最大纵坡值可增加1%。

2　公路改建中，设计速度为40km/h、30km/h、20km/h的利用原有公路的路段，经技术经济论证，最大纵坡值可增加1%。

3　越岭路线连续上坡（或下坡）路段，相对高差为200～500m时，平均纵坡不应大于5.5%；相对高差大于500m时，平均纵坡不应大于5%。任意连续3km路段的平均纵坡不应大于5.5%。

3.0.17　纵坡长度应符合以下规定：

1　纵坡的最小坡长应符合表 3.0.17-1 规定。

2　不同纵坡的最大坡长应符合表 3.0.17-2 规定。

表 3.0.17-1　最小坡长

设计速度(km/h)	120	100	80	60	40	30	20
最小坡长(m)	300	250	200	150	120	100	60

表 3.0.17-2　不同纵坡最大坡长

纵坡坡度(%) \ 最大坡长(m) \ 设计速度(km/h)	120	100	80	60	40	30	20
3	900	1000	1100	1200	—	—	—
4	700	800	900	1000	1100	1100	1200
5	—	600	700	800	900	900	1000
6	—	—	500	600	700	700	800
7	—	—	—	—	500	500	600
8	—	—	—	—	300	300	400
9	—	—	—	—	—	200	300
10	—	—	—	—	—	—	200

3　连续上坡(或下坡)时,应在不大于表 3.0.17-2 所规定的纵坡长度范围内设置缓和坡段。缓和坡段的纵坡应不大于 3%,其长度应符合纵坡长度的规定。

3.0.18　公路纵坡变更处应设竖曲线。竖曲线最小半径和最小长度应符合表 3.0.18 规定。

表 3.0.18　竖曲线最小半径和最小长度

设计速度(km/h)		120	100	80	60	40	30	20
凸形竖曲线半径(m)	一般值	17 000	10 000	4 500	2 000	700	400	200
	极限值	11 000	6 500	3 000	1 400	450	250	100
凹形竖曲线半径(m)	一般值	6 000	4 500	3 000	1 500	700	400	200
	极限值	4 000	3 000	2 000	1 000	450	250	100
竖曲线最小长度(m)		100	85	70	50	35	25	20

4 路基路面

4.0.1 一般规定

1 路基路面应根据公路功能、公路等级、交通量,结合沿线地形、地质及路用材料等自然条件进行设计,保证其具有足够的强度、稳定性和耐久性。同时,路面面层应满足平整和抗滑的要求。

2 路基设计应重视排水设施与防护设施的设计,取土、弃土应进行专门设计,防止水土流失、堵塞河道和诱发路基病害。

3 路基断面形式应与沿线自然环境相协调,避免因深挖、高填对其造成不良影响。高速公路、一级公路宜采用浅挖、低填、缓边坡的路基断面形式。

4 通过特殊地质和水文条件的路段,必须查明其规模及其对公路的危害程度,采取综合治理措施,增强公路防灾、抗灾能力。

5 高速公路、一级公路路面不宜分期修建,但位于软土、高填方等工后沉降较大的局部路段,可按“一次设计、分期实施”的原则实施。

4.0.2 路基设计洪水频率应符合表4.0.2规定。

表4.0.2 路基设计洪水频率

公路等级	高速公路	一级公路	二级公路	三级公路	四级公路
设计洪水频率	1/100	1/100	1/50	1/25	按具体情况确定

4.0.3 路基高度设计,应使路肩边缘高出路基两侧地面积水高度,同时考虑地下水、毛细水和冰冻的作用,不使其影响路基的强度和稳定性。

沿河及受水浸淹的路基边缘标高,应高出表4.0.2规定设计洪水频率的计算水位加壅水高、波浪侵袭高和0.5m的安全高度。

4.0.4 路基压实度和原地面处理要求:

1 路堤基底应清理和压实。基底强度、稳定性不足时,应进行处理,以保证路基稳定,减少工后沉降。

2 路基压实度应符合表4.0.4规定。

表4.0.4 路基压实度

填挖类别	路床顶面以下深度(m)	路基压实度(%)		
		高速公路、一级公路	二级公路	三级公路、四级公路
零填及挖方	0~0.30	—	—	≥94
	0~0.80	≥96	≥95	—
填方	0~0.80	≥96	≥95	≥94
	0.80~1.50	≥94	≥94	≥93
	>1.50	≥93	≥92	≥90

注:①表列数值以重型击实试验法为准;

②特殊干旱或特殊潮湿地区的路基压实度,表列数值可适当降低;

③三级公路修筑沥青混凝土或水泥混凝土路面时,其路基压实度应采用二级公路标准。

4.0.5 路基防护应根据公路功能,结合当地气候、水文、地质等情况,采取相应防护措施,保证路基稳定。

1 路基防护应采取工程防护与植物防护相结合的防护措施,并与景观相协调。

2　深挖、高填路基边坡路段，必须查明工程地质情况，针对其工程特性进行路基防护设计。对存在稳定性隐患的边坡，应进行稳定性分析，采用加固、防护措施。

3　沿河路段必须查明河流特性及其演变规律,采取防止冲刷路基的防护措施。凡侵占、改移河道的地段,必须做出专门防护设计。

4.0.6　路面设计标准轴载为双轮组单轴100kN。

4.0.7　路面面层类型的选用应符合表4.0.7规定。

表4.0.7　路面面层类型及适用范围

面　层　类　型	适　用　范　围
沥青混凝土	高速公路、一级公路、二级公路、三级公路、四级公路
水泥混凝土	高速公路、一级公路、二级公路、三级公路、四级公路
沥青贯入、沥青碎石、沥青表面处治	三级公路、四级公路
砂石路面	四级公路

4.0.8　路面结构层所选材料应满足强度、稳定性和耐久性的要求。同时路面垫层材料宜采用水稳性好的粗粒料或各种稳定类粒料。

4.0.9　路基路面排水应符合以下规定:

1　路基、路面排水设计应综合规划、合理布局,并与沿线排灌系统相协调,保护生态环境,防止水土流失和污染水源。

2　根据公路等级,结合沿线气象、地形、地质、水文等自然条件,设置必要的地表排水、路面内部排水、地下排水等设施,并与沿线排水系统相配合,形成完整的排水体系。

3　特殊地质环境地段的路基、路面排水设计,必须与该特殊工程整治措施相结合,进行综合设计。

5 桥涵

5.0.1 一般规定

1 桥梁应根据公路功能、等级、通行能力及抗洪防灾要求,结合水文、地质、通航、环境等条件进行综合设计。

2 特大、大桥桥位应选择河道顺直稳定、河床地质良好、河槽能通过大部分设计流量的河段,不宜选择在断层、岩溶、滑坡、泥石流等不良地质地带。

3 桥梁设计应遵循安全、适用、经济、美观和有利环保的原则,并考虑因地制宜、便于施工、就地取材和养护等因素。

4 桥涵的设置应结合农田基本建设考虑排灌的需要。

5 特殊大桥宜进行景观设计;上跨高速公路、一级公路的桥梁,应与自然环境和景观相协调。

6 桥梁结构应考虑桥面铺装进行综合设计。桥面铺装应有完善的桥面防水、排水系统。

7 采用标准化跨径的桥涵宜采用装配式结构,机械化和工厂化施工。

5.0.2 桥涵分类规定如表5.0.2。

表5.0.2 桥涵分类

桥涵分类	多孔跨径总长 L(m)	单孔跨径 L_K(m)	桥涵分类	多孔跨径总长 L(m)	单孔跨径 L_K(m)
特大桥	$L>1000$	$L_K>150$	小桥	$8\leqslant L\leqslant 30$	$5\leqslant L_K<20$
大桥	$100\leqslant L\leqslant 1000$	$40\leqslant L_K\leqslant 150$	涵洞	—	$L_K<5$
中桥	$30<L<100$	$20\leqslant L_K<40$			

注:①单孔跨径系指标准跨径;

②梁式桥、板式桥的多孔跨径总长为多孔标准跨径的总长;拱式桥为两岸桥台内起拱线间的距离;其他形式桥梁为桥面系车道长度;

③管涵及箱涵不论管径或跨径大小、孔数多少,均称为涵洞;

④标准跨径:梁式桥、板式桥以两桥墩中线间距离或桥墩中线与台背前缘间距为准;拱式桥和涵洞以净跨径为准。

5.0.3 桥梁全长:有桥台的桥梁应为两岸桥台侧墙或八字墙尾端间的距离;无桥台的桥梁应为桥面系长度。

桥涵的跨径小于或等于50m时,宜采用标准化跨径。

桥涵标准化跨径规定如下:

0.75m、1.0m、1.25m、1.5m、2.0m、2.5m、3.0m、4.0m、5.0m、6.0m、8.0m、10m、13m、16m、20m、25m、30m、35m、40m、45m、50m。

5.0.4 桥涵设计洪水频率应符合表5.0.4规定。

表5.0.4 桥涵设计洪水频率

公路等级	设计洪水频率				
	特大桥	大桥	中桥	小桥	涵洞及小型排水构造物
高速公路	1/300	1/100	1/100	1/100	1/100
一级公路	1/300	1/100	1/100	1/100	1/100
二级公路	1/100	1/100	1/100	1/50	1/50
三级公路	1/100	1/50	1/50	1/25	1/25
四级公路	1/100	1/50	1/50	1/25	不作规定

1　二级公路的特大桥以及三级、四级公路的大桥，在水势猛急、河床易于冲刷的情况下，可提高一级设计洪水频率验算基础冲刷深度。

2　沿河纵向高架桥和桥头引道的设计洪水频率应符合本标准第4.0.2条路基设计洪水频率的规定。

5.0.5　桥面净空应符合本标准第2.0.7条公路建筑限界的规定，并应符合以下要求：

1　高速公路、一级公路的特殊大桥为整体式上部结构时，其中央分隔带和路肩的宽度可适当减小，但减窄后的宽度不应小于本标准表3.0.4和表3.0.5-1规定的“最小值”。

2　桥上设置的各种管线等设施不得侵入公路建筑限界。

5.0.6　桥下净空应符合以下规定：

1　通航或流放木筏的河流，桥下净空应符合通航标准及流放木筏的要求。

2　跨线桥桥下净空，应符合被交叉公路、铁路、其他道路等建筑限界的规定。

3　桥下净空还应考虑排洪、流冰、漂流物、冰塞以及河床冲淤等情况。

5.0.7　桥梁及其引道的平、纵、横技术指标应与路线总体布设相协调。

桥上纵坡不宜大于4%，桥头引道纵坡不宜大于5%。

位于市镇混合交通繁忙处，桥上纵坡和桥头引道纵坡均不得大于3%。

桥头两端引道线形应与桥上线形相配合。

5.0.8　渡口码头设计应符合下列要求：

1　渡口位置应选在河床稳定、水力水文状态适宜、无淤积或少淤积的河段。

2　直线码头的引道纵坡宜采用9%～10%；锯齿式码头宜采用4%～6%。

3　二级、三级公路的码头引道宽度不应小于8.5m；四级公路不应小于7.0m。

6 汽车及人群荷载

6.0.1 汽车荷载分为公路—I级和公路—II级两个等级。

汽车荷载由车道荷载和车辆荷载组成。车道荷载由均布荷载和集中荷载组成。

桥梁结构的整体计算采用车道荷载；桥梁结构的局部加载、涵洞、桥台和挡土墙土压力等的计算采用车辆荷载。车道荷载与车辆荷载的作用不得叠加。

6.0.2 各级公路桥涵设计的汽车荷载等级应符合表6.0.2规定。

表6.0.2 汽车荷载等级

公路等级	高速公路	一级公路	二级公路	三级公路	四级公路
汽车荷载等级	公路—I级	公路—I级	公路—II级	公路—II级	公路—II级

二级公路作为干线公路且重型车辆多时，其桥涵设计可采用公路—I级汽车荷载。

四级公路重型车辆少时，其桥涵设计可采用公路—II级车道荷载效应的0.8倍，车辆荷载效应可采用0.7倍。

6.0.3 车道荷载的计算图式如图6.0.3。

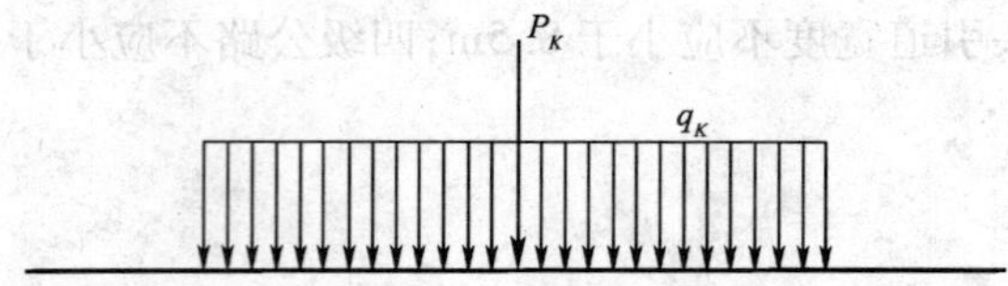

注：计算跨径为：设支座的为相邻两支座中心间的水平距离；

不设支座的为上、下部结构相交面中心间的水平距离。

图6.0.3 车道荷载

1 公路—I级车道荷载的均布荷载标准值为$q_K = 10.5\text{kN/m}$；集中荷载标准值P_K按以下规定选取：

桥涵计算跨径小于或等于5m时，$P_K = 180\text{kN}$；

桥涵计算跨径等于或大于50m时，$P_K = 360\text{kN}$；

桥涵计算跨径大于5m、小于50m时，P_K值采用直线内插求得。

计算剪力效应时，上述荷载标准值应乘以1.2的系数。

公路—II级车道荷载的均布荷载标准值q_K和集中荷载标准值P_K，为公路—I级车道荷载的0.75倍。

2 车道荷载的均布荷载标准值应满布于使结构产生最不利效应的同号影响线上；集中荷载标准值只作用于相应影响线中一个影响线峰值处。

6.0.4 车辆荷载布置图如图6.0.4，其主要技术指标规定如表6.0.4。

公路—I级和公路—II级汽车荷载采用相同的车辆荷载标准值。

表6.0.4 车辆荷载主要技术指标

项目	单位	技术指标	项目	单位	技术指标
车辆重力标准值	kN	550	轮距	m	1.8
前轴重力标准值	kN	30	前轮着地宽度及长度	m	0.3×0.2
中轴重力标准值	kN	2×120	中、后轮着地宽度及长度	m	0.6×0.2
后轴重力标准值	kN	2×140	车辆外形尺寸（长×宽）	m	15×2.5
轴距	m	3+1.4+7+1.4			

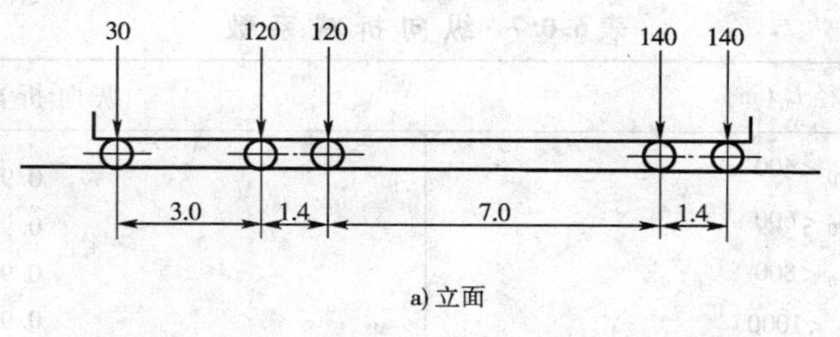

a) 立面

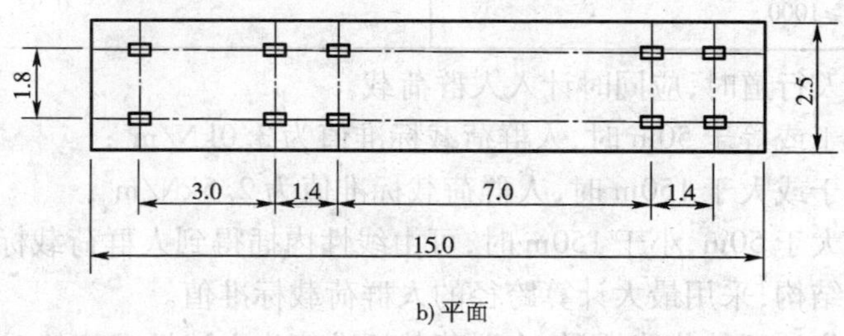

b) 平面

图 6.0.4　车辆荷载布置图(轴重力单位:kN;尺寸单位:m)

6.0.5　车道荷载横向分布系数,应按设计车道数如图 6.0.5 布置车辆荷载进行计算。

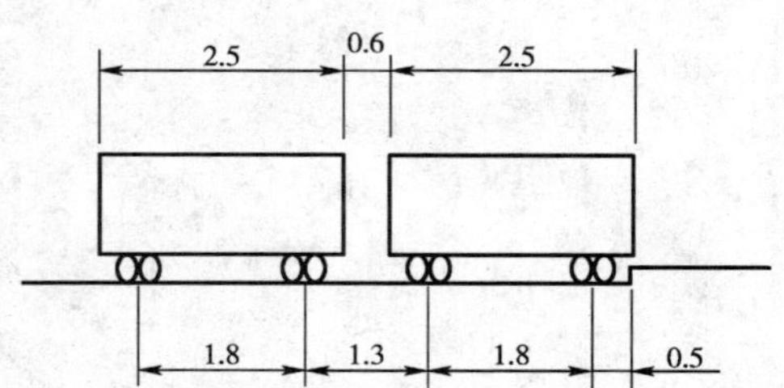

图 6.0.5　车辆荷载横向布置(尺寸单位:m)

6.0.6　桥涵设计车道数应符合表 6.0.6-1 规定。多车道桥梁的汽车荷载应考虑折减。当桥涵设计车道数等于或大于 2 时,由汽车荷载产生的效应应按表 6.0.6-2 规定的多车道横向折减系数进行折减,但折减后的效应不得小于两条设计车道的荷载效应。

表 6.0.6-1　桥涵设计车道数

桥 面 宽 度 W(m)		桥涵设计车道数(条)
单 向 行 驶 桥 梁	双 向 行 驶 桥 梁	
$W<7.0$		1
$7.0 \leqslant W<10.5$	$6.0 \leqslant W<14.0$	2
$10.5 \leqslant W<14.0$		3
$14.0 \leqslant W<17.5$	$14.0 \leqslant W<21.0$	4
$17.5 \leqslant W<21.0$		5
$21.0 \leqslant W<24.5$	$21.0 \leqslant W<28.0$	6
$24.5 \leqslant W<28.0$		7
$28.0 \leqslant W<31.5$	$28.0 \leqslant W<35.0$	8

表 6.0.6-2　横 向 折 减 系 数

横向布置设计车道数(条)	2	3	4	5	6	7	8
横向折减系数	1.00	0.78	0.67	0.60	0.55	0.52	0.50

6.0.7　大跨径桥梁应考虑车道荷载纵向折减。

桥梁计算跨径大于 150m 时,应按表 6.0.7 规定的纵向折减系数进行折减。

桥梁为多跨连续结构时,整个结构应按其最大计算跨径的纵向折减系数进行折减。

表 6.0.7 纵向折减系数

计算跨径 L_0(m)	纵向折减系数
$150 < L_0 < 400$	0.97
$400 \leqslant L_0 < 600$	0.96
$600 \leqslant L_0 < 800$	0.95
$800 \leqslant L_0 < 1000$	0.94
$L_0 \geqslant 1000$	0.93

6.0.8 公路桥梁设置人行道时,应同时计入人群荷载。

1 桥梁计算跨径小于或等于 50m 时,人群荷载标准值为 3.0kN/m^2;

桥梁计算跨径等于或大于 150m 时,人群荷载标准值为 2.5kN/m^2;

桥梁计算跨径在大于 50m、小于 150m 时,可由线性内插得到人群荷载标准值。

跨径不等的连续结构,采用最大计算跨径的人群荷载标准值。

2 城镇郊区行人密集地区的公路桥梁,人群荷载标准值为上述标准值的 1.15 倍。

3 专用人行桥梁,人群荷载标准值为 3.5kN/m^2。

7 隧道

7.0.1 一般规定

1 隧道应根据公路功能和发展的需求，遵照安全、经济、利于保护生态环境的原则，结合隧道所处地区的地形、地质、施工、运营、管理等条件进行综合设计。

2 隧道选址必须对该区域的自然地理、场地与生态环境、工程地质、水文地质、地震等进行勘察，取得完整勘察基础资料，经技术经济论证后确定。

3 隧道的标高和平面位置应根据公路等级、路线总体设计方案确定，选在地层稳定，利于设置洞口、洞口两端接线、防灾救助系统、管理养护等设施的地段。

4 在拟定路线设计方案中，应论证采用隧道或深挖等不同方案给生态环境带来的影响。对生态环境脆弱的地带或可能因施工造成生态环境难以恢复的地段，应优先选择对环境影响小的方案，并辅以治理措施。

7.0.2 隧道分类应符合表 7.0.2 规定。

表 7.0.2 隧 道 分 类

隧 道 分 类	特 长 隧 道	长 隧 道	中 隧 道	短 隧 道
隧道长度 L(m)	$L>3000$	$3000\geqslant L>1000$	$1000\geqslant L>500$	$L\leqslant 500$

7.0.3 隧道净空应符合本标准 2.0.7 公路建筑限界的规定，且横断面各组成部分宽度应符合以下要求：

1 隧道内的最小侧向宽度应符合表 7.0.3 规定。

表 7.0.3 隧道最小侧向宽度

设 计 速 度 (km/h)	高速公路、一级公路				二级公路、三级公路、四级公路				
	120	100	80	60	80	60	40	30	20
左侧侧向宽度 $L_{左}$(m)	0.75	0.50	0.50	0.50	0.75	0.50	0.25	0.25	0.50
右侧侧向宽度 $L_{右}$(m)	1.25	1.00	0.75	0.75	0.75	0.50	0.25	0.25	0.50

2 高速公路、一级公路的隧道应在两侧设置检修道，其宽度应等于或大于0.75m。

二、三级公路的隧道宜在两侧设置人行道(兼检修道)，其宽度应等于或大于0.75m。

四级公路可不设人行道，但应保留 0.25m 的 C 值。

3 特长、长隧道内右侧侧向宽度小于 2.50m 时，应设置紧急停车带。紧急停车带宽度应为 3.50m，长度不应小于 30m，间距不宜大于 750m。

4 单车道四级公路的隧道应按双车道四级公路标准修建。

7.0.4 隧道及其洞口两端路线的平、纵、横技术指标应符合以下规定：

1 隧道洞口内侧不小于 3s 设计速度行程长度与洞口外侧不小于 3s 设计速度行程长度范围内的平、纵线形应一致。

2 洞口外与之相连接的路段应设置距洞口不小于 3s 设计速度行程长度，且不小于 50m 的过渡段，以保持横断面过渡的顺适。

3 隧道内的纵坡应小于 3%，但短于 100m 的隧道不受此限。

4 高速公路、一级公路的中、短隧道，当条件受限制时，经技术经济论证后最大纵坡可适当加大，但不宜大于 4%。

7.0.5 隧道应根据所处地质条件等，确定结构形式和适应于地层特性的施工方法。

7.0.6 隧道防水和排水应按照排、防、截、堵相结合的原则进行综合设计，使洞内、洞口与洞外构成完整的防水、排水系统，并应注意防止水土流失和保护自然环境。隧道内纵坡应大于0.3%。

7.0.7 隧道交通工程及沿线设施的配置应符合以下规定：

1 隧道交通工程及沿线设施的技术标准与建设规模应根据公路功能、等级、交通量、隧道长度等确定，并应符合交通工程及沿线设施总体设计的要求。

2 公路隧道应采用反光标志、反光标线。高速公路、一级公路隧道洞口两端的标志、标线、视线诱导标及护栏与洞口的连接过渡等应进行专门设计。

3 特长隧道和高速公路、一级公路的长隧道，应设置监控设施。

4 隧道通风设施应根据交通组成和交通量增长情况等，按统筹规划、总体设计、分期实施的原则设置。

5 高速公路、一级公路的隧道，其长度大于100m时应设置照明设施。

二、三、四级公路的隧道，其照明设施可根据具体情况设置。

6 特长隧道和高速公路、一级公路的长隧道，其重要电力负荷必须保证供电可靠，技术、经济合理。

7 特长隧道和高速公路、一级公路的长隧道，必须配置报警设施、警报设施、消防设施、救助设施等。

二级、三级公路的长隧道，可根据需要设置报警设施、警报设施、消防设施、救助设施等。

7.0.8 隧道设计应拟定发生交通或火灾事故的应急处理预案。

8 路线交叉

8.1 互通式立体交叉

8.1.1 互通式立体交叉分为枢纽互通式立体交叉和一般互通式立体交叉两类。

互通式立体交叉的位置应根据公路网规划、相交公路状况、地形和地质条件、社会与环境因素等确定。

互通式立体交叉的形式应根据相交公路的功能、等级、交通量及其分布、收费制式等，并综合考虑用地条件、经济与环境因素等确定。

8.1.2 高速公路与各级公路交叉必须采用立体交叉。符合下列条件者应设置互通式立体交叉：

1 高速公路与通往市（县）级及其以上城市或其他重要政治、经济中心的主要公路相交时。

2 高速公路与通往重要的工矿区、港口、机场、车站和游览胜地等的主要公路相交时。

3 高速公路与连接其他重要交通源的公路相交而使该公路成为其支线时。

8.1.3 一级公路与交通量大的公路交叉应采用立体交叉。符合下列条件者应设置互通式立体交叉：

1 一级公路与通往市（县）级及其以上城市或其他重要政治、经济中心的主要公路相交时。

2 一级公路与通往重要的工矿区、港口、机场、车站和游览胜地等的主要公路相交时。

3 采用平面交叉冲突交通量较大，通过渠化或信号控制仍不能满足通行能力要求时。

4 经对投资成本、运营费用和安全性分析，设置互通式立体交叉的效益投资比和社会效益等大于设置平面交叉时。

8.1.4 相邻互通式立体交叉的间距应符合下列规定：

1 相邻互通式立体交叉的间距不应小于4km。

受地形条件或其他特殊情况限制，经论证相邻互通式立体交叉的间距需适当减小时，其上一互通式立体交叉加速车道终点至下一互通式立体交叉减速车道起点之间的距离不得小于1000m，且应设置完善、醒目的标志、标线和视线诱导标等交通安全设施。

相邻互通式立体交叉的间距小于上述规定的1000m最小值，且经论证必需设置时，应将两互通式立体交叉合并设置为复合式互通式立体交叉。

2 相邻互通式立体交叉的最大间距不宜超过30km。在人烟稀少地区，其间距可适当加大，但应在适当位置设置“U型转弯”设施。

8.1.5 互通式立体交叉与服务区、停车区、公共汽车停靠站、隧道等其他重要设施之间的距离应能满足设置出口预告标志的需要。

8.1.6 互通式立体交叉匝道设计速度应符合表8.1.6规定。

表8.1.6 互通式立体交叉匝道设计速度

匝道形式		直连式	半直连式	环形匝道
匝道设计速度（km/h）	枢纽互通式立体交叉	80、60、50	80、60、50、40	40
	一般互通式立体交叉	60、50、40	60、50、40	40、35、30

8.1.7 匝道车道数应根据匝道交通量和匝道长度确定。主线与匝道或匝道与匝道的分、合流连接部，应保持车道数的平衡。

8.2 分离式立体交叉

8.2.1 分离式立体交叉的设置应根据公路网规划、相交公路的功能、等级、交通量、地形和地质条件、经济与环境因素等确定。

1 高速公路与其他公路交叉除已设置互通式立体交叉外，其余均必须设置分离式立体交叉。

2 一级公路与直行交通量较大的公路相交叉，在不考虑交通转换或地形条件适宜时，宜采用分离式立体交叉。

3 二、三、四级公路间的交叉，直行交通量很大，在不考虑交通转换或地形条件适宜时，宜采用分离式立体交叉。

8.2.2 主线上跨或下穿应根据相交公路的功能、等级、地形和地质条件、跨线桥对主线线形及相关工程的影响程度、工程造价等确定。

8.2.3 主线下穿时，跨线桥及其引道工程应采用被交叉公路现有公路等级的技术指标；当被交叉公路的规划已获批准时，应采用规划公路等级的技术指标。

8.2.4 分离式立体交叉跨线桥桥下净空及布孔除应符合本标准第2.0.7条公路建筑限界规定外，还应满足桥下公路的视距和对前方信息识别的要求，其结构形式应与周围环境相协调。

8.3 平面交叉

8.3.1 平面交叉位置的选定应考虑公路网规划、地形和地质条件、经济与环境因素等。

平面交叉形式应根据相交公路的功能、等级、交通量、交通管理方式和用地条件等确定。

平面交叉范围内相交公路线形的技术指标应能满足视距、平面交叉连接部衔接等的要求。

一级公路作为干线公路时，应优先保证干线公路的畅通，适当限制平面交叉数量；一级公路作为集散公路时，应合理设置平面交叉，减少对主线交通的干扰，且应设置齐全、完善的交通安全设施。

8.3.2 平面交叉的交通管理方式分为主路优先、无优先交叉和信号交叉三种，应在总体设计中根据相交公路的功能、等级、交通量等确定所采用的方式。

8.3.3 两相交公路的等级或交通量相近时，平面交叉范围内的设计速度可适当降低，但不得低于路段设计速度的70%。

平面交叉右转弯车道的设计速度不宜大于40km/h；左转弯车道的设计速度不宜大于20km/h。

8.3.4 平面交叉的间距应根据其对行车安全、通行能力和交通延误等的影响确定。一、二级公路平面交叉的最小间距应符合表8.3.4规定。

表8.3.4 平面交叉最小间距

公路等级	一级公路			二级公路	
公路功能	干线公路		集散公路	干线公路	集散公路
	一般值	最小值			
间　距(m)	2000	1000	500	500	300

8.3.5 四车道以上的多车道公路的平面交叉必须作渠化设计。

二级公路的平面交叉，应作渠化设计。

三级公路的平面交叉，当转弯交通量较大时应作渠化设计。

8.4 公路、铁路相交叉

8.4.1 高速公路、一级公路与铁路相交叉时，必须设置立体交叉。

准高速铁路、路段旅客列车设计行车速度为140km/h的铁路与公路相交叉时，必须设置立体交叉。

8.4.2 公路、铁路相交叉，符合下列情况之一者应设置立体交叉：

1 铁路、二级公路相交时。

2 路段旅客列车设计行车速度为120km/h的铁路、公路相交时。

3 由于铁路调车作业对公路上行驶的车辆会造成较严重延误时。

4 受地形等条件限制，采用平面交叉会危及行车安全时。

8.4.3 公路、铁路立体交叉范围内的公路平、纵技术指标应符合公路路线设计规定的要求。

铁路从公路上跨越通过时，其跨线桥下净空及布孔应符合本标准第2.0.7条公路建筑限界、第3.0.12条视距的规定，以及对前方信息识别的要求。

铁路从公路跨线桥下通过时，桥下净空应符合现行铁路净空限界标准的规定。

8.4.4 公路、铁路平面相交时，交叉角宜为正交；必须斜交时，交叉角应大于45°，且道口应符合侧向瞭望视距的规定。

8.4.5 公路、铁路相邻时，铁路用地界与高速公路、一级公路用地界相距不应小于10m；与二、三、四级公路用地界相距不应小于5m。

8.5 公路、乡村道路相交叉

8.5.1 公路与乡村道路相交叉的位置、形式、间隔等的确定，应考虑县、乡（镇）土地利用总体规划中农业耕作机械需求。必要时应结合规划，对农业机耕道作适当调整或归并。

8.5.2 高速公路与乡村道路相交叉必须设置通道或天桥。

一级公路与乡村道路相交叉宜设置通道或天桥。

二级公路与乡村道路相交叉应设置平面交叉；地形条件有利或公路交通量大时宜设置通道或天桥。

二级及其以上公路位于城镇或人口稠密的村落或学校附近时，宜设置专供行人通行的人行地道或人行天桥。

8.5.3 车行通道的净空应符合以下规定：

净高：通行拖拉机、畜力车时应大于或等于2.70m；通行农用汽车时应大于或等于3.20m。

净宽：根据交通量和通行农业机械类型选用，应不小于4.00m；通道过长或敷设排水渠时，宜视情况增宽。

8.5.4 人行通道净高应大于或等于2.20m；净宽应大于或等于4.00m。

8.5.5 车行天桥桥面净宽按交通量和通行农业机械类型可选用4.50m或7.00m；其汽车荷载应符合本标准第6.0.2条有关四级公路汽车荷载等级的规定。

8.5.6 人行天桥桥面净宽应大于或等于3.00m；其人群荷载应符合本标准第6.0.8条的规定。

8.6 公路、管线等相交叉

8.6.1 电信线、电力线、电缆、管道等均不得侵入公路建筑限界，不得妨害公路交通安全，并不得损害公路的构造和设施。

8.6.2 架空送电线路与公路相交叉时，宜为正交；必须斜交时，应大于45°。

架空送电线路跨越公路时，送电线路导线与公路交叉处距路面的最小垂直距离必须符合相应送电线路标称电压规定的要求。

8.6.3 原油管道、天然气输送管道与公路相交叉时，应为正交；必须斜交时，不应小于60°。

8.6.4 管道与高速公路、一级公路相交叉且采用下穿方式时，应埋置地下通道；管道与二级及二级以下公路相交叉时，应埋置套管。通道与套管应按相应公路等级的汽车荷载等级进行验算。

8.6.5 严禁天然气输送管道、输油管道利用公路桥梁跨越河流。

9 交通工程及沿线设施

9.0.1 一般规定

1 交通工程及沿线设施的建设规模与标准应根据公路网规划、公路的功能、等级、交通量等确定。

2 交通工程及沿线设施总体设计应符合公路总体设计的要求，准确体现设计意图，相互匹配，协调统一，充分发挥公路的整体效益。

3 交通工程及沿线设施应按照“保障安全、提供服务、利于管理”的原则进行设计。

9.0.2 交通工程及沿线设施等级分为A、B、C、D四级，各级公路交通工程及沿线设施等级与适用范围应符合表9.0.2规定。

表9.0.2 交通工程及沿线设施等级与适用范围

交通工程及沿线设施等级	适 用 范 围
A	高速公路
B	一级公路、二级公路作为干线公路时
C	一级公路、二级公路作为集散公路时
D	三级公路、四级公路

9.0.3 交通工程及沿线设施包括交通安全设施、服务设施和管理设施三种，各项设施应按统筹规划、总体设计、分期实施的原则配置，并结合交通量的增长与技术发展状况等逐步补充、完善。

9.0.4 交通安全设施的配置应符合下列规定：

1 A级应配置系统、完善的标志、标线、视线诱导标、隔离栅、防护网；中间带必须连续设置中央分隔带护栏和必需的防眩设施；桥梁与高路堤路段必须设置路侧护栏；互通式立体交叉及其周边地区路网应连续设置预告、指路标志；车道边缘线、分合流路段宜连续设置反光突起路标；出口分流三角端应设置防撞设施。

2 B级应配置完善的标志、标线、视线诱导标及必需的隔离栅、防护网；一级公路中间带必须连续设置中央分隔带护栏和必需的防眩设施；桥梁与高路堤路段必须设置路侧护栏；互通式立体交叉及其周边地区路网应连续设置预告、指路标志；平面交叉必须设置完善的预告、指路或警告、支线减速让行或停车让行等标志、反光突起路标和配套、完善的交通安全设施，并保证视距。

3 C级应配置较完善的标志、标线及必需的视线诱导标、隔离设施；一级公路中间带必须设置隔离设施；桥梁与高路堤路段应设置路侧护栏；平面交叉应设置预告、指路或警告、支线减速让行或停车让行等标志和配套、完善的交通安全设施，并保证视距。

4 D级应设置标志；视距不良、急弯、陡坡等路段应设置路面标线及必需的视线诱导标；路侧有悬崖、深谷、深沟、江河湖泊等路段应设置路侧护栏；平面交叉应设置标志和必需的交通安全设施。

5 特殊情况下的交通安全设施：

1）连续长陡下坡路段，危及运行安全处应设置避险车道。必要时宜在长陡下坡路段的起始端前设置试制动车道等交通安全设施。

2）风、雪、沙、坠石等危及公路安全的路段，应设置防风栅、防雪（沙）栅、防落网、积雪标杆等交通安全设施。

3）公路养护作业时，应设置限制速度等醒目的交通警示、诱导等交通安全设施。

4）公路改（扩）建时，交通安全设施的设置应进行专门设计。

9.0.5 服务设施的配置应符合以下规定：

1 A级应设置服务区、停车区和公共汽车停靠站。

服务设施建设规模应根据公路设计交通量、交通组成等计算确定。服务区、停车区位置应根据区域路网、地形、景观、环保等进行规划和布设。

服务区应提供停车场、公共厕所、加油站、车辆修理所、餐饮与小卖部等设施，平均间距应为50km。

停车区应提供公共厕所、长凳等设施和少量停车车位。停车区与服务区或停车区之间的间距宜为15～25km。

公共汽车停靠站应根据沿线城镇分布、出行需求，并结合服务区或互通式立体交叉设置。

2　B级宜设置服务区、停车区、公共汽车停靠站。

服务区应提供停车场、公共厕所、加油站、小卖部等设施，平均间距宜为50km。

停车区应提供公共厕所、长凳等设施和少量停车车位。

公共汽车停靠站可根据沿线城镇分布、出行需求选择适宜地点设置。

3　C级、D级可根据需要设置加油站、公共厕所等设施。

9.0.6　管理设施的配置应符合以下规定：

1　A级应设置监控、收费、通信、配电、照明和管理养护等设施，实时收集交通流信息并及时发布，迅速采取相应对策，疏导交通、保障行车安全。

监控设施分为A1和A2两类。A1类适用于：八车道高速公路；四、六车道高速公路的特长隧道、特大桥、服务水平低于二级的路段。A2类适用于四、六车道高速公路的其他路段。

A1类应配置完善的信息采集、交通异常自动判断、交通监视、诱导、主线及匝道控制、信息处理及发布等设施。

A2类应设置较完善的信息采集、交通异常判断、交通监视、诱导及主线控制、信息处理和发布等设施。

当桥梁、隧道设置结构监测、养护监测等设施时，应与路段的监控系统统一规划设计，协调管理。

收费设施应与公路设计采用的服务水平相协调。

通信设施应满足监控、收费和管理业务需求，结合路网统一规划、统一标准、统一体制，适应信息化管理和通信技术的发展。

公路两侧应设置紧急报警设施。

公路收费广场、服务区应设置照明设施。位于城市出入口路段的互通式立体交叉、特大桥等宜设置照明设施。

管理所（监控分中心）和养护工区应根据公路管理业务需求设置，平均间距宜为50km。

2　B级宜设置基本的信息采集、交通监视、简易信息处理及发布等监控设施，及时疏导交通、保障行车安全。平面交叉应视交通量情况配置警示灯或信号灯等设施。管理所和养护工区应根据公路管理养护业务需求设置。

3　C级平面交叉应视交通量情况设置警示灯或信号灯等设施。道班房和养护工区应根据公路管理养护业务需求设置。

4　D级应根据公路管理养护业务需求设置道班房等养护设施。

5　管理设施其他相关规定：

1）监控、收费、通信、照明等管理设施的建设规模应根据预测交通量进行总体设计，并据此实施基础工程、地下管线及预留预埋工程等。

2）监控设施宜分期修建，当服务水平降至二级时，实施二期工程。

3）收费设施的机电设备宜按开通后第5年的预测交通量配置；收费广场、站房及其征地等应按远期规划设计。

4）公路地下通信管道应按远期规划设计。干线通信管道铺设容量：六、八车道高速公路应等于或大于6标准管孔；四车道高速公路应等于或大于4标准管孔。

5）公路房屋布局应合理，建筑应经济实用、环保节能，且与周围环境相协调。

6）房屋建筑规模宜按第10年的预测交通量设计。

本标准用词说明

对执行标准条文严格程度的用词,采用以下写法:

1. 表示很严格,非这样做不可的用词:
   正面词采用"必须";反面词采用"严禁"。
2. 表示严格,在正常情况下均应这样做的用词:
   正面词采用"应";反面词采用"不应"或"不得"。
3. 表示允许稍有选择,在条件许可时首先应这样做的用词:
   正面词采用"宜";反面词采用"不宜"。
   表示有选择,在一定条件下可以这样做的,采用"可"。

附件

《公路工程技术标准》

（JTG B01—2003）

条 文 说 明

1 总则

1.0.1 制定本标准是为统一公路工程技术标准。为突出与简化主要技术指标，本次修订在《公路工程技术标准》[以下简称《标准》，以前历次发布的《标准》则用附注年号方式表示，如《公路工程技术标准》(JTJ 001—97)用《标准》(97)表示，下同]中只列出同控制公路工程建设规模和技术标准有关的技术指标，其他相关技术指标均移至相应设计规范。

1.0.2 本标准适用于新建工程和改(扩)建工程，并对改建工程中的利用现有公路路段的技术指标、维持通车路段的服务水平等作了规定。

由于城市道路、厂矿道路等专用公路的功能、使用任务等各不相同，所以不包括在本标准的适用范围之内。

1.0.3

1 公路分级

本次修订对公路等级强调功能、路网规划与交通量，还注入了服务水平、通行能力等概念，并贯穿始终。

一级公路按“供汽车分向、分车道行驶”定义。根据我国现况，存在两种功能，当作为集散公路时，纵横向干扰较大，为保证供汽车分道、分向行驶，可设慢车道供非汽车交通行驶，作为干线公路时，为保证运行速度、交通安全和服务水平，应根据需要采取控制出入措施。

二级公路为“供汽车行驶的双车道公路”，为保证汽车的行驶速度和交通安全，在混合交通量大的路段，可设置慢车道供非汽车交通行驶。

三、四级公路为“主要供汽车行驶的双车道公路”，是指主要技术指标按供汽车行驶的要求设计，但同时也允许拖拉机、畜力车、人力车等非汽车交通使用车道，其混合交通特征明显，设计速度应在40 km/h以下。

以上规定都隐含着公路的功能，因此，应将确定公路等级与相关章节的内容联系起来理解，如等级选用、设计速度、路基宽度、路线交叉以及交通工程设施(控制出入)等都与选定公路的功能有关。

2 各级公路的服务水平

用于公路规划和设计的各级公路服务水平规定如表1-1、表1-2和表1-3。

表1-1 高速公路服务水平分级

服务水平等级	密度[pcu/(km·ln)]	设计速度(km/h)								
		120			100			80		
		速度(km/h)	V/C	最大服务交通量[pcu/(h·ln)]	速度(km/h)	V/C	最大服务交通量[pcu/(h·ln)]	速度(km/h)	V/C	最大服务交通量[pcu/(h·ln)]
一	≤7	≥109	0.34	750	≥92	0.31	650	≥74	0.25	500
二	≤18	≥90	0.74	1600	≥79	0.67	1400	≥66	0.60	1200
三	≤25	≥78	0.88	1950	≥71	0.86	1800	≥60	0.75	1500
四	≤45 >45	≥48 <48	接近1.0 >1.0	<2200 0~2200	≥47 <47	接近1.0 >1.0	<2100 0~2100	≥45 <45	接近1.0 >1.0	<2000 0~2000

注：V/C是在理想条件下，最大服务交通量与基本通行能力之比，基本通行能力是四级服务水平上半部的最大交通量。

表 1-2　一级公路服务水平分级

服务水平等级	密度[pcu/(km·ln)]	设计速度（km/h）								
		100			80			60		
		速度(km/h)	V/C	最大服务交通量[pcu/(h·ln)]	速度(km/h)	V/C	最大服务交通量[pcu/(h·ln)]	速度(km/h)	V/C	最大服务交通量[pcu/(h·ln)]
一	≤7	≥96	0.35	700	≥78	0.30	550	≥60	0.25	400
二	≤15	≥87	0.65	1300	≥70	0.58	1050	≥57	0.53	850
三	≤20	≥80	0.80	1600	≥65	0.72	1300	≥52	0.66	1050
四	≤40 >40	≥50 <50	接近 1.0 >1.0	<2000 0~2000	≥46 <46	接近 1.0 >1.0	<1800 0~1800	≥40 <40	接近 1.0 >1.0	<1600 0~1600

表 1-3　二、三、四级公路服务水平分级

服务水平等级	延误率(%)	设计速度（km/h）											
		80				60				≤40			
		速度(km/h)	不准超车区(%)			速度(km/h)	不准超车区(%)			速度(km/h)	不准超车区(%)		
			<30	30~70	>70		<30	30~70	>70		<30	30~70	>70
			V/C				V/C				V/C		
一	≤30	≥76	0.15	0.13	0.12	≥65	0.15	0.13	0.11	≥54	0.14	0.13	0.10
二	≤60	≥67	0.40	0.34	0.31	≥56	0.38	0.32	0.28	≥48	0.37	0.25	0.20
三	≤80	≥58	0.64	0.60	0.57	≥48	0.58	0.48	0.43	≥42	0.54	0.42	0.35
四	<100	≥48 <48	1.0	1.0	1.0	≥40 <40	1.0	1.0	1.0	≥37 <37	1.0	1.0	1.0

3　各级公路应能适应的年平均日交通量

各级公路所能适应的年平均日交通量是由公路所具有的通行能力决定的。通行能力是公路所能疏导交通流的能力，反映了在保持规定的运行质量前提下，公路所能通行的最大小时交通量。

1）各级公路的通行能力

从规划设计的角度，通行能力分为基本通行能力和设计通行能力两种。

（1）高速公路的设计通行能力

高速公路规划设计时，既要保证提供的服务水平和车辆运行质量高，避免通车不久就因交通量不适应造成交通阻塞，同时也要兼顾我国的经济水平和公路建设投资的力量。因此，以二级服务水平作为高速公路通行能力的设计依据。高速公路每车道的基本通行能力与设计通行能力如表 1-4 所示：

表 1-4　高速公路的基本通行能力与设计通行能力

设计速度(km/h)	120	100	80
基本通行能力[pcu/(h·ln)]	2200	2100	2000
设计通行能力[pcu/(h·ln)]	1600	1400	1200

（2）一级公路的设计通行能力

一级公路作为干线公路时，其路段的设计通行能力与相同设计速度的高速公路相近；而作为集散公路时，其主要差别在于未排除路侧干扰、侧向余宽不足等，运行质量不及干线公路。由于两者的交通流变化规律不同，反映在速度流量曲线上，集散公路要比干线公路陡（即斜率大），这说明在相同服务水平下，集散公路的运行速度要比干线公路低，通行能力和服务水平均有一定的折减。因此，具集散功能的一级公路，其通行能力应以具干线功能的一级公路为基准，并计入侧向余宽、沿途条件和车道折减等因素进行修正，其公式如式(1-1)。

$$\begin{aligned} C_{\text{集散}} &= C_{\text{干线}} \times R_1 \times R_2 \times \sum K_i \\ &= (0.6 \sim 0.76)\, C_{\text{干线}} \times \sum K_i \end{aligned} \tag{1-1}$$

式中：$C_{\text{干线}}$——设计速度为 60km/h、80km/h 和 100km/h 的干线公路的设计通行能力，取值为 850 ~ 1300[pcu/(h · ln)]；

$C_{\text{集散}}$——作为集散公路的每车道设计通行能力[pcu/(h · ln)]；

R_1——侧向余宽修正系数，取 0.90 ~ 0.95；

R_2——路侧干扰修正系数，取 0.8 ~ 0.9；

K_i——各条车道的折减系数：

第一车道 1.0；

第二车道 0.9；

第三车道 0.8 ~ 0.9；

第四车道 0.7 ~ 0.8。

按公式(1-1)计算，取整后一级公路每车道的设计通行能力如表 1-5。

表 1-5　一级公路的设计通行能力

设计速度(km/h)	100	80	60
具干线功能的一级公路[pcu/(h · ln)]	1400	1200	900
具集散功能的一级公路[pcu/(h · ln)]	850 ~ 1000	700 ~ 900	550 ~ 700

(3)二、三、四级公路的设计通行能力

根据对 8 省(市、区)139 条二、三、四级公路观测数据的统计分析，和同驾驶员座谈的意见，二、三、四级公路的服务水平分级标准以行驶延误为主要评价指标，而按行车道宽度对其通行能力予以修正，其设计通行能力按三级服务水平设计，不准超车区段分别按小于 30%、30% ~ 70% 和大于 70% 取值，对应的 V/C 比在 0.64 ~ 0.35 之间，同时考虑行车道宽度对通行能力的影响，其设计通行能力的取值如表1-6。

表 1-6　二、三、四级公路的设计通行能力

公路等级	设计速度(km/h)	基本通行能力(pcu/h)		不准超车区(%)	V/C 比	设计通行能力(pcu/h)
二级公路	80	9.0m	2500	<30%	0.64	550 ~ 1600
	60	7.0m	1400	30% ~ 70%	0.48	
	40		1300	>70%	0.42	
三级公路	40	7.0m	1300	<30%	0.54	400 ~ 700
	30	6.5m	1200	>70%	0.35	
四级公路	20	<6.0m	<1200	>70%	<0.35	小于 400

2)各级公路适应交通量

(1)高速公路、一级公路的年平均日交通量

高速公路、一级公路应按单向单车道的设计小时交通量考虑，但为与我国一直沿用的适应交通量指标相衔接，本标准仍沿用高速公路的年平均日交通量指标，其值按公式(1-2)计算：

$$\text{AADT} = \frac{C_D N}{KD} \tag{1-2}$$

式中：AADT——预测年的年平均日交通量；

C_D——每车道设计通行能力；

N——单向车道数；

D——方向分布系数；根据公路所在位置和功能，D 值范围为 50/50 ~ 40/60；亦可根据当地的交通量观测资料作适当调整；

K——设计小时交通量系数，根据公路所在位置、地区经济、气候特点等确定，K 值范围：近郊公路 0.085～0.11；公路 0.12～0.15；亦可根据当地交通量观测资料确定。

按公式(1-2)计算并取整后，高速公路能适应的年平均日交通量如表 1-7。

表 1-7 高速公路能适应的年平均日交通量

设计速度(km/h)	四车道(pcu/d)	六车道(pcu/d)	八车道(pcu/d)
120	40 000～55 000	55 000～80 000	80 000～10 0000
100	35 000～50 000	50 000～70 000	70 000～90 000
80	25 000～45 000	45 000～60 000	60 000～80 000

同理，一级公路能适应的年平均日交通量按公式(1-3)计算：

$$\text{AADT}_{一级}=\frac{(0.6\sim0.76)\,C_{高速}\sum K_i}{KD} \tag{1-3}$$

按公式(1-3)计算并取整后，四、六车道一级公路能适应的年平均日交通量如表 1-8。

表 1-8 一级公路能适应的年平均日交通量

设计速度(km/h)	四车道(pcu/d)	六车道(pcu/d)
	$\sum K_i=1.9$	$\sum K_i=2.65$
100	27 000～30 000	30 000～55 000
80	20 000～27 000	27 000～45 000
60	15 000～25 000	25 000～35 000

(2)二、三、四级公路的适应交通量

二、三、四级公路由于运行质量受双方向流量比、超车视距、管理水平、路侧干扰等多项因素的影响，其设计通行能力与适应交通量的范围较大。根据交通调查资料统计：二、三、四级公路的设计小时交通量系数平均值在 0.09～0.18 之间；方向分布系数为 0.6 时，影响系数为 0.94。二、三、四级公路能适应的年平均日交通量如表 1-9。

表 1-9 二、三、四级公路能适应的年平均日交通量

公路等级	设计速度(km/h)	设计通行能力(pcu/h)	方向分布影响系数	设计小时交通量系数	适应的年平均日交通量(pcu/d)
二级公路	40～80	550～1 600	0.94	0.09～0.18	5 000～15 000
三级公路	30～40	400～700	0.94	0.1～0.13	2 000～6 000
四级公路	20	<400	0.94	0.13～0.18	<2 000

注：二级公路的 40km/h 是位于地形、地质等自然条件复杂的山区，经论证后可采用的设计速度。

由于二级公路的设计速度级差较大，路基宽度范围从 8.50m 至 12.00m，因此二级公路的设计通行能力与适应交通量范围较大。

三级公路的设计速度为 40km/h，位于平原微丘地区时，平、纵线形技术指标均较高，路基宽度同为 8.50m，其设计通行能力要比位于地形、地质条件复杂的山区设计速度 40km/h 的二级公路要大。故三级公路能适应的年平均日交通量为 2000～6000(pcu/d)。

四级公路考虑到当前公路建设的政策、各等级公路适应交通量范围的连续性等，能适应的年平均日交通量，双车道为 2000(pcu/d)以下；单车道为 400 (pcu/d)以下。

1.0.4 《标准》(97)中的"远景设计年限"一词易造成误解，本次修订将其改为"设计交通量按××年预测"。设计交通量的预测年限，高速公路和具干线功能的一级公路，因其所具备的功能、通行能力、服务水平及其造价、改扩建等原因，预测年限应长些。但过长又会因诸多因素的不确定性导致预测交通量误差偏大，故依据国内外经验确定为 20 年；具集散功能的一级公路，以及二、三级公路的线位一旦选定，很难变动，同时要能适应一定时期内的正常使用，故规定预测年限为 15 年；四级公路交通量较小，可根据实际情况确定，不排除合理的延长或减少预测年。

1.0.5 确定一条公路的等级，应首先确定该公路的功能，是干线公路，还是集散公路，即属于直达还是连接，以及是否需要控制出入等，然后根据预测交通量初拟公路等级；然后再结合地形、交通组成等，确定设计速度、路基宽度。本条突出了以功能作为选用公路等级和确定设计目标的理念。

一级公路具备两种功能，作为干线公路时，应以保证较高的运行速度和安全为目标，为此需采取措施以减少纵、横向干扰；作为集散公路时，为发挥汇流车辆和疏散车辆的功能，可适当降低服务水平，采用相对较低的设计速度，允许一定的干扰。当一级公路的非汽车交通量大时，应在纵向予以分隔。

二级公路也有两种功能，即作为干线公路或集散公路，根据其不同的功能和交通组成等可决定是否设置慢车道以及其他设施。

三、四级公路是为满足通达要求和接入服务的支线公路，允许混合交通，可采用较低的设计速度和服务水平。

本条第2款规定"不同公路等级、设计速度、路基宽度间的衔接应协调，过渡应顺适"，主要是考虑不论是设计速度、路基宽度还是横断面布置变化，均应有过渡；同时还应考虑设计速度差异的协调、运行速度与设计速度差异的协调，其目的是保证运行的安全与顺畅，应能引导驾驶人员提前意识到前方的变化以便采取相关措施。

本条第3款是考虑到一级公路在运行安全方面存在的实际问题，以及通行效率低，且今后的改（扩）建有很大的难度，既影响交通又浪费投资。调研中很多省都反映一级公路进行封闭改造的工程中，无论是技术还是投资都存在很多问题，这一教训是极为深刻的。因此，当预测交通量介于一级公路和高速公路之间时，应结合公路功能予以考虑，若作为干线公路，则提倡适度超前而选用高速公路；若为集散公路，则宜选用一级公路。

1.0.6 根据《土地管理法》，国家实行土地用途管理制度。由国家编制土地利用总体规划，规划土地用途，将土地分为农用地、建设用地和未利用地。公路建设项目必须依法申请使用国有土地。

根据《公路法》的规定，公路建设应按"切实保护耕地、节约用地"的原则确定公路用地范围。本次修订对公路的用地范围做了进一步细化，明确了特殊地质地带设置防护设施、桥梁、隧道、互通式立体交叉以及各种交通工程设施等根据需要划定公路用地的范围。

1.0.7 随着社会的进步和经济的发展，人们越来越重视对自然生态环境的保护。公路建设必须贯彻国家有关环境保护的政策，并贯穿于整个工程建设项目的全过程。近年来，在公路选线，确定隧道、桥梁位置、防止水土流失、综合排水设计等方面积累了很多经验和教训。因此，本标准在拟定各相关条文时贯穿了以实现公路建设可持续发展，以获取最佳的经济效益、环境效益与社会效益的原则与方法。

1.0.8 关于四车道高速公路的横向分期修建，多个工程项目的实践已证明其教训极为深刻，故明确规定高速公路整体式路基不得采用横向分幅分期修建。至于分离式路基，因国内目前还没有分期修建的工程实践，且存在很多技术问题尚待研究，所以应持慎重态度。

1.0.9 在调研中114位客货运输企业驾驶员对公路养护、改（扩）建过程中的交通组织颇有微词，认为公路养护、施工期间的收费与提供的服务不符，并缺少保证通行安全的措施。国外对高速公路的改（扩）建的建设程序要求十分严格，并有完善的施工组织设计和维持通车的实施方案。

本次修订明确规定高速公路的改（扩）建中，"必须在进行交通量预测、交通组织设计、交通安全评价等基础上作出具体实施方案设计"，并且在工程实施过程中，应减少对既有公路的干扰，采取保证通行安全的措施。条文中规定维持通车路段的服务水平降低一级是指在原设计采用的服务水平基础上降低一级。

1.0.10 本条是从"全寿命设计"的角度提出的。根据近年来国外公路建设与管理的新思路，在公路建设的前期、设计、施工、运营、养护、管理的各个阶段，应进行公路项目成本效益分析。在工程项目的整个寿命周期内，根据公路的功能、交通量、服务水平，以及安全、环保、可持续发展等的社会效益进行全过程、全方位的综合论证，使得公路的综合效益最佳。

2 控制要素

2.0.1 设计车辆外廓尺寸以及行驶于公路上各种车辆的交通组成是公路几何设计中的重要控制因素。在公路设计过程中,“设计车辆”是设计所采用的有代表性的车型,其外廓尺寸、载质量和运行性能是用于确定公路几何设计、交叉几何设计和路基宽度的主要依据。

根据我国行驶车辆的具体情况、汽车发展远景规划和经济发展水平,出于经济和实用的考虑,设计车辆的外廓尺寸是按现有车型的尺寸进行统计后,满足85%以上车型的外廓尺寸作为设计标准。

国家标准《汽车外廓尺寸限界》(GB 1589—89)对汽车外廓尺寸作了规定,结合公路运输主力车型的外廓尺寸出现频率和结构特征,本次修订仍沿用《标准》(97)的规定将设计车辆分为小客车、载重汽车和鞍式列车三类。

2.0.2 据2001年交调资料统计,大部分国道、省道的交通流以小客车为主,小客车已占汽车交通量的36.3%,超过了中型车等其他车型所占比例,而拖拉机与人、畜力车、自行车等非机动车的比重逐年下降,分别占总交通量的7.6%、2.2%和2.5%。随着全国干线公路网的逐步完善,高速公路通车里程的增加,特别是加入WTO后汽车产业政策与结构的调整,交通流中的小客车和大型客货车以及集装箱车的比重将会随着平均运距的增加而逐年增长,而拖拉机与非机动车交通量所占比重会继续下降。因此,根据今后的交通发展趋势,同时也为与国际接轨的需要,将涵盖小客车与小型货车的“小客车”定为各级公路设计交通量换算的标准车型。

考虑到本《标准》在公路建设中的重要地位,以及应具有相对连续性与前瞻性,在确认以小客车作为交通量换算标准车型的基础上,本条款仅提供了在公路建设前期阶段用于确定公路建设规模与公路等级的车辆折算系数,而且大型车和拖挂车对于小客车的折算系数,仍采用《标准》(97)中的规定值。鉴于我国目前交通组成与车辆性能正在经历重大转变,可以预计:随着交通组成的简化,驾驶行为的规范,车辆折算系数会相应地逐步趋近本标准规定值。

用于交通量换算的车辆折算系数是在特定的公路、交通组成条件下,所有非标准车相当于标准车(小客车)对交通流影响的当量值。根据“九五”攻关项目《公路通行能力研究》的成果,以车辆运行特性(运行速度和总体标准差)作为车辆分类标准,从对交通运行的影响考虑,将公路上的常见机动车归并为小客车、中型车、大型车和拖挂车四类,并根据公路上拖拉机和非机动车交通量所占比重持续下降这一趋势,将构成比例小于5%的行人、畜力车与自行车等非汽车交通不再作为交通流中的独立车型,仅作为路侧干扰考虑。

拖拉机则分两种情况予以考虑,一是在行车道两侧设有慢车道的二级公路,拖拉机遇汽车向右侧避让,很少挤占机动车道,此时拖拉机对车流的运行影响,同自行车与行人、畜力车等非汽车交通一样,作为路侧干扰因素考虑而不再参与交通量换算;另一种情况是在路面较窄的三、四级公路上,拖拉机混行于机动车道内,对车流形成纵向干扰,此时拖拉机应按交通流的一部分参加折算。

需要指出的是,在具体的公路几何设计与运行管理阶段,需对公路通行能力进行详细的分析测算,此时应针对不同的公路等级、公路设施类型、不同地形和不同的交通需求,采用《公路通行能力手册》推荐的折算系数。

2.0.3 设计小时交通量是确定公路等级、评价公路运行状态和服务水平的重要参数。设计小时交通量越小,公路的建设规模就越小,建设费用也就越低。但是,不恰当地降低设计小时交通量会使公路的交通条件恶化、交通阻塞和交通事故增多,公路的综合经济效益降低。因此,将全年小时交通量从大到小按序排列,设计小时交通量的位置一般采用第30位小时,或根据当地调查结果控制在第20~40位小时之间。

2.0.4 服务水平划分为四级,是为了说明公路交通负荷状况,以交通流状态为划分条件,定性地描述交通流从自由流、稳定流到饱和流和强制流的变化阶段。因此，采用四级服务水平，可以方便地评价公路交通的运行质量。

服务水平的划分，高速公路、一级公路以车流密度作为主要指标；二、三级公路以延误率和平均运行速度作为主要指标；交叉口则用车辆延误来描述其服务水平。

一级服务水平：交通量小、驾驶者能自由或较自由地选择行车速度并以设计速度行驶，行驶车辆不受或基本不受交通流中其他车辆的影响，交通流处于自由流状态，超车需求远小于超车能力，被动延误少，为驾驶者和乘客提供的舒适便利程度高。

二级服务水平：随着交通量的增大，速度逐渐减小，行驶车辆受别的车辆或行人的干扰较大，驾驶者选择行车速度的自由度受到一定限制，交通流状态处于稳定流的中间范围，有拥挤感。到二级下限时，车辆间的相互干扰较大，开始出现车队，被动延误增加，为驾驶者提供的舒适便利程度下降，超车需求与超车能力相当。

三级服务水平：当交通需求超过二级服务水平对应的服务交通量后，驾驶者选择车辆运行速度的自由度受到很大限制，行驶车辆受别的车辆或行人的干扰很大，交通流处于稳定流的下半部分，并已接近不稳定流范围，流量稍有增长就会出现交通拥挤，服务水平显著下降。到三级下限时行车延误的车辆达到80%，所受的限制已达到驾驶者所允许的最低限度，超车需求超过了超车能力，但可通行的交通量尚未达到最大值。

四级服务水平：交通需求继续增大，行驶车辆受别的车辆或行人的干扰更加严重，交通流处于不稳定流状态。靠近下限时每小时可通行的交通量达到最大值，驾驶者已无自由选择速度的余地，交通流变成强制状态。所有车辆都以通行能力对应的、但相对均匀的速度行驶。一旦上游交通需求和来车强度稍有增加，或交通流出现小的扰动，车流就会出现走走停停的状态，此时能通过的交通量很不稳定，其变化范围从基本通行能力到零，时常发生交通阻塞。

公路规划、设计时，既要保证必要的车辆运行质量，同时又要兼顾公路建设的投资成本。考虑到设计交通量是第30位小时的交通量，因此设计采用的服务水平不必过高，但也不能以四级服务水平作为设计标准，因为这样在设计年限内就有30个小时的交通需求大于能通行的最大交通量，交通流处于不稳定的强制运行状态，并由此导致更多的时段内发生经常性拥堵。因此，原则上高速公路和一级公路采用二级服务水平进行设计，而二、三级公路和无控制交叉采用稳定流的下半部分，即按三级服务水平设计。四级公路主要服务于地方经济，因此服务水平不作规定。

2.0.5 设计速度

1 设计速度是公路设计时确定几何线形的基本要素。它是在气象条件良好，车辆行驶只受公路本身条件影响时，具有中等驾驶技术的人员能够安全、顺适驾驶车辆的速度，因此它与运行速度有密切关系。根据国内外观测研究，当设计速度高时，运行速度低于设计速度；而当设计速度低时，运行速度高于设计速度。这也说明设计速度与运行安全有关。

本次修订对各级公路所对应的设计速度进行了调整。首先改“计算行车速度”为“设计速度”，还其本意；其次因为《标准》(97)取消地形后二、三、四级公路的设计速度有交叉（如二级公路的40km/h与三级公路的60km/h），且同级公路的设计速度差过大，需要调整。本着既保持其一定的延续性，又要保证逻辑性，同时能普遍接受的原则予以调整。

设计速度是公路设计时确定其几何线形的最关键参数，我国从20世纪50年代起引入了设计车速的概念，作为路线设计的基础指标，根据车辆动力性能和地形条件，确定了不同等级公路的设计速度指标，各级公路按地形条件的差别，从20km/h到120km/h。设计速度一经选定，公路的所有相关要素如视距、超高、纵坡、竖曲线半径等指标均与其配合以获得均衡设计。目前，基于设计速度的路线设计方法已被所有设计人员所掌握。

但是，经过多年来的实践，设计与管理人员发现，这种设计方法本身存在一定的缺陷。因为设计速度对一特定路段而言是一固定值，这一值作为基础参数，用于规定一个路段的最低设计标准，但在实际的驾驶行为中，没有一个驾驶员自始至终地去恪守这一固定车速。现有路段观测结果表明，设计速度的设计方法不能保证线形标准的一致性。实际的行驶速度总是随公路线形、车辆动力性能及驾驶员特性等各种条件的改变而变化。只要条件允许,驾驶者总是倾向于采用较高的速度行驶。从公路使用者的安全角度考虑,在进行公路路线设计时,不能简单地以设计速度来控制公路线形指标,因为车辆是连续行驶的,需要以动态的观点来考虑车辆进入曲线时的运行速度,所选择的设计速度要与车辆运行速度相适应,从而提高公路的安全性。

针对设计速度方法存在的主要问题,德、法等欧洲国家和美国、澳大利亚等发达国家广泛运用了以运行速度概念为基础的路线设计方法。因为运行速度考虑了公路上绝大多数驾驶员的交通心理需求,以车辆的实际运行速度作为线形设计速度,从而有效地保证了路线所有相关要素如视距、超高、纵坡、竖曲线半径等指标与设计速度的合理搭配,可以获得连续、一致的均衡设计。

运行车速的引入,可以有效地解决路线设计指标与实际行驶速度所要求的线形指标脱节的问题。但由于国内外的交通条件和驾驶员行为差别明显,欲采纳这种设计方法须对我国的运行速度进行深入的调查,确定适合国情的设计参数值。

针对《标准》(97)中存在的主要问题,交通部公路司在2000年度立专题开展"高速公路运行速度设计方法和标准"研究,以期在观测数据的基础上,建立适合我国交通运行特征的路线运行速度设计方法和设计流程,以确保公路几何线形设计能够满足车辆实际行驶速度的要求,同时解决各设计要素之间的相容性问题。本次修订在设计上引入了运行速度的概念,建议设计人员在设计速度变化路段、爬坡车道、超高等受限制路段进行验算。

现"高速公路运行速度设计方法和标准"专题研究已通过验收,正拟编制《运行速度指南》,已具备逐步推行使用的基础。建议通过一段时间的试运用,待条件成熟后正式纳入《标准》。

2　高速公路的设计速度为120 km/h、100 km/h 和 80 km/h,目的是保证高速公路的高速、安全和舒适等特点。世界各国高速公路标准的设计速度最低为80 km/h(只有匈牙利、保加利亚和日本的城市道路中的高速公路有60 km/h 的设计速度)也是这个道理,何况如果高速公路选在一个区域的唯一走廊带,待经济发展需改造时,采用60 km/h 设计的线形指标是很难改善的,另外,设计速度低而运行速度高,极易诱发交通事故。故本次修订将设计速度60 km/h 作为特殊困难的路段考虑,要求小于一个设计路段的长度即小于15km;同时考虑到个别越岭路段地形条件受限时,往往可能大于15km,针对这一特定条件,将其放宽到"相邻两互通式立体交叉之间"的路段,但应注意线形衔接和交通工程设施的配合。

3　本条提到的"论证",其含义是包括技术、经济、安全、环保和社会等方面的综合比选论证;而"技术经济等论证"的含义则是以技术经济为主,兼顾其他相关因素的比选论证。

4　在设计速度的选用方面,本次修订贯穿了干线公路优先考虑较高的设计速度,集散公路宜选用较低设计速度的思路,即倡导按公路的功能选择设计速度。

2.0.7　公路建筑限界仍沿用《标准》(97)的规定,只是对八车道及其以上的高速公路设置左路肩、隧道的侧向宽度等作了补充规定。

2.0.8　根据《中国地震动参数区划图》(GB 18306—2001),不再采用地震基本烈度的概念,取之为地震动峰值加速度系数。地震基本烈度与地震动峰值加速度系数之间的关系如表2-1所示。

表2-1　地震基本烈度与地震动峰值加速度系数的对应关系

地震动峰值加速度系数(g)	<0.05	0.05	0.10	0.15	0.20	0.30	≥0.40
地震基本烈度	<VI	VI	VII	VII	VIII	VIII	≥IX

本标准中规定地震动峰值加速度系数为0.10、0.15、0.20和0.30地区的公路工程,应进行抗震设计;对地震动峰值加速度系数大于或等于0.40地区的公路工程,应进行专门的抗震研究和设计。这是总结了我国云南、四川、山东、广东、江苏、辽宁等地的部分震害调查资料,并结合国家的抗震防灾的基本要求提出的,与《标准》(97)一致。从多年来的应用情况看,一般条件下,公路工程能够经受住地震动峰值加速度系数为0.05的地震的影响。简支梁桥等桥梁结构可通过一些简单的抗震措施(如防止落梁措施等)提高抗震设防能力。

对于地震动峰值加速度系数小于或等于0.05的地区,除有特别规定以外,可不进行专门的抗震设计,而采用简易设防。

3 路线

3.0.1 一般规定

本次修订的原则是只列出同控制公路工程技术标准和建设规模有关的技术指标，其他相关技术指标均移至相应设计规范；在每章的“一般规定”中也只是对与之有关的设计思想、技术方针等作出指导、原则性规定。本章仅规定了路线各主要技术指标的“一般值”、“最小值”以及特殊情况下使用的指标。

本次修订对路线设计强调如下：

1 加强工程地质、水文地质与不良地质等的调查与勘察

公路建设中经常会遇到滑坡、泥石流、崩坍、溶洞、采空区或软基等不良地质问题，因之必须在勘察设计阶段作好地质灾害评价，加大对不良地质地段的调查与勘察工作的力度，并在此基础上论证路线通过的合理方案以及应采取的工程措施，避免造成地质病害。

2 同农田与水利建设、城市规划的配合

根据《农业法》及《基本农田保护条例》，国家实行基本农田保护制度。各县级和乡（镇）土地利用总体规划应当确定基本农田保护区。当国家能源、交通、水利、军事设施等重点建设项目确实无法避开基本农田保护区时，必须依法办理相关征用手续。

根据《城市规划法》，国家规定大、中、小城市是分别以“市区和近郊非农业人口”50 万以上、20～50 万和不满 20 万划定的。规定新建的过境公路应当避开市区；在城市规划区内的建设工程必须符合城市规划。

土地利用是一个非常重要也是一个非常敏感的问题，是可持续发展战略的重要方面；早期修建的公路其沿线的街道化情况十分严重，这些路段已变成了交通堵塞的“瓶颈”地段。随着经济的发展和公路运输事业需求的增加，在新建公路工程项目时必须作好这方面的协调工作，因此，本标准中明确规定：在确定公路路线线位时应考虑同农田与水利建设、城市规划的配合。

3 避让不可移动文物

根据《文物保护法》，古文化遗址、古墓葬、古建筑、石窟寺、石刻、壁画、近代现代重要史迹和代表性建筑等为“不可移动文物”，国家根据它们的历史、艺术、科学价值等分别定为全国重点、省级和县级文物保护单位。建设工程应当尽可能避开不可移动文物；因特殊情况不能避开的，对文物保护单位应当尽可能实施原址保护。

4 我国历史悠久，历史文物是我国的宝贵财富，应该认真地进行保护，本标准明确地规定应“尽可能避让不可移动文物”。

3.0.2 车道宽度

1 车道是指专为纵向排列、安全顺适地通行车辆为目的而设置的公路带状部分。所谓车道宽度是为了交通上的安全和行车上的顺适，根据汽车大小、车速高低而确定的各种车辆以不同速度行驶时所需的宽度。

2 车道宽度的确定

车道宽度应该满足车辆行驶的需要，双车道公路应满足错车、超车行驶所必须的余宽，四车道公路应满足车辆并列行驶所需的宽度。

车道宽度是根据设计车辆的最大宽度，加上错车、超车所必需的余宽确定的。

本条文仍沿用《标准》(97)的规定，未再做工作。

3.0.3 车道数的确定

高速公路、一级公路各路段的车道数根据预测的设计交通量、设计速度、服务水平等确定。

二级、三级公路为双车道公路。二级公路混合交通量大，非汽车交通对汽车运行影响较大时，可划

线分快、慢车道(慢车道可利用硬路肩及土路肩的宽度),但这种公路仍属双车道范畴。

3.0.4 中间带

1 本标准规定,高速公路和一级公路必须设置中间带,因为不设中间带无法保证行车安全,也难以达到该公路等级应有功能。

2 中间带由中央分隔带和路缘带组成。中央分隔带在构造上起到分隔对向交通的作用。在分隔带的两侧设置路缘带。路缘带提供了安全行车所必需的侧向余宽,并能引导驾驶员的视线。

3 中间带的宽度规定了一般值和最小值。正常状况下应采用一般值,特殊情况时经技术经济论证后可采用最小值。同时,考虑中小桥与前后线形的连接,在断面组合方面,应避免多变。中央分隔带宽度1.00m,仅限于在中间带内不埋设管线或不设置跨线桥桥墩时采用。

3.0.5 路肩

为保证行车安全,考虑到八车道高速公路小客车因事故等临时紧急停车的需要,有条件时应设置左侧硬路肩。鉴于内侧车道上行驶的车辆以小客车为主,故规定左侧硬路肩包括左侧路缘带的宽度采用2.50m。

3.0.6 紧急停车带

紧急停车带是与车道平行设置的,驶入时需有一个斜的缓和长度,按60km/h速度进入20m就够了。桥梁或隧道,考虑工程的造价宜采用10m缓和长度。有效长度的确定应考虑车辆的最大长度,本标准采用30m。

紧急停车带宽度仅供故障车辆临时停放时,不致侵占行车道宽度,不影响行车道上的车辆正常行驶,故其宽度采用3.50m。

3.0.7 加(减)速车道

由于加(减)速车道分别在不同的地点使用,有不同的特点和要求,本标准对加(减)速车道仅作一般性规定。

3.0.8 爬坡车道

本标准规定:高速公路和一级公路、二级公路的连续上坡路段,当通行能力、运行安全等受到影响时,应设置爬坡车道。在实际应用中,要考虑路段内大型车的爬坡性能和混入率对通行能力的影响,并分析工程投资与运营费用的综合效益,以确定是否设置爬坡车道。广州—增城二级公路上有一段大于4%的路段,在设置爬坡车道后,堵塞情况得到很大改善。国外有的规定纵坡大于5%的路段,应设置爬坡车道。他们认为在国家干线公路上,从设计上就造成载重汽车显著减速是不适当的。在双车道公路上,为了保证交通安全,也应设适当的爬坡车道。六车道以上的高速公路,一般情况下不再需要设置爬坡车道,主要是考虑其外侧车道可供因上坡减速后的载重汽车行驶。

3.0.9 避险车道

在连续长陡下坡路段应在适当地点设置避险车道,以供制动失效的车辆强制减速停车。

避险车道可修建在主线直线段上合适的位置,并应修建在失控车辆不能安全转弯的主线弯道之前以及修建在坡底人口稠密区之前,以保证失控车辆上的人员以及位于坡底居民的安全。

3.0.10 错车道

四级公路采用单车道路基时,应设置错车道。错车道的间距应根据错车时间、视距、交通量等情况决定。国外有的规定,最大错车时间为30s左右,其最大间距应不大于300m。本标准对设置间距未作硬性规定,可结合地形等情况,在适当距离内设置错车道。错车位置至少可以看到相邻两个错车道的情况。

3.0.11 公路路基宽度

1 高速公路、一级公路的路基横断面分为整体式和分离式两类。整体式断面包括车道、中间带(中央分隔带及左侧路缘带)、路肩(硬路肩及土路肩)以及紧急停车带、爬坡车道、加(减)速车道等;分离式断面包括车道、路肩(硬路肩及土路肩)以及紧急停车带、爬坡车道、加(减)速车道等。

二、三、四级公路的路基横断面包括车道、路肩以及错车道等。二级公路位于中、小城市城乡结合部、混合交通量大的连接线路段,实行快、慢车道分开行驶时,可根据当地经验设置慢车道或加宽右侧硬路肩。

各级公路路基标准横断面如图 3-1、图 3-2 所示。

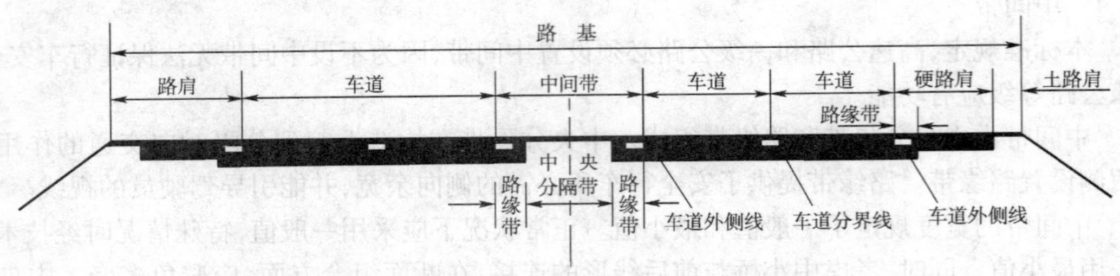

图 3-1 高速公路、一级公路路基标准横断面

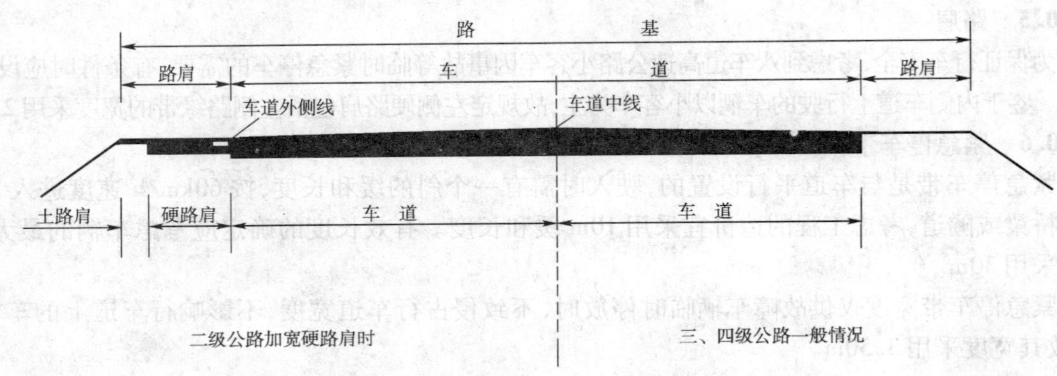

图 3-2 二、三、四级公路路基标准横断面

2 横断面各部分尺寸及横断面形式

各级公路路基横断面中车道数及各部分尺寸,如车道、中间带、路肩、紧急停车带、加(减)速车道、爬坡车道、错车道等部分的宽度,应符合本标准第 3.0.2 条、3.0.3 条、3.0.4 条、3.0.5 条、3.0.6 条、3.0.7 条、3.0.8 条、3.0.10 条的规定。对于城市出入口混合交通量大的路段,慢车道的设置宽度可根据实际情况及当地经验确定。

高速公路、一级公路根据地形、地物等情况,其路基横断面形式可分段采用整体式或分离式。在山岭、丘陵地段或地形受制约地段,当采用整体式断面而工程量过大时,宜采用分离式断面。

二、三、四级公路均为双车道公路,应采用整体式断面。

二级公路作为城乡结合部,混合交通量大的集散公路,可根据当地经验加宽右侧硬路肩设置慢车道。设计速度为 80km/h 的路基宽度最大为 15.0m;设计速度为 60km/h 的路基宽度最大为 12.0m。经调查,路基宽度超过 15.0m 的二级公路,多已划为不设中间带对向行驶的四个车道公路,有的路基宽度甚至超过 20.0m,此种公路被当地称为"超二级公路"。由于没有中间带,对向行驶的车辆经常越过双黄线强行超车,致使事故频繁,无法控制。

3 确定路基宽度时,中央分隔带宽度、右侧路缘带、右侧硬路肩宽度、土路肩宽度等的"一般值"和"最小值"应同类相加。这个规定的目的是为了充分发挥断面的整体功能,避免因任意抽换而影响各部分功能应有的作用。

3.0.12 视距

驾驶人员行车时注视的位置是在车道的前进中心线上,其目高是以车体低的小客车为标准。近来,因考虑行车速度、制造成本等因素,小客车的全高有所降低。日本采用的目高为 1.20m,美国采用 4.5ft = 1.37m,加拿大采用 1.05m。我国从驾驶员的身高、车型等多种因素考虑,目高采用 1.2m。对象物的位置仍为同一车道的中心线上,其高度规定为 0.10m。在设计中经常用到的有停车视距、超车视距和会车视距。

停车视距:小客车行驶时,当目高为 1.2m,物高为 0.1m 时,驾驶人员自看到前方障碍物时起,至障碍物前能安全停车所需的最短行车距离,即为小客车停车视距(简称停车视距)。载重货车行驶时,当目高为 2.0m,物高为 0.1m 时,驾驶人员自看到前方障碍物时起,至障碍物前能安全停车所需的最短行车距离，即为货车停车视距。本标准修订时，对货车停车视距作了专题研究，提出了停车视距和货车停车视距对照如表 3-1 及表 3-2。

表 3-1　高速公路、一级公路停车视距及货车停车视距

设计速度(km/h)	120	100	80	60
停车视距(m)	210	160	110	75
货车停车视距(m)	245	180	125	85

表 3-2　二、三、四级公路停车视距及货车停车视距

设计速度(km/h)	80	60	40	30	20
停车视距(m)	110	75	40	30	20
货车停车视距(m)	125	85	50	35	20

货车停车视距在下坡路段，应随坡度大小进行修正，其值如表 3-3。

表 3-3　货车停车视距

纵坡坡度(%)		设计速度(km/h) / 货车停车视距(m) 120	110	100	90	80	70	60	50	40	30	20
下坡	0	245	210	180	150	125	100	85	65	50	35	20
	3	265	225	190	160	130	105	89	66	50	35	20
	4	273	230	195	161	132	106	91	67	50	35	20
	5	—	236	200	165	136	108	93	68	50	35	20
	6	—	—	—	169	139	110	95	69	50	35	20
	7	—	—	—	—	—	—	—	70	50	35	20
	8	—	—	—	—	—	—	—	—	—	35	20
	9	—	—	—	—	—	—	—	—	—	—	20

由于一些情况下还满足不了货车停车视距的要求，根据“公路货车停车视距”专题研究结果，本标准规定：“高速公路、一级公路以及大型车比例高的二、三级公路，应采用货车停车视距对相关路段进行检验”。

积雪冰冻路段的停车视距，考虑到在这些路段行驶的车速会有较大幅度的降低，也可不再调增。但对重要干线公路，可根据各地要求的必须保证安全的最低车速，适当调增停车视距。

超车视距：在双车道公路上，当目高为 1.2m，物高为 1.2m，后车超越前车过程中，从开始驶离原车道之处起，至可见对向来车并能超车后安全驶回原车道所需的最短距离，即为超车视距。双车道公路的行车特征是超车时经常要占用对向车道，为保证行车安全，本标准中规定：“双车道公路应间隔设置具有超车视距的路段”。

会车视距：参照国内外的普遍做法，取停车视距的两倍。

由于高速公路和一级公路采用分向分道行驶，不存在会车的问题，只考虑停车视距。对于二、三、四级公路，除必须保证会车视距的要求外，双车道公路还应考虑超车视距的要求。

3.0.13　直线

关于直线的最大与最小长度应有所限制，从理论上求解是非常困难的，主要应根据驾驶员的视觉反应及心理上的承受能力来确定。据国外资料介绍，对于设计速度大于或等于 60km/h 的公路，最大直线长度为以汽车按设计速度行驶 70s 左右的距离控制；一般直线路段的最大长度(以 m 计)应控制在设计速度(以 km/h 计)的 20 倍为宜；另外，同向曲线之间直线的最小长度(以 m 计)以不小于设计速度(以 km/h 计)的 6 倍为宜；反向曲线之间的最小直线长度(以 m 计)以不小于设计速度(以 km/h 计)的 2 倍为宜。设计速度小于等于 40km/h 的公路可参照上述做法。因此，在实际工作中，设计人员应根据地形、地物、自然景观以及经验等来判断决定。

直线路段的汽车运行速度应予以充分考虑,这一点非常重要。应对此进行检查,确保直线段与相邻曲线段上的车速差不超过20km/h。同时应采用透视图法检查线形,特别要避免断背曲线。曲线间的直线最小长度还应满足超高渐变段的长度要求。

公路线形是在已有自然条件的基础上进行考虑的,首先考虑的不是在平面线形上尽量多采用直线,或者必须是由连续的曲线所构成,而是必须采用与自然地形相协调的线形。

顺着自然地形平滑的线形比以直线为主而填挖方多的公路线形在美观上还要好,可以避免由于修建公路而破坏沿线的生态环境,从保护自然的角度或从施工、工程费、养护费以及节省劳力的角度看都是好的。但有意地采用曲线相连续的线形,会使驾驶人员积累疲劳,而且多数车辆在曲线上往往不能沿着车道有秩序地行车,所以尽管这种线形比较美观,也不应该刻意追求这种线形。

直线过长,行车单调,驾驶人员易犯困,尾随车辆不易估计车速,易造成车速过快而发生事故。过去,我国西北、海南岛、山东等地修建的公路上都有几公里甚至几十公里的长直线路段。例如新疆长直线路段长达47.5km,20~30km的路段也不少。目前,随着我国土地利用程度的提高,除西北等地区外,要选用这样的长直线地段是不容易的。德国的规范规定,直线长度不得超过20倍设计速度的值,即120km/h的设计速度,直线长度可用到2400m;100km/h的设计速度,直线长度可用到2000m。显然,这是指分向高速行驶的公路,而等级较低的公路就不一定适用。当然,针对我国的实际情况,如何采用,还要因地制宜,因等级而异。

综上所述,本标准规定:直线的最大与最小长度应有所限制。一条公路的直线与曲线的长度设计应合理。

3.0.14 圆曲线最小半径

本条文系根据“公路横向力系数”专题项目研究成果修订。

1 确定最小半径的原则

本标准中规定的圆曲线最小半径是以汽车在曲线部分能安全而又顺适地行驶所需要的条件而确定的。圆曲线最小半径的实质是汽车行驶在公路曲线部分时,所产生的离心力等横向力不超过轮胎与路面的摩阻力所允许的界限。根据车辆在弯道上行驶时的受力状况及各种力的几何关系可推导出公式(3-1):

$$R=\frac{V^2}{127(\mu+i)} \tag{3-1}$$

式中:R——曲线半径(m);

V——车辆速度(km/h);

μ——横向力系数,极限值为路面与轮胎之间的横向摩阻系数;

i——路面的横向坡度。

本标准给出了圆曲线最小半径的三种值,即“一般值”、“极限值”、“不设超高最小半径”。公路线形设计时,应根据沿线地形等情况,尽量选用较大半径。在不得已情况下方可使用“极限值”;当地形条件许可时,应尽量采用大于圆曲线最小半径的“一般值”。

选用曲线半径时,应注意前后线形的协调,不应突然采用小半径曲线。长直线或线形较好路段,不能采用最小圆曲线半径。从地形条件好的区段进入地形条件较差区段时,线形技术指标应逐渐过渡,防止突变。

2 圆曲线最小半径“极限值”的确定

按式(3-1)计算最小曲线半径时,式中的V采用各级公路相应的设计速度,因此,确定圆曲线最小半径的关键参数是横向力系数和超高横坡。

横向力系数的大小直接影响乘车人的舒适感。经过测试小客车、大客车、大中型货车在43个观测路段上运行时乘车人的舒适度感受数据,运用心理学方法和统计方法分析整理得出各种车型在不同行驶速度下对应的横向力系数阈值(如图3-3)。

车辆在曲线上稳定行驶的必要条件是横向力系数不能超过路面与轮胎之间的横向摩阻系数。所以，为了确定横向力系数的设计值，既要通过实测路面与轮胎之间的摩擦系数范围，还要考虑司乘人员在行驶中所能忍受的横向力的大小和舒适感，综合平衡二者后才能确定。

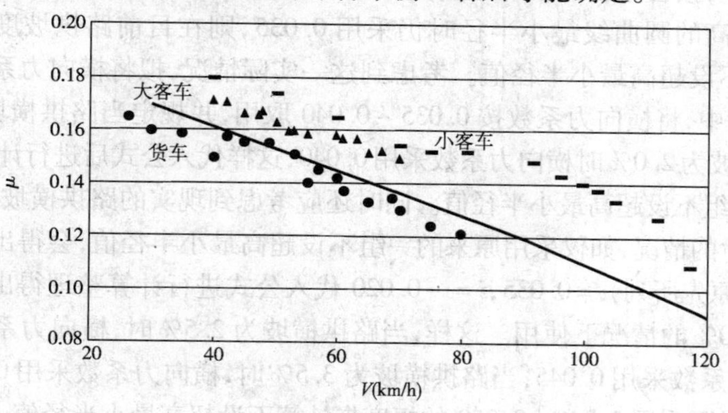

图 3-3　横向力系数取值示意图

经过对 43 个观测点极限摩阻系数的测试，样本路段的极限横向摩阻系数均在 0.3 以上，设计用的横向力系数 0.10 ~ 0.17 占极限横向摩阻系数的比例较小，安全度较高，基本上可以避免横向滑移的危险。

根据以上分析，本标准在计算最小圆曲线半径时采用了表 3-4 所列横向力系数及超高值：

表 3-4　圆曲线最小半径的横向力系数及超高值

设计速度(km/h)	120	100	80	60	40	30	20
横向力系数	0.10	0.12	0.13	0.15	0.15	0.16	0.17
超高值(%)	6	6	6	6	6	6	6
	8	8	8	8	8	8	8
	10	10	10	10	10	10	10

本标准规定的超高值变化范围在 10% ~6% 之间，计算圆曲线最小半径时，分别用 6%、8% 和 10% 的超高值代入计算，将计算结果取整，即得出本标准规定的圆曲线最小半径"极限值"如表 3-5，条文中所列的为常用 8% 超高的圆曲线最小半径极限值。

表 3-5　圆曲线最小半径极限值

设计速度(km/h)	120	100	80	60	40	30	20
$i=10\%$	570	360	220	115	50	30	15
$i=8\%$	650	400	250	125	55	30	15
$i=6\%$	710	440	270	135	60	35	15

3　圆曲线最小半径"一般值"的确定

确定一般圆曲线最小半径采用的横向力系数值为 0.05 ~ 0.06。这样，行车将更加舒适，而且，这种半径在大多数的情况下，有可能被采用。

一般圆曲线最小半径对按设计速度行驶的车辆能保证其安全性与舒适性，是设计时建议采用的值，参考国内外使用的经验，采用了表 3-6 所列横向力系数和超高值代入公式计算，将计算结果取整，即得出本标准规定的圆曲线最小半径一般值。

表 3-6　圆曲线最小半径"一般值"的横向力系数和超高值

设计速度(km/h)	120	100	80	60	40	30	20
横向力系数	0.05	0.05	0.06	0.06	0.06	0.05	0.05
超高值(%)	0.06	0.06	0.07	0.08	0.07	0.06	0.06
圆曲线最小半径"一般值"(m)	1000	700	400	200	100	65	30

4　不设超高的圆曲线最小半径的确定

圆曲线半径大于一定数值时，可以不设置超高，而允许设置等于直线路段路拱的反超高。从行驶的舒适性考虑，必须把横向力系数控制到最小值。《标准》(97)规定不设超高的圆曲线最小半径，是取用了$\mu=0.035$，$i=-0.015$，按各级公路设计速度代入公式进行计算并整理得出的结果。本次修订，如横向力系数在计算不设超高的圆曲线最小半径时仍采用0.035，则在目前路拱坡度最小采用2%的情况下，会得出较大的一组不设超高最小半径值。考虑到这一实际情况，拟将横向力系数的采用以一个幅度的值来表示，在本次修订中，将横向力系数按0.035～0.040取用，并规定当路拱横坡为1.5%时横向力系数采用0.035；当路拱横坡为2.0%时横向力系数采用0.040，这样代入公式后进行计算并整理得出的结果，仍为《标准》(97)中的一组不设超高最小半径值。同时还应考虑到现实的路拱横坡在高速公路、一、二、三级公路上还有大于2.0%的情况，如仅采用原来的一组不设超高最小半径值，会得出按公式推算的横向力系数过大。本次修订将原先所列$\mu=0.035$，$i=-0.020$代入公式进行计算整理得出的一组不设超高最小半径值作为路拱大于2.0%的情况下使用。这样，当路拱横坡为2.5%时，横向力系数采用0.040；当路拱横坡为3.0%时，横向力系数采用0.045；当路拱横坡为3.5%时，横向力系数采用0.050；横向力系数在路拱横坡大于2.0%的情况下采用0.040～0.050的幅度来计算不设超高最小半径值。不设超高圆曲线最小半径如表3-7。

表3-7　不设超高圆曲线最小半径(m)

设计速度(km/h)	120	100	80	60	40	30	20
$i_{路拱}\leq2.0\%$ $\mu=0.035\sim0.040$	5500	4000	2500	1500	600	350	150
$i_{路拱}>2.0\%$ $\mu=0.040\sim0.050$	7550	5250	3350	1900	850	450	200

3.0.15　回旋线

高速公路、一、二、三级公路的直线与半径小于3.0.14条中所列不设超高圆曲线最小半径相衔接处，应设置缓和曲线进行连接。本标准规定缓和曲线采用回旋线，回旋线的基本公式为式(3-2)：

$$rl=A^2 \tag{3-2}$$

式中：r——回旋线上某点的曲线半径(m)；

l——回旋线上某点到原点的曲线长(m)；

A——回旋线参数(m)。

缓和段一般包括下列内容：①曲率变化缓和段(从直线向曲线或从大半径曲线向小半径曲线变化)；②横向坡度变化的缓和段(直线段的路拱横坡度渐变至弯道超高横坡度的过渡或曲线部分不同的横坡度的过渡)；③加宽缓和段(直线段的标准宽度向曲线部分加宽度之间的渐变)。

条文规定："回旋线参数及其长度应根据线形设计以及对安全、视觉、景观等的要求，选用较大的数值"。回旋线最小长度系曲率变化需要的最小长度。沿双车道中线轴旋转的超高缓和长度基本上可以概括并适用一般情况。但是，有时以行车道边缘线为旋转轴的，或者车道数较多或较宽的，则可能超高所需缓和段长度大于曲率变化的缓和段长度，因此应视这两个缓和段长度的计算结果采用其中较大的一个。缓和段长度一经确定，就应在其中同时进行各种需要的渐变。

条文中的规定是以超高缓和段的需要考虑的，等级较高的公路既设置超高缓和段又设回旋曲线，应以较大值概括较小值，所以，条文规定："直线与小于表3.0.14所列不设超高的圆曲线最小半径相衔接处，应设置回旋线。"

缓和曲线采用回旋线，是由于汽车行驶轨迹非常近似回旋线，回旋线不仅可以用做缓和曲线，而且也可以作为线形要素之一。同时，又有相应的测设用表，具备了使用条件，所以本标准中规定采用回旋线。

3.0.16　纵坡

本条文在《标准》(97)基础上并依据"公路纵坡坡度及坡长限制"专题项目部分结论而拟定。

高速公路设计速度为120km/h的最大纵坡规定为3%，因为小客车在3%的坡道上行驶，同水平路段上行驶的比较，只是保持自由速度方面有轻微的影响。在较陡的坡道上，其速度则随着上坡坡度的增大而逐步降低。在下坡道上，小汽车的速度略高于水平路段的速度，但也要受各种条件的限制。

3%、4%的最大纵坡适合于高速公路和一级公路以较高行车速度行驶，当高速公路受地形条件或其他特殊情况限制时，经技术经济论证，最大纵坡可增加1%；8%、9%的最大纵坡适合于设计速度为30km/h的三级公路以及设计速度为20km/h的四级公路上低速行驶；5%、6%、7%的最大纵坡适合于80km/h、60km/h、40km/h的设计速度。

长、大纵坡对载重汽车行驶很不利，上坡会使车速减慢，妨碍后续的快速车辆，使超车需求增多，"强超硬会"的可能性增大，安全性降低；而下坡会使制动过热、制动效能减弱，更易发生交通事故。因此，各级公路必须对连续上坡和连续下坡路段按平均纵坡进行控制。

国内外的事故资料都表明，下坡路段的事故发生频率明显高于上坡路段，特别是长大下坡路段。重型载重车辆的快速行驶更易引发重大、恶性交通事故。根据下坡路段的事故原因分析，超过半数的肇事车辆是由于制动失效引起的。根据专题研究结论：在车辆正常配载、行车制动系工作完好、驾驶员操作正确的情况下，平均纵坡的控制可以保持《标准》(97)的规定不变。

3.0.17 纵坡长度

本条文主要依据"公路纵坡坡度及坡长限制"专题的研究结论拟定。

纵坡长度限制主要是依据8t载重车("功率/质量"比是9.3W/kg)的爬坡性能曲线，同时考虑坡底的入口速度与允许速度差确定的。标准中所规定的坡长限制是变坡点间的直线距离。如果有条件预测纵坡前的车辆行驶速度，应根据实际速度折减量按表3-8确定最大限制坡长。

表3-8 不同速度折减量下的坡长限制值

速度折减量(km/h) \ 纵坡长度(m) \ 纵坡 i(%)	3	4	5	6	7	8	9	10
10	900	700	450	—	—	—	—	—
15	1200	900	600	500	400	300	—	—
20	—	1200	900	700	500	400	300	200
25	—	—	1150	850	650	550	400	300

3.0.18 竖曲线

竖曲线最小半径分为"一般值"和"极限值"。"极限值"是汽车在纵坡变更处行驶时，为了缓和冲击和保证视距所需的最小半径的计算值，该值在受地形等特殊情况约束时方可采用。竖曲线半径"一般值"是竖曲线最小半径"极限值"的1.5~2.0倍。竖曲线最小半径"极限值"的计算及整理如表3-9和表3-10。

表3-9 凸形竖曲线最小半径"极限值"的计算

设计速度(km/h)	缓冲冲击所要求的曲线长度(m) $L_{V1}=\frac{V^2\Delta}{360}$	视距所要求的曲线长度(m) $L_{V2}=\frac{D^2\Delta}{360}$	采用值 L_t(m)	极限值(m) $R=\frac{1\,000L_t}{\Delta}$
120	40.0Δ	111.0Δ	110Δ	11 000
100	27.8Δ	64.5Δ	65Δ	6 500
80	17.8Δ	30.2Δ	30Δ	3 000
60	10.0Δ	14.1Δ	14Δ	1 400
40	4.4Δ	4.1Δ	4.5Δ	450
30	2.5Δ	2.3Δ	2.5Δ	250
20	1.1Δ	1.0Δ	1.0Δ	100

表中：V——行车速度(计算时采用计算行车速度)(km/h)；

D——视距(计算时采用停车视距)(m)；

L_t——采用的竖曲线长度(m)；

Δ——坡度差(%)；

R——极限最小半径(m)。

表 3-10　凹形竖曲线最小半径“极限值”的计算

设计速度（km/h）	缓冲冲击所要求的曲线长度（m）$L_{V1}=\frac{V^2\Delta}{360}$	前灯光束距离所要求的曲线长度（m）$L_V=\frac{D^2\Delta}{150+3.49\Delta}$	跨线桥下视距所要求的曲线长度（m）$L_{V2}=\frac{D^2\Delta}{1927}$	采用值 L_t（m）	极限最小半径（m）$R=\frac{1000L_t}{\Delta}$
120	40.0Δ	50.0Δ	22.9Δ	40Δ	4000
100	27.8Δ	36.2Δ	13.3Δ	30Δ	3000
80	17.8Δ	22.1Δ	6.3Δ	20Δ	2000
60	10.0Δ	13.7Δ	2.9Δ	10Δ	1000
30	2.5Δ	3.5Δ	0.5Δ	2.5Δ	250
20	1.1Δ	1.8Δ	0.2Δ	1.0Δ	100

竖曲线长度过短，给驾驶员在纵面上一个很急促折曲的感觉，条文中规定的最小竖曲线长度是按3s设计速度行程长度而确定的。

4 路基路面

4.0.1 一般规定

路基路面的损坏不仅与其结构、材料有关，而且同路线线位、排水、路基压实等因素直接相关。本次修订强调应结合沿线地形、地质及材料等自然条件进行设计，应重视排水设施与边坡防护设施的设计，从而保证路基路面应具有足够的强度、稳定性和耐久性，以及路面面层满足抗滑和平整的要求。

关于路面分期修建问题，《标准》(97)规定“各级公路路面可根据交通量发展需要，一次建成或分期修建”，本次修订为：高速公路、一级公路的路面不宜分期修建，但位于软土地区、高填方路段等可能产生较大工后沉降的路段，可按“一次设计、分期实施”的原则进行建设，这是因为：

(1)高速公路、一级公路的交通量大，且对路面的使用品质有较高的要求，一旦投入运营，再中断交通维修养护或边施工边通车，不仅影响行车安全和经济效益，给交通管理带来困难，而且也易造成不良的社会影响。

(2)高速公路、一级公路的桥梁、互通式立体交叉、通道等结构物较多，并均为一次施工完成，若路面分期修建，则造成纵断面标高的频繁变化，不仅给施工带来麻烦，而且降低了高速公路行车的舒适性和安全性。

4.0.3 路基高度设计应考虑路基所处地段的地面积水情况、地下水位高度、基底和路基填料的毛细水作用、冰冻作用等。沿河路基应按设计洪水频率合理确定路基标高。

4.0.4

1 路基施工规范对路堤基底原地面压实度的规定偏低，且在公路设计和施工中，对于非软基地段的原地面的压实和处理亦缺乏足够重视，从而导致出现较大的工后沉降。本次修订强调应对路基原地面进行清理和压实，并对基底强度、稳定性不足的路段做好处理。

2 《标准》(97)及相关规范规定的路基压实度标准，其中1.5m以下路堤的压实度标准为90%，明显偏低，难以控制工后沉降以及路基路面整体质量。本次修订调研中了解到，部分省市已提高标准并付诸实施，并且多数技术人员与专家均认为应提高路基压实度标准，但也有少数意见认为提高标准将给施工带来较大难度。

综合考虑上述意见，为保证路基强度和稳定性，本次修订为：

(1)将高速公路、一级公路1.5m以下的路堤压实度标准从90%提高到93%，1.5m以上各层分别提高一个百分点。

二级公路1.5m以下从90%提高到92%，0.8m~1.5m从90%提高到94%，0~0.8m从93%提高到95%。

三、四级公路也作了一些调整。

对于特殊干旱或特殊潮湿地区，压实度标准可适当降低，或做必要的处理。

(2)三级公路修筑沥青混凝土或水泥混凝土路面时，其路基压实度应采用二级公路的标准。

4.0.5 路基防护工程是防治路基病害、保证路基稳定的重要措施。本次修订强调应根据公路功能，结合当地气候、水文、地质等情况，采取相应的防护措施，保证路基稳定。

深挖、高填路基边坡路段，往往存在着稳定性隐患，本次修订强调必须查明工程地质情况，根据地质勘察成果进行稳定性分析，针对其工程特性进行路基防护设计，保证边坡稳定。

高速公路、一级公路高填、深挖较多，边坡防护工程量大，考虑到环境保护和美化景观，本次修订强调路基防护应与公路景观相协调。

4.0.6 路面设计标准轴载关系到路面使用寿命和汽车工业发展两个方面，十分敏感。本次修订维持《标准》(97)的规定。世界各国路面设计轴载差别甚大，我国采用100kN作为标准轴载，相当于国际的中等水平。

4.0.7 《标准》(97)将路面分为四个等级,即高级、次高级、中级及低级,并与公路等级相对应。鉴于这些对应关系已不符合目前公路建设的实际情况,同时,中级路面、低级路面与国际上的统计口径也不相同(国际上,一般将沥青混凝土路面和水泥混凝土路面称为有铺装路面;表面处治、沥青碎石、贯入式路面等称为简易铺装路面;砂石路面等计入未铺装路面),因此,本次修订不再提及路面等级,只列出路面类型的适用范围,逐步弱化路面等级的概念。

砂石路面是以砂、石等为骨料,以土、水、灰为结合料,通过一定的配比铺筑而成的路面的统称,包括级配碎(砾)石路面、泥结碎(砾)石路面、水结碎石路面、填隙碎石路面及其他粒料路面。

4.0.9 做好路基路面排水是减少路面水损害、避免或减轻路基水毁、保护沿线环境的重要技术措施,本次修订对路基路面的排水设计作了原则规定。

5 桥涵

5.0.1 一般规定

1 桥梁的设置,尤其是特大、大桥的设置应根据公路功能及其等级、通行能力,结合地形、河流水文、河床地质、通航要求、河堤防洪、环境影响等进行综合考虑,并设置完善的防护设施,增强桥梁的抗灾能力。

2 特大、大桥的桥位应选择在顺直的河道段,避免设在河湾处,以防止冲刷河岸。同时要求河槽稳定,主槽不宜变迁,大部分流量能在所布置桥梁的主河槽内通过。桥位的选择要求河床地质条件良好、承载能力高、不易冲刷或冲刷深度小。桥位若处于断层地带,要分析断层的性质,如为非活动断层,宜将墩台设置在同一盘上。桥位应尽力避免选择在有溶洞、滑坡和泥石流的地段,否则应采取工程防护措施,确保岸坡稳定。

3 公路桥涵应根据所在公路的使用任务、性质和将来发展的需要,按照“安全、适用、经济、美观和有利环保”的原则进行设计。安全是设计的目的,适用是设计的功能需求,必须首先满足;在满足安全和适用的前提下,应根据具体情况考虑经济和美观的要求。在国家经济实力不断增强的时期,我们应该提倡公路工程设计的环保要求,保持公路的可持续发展,故增加了“有利环保”的原则。

4 公路桥涵的建设与农田水利和人民生活有着密切的关系,公路桥涵的设置应兼顾农田排灌的需要,考虑综合利用。

5 公路桥涵既是跨河、江、公路等的构造物,又是人们在生产实践中不断积累经验而建造的艺术品,是对人们视觉有较大影响的构造物。对于一些跨径大、技术复杂或构造特殊的特大桥,宜结合自然环境、桥梁结构的特点进行适当的景观设计。上跨高速公路、一级公路的桥梁在桥型、构造选择时宜注意构造物与自然和环境的协调。

6 公路桥梁桥面铺装的结构形式应与相邻公路路面相协调。桥面铺装宜采用沥青混凝土或水泥混凝土。桥面应有完善的防水、排水系统,不致因桥面积水而遭到破坏,减少使用寿命,影响行车。桥面应设纵坡,便于纵向排水;横向应设路拱并设泄水管以利横向排水,桥面面层以下宜设防水层。

5.0.2 桥涵分类有两个指标:一个是单孔跨径 L_K,用以反映技术复杂程度;另一个是多孔跨径总长 L,用以反映建设规模。

本次修订,对桥涵分类的划分标准进行了专题研究,并据此对桥涵分类标准作了适当调整。

桥梁跨径的大小是衡量一个国家桥梁工程建设综合水平的一个指标,《标准》(97)的规定已不能反映我国近20年来公路桥梁的建筑水平。为此,本次修订,将特大桥的起点跨径由100m调整至150m。跨径150m基本涵盖了所有常规桥梁结构,包括连续梁桥、连续刚构桥、钢筋混凝土拱桥和钢管混凝土拱桥等。

划分特大、大、中、小桥的另一个指标是多孔跨径总长,即不考虑两岸桥台侧墙长度在内的桥梁标准跨径的总长度。在一般情况下,桥梁总长大致相当于河流的宽度,以此作为划分指标,概念较明确,并有利于勘测工作中对桥梁总长的估算。本次修订将多孔跨径总长大于等于500m的特大桥的起点指标调整为大于1000m,该指标也基本涵盖了随着高速公路、一级公路的修建而出现的旱地跨线桥。

特大桥的划分标准随大桥指标的调整而作了相应的调整,其余指标保持《标准》(97)的规定。

5.0.3 为了便于编制标准设计,增强构件的互换性,对跨径小于和等于50m的桥涵,本标准采用了标准化跨径的概念,并对具体标准化跨径的数值作了相应的规定。

标准化跨径的上限,《标准》(97)定为60m,本次修订将上限调整为50m。

5.0.4 本次修订,对洪水频率标准的使用进行了重点调研。经综合分析,《标准》(97)中桥涵设计洪水频率标准的规定应用几年来，总体上与水工、铁路、城市等的防洪标准是协调的，故仍维持了《标准》(97)的规定。

本次修订，提高了公路桥涵分类标准中特大桥的分类标准，调整后，单孔跨径100～150m、多孔跨径总长500～1000m的新建桥梁其所采用的设计洪水频率标准由1/300调至1/100，但其调整后的设计洪水频率标准仍高于堤防的防洪标准，能够保证桥梁的安全。

鉴于桥梁水毁的原因之一是基础薄弱，因此规定在水势猛急、河床易于冲刷的情况下，对于二级公路上的特大桥和三、四级公路上的工程艰巨、修复困难的大桥，必要时可选用高一等级的设计洪水频率（即分别为1/300和1/100）验算基础冲刷深度。

5.0.5 桥面净空应符合本标准第2.0.7条公路建筑限界的规定，是考虑到对工程造价影响相对较小，同时能够避免在路桥结合处出现颈缩现象，以更好地改善公路线形、保障行车安全、提高服务水平。

按“符合本标准第2.0.7条公路建筑限界的规定”，要求桥涵与桥头引道的行车道（包括加减速车道、爬坡车道、慢车道、错车道等）、硬路肩或紧急停车带、中央分隔带、路缘带等对应的宽度应保持一致，也即俗称的“内齐外不齐”。

高速公路、一级公路上的特殊大桥为整体式上部结构时，若路桥同宽，可能会增加一定的投资。为节省工程费用，本标准规定可以适当减窄中央分隔带和路肩的宽度，但减窄后的宽度不得小于本标准表3.0.4和表3.0.5-1规定的中央分隔带和路肩宽度的“最小值”。

特殊大桥是指技术特别复杂或建设条件特别复杂的桥梁。

桥梁宽度减窄后，同桥头引道的线形应有良好的衔接，并具有足够的过渡段长度。

桥上所设置的输水管、电信、电缆等不应影响行车，应设置于隐蔽处。

5.0.6 设计水位应按本标准表5.0.4规定的桥涵设计洪水频率标准求得，并根据河流具体情况，分别计入壅水高、浪高、河床淤高及水上漂流物影响等。

通航河流的桥下净空，如图5-1所示，应根据航道等级和相应的通航代表船型的吨位及其技术要求确定。I至VII级内河航道对应的船舶吨位分别为3000t、2000t、1000t、500t、300t、100t和50t。桥下净高应从最高通航水位算起，桥下净宽应根据最低通航水位时墩台间的净距确定。通航河流的桥下净空，应满足《全国内河通航标准》(GBJ 139)的规定。

潮汐影响明显的感潮河段，设计最高通航水位应采用年最高潮位累积频率5%的潮位，按极值I型分布律计算确定。设计最低通航水位应采用低潮位累积频率为90%的潮位。

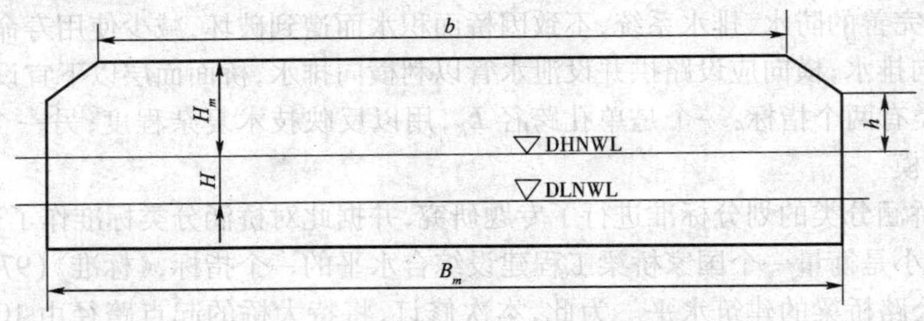

DHNWL—设计最高通航水位；DLNWL—设计最低通航水位

图5-1 水上过河建筑物通航净空

非通航和无流筏河流的桥下净空高度，应根据设计水位、壅水高、浪高、最高流冰水位确定，并给予一定的安全储备量。

非通航河流的桥梁跨径，除了应根据水流平面形态特征、河床演变趋势、河段地形地质条件确定外，还应考虑流冰、流木等从桥孔通过。

有国防要求和其他特殊要求（如石油钻探船）的航道，其通航标准须与有关部门具体研究确定。

5.0.7 高速公路和一级公路上的行车速度快，桥路衔接必须舒顺才能满足行车要求。因此，高速公路、一级公路上的各类桥梁除特殊大桥外，其布设应满足路线总体布设的要求，而特殊大桥应尽量顺直，以方便桥梁结构的设计。当二级、三级、四级公路的特大桥、大桥桥位选择余地较小，成为路线控制点时，路线线位应兼顾桥位。

桥上及其引道的纵坡规定，从多年来的应用情况看，是适宜的，本标准维持原规定。

5.0.8 我国的公路渡口目前还有相当的数量。因此，本标准中保留了公路渡口码头的规定。

渡口位置的选择，关系到渡口的运营条件，应选择在河床稳定、水文水力状态适宜、无淤积或少淤积的地点。在条件可能时，还应对将来改渡为桥方案进行比选。

公路渡口码头有直线式和锯齿式两种形式。

直线式码头一般河流均能适用，其山区河流修建的较多。这种码头由前墙和设有系船环（或将军柱）的码头引道组成，其特点为既是码头又是引道，没有截然划分的界限。前墙可用圬工或混凝土、钢筋混凝土等修建，它的作用是挡土和靠船。前墙长度与码头引道的宽度相同，高度由渡船的船型决定，顶面标高要高出最低通航水位0.8m～1.2m。直线式码头的引道纵坡一般为9%～10%，这是为了适应水位变化，以方便渡船停靠和车辆行驶安全。如果纵坡大于10%，则车辆上坡困难，下坡危险；如果纵坡小于9%，则争取高差太小，吃水不够，渡船难以停靠。

锯齿式码头的优点是适用于水位变化大的河流，一般有高、中、低水位码头，以方便渡船停靠，但工程费用大。锯齿式码头一般有几个齿相连，每齿又由前墙、侧墙和靠船设备组成，在前墙和侧墙中间填料夯实并铺设路面。齿数及相应标高，根据水位并结合码头纵坡决定，每级高差0.6m～1.2m，两齿间的水位重叠至少0.2m，最低的一级高出渡口通航水位0.8m～1.2m，以利车辆上下渡船。锯齿式码头引道纵坡一般为4%～6%。

车辆上、下渡船的引道，路面应采取防滑措施。

6 汽车及人群荷载

6.0.1 《标准》(97)中的车辆荷载在形式上为四个等级,即汽车—超20级、挂车—120;汽车—20级、挂车—100;汽车—15级、挂车—80和汽车—10级、履带—50,但新建公路桥涵的设计不采用汽车—15级、挂车—80标准,只是为便于国家统计工作的连续性而保留这一级荷载。

原公路桥涵结构设计采用的车辆荷载标准模式,是根据20世纪60年代我国公路交通荷载的实际情况,经过相当长时期的分析、研究和修正确定的。从近40年的应用情况看,《标准》(97)车辆荷载的模式及其分级基本上是合理的,能适应我国公路建设发展的需要,但也存在一些不尽合理之处,如采用车队荷载模式在桥涵结构设计时计算非常烦琐、车队荷载在不同跨径的结构上产生的效应的连贯性不够合理、标准荷载的级差不尽合理等,同时,采用车队荷载模式,容易造成设计采用的车辆荷载是实际运营中允许如此载质量的车辆在公路上行驶的错误观念。

本次修订,对公路桥涵结构设计采用的标准车辆荷载模式及其分级作了调整。一是将四级标准车队荷载改为公路—I级、公路—II级两级汽车荷载;二是取消了汽车—15级车辆荷载,即在标准中不再保留该级荷载标准;三是取消了在四级公路上使用的汽车—10级车辆荷载。经过如此调整,从荷载水平看,公路—I级基本相当于《标准》(97)的汽车—超20级车辆荷载;公路—II级基本相当于《标准》(97)的汽车—20级车辆荷载。另外,从形式上取消了验算荷载,而将验算荷载的影响通过多种途径间接地反映到汽车荷载模式中。

汽车荷载采用了国外普遍采用的由车道荷载和车辆荷载组成的模式。公路—I级、公路—II级汽车荷载的标准值是通过公路桥梁可靠度研究并经过与《标准》(97)的综合比较分析确定的,特别是兼顾了新旧标准间的衔接。

6.0.2 《标准》(97)规定,一级公路可以根据公路的功能、使用任务和将来发展的需求等情况选用汽车—超20级或汽车—20级车辆荷载。本次修订,根据一级公路在公路网中的地位和功能,规定一级公路的桥涵结构应采用公路—I级汽车荷载。

《标准》(97)规定,二级公路和三级公路上的桥涵应采用汽车—20级车辆荷载,四级公路应采用汽车—10级车辆荷载。本次修订,将二、三、四级公路上的桥涵结构的车辆荷载统一调整为公路—II级汽车荷载。考虑到二级公路在我国公路路网中的地位和作用,当二级公路作为干线公路且重型车辆多时,可以采用公路—I级汽车荷载;对重型车辆少的四级公路可以采用经折减后的公路—II级汽车荷载,以兼顾《标准》(97)及我国现有四级公路的实际情况。对于改建四级公路利用旧路的路段,原桥涵荷载标准达到公路—II级汽车荷载折减后标准时的桥涵可以继续利用。从总体上而言适度提高了量大面广的桥涵结构荷载应用水平,这与我国当前及今后一段时期内的发展需求是相适应的。

6.0.3 在修订汽车荷载图式前,结合国家标准《公路工程结构可靠度设计统一标准》(GB/T 50283)的编制,在开展公路桥梁可靠度研究时,对汽车荷载及其荷载效应都作了统计分析。

利用公路车辆动态测试仪,在207、328、305、101国道的山西晋城、江苏扬州、辽宁大洼、河北承德设置测点,采取了6万多辆汽车的车辆轴重、轴间距、总重、车间距等的相关动态数据。还用人工方法测得了300多辆汽车在自然堵塞情况下的相关数据。

在作汽车荷载及其效应的统计分析时,根据实测资料将汽车荷载分为密集运行和一般运行两种状态,前者比拟于《标准》(97)的汽车—超20级车辆荷载;后者比拟于《标准》(97)的汽车—20级车辆荷载。

汽车荷载效应的可靠性分析采用无量纲参数 $K_{SQ} = S_Q/S_{QK}$,其中 S_Q 为根据实测的汽车荷载计算的效应值,分为一般运行状态和密集运行状态;S_{QK} 为根据《标准》(97)规定的车队荷载标准计算的对应于 S_Q 的效应值,一般运行状态时采用汽车—20级,密集运行状态时采用汽车—超20级。用 $K-S$ 检验法或小样本检验法进行截口分布的拟合检验，根据截口分布，设计基准期100年内的最大值分布选用了两个分布类型：即正态分布和极值Ⅰ型分布。

由汽车荷载效应在设计基准期内的统计参数和概率分布函数的分析可以得出，在任何情况下剪力效应均不起控制作用，汽车荷载标准值应以弯矩效应的概率分布为基础取值。按照国际惯例，荷载标准值 S_{QK} 取保证率为95%的分位值。则实际调查统计计算得到的效应标准值均小于《标准》(97)车队荷载标准值产生的效应值：一般运行状态时约小11%；密集运行状态时约小7%。其从另一个方面表明，《标准》(97)的荷载水平是恰当、合理的，总体上适应了我国公路交通事业发展的需求。

上述取值原则承担了5%的风险率，若将风险率降到1%，则调查统计所得标准值，在一般运行状态和密集运行状态下均能达到现行规范的标准值。

在上述工作的基础上，本次修订将车辆荷载由车队荷载计算模式调整为车道荷载模式。车道荷载模式由具有一定压力强度的分布力 q_K 和集中力 P_K 组成。经过反复计算比较，提出了本标准规定的车道荷载的均布荷载 q_K 和集中荷载 P_K 之标准值。由于原车队荷载的原因，本标准采用的荷载标准与原汽车—超20级和汽车—20级车辆荷载在局部或细部有些不同程度的差异，但总的来说，公路—Ⅱ级汽车荷载与汽车—20级车辆荷载产生的荷载效应相当，而公路—Ⅰ级汽车荷载较原汽车—超20级车辆荷载产生的荷载效应稍有不同程度的提高，平均提高约6%～8%。这与我国公路上交通量和交通荷载的快速增长在一定程度上是适应的，对保证桥涵工程结构的安全、耐久是必要的。

6.0.4 本标准第6.0.1条规定：桥梁局部加载及涵洞、桥台和挡土墙等的计算应采用车辆荷载。为便于管理并保持与《标准》(97)的合理衔接，汽车荷载统一采用原汽车—超20级车辆标准中总重为550kN的加重车。如此，对原汽车—20级车辆荷载作用的桥台和挡土墙的承载能力要求约提高140/120=1.167倍，实际工作中需增加的投资极有限，但其对提高整个公路工程的承载能力的作用却极为明显。车辆荷载的变化对涵洞的设计影响很小，尤其是高填土，土重是主要荷载。

6.0.5 汽车荷载的横向布置涉及到荷载的横向分布系数的计算，由于历史的原因及其计算状况的复杂性，本次修订维持《标准》(97)的布置及其计算方法。

6.0.6 车辆实际行驶时，可能在行车道上，也可能在桥面的其他部位上，因此，要考虑桥面净宽内如何布载的问题。

布载宽度是为使桥梁获得最大荷载效应所作的规定，车辆实际行驶仍需要足够的行车道宽度。在确定横向布置车队时，两者均应考虑。在以往的桥梁设计中，常遇到这样的情况：单纯按标准横向布载的规定在桥面上布置车队数，而不考虑能使车辆正常行驶并使之保持一定行车速度所必需的行车道宽度。例如：9.75m的桥面净宽，按《标准》(97)规定，横向布载可布置三个车队，但按本标准关于行车道宽度3.50～3.75m的规定，要设置三个布载车道至少需要有10.5m桥面净宽才能保证车辆正常行驶。显然，尽管按布载宽度3.10m(车厢宽2.50m加相邻车厢净距0.6m)在9.75m桥面净宽上可布置三行车队，但按行车条件的要求是不合理的。

桥梁横向布置车队数 N 的规定，是以最小车道宽度3.5m控制的。当为单向行车道时，把 $3.5N$ 的桥面净宽作为其下限，$3.5(N+1)$ 作为上限，如采用三个布置车队数，则桥面净宽必须大于 $3.5\times3=10.5$m 而小于 $3.5\times4=14.0$m；当为双车道时，由于横向布置车队数必然为偶数，所以其下限仍然为 $3.5N$，而上限则为 $3.5(N+2)$，如采用两个布置车队，其桥面净宽的下限为 $3.5\times2=7.0$m，而上限为 $3.5\times4=14.0$m。对于四级公路，存在桥面净宽小于7m的双车道公路桥涵，故将双向行驶的两个设计车道数的桥面净宽的下限调整至6m。

随着桥梁横向布置车队数的增加，各车道内同时出现最大荷载的概率减小。因此，可从概率理论推导出汽车荷载为多行车队布载时横向折减系数的计算公式，并结合我国实际情况提出相应的规定值。本标准维持了《标准》(97)的规定，该规定值与英国桥规BS 5400、加拿大安大略省桥规OHBDC和美国土木工程师协会(ASCE)的《桥梁建议设计荷载》中的规定值相近，详见表6-1。

表 6-1 各国多行车队布载的横向系数

车道数(条)	1	2	3	4	5	6	7	8
英国 BS 5400	1.0	2.0	2.33	2.67	3.0	3.33	3.67	4.0
加拿大 OHBDC	1.0	1.8	2.4	2.8	3.0	3.3	3.85	4.3
美国 ASCE	1.0	1.7	2.1	2.5	2.9	3.3	3.7	4.1
《标准》(88)	1.0	2.0	2.4	2.8	3.5	4.2	4.9	5.6
《标准》(97)	1.0	2.0	2.34	2.68	3.0	3.3	3.64	4.0

6.0.7 利用在四条国道干线公路上连续测得的汽车荷载参数,考虑特大跨径桥梁的受荷特点及我国现行标准车辆荷载的状况,将整理得到的车队荷载作为样本,通过计算机程序计算其在各种跨径(侧重于大跨径)的各类桥梁上的效应,并对这些效应进行了统计分析。

根据可靠度理论,可将通过桥梁的汽车荷载作为随机过程来处理,设计基准期取 100 年,以随机过程的截口分布为基础,求得设计基准期内的最大值分布。取最大值概率分布的95%分位值,得到随跨径变化的效应曲线,经线形回归得到汽车荷载纵向折减系数的计算公式(6-1):

$$\alpha = 0.97913 - 4.7185 \times 10^{-5} L_0 \tag{6-1}$$

式中:α——汽车荷载纵向折减系数;

L_0——桥梁计算跨径。

该曲线随 L_0 的增大递减率较平缓,为方便使用,提出简化规定值。

纵向折减系数从桥梁计算跨径 $L_0 > 150$m 起算,也就是特大桥(单孔跨径)才考虑折减。

6.0.8 通过大量的实际调查和对人群荷载随机过程概率模型的数理统计分析,得到了人群荷载随机过程的任意时点的分布和设计基准期内的最大值分布以及人群荷载的代表值。当取设计基准期内最大值分布的95%分位值时,人群荷载的标准值为 3.0kN/m²。

在公路桥梁的设计中,设计人员有时将在车行道和人行道上满布人群荷载而不考虑汽车荷载的存在作为一种作用组合予以处理,实际上是不妥的。人群荷载满布公路桥梁,在极个别情况下才会发生,应属于小概率事件,况且还可加以人为控制。

各国规范关于人群荷载的表达,有以结构跨径作为指标,也有以加载长度作为指标,实际上,两种表达方式各有利弊。本标准以结构跨径作为指标,人群荷载的标准值随结构跨径增大而予以折减,其低限值为 2.5kN/m²。当桥梁单孔跨径小于 50m,人群荷载标准值不折减时,取 3.0kN/m²;桥梁单孔跨径大于等于 150m 的特大桥,人群荷载取其低限值 2.5kN/m²;桥梁跨径居于 50m 和 150m 之间的大桥,人群荷载随结构跨径的增加而线性递减。

考虑到与《标准》(97)的衔接,人群密集地区的公路桥梁一般情况下取人群荷载标准值的 1.15 倍;专用人行桥,人群荷载的标准值取 3.5kN/m²,这相当于设计基准期内最大值分布的98%分位值。

7 隧道

7.0.1 一般规定

随着我国经济的发展以及环保意识的增强，公路建设中特别是高速公路采用隧道的方案越来越多，其中，长大隧道和短隧道的数量呈现大量增长趋势，并且出现了较多的连拱隧道、明洞、隧道群、桥隧相连等形式，为指导设计，本次修订对隧道的建设规模与技术标准作了原则性的规定。

隧道位置的选择，直接影响着隧道前期的结构设计、施工和工程投资，以及竣工后的运营安全和养护管理，因此，隧道所在区域的地质勘察工作必须深入和细致，力求准确、全面。

是否采用隧道方案应综合考虑社会、经济、地质、环保、工程造价等因素进行比选。一般当路基中心线处挖深达到30m时，应进行深挖与隧道方案的比较，比选不仅要考虑建设成本和建设难度，还要考虑建成以后车辆的行驶安全、行驶费用，以及运营管理和养护维修的费用。

隧道标高的确定对控制建设规模至关重要，确定时应根据公路等级、隧道功能，综合考虑路线走向、路线平纵线形、隧址处地质资料、洞口及连接线线形布置、隧道内附属设施的布置等因素。必要时还应对长隧道方案和隧道群方案进行比选。

隧道平面线形应与隧道前后路线线形协调一致，并尽量均衡。影响隧道行车安全的重要因素是停车视距和车速，因此线形设计必须保证停车视距。高速公路、一级公路上的长、中隧道以及各级公路上的短隧道，在考虑隧道线形时应服从路线布设的需要。曲线隧道从路线布设上很难避免，过去由于考虑施工的难度，以及隧道内通风的效果，不提倡洞内设置平曲线，但随着施工技术的提高，以及通风设备性能的改进，可以根据路线布设的整体需要，采用曲线隧道。曲线隧道有助于控制洞内车速，提高驾驶人员的注意力，而且比直线隧道能够更好地解决光过渡和眼睛的适应问题。但需要强调的是，采用曲线隧道方案时，必须对停车视距进行验算，并应避免采用需设加宽的圆曲线半径。

"生态环境脆弱的地带或可能因施工造成生态环境难以恢复的地段"是指自然植被一旦被破坏，恢复困难或几乎不可能恢复的地段，对这些地区，应强调方案选择时环保因素优先的原则。

7.0.2 隧道长度的分类标准主要依据的是隧道的建设规模和设计、施工以及运营管理的技术水平。通过对全国已建隧道的调查，长度小于250m的隧道仅占隧道总长的18%，长度小于1000m的隧道占隧道总长的58%，其中大量隧道都在500m以下，而且从公路隧道建设的发展趋势看，500m以下的隧道数量增加最快。另外，公路概预算定额是按照距离洞口500m以内的人工工日和机械台班数量作为基准定额。从洞内设施看，500m以下的公路隧道一般采用自然通风方式，设施简单，以照明为主。因此，综合考虑公路隧道在勘测、设计、施工和管理中的技术要求和现状，将短隧道的长度确定为小于等于500m。

7.0.3 公路隧道横断面由车道、左侧侧向宽度 $L_{左}$、右侧侧向宽度 $L_{右}$、检修道（或人行道或余宽）组成。

左侧侧向宽度（$L_{左}$）为行车道左侧标线内缘至左侧最近行车障碍物间的距离，最近行车障碍物是指检修道或人行道或余宽的突起部位。对高速公路和一级公路而言，左侧侧向宽度即为左侧路缘带。

右侧侧向宽度（$L_{右}$）为行车道右侧标线内缘至右侧最近行车障碍物间的距离，对高速公路和一级公路而言，右侧侧向宽度即为右侧硬路肩。

高速公路和一级公路隧道由于设计速度高，交通量大，且养护要求高，因此要求在隧道两侧设置检修道。检修道宽度应根据公路等级、隧道长度、洞内设施数量及要求、管线数量和布置需求等确定。二、三级公路含有混合交通，因此建议设置人行道，其宽度视隧道所在地区的行人密度、隧道长度、交通量等因素而定，并应同时兼顾洞内设施的检查需求。四级公路可根据隧道所处位置和功能要求，考虑是否设置人行道，当不设人行道时，应设置余宽。

当隧道内设置检修道或人行道时，余宽包括在检修道或人行道的宽度当中。

考虑单车道隧道的改建和通行能力、交通安全等问题，四级公路不宜修建单车道隧道。

7.0.4 由于光线的剧烈变化以及公路宽度和行车环境的改变，隧道进出口是事故多发地段，因此洞内一定距离与洞外一定距离保持线形一致是必要的也是必须的。

隧道入洞前一定距离内，应设置必要的安全设施和视线诱导标，例如标志、标线、安全护栏、警示牌、信号等，使驾驶人员能预知并逐渐适应驾驶环境的变化。

本次修订取消了原明洞纵坡不受限制的规定。明洞分为两种情况，一种是由于生态环境、地质病害等原因，先明挖修筑后全部覆土恢复原有自然生态的情况，其技术标准应与隧道要求相同；另一种是傍山隧道，靠外侧的半边是敞开的，当其内外宽度相同时，亦可以不受限制。

参照国外相关标准以及国内的科研成果，本次修订对高速公路和一级公路的中、短隧道在条件受限制时，最大纵坡可适当加大，但不宜大于4%。尽管对最大纵坡值作了适当的放宽，但从行车安全角度考虑，隧道内纵坡仍应尽可能采用较小的纵坡值。当受地形、地质条件等限制，拟采用大于3%的隧道纵坡时，应根据公路等级、隧道长度，考虑隧道所在地区的气候、海拔、主要车辆类型和交通流组成、隧道运营管理水平、隧道内安全设施配备标准等因素，对纵坡值进行充分论证后，再慎重使用。

7.0.6 为了预防或消除地表水和地下水对隧道产生的危害，要求隧道设计应进行专门的防水、排水设计，使隧道洞内、洞口与洞外构成完整的防水、排水系统，以保证隧道结构、附属设施的正常使用，以及行车安全。

排、防、截、堵措施应综合考虑，根据多年来隧道建设的经验，隧道内的防排水应以“排”为主。以防助排，可以使水流集中，安排地下水流按无害路径排走。截是为了减少对洞内排水防水的负担，截得越彻底，排防越有利，尽量避免强堵。

7.0.7 隧道电力负荷应根据供电可靠性和中断供电在社会、经济上所造成的损失或影响程度定出负荷等级。

公路上的“重要电力负荷”包括：应急照明、电光标志、交通监控设施、通风及照明控制设施、紧急呼叫设施、火灾检测及报警控制设施、中央控制设施、消防水泵、基本照明、排烟风机等。

重要电力负荷必须保证供电可靠，故应采用“一级负荷”。“一级负荷”应由两个电源供电，当一个电源发生故障时，另一个电源应不致同时受到损坏。当一级负荷容量不大时，应优先采用从临近的电力系统取得第二低压电源，也可采用应急发电机组作为备用电源。

8 路线交叉

8.1 互通式立体交叉

8.1.1 本次修订根据"公路与公路交叉技术标准"专题研究，对相关内容进行了补充与修订。

据调研，欧美等地区的国家将互通式立体交叉分为两大类型，即高速公路相互交叉的互通式立体交叉和高速公路与一般公路相交叉的互通式立体交叉。本次修订在广泛征求意见的基础上，参照国际惯例和已建工程的实际情况，按功能将互通式立体交叉分为枢纽互通式立体交叉和一般互通式立体交叉。

枢纽互通式立体交叉，要求匝道能尽量为自由流提供条件，交叉范围内的各向交通流无交叉冲突。枢纽互通式立体交叉主要指高速公路相互交叉的互通式立体交叉。一般互通式立体交叉则主要指高速公路或一级公路与双车道公路相交叉的互通式立体交叉。当高速公路与一级公路、一级公路与一级公路相交叉时，一般亦为枢纽互通式立体交叉，如果因为设置收费站等而采用的是一般互通式立体交叉形式，也应归为一般互通式立体交叉。

选定互通式立体交叉的位置要考虑的主要因素首先是路网分布与路网系统的主要节点，即主线与沿线主要公路的相交点和与主要交通发生源连接线的相交点。其次是主线和被交叉公路条件，要求交叉范围内的主线技术指标，如出入口端部的视距和主线横坡等，能提供安全的分合流条件并能与匝道顺适连接；被交叉公路则应具有与互通式立体交叉出入交通量相适应的通行能力，并能为交通发生源提供近便的连接。此外，还应考虑地质和地形条件，以及用地、文物、规划、景观和环保等社会和环境因素。

在拟定互通式立体交叉的形式时，交叉公路的功能、总出入交通量、收费制式以及是否合并设置收费设施等决定了互通式立体交叉的基本类型。地形、地质、用地规划和施工期间维持临时通车等现场条件、直行和转弯交通量的分布以及是否需分期修建等决定了匝道的具体布局。同时，还要考虑其安全、环境和经济等因素。

8.1.2 高速公路设置互通式立体交叉的条件主要是交通条件和社会需求。一是在其影响区域内有适量的交通发生源；二是其附近有重要的政治、经济中心或交通集散地。专题研究结果表明，交通发生源的大小可以间接用影响区域内人口数、GDP 和客货运量等来衡量，其中人口数是一个最主要的指标。根据国内统计资料，一座互通式立体交叉直接影响区域内的人口在 4.5 万人 ~10 万人之间。而当社会因素成为设置互通式立体交叉的主要条件时，交通量的大小可能不是控制因素，但也应有一定的数量，以保证其具有基本的综合效益。本次修订所提出的互通式立体交叉设置条件，是指在这些情况下首先要考虑的设置地点，最终的设置还要综合考虑沿线交通流的组织和互通式立体交叉的合理间距等。

8.1.3 一级公路设置互通式立体交叉的条件除交通条件和社会需求外，当综合效益与修建平面交叉相当或更好时，亦应考虑设置互通式立体交叉。在设置条件的掌握上，当一级公路作为干线公路时，只要满足规定的条件就应设置互通式立体交叉，以减少横向干扰；当一级公路作为集散公路时，如果交通条件允许且平面交叉的间距满足规定要求，互通式立体交叉的设置亦可适当从严掌握。

8.1.4 互通式立体交叉的间距

专题研究成果表明，高速公路的安全和运营性能在很大程度上取决于互通式立体交叉的间距。一方面，在高速公路交通事故中，有很大一部分发生在互通式立体交叉范围内，特别是进出口匝道和变速车道范围内，如果互通式立体交叉的间距过小，事故率的增加是显而易见的；另一方面，如果过分强调加大互通式立体交叉的间距，又会使高速公路与当地路网难以有机联结，从而影响高速公路的骨架作用和路网整体效益的发挥。因此，在互通式立体交叉的规划和设计中，间距的控制十分重要。

1　互通式立体交叉的最小间距是保证交通安全的一项控制性指标。研究结果表明，当相邻互通式立体交叉间的距离超过设置三个出口预告标志所要求的距离时，间距的大小对安全几乎没有明显的影响，因此最小间距的确定主要取决于标志设置的需要，即最小间距等于两互通式立体交叉相邻侧的构造长度加上标志设置所需要的距离。在确定枢纽互通式立体交叉和一般互通式立体交叉的平均构造长度时，统计分析了国内153座互通式立体交叉的资料，同时对比分析了大量的立交模型，再经综合分析后取值。最后计算得出的互通式立体交叉一般最小间距为3.9km，标准中取值4.0km，此值与德国、日本等国的规定值相近或相同。

当间距达不到一般最小间距的要求时，即使在相邻互通式立体交叉之间增设辅助车道，也会因频繁的交通合流与分流等导致运营问题和事故率的增加，因此小于一般最小间距的方案不得轻易采用。

若因交通需要和受条件限制必须设置近距离的互通式立体交叉时，应经技术经济论证并有切实可行的安全保证措施时，本标准规定互通式立体交叉的最小间距应以相邻互通式立体交叉之间的净距离（即上一互通式立体交叉加速车道终点至下一互通式立体交叉减速车道起点之间的距离）进行控制。该净距离的确定主要取决于维持相邻互通式立体交叉间交通流稳定的需要。专题研究结果表明，车辆从减速车道起点开始对上游主线直行交通的影响长度约为600m，从加速车道终点开始对下游主线直行交通的影响长度约为500m。再结合最少设置两个出口预告标志所需要的距离等因素考虑，规定两相邻互通式立体交叉之间的净距离最少为1000m。

在特殊情况下，如果净距离小于1000m的规定值，则应设置成复合式的互通式立体交叉，以辅助车道或集散道路将两互通式立体交叉直接连接，或将两座互通式立体交叉合并为一座进行设计。无论哪种方案，辅助车道、集散道路或交织段均应确保交通交织所需要的最小长度，并应尽可能合并出入口。

2　互通式立体交叉的最大间距是为满足管理、维修和错过出口车辆折返的需要。在人烟稀少地区，当在规定的最大距离范围内确无必要设置互通式立体交叉时，应在适当的位置设置专供汽车调头用的U型转弯车道。在设置转弯设施时，应尽量利用主线桥孔和服务设施等。

在规划高速公路互通式立体交叉时，尚应注意互通式立体交叉的合理密度。合理的互通式立体交叉密度，既可以充分发挥高速公路的效益，同时又能保证高速公路的车流保持相对稳定的状态。互通式立体交叉的密度与高速公路影响区域内的交通需求有关，其衡量指标主要是平均间距。专题研究在统计了国内155条（段）高速公路互通式立体交叉平均间距的基础上，提出了在规划阶段可供参考的范围，即高速公路互通式立体交叉的平均间距在一般地区为15～25km；在大城市周围和主要工业区为5～10km。

8.1.5　互通式立体交叉与服务区、停车区、公共汽车停靠站和隧道等其他重要设施相邻时，在控制其最小间距时所考虑的因素仍为满足标志设置的需要和维持其间交通流稳定的需要等。

8.1.6　关于匝道设计速度的确定，概括起来讲一般有两种方法，一种是根据互通式立体交叉的类型和匝道形式取值；另一种是根据主线的设计车速取值。前者是国外最常用的方法。本次修订依据专题研究成果并综合了国内外经验，根据互通式立体交叉类别和匝道形式提供了匝道设计车速的取值范围，在实际使用中尚应结合主线设计速度予以确定。

8.2　分离式立体交叉

8.2.1　是否设置分离式立体交叉，相交公路的功能、交通量和地形条件等是首先要考虑的因素，而现有公路网或规划的公路网，是设置分离式立体交叉的主要依据。

1　高速公路是控制出入的公路，除互通式立体交叉外，其余交叉必须设置分离式立体交叉。

2　一级公路设置分离式立体交叉的条件主要是交通条件，即主要取决于平面交叉是否能处理来自于各向的交通量。当一级公路作为干线公路时，应优先保证主线直行交通的通行。由于分离式立体交叉不能提供交通转换的条件，因此该交叉的交通转换需求应该是可以忽略的，否则应通过其他措施将转弯交通引至其他平面交叉或互通式立体交叉。

3　二、三、四级公路间的交叉，一般不设分离式立体交叉，只在确有交通需求且条件适宜的情况下才设置。

8.2.2 专题研究对平原软土地区高速公路的上跨与下穿方案进行了详细的造价比较，其造价之比为10: 6.5~10: 8.5，上跨方案的造价明显大于下穿方案，而当在山岭区地形有利时，主线上跨则可能大大节约造价。由此可见，主线上跨或是下穿对造价和环境的影响往往是很大的，因此本标准要求应结合当地条件经多方面综合分析比较后再确定。

8.2.3 分离式立体交叉跨线桥及其引道的技术标准应按现有公路等级掌握，但目前我国各地对现有公路的改造力度普遍加大，且新规划的公路不断涌现，许多高速公路在建成不久以后便遇到了需加宽或新建跨线桥的问题，给高速公路的运营和安全带来不利的影响。因此，在确定分离式立体交叉跨线桥及其引道的技术标准时，应特别注意对规划资料的收集。

8.2.4 在进行分离式立体交叉跨线桥布孔时，往往仅注意到了跨路的需要，当被跨公路位于曲线段时，仅满足桥下公路宽度的要求就有可能造成视距的不足。因此，从安全出发，本标准将视距等要求提到了与建筑限界的要求同等重要的地位。

8.3 平面交叉

8.3.1 平面交叉是公路路网中的节点，其位置和形式的选定直接影响路网整体效益的发挥以及交通安全，因此平面交叉的选址和选型必须综合考虑各种相关因素，同时应体现安全第一的原则，保证相交公路的线形指标等平面交叉各组成要素都能满足其安全要求。

一级公路具有两种功能，但都允许设置平面交叉。一级公路作为干线公路时，为视需要控制出入，因之应限制平面交叉数量，可采取合并、设置辅道等措施尽量加大平面交叉的间距；一级公路作为集散公路时，其平面交叉必须配以齐全、完善的交通安全设施。

8.3.2 从调查研究中了解到，目前国内公路平面交叉的交通管理尚未得到充分重视，除信号交叉以外，许多用路者对其他交通管理方式及其规则尚不熟悉，导致平面交叉的交通状况较为混乱。因此，应对平面交叉的交通管理引起重视并在设计中明确其管理方式。一般来讲，当被交公路等级较低、交通量较小或相交公路中有一条为干线公路时，应考虑采用主路优先交叉；当各相交公路的功能和等级相同、交通量或行人数量很大时，可采用信号交叉；无优先交叉一般仅用于相交公路的等级很低、交通量不大的情况。

8.3.3 从安全的角度考虑，相交公路在平面交叉范围内应该有良好的线形和视距，因此其设计速度一般不得任意降低。当相交公路的等级和交通量相近时，其交通管理方式可能采用信号交叉或无优先交叉，此时主线的设计速度可适当降低。当为主路优先交叉时，次路的设计速度也可适当降低，但主路的设计速度应与基本路段的相同。

右转弯的设计速度过大，将难以保证相应的超高及其过渡段，同时也会明显增加用地面积；左转弯车道的设计速度过大，将会扩大交叉冲突面积，增加出现事故的概率。因此，对右转弯和左转弯车道的设计速度应予控制。

8.3.4 专题研究成果表明，平面交叉间距过小，数量过多，是引发交通事故的主要原因之一，当主线为干线公路时尤其是这样。而国内目前在平面交叉设置间距方面尚未规范，许多地方在公路上随意开口的现象时有发生。因此，对平面交叉的最小间距作出规定已经是一件刻不容缓的事。平面交叉的最小间距主要是从车辆运行的交织段长度、附加左转弯车道及减速车道长度、交通运行和管理、平面交叉间距与事故率的关系等方面结合调研资料经综合分析后确定。按现状和通常的设计思路，在路网密集地区要满足其规定的间距要求似乎较为困难，但安全的保证必须是第一位的，应该正确认识综合效益与投资的关系，更新设计理念，强化平面交叉最小间距的保证措施，如加设辅道、合并部分交叉口、增设立交以及在上游合并支路等。

8.3.5 平面交叉的渠化是提高安全性和通行能力的有效手段之一，对渠化的设置要求主要根据相交公路的功能和交通量而定。随着交通量的增长，非渠化交叉已难以适应，因此本次修订将平面交叉的渠化设计作为设计原则列入条文。

8.4 公路、铁路相交叉

8.4.1 国家标准规定，其标准、规范的适用范围是国家铁路网中客货列车共线运行、旅客列车最高行车速度小于或等于140km/h、标准轨距(1435mm)的铁路。标准轨距的专用铁路、铁路专用线、地方铁路及临时铁路应按现行的有关标准、规范和规定设计。

各级铁路路段旅客列车设计行车速度如表8-1。

表8-1 各级铁路路段旅客列车设计行车速度(km/h)

铁路等级		I		II	III
正线数目		双线	单线	单线	单线
地形类别	平原	140	120	120、100	100、80
	丘陵	140、120	120、100	100、80	80
	山区	120、100、80	100、80	100、80	80

1981年原国家基本建设委员会、国家计划委员会联合发布的《铁路、公路、城市道路设置立体交叉的暂行规定》(81)建发交字532号，对铁路、公路、城市道路立体交叉的折算交通量标准、投资划分以及固定资产划分、移交、维修管理等做出了明确规定，这个文件仍在执行中，但随着国民经济的发展，公路、铁路、城市道路的技术标准都有了很大变化，上述《暂行规定》应尽快修订发布。

1994年广深准高速铁路开通运营，1997年4月铁路第一次大提速，1999年7月实施的铁路技术标准将原I、II、III级铁路旅客列车最高行车速度由120、100、80km/h分别提高到140、120、100km/h。而我国现有铁路平交道口20 000多处，每年道口发生事故2 000多起，年道口事故率(年平均一处道口的事故次数)在0.13以上，直接经济损失数亿元，给人民生命财产造成严重损失。设置公路与铁路立体交叉是消除这一隐患的主要途径，因之铁路与公路交叉应优先考虑设置立体交叉。

高速公路为控制出入公路，一级公路为根据需要控制出入的公路，与铁路交叉时必须设置立体交叉。

路段旅客列车设计速度140km/h的地段，列车速度高、密度大，若设平面交叉安全性很差，因此同公路交叉亦必须设置立体交叉。

8.4.4 公路、铁路平面相交时应以正交或接近正交为宜。当必须斜交时，交叉角应大于45°，以缩短道口的长度与宽度，避免小型机动车和非机动车的车轮陷入铁轨轮缘槽内。

汽车驾驶者侧向最小瞭望视距是指汽车驾驶者在距道口相当于该级公路停车视距并不小于50m处，应能看到两侧铁路上火车的范围。火车司机相对应的最小瞭望视距如表8-2。

表8-2 最小瞭望视距

路段旅客列车设计行车速度(km/h)	火车司机最小瞭望视距(m)	汽车驾驶者侧向最小瞭望视距(m)
140	1200	470
120	900	400
100	850	340
80	850	270

8.5 公路、乡村道路相交叉

8.5.2 各级公路、乡村道路交叉时，选择交叉方式的原则为：高速公路与乡村道路交叉必须采用分离式立体交叉。一级公路与乡村道路交叉时，若一级公路作为集散公路，一般采用平面交叉，也可利用辅道合并交叉数量，必要时设置分离式立体交叉，其目的是控制平面交叉的数量和间距，尽量减少横向干扰,增强行车安全和提高道路通行能力;若一级公路作为干线公路,应根据需要控制出入。二、三、四级公路与乡村道路交叉时,一般采用平面交叉。

8.5.4 车行通道的净宽应视交通量和主要通行的农业机械类型而定,一般不宜小于 4.00m,若主要通行农用汽车,则以采用 7.00m 的双车道路基宽度或 6.50m 的单车道路基宽度为宜。对于交通量很小或地形艰巨的山岭区乡村道路,可采用 4.50m 的单车道路基宽度。主要通行农业机械的机耕道路,若交通繁忙或今后可能发展为公路、或通行大型特种机械的道路,可采用 7.00m 的路基宽度,或采用 4.50m 的单车道路基宽度。

车行通道的净高,规定通行拖拉机时不小于 2.70m,通行农用汽车时不小于 3.20m,是一个低限值。确定净高标准时,可根据当地的交通组成特征、农业及其他机械的特殊要求等,提出合理可行的净高值。

8.6 公路、管线等相交叉

8.6.1~8.6.5 管道穿越公路仍应执行《关于处理石油管道和天然气管道与公路相互关系的若干规定》(试行)[(78)交公路字 698 号文、(78)油化管道字 452 号文]的规定。

本次修订参照了最近几年修订后的相关行业标准、规范,如《110~500kV 架空送电线路设计技术规程》、《原油和天然气输送管道穿跨越工程设计规范》、《输油管道工程设计规范》等,对原规定值进行了核对,并补充了新的内容。

9 交通工程及沿线设施

9.0.1 交通工程及沿线设施是公路的重要组成部分，是发挥公路经济效益、保障行驶安全必不可少的配套设施，是公路现代化、智能化的标志之一。本次根据“交通工程及沿线设施技术标准和规模”专题研究，对《标准》(97)“沿线设施”一章进行了修订。

1 本着“保障安全、提供服务、利于管理”的原则，在总结我国公路特别是高速公路交通安全、服务、管理设施的建设、运营、维护等方面的经验与教训，吸收国外先进管理技术，并保持相对的延续性并体现先进性、前瞻性的基础上，结合公路功能、等级、交通量，制定了交通工程及沿线设施建设规模与技术标准，在总体上起到了适度超前，技术政策导向的作用，以提高公路管理的服务质量水平。

2 强调交通工程及沿线设施与公路主体工程总体设计的协调一致，要求各种设施之间应相互匹配、协调统一、互为补充，以形成统一的整体。建设规模与技术标准应包括交通工程及沿线设施的各个方面，能准确反映国内生产实践经验，可操作性强，同时兼顾东、西部不同经济发展水平的需求。但具体内容上有所侧重，本次修订突出了“安全与服务”的理念。

9.0.2 近10年来，我国公路建设有了很大的发展，特别是对高速公路的建设、运营，各地对交通安全设施、服务设施、管理设施的技术标准和建设规模积累了一定的经验，但缺乏建设规模与技术标准的规定。现阶段由于缺乏明确的技术规定，每个公路建设项目都依据其功能、等级、交通量等，论述其交通工程及沿线设施的建设规模和方案，进而拟定其技术指标，随意性极大，行政的干预使得技术人员论述出多个截然不同的建设规模，或同样的技术方案可能出现在几个不同的建设项目中，或有了设计结果再反论出技术方案。在本次修订调研和征求意见的过程中，对交通工程及沿线设施的分级进行了广泛的讨论与听取意见，专家问卷调查中，有85.6%的专家认为分为四级或六级是适宜的（以下简称“赞同率”），并就各级的配置提出具体意见和建议。经综合各方面反馈意见，最终将交通工程及沿线设施等级划分为A、B、C、D四级。

9.0.3 交通工程及沿线设施分为安全设施、服务设施和管理设施三种。这些设施应按总体规划、分期实施的原则配置，其最重要的是做好前期基础工作，即总体规划设计，确定系统的设置规模，一次性征用土地和实施基础工程、地下管线及预留预埋工程等。依据技术发展和交通量增长情况等分期布设设备，逐步补充完善，最终形成系统规模。

9.0.4 本次修订规定了公路开通运营时各级公路交通安全设施必须配置的水平。针对只注重高速公路，而忽视二级、三级公路交通安全设施的设置问题，并结合国内外的研究成果，本次修订对不同功能和等级公路的交通安全设施的设置作了规定，既要保证高速公路、一级公路的交通安全，也应加强二、三级公路和结构物的安全与防护。本标准规定的：

A级配置是针对高速公路和专供汽车高速行驶、控制出入的公路而作的规定。

B级配置是供一级公路、二级公路作为干线公路和主要供汽车快速行驶的公路而作的规定，其中具干线功能的一级公路视需要采取控制出入措施。

C级则按一级、二级公路作为集散公路时，设有平面交叉、行驶特征为混合交通而进行的配置，其中一级公路必须设置中央分隔带，而不得采取施划标线分隔对向交通，以防止车辆违章随意掉头甚至对向车道强行超车导致的恶性事故发生。

D级是针对三级、四级公路的，重点加强视距不良、急弯、陡坡等路段路面标线及必需的视线诱导标，和路侧有悬崖、深谷、深沟、高边坡、江河湖泊等路段路侧护栏的设置。

各级公路在技术指标较低或技术指标组合不合理的长直线、长陡纵坡、连续弯道，或桥隧相连、隧隧相连运行条件复杂的特殊路段上，应加强交通工程及沿线设施的配套设置。A级、B级整体式断面中间带必须连续设置中央分隔带护栏，但整体式断面中间带宽度大于12m时可不设置中央分隔带护栏。

山岭区连续长陡下坡路段，失控的大型车辆冲出路基造成重大事故的案例经常发生。针对当前人、车、路的现状，解决这一问题的较好工程措施就是设置避险车道，并配套设置动态和静态引导标志、警告标志、护栏及其他防护设施。如北京八达岭高速公路、福建漳龙高速公路和溪段、广东京珠高速公路粤北段等，通过设置避险车道有效地降低了重大事故的数量与程度。必要时还应在长陡下坡路段起始端前设置试制动车道或检测站或加水设施等，保证车辆良好可靠的工作性能，以有效预防事故发生。避险车道一般应结合地形和废方处理等，设置在长下坡的下半部路段。

随着我国以高速公路为主的国家公路网的逐步形成，公路改（扩）建及养护作业时，如何保障作业路段的交通安全和畅通，应予以高度的重视。近年来，因作业路段缺乏足够的诱导、警示和安全防护设施而导致作业人员伤亡、交通堵塞甚至交通事故的比率正逐步上升，因而管理部门和施工单位应按照《道路交通标志和标线》（GB 5768－1999）、《公路养护维修作业安全规程》等的要求，针对具体情况拟定完善的交通诱导方案和作业路段诱导、警示标志，以及警示灯、临时标线（带）、反光轮廓标和护栏等交通安全设施的布设方案。

9.0.5 公路交通如何体现安全、服务的观念，如何突出交通文化的现代内涵和品质，这是社会和公路界普遍关注的焦点，是社会经济发展和文明进步的要求。

据调查，现阶段我国服务设施建设存在的主要问题是布局不合理，规模及标准不统一。如有些路段服务区的间距长的达150km，近的却只有11km，有些地区甚至不设置服务区或全部缓建；其次是服务区征地面积偏小，尤其是早期建设的一些服务区，在路网逐步形成及长大型车辆比率逐步上升的国道干线上，这一问题更加突出；第三是内部布设不合理，如建筑物过于零散，绿化面积偏大而挤占停车场地，或一些设施如住宿、汽车修理等长期空置，无人问津；第四是一个时期或区域内设计千篇一律，过分追求小而全，或装饰过于奢华，但"服务"的功能却没有很好地体现。除原沈大等少数高速公路外，绝大多数高速公路仅建设服务区，而没有设置停车区。据对全国几大片区20多条干线公路近百个服务区的调查，其平均间距为45.6km，其中间距为35km～55km的占61%。世界银行咨询专家在对国内世界银行贷款公路建设项目进行技术评估时指出，路段服务设施布设要服从路网的总体布局，推荐服务区和停车区最大间距为30km。本次修订结合国内服务区建设与使用情况，规定服务区平均设置间距为50km（赞同率为81.4%），在服务区之间应设置停车区（赞同率为85.8%）。在服务区间布设停车区，既可提高公路交通安全性，也可有效降低建设和管理费用，是行之有效的措施。

服务设施是公路交通运输体系的一个基本要素，是体现公路交通文化的窗口。因而服务设施应依据公路服务水平、交通量的增长情况和路网规划，全省或区域内一次总体规划，区分功能和规模大小，有重点、分层次地分期建设。本次修订将公路服务设施分为服务区、停车区和公共汽车停车站等三类。服务区具有停车场、加油站、厕所、休息区、小卖部或餐厅、汽车维修、绿地和管理设施等，另可结合地区特点增设客房，在环境优美的地方可修建观景台等设施。停车区仅设置小型停车场（5～10个停车位）、厕所、长凳和绿地等设施，仅少数停车区内可结合地形及景观设置观景台。服务区和停车区一般情况下可交替布置，相邻两处服务设施（服务区与停车区或停车区与停车区之间）的间距可在15～30km之间。高速公路服务区的设置需依据间距、路网规划、地形和景观等综合因素进行布设，而停车区的布设主要考虑间距。

调查中发现许多服务区中建筑物的布设过于零星分散，绿地、花坛面积偏大，挤占了停车场的面积，这也是造成服务区停车紧张的原因之一，因而实际建设时停车场及区内道路的面积不宜小于整个场区用地面积的60%，意在要求服务设施内的建筑物以集中布设为主，尽量节省土地资源。而公路服务设施远离城镇，位于大自然和田野之中，不应受限于城市新建建筑小区绿地面积应不低于30%的规定。

在调研过程中，管理部门、技术人员和司乘人员都普遍要求，除高速公路服务设施应配套完善，提高服务水平和质量外，一、二级公路，尤其是西部地区干线公路采用一、二级公路标准建设时，也应设置相应的服务设施，但标准和规模应与交通量相适应，适当降低。

一、二级公路，尤其是西部地区干线公路采用一、二级公路标准建设时，其服务设施除布设少量服务区外，主要应以加油站布设为主，并在加油站内配置厕所及少量车位的停车场等设施。公路管理部门应根据路网要求做好服务设施的规划和行业管理工作，而其投资、建设和管理维护工作，主要应按照市场规律依靠社会力量进行。在这些公路路网中应加强服务设施引导标志的设置，以充分按照市场规律，利用社会设施，提高公路服务能力和质量。

公共汽车停靠站的设置应与当地客运规划、线路布局和相关政策紧密结合，以服务大众，方便乘行。公共汽车停靠站应结合服务区、互通式立体交叉等设置，但应设置联络通道疏导人员，以保证安全，并不对服务区和互通式立体交叉的管理造成影响。

9.0.6 目前我国经济发达地区如沪宁、京津塘、沪杭甬等高速公路交通流量较大，监控设施发挥了一定的作用，但相当地区监控设施的使用效果却不理想。本次修订规定，监控设施应根据公路的功能和服务水平等因素进行建设。近期我国高速公路建设中监控设施的布设应坚持两个原则：一是分期修建，公路开通初期（一级服务水平）按较低规模（A2类）配置，加强交通量检测器、气象检测器等基础信息采集和分析设施的配置，以后视交通量增长情况（二级服务水平）配置二期设备，最终达到中等或较高规模（A1类）；二是区分重点，除保证特大桥梁、长及特长隧道、特殊气候（如多雾）、不利地形和两条国道共用段等重点路段的布设外，一般路段应尽量从简。

在调研过程中，管理部门、技术人员和司乘人员都普遍要求，除高速公路应设置管理设施外，一级公路，尤其是西部地区干线公路采用一、二级公路标准建设时，也应设置相应的管理设施如信息采集、交通监视等设施，但标准和规模应与交通量相适应，适当降低。

公路平面交叉尤其是一、二级公路的平面交叉交通事故率明显偏高于其他路段，因而应对具体的平面交叉的交通运行情况进行综合分析，保障平面交叉行车视距，配合渠化，确定交通安全及管理设施的设置方案：交通量较大的平面交叉应视交通量情况设置预告、指路标志、标线、信号灯或警示灯等设施，交通量较小的平面交叉应设置警告标志、减速让行或停车让行标志、标线，以确保平面交叉路口的通行安全。

"贷款修路，收费还贷"的公路建设模式，缓解了政府资金投入长期严重不足而造成的交通瓶颈难题，加快了公路建设步伐，促进了公路交通事业的发展，但其负面影响也是显而易见的。因投资渠道的多元化而导致的管理自成一体，多建站、乱收费、滥收费的违规行为屡见不鲜，在社会上造成了严重的影响。因而标准规定收费设施应与公路设计采用的服务水平相协调，合理确定收费制式和方式，实行区域或省内联网收费，提高管理水平。

公路通信设施是为管理、服务、监控和收费等设施配套设置的基础性设施，其建设规模取决于其服务的上述各子系统，但其技术水平和标准应跟上通信技术日新月异的发展步伐，符合信息化发展的方向。

公路紧急报警设施是及时高效地向公路管理部门报告公路上发生意外事故信息的主要手段，是争取时间救死扶伤，尽快处理交通事故，保护人民生命财产安全，保证公路安全畅通的重要措施。在调研中社会用户尤其是驾驶员对紧急报警设施的需求和作用是充分肯定的。因而本标准保留了《标准》（97）相关条文的规定，要求高速公路应设置如紧急电话等报警设施（赞同率管理及技术人员为82.4%，驾驶员为94.1%）。一般情况下紧急电话应按每公里一对对称设置，在公路开通初期可按每两公里一对设置，在交通量增长后逐步配置到每一公里一对。配合紧急电话的设置可在公路两侧设置必要的引导性"紧急电话标志"。

部分公路管理部门认为紧急电话作用不明显，并会被商务通信技术逐步替代，因而在一些地区部分路段没有设置紧急电话。在没有其他技术措施和新技术不成熟之前，现阶段紧急电话仍是最及时可行的紧急救援报警手段。另外在反映紧急电话作用不明显的路段上，究其原因也是管理措施不当、设备缺乏正常的保养维护和设备完好率较低等综合因素导致的后果。

从目前我国的经济发展状况、公路建设资金和维护管理费用等因素综合考虑，现阶段尚不倡导在公路主线上全线连续设置照明设施。本标准规定仅在公路收费广场、服务区、停车区、管理设施等场区设置照明设施。在城郊互通式立体交叉、特大桥和通往机场公路等少数特殊路段上可设置照明设施。应在投资和运营管理费用承受能力的综合经济分析后，确定是否设置及具体的建设方案。

JTJ

中华人民共和国行业标准　　JTJ 002—87

2

公路工程名词术语

Standard of Technical Terms for Highway Engineering

1987-02-09 发布　　1988-01-01 实施

中华人民共和国交通部发布

中华人民共和国交通部文

（87）交公路字 80 号

2

关于发布《公路工程名词术语》的通知

（不另行文）

兹批准《公路工程名词术语》，编号为 JTJ 002—87，作为交通部部标准，自 1988 年 1 月 1 日起实行。

该标准的解释工作，由我部公路规划设计院负责。希各有关单位在实践中注意积累资料，不断总结经验，将发现的问题和修改意见，函告我部公路规划设计院，以便修订时参考。

中华人民共和国交通部

一九八七年二月九日

编制说明

《公路工程名词术语》编制工作始于1981年，系交通部公路规划设计院王清池、王鸣岗、李章昭、毕旌扬等负责起草，1982年编出了初稿，发送到各省、市、自治区交通厅和有关设计、科研和大专院校等单位广泛征求意见，于1983年编出了第二稿，并于当年在四川峨嵋召开了有公路系统、城建系统及大专院校等35个单位参加的讨论会，会后根据讨论的意见又做了整理修改，于1984年完成了送审稿，1985年1月交通部公路局以(85)公路技字5号文对送审稿做了批复，提出了进一步修改补充的意见，随即交通部公路规划设计院组织曹家庄、樊凡、何修美、孙立仁等对送审稿重新做了修改，于1985年11月在江苏镇江召开了评议会，会后又做了整理补充修改，最后完成了定稿工作，报交通部批准。

本标准分十四章，共收词目924条。前三章主要是一般性名词术语和部分交通工程方面的词，其中第一章一般术语，第二章公路类型，第三章公路交通。第四至十一章主要是与工程实体有关的名词术语，其中第四章公路组成，第五章勘察与选线，第六章路基工程，第七章路面工程，第八章桥涵工程，第九章隧道工程，第十章养护与管理，第十一章工程材料与试验。后三章是试验仪具、施工机具和交通管理方面的名词术语，其中第十二章检测仪具和材料试验仪具，第十三章施工机具，第十四章交通管理。本书书末还附有中英文名词对照。

目　录

第一章　一般术语

第 1.0.1 条　公路

联结城市、乡村和工矿基地等，主要供汽车行驶、具备一定技术条件和设施的道路。

第 1.0.2 条　道路

供各种车辆（无轨）和行人等通行的工程设施。按其使用特点分为公路、城市道路、林区道路、厂矿道路及乡村道路等。

第 1.0.3 条　公路工程

以公路为对象而进行的规划、设计、施工、养护与管理工作的全过程及其所从事的工程实体。

第 1.0.4 条　公路网

一定区域内相互连络、交织成网状分布的公路系统。

第 1.0.5 条　公路（网）密度

一定区域内的公路总里程与该区域面积之比。

第 1.0.6 条　公路等级

根据交通量及其使用任务、性质，对公路进行的技术分级。我国现行《公路工程技术标准》中将公路划分为高速公路和一、二、三、四级公路。

第 1.0.7 条　公路自然区划

根据全国各地气候、水文、地质、地形等条件对公路工程的影响而划分的地理区域，用以为路基、路面设计和路线勘测提供有关参数。我国现行《公路自然区划标准》中列有《中华人民共和国公路自然区划图》。

第 1.0.8 条　公路用地

为修建、养护公路及其沿线设施，依照国家规定所征用的地幅。

第二章　公路类型

第 2.0.1 条　高速公路

具有四个或四个以上车道，并设有中央分隔带，全部立体交叉并具有完善的交通安全设施与管理设施、服务设施，全部控制出入，专供汽车高速度行驶的公路。

第 2.0.2 条　等级公路

技术条件符合国家规定标准的公路。

第 2.0.3 条　辅道

设在公路的一侧或两侧，供不允许在该公路上与汽车混合行驶的非机动车辆、拖拉机等以及准备由出入口驶入该公路的汽车行驶的道路。

第 2.0.4 条　干线公路

在公路网中起骨架作用的公路。

第 2.0.5 条　支线公路

在公路网中起连接作用的一般公路。

第 2.0.6 条　专用公路

由工矿、农林等部门投资修建，主要供该部门使用的公路。

第 2.0.7 条　国家干线公路（国道）

在国家公路网中，具有全国性的政治、经济、国防意义，并经确定为国家级干线的公路。

第 2.0.8 条　省干线公路（省道）

在省公路网中，具有全省性的政治、经济、国防意义，并经确定为省级干线的公路。

第 2.0.9 条　县公路（县道）

具有全县性的政治、经济意义，并经确定为县级的公路。

第 2.0.10 条　乡公路（乡道）

主要为乡、村农民生产、生活服务的公路。

第 2.0.11 条　辐射式公路

在公路网中，自某一中心向外呈辐射状伸展的公路。

第 2.0.12 条　环形公路

在公路网中，围绕某一中心呈环状的公路。

第 2.0.13 条　绕行公路

为使干线上的行驶车辆避开城镇或交通拥挤路段而修建的公路。

第三章　公路交通

第一节　交通结构

第3.1.1条　交通结构

在一定区域内，构成公路交通各种特征的总称。包括交通流、交通量、交通组成以及决定交通性质的其他因素的特征。

第3.1.2条　交通组成

在交通流中各类运行单元的数量及其所占百分比。

第3.1.3条　混合交通

机动车与非机动车或车辆与行人，在同一行车道上混行的交通状态。

第3.1.4条　交通流

公路上车流和人流的统称。

第3.1.5条　交通流理论

分析研究交通流特性及其规律的理论。

第3.1.6条　车流

众多车辆在车道上连续行驶所形成的具有流体运动特性的状态。

第3.1.7条　车流密度

一个车道单位长度内某一瞬时存在的车辆数，以辆/公里表示。

第3.1.8条　车头间距

在同一车道上行驶的车辆队列中，前后相邻两车车头之间的距离。

第3.1.9条　车头时距

在同一车道上行驶的车辆队列中，前后相邻两车车头通过某一断面的时间间隔。

第3.1.10条　车间净距

在同一车道上行驶的车辆队列中，前后相邻两车的前车车尾至后车车头之间的距离。

第3.1.11条　延误

由于驾驶人员无法控制的因素所引起的行驶时间的损失。

第3.1.12条　地点速度

车辆驶过公路某断面时的瞬时速度。

第3.1.13条　行驶速度

车辆驶过某一区间正常运行时间(不包括停车时间)除其区间距离所得之值。

第3.1.14条　区间速度

车辆驶过某一区间所需的总时间(包括停车时间)除其区间距离所得之值。

第3.1.15条　运行速度

驾驶人员根据实际公路条件、交通条件、良好气候条件等能保持安全行驶的最高车速。

第3.1.16条　临界速度

在某一路段上通行能力最大时的空间平均车速。

第3.1.17条　平均速度

一、时间平均车速　在给定的时间内通过某一断面所有行驶车辆地点速度的平均值；

二、空间平均车速　在给定的时间内，在某一路段上所有车辆行驶距离的总和除以行驶时间的总和。

第 3.1.18 条　计算行车速度(设计车速)

公路几何设计所采用的车速。

第 3.1.19 条　交通量

在单位时间内通过公路某一断面的车辆数。我国现行公路交通量调查中,交通量系指折算成载重汽车后的总数,一般以日、小时或年计算。

第 3.1.20 条　年平均日交通量

全年的日交通量观测结果的平均值。

第 3.1.21 条　月平均日交通量

全月的日交通量观测结果的平均值。

第 3.1.22 条　年第 30 位最大小时交通量

将一年内所有小时交通量,按从大到小的顺序排列,序号第 30 位的小时交通量。

第 3.1.23 条　年最大小时交通量

一年内所有小时交通量中的最大值。

第 3.1.24 条　设计小时交通量

根据交通量预测所选定的作为公路设计标准的小时交通量。

第 3.1.25 条　通行能力

在一定的公路和交通条件下,公路上某一路段适应车流的能力,以单位时间内通过的最大车辆数表示。

第 3.1.26 条　基本通行能力

在理想的公路和交通条件下,单位时间内一个车道或一条公路某一路段可以通过的小客车最大数。

第 3.1.27 条　可能通行能力

在现实的公路和交通条件下,单位时间内一个车道或一条公路某一路段可以通过的最大车辆数。

第 3.1.28 条　设计通行能力

公路交通的运行状态保持在某一设计的服务水平时,单位时间内公路上某一路段可以通过的最大车辆数。

第 3.1.29 条　公路服务水平

表示公路服务质量的综合性指标,主要以公路上的运行速度、交通量与可能通行能力之比来反映。

第二节　公路交通规划

第 3.2.1 条　公路交通规划

为适应国民经济和客、货运输发展以及政治、国防等的需要,在确定规划期限、目标的基础上,进行交通调查分析和预测以及社会效益估价,结合考虑土地使用、资金来源等,制订的交通结构与公路网的长远计划。

第 3.2.2 条　交通调查

交通量调查、交通运行特征调查、起讫点调查、交叉口调查、交通事故调查、交通环境调查等的总称。

第 3.2.3 条　交通量调查

一定时间、一定期间或连续期间内,对通过公路某一断面各种类型车辆数量的观测记录工作。

第 3.2.4 条　交通量观测站

设在公路沿线的某些特定地点观测记录交通量的工作站。

第 3.2.5 条　起讫点调查(OD 调查)

对车辆出行的出发地和目的地进行的综合调查。

第 3.2.6 条　出行

车辆从出发地向目的地的移动。

第 3.2.7 条　境内交通

起讫点与交通过程均在调查区域内的交通。

第 3.2.8 条　过境交通

起讫点不在调查区域内,但通过该区域的交通。

第 3.2.9 条　交通发生

调查区域内各小区中出行量的总和。

第 3.2.10 条　交通分布

调查区域内各小区之间出行的数量在整个调查区域内出行总数量中所占比例。

第 3.2.11 条　交通分配

将起讫点调查所得的交通量,合理分配到调查区域内各条公路(包括规划线)上的作业。

第 3.2.12 条　交通预测

根据交通调查资料和发展规律,推算地区或路线、路段等未来交通量的工作。

第四章　公路路线及沿线设施

第一节　横断面组成

第 4.1.1 条　行车道

公路上供各种车辆行驶部分的总称，包括快车行车道和慢车行车道。

第 4.1.2 条　分离式行车道

局部路段采用的各自具有独立路基的供往返车辆分道行驶的行车道。

第 4.1.3 条　车道

在路面上供单一纵列车辆行驶的部分。

第 4.1.4 条　变速车道

高等级公路上的加速车道和减速车道的总称。

第 4.1.5 条　加速车道

供车辆驶入高速车流之前加速专用的车道。

第 4.1.6 条　减速车道

供车辆驶离高速车流之后减速专用的车道。

第 4.1.7 条　爬坡车道

设置在上坡路段，供慢速上坡车辆行驶专用的车道。

第 4.1.8 条　停车带

为使汽车停车而不妨碍交通安全，在高等级公路行车道的右侧设置的供临时停车用的地带。

第 4.1.9 条　错车道

在单车道的公路可通视的一定距离内，供车辆交错避让用的一段加宽车道。

第 4.1.10 条　自行车道

专供自行车行驶的车道。

第 4.1.11 条　（路侧）人行道

用路缘石或护栏及其他类似设施加以分隔的专门供人行走的部分。

第 4.1.12 条　分隔带

沿公路纵向设置的分隔行车道用的带状设施。

第 4.1.13 条　中央分隔带

沿路中线设置的分隔带。

第 4.1.14 条　中间带

由中央分隔带及其两侧的路缘带组成的地带（见图 4.1.14）。

第 4.1.15 条　路肩

位于行车道外缘至路基边缘，具有一定宽度的带状结构部分（包括硬路肩与土路肩）。为保持行车道的功能和临时停车使用，并作为路面的横向支承。

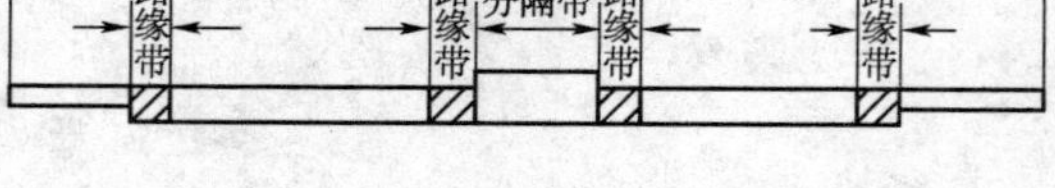

图　4.1.14

第 4.1.16 条　路缘带

路肩或中间带的组成部分，与行车道相连接，用行车道的外侧标线或不同的路面颜色来表示。其作用主要是诱导驾驶员视线和分担侧向余宽功能，以利于行车安全。

第 4.1.17 条　路缘石

路面边缘与其他构造物分界处的标石。一般用石块或混凝土块砌筑。

第 4.1.18 条　侧向余宽

从行车道边缘至路旁障碍物所应保持的一定的横向距离。

第 4.1.19 条　路拱

路面的横向断面做成中央高于两侧，具有一定坡度的拱起形状。其作用是利于路面横向排水。

第 4.1.20 条　路拱横坡

路拱横向的倾斜度，以百分率表示。

第 4.1.21 条　公路建筑限界

为保证车辆、行人通行的安全，对公路和桥面上以及隧道中规定的高度和宽度范围内不允许有任何障碍物的空间界限。又称净空。

第二节　线形与视距

第 4.2.1 条　公路路线

公路中线的空间位置。

第 4.2.2 条　公路线形

公路中线的立体形状。由若干直线段和曲线段连接构成。

第 4.2.3 条　平面线形

公路中线在水平面上的投影形状。

第 4.2.4 条　纵面线形

公路中线在纵剖面上的起伏形状。

第 4.2.5 条　线形要素

构成平面线形及纵面线形的几何特征。前者为直线、平曲线（主圆曲线及缓和曲线）；后者为直线和竖曲线（圆曲线或抛物线）。

第 4.2.6 条　平曲线

在平面线形中，路线转向处曲线的总称，包括圆曲线和缓和曲线。

第 4.2.7 条　极限最小平曲线半径

为保证车辆按设计车速安全行驶，对平曲线半径所规定的最小值。

第 4.2.8 条　复曲线

两个或两个以上半径不同、转向相同的圆曲线相连接或插入缓和曲线相连接而成的平曲线。

第 4.2.9 条　反向曲线

两个转向相反的圆曲线中间连以短直线或径相连接或插入缓和曲线相连接而成的平曲线。

第 4.2.10 条　断背曲线

两个转向相同的圆曲线中间连以短直线而成的平曲线。

第 4.2.11 条　回头曲线

山区公路在同一坡面上回头展线时所采用的回转形曲线。

第 4.2.12 条　缓和曲线

在直线与圆曲线之间或半径相差较大的两个转向相同的圆曲线之间设置的一种曲率连续变化的曲线。

第 4.2.13 条　竖曲线

在公路纵坡的变坡处设置的竖向曲线。

第 4.2.14 条　弯道加宽

汽车在曲线路段上行驶时，后轮轨迹偏向曲线内侧，为适应行车需要，弯道内侧相应增加路面、路基宽度。

第 4.2.15 条　加宽缓和段

设置弯道加宽时,从加宽值为零逐渐加宽到全加宽值的过渡段(见图 4.2.15)。

第 4.2.16 条　超高

为抵消车辆在曲线路段上行驶时所产生的离心力,在该路段横断面上设置的外侧高于内侧的单向横坡。

第 4.2.17 条　超高缓和段

从直线路段的横向坡渐变到曲线路段具有超高单向坡的过渡段。

图　4.2.15

第 4.2.18 条　纵坡

路线纵断面上同一坡段两点间的高差与其水平距离的比值,以百分率表示。

第 4.2.19 条　最大纵坡

根据公路等级与自然条件等因素所限定的路线纵坡最大值。

第 4.2.20 条　最小纵坡

为纵向排水的需要,对长路堑路段以及其他横向排水不畅的路段所规定的纵坡最小值。

第 4.2.21 条　变坡点

路线纵断面上两相邻不同坡度线的相交点。

第 4.2.22 条　平均纵坡

一定路段两端点的高差与该路段长度的比值。

第 4.2.23 条　坡长限制

对较大纵坡坡段所限定的长度。

第 4.2.24 条　高原纵坡折减

对海拔 3000m 以上的高原地区,降低最大纵坡的规定。

第 4.2.25 条　缓和坡段

在纵坡长度达到坡长限制时,按规定设置的较小纵坡路段。

第 4.2.26 条　合成坡度

公路路面上的纵向坡度和横向坡度或超高的矢量和(其方向即路面流水线方向)。

第 4.2.27 条　视距

从车道中心线上 1.2m 的高度,能看到该车道中心线上高为 10cm 的物体顶点的距离。指沿该车道中心线量得的长度(见图 4.2.27)。

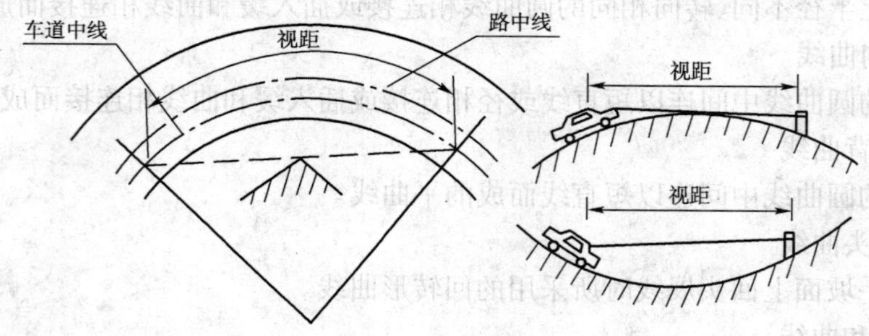

图　4.2.27

第 4.2.28 条　停车视距

汽车行驶时,驾驶人员自看到前方障碍物时起,至到达障碍物前安全停车止,所需的最短行车距离。

第 4.2.29 条　超车视距

在双车道公路上,后车超越前车时,从开始驶离原车道之处起,至可见逆行来车并能超车后安全驶回原车道所需的最短距离。

第三节　公路交叉

第 4.3.1 条　路线交叉

两条或两条以上公路的交会。

第 4.3.2 条　道口

公路与铁路平面相交处的总称。

第 4.3.3 条　平面交叉

公路与公路在同一平面上的公路交叉。

第 4.3.4 条　正交叉

两条公路呈近似直角的平面交叉。

第 4.3.5 条　斜交叉

两条公路呈锐角(75°以下)的平面交叉。

第 4.3.6 条　环形交叉

多条公路交会处设有中心岛的平面交叉。所有横穿交通流都被交织运行所代替,而形成一个单向行驶的环行交通系统(见图 4.3.6)。

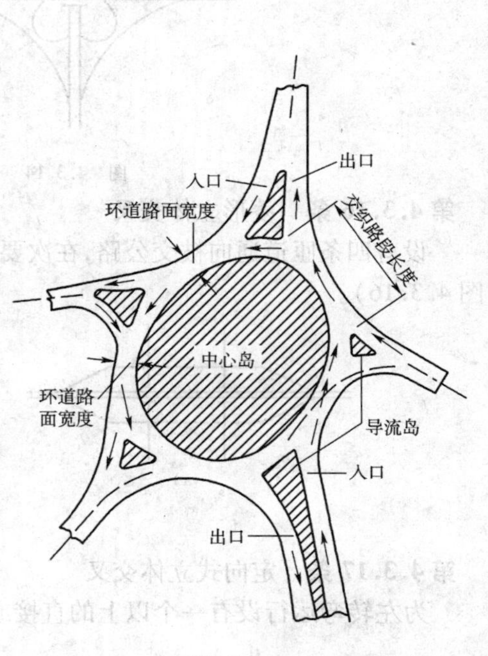

图　4.3.6

第 4.3.7 条　十字形交叉

四岔公路呈"十"字形的平面交叉。

第 4.3.8 条　T 形交叉

三岔公路呈"T"形的平面交叉。

第 4.3.9 条　错位交叉

一条公路与另一条公路垂直相交于两个距离很近的交点上,可以看作两个反向 T 形交叉相连接(见图 4.3.9)。

第 4.3.10 条　Y 形交叉

三岔公路呈"Y"形的平面交叉(见图 4.3.10)。

图　4.3.9　　　　图　4.3.10

第 4.3.11 条　立体交叉

公路与公路或公路与铁路在不同高程上的立体空间交叉。

第 4.3.12 条　分离式立体交叉

上下各层公路之间互不连通的立体交叉。

第 4.3.13 条　互通式立体交叉

上下各层公路之间用匝道或其他方式互相连通的立体交叉。

第 4.3.14 条　苜蓿叶形立体交叉

四岔交叉的右转弯均用外侧直连匝道连接,左转弯均用环形匝道连接,呈苜蓿叶形的互通式立体交叉(见图 4.3.14)。

第 4.3.15 条　部分苜蓿叶形立体交叉

只设部分环形匝道,呈不完全苜蓿叶形的互通式立体交叉(见图 4.3.15)。

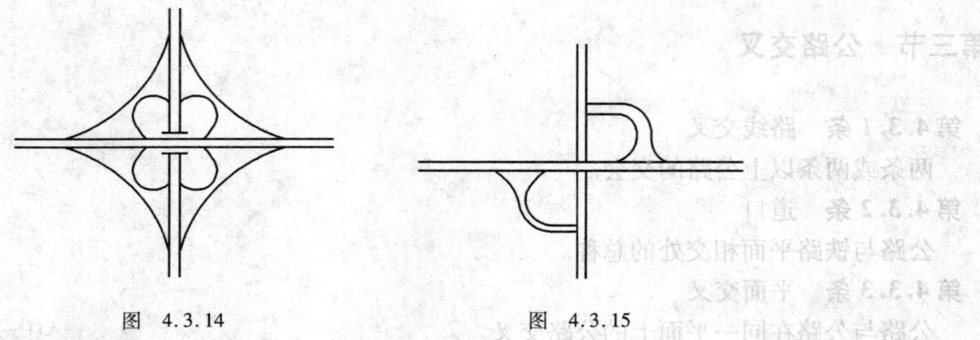

图 4.3.14　　　　图 4.3.15

第 4.3.16 条　菱形立体交叉

设有四条匝道通向被交公路，在次要公路上的连接部分有平面交叉，呈菱形的互通式立体交叉（见图 4.3.16）。

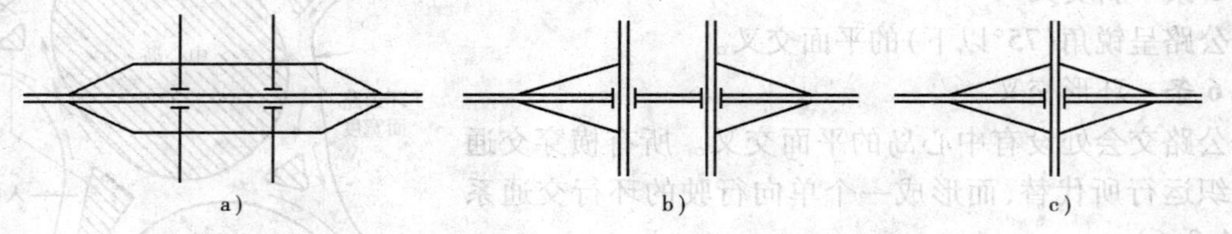

图 4.3.16

第 4.3.17 条　定向式立体交叉

为左转弯运行设有一个以上的直接或半直接匝道相连接的互通式立体交叉（见图 4.3.17）。

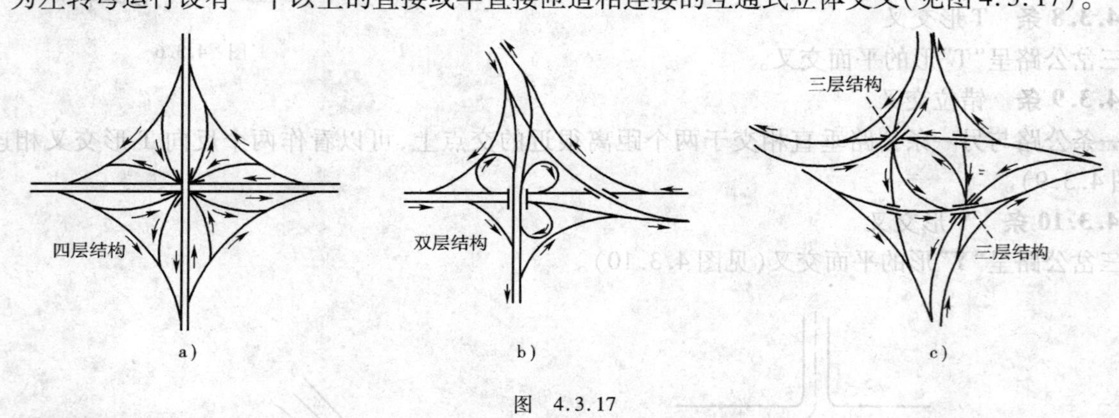

图 4.3.17

第 4.3.18 条　喇叭形立体交叉

以喇叭形匝道连接的三岔（T 形或 Y 形）互通式立体交叉（见图 4.3.18）。

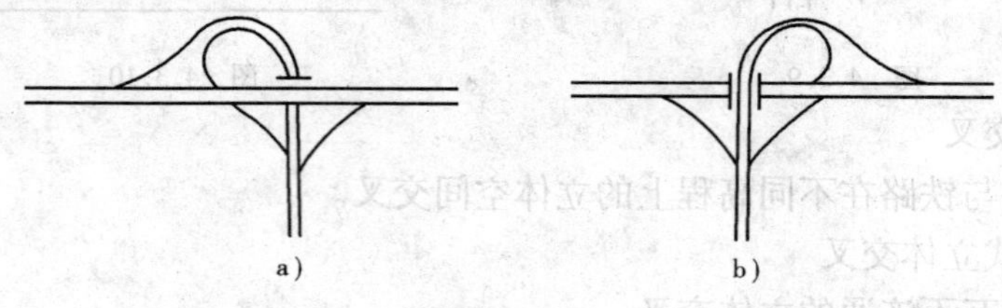

图 4.3.18

第 4.3.19 条　环形立体交叉

主干线为直通式，次要路线与主干线转弯车道呈环形的互通式立体交叉（见图 4.3.19）。

第 4.3.20 条　匝道

互通式立体交叉上下各层公路之间供转弯车辆行驶的连接道。

第 4.3.21 条　平面交叉口

公路与公路平面相交处的总称。

第 4.3.22 条　交叉口进口

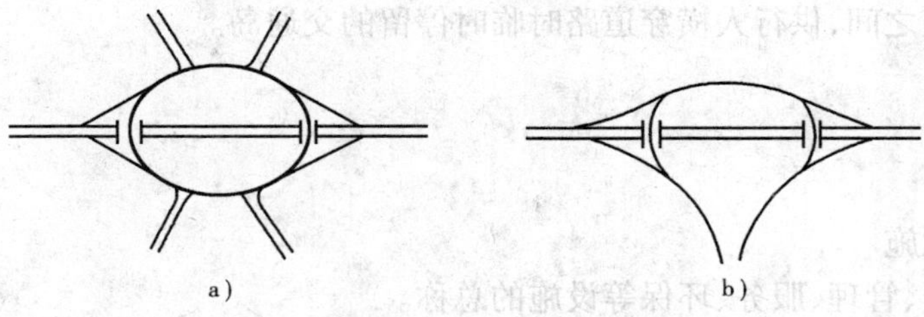

图 4.3.19

车流进入公路平面交叉处的路口。

第 4.3.23 条 交叉口出口

车流离开公路平面交叉处的路口。

第 4.2.24 条 加铺转角式交叉口

用圆曲线展宽各个转角构成的平面交叉口(见图 4.3.24)。

第 4.3.25 条 拓宽路口式交叉口

在接近交叉口的公路两侧展宽或增辟辅助车道的平面交叉口(见图 4.3.25)。

第 4.3.26 条 分道转弯式交叉口

采用设导流岛、划分车道等措施使转弯车辆分道行驶的平面交叉口(见图 4.3.26)。

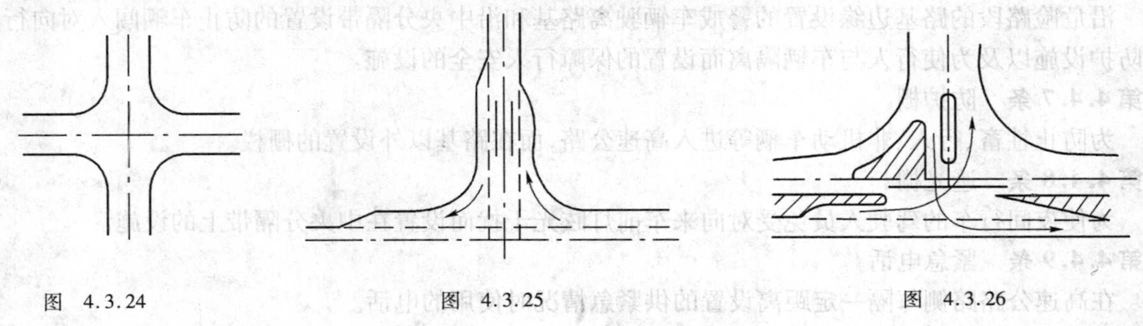

图 4.3.24　　图 4.3.25　　图 4.3.26

第 4.3.27 条 渠化交通

在平面交叉口设置交通标志、标线和交通岛等,引导车流和行人各行其道的方法。

第 4.3.28 条 交织

两股车流在短距离内连续进行合流、分流的交通现象。

第 4.3.29 条 交织路段

能安全、顺畅地进行交织的路段,其长度为两导流岛端部间的距离(见环形交叉图)。

第 4.3.30 条 合流

两股车流合为一股车流的交通现象。

第 4.3.31 条 分流

一股车流分为两股或多股车流的交通现象。

第 4.3.32 条 冲突点

在交叉口内,各方向车流固定行驶轨迹的交会点。

第 4.3.33 条 交通岛

为控制车辆行驶方向和保障行人安全,在车道之间设置的高出路面的岛状设施。包括导流岛、中心岛、安全岛等。

第 4.3.34 条 导流岛

为把车流导向指定的行进路线而设置的交通岛。

第 4.3.35 条 中心岛

设置在平面交叉口中央的圆形或椭圆形的交通岛。

第 4.3.36 条 安全岛

设置在往返行车道之间，供行人横穿道路时临时停留的交通岛。

第四节　沿线设施

第 4.4.1 条　沿线设施

公路沿线交通安全、管理、服务、环保等设施的总称。

第 4.4.2 条　交通安全设施

为保障行车和行人的安全和充分发挥公路的作用，在公路沿线所设置的人行地道、人行天桥、照明设备、护栏、标柱、标志、标线等设施的总称。

第 4.4.3 条　人行横道

在行车道上用斑马纹等标线或其他方法标示的、规定行人横穿行车道的步行范围。

第 4.4.4 条　人行地道

专供行人横穿公路用的地下通道。

第 4.4.5 条　人行天桥

专供行人跨越公路用的高出地面的桥梁。

第 4.4.6 条　护栏

沿危险路段的路基边缘设置的警戒车辆驶离路基和沿中央分隔带设置的防止车辆闯入对向行车道的防护设施以及为使行人与车辆隔离而设置的保障行人安全的设施。

第 4.4.7 条　防护栅

为防止牲畜、行人、非机动车辆等进入高速公路，而在路基以外设置的栅栏。

第 4.4.8 条　遮光栅

为使夜间行车的驾驶人员免受对向来车前灯眩光干扰而设置在中央分隔带上的设施。

第 4.4.9 条　紧急电话

在高速公路路侧每隔一定距离设置的供紧急情况时使用的电话。

第 4.4.10 条　反光标志

在灯光照射下，能反光显示图案、文字，便于夜间识别的标志。

第 4.4.11 条　反光路钮

按一定间隔埋置在路面车道分界线或其他标线上的点状反光标识。例如“猫眼”。

第 4.4.12 条　弯道反光镜

设置在视距不足的转弯处，能使驾驶员从镜中看到对方来车的凸面镜。

第 4.4.13 条　公路交通标志

应用图形符号和文字符号传递特定信息，用以管理交通安全的设施。一般设在路侧或路的上方。

第 4.4.14 条　警告标志

警告驾驶人员和行人注意前方有急弯、陡坡、交叉口及其他道路状态信息的标志。

第 4.4.15 条　禁令标志

禁止或限制车辆、行人交通行为的标志。

第 4.4.16 条　指示标志

指示车辆、行人行进的标志。

第 4.4.17 条　指路标志

传递公路方向、地点、距离信息的标志。

第 4.4.18 条　辅助标志

附设在主标志的下方，起辅助说明作用的一种标志。

第 4.4.19 条　可变信息标志

通过自动或手动变换图形、文字、符号，传递交通信息的标志。

第 4.4.20 条　路面标线

在路面上用镶嵌、涂料等标出的线条、图形、文字等，作为引导车流、人流的标记。包括：行车道中心线、车道分界线、行车道边缘线、停止线、减速让行线、人行横道线、导流标线等。

第 4.4.21 条 防雪设施

在易于发生雪害的路段设置的防护设施。如防雪栅、防雪棚等。

第 4.4.22 条 防沙设施

在防治公路沙害路段设置的控制风蚀过程的发生和改变沙粒搬运及堆积条件的设施。

第 4.4.23 条 隔音墙

为减轻行车噪声对附近居民的影响而设置在公路侧旁的墙式构造物。

第 4.4.24 条 停车场

设在公路外，供存放车辆的场所。

第五章　公路勘测

第一节　勘察与选线

第 5.1.1 条　踏勘

对公路建设的可能方案进行野外勘察和技术经济调查并估算投资的工作。

第 5.1.2 条　可行性研究

为确定公路基本建设项目的规模、方案、效益提供依据,在投资决策前所进行的技术经济论证工作。

第 5.1.3 条　线形设计

路线立体形状及其相关诸因素的综合设计。

第 5.1.4 条　公路景观设计

公路的立体线形、构造物型式与沿线自然景观相协调的美学设计。

第 5.1.5 条　选线

根据路线基本走向和技术标准,结合地形、地质条件,考虑安全、环保、土地利用和施工条件以及经济效益等因素,通过全面比较,选择路线方案的全过程。

第 5.1.6 条　路线控制点

任务书中指定通过的地点以及为便于分段布线,在选线过程中选定的对路线走向起控制作用的点。

第 5.1.7 条　定线

根据既定的技术标准和路线方案,结合有关条件,从平面、纵断面、横断面综合考虑,具体定出公路中线的工作。

第 5.1.8 条　比较线

选线或定线时选出的作为比较方案的路线。通过技术经济比较,采用最合理的路线。

第 5.1.9 条　展线

为使山岭区路线纵坡能符合技术标准,采取顺应地形,延伸路线长度的布线方法。

第 5.1.10 条　初测

根据任务书确定的修建原则和路线基本走向方案,通过现场对各有价值的路线方案的勘测,进行导线、高程、地形、桥涵、路线交叉及其他资料的测量调查工作,并进行纸上定线和有关内业工作,从中确定采用的路线;搜集提供编制初步设计文件所需的资料。

第 5.1.11 条　定测

根据批准的初步设计文件,在现场进行具体方案的勘测落实,并通过定线、测角、中桩、高程、横断面等以及其他勘测资料的测量调查及内业工作,为施工图设计搜集、提供有关资料。

第 5.1.12 条　地貌

地表高低起伏的自然形态。

第 5.1.13 条　地物

地面上各种有形物(如:山川、森林、建筑物等)和无形物(如:省界、县界等)的总称。

第 5.1.14 条　地形

地物和地貌的总称。

第 5.1.15 条　台地

沿河谷两岸和海岸隆起的呈带形分布的阶梯状地貌。

第 5.1.16 条　垭口

山脊上呈马鞍状的明显下凹处。

第5.1.17条 平原区

地形宽广平坦或略有起伏，地面自然坡度很小的地区。

第5.1.18条 微丘区

丘岗低矮，顶部浑圆，地面自然坡度平缓，相对高差不大的地区。

第5.1.19条 重丘区

丘岗较高，地面起伏较大，但无明显的山岭自然形态要素（山顶、山坡、山脚），地面自然坡度较陡，相对高差不大的地区。

第5.1.20条 山岭区

地形变化很大，有明显的山岭形态要素（山顶、山坡、山脚），地面自然坡度较陡，相对高差较大的地区。

第5.1.21条 沿溪线

沿河溪走向布设的路线。

第5.1.22条 山脊线

沿山脊布设的路线。

第5.1.23条 山坡线（山腰线）

沿山坡布设的路线。

第5.1.24条 越岭线

翻越山岭布设的路线。

第5.1.25条 土方调配

在路基设计和施工中，经济合理地调运挖方作为填方的作业。

第5.1.26条 土方调配图

表示路基土方纵向调运数量及位置的图。

第5.1.27条 土方调配经济运距

路基土方纵向调运与路外借土费用相等时的纵向运距。

第二节 测量

第5.2.1条 导线

在地面上布设的由若干段直线连成的折线，作为测量路线平面图和地形图的控制线。

第5.2.2条 导线测量

测量导线长度、转角和高程，以及推算坐标等工作。

第5.2.3条 中线

在公路定线和线形设计过程中所定出的公路中心线。

第5.2.4条 中线测量

沿选定的中线，量测转角，测钉中桩，定出公路中线平面位置的工作。

第5.2.5条 施工测量

工程开工前及施工中，根据设计图在现场进行恢复公路中线，定出构造物位置等测量放样工作。

第5.2.6条 竣工测量

工程竣工后，为编制工程竣工图表、决算，对实际完成的各项工程进行的一次全面量测工作。

第5.2.7条 路线平面图

公路中线及沿线地貌、地物在水平面上的投影图。

第5.2.8条 交点

路线改变方向时，两相邻直线段的延长线相交的点。

第5.2.9条 虚交点

当交点太远或无法安置仪器时，一般在交点前后两直线段上另选能通视的点安置仪器，经量测、计算而得到的原交点(见图 5.2.9)。

第 5.2.10 条　转点

中线测量时,因相邻两点不能通视所增设的测站;水准测量时,为传递高程所设的过渡测点。

第 5.2.11 条　转角

交点处后视线的延长线与前视线的夹角(见图 5.2.11)。

第 5.2.12 条　偏角

在曲线测设中,曲线上任意点的弦与切线所夹的角(见图 5.2.12)。

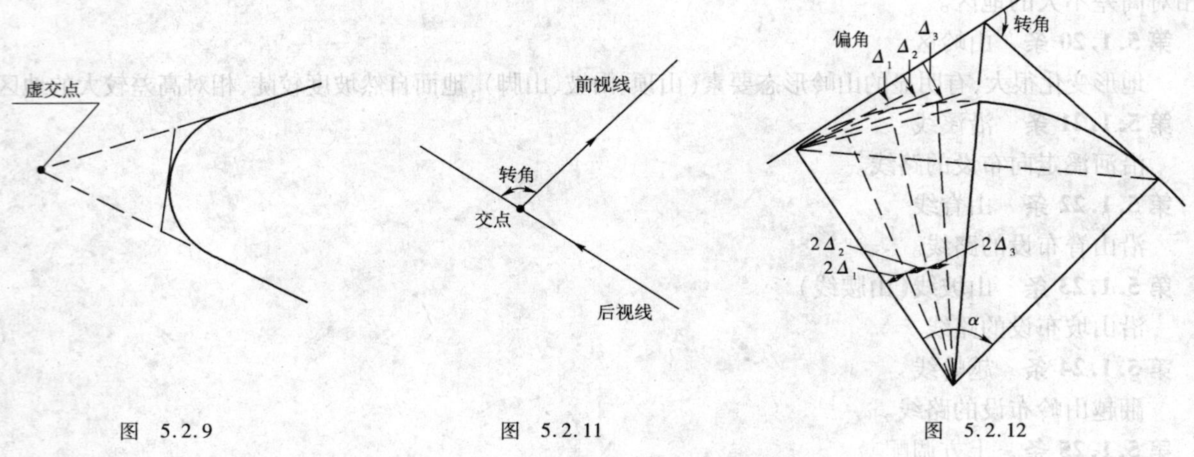

图　5.2.9　　图　5.2.11　　图　5.2.12

第 5.2.13 条　方位角

由子午线的北端顺时针方向量到测线上的夹角。以真子午线为准者称"真方位角";以磁子午线为准者称"磁方位角"(见图5.2.13)。

第 5.2.14 条　象限角

子午线的一端(北端或南端)与测线所夹的锐角(见图5.2.14)。

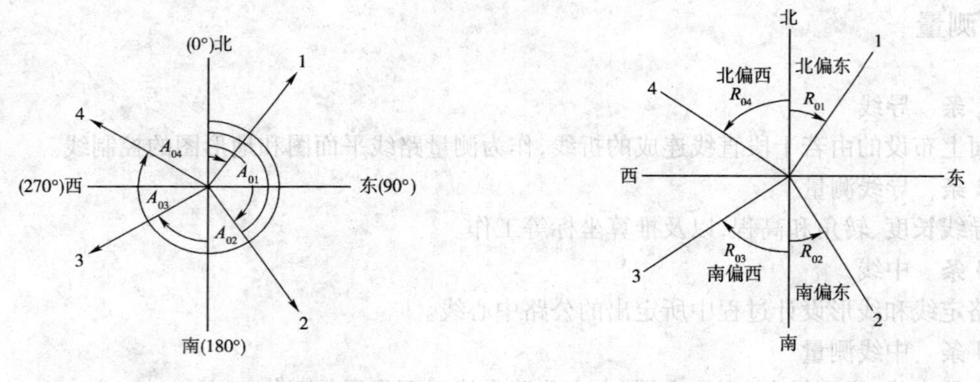

图　5.2.13　　图　5.2.14

第 5.2.15 条　方向角

采用某坐标轴方向作为标准方向所确定的方位角(又称坐标方位角)(见图5.2.15)。

第 5.2.16 条　切线长

路线交点至曲线起点或终点的直线距离(见图 5.2.16)。

第 5.2.17 条　曲线长

曲线的起点至终点之间的弧线长度。

第 5.2.18 条　外(矢)距

交点至曲线中点的距离。

第 5.2.19 条　测站

外业测量时安放仪器进行观测的地点。

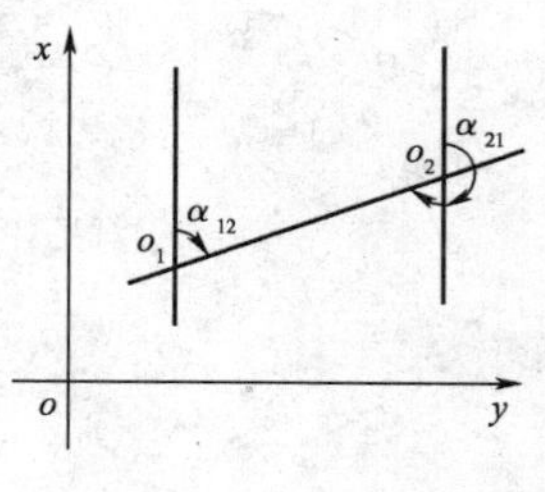

图 5.2.15

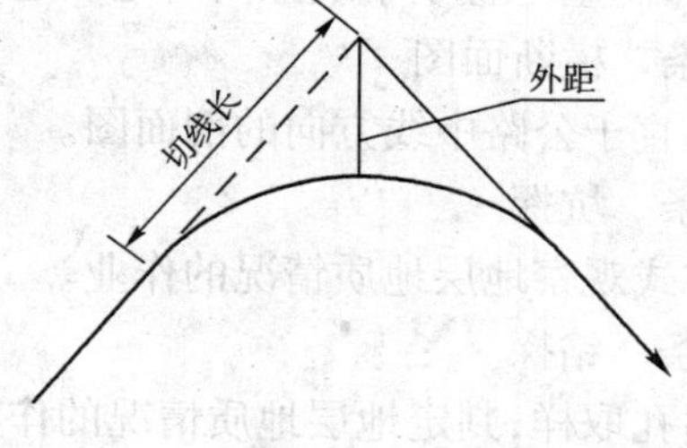

图 5.2.16

第 5.2.20 条 测点

外业测量时被观测的目标点。

第 5.2.21 条 中桩

为表示中线位置和线形等,沿路线中线所设置的编有桩号的桩或标记。

第 5.2.22 条 加桩

路线整桩号的中桩之间,在线形或地形变化等处而加设的中桩。

第 5.2.23 条 护桩

为便于恢复路线位置,在交点等重要桩位周围,按一定要求设置的起固定该桩位作用的附加桩。

第 5.2.24 条 断链

局部改线或分段测量等原因造成的桩号不相连接的现象。

第 5.2.25 条 水准测量

测定各点高程的作业。

第 5.2.26 条 水准点

经精确测定高程控制水准测量的固定标点。

第 5.2.27 条 绝对基面

以某一海滨地点平均海水面高程定为零的水准基面。我国沿用的有大连、大沽、黄河、废黄河口、吴淞、珠江等基面。

第 5.2.28 条 高程

又称标高。某点沿铅垂线方向到绝对基面的距离,称绝对高程。某点沿铅垂线方向到某假定水准基面的距离,称假定高程。

第 5.2.29 条 地面高程

地面某点的标高。

第 5.2.30 条 设计高程

工程设计中对某点所要求达到的高程。

第 5.2.31 条 路线纵断面图

沿路线中线所作的竖向断面图。

第 5.2.32 条 中桩填挖高度

路线各中桩的设计高程与地面高程的差值。

第 5.2.33 条 地形测量

测绘地形图的作业。

第 5.2.34 条 基线

经精确测定的直线段,在三角测量中作为推算其他边长的依据。

第 5.2.35 条 地形图

描述地表起伏形态和地物位置、形状的平面投影图。

第 5.2.36 条 等高线

地形图上高程相等的各点所连成的闭合曲线。

第 5.2.37 条 横断面测量

在中桩处，测量垂直于中线方向的地表起伏形态的作业。

第5.2.38条　横断面图

中桩处垂直于公路中线方向的剖面图。

第5.2.39条　坑探

用挖坑方式观察地层地质情况的作业。

第5.2.40条　钻探

用机具钻孔取样，判定地层地质情况的作业。

第5.2.41条　摄影测量

以地面摄影或航空摄影等方法得到的像片，经处理后绘制出地形图的作业。

第5.2.42条　航空摄影测量

在飞机上用航摄仪器对地面连续摄取像片，结合少量地面控制点测量，调绘和立体测图等步骤，绘制出地形图的作业。

第5.2.43条　地面立体摄影测量

在地面布设的基线两端，用摄影经纬仪摄取需要的立体像对，经地面立体测图仪处理，绘制出地形图的作业。

第5.2.44条　地面控制点测量

用精密测量仪器测定地面控制点的平面位置和高程的作业。

第5.2.45条　航摄基线

在航空摄影作业中，航摄仪器接连两次曝光瞬间镜头中心间的距离。

第5.2.46条　影像地图

以地面摄影、航空摄影等方法得到的像片，经处理后拼制的地图。

第5.2.47条　像片索引图(镶辑复照图)

将航摄像片按重叠地物影像拼叠起来，经缩小、复照而成的图。

第5.2.48条　航摄像片判读

根据地物的光谱特性、几何形状和成像规律，从像片上判释出与像片影像相应的地物、地貌的类别与特性以及某些要素的作业。

第5.2.49条　综合法测图

航空摄影和普通测量相结合的测图方法。地物平面位置用航空摄影方法求得，地面高程或等高线用普通测量方法求得。

第5.2.50条　全能法测图

在航空摄影测量作业中，用同一种仪器对地物、地貌测绘成地形图的方法。

第5.2.51条　微分法测图

在航空摄影测量作业中，将地面点的平面位置和高程分成两个独立的步骤，用不同仪器成图的方法。

第5.2.52条　像片镶嵌图

将有重叠的多张纠正像片，根据纠正点或摄像进行切割拼接，镶嵌粘贴而组成的一整张像片图。

第六章　路基工程

第 6.0.1 条　路基

按照路线位置和一定技术要求修筑的带状构造物。是路面的基础，承受由路面传递下来的行车荷载。

第 6.0.2 条　路堤

高于原地面的填方路基。

第 6.0.3 条　路堑

低于原地面的挖方路基。

第 6.0.4 条　半填半挖式路基

在一个横断面内，部分为路堤、部分为路堑的路基。

第 6.0.5 条　台口式路基

在山坡上，以山体自然坡面为下边坡，全部开挖而成的路基（见图 6.0.5）。

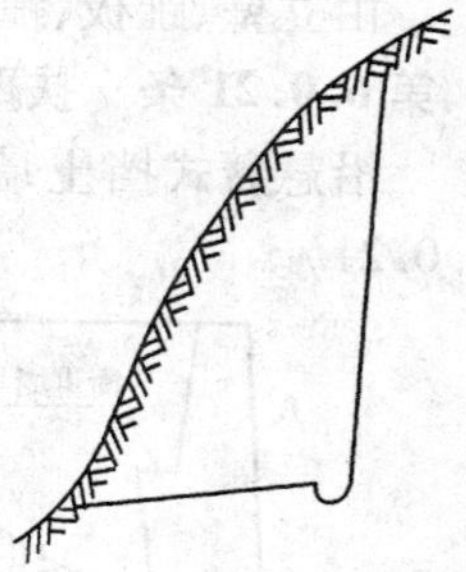

图　6.0.5

第 6.0.6 条　路基宽度

在一个横断面上两路肩外缘之间的宽度。

第 6.0.7 条　路基设计高程

一般公路指路肩外缘的设计高程；高速公路和一级公路指中央分隔带外侧边缘的设计高程。

第 6.0.8 条　（路基）最小填土高度

为保证路基稳定，根据土质、气候和水文地质条件，所规定的路肩边缘至原地面的最小高度。

第 6.0.9 条　边坡

为保证路基稳定，在路基两侧做成的具有一定坡度的坡面。

第 6.0.10 条　边坡坡度

边坡的高度与宽度之比。

第 6.0.11 条　（边）坡顶

路基边坡的最高点。挖方路基为边坡与原地面相接处；填方路基为路肩外缘。

第 6.0.12 条　（边）坡脚

路基边坡的最低点。填方路基为边坡与原地面相接处；挖方路基为边坡底。

第 6.0.13 条　护坡道

当路堤较高时，为保证边坡稳定，在取土坑与坡脚之间，沿原地面纵向保留的有一定宽度的平台。

第 6.0.14 条　边坡平台

当路堤较高时，为保证边坡稳定，在边坡坡面上沿纵向做成的有一定宽度的平台（见图6.0.14）。

第 6.0.15 条　碎落台

在路堑边坡坡脚与边沟外侧边缘之间或边坡上，为防止碎落物落入边沟而设置的一定宽度的纵向平台（见图 6.0.15）。

第 6.0.16 条　护坡

为防止边坡受冲刷，在坡面上所做的各种铺砌和栽植的总称。

第 6.0.17 条　挡土墙

为防止路基填土或山坡土体坍塌而修筑的承受土体侧压力的墙式构造物。

第 6.0.18 条　重力式挡土墙

依靠墙身自重抵抗土体侧压力的挡土墙。

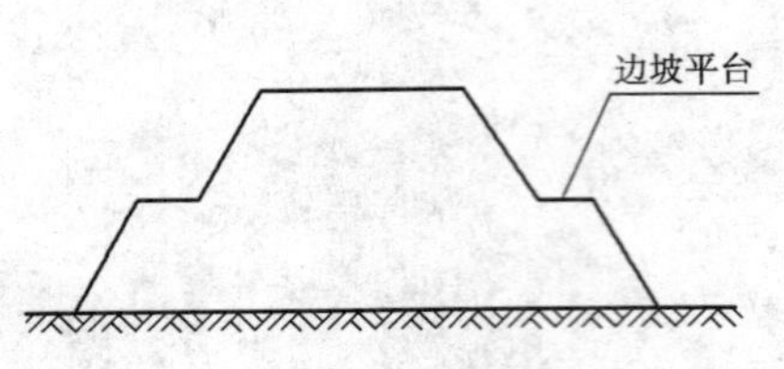

图 6.0.14

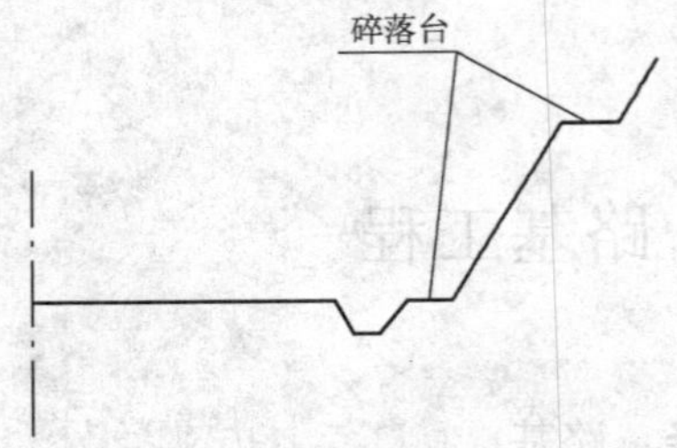

图 6.0.15

第 6.0.19 条　衡重式挡土墙

利用衡重台上部填土的重力和墙体重心的后移而抵抗土体侧压力的挡土墙(见图 6.0.19)。

第 6.0.20 条　悬臂式挡土墙

由立壁、趾板、踵板三个钢筋混凝土悬臂式构件组成的挡土墙(见图 6.0.20)。

第 6.0.21 条　扶壁式挡土墙

沿悬臂式挡土墙的立壁,每隔一定距离加一道扶壁,将立壁与踵板连接起来的挡土墙(见图 6.0.21)。

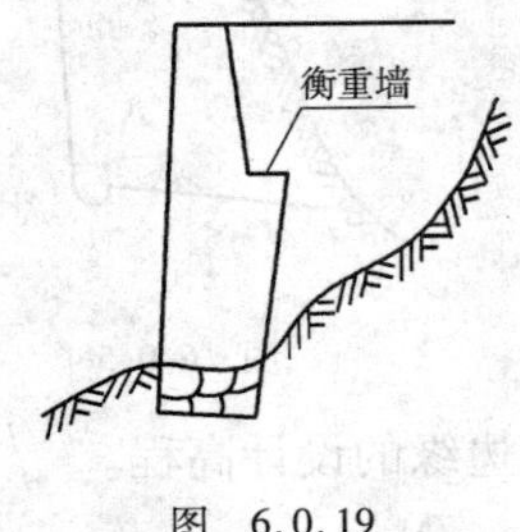

图 6.0.19

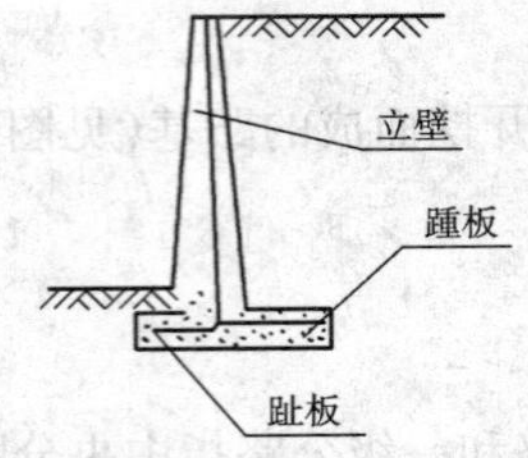

图 6.0.20

图 6.0.21

第 6.0.22 条　柱板式挡土墙

由立柱、挡板、腰梁、腰板、基座和拉杆组成,借助腰板上部填土的重力平衡土体侧压力的挡土墙(见图 6.0.22)。

第 6.0.23 条　锚杆式挡土墙

由钢筋混凝土墙板和锚杆组成,依靠锚固在岩层内的锚杆的水平拉力以承受土体侧压力的挡土墙(见图 6.0.23)。

第 6.0.24 条　锚碇板式挡土墙

由钢筋混凝土墙板、拉杆和锚碇板组成,借埋置在破裂面后部稳定土层内的锚碇板和拉杆的水平拉力,以承受土体侧压力的挡土墙(见图 6.0.24)。

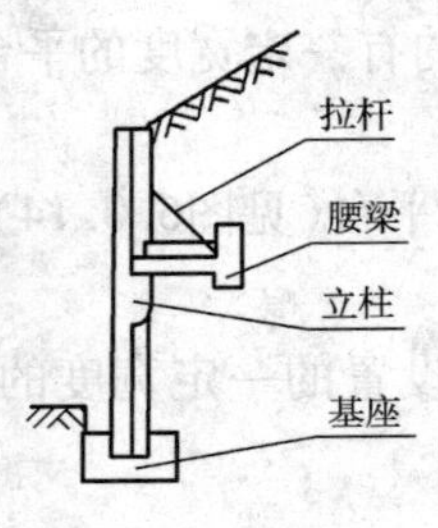

图 6.0.22

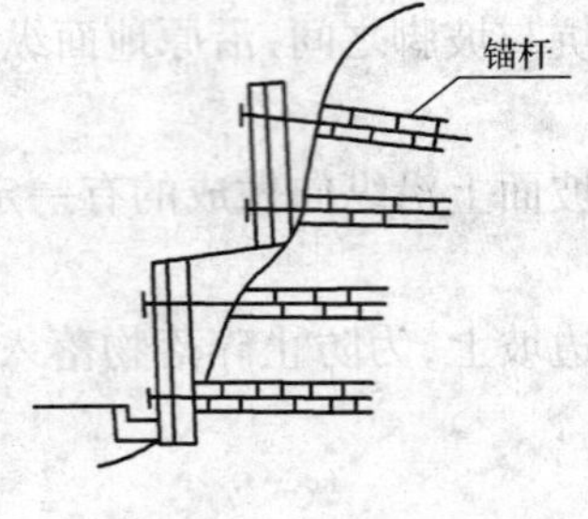

图 6.0.23

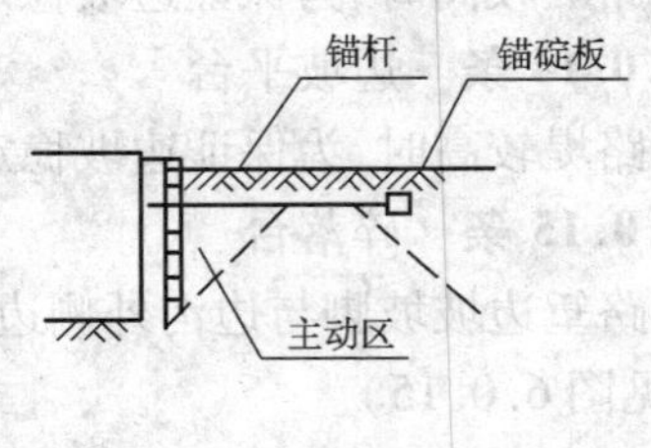

图 6.0.24

第 6.0.25 条　石笼

为防止河岸或构造物受水流冲刷而设置的装填石块的笼子。

第 6.0.26 条　抛石

为防止河岸或构造物受水流冲刷而抛填较大石块的防护措施。

第 6.0.27 条　路基排水

保持路基稳定的地面和地下排水措施。

第 6.0.28 条 边沟

为汇集和排除路面、路肩及边坡的流水，在路基两侧设置的纵向水沟。

第 6.0.29 条 截水沟

为拦截山坡上流向路基的水，在路堑坡顶以外设置的水沟。

第 6.0.30 条 排水沟

将边沟、截水沟和路基附近低洼处汇集的水引向路基以外的水沟。

第 6.0.31 条 急流槽

在陡坡或深沟地段设置的坡度较陡、水流不离开槽底的沟槽。

第 6.0.32 条 跌水

在陡坡或深沟地段设置的沟底为阶梯形，水流呈瀑布跌落式通过的沟槽。

第 6.0.33 条 蒸发池

在气候干燥地区的排水困难地段，于公路两侧每隔一定距离，为汇集边沟流水任其蒸发所设置的积水池。

第 6.0.34 条 盲沟

在路基或地基内设置的充填碎砾石等粗粒材料（有的其中埋设透水管）的排水、截水暗沟。

第 6.0.35 条 渗水井

为将边沟排不出的水渗到地下透水层中而设置的用透水材料填筑的竖井。

第 6.0.36 条 透水路堤

用大石块或卵石堆筑的具有透水能力的路堤。

第 6.0.37 条 过水路面

通过平时无水或水流很小的宽浅河流而修筑的在洪水期间容许水流漫过的路面。

第 6.0.38 条 填方

路基表面高于原地面时，从原地面填筑至路基表面部分的土石体积。

第 6.0.39 条 挖方

路基表面低于原地面时，从原地面至路基表面挖去部分的土石体积。

第 6.0.40 条 借土

为填筑路基，在沿线或路线以外选定的地点所取的土。

第 6.0.41 条 弃土

利用挖方填筑路基所剩余的土或不适宜筑路而废弃的土。

第 6.0.42 条 取土坑

在公路沿线挖取土方填筑路基或用于养护所留下的整齐土坑。

第 6.0.43 条 弃土堆

将开挖路基所废弃的土堆放于公路沿线一定距离的整齐土堆。

第 6.0.44 条 回填土

工程施工中，完成基础等地面以下工程后，再返还填实的土。

第 6.0.45 条 黄土

在干燥气候条件下形成的多孔性具有柱状节理的黄色粉质土，干燥时能保持壁立。湿陷性黄土受水浸湿后产生较大沉陷。

第 6.0.46 条 软土

主要是由天然含水量大、压缩性高、承载能力低的淤泥沉积物及少量腐殖质所组成的土。

第 6.0.47 条 淤泥

在静水或缓慢的流水环境中沉积并含有机质的细粒土，其天然含水量大于液限，天然孔隙比大于1.5。当天然孔隙比小于1.5而大于1.0时称为淤泥质土。

第 6.0.48 条 泥沼

表层有泥炭覆盖,以下为淤泥或淤泥质土的低洼潮湿地带。

第6.0.49条 泥炭

喜水植物遗体在缺氧条件下,经缓慢分解而形成的泥沼覆盖层。其特点是持水性大、容重较低。

第6.0.50条 盐渍土

不同程度盐碱化土的总称。在公路工程中一般指地表下1.0m内土中易溶盐含量平均大于0.3%的土。

第6.0.51条 膨胀土

具有较大吸水膨胀、失水收缩特性的高液限黏土。

第6.0.52条 冻土

温度低于零摄氏度且含有冰晶的土。

第6.0.53条 多年冻土

又称永冻土。指持续三年或三年以上冻结不融的土层。其顶面以上的土层,冬冻夏融,称季节融化层。永冻土层顶面距地表的深度,称冻土上限,是永冻土地区公路设计的重要数据。

第6.0.54条 流砂

含水饱和的细砂、微细砂或亚砂土等,由于动水压力的作用,而发生流动的现象。

第6.0.55条 软弱地基

天然含水量过大,承载力低,在荷载作用下易产生滑动或固结沉降的地基。

第6.0.56条 强夯法

为提高软弱地基的承载力,用重锤自一定高度下落夯击土层使地基迅速压实的方法。又称动力固结法。

第6.0.57条 预压法

为提高软弱地基的承载力和减少构造物建成后的沉降量,预先在拟建构造物的地基上施加一定静荷载,使地基土压密后再将荷载卸除的压实方法。

第6.0.58条 反压护道

为防止软弱地基产生剪切、滑移,保证路基稳定,在路堤两侧填筑起反压作用的具有一定宽度和厚度的土体。

第6.0.59条 砂井

为加速地基排水固结,在软弱地基中钻孔,灌入中、粗砂而成的排水柱体。

第6.0.60条 路基砂垫层

为防止地下水的毛细上升和排除路基的水分,保证路基的强度和稳定,在路堤底部铺设的砂层。

第6.0.61条 压实

对土或其他筑路材料施加动的或静的外力,以提高其密实度的作业。

第6.0.62条 压实度

土或其他筑路材料压实后的干容重与标准最大干容重之比,以百分率表示。

第6.0.63条 (标准)最大干容重

按照标准击实试验方法,土或其他筑路材料在最佳含水量时得到的干容重。

第6.0.64条 相对密实度

砂土在最疏松状态和天然状态下孔隙比之差与最疏松状态和最密实状态下孔隙比之差的比值。即

$$D_r = \frac{e_{max} - e}{e_{max} - e_{min}}$$

式中:D_r——相对密实度;

e——土的天然孔隙比;

e_{max}——最疏松状态的孔隙比;

e_{min}——最密实状态的孔隙比。

第6.0.65条 毛细水

地下水受土粒间孔隙的毛细作用上升的水分。

第 6.0.66 条 土石方爆破

在筑路工程中，使用炸药爆破开挖土石方的方法。

第 6.0.67 条 抛掷爆破

炸药爆炸时，被爆破岩体的一部分沿最小抵抗线方向被抛出的爆破方法。

第 6.0.68 条 爆破漏斗

抛掷爆破时所形成的爆破坑，其半径 r 与最小抵抗线 w 之比称爆破作用指数，即$\frac{r}{w}=n$。当 $n=1$ 时，所形成的漏斗称标准抛掷爆破漏斗；当 $n<1$ 时，称减弱抛掷爆破漏斗；$n>1$ 时，称加强抛掷爆破漏斗(见图 6.0.68)。

第 6.0.69 条 松动爆破

炸药爆炸时，岩体被破碎松动但不抛掷的爆破方法。

第 6.0.70 条 爆破作用圈

炸药爆炸时所产生的膨胀力和冲击波，以药包为中心向四周传播的同心圆。从中心向外依次为压缩圈、抛掷圈、破裂圈和振动圈(见图 6.0.70)。

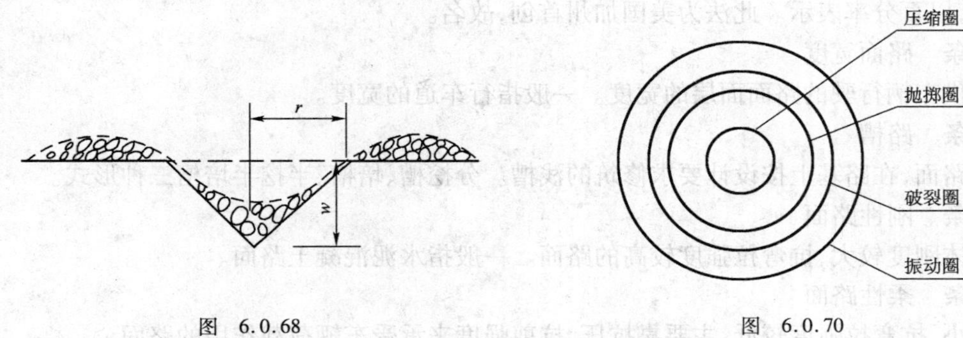

图 6.0.68

图 6.0.70

第七章　路面工程

第 7.0.1 条　路面

用各种筑路材料铺筑在公路路基上供车辆行驶的构造物。

第 7.0.2 条　弹性层状体系理论

柔性路面设计的理论基础之一。即假设路面各结构层在水平方向是无限大的等厚层，土基在水平方向和向下深度也都是无限大的；各层材料（包括土基）为均质的各向同性的弹性材料，服从弹性规律。

第 7.0.3 条　（回弹）弯沉

路基或路面在荷载作用下产生的垂直弹性变形。

第 7.0.4 条　加州承载比（CBR）

路基土、粒料、稳定土等在规定贯入量时所施加的试验荷载与标准碎石材料的同一贯入量时所施加的荷载之比，以百分率表示。此法为美国加州首创，故名。

第 7.0.5 条　路面宽度

公路上供车辆行驶的路面面层的宽度。一般指行车道的宽度。

第 7.0.6 条　路槽

为铺筑路面，在路基上按设计要求修筑的浅槽。分挖槽、培槽、半挖半培槽三种形式。

第 7.0.7 条　刚性路面

面层板体刚度较大，抗弯拉强度较高的路面。一般指水泥混凝土路面。

第 7.0.8 条　柔性路面

刚度较小，抗弯拉强度较低，主要靠抗压、抗剪强度来承受车辆荷载作用的路面。

第 7.0.9 条　路面结构层

构成路面的各铺砌层。按其所处的层位和作用，主要有面层、基层和垫层（见图 7.0.9）。

磨耗层
面层上层
面层下层
联结层
上基层
底基层
垫层
面层
基层
垫层

图 7.0.9

第 7.0.10 条　面层

直接承受车辆荷载及自然因素的影响，并将荷载传递到基层的路面结构层。

第 7.0.11 条　磨耗层

面层顶部用坚硬的细粒料和结合料铺筑的薄结构层。其作用是改善行车条件，防止行车对面层的磨损，延长路面的使用周期。

第 7.0.12 条　联结层

为加强面层与基层的共同作用或减少基层裂缝对面层的影响，而设在基层上的结构层，为面层的组成部分。

第 7.0.13 条　基层

设在面层以下的结构层。主要承受由面层传递的车辆荷载，并将荷载分布到垫层或土基上。当基层分为多层时，其最下面的一层称底基层。

第 7.0.14 条　垫层

设于基层以下的结构层。其主要作用是隔水、排水、防冻以改善基层和土基的工作条件。

第 7.0.15 条　隔水层

为隔断毛细水侵入路面基层，在基层和土基之间用透水性良好的或不透水的材料铺筑的垫层。

第 7.0.16 条　隔温层

为防止或减轻土基的冻害，在基层和土基之间用导温性低的材料铺筑的垫层。

第7.0.17条 封层

为封闭表面空隙、防止水分侵入面层或基层,在面层或基层上铺筑的沥青薄层。

第7.0.18条 透层

为使沥青面层与无沥青材料的基层结合良好,在基层上浇洒低黏度液体沥青而形成的透入基层表面的薄层。

第7.0.19条 保护层

用粗砂或砂土混合料铺在中、低级路面上的薄层,前者称松散保护层,后者称稳定保护层。其作用是减轻行车对面层或磨耗层的磨损,并易于恢复平整。

第7.0.20条 补强层

当原有路面的强度不适应交通要求时,在其上加铺的结构层。

第7.0.21条 高级路面

用水泥混凝土、沥青混凝土、热拌沥青碎石或整齐石块作面层的路面。一般适用于交通量大、行车速度高的公路。

第7.0.22条 次高级路面

用沥青贯入碎(砾)石、冷拌沥青碎(砾)石、半整齐石块、沥青表面处治等作面层的路面。一般适用于交通量较大、行车速度较高的公路。

第7.0.23条 中级路面

用水结碎石、泥结碎石、级配砾(碎)石、不整齐石块等作面层的路面。一般适用于中等交通量的公路。

第7.0.24条 低级路面

用各种材料改善土的路面。适用于交通量很小的公路。

第7.0.25条 水泥混凝土路面

用水泥混凝土板作面层的路面。

第7.0.26条 沥青路面

用沥青作结合料铺筑面层的路面的总称。

第7.0.27条 沥青混凝土路面

按级配原理选配的矿料与适量沥青均匀拌和,经摊铺压实而成的沥青路面。

第7.0.28条 沥青碎石路面

由一定级配的集料与适量沥青均匀拌和,经摊铺压实而成的沥青路面。

第7.0.29条 沥青贯入碎(砾)石路面

用沥青贯入法施工的沥青路面。

第7.0.30条 沥青表面处治

用沥青和集料按层铺法或拌和法铺筑而成的厚度不超过3cm的沥青面层。

第7.0.31条 块料路面

用石块、水泥混凝土块及木块等铺砌而成的路面之总称。

第7.0.32条 石块路面

用坚硬耐磨石料经加工成型的石块铺砌而成的路面。

第7.0.33条 泥结碎石路面

以碎石为骨料,经初步碾压后灌泥浆,依靠碎石的嵌锁和黏土的黏结作用形成的路面。

第7.0.34条 水结碎石路面

碎石层经洒水碾压,依靠碎石的嵌锁和石粉的胶结作用形成的路面。

第7.0.35条 级配路面

按密实级配原理选配的砾(碎)石集料和适量黏性土,经拌和、摊铺、压实而成的路面。

第7.0.36条 稳定土基层

用石灰、水泥、粉煤灰、沥青等结合料与土、砂砾或其他集料,经拌和、摊铺、压实而成的路面基层的总称。

第7.0.37条　工业废渣基层

用适合于路用的工业废渣修筑的路面基层。

第7.0.38条　块石基层

用一定规格的锥形块石，经手工铺砌、碎石嵌缝并压实而成的路面基层。

第7.0.39条　层铺法

集料与结合料分层摊铺、洒布、压实的路面施工方法。

第7.0.40条　拌和法

集料与结合料按一定配比拌和均匀、摊铺、压实的路面施工方法。

第7.0.41条　厂拌法

在固定的拌和工厂或移动式拌和站拌制混合料的施工方法。

第7.0.42条　路拌法

在路上或沿线就地拌和混合料的施工方法。

第7.0.43条　热拌法

将一定配比的集料和沥青分别加热至规定温度，然后拌和的施工方法。

第7.0.44条　冷拌法

将一定配比的集料和液体沥青在常温下进行拌和的施工方法。

第7.0.45条　热铺法

沥青混合料加热拌和后，在规定温度下摊铺、压实的路面施工方法。

第7.0.46条　冷铺法

沥青混合料拌和后，在常温下摊铺、压实的路面施工方法。

第7.0.47条　贯入法

在初步压实的碎石层上浇灌沥青，再分层撒铺嵌缝料和洒布沥青，并分层压实的路面施工方法。

第7.0.48条　铺砌法

用手工或机械铺筑块料路面的施工方法。

第7.0.49条　缩缝

在水泥混凝土路面板上设置的横缝。其作用是使混凝土板在温度降低时不致因收缩而产生不规则的裂缝。一般采用假缝。

第7.0.50条　胀缝

在水泥混凝土路面板上设置的横缝。其作用是使混凝土板在温度升高时能自由延伸。应采用真缝。

第7.0.51条　真缝

在水泥混凝土路面板的整个厚度上断开的缝。又称平缝。

第7.0.52条　假缝

在水泥混凝土路面板上不贯通整个板厚的缝。

第7.0.53条　横缝

在水泥混凝土路面板上设置的与公路中线垂直或接近垂直的缝。

第7.0.54条　纵缝

在水泥混凝土路面板上设置的平行于公路中线的缝。

第7.0.55条　施工缝

因施工需要设置的接缝。

第7.0.56条　传力杆

沿水泥混凝土路面板胀缝，每隔一定距离在板厚中央布置的圆钢筋，其一端固定在一侧板内，另一端可以在邻侧板内滑动，其作用是在两块路面板之间传递行车荷载和防止错台。

第7.0.57条　拉杆

沿水泥混凝土路面板的纵缝每隔一定距离在板厚中央布置的变型钢筋，其作用是防止路面板错动和纵缝间隙扩大。

第 7.0.58 条 路面平整度

路表面纵向的凹凸量的偏差值。

第 7.0.59 条 路面粗糙度

路表面骨料的棱角阻止轮胎滑动的能力。通常以路面摩擦系数和路表构造深度来表示。

第 7.0.60 条 路面摩擦系数

路面对轮胎的滑动阻力与车轮荷载的比值。

第 7.0.61 条 附着力

路面对轮胎的滑动摩擦阻力。

第 7.0.62 条 水滑现象

车辆高速行驶时，当路面有薄层积水，由于水膜作用而使车轮滑动，产生飘浮滑移失控的现象。

第八章　桥涵工程

第一节　桥涵类型

第 8.1.1 条　桥梁

为公路、铁路、城市道路等跨越河流、山谷等天然或人工障碍物而建造的建筑物。

第 8.1.2 条　公路桥

主要供汽车行驶的桥梁。

第 8.1.3 条　公铁两用桥

可供汽车和火车分道（分层或并列）行驶的桥梁。

第 8.1.4 条　人行桥

专供行人通过的桥梁。

第 8.1.5 条　跨线桥

跨越公路、铁路和城市道路等交通线路的桥梁。

第 8.1.6 条　高架桥

在公路上代替高路堤的桥梁。

第 8.1.7 条　永久性桥

用耐久性材料（如钢、钢筋混凝土、石料等）建造的供长期使用的桥梁。

第 8.1.8 条　半永久性桥

下部结构采用耐久性材料（如石料、混凝土等）、上部结构采用木材建造的桥梁。

第 8.1.9 条　临时性桥

用非耐久性材料（如木料）建造的或供短期使用的桥梁。

第 8.1.10 条　钢筋混凝土桥

以钢筋混凝土作为上部结构主要建筑材料的桥梁。

第 8.1.11 条　预应力混凝土桥

以预应力混凝土作为上部结构主要建筑材料的桥梁。

第 8.1.12 条　钢桥

以钢材作为上部结构主要建筑材料的桥梁。

第 8.1.13 条　圬工桥

以石料、砖或水泥混凝土作为主要建筑材料的桥梁。

第 8.1.14 条　木桥

以木材作为主要建筑材料的桥梁。

第 8.1.15 条　正交桥

桥梁的纵轴线与其跨越的河流流向或路线轴向相垂直的桥梁。

第 8.1.16 条　斜交桥

桥梁的纵轴线与其跨越的河流流向或路线轴向不相垂直的桥梁。

第 8.1.17 条　弯桥

桥面中心线在平面上为曲线的桥梁。有主梁为直线而桥面为曲线和主梁与桥面均为曲线两种情况。

第 8.1.18 条　坡桥

设置在路线纵坡上的桥梁。

第 8.1.19 条 斜桥

桥梁的纵轴线与其墩台轴线不相垂直的桥梁。

第 8.1.20 条 正桥

桥梁的纵轴线与其墩台轴线相垂直的桥梁。

第 8.1.21 条 上承式桥

桥面系位于上部结构上部的桥梁。

第 8.1.22 条 中承式桥

桥面系位于上部结构中部的桥梁。

第 8.1.23 条 下承式桥

桥面系位于上部结构下部的桥梁。

第 8.1.24 条 梁桥

以梁作为上部结构主要承重构件的桥梁。

第 8.1.25 条 简支梁桥

以简支梁作为上部结构主要承重构件的梁桥。

第 8.1.26 条 连续梁桥

以连续梁作为上部结构主要承重构件的梁桥。

第 8.1.27 条 悬臂梁桥

以悬臂梁作为上部结构主要承重构件的梁桥。

第 8.1.28 条 联合梁桥

钢主梁和钢筋混凝土或预应力混凝土桥面板结合成整体的梁桥。

第 8.1.29 条 板桥

以板作为上部结构主要承重构件的桥梁。

第 8.1.30 条 拱桥

在竖直平面内以拱(拱圈)作为上部结构主要承重构件的桥梁。

第 8.1.31 条 双曲拱桥

拱圈由纵向拱肋和横向一个或多个拱波组成,其外形在纵、横两个方面均呈曲线形的拱桥。

第 8.1.32 条 空腹拱桥

拱圈上设有腹拱、立柱或横墙以支承桥面系的拱桥。

第 8.1.33 条 实腹拱桥

拱圈上为实体建筑或填料的拱桥。

第 8.1.34 条 系杆拱桥

拱与拉杆共同受力的一种拱桥。拱与拉杆间以竖杆或斜杆联结。

第 8.1.35 条 桁架桥

以桁架作为上部结构主要承重构件的桥梁。

第 8.1.36 条 刚构桥

梁与墩(台)为刚性联结的桥梁。

第 8.1.37 条 T 形刚构桥

主梁为跨中设铰或挂梁的多跨刚构桥。

第 8.1.38 条 连续刚构桥

主梁为连续梁的多跨刚构桥。

第 8.1.39 条 斜腿刚构桥

桥墩为斜向支撑的刚构桥。

第 8.1.40 条 斜拉桥(斜张桥)

以通过或固定于索塔并锚固于桥面系的斜向拉索作为上部结构主要承重构件的桥梁。

第 8.1.41 条　悬索桥(吊桥)

以通过两索塔悬垂并锚固于两岸(或桥两端)的缆索(或钢链)作为上部结构主要承重构件的桥梁。

第 8.1.42 条　漫水桥

允许洪水漫过桥面的桥梁。

第 8.1.43 条　浮桥

上部结构架设在水中浮动支承(如船、筏、浮箱等)上的桥梁。

第 8.1.44 条　开启桥

为通航需要,上部结构能以竖旋、平旋或提升等方式开合的桥梁。

第 8.1.45 条　装配式桥

上部结构由预制构件组合成整体的桥梁。

第 8.1.46 条　装拆式桥

上部结构主要承重构件是以标准单元金属构件组装而成并可快速拼、拆的桥梁。

第 8.1.47 条　涵洞

主要为宣泄地面水流而设置的横穿路堤的小型排水构造物,一般由基础、洞身、洞口组成。

第 8.1.48 条　管涵

洞身以圆形管节修筑的涵洞。

第 8.1.49 条　拱涵

洞顶呈拱形的涵洞。

第 8.1.50 条　箱涵

洞身为钢筋混凝土箱形截面的涵洞。

第 8.1.51 条　盖板涵

洞身以钢筋混凝土板、条石等作盖板的涵洞。

第 8.1.52 条　无压力式涵洞

入口处水流水位(不是涵前积水)低于洞口高度,在洞身全长范围内水面均不接触洞顶的涵洞。

第 8.1.53 条　压力式涵洞

入口处水位高于洞口高度,洞身全长范围内充满水流、洞顶承受水头压力的涵洞。

第 8.1.54 条　半压力式涵洞

入口处水位高于洞口高度,部分洞顶承受水头压力的涵洞。

第 8.1.55 条　倒虹吸涵

渠道与道路平面交叉时,为连接渠道而设在道路下面洞身形似倒置的虹吸管的压力式涵洞。

第二节　桥涵构造

第 8.2.1 条　上部结构

桥梁支座以上(无铰拱起拱线或框架底线以上)跨越桥孔部分的总称。

第 8.2.2 条　主梁

在上部结构中,支承各种荷载并将其传递至墩、台的梁。

第 8.2.3 条　横梁

在上部结构中,沿桥轴横向设置并支承于主要承重部件上的梁。

第 8.2.4 条　纵梁

在上部结构中,沿桥梁轴向设置并支承于横梁上的梁。

第 8.2.5 条　挂梁

搁支于悬臂端的简支梁,为主梁的一部分。

第 8.2.6 条　拱圈

拱桥上部结构中,支承各种荷载并将其传递至墩台的拱形结构。

第 8.2.7 条　拱上结构

拱桥拱圈以上各部分结构的总称。

第 8.2.8 条　腹拱

设置在空腹式拱桥拱圈上的小拱(见图 8.2.8)。

图 8.2.8

第 8.2.9 条　拱上侧墙

拱圈以上沿桥轴两侧的边墙。

第 8.2.10 条　桥面系

上部结构中,直接承受车辆、人群等荷载并将其传递到主梁的整个桥面构造系统。包括桥面铺装、桥面板、纵梁、横梁及人行道等。

第 8.2.11 条　桥面铺装

用沥青混凝土、水泥混凝土等材料铺筑在桥面板上的保护层,其作用是保护桥面板和分布车轮的集中荷载。

第 8.2.12 条　伸缩缝

为适应材料胀缩变形对结构的影响而在结构中设置的间隙。

第 8.2.13 条　桥面伸缩装置

为使车辆平稳通过桥面并满足桥面变形的需要,在桥面伸缩缝处设置的各种装置的总称。

第 8.2.14 条　安全带

当桥面不设人行道时,为保障交通安全,在行车道边缘设置的高出行车道的带状构造物。

第 8.2.15 条　桥头搭板

搁置在桥台或悬臂梁端与路堤之间的连接板。其作用是调节板两端的不均等沉陷,以减轻车辆对桥头的冲击。

第 8.2.16 条　下部结构

支承桥梁上部结构并将其荷载传递给地基的桥墩、桥台和基础的总称。

第 8.2.17 条　桥墩

多孔桥梁中,处于相邻桥孔之间支承上部结构的构造物。

第 8.2.18 条　墩身

墩帽或盖梁以下、基础或承台以上的桥墩主体部分。

第 8.2.19 条　墩帽

桥墩顶部有出檐的部分。

第 8.2.20 条　盖梁

柱式桥墩顶部联结各柱顶的横梁。其作用是支承、分布和传递上部结构的荷载。

第 8.2.21 条　破冰体

为防止或减轻流冰和漂浮物对桥墩的撞击,在桥墩的迎水面或前方设置的棱状构造物。

第 8.2.22 条　重力式桥墩

在承受外力时,依靠自身重力来保持稳定的桥墩。这种桥墩一般体积和重量较大。

第 8.2.23 条　实体桥墩

墩身为实体的桥墩。

第 8.2.24 条　空心桥墩

墩身为空腔体的桥墩。

第 8.2.25 条　柱式桥墩

墩身由一个或两个立柱所组成的桥墩。

第 8.2.26 条　排架桩墩

由成排的桩在桩顶以盖梁联结构成的桥墩。

第 8.2.27 条　柔性墩

墩身较细长、墩顶可随着上部结构的位移而相应变位的桥墩。

第 8.2.28 条　制动墩

多跨桥梁设计中,考虑承受全桥或分段水平推力的桥墩。

第 8.2.29 条　单向推力墩

多孔拱桥设计中,考虑承受单向恒载推力的桥墩。

第 8.2.30 条　桥台

位于桥梁两端并与路基相连接的支承上部结构和承受台背填土压力的构造物。

第 8.2.31 条　台身

由前墙和翼墙组成的桥台主体部分。

第 8.2.32 条　前墙

桥台中对上部结构起支承作用的横桥向墙体。

第 8.2.33 条　翼墙

桥台前墙两侧或涵洞洞口两侧设置的挡土墙。涵洞的翼墙还起疏导水流的作用。

第 8.2.34 条　台帽

桥台前墙顶部出檐的部分。

第 8.2.35 条　锥坡

在桥涵与路基相接处,为保持路堤土坡的稳定而在桥台两侧构筑的带有铺砌的锥形体。

第 8.2.36 条　耳墙

在埋置式桥台中,与台帽或盖梁两端连接的小型挡土墙。

第 8.2.37 条　U 形桥台

前墙和两侧翼墙连成一体,在平面上呈 U 字形的桥台。

第 8.2.38 条　八字形桥台

两侧翼墙在平面上呈八字形的桥台。

第 8.2.39 条　一字形桥台

前墙与两侧翼墙在平面上呈一字形的桥台。

第 8.2.40 条　重力式桥台

在承受外力时,依靠自身重力来保持稳定的桥台。

第 8.2.41 条　埋置式桥台

台身大部分埋于土中,不设置翼墙仅设耳墙局部挡土的桥台。

第 8.2.42 条　扶壁式桥台

由钢筋混凝土前墙、底板和扶壁构成的桥台。

第 8.2.43 条　锚碇板式桥台

借埋置在台后稳定土体内的锚碇板和锚杆拉住台身以抵抗土压力的桥台。

第 8.2.44 条　支撑式桥台

台身顶部与梁或板铰结、下部设置支撑梁,在立面上构成四铰框架系统的桥台。仅用于小跨径桥梁。

第 8.2.45 条　地基

直接承受构造物荷载影响的地层。

第 8.2.46 条　加固地基

用换土、夯实、有机或无机结合料稳定等方法加固处理的地基。

第 8.2.47 条　天然地基

未经加固处理的地基。

第 8.2.48 条　基础

将桥梁墩、台所承受的各种荷载传递到地基上的结构物。

第 8.2.49 条　扩大基础

扩大承载面积以适应地基容许承裁力的基础。一般为明挖浅基础。

第 8.2.50 条 沉井基础

带刃脚的井筒状构造物，用人工或机械方法清除井内土石，主要借自重克服井壁与土层的摩阻力逐节下沉至地基中设计标高处成为桥梁的基础。沉井有圆形、椭圆形、多边形等。

第 8.2.51 条 管柱基础

直径大于1.5m的钢筋混凝土或预应力混凝土圆管，用人工或机械方法清除管内土石，主要借振动逐节下沉至地基中设计标高处所构成的桥梁基础。

第 8.2.52 条 桩基础

由桩构成的桥梁基础。

第 8.2.53 条 桩

沉入(打入)或浇筑于地基中的柱状支承构件。如木桩、钢桩、混凝土桩等。

第 8.2.54 条 预制桩

钢、木、钢筋混凝土等材料制作的柱状构件，以锤击、振动、射水静压等方式沉入或埋入地基而成的桩。

第 8.2.55 条 就地灌注桩

在地基中以人工或机械成孔，在孔中灌注混凝土而成的桩。

第 8.2.56 条 摩擦桩

主要靠桩表面与地基之间的摩擦力支承荷载的桩。

第 8.2.57 条 支承桩

主要靠桩的下端反力支承荷载的桩。

第 8.2.58 条 承台

在群桩顶部浇筑的钢筋混凝土平台。其作用是承受、分布由墩身传来的荷载。

第 8.2.59 条 支座

设在桥梁上部结构与下部结构之间，使上部结构具有一定活动性的传力装置。

第 8.2.60 条 固定支座

使上部结构能转动而不能水平移动的支座。

第 8.2.61 条 活动支座

使上部结构能转动和水平移动的支座。

第 8.2.62 条 索塔

悬索桥或斜拉桥支承主索的塔形构造物。

第 8.2.63 条 索鞍

悬索桥或斜拉桥的索塔上，供悬索或拉索通过塔顶的鞍状支承装置。

第 8.2.64 条 调治构造物

为引导和改变水流方向，使水流平顺通过桥孔并减缓水流对桥位附近河床、河岸的冲刷而修建的水工构造物。如丁坝、顺坝、梨形堤、护岸等。

第 8.2.65 条 丁坝

修筑于河岸或河滩路堤旁，坝根与河岸相连、坝头伸向水流(正交或斜交)的堤坝。其主要作用是束狭河床、挑流护岸，又称挑水坝。

第 8.2.66 条 顺坝

修筑于河岸或河滩路堤旁，坝根与河岸相连，下游坝头与河岸间留有缺口，坝身与水流大致平行的堤坝。其主要作用是束狭河床、导流护岸。

第三节 桥涵设计

第 8.3.1 条 桥位

为建桥所选择的位置。

第8.3.2条　桥梁全长

有桥台的桥梁为两岸桥台翼墙(侧翼或八字墙)尾端间的距离;无桥台的桥梁为桥面系行车道长度。

第8.3.3条　主桥

多孔桥梁的主要跨段。由设计时根据宣泄设计流量、通航要求或结构构造等确定。

第8.3.4条　引桥

桥梁中连接主桥和路堤的部分。

第8.3.5条　跨径

结构或构件支承间的水平距离。

第8.3.6条　桥涵计算跨径

设支座的桥涵为相邻两支座中心间的水平距离,不设支座的桥涵(如拱桥、刚构桥、箱涵)为上、下部结构相交面中心间的水平距离。

第8.3.7条　桥涵净跨径

设支座的桥涵为相邻两墩、台身顶内缘之间的水平距离;不设支座的桥涵为上、下部结构相交处内缘间的水平距离。

第8.3.8条　矢跨比

拱的计算矢高与计算跨径之比。

第8.3.9条　计算矢高

拱轴线顶点至拱脚连线的距离。

第8.3.10条　桥下净空

为满足桥下通航(或行车、行人)的需要和保证桥梁安全而对上部结构底缘以下规定的空间限界。

第8.3.11条　桥面净空

桥梁行车道、人行道上方应保持的空间限界。

第8.3.12条　桥梁建筑高度

上部结构底缘至桥面顶面的竖直距离。

第8.3.13条　荷载

使结构或构件产生内力和变形的外力及其他因素。

第8.3.14条　永久荷载

在结构的设计使用期内,其值不变或变化值与平均值相比可忽略不计的荷载。如结构重力、预加应力、土的重力及土侧压力等。

第8.3.15条　可变荷载

在结构的设计使用期内,其值可变且变化与平均值相比不可忽略的荷载。按其对桥涵结构的影响程度,分为基本可变荷载(活载,如车辆、人群等)和其他可变荷载(如风力、汽车制动力等)。

第8.3.16条　偶然荷载

在结构的设计使用期内偶然出现(或不出现),其数值很大、持续时间很短的荷载。如地震力、船只或漂浮物撞击力等。

第8.3.17条　荷载组合

根据桥涵特性、使用要求、桥位处自然条件以及荷载发生的频率等因素,由规范规定在设计时应考虑的可能在结构上同时出现的若干荷载。

第8.3.18条　车辆荷载标准

由国家标准规定作为桥涵设计依据的若干等级的标准车辆和车队。有计算荷载(汽车荷载)和验算荷载(履带车和平板挂车)。

第8.3.19条　设计荷载

设计时所采用的荷载。

第8.3.20条　施工荷载

施工阶段为验算桥梁结构或构件安全度所考虑的临时荷载。如结构重力、施工设备、风力、拱桥的单向推力等。

第8.3.21条 梁

直线或曲线形构件。主要承受各种荷载产生的弯矩和剪力,有时也承受扭矩。

第8.3.22条 简支梁

一端支承在固定支座上,另一端支承在活动支座上的梁。

第8.3.23条 连续梁

由三个或三个以上支座支承的梁。

第8.3.24条 悬臂梁

一端固定另一端自由的梁。

第8.3.25条 板

宽而薄(宽厚比大于一定规定)的平面构件。主要承受各种荷载产生的弯矩和剪力。

第8.3.26条 拱

曲线或折线形构件。主要承受各种荷载产生的轴向压力。有时也承受弯矩、剪力或扭矩。

第8.3.27条 桁架

由若干杆件构成的平面或空间格架式结构或构件。各杆件主要承受各种荷载产生的轴向力。

第8.3.28条 刚构

由梁和柱固接而构成的框架结构。

第8.3.29条 柱

主要承受轴向压力的竖向直线形构件。

第8.3.30条 强度

材料或构件受力时抵抗破坏的能力。其值为在一定的受力状态或工作状态条件下,材料所能承受的最大应力或构件所能承受的最大内力,后者亦称承载能力。

第8.3.31条 刚度

结构或构件受力时抵抗变形的能力。包括构件刚度和截面刚度。按受力状态不同可分为轴向刚度、弯曲刚度、剪力刚度、扭转刚度等。构件刚度的值为施加于构件上的力(力矩)与其引起的线位移(角位移)之比;截面刚度的值在弹性阶段为材料弹性模量或剪切模量与截面面积或惯性矩的乘积。

第8.3.32条 抗裂度

结构或构件受力时抵抗开裂的能力。

第8.3.33条 稳定性

结构或构件受力时保持稳定状态的能力。

第8.3.34条 位移

荷载引起的结构或构件中某点位置的改变或某线段方向的改变。前者称线位移,后者称角位移。

第8.3.35条 变形

荷载引起的结构或构件中各点间的相对位移。可恢复的变形为弹性变形,不可恢复的变形为塑性变形。

第8.3.36条 挠度

结构或构件在荷载作用下产生的竖向位移。

第8.3.37条 预拱度

为抵消梁、拱、桁架等结构在荷载作用下产生的挠度,而在施工或制造时所预留的与位移方向相反的校正量。

第四节 桥涵水文

第8.4.1条 流域

河流的集水区域。是地表水及地下水分水线所包围的集水区域的统称。习惯上指地表水的集水面积。

第 8.4.2 条　集水面积(汇水面积)

流域分水线所包围的面积。一般以平方千米计。

第 8.4.3 条　径流

由于降水而从流域内地面与地下汇集到河沟,并沿河槽下泄的水流。可分地面径流和地下径流两种。

第 8.4.4 条　水文测量

为测量桥位处河流的水位、流速、流量、流向、河床断面、比降等水文要素所进行的全部技术工作。

第 8.4.5 条　河床

河谷底部有河水流动的部分。由河槽底部和河滩底部组成(见图 8.4.5)。

第 8.4.6 条　河槽

河床中在洪水期床面上有推移质运动的部分。包括主槽和边滩。

第 8.4.7 条　主槽

河槽中常水位以下的部分。

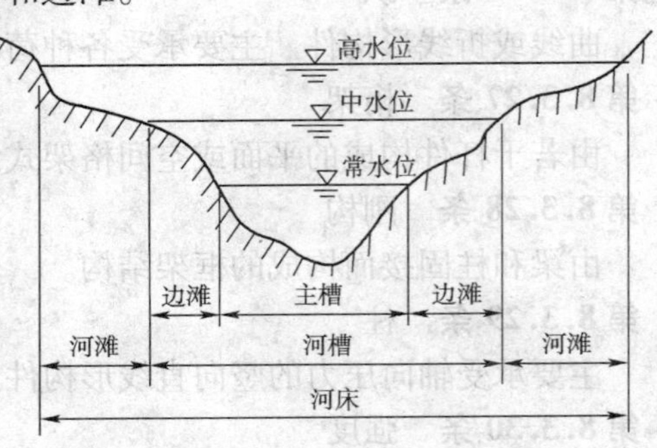

图 8.4.5　河床断面

第 8.4.8 条　边滩

河槽中中水位与常水位之间的部分。

第 8.4.9 条　河滩

河床中在洪水期淹水、但床面上无底沙运动的部分。

第 8.4.10 条　河床宽度

与高水位相对应的河道宽度。

第 8.4.11 条　河槽宽度

与中水位相对应的河道宽度。

第 8.4.12 条　过水断面

水流中与流速方向垂直的横断面。以平方米计。

第 8.4.13 条　水位

河流或其他水体的自由水面相对于某一基面的高程,以米计。

第 8.4.14 条　最高(最低)水位

一定时期内,在江河、湖泊等水域中的某一观测点出现的最高(最低)瞬时水位。

第 8.4.15 条　通航水位

在各级航道中,能保持船舶(队)正常航行时的最高和最低水位,并据以确定桥梁的桥下净空。

第 8.4.16 条　设计水位

与设计流量相对应的水位。

第 8.4.17 条　水面比降

水面沿水流方向的纵向坡度。

第 8.4.18 条　河床比降

河流主槽的纵向坡度。

第 8.4.19 条　湿周

过水断面上水流与河床接触部分的周长,以米计。

第 8.4.20 条　糙率

综合反映河床粗糙程度对水流起摩阻影响的系数。

第 8.4.21 条　水力半径

过水断面的面积与湿周的比值。

第 8.4.22 条　水文计算

为工程建设提供各种水文特征值所进行的水文数据的分析计算工作。

第 8.4.23 条　设计流量

桥涵设计中所采用的与某一设计洪水频率相对应的洪水流量。

第 8.4.24 条　设计流速

与设计流量相对应的流速。

第 8.4.25 条　行近流速

邻近建筑物上游某一距离处的流速。

第 8.4.26 条　洪水调查

调查洪水痕迹、搜集水文资料、推算洪峰流量、估算洪水总量、研究洪水过程及洪水重现期等技术工作的总称。

第 8.4.27 条　洪水频率

某一洪水发生的可能性大小或出现的频繁程度。以分数表示,其倒数为重现期,叫几年一遇。

第 8.4.28 条　设计洪水频率

由有关技术标准规定作为桥涵设计依据的洪水频率。根据桥涵和公路的等级不同而不同。

第 8.4.29 条　潮汐河流

海洋潮汐周期变化影响所及的河段。

第 8.4.30 条　悬移质

悬浮于河道中随水流移动的较细泥沙及胶质物等。

第 8.4.31 条　推移质

在河道水流中沿河底滚动、移动或跳跃前进的泥沙。

第 8.4.32 条　水力计算

依据设计流量的需要,为确定桥涵构造物的有关结构尺寸(如基础埋深、桥下净空等)提供数据而进行的计算工作。

第 8.4.33 条　水头

单位质量液体所具有的机械能。包括位置水头、压力水头和流速水头三项,以米或厘米计。

第 8.4.34 条　冲刷

由于水流冲击而引起地表、河床表层剥蚀的现象。

第 8.4.35 条　桥下一般冲刷

由于桥梁墩台压缩水流,导致桥下流速增大而引起桥下河床断面冲刷。

第 8.4.36 条　桥墩(台)局部冲刷

由于桥墩(台)的阻碍,水流在桥墩周围以强烈的涡流形式冲刷床面泥沙,在墩(台)前产生冲刷坑。

第 8.4.37 条　自然演变冲刷

在不受水工建筑物影响的情况下,由水流行进携带泥沙而引起的河床冲刷。

第 8.4.38 条　冲刷系数

桥下需要的过水面积与建桥后未经冲刷的过水面积之比值。

第 8.4.39 条　淤积

水流挟带的泥沙由于流速减缓而沉积的现象。

第 8.4.40 条　壅水

水流受到压缩或潮水水位、干流水位顶托而导致上游水位抬高的现象。

第 8.4.41 条　流冰

河面上漂浮、流动的冰块。

第五节　桥涵施工

第 8.5.1 条　先张法

先在台座上张拉预应力钢材,然后浇筑混凝土以形成预应力混凝土构件的施工方法。

第 8.5.2 条　后张法

先浇筑混凝土,待达到规定的强度后再张拉预应力钢材以形成预应力混凝土构件的施工方法。

第 8.5.3 条　缆索吊装法

利用支承在索塔上的缆索运输和安装桥梁构件的施工方法。

第 8.5.4 条　悬臂拼装法

在桥墩两侧设置吊架,平衡地逐段向跨中悬臂拼装预应力混凝土桥梁体预制块件并逐段施加预应力的施工方法。

第 8.5.5 条　悬臂浇筑法

在桥墩两侧设置工作平台,平衡地向跨中逐段悬臂浇筑预应力混凝土桥梁体并逐段施加预应力的施工方法。

第 8.5.6 条　移动支架逐跨施工法

采用可在桥墩上纵向移动的支架(及模板)在其上逐跨拼装梁体预制块件或现浇梁体混凝土,并施加预应力的施工方法。

第 8.5.7 条　纵向拖拉法

将预制的单根梁或预拼的整孔梁,用拖拉设备从桥头纵向拖到墩台上的施工方法。

第 8.5.8 条　顶推法

在桥头逐段浇筑或拼装梁体,在梁前端安装导梁,用千斤顶纵向顶推,使梁体通过各墩顶的临时滑动支座而就位的施工方法。

第 8.5.9 条　转体架桥法

利用河岸地形预制两个半孔桥跨结构,在岸墩或桥台上旋转就位跨中合龙的施工方法。

第 8.5.10 条　浮运架桥法

利用潮水涨落或调节船舱内的水量,将船载的整孔主要承重结构置于墩台上的施工方法。

第 8.5.11 条　顶入法

利用顶进设备边顶边挖,将预制的箱形或圆形构件顶入路堤就位以形成立体交叉通道或涵洞的施工方法。

第 8.5.12 条　围堰

水下基础施工时,为了排水挖坑,在基坑周围修建的临时性挡水设施。常用的有土围堰、木板桩或钢板桩围堰等。

第 8.5.13 条　护筒

在钻孔桩施工中,为保护孔口壁不坍塌而埋置的套管。

第九章　隧道工程

第 9.0.1 条　隧道

为道路从地层内部或水底通过而修筑的建筑物。主要由洞身和洞门组成。

第 9.0.2 条　洞门

为保持洞口上方及两侧路堑边坡的稳定，在隧道洞口修筑的墙式构造物。

第 9.0.3 条　衬砌

为防止围岩变形或坍落，沿隧道洞身周边用水泥混凝土等材料修筑的永久性支护结构。

第 9.0.4 条　明洞

明挖岩（土）体后修筑棚式或拱式洞身再覆土建成的隧道。常用于地质不良地段。

第 9.0.5 条　围岩

隧道周围一定范围内，对洞身的稳定有影响的岩体。

第 9.0.6 条　隧道建筑限界

为保障车辆、行人通行的安全，在隧道内应保持的空间限界。

第 9.0.7 条　明挖法

先将隧道底部以上岩（土）体全部挖除，然后修筑洞身，再进行回填的施工方法。

第 9.0.8 条　矿山法

用一般开挖地下坑道的作业方式修筑隧道的施工方法。此法以钻孔爆破开挖为主，根据隧道所处地质条件、断面大小和施工机具能力等，可采取全断面一次开挖或将断面分层、分块依次开挖。

第 9.0.9 条　盾构法

采用"盾构"进行隧道施工的方法。

第 9.0.10 条　沉埋法（沉管法）

将矩形或圆形预制混凝土构件，分段沉埋至河底或海底而形成隧道的施工方法。

第 9.0.11 条　导坑

隧道断面首先开挖的部分，具有先导和探坑的作用。按其所在位置不同，称上导坑、下导坑、侧导坑等。

第 9.0.12 条　隧道支撑

隧道开挖过程中，为了防止围岩变形和坍落所设置的临时支护结构。常用的有构件支撑和喷锚支护两类。

第 9.0.13 条　构件支撑

用钢、木等材料制作构件架设的临时支撑。如木支撑、金属支撑、钢木混合支撑等。

第 9.0.14 条　喷锚支护

利用高压喷射混凝土和打入岩层中的金属锚杆的联合作用加固岩层（根据地质情况也可分别单独采用），以达到支撑的目的。可以作为临时或永久性支撑。

第 9.0.15 条　隧道通风

在隧道开挖和营运中，为了排除和冲淡洞（坑）内有毒气体和粉尘，所采取的净化空气的措施。

第 9.0.16 条　隧道照明

为使隧道内有足够亮度以保障隧道的通行能力和行车安全所采取的照明措施。

第十章　养护与管理

第一节　养护

第 10.1.1 条　养护

为保持公路的正常使用而进行的经常性保养、维修作业；预防和修复灾害性损坏；以及为提高使用质量和服务水平而进行的加固、改善或增建。

第 10.1.2 条　定期养护

对公路及沿线设施按一定时间进行保养、维修的养护方式。

第 10.1.3 条　巡回养护

在管养的路段上巡回检查，发现病害、交通障碍及其他异常情况及时进行处理的养护方式。

第 10.1.4 条　大中修周期

自公路开始使用至第一次大、中修的间隔时间，或两次大、中修的间隔时间。

第 10.1.5 条　小修保养

对公路及沿线设施经常进行维护保养和修补轻微损坏部分的作业。

第 10.1.6 条　中修

对公路及沿线设施的一般性磨损和局部损坏部分进行修理加固、更换或局部改善，以恢复公路原有技术状况的工程。

第 10.1.7 条　大修

对公路及沿线设施的较大损坏进行全面综合修理，以恢复原设计标准；或在原技术等级范围内局部改善或个别增建，以提高公路通行能力的工程。

第 10.1.8 条　改善工程

根据交通发展的要求，对公路及沿线设施进行逐段改善，以提高技术等级的较大工程。

第 10.1.9 条　抢修

对遭受自然灾害或人为破坏的路段、桥涵构造物等进行紧急快速的修复作业。

第 10.1.10 条　加固

当构造物局部损坏或承载力不足时而进行的修复和局部补强工程。

第 10.1.11 条　回砂

用回砂设备对路面松散保护层恢复平整的作业。

第 10.1.12 条　罩面

为改善沥青路面的使用质量，提高路面的防水、抗滑能力和平整度，在原有沥青路面上加铺的沥青表面处治。

第 10.1.13 条　路面翻修

对损坏的路面，经挖除或翻松处理后重新铺筑的作业。

第 10.1.14 条　路面补强

根据交通发展的要求，对原有路面采取增加强度的措施。

第 10.1.15 条　车辙

在路面上沿行车轮迹产生的纵向带状凹槽。

第 10.1.16 条　路面搓板

在行车作用下，路面纵向产生的似洗衣搓板状的波浪形变形。

第 10.1.17 条　路面网裂

路面表面产生纵横交错呈网状的裂纹。

第 10.1.18 条　路面龟裂

路面表面产生形似龟背花纹的较大裂缝。

第 10.1.19 条　路面碎裂

路面上产生严重裂缝并发展成破碎状态。

第 10.1.20 条　反射裂缝

路面基层开裂而导致面层出现的裂缝。

第 10.1.21 条　路面坑槽

在行车作用下,路面骨料局部脱落而产生的坑洼。

第 10.1.22 条　路面冻胀

在寒冷地区结冻初期,地基下部的水分向上集聚并冻结成冰引起膨胀,造成柔性路面拱起开裂、刚性路面错台或折断的现象。

第 10.1.23 条　路面沉陷

由于路基的竖向变形而导致路面下沉的现象。

第 10.1.24 条　路面滑溜

由于路面表面光滑、潮湿、结冰等原因造成行车滑溜现象。

第 10.1.25 条　露骨

在行车作用下,路面被严重磨损而形成骨料裸露的现象。

第 10.1.26 条　啃边

由于路肩松软,在行车作用下造成沥青路面边缘的破损、脱落现象。

第 10.1.27 条　泛油

沥青路面因沥青含量偏多或稠度偏低,当气温较高时,在行车作用下沥青被挤出,路表面出现薄油层的现象。

第 10.1.28 条　壅包

沥青面层因受行车推挤而形成局部隆起的现象。

第 10.1.29 条　拱胀

水泥混凝土路面在气温升高时,因胀缝不能充分发挥作用,造成板体向上拱起的现象。

第 10.1.30 条　错台

在水泥混凝土路面板的接缝或裂缝处,两板体产生相对竖向位移的现象。

第 10.1.31 条　错位

水泥混凝土路面板之间产生相对水平位移的现象。

第 10.1.32 条　滑坡

在自然或人为因素的影响下,山坡上不稳定的岩体或土体,沿山坡内部某一软弱面或软弱带,向下缓慢或间歇滑动的现象。

第 10.1.33 条　坍方

路基、堤坝及河岸等的边坡或山坡土体坍塌的现象。

第 10.1.34 条　崩塌

陡峻山坡上的岩体或土体在自重作用下,突然脱离母岩而崩落的现象。

第 10.1.35 条　碎落

因岩体风化、破碎比较严重而时常发生小块岩石下落的现象。

第 10.1.36 条　沉降

地基在荷载作用下受压缩而产生的竖向变形。

第 10.1.37 条　沉陷

路基压实度不够或构造物地基土质不良,在水、荷载等因素作用下产生的不均匀的竖向变形。

第 10.1.38 条　泥石流

由暴雨、融雪、冰川等造成的一种突发性挟带大量泥沙、石块等固体物质的洪流。是山区特有的一种地质现象。

第 10.1.39 条　(振动)液化

含水饱和的松砂,在地震、机械冲击的作用下,颗粒骨架趋于振密,引起孔隙水压力暂时显著增大、抗剪强度急剧下降,呈现类似液体状态的现象。

第 10.1.40 条　翻浆

春融时期由于土基上层含水量过大,强度急剧降低,在行车作用下,路表面出现不均匀起伏、松软或破裂冒浆等的现象。

第 10.1.41 条　岩溶

可溶性岩层受水的溶蚀作用产生的沟槽、裂缝、洞穴,以及由于溶洞顶板塌落使地表产生陷穴、洼地等现象。

第 10.1.42 条　沙害

通过沙漠地区的路段,因风的作用造成大量积沙而阻碍交通的现象。

第 10.1.43 条　雪害

因积雪或雪崩而阻碍公路交通或造成行车事故的现象。

第 10.1.44 条　水毁

因暴雨、洪水造成公路路基、路面、桥涵及其他设施的损毁。

第 10.1.45 条　好路率

评定公路养护质量,分为优、良、次、差四个等级,优、良级路段的里程占养护里程的百分率称好路率。

第 10.1.46 条　养护质量综合值

公路养护质量的优、良、次、差四个等级的分数加权平均值。

第 10.1.47 条　路容

公路及其沿线设施等的外观整洁状况。

第二节　管理

第 10.2.1 条　路况

现有公路路基、路面、构造物及沿线设施等的技术经济状况。

第 10.2.2 条　路况调查

对现有公路技术经济状况的调查、检验、评价并登记储存等工作的全过程。目的是为改进服务、制订规划和计划提供依据。

第 10.2.3 条　路政管理

为保障公路正常使用,防止非法侵占和人为破坏,依据国家有关法令、法规所进行的行政管理工作。

第 10.2.4 条　民工建勤

根据国家有关规定,农民为养护公路和修建地方道路所出的义务工日及车日。

第 10.2.5 条　养路费

按照国家有关规定,由公路管理部门向保有车辆单位或个人征收的用于公路养护的费用。

第 10.2.6 条　养路道班

在公路沿线设置的进行公路养护作业的基层单位。

第十一章　工程材料与试验

第 11.0.1 条　粒料

呈颗粒状松散材料的统称。

第 11.0.2 条　集料(骨料)

在混合料中起骨架或填充作用的粒料。包括碎石、砾石、石屑及砂等。

第 11.0.3 条　矿料

包括矿粉在内的集料。

第 11.0.4 条　矿粉

石粉和工业废渣粉末的统称。

第 11.0.5 条　砂

岩石经风化或轧制而成的粒径小于 2 mm 的粒料。

第 11.0.6 条　砾石

风化岩石经水流长期搬运而成的粒径为 2 ~ 60mm 的无棱角的天然粒料。

第 11.0.7 条　砂砾

砂和砾石的混合物。又称砾石砂。

第 11.0.8 条　卵石

风化岩石经水流长期搬运而成的粒径为 60 ~ 200mm 的无棱角的天然粒料。

第 11.0.9 条　碎石

符合工程要求的岩石,经开采并按一定尺寸加工而成的有棱角的粒料。

第 11.0.10 条　片石

符合工程要求的岩石,经开采选择所得的形状不规则的、边长一般不小于 15cm 的石块。

第 11.0.11 条　块石

符合工程要求的岩石,经开采并进行加工而成的形状大致方正的石块。

第 11.0.12 条　料石

按规定要求经凿琢加工而成的形状规则的石块。

第 11.0.13 条　石屑

轧制和筛分碎石所得的 3 ~ 10mm 的粒料。

第 11.0.14 条　工业废渣

作为筑路材料用的铁渣、钢渣和炉渣等的总称。

第 11.0.15 条　结合料

用以黏结松散材料使其成为整体的有机或无机材料。

第 11.0.16 条　有机结合料

具有良好胶结性能的有机化合物。在公路工程中主要是指沥青材料。

第 11.0.17 条　沥青

由极复杂的高分子碳氢化合物及其非金属(氧、硫、氮等)衍生物所组成的有机胶凝材料。

第 11.0.18 条　地沥青

天然沥青和石油沥青的总称。

第 11.0.19 条　天然沥青

石油受自然因素的作用所形成的沥青。

第 11.0.20 条　石油沥青

石油经提炼出轻质油分后而得到的残留物。

第11.0.21条　煤沥青

煤焦油经蒸馏后所得到的残留物。

第11.0.22条　乳化沥青

沥青在含有乳化剂的水溶液中,经机械搅拌使沥青微粒子分散而形成的沥青乳液。

第11.0.23条　氧化沥青

稠度低的沥青经过氧化处理而变稠的沥青。

第11.0.24条　路用沥青

技术指标符合道路使用要求的各种沥青的总称。

第11.0.25条　无机结合料

具有胶结性能的无机化合物。在公路工程中主要是指水泥、石灰等材料。

第11.0.26条　粉煤灰

发电厂锅炉燃烧煤粉,从其烟气中收集的灰色粉状物。

第11.0.27条　混合料

集料或矿料与结合料经拌和而成的混合材料。

第11.0.28条　沥青混合料

沥青和级配矿料或集料按一定比例拌和而成的混合料。

第11.0.29条　沥青混凝土混合料

沥青和级配矿料按一定比例拌和而成的混合料。根据所用矿料粒径大小的不同,可分为粗粒式、中粒式和细粒式三种。

第11.0.30条　沥青碎石混合料

沥青和集料按一定比例拌和而成的混合料。压实以后其剩余空隙率大于10%。

第11.0.31条　沥青砂

沥青和砂按一定比例拌和而成的混合料。

第11.0.32条　沥青膏

沥青和一定比例的石粉、石棉粉等拌制而成的膏状物。

第11.0.33条　水泥砂浆

水泥、砂和水按一定比例拌和而成的混合料。

第11.0.34条　石灰砂浆

用石灰膏、砂和水按一定比例拌和而成的混合料。

第11.0.35条　水泥混凝土混合料

水泥、集料和水按一定比例拌和而成的混合料。

第11.0.36条　水泥混凝土

水泥混凝土混合料经浇注、振捣并硬化后形成的固体材料。

第11.0.37条　钢筋混凝土

配置有受力钢筋的水泥混凝土。

第11.0.38条　预应力(钢筋)混凝土

通过张拉钢材对混凝土预加应力的水泥混凝土。

第11.0.39条　早强混凝土

用早强水泥或普通水泥掺加早强剂拌制而成的能在早期达到规定强度的水泥混凝土。

第11.0.40条　干硬性混凝土

水灰比小、坍落度极小、硬化较快,经强力振实后强度较高的水泥混凝土。

第11.0.41条　贫混凝土

单位体积内水泥含量较低的水泥混凝土。

第11.0.42条　轻质混凝土

采用轻质集料的水泥混凝土。

第 11.0.43 条 纤维混凝土

掺有短纤维(如钢纤维、玻璃纤维、聚丙烯纤维)、具有较高抗拉强度的水泥混凝土。

第 11.0.44 条 外掺剂

为改善材料的某些性能而加入的化学制剂。

第 11.0.45 条 减水剂

能减少水泥混凝土混合料拌和用水量,降低水灰比,提高混凝土的早期强度和抗冻性能的外掺剂。

第 11.0.46 条 加气剂

能使水泥混凝土混合料在拌和过程中产生大量微细气泡,可以改善混合料的和易性,提高水泥混凝土的抗冻、抗渗及抗侵蚀性能的外掺剂。

第 11.0.47 条 早强剂

能促进水泥的水化和硬化,提高水泥混凝土早期强度的外掺剂。

第 11.0.48 条 缓凝剂

能延缓水泥混凝土混合料凝结时间的外掺剂。

第 11.0.49 条 钢筋

置入水泥混凝土中用以加强构件的抗拉、抗弯及抗压能力的建筑钢材。

第 11.0.50 条 预应力钢材

预应力混凝土中所用的高强钢丝、钢绞线、高强粗钢筋等的总称。

第 11.0.51 条 高强钢丝

优质高碳钢经冷拔和热处理而成的抗拉强度很高的钢丝。

第 11.0.52 条 钢绞线

由若干根高强钢丝绞捻,消除内应力后而制成的钢丝束。

第 11.0.53 条 冷拉钢筋

在常温下经拉伸而提高屈服强度的钢筋。

第 11.0.54 条 冷拔钢丝

直径为 6~8mm 的低碳钢筋,在常温下用专用拔丝设备加工而成的较细钢丝。

第 11.0.55 条 高强螺栓

用优质高强钢材制成的螺栓。其连接的传力方式是依靠构件接触面的摩擦力,不同于一般螺栓。

第 11.0.56 条 空隙率

材料的颗粒之间空隙体积占总体积的百分率。

第 11.0.57 条 孔隙比

材料的孔隙体积与其固体颗粒体积之比值。

第 11.0.58 条 粒径

集料的颗粒尺寸。一般以筛分试验方法确定。

第 11.0.59 条 颗粒组成

在集料中,各种不同粒径颗粒的重量占总重量的百分率。

第 11.0.60 条 细度

粉状材料的粗细程度。一般以筛孔或比表面积表示。

第 11.0.61 条 筛分

用标准筛对矿料进行粒径分级的方法。

第 11.0.62 条 级配

矿料粒径分级和各级颗粒重量的分配比例。

第 11.0.63 条 级配曲线

按矿料各级粒径通过规定筛孔的重量百分率绘制的曲(折)线图。

第 11.0.64 条 最佳级配

能使矿料的颗粒组成满足工程技术要求的级配。

第 11.0.65 条　含水量

材料内水分的重量与材料干重之比,以百分率表示。

第 11.0.66 条　最佳含水量

材料在标准击实试验条件下,能达到最大干容重时的含水量。

第 11.0.67 条　稠度界限

土从一种稠度状态变到另一种稠度状态的分界含水量。

第 11.0.68 条　液限

土从可塑状态变为流动状态时的分界含水量。

第 11.0.69 条　塑限

土从半固体状态变为可塑状态时的分界含水量。

第 11.0.70 条　缩限

土从固体状态变为半固体状态时的分界含水量。

第 11.0.71 条　塑性指数

土的液限与塑限的差值。

第 11.0.72 条　水泥标号

代表水泥强度等级的数值。即水泥标准试件在规定条件下经 28d 养生后的抗压强度。

第 11.0.73 条　水泥混凝土标号

代表水泥混凝土强度等级的数值。即水泥混凝土标准试件在规定条件下经 28d 养生后的抗压强度。

第 11.0.74 条　水泥混凝土配合比

按水泥混凝土设计标号所采用的水泥、砂、石和水的配合比例。

第 11.0.75 条　水灰比

水泥混凝土混合料中所用的水与水泥重量的比值。

第 11.0.76 条　和易性

水泥混凝土混合料在施工过程中的流动性和不易离析、易于捣实等综合性质。

第 11.0.77 条　坍落度

水泥混凝土混合料流动性指标。即按规定的试验方法测得的新拌制的混合料下坍的竖直距离,以厘米计。

第 11.0.78 条　硬化

新拌制的水泥砂浆或水泥混凝土混合料经化学作用逐渐失去塑性而变硬的现象。

第 11.0.79 条　水硬性

无机结合料遇水后,能在水中硬化并继续增长其强度的性质。

第 11.0.80 条　气硬性

无机结合料能在空气中硬化并继续增长其强度的性质。

第 11.0.81 条　离析

各种混合料出现的集料与结合料或粗集料与细集料的分离现象。

第 11.0.82 条　徐变

固体材料的塑性变形随荷载作用时间的延续而逐渐增长的性质。

第 11.0.83 条　老化

材料受自然条件的影响,其性能随时间的增长而衰退的现象。

第 11.0.84 条　沥青稠度

材料的软硬、稀稠程度。对黏稠沥青以针入度表示:对液体沥青以黏(滞)度表示。

第 11.0.85 条　针入度

沥青稠度的指标。即沥青试样在规定的温度、时间和荷载条件下,标准针垂直贯入试样中的深度。

以 1/10mm 计。

第 11.0.86 条　黏(滞)度

沥青稠度的指标。即沥青试样在规定的温度下，通过规定尺寸的流孔流出规定体积所需的时间，以秒计。

第 11.0.87 条　软化点

沥青温度稳定性的指标。即沥青由固体状态转变为流动状态时的温度。

第 11.0.88 条　延度

沥青变形能力的指标。即沥青试样在规定的温度和拉伸速度条件下被拉断时的延伸长度，以厘米计。

第 11.0.89 条　闪点

沥青和油类可燃性的指标。即沥青或油类按规定试验方法加热，液面产生的易燃气体遇火初次出现一瞬即灭的闪火时的温度。

第 11.0.90 条　溶解度

沥青在规定的有机溶剂中可溶解部分的重量占原重量的百分率。

第 11.0.91 条　热稳性

沥青混合料在高温条件下能保持稳定的能力。

第 11.0.92 条　水稳性

材料在水的作用下能保持原有强度的能力。

第 11.0.93 条　油石比

在沥青混合料中，沥青重量与集料或矿料重量之比，以百分率表示。

第 11.0.94 条　含油率

沥青混合料中，沥青重量占混合料总重量的百分率。

第 11.0.95 条　压碎值

集料抵抗压碎的性能指标。按规定试验方法测得的被压碎碎屑的重量与试样重量之比，以百分率表示。

第 11.0.96 条　磨耗度

石料在撞击、剪切和摩擦的综合作用下，抵抗磨耗的性能指标。

第 11.0.97 条　弹性模量

材料在弹性极限内应力与应变的比值。

第 11.0.98 条　回弹模量

路基、路面及筑路材料在荷载作用下产生的应力与其相应的回弹应变的比值。

第 11.0.99 条　劲度

沥青材料或沥青混合料在一定温度和一定受荷时间下的应力与应变的比值。

第 11.0.100 条　模量比

在多层路面中，相邻两层材料的回弹模量之比；在钢筋混凝土中，是指钢筋与混凝土的弹性模量之比。

第 11.0.101 条　泊松比

材料轴向受力时，横向应变与纵向应变之比。

第 11.0.102 条　疲劳试验

测定材料承受重复荷载性能的试验。

第 11.0.103 条　劈裂试验

按规定试验方法对试件加压，使产生劈裂破坏，借以间接求得水泥混凝土或沥青混凝土的抗拉强度的方法。

第 11.0.104 条　三轴试验

测定材料在三向受力条件下抗剪强度的方法。

第 11.0.105 条　击实试验

在一定夯击功能条件下,测定材料的含水量与干容重关系的方法。

第 11.0.106 条　触探试验

测定地基土中不同土层的贯入阻力和承载能力的方法。

第 11.0.107 条　弯沉试验

用弯沉仪测定路面或路基强度的方法。

第 11.0.108 条　环道试验

在环道中进行的大型模拟试验,借以量测静、动载及自然因素作用下路基、路面的应力、应变及材料的耐磨性等。

第 11.0.109 条　承载板试验

用规定的圆板测定路基土或路面各结构层的单位压力与回弹变形关系,以评定其承载能力的方法。

第 11.0.110 条　透水性试验

用路面透水度测定仪测定沥青路面透水性的方法。

第 11.0.111 条　车辙试验

评定沥青混凝土路面在高温时抵抗产生轮迹能力的室内模拟试验。

第 11.0.112 条　马歇尔试验

用马歇尔稳定度仪测定沥青混合料的稳定度和流值的方法。

第 11.0.113 条　压实度试验

测定材料压实后的密实程度的试验。

第 11.0.114 条　铺砂法

测定路面表面粒料之间的平均构造深度,用以表示路面的粗糙程度。

第 11.0.115 条　硬练胶砂强度试验

用干硬水泥胶砂(水灰比 1:3),按照规定操作程序测试水泥标号的方法。简称硬练法。

第 11.0.116 条　软练胶砂强度试验

用软塑水泥胶砂(水灰比 1:2.5),按照规定操作程序测试水泥标号的方法。简称软练法。

第 11.0.117 条　水泥安定性试验

检验水泥硬化过程中体积变化是否均匀,技术性质是否符合国家标准的试验方法。

第十二章　检测仪具和材料试验仪具

第一节　检测仪具

第 12.1.1 条　击实仪

用以测得土的含水量与干容重关系曲线并可间接测定土的最佳含水量和最大干容重的仪具，分为轻型和重型两种。由底座、试模、模套、导杆、击锤、击锤垫、把手等组成。

第 12.1.2 条　长杆贯入仪

间接测定土基回弹模量的仪具。由贯入锥、贯入杆、导杆、击锤、击锤垫、把手等组成。

第 12.1.3 条　承载板

测定土基和路面材料回弹模量的仪具。由刚性承载板、竖杆等组成。

第 12.1.4 条　杠杆弯沉仪(贝克曼弯沉仪)

测定路面在车轮荷载作用下测点表面回弹弯沉值的仪器。由底座、前杠杆、后杠杆、测头、百分表等组成。

第 12.1.5 条　路面曲率半径测定仪

测定路面在车轮荷载作用下测点与支点表面垂直变形的差值并可间接测定路面曲率半径的仪器。由导轮、上杆、下杆、前支点、后支点、测头、百分表等组成。

第 12.1.6 条　路面平整度测定仪

测定路面平整程度的仪器。由直尺、支承轮、量测轮、传感装置、记录装置等组成。

第 12.1.7 条　路面透水度测定仪

测定路面透水程度的仪器。由底座、小量筒、大量筒、旋塞等组成。

第 12.1.8 条　(第)五轮仪

测量车速并可间接测定路面摩擦系数的仪器。由量测轮(即第五轮)、传感装置、记录装置等组成。

第 12.1.9 条　制动仪

测量车辆制动过程中减速度的变化并可间接测定路面摩擦系数的仪器。由导杆、重砣、弹簧、记录装置等组成。

第 12.1.10 条　速度检测器

测量车速的仪器。由雷达、瞄准器、拨码盘、数码管、报警器等组成。

第二节　综合类材料试验仪具

第 12.2.1 条　万能试验机

测定材料试件拉伸、压缩、弯曲、剪切等多种力学性能的机具。由底座、立柱、加荷装置、测力装置等组成。

第 12.2.2 条　三轴(剪切)仪

测定材料黏结力和内摩擦角并可间接测定材料抗剪强度的仪具。常用的三轴(剪切)仪:按施加轴向压力方式不同,分为应变控制式和应力控制式两种;按施加轴向压力时侧向压力稳定与否,分为开式和闭式两种。三轴(剪切)仪由机架、压力室、加荷装置、测力装置、水压测定装置等组成。

第 12.2.3 条　加州承载比(CBR)测定仪

测定加州承载比(CBR)的仪具。由机架、加荷装置、测力装置、贯入压头、百分表等组成。

第 12.2.4 条 标准筛

按规定尺寸的筛孔系列筛分集料的器具，分为水筛和干筛两种。由若干个筛孔尺寸按系列规定的筛以及筛底盘、筛盖等组成。

第三节 沥青类材料试验仪具

第 12.3.1 条 沥青针入度仪

测定黏稠石油沥青和中凝液体石油沥青蒸馏后残留物稠度的仪器。由支架、圆台、盛样皿、齿杆、连杆、刻度盘、按钮、标准针、小镜等组成。

第 12.3.2 条 沥青黏度仪

测定低稠度的黏稠石油沥青、液体石油沥青、软煤沥青等黏度的仪器。由支架、盛样筒、保温浴筒、保温浴盖、球棒、搅拌器等组成。

第 12.3.3 条 沥青延度仪

测定黏稠石油沥青和液体石油沥青蒸馏后残留物变形能力的仪器。由水槽、螺旋杆、滑动器、指针、标尺、试模、电动机等组成。

第 12.3.4 条 沥青软化点仪（环-球法）

测定黏稠石油沥青和液体石油沥青、软煤沥青蒸馏后残留物耐热性质的仪器。由烧杯、环架、试件环、定位环、钢球等组成。

第 12.3.5 条 闪点仪（开口杯式）

测定黏稠石油沥青、慢凝液体石油沥青、液体页岩沥青等加热后产生闪火或燃烧时的最低温度的仪器。由支架、坩埚托、内坩埚、外坩埚、温度计、引火管、防护罩等组成。

第 12.3.6 条 马歇尔稳定度仪

测定沥青混合料稳定度和流值的仪器。由支架、加荷装置、测力环、百分表、流值计、试模、击锤、击实台等组成。

第 12.3.7 条 （沥青混合料）抽提仪

测定沥青混合料中沥青含量和矿料级配的仪器。由底座、加热装置、保温筒、内筒、外环、虹吸管、铜丝笼、冷凝管、漏斗等组成。

第四节 水泥类材料试验仪具

第 12.4.1 条 砂浆稠度仪

测定砂浆在自重或外力作用下流动性的仪器。由支架、盛砂浆桶、圆锥、连杆、制动螺丝、标尺等组成。

第 12.4.2 条 坍落度圆锥筒

测定水泥混凝土混合料稠度的仪具。由附有把手、踏脚板的标准圆锥筒、弹头棒等组成。

第 12.4.3 条 标准工业黏度计

测定低流动性和干硬性水泥混凝土混合料稠度的仪具。由附有漏斗的截头圆锥筒、圆柱筒、圆环、圆盘、测杆等组成。

第五节 砂石类材料试验仪具

第 12.5.1 条 饱和面干吸水率试模

测定砂饱和面干吸水率的仪具。由试模、捣棒、玻璃板等组成。

第 12.5.2 条 撞击韧度试验机

测定石料冲击韧度的机具。由底座、导杆、撞锤、锤座、下锤座、电动机等组成。

第 12.5.3 条　圆盘耐磨硬度试验机

测定石料耐磨硬度或耐磨硬度系数的机具。由机架、磨盘、支筒、砂斗、电动机等组成。

第 12.5.4 条　狄法尔磨耗试验机(双筒式磨耗试验机)

测定碎石或砾石磨耗度的机具。由机架、水平架、圆柱筒(两个)、计数器、电动机等组成。

第 12.5.5 条　洛杉矶磨耗试验机(搁板式磨耗试验机)

测定碎石或砾石磨耗度的机具。由机架、圆柱筒(附有搁板)、钢球、计数器、电动机等组成。

第 12.5.6 条　压碎率试模

测定碎石或砾石压碎率的仪具。由底盘、圆柱筒、加压盖等组成。

第十三章　施工机具

第一节　土石方施工机具

第13.1.1条　单斗挖掘机(万能挖掘机)

在土体中开挖堑壕、基坑和挖装砂石类材料的机具。常用的单斗挖掘机的种类:按工作装置不同,分为正铲、反铲、拉铲、抓斗四种;按行走装置不同,分为履带式和轮胎式两种;按传动机构不同,分为机械式和液压式两种。需要时,还可换装夯土、打桩、起重等工作装置。

第13.1.2条　推土机

近距离铲、推土体和清除障碍物的机具。常用的推土机按行走装置不同,分为履带式和轮胎式两种;按传动机构不同,分为机械式和液压式两种。

第13.1.3条　除根机

拔除树根和清除灌木的机具。需要时,还可换装推土工作装置。

第13.1.4条　铲运机

中距离铲、装、运、卸土体和控制厚度(分层)填土以及整平、局部碾压土体的机具。常用的铲运机按行走方式不同,分为拖式和自行式两种;按传动机构不同,分为机械式和液压式两种。

第13.1.5条　平地机

铺平松散填土和刮平路基(包括边坡)、路面、场地以及开挖路槽、边沟的机具;还可用以在路基上拌和路面材料、养护土路、铲除杂草、清除积雪及松土(附有齿耙)。常用的干地机的种类:按行走方式不同,分为拖式和自行式两种;按传动机构不同,分为机械式和液压式两种。需要时,还可加装推土工作装置。

第13.1.6条　挖沟机

在土体中开挖矩形、梯形、阶梯形截面沟槽的机具。常用的挖沟机的种类:按工作装置不同,分为链斗式和轮斗式两种。

第13.1.7条　耕耘机

翻挖路基土和挖松稳定土的机具。

第13.1.8条　松土机

耙松坚硬的土和含有树根或大量砂砾的土的机具。

第13.1.9条　松土搅拌机

可就地将土翻挖、破碎并与结合料混合、搅拌、捣实的机具。常用的松土搅拌机的种类:按行走方式不同,分为拖式和自行式两种。

第13.1.10条　稳定土拌和机

将土破碎并与其他材料混合、搅拌的机具。常用的稳定土拌和机的种类:按拌和方式不同,分为集中拌和式(又分为固定式和移动式两种)和路上拌和式两种。

第13.1.11条　凿岩机

在岩石上钻凿炮眼的机具。常用的凿岩机的种类:按工作原理不同,分为冲击式和旋转式两种;按动力形式不同,冲击式凿岩机又分为风动、电动、内燃、液压四种;按操作方式不同,风动凿岩机还可分为导轨式、气腿式、手持式三种。

第13.1.12条　碎石机

破碎石块的机具。常用的碎石机的种类:按工作原理不同,分为鄂式、锥式、滚筒式、锤式四种。

第 13.1.13 条　碎石撒布机

按规定的宽度、厚度摊铺路面碎石材料的机具。

第 13.1.14 条　装载机

铲、装松软土体和松散材料的机具;还可用以整平地面、清理场地等。

第二节　压实用施工机具

第 13.2.1 条　羊足压路机(羊足碾)

碾压土体的机具。常用的羊足压路机的种类:按行走方式不同,分为拖式(又分为单筒和双筒两种)和自行式两种。

第 13.2.2 条　手扶式单轮压路机

滚压土体的机具。常用的手扶式单轮压路机的种类:按行走方式不同,分为手推式和手扶自行式两种。

第 13.2.3 条　蛙式打夯机

夯实小块土体和整平地面的机具。

第 13.2.4 条　内燃夯实机

夯实小块土体和修复路面坑槽的机具。

第 13.2.5 条　铁夯(铁撞柱)

在压路机不易压实处靠手工夯实沥青混合料的工具。

第 13.2.6 条　压路机

压实路基路面的机具。常用的压路机的种类:按重量不同,分为轻型、中型、重型三种;按行走装置不同,分为钢筒式(又分为光面和钉痕两种)和轮胎式两种;按构造形式不同,分为两轮两轴式、三轮两轴式、三轮三轴式三种。

第 13.2.7 条　振动压路机

压实路基路面、具有振动滚轮的机具。常用的振动压路机的种类:按行走方式不同,分为拖式和自行式(又分为单轮手扶式、双轮手扶式、驾驶式三种)两种;按构造形式不同,驾驶式振动压路机还可分为铰接式、串联式、双轮式、组合式四种。

第三节　沥青路面施工机具

第 13.3.1 条　沥青加热器

加热沥青的器具。

第 13.3.2 条　沥青泵

输送沥青的机具。

第 13.3.3 条　沥青洒布机

将沥青加热并喷洒到路面上的机具。常用的沥青洒布机的种类:按行走方式不同,分为拖式和手推式两种;按构造形式不同,分为电动喷洒和手摇喷洒两种。

第 13.3.4 条　沥青洒布车

将沥青加热并喷洒到路面上的车辆。常用的沥青洒布车的种类:按构造形式不同,分为专用自行式和临时装载式两种。

第 13.3.5 条　沥青混合料拌和设备

拌制沥青混合料的整套装置。常用的沥青混合料拌和设备的种类:按拌和方式不同,分为固定式和移动式两种;按生产工艺方法不同,分为间歇分拌投料强制搅拌式和连续投料式(又分为强制搅拌和筒体拌和)两种。

第 13.3.6 条　沥青混合料摊铺机

摊铺沥青混合料的机具。常用的沥青混合料摊铺机按行走装置不同,分为履带式和轮胎式两种;按型号不同,分为大型、中型、小型三种。

第四节　水泥混凝土路面施工机具

第 13.4.1 条　散装水泥运输车

将散装水泥从水泥厂运输到拌和厂(站)或工地现场的车辆。常用的散装水泥运输车的种类:按构造形式不同,分为专用式、改装式、袋式、箱式四种。

第 13.4.2 条　水泥混凝土混合料拌和设备

拌制水泥混凝土混合料的整套装置。常用的水泥混凝土混合料拌和设备的种类:按拌和方式不同,分为固定式和移动式两种;按生产工艺方法不同,分为间歇式和连续式两种;按构造形式不同,分为自落式和强制式两种。

第 13.4.3 条　水泥混凝土混合料搅拌运输车

将水泥混凝土混合料从拌和厂(站)运输到工地现场并在途中慢速搅动的车辆。

第 13.4.4 条　水泥混凝土混合料摊铺机

摊铺水泥混凝土混合料的机具。常用的水泥混凝土混合料摊铺机的种类按摊铺方式不同,分为滑模式和轨模式两种;按行走装置不同,滑模式水泥混凝土混合料摊铺机又分为履带式和轮胎式两种;按工作装置不同,轨模式水泥混凝土混合料摊铺机又分为斗式和螺旋式两种。

第 13.4.5 条　振捣器

捣实水泥混凝土混合料的器具。常用的振捣器的种类:按动力形式不同,分为风动和电动两种;按构造形式不同,电动振捣器又分为附着式、平板式、插入式三种。

第 13.4.6 条　水泥混凝土混合料整面机

捣实、整平、抹光水泥混凝土混合料的机具。常用的水泥混凝土混合料整面机的种类:按整面方式不同,分为轨模式和履带式两种。

第 13.4.7 条　真空泵

从水泥混凝土混合料表面吸出一部分多余水分和气泡的机具。

第 13.4.8 条　水泥混凝土路面切缝机

切割水泥混凝土路面缩缝的机具。常用的水泥混凝土路面切缝机的种类:按工作装置不同,分为振动刀、振动圆盘刀、金刚砂轮三种。

第 13.4.9 条　水泥混凝土路面锯缝机

切割水泥混凝土路面假缝的机具;还可用以锯开水泥混凝土路面埋置管线。常用的水泥混凝土路面锯缝机的种类:按行走方式不同,分为手推式、半自行式、自行式三种。

第 13.4.10 条　水泥混凝土路面清缝机

在水泥混凝土路面缝中灌入密封材料前清除缝中石屑、砂、土、旧填缝料等杂物的机具。

第 13.4.11 条　水泥混凝土路面填缝机

在水泥混凝土路面接缝或裂缝处灌入密封材料的机具。

第五节　桥梁施工机具

第 13.5.1 条　水泵

给水、排水的机具。

第 13.5.2 条　泥浆泵

输送泥浆的机具。常用的泥浆泵按工作原理不同,分为活塞式和离心式两种。

第 13.5.3 条　张拉钢筋油泵

张拉预应力钢筋的机具。

第 13.5.4 条　砂浆泵

输送或灌压砂浆的机具。常用的砂浆泵按动力形式不同,分为风动和电动两种。

第 13.5.5 条　水泥混凝土混合料泵

输送水泥混凝土混合料的机具。常用的水泥混凝土混合料泵按动力形式不同,分为风动和电动两种。

第 13.5.6 条　钢筋切断机

切断钢筋的机具。常用的钢筋切断机按传动机构不同,分为机械式和液压式两种。

第 13.5.7 条　钢筋冷轧机

在常温下将圆钢筋轧制成变形钢筋的机具。

第 13.5.8 条　钢筋冷拉机

在常温下对钢筋进行强力拉伸以提高钢筋强度的机具。常用的钢筋冷拉机按传动机构不同,分为机械式(又分为卷扬机式和阻力轮式两种)和液压式两种。

第 13.5.9 条　钢筋冷拔机

在常温下将圆钢筋或钢丝拉过不同尺寸拔丝模孔以减小圆钢筋或钢丝直径的机具。

第 13.5.10 条　钢筋冷镦机

在常温下镦粗预应力钢筋或钢丝端头的机具。常用的钢筋冷镦机的种类:按动力形式不同,分为手动、电动、液压三种。

第 13.5.11 条　钢筋拉伸机

张拉带有螺杆锚具或夹具、镦头锚具或夹具的高强度粗钢筋或钢丝束的机具;还可用以对单根或成组的高强度粗钢筋或钢丝进行模外先张或后张自锚。

第 13.5.12 条　钢筋弯曲机

将钢筋弯曲成所需形状的机具。常用的钢筋弯曲机的种类:按动力形式不同,分为手动、电动、液压三种。

第 13.5.13 条　钢筋调直机

调直圆形钢筋盘条并可将其剪切成需要长度的机具。

第 13.5.14 条　对焊机(碰焊机)

焊接钢筋、钢板的机具。

第 13.5.15 条　钻孔机(钻探机)

地层钻孔的机具。常用的钻孔机的种类:按工作原理不同,分为螺旋式、回转式、冲抓式、全套管式、振动冲击式五种;按构造形式不同,螺旋式钻孔机又分为螺旋钻孔机、长螺旋钻孔机、短螺旋钻孔机、钻扩机四种;按泥浆运行方向不同,回转式钻孔机又分为正循环和反循环两种。

第 13.5.16 条　打桩机

将桩打入地层的机具。常用的打桩机的种类:按锤体动力形式不同,分为人力、蒸汽、内燃、振动、液压五种;按桩架形式不同,分为直式、塔式、多能式、起重机式、简易式五种;按工作条件不同,分为陆上、水上、潜水三种;按锤体升降方式不同,蒸汽打桩机又分为单作用式、双作用式、差动式三种;按构造形式不同,振动打桩机又分为刚式、柔式、冲击式三种。

第 13.5.17 条　拔桩机

将已打入地层的桩拔出的机具。常用的拔桩机的种类:按锤体动力形式不同,分为蒸汽、振动、液压三种。

第 13.5.18 条　千斤顶

将沉重物体抬举到一定高度的机具。常用的千斤顶的种类:按工作原理不同,分为齿条式、螺旋式、液压式三种;按油泵部分与起升部分分离与否,液压千斤顶又分为分离式和整体式两种。

第 13.5.19 条　张拉预应力钢筋千斤顶

张拉预应力混凝土构件中的钢筋或钢丝的机具。常用的张拉预应力钢筋千斤顶的种类:按构造形式不同,分为台座式、拉杆式、锥锚式、三作用式四种。

第 13.5.20 条　手拉葫芦(神仙葫芦)

起吊重物的简易机具。

第 13.5.21 条　起重葫芦(起重滑车)

起吊重物的机具。常用的起重葫芦的种类:按动力形式不同,分为手动和电动两种。

第 13.5.22 条　卷扬机(绞车)

起吊、拖运重物和打桩的机具。常用的卷扬机的种类:按动力形式不同,分为手动和电动两种。

第 13.5.23 条　缆索吊装设备

起吊、运输和安装预制构件的整套装置。

第 13.5.24 条　起重机

起吊重物的机具。常用的起重机的种类:按构造形式不同,分为缆索式、无轨式、有轨式、浮式、水陆两用式五种;按底盘和行走装置不同,无轨式起重机又分为履带式、轮胎式、汽车式三种;按轨道和结构不同,有轨式起重机又分为门式、桥式、轨道式三种;按工作装置不同,浮式起重机又分为臂式和塔式两种。

第 13.5.25 条　架桥机

整孔架设钢板梁和分片架设钢筋混凝土或预应力混凝土梁的机具。常用的架桥机的种类:按构造形式不同,分为板梁式和构架式两种。

第 13.5.26 条　砂筒

拱桥卸落支架或先张法预应力混凝土松放钢筋的器具。

第六节　隧道施工机具

第 13.6.1 条　盾构(盾构挖掘机)

用暗挖法修筑隧道的机具。常用的盾构的种类:按构造和开挖方法不同,分为手掘式、挤压式、半机械式、机械式四种;按进土孔关闭情况不同,挤压式盾构又分为闭胸式(还可分为全闭胸和局部闭胸两种)和网格式两种;按进土孔关闭情况不同,机械式盾构又分为闭胸式(还可分为局部气压、泥水加压、土压平衡三种)和开胸式两种。

第 13.6.2 条　全气压盾构

用暗挖法在水底修筑隧道或在松软含水地层修筑隧道的机具。

第 13.6.3 条　半盾构

用暗挖法在上下两层软硬不同的地层修筑隧道的机具。

第 13.6.4 条　隧道掘进机

用暗挖法在山岭地区掘进钻凿隧道的机具。

第 13.6.5 条　全断面隧道掘进机

用暗挖法在山岭地区全断面同时掘进钻凿隧道的机具。

第 13.6.6 条　喷枪

喷射水泥混凝土混合料修补加固或喷锚支护的机具。

第 13.6.7 条　装渣机

清除装运石渣的机具。常用的装渣机的种类:按工作原理不同,分为铲斗式、耙斗式、耙抓式三种;按行走方式不同,分为自行式和非自行式两种;按行走装置不同,自行式装渣机又分为履带式、轮胎式、轨轮式三种;按动力形式不同,分为风动、电动、内燃、液压四种。

第 13.6.8 条　盾构千斤顶

推动盾构前进并可实现盾构纠偏的机具。

第 13.6.9 条　拉合千斤顶

沉管隧道施工中用于水下联结的机具。

第七节　养护用施工机具

第 13.7.1 条　复拌沥青混合料摊铺机

沥青路面翻修、补强的机具(有预热、挖掘、复拌、整平、压实等工作装置)。

第 13.7.2 条　路面铣削机(刨路机)

铣削挖掘原有沥青路面面层的机具。常用的路面铣削机的种类:按铣削时加热与否,分为加热铣削和冷式铣削两种。

第 13.7.3 条　回砂车(回砂机)

将飞散滚落到路边的保护层粒料扫回到路面并刮平的机具。

第 13.7.4 条　除雪机

清除道路上厚层积雪的机具。

第 13.7.5 条　装雪机

向卡车上装雪的机具。常用的装雪机的种类按构造形式不同,分为皮带输送、螺旋输送、螺旋滑槽装载、牵引铲斗装载四种。

第 13.7.6 条　洗净剂喷布车

刷洗隧道墙面的车辆。

第 13.7.7 条　清扫车

清扫道路的车辆。常用的清扫车的种类:按工作原理不同,分为刷扫式和真空抽吸式两种;按行走装置不同,分为三轮式和四轮式两种。

第 13.7.8 条　洒水车

道路冲洗、防尘、降温的车辆。

第 13.7.9 条　画标线机

标画路面标线的机具。常用的画标线机的种类按行走方式不同,分为手推式和车载式两种。

第八节　其他施工机具

第 13.8.1 条　振动筛

将不同粒径的集料筛分成各种规格的粒料的机具。常用的振动筛的种类:按筛面不同,分为格筛、多孔板、金属丝网、楔形钢丝网四种。

第 13.8.2 条　撒布机

将各种路面材料均匀撒布在路槽上的机具,还可用以撒布氯化钙融化积雪。

第 13.8.3 条　输送机

水平或小倾角连续输送物料的机具。常用的输送机的种类:按工作原理不同,分为皮带输送、链式输送、螺旋输送三种;按构造形式不同,皮带输送机又分为移动式、固定式、可逆式、伸缩式四种;按工作装置不同,链式输送机又分为链条式、链板式、刮板式三种;按螺纹形式不同,螺旋输送机又分为连续式、带条式、铲式三种。

第 13.8.4 条　提升机

垂直或倾斜连续输送物料的机具。常用的提升机的种类:按构造形式不同,分为带斗和链斗两种;按外形装置不同,分为敞开式和封闭式两种。

第 13.8.5 条　翻斗车

短距离运输物料的小型车辆。

第 13.8.6 条　自卸汽车

运输松散材料和刚拌制的沥青或水泥混凝土混合料并可自行卸料的车辆。常用的自卸汽车的种类:按倾卸装置不同,分为手摇式、机械式、液压式三种;按倾卸方向不同,分为单面倾卸、双面倾卸、三面倾卸三种。

第 13.8.7 条　牵引车

用以迅速拖出事故车辆、排除交通障碍的车辆。

第 13.8.8 条　拖车头

拖带挂车的车辆。

第 13.8.9 条　挂车

自身无动力需要牵引的载客、载货车辆。常用的挂车的种类：按构造形式不同，分为全挂车（简称挂车）和半挂车两种。

第 13.8.10 条　平板车

装运各种笨重庞大的货物、超重型的机械设备、大型的桥梁构件等的低车架车辆。

第 13.8.11 条　工程车

承担施工机械现场修理或完成某种特定工程作业或提供能源等的车辆。常用的工程车的种类：按行走方式不同，分为拖式和自行式两种；按功能不同，分为机具修理车、汽车修理车、工程急救车、焊接作业车、发电车五种。

第 13.8.12 条　万能杆件

用以拼装各种形式的脚手架或临时性设施的多功能杆件。

第十四章 交通管理

第 14.0.1 条 交通规则

为维护交通秩序，保障交通安全，所颁布的管理车辆和行人在道路上的行为的各种明文规定。

第 14.0.2 条 交通事故

车辆在道路上运行或停放时，由各种原因引起的人员伤亡和车、物受损失的意外事件。

第 14.0.3 条 交通事故率

宏观评价交通事故危害程度的指标，一般以人口事故率、车辆事故率和运行事故率表示。

第 14.0.4 条 人口事故率

在所调查的期间和区域内，平均每十万人口发生的交通事故的次数、死亡人数。

第 14.0.5 条 车辆事故率

在所调查的期间和区域内，用该区域内机动车拥有量求得平均每万车交通事故次数、伤亡人数和直接经济损失额。

第 14.0.6 条 运行事故率

在所调查的期间和区域内，平均每亿车公里所发生的交通事故次数、伤亡人数和直接经济损失额。

第 14.0.7 条 交通控制

为预防交通阻塞、促进交通畅通而采取的控制、协调和诱导交通的手段，有孤立交叉口控制、路线交通信号协调控制系统和区域控制系统等类型。控制系统一般采用与变化的交通情况相适应的设备，如电子计算机等。

第 14.0.8 条 中央控制台

用电子设备控制和协调道路交通的指挥中心。

第 14.0.9 条 点控制

同相邻交叉口没有制约关系的单一交叉口的信号控制。

第 14.0.10 条 线控制

连续几个交叉口互相关联的自动信号协调控制。

第 14.0.11 条 面控制

在交叉口较密集的大城市中，采用电子计算机进行区域性的信号控制。

第 14.0.12 条 交通信号

为指挥交通而直接给道路使用者显示的各种信号的总称。

第 14.0.13 条 交通信号灯

在道路上设置的一般用绿、黄、红色显示的指挥交通的信号灯。

第 14.0.14 条 信号周期

通行信号和禁止通行信号显示的每一循环所需的时间。

第 14.0.15 条 绿信比

在一个信号周期内通行信号所占的时间百分率。

第 14.0.16 条 信号相位

在一个信号周期内有若干种信号，各显示不同的交通控制功能。每种不同功能的信号即为一个相位。

第 14.0.17 条 相位差

线控制系统中，两相邻交叉口在同一方向上的绿灯起始时间的间隔。

第 14.0.18 条　绿波

在线控制系统中，若干个连续的交叉口信号灯的协调控制，使行驶车辆所形成的车队到达每个交叉口时均显示绿灯的状态。

第 14.0.19 条　交通监视系统

为给交通控制系统提供信息，在沿线适当地点配置的各种监视装置所组成的信息体系。

第 14.0.20 条　交通公害

在交通过程中产生的废气、噪声、眩光、尘土和振动等对人和生活环境所造成的不良影响和危害。

附录一　中英文名词对照

公路	highway
道路	road
公路工程	highway engineering
公路网	highway network
公路网密度	highway density
公路等级	highway classification
公路自然区划	climatic zoning for highway
公路用地	highway right-of-way
高速公路	freeway
等级公路	classified highway
辅道	relief road
干线公路	arterial highway
支线公路	feeder highway
专用公路	accomodation highway
国家干线公路(国道)	national trunk highway
省级干线公路(省道)	provincial trunk highway
县公路(县道)	county road
乡公路(乡道)	township road
辐射式公路	radial highway
环形公路	ring highway
绕行公路	by-pass
交通结构	traffic structure
交通组成	traffic composition
混合交通	mixed traffic
交通流	traffic flow
交通流理论	traffic flow theory
车流	vehicle stream
交通密度	traffic density
车头间距	space headway
车头时距	time headway
车间净距	vehicular gap
延误	delay
地点速度	spot speed
行驶速度	running speed
运行速度	operating speed
临界速度	critical speed
平均速度	average speed
计算行车速度(设计车速)	design speed
交通量	traffic volume

年平均日交通量	annual average daily traffic
月平均日交通量	monthly average daily traffic
年第30位最大小时交通量	annual thirtieth highest hourly volume
年最大小时交通量	annual maximum hourly volume
设计小时交通量	design hourly volume
通行能力	traffic capacity
基本通行能力	basic traffic capacity
可能通行能力	possible traffic capacity
设计通行能力	design traffic capacity
道路服务水平	level of service
公路交通规划	traffic planning
交通调查	traffic survey
交通量调查	traffic volume survey
交通量观测站	traffic volume observation station
起讫点调查（OD 调查）	origin-destination study
出行	trip
境内交通	local traffic
过境交通	through traffic
交通发生	traffic generation
交通分布	traffic distribution
交通分配	traffic assignment
交通预测	traffic prognosis
行车道	carriageway
分离式行车道	divided carriageway
车道	lane
变速车道	speed-change lane
加速车道	acceleration lane
减速车道	deceleration lane
爬坡车道	climbing lane
停车道	parking lane
错车道	turn-out lane
自行车道	cycle path
路侧人行道	sidewalk
分隔带	lane seperator
中央分隔带	median divider
中间带	central strip
路肩	shoulder; verge
路缘带	marginal strip
路缘石	kerb; curb
侧向余宽	lateral clearance
路拱	camber; crown
路拱横坡	crown slope
公路建筑限界	clearance of highway
公路路线	highway route
公路线形	highway alignment

平面线形	horizontal alignment
纵面线形	vertical alignment
线形要素	alignment elements
平曲线	horizontal curve
极限最小平曲线半径	limited minimum radius of horizontal curve
复曲线	compound curve
反向曲线	reverse curve
断背曲线	broken back curve
回头曲线	switch back curve
缓和曲线	easement
竖曲线	vertical curve
弯道加宽	curve widening
加宽缓和段	transition zone of curve
超高	superelevation
超高缓和段	superelevation runoff
纵坡	longitudinal gradient
最大纵坡	maximum longitudinal gradient
最小纵坡	minimum longitudinal gradient
变坡点	grade change point
平均纵坡	average gradient
坡长限制	grade length limitation
高原纵坡折减	highland grade compensation
缓和坡段	transition grading zone
合成坡度	resultant gradient
视距	sight distance
停车视距	non-passing sight distance; stopping sight distance
超车视距	passing sight distance
道路交叉	road intersection
道口	railroad grade crossing
平面交叉	at-grade intersection;grade crossing
正交叉	rightangle intersection
斜交叉	skew intersection
环形交叉	rotary intersection
十字形交叉	"cross" intersection
T形交叉	T-intersection
错位交叉	offset intersection;staggered junction
Y形交叉	Y-intersection
立体交叉	grade separation
分离式立体交叉	simple grade separation;separate grade crossing
互通式立体交叉	interchange
苜蓿叶形立体交叉	full cloverleaf interchange
部分苜蓿叶形立体交叉	cloverleaf interchange
菱形立体交叉	diamond interchange
定向式立体交叉	directional interchange
喇叭形立体交叉	three-leg interchange

环形立体交叉	rotary interchange
匝道	ramp
交叉口	road crossing;intersection
交叉口进口	intersection entrance
交叉口出口	intersection exit
加铺转角式交叉口	intersection with widened corners
拓宽路口式交叉口	flared intersection
分道转弯式交叉口	channelized intersection
渠化交通	channelization
交织	weaving
交织路段	weaving section
合流	converging
分流	diverging
冲突点	conflict point
交通岛	traffic island
导流岛	channelization island
中心岛	central island
安全岛	refuge island
沿线设施	roadside facilities
交通安全设施	traffic safety device
人行横道	crosswalk
人行地道	pedestrian underpass
人行天桥	pedestrian overcrossing
护栏	barrier
防护栅	guard fence;safety barrier
遮光栅	anti-dizzling screen
应急电话	emergency telephone
反光标志	reflective sign
反光路钮	reflective button
弯道反光镜	traffic mirror
道路交通标志	road traffic sign
警告标志	warning sign
禁令标志	regulatory sign
指示标志	guide sign
指路标志	information sign
辅助标志	auxiliary sign
可变信息标志	changeable message sign
路面标线	pavement marking
防雪设施	snow protection facitities
防沙设施	sands protection facilities
隔音墙	acoustic barrier
停车场	parking area
踏勘	reconnaissance
可行性研究	feasibility study
线形设计	highway alignment design

公路景观设计 highway landscape design
选线 route selection
路线控制点 control point
定线 location
比较线 alternative line
展线 line development
初测 preliminary survey
定测 location survey
地貌 topographic features
地物 culture
地形 topography
台地 terrace
垭口 pass; saddle back
平原区 plain terrain
微丘区 rolling terrain
重丘区 hilly terrain
山岭区 mountainous terrain
沿溪线 valley line
山脊线 ridge line
山坡线 hill-side line
越岭线 ridge crossing line
土方调配 cut-fill transition
土方调配图 cut-fill transition program
土方调配经济运距 economical hauling distance
导线 traverse
导线测量 traverse survey
中线 center line
中线测量 center line survey
施工测量 construction survey
竣工测量 final survey
(路线)平面图 plan
交点 intersection point
虚交点 imaginary intersection point
转点 turning point
转角 intersection angle
方位角 azimuth angle
象限角 bearing
方向角 direction angle
切线长 tangent length
曲线长 curve length
外(矢)距 external secant
测站 instrument station
测点 observation point
中桩 center stake
加桩 additional stake

护桩	reference stake
断链	broken chainage
水准测量	levelling survey
水准点	bench mark
绝对基面	absolute datum
高程	elevation
地面高程	ground elevation
设计高程	designed elevation
(路线)纵断面图	profile
中桩填挖高度	cut and fill at center stake
地形测量	topographic survey
基线	base line
地形图	topographic map
等高线	contour line
横断面测量	cross-sectional survey
横断面图	cross-section
坑探	pit test
钻探	boring
摄影测量	photogrammetry
航空摄影测量	aerial photogrammetry
地面立体摄影测量	ground stereophotogrammetry
地面控制点测量	ground controlpoint survey
航摄基线	aerophoto base
影像地图	photographic map
像片索引图(镶辑复照图)	photo index
航摄像片判读	aerophoto interpretation
综合法测图	planimatric photo
全能法测图	universal photo
微分法测图	differential photo
像片镶嵌图	photo mosaic
路基	subgrade
路堤	embankment
路堑	cutting
半填半挖式路基	partcut-partfill subgrade
台口式路基	benched subgrade
路基宽度	width of subgrade
路基设计高程	design elevation of subgrade
(路基)最小填土高度	minimum height of fill
边坡	side slope
边坡坡度	grade of side slope
(边)坡顶	top of slope
(边)坡脚	toe of slope
护坡道	berm
边坡平台	plain stage of slope
碎落台	berm at the foot of cutting slope

护坡	slope protection
挡土墙	retaining wall
重力式挡土墙	gravity retaining wall
衡重式挡土墙	balance weight retaining wall
悬臂式挡土墙	cantilever retaining wall
扶壁式挡土墙	counterfort retaining wall
柱板式挡土墙	column-plate retaining wall
锚杆式挡土墙	anchored retaining wall by tie rods
锚碇板式挡土墙	anchored bulkhead retaining wall
石笼	rock filled gabion
抛石	riprap
路基排水	subgrade drainage
边沟	side ditch
截水沟	intercepting ditch
排水沟	drainage ditch
急流槽	chute
跌水	drop water
蒸发池	evaporation pond
盲沟	blind drain
渗水井	seepage well
透水路堤	permeable embankment
过水路面	ford
填方	fill
挖方	cut
借土	borrow earth
弃土	waste
取土坑	borrow pit
弃土堆	waste bank
回填土	back-filling
黄土	loess
软土	soft soil
淤泥	mud
泥沼	moor
泥炭	peat
盐渍土	salty soil
膨胀土	expansive soil
冻土	frozen soil
多年冻土	permafrost
流砂	quicksand
软弱地基	soft ground
强夯法	dynamic consolidation
预压法	preloading method
反压护道	loading berm
砂井	sand drain
路基砂垫层	sand mat of subgrade

压实	compaction
压实度	degree of compaction
(标准)最大干容重	maximum dry unit weight
相对密实度	relative density
毛细水	capillary water
土石方爆破	blasting procedure
抛掷爆破	blasting for throwing rock
爆破漏斗	blasting crater
松动爆破	blasting for loosening rock
爆破作用圈	acting circles of blasting
路面	pavement
弹性层状体系理论	elastic multilayer theory
(回弹)弯沉	deflection
加州承载比(CBR)	California Bearing Ratio (CBR)
路面宽度	width of pavement
路槽	road trough
刚性路面	rigid pavement
柔性路面	flexible pavement
路面结构层	pavement structure layer
面层	surface course
磨耗层	wearing course
联结层	binder course
基层	base course
垫层	bed course
隔水层	aquitard
隔温层	thermal insulating course
封层	seal coat
透层	prime coat
保护层	protection course
补强层	strengthening layer
高级路面	high-type pavement
次高级路面	sub-high type pavement
中级路面	intermediate type pavement
低级路面	low-type pavement
水泥混凝土路面	cement concrete pavement
沥青路面	bituminous pavement
沥青混凝土路面	bituminous concrete pavement
沥青碎石路面	bituminous macadam pavement
沥青贯入碎(砾)石路面	bituminous penetration pavement
沥青表面处治	bituminous surface treatment
块料路面	block pavement
石块路面	stone block pavement
泥结碎石路面	clay-bound macadam pavement
水结碎石路面	water-bound macadam pavement
级配路面	graded aggregate pavement

稳定土基层	stabilized soil base course
工业废渣基层	industrial waste base course
块石基层	Telford base
层铺法	spreading in layers
拌和法	mixing method
厂拌法	plant mixing method
路拌法	road mixing method
热拌法	hot mixing method
冷拌法	cold mixing method
热铺法	hot laid method
冷铺法	cold laid method
贯入法	penetration method
铺砌法	pitching method
缩缝	contraction joint
胀缝	expansion joint
真缝	true joint
假缝	dummy joint
横缝	transverse joint
纵缝	longitudinal joint
施工缝	construction joint
传力杆	dowel bar
拉杆	tie bar
路面平整度	surface evenness
路面粗糙度	surface roughness
路面摩擦系数	friction coefficient of pavement
附着力	adhesive force
水滑现象	hydroplaning phenomenon
桥梁	bridge
公路桥	highway bridge
公铁两用桥	highway and rail transit bridge
人行桥	pedestrian bridge
跨线桥	overpass bridge
高架桥	viaduct
永久性桥	permanent bridge
半永久性桥	semi-permanent bridge
临时性桥	temporary bridge
钢筋混凝土桥	reinforced concrete bridge
预应力混凝土桥	prestressed concrete bridge
钢桥	steel bridge
圬工桥	masonry bridge
木桥	timber bridge
正交桥	right bridge
斜交桥	skew bridge
弯桥	curved bridge
坡桥	bridge on slope

斜桥	skew bridge
正桥	right bridge
上承式桥	deck bridge
中承式桥	half-through bridge
下承式桥	through bridge
梁桥	beam bridge
简支梁桥	simple supported beam bridge
连续梁桥	continuous beam bridge
悬臂梁桥	cantilever beam bridge
联合梁桥	composite beam bridge
板桥	slab bridge
拱桥	arch bridge
双曲拱桥	two-way curved arch bridge
空腹拱桥	open spandrel arch bridge
实腹拱桥	filled spandrel arch bridge
系杆拱桥	bowstring arch bridge
桁架桥	truss bridge
刚构桥	rigid-frame bridge
T形刚构桥	T-shaped rigid frame bridge
连续刚构桥	continuous rigid frame bridge
斜腿刚构桥	rigid-frame bridge with inclined legs
斜拉桥(斜张桥)	cable-stayed bridge
悬索桥	suspension bridge
漫水桥	submersible bridge
浮桥	pontoon bridge
开启桥	movable bridge
装配式桥	fabricated bridge
装拆式钢桥	fabricated steel bridge
涵洞	culvert
管涵	pipe culvert
拱涵	arch culvert
箱涵	box culvert
盖板涵	slab culvert
无压力式涵洞	non-pressure culvert
压力式涵洞	pressure culvert
半压力式涵洞	partial pressure culvert
倒虹吸涵	siphon culvert
上部结构	superstructure
主梁	main beam
横梁	floor beam
纵梁	longitudinal beam;stringer
挂梁	suspended beam
拱圈	arch;ring
拱上结构	spandrel structure
腹拱	spandrel arch

拱上侧墙	spandrel wall
桥面系	floor system; bridge decking
桥面铺装	bridge deck pavement
伸缩缝	expansion and contraction joint
桥面伸缩装置	bridge floor expansion and contraction installation
安全带	safety belt
桥头搭板	transition slab at bridge head
下部结构	substructure
桥墩	pier
墩身	pier body
墩帽	coping
盖梁	bent cap
破冰体	ice apron
重力式桥墩	gravity pier
实体桥墩	solid pier
空心桥墩	hollow pier
柱式桥墩	column pier
排架桩墩	pile bent pier
柔性墩	flexible pier
制动墩	braking pier
单向推力墩	single direction thrusted pier
桥台	abutment
台身	abutment body
前墙	front wall
翼墙	wing walls
台帽	coping
锥坡	conical slope
耳墙	wing walls
U 形桥台	U-shaped abutment
八字形桥台	flare wing wall abutment
一字形桥台	head wall abutment; straight abutment
重力式桥台	gravity abutment
埋置式桥台	buried abutment
扶壁式桥台	counterfort abutment
锚碇板式桥台	anchored bulkhead abutment
支撑式桥台	supported type abutment
地基	subsoil
加固地基	consolidated subsoil
天然地基	natural subsoil
基础	foundation
扩大基础	spread foundation
沉井基础	caisson foundation
管柱基础	cylindrical shaft foundation
桩基础	pile foundation
桩	pile

预制桩 precast pile
就地灌注桩 cast-in-place concrete pile
摩擦桩 friction pile
支承桩 bearing pile
承台 bearing platform
支座 hearing
固定支座 fixed bearing
活动支座 expansion bearing
索塔 cable bent tower
索鞍 cable saddle
调治构造物 regulating structure
丁坝 spur dike
顺坝 longitudinal dam
桥位 bridge site
桥梁全长 total length of bridge
主桥 main bridge
引桥 approach span
跨径 span
桥涵计算跨径 computed span
桥涵净跨径 clear span
矢跨比 rise span ratio
计算矢高 calculated rise of arch
桥下净空 clearance of span
桥面净空 clearance above bridge floor
桥梁建筑高度 construction height of bridge
荷载 load
永久荷载 permanent load
可变荷载 variable load
偶然荷载 accidental load
荷载组合 loading combinations
车辆荷载标准 loading standard for design vehicle
设计荷载 design load
施工荷载 construction load
梁 beam
简支梁 simple-supported beam
连续梁 continuous beam
悬臂梁 cantilever beam
板 slab
拱 arch
桁架 truss
刚构 rigid frame
柱 column
强度 strength
刚度 stiffness;rigidity
抗裂度 crack resistance

稳定性 stability
位移 displacement
变形 deformation
挠度 deflection
预拱度 camber
流域 catchment basin
集水面积 runoff area
径流 runoff
水文测验 hydrological survey
河床 river bed
河槽 river channel
主槽 main channel
边滩 side shoal
河滩 flood land
河床宽度 bed width
河槽宽度 channel width
过水断面 discharge section
水位 water level
最高(或最低)水位 maximum(minimum)water level
通航水位 navigable water level
设计水位 design water level
水面比降 water surface slope
河床比降 gradient of river bed
湿周 wetted perimeter
糙率 coefficient of roughness
水力半径 hydraulic radius
水文计算 hydrological computation
设计流量 designed discharge
设计流速 designed flow velocity
行近流速 approach velocity
洪水调查 flood survey
洪水频率 flood frequency
设计洪水频率 designed flood frequency
潮汐河流 tidal river
悬移质 suspended load
推移质 bed material load
水力计算 hydraulic computation
水头 water head
冲刷 scour
桥下一般冲刷 general scour under bridge
桥墩(或台)局部冲刷 local scour near pier
自然演变冲刷 natural scour
冲刷系数 coefficient of scouring
淤积 silting
壅水 back water

流冰	ice drift
先张法	pretensioning method
后张法	post-tensioning method
缆索吊装法	erection with cablewav
悬臂拼装法	erection by protrusion
悬臂浇筑法	cast-in-place cantilever method
移动支架逐跨施工法	span by span method
纵向拖拉法	erection by longitudinal pulling method
顶推法	incremental launching method
转体架桥法	construction by swing
浮运架桥法	erecting by floating
顶入法	jack-in method
围堰	cofferdam
护筒	pile casing
隧道	tunnel
洞门	tunnel portal
衬砌	tunnel lining
明洞	open cut tunnel
围岩	surrounding rock
隧道建筑限界	structural approach limit of tunnels
明挖法	open cut method
矿山法	mine tunnelling methed
盾构法	shield tunnelling method
沉埋法(沉管法)	immersed tunnel
导坑	heading
隧道支撑	tunnel support
构件支撑	element support
喷锚支护	lock bolt support with shotcrete
隧道通风	tunnel ventilation
隧道照明	tunnel lighting
养护	maintenance
定期养护	periodical maintenance
巡回养护	patrol maintenance
大中修周期	maintenance period
小修保养	routine maintenance
中修	intermediate maintenance
大修	heavy maintenance
改善工程	road improvement
抢修	emergency repair of road
加固	strengthening of structure
回砂	sand sweeping
罩面	overlay of pavement
路面翻修	pavement recapping
路面补强	pavement strengthening
车辙	rutting

路面搓板 surface corrugation
路面网裂 net-shaped cracking
路面龟裂 alligator cracking
路面碎裂 pavement spalling
反射裂缝 reflection crack
路面坑槽 pot holes
路面冻胀 surface frost heave
路面沉陷 pavement depression
路面滑溜 surface slipperiness
露骨 surface angularity
啃边 edge failure
泛油 bleeding
壅包 upheaval
拱胀 blow up
错台 faulting of slab ends
错位 slab staggering
滑坡 slide
坍方 land slide
崩塌 collapse
碎落 debris avalanche
沉降 settlement
沉陷 subsidence
泥石流 mud avalanche
(振动)液化 liquefaction
翻浆 frost boiling
岩溶 karst
沙害 sand hazard
雪害 snow hazard
水毁 washout
好路率 rate of good roads
养护质量综合值 general rating of maintenance quality
路容 road appearance
路况 road condition
路况调查 road condition survey
路政管理 road administration
民工建勤 civilian labourers working on public project
养路费 toll of road maintenance
养路道班 maintenance gang
粒料 granular material
集料(骨料) aggregate
矿料 mineral aggregate
矿粉 mineral powder
砂 sand
砾石 gravel
砂砾 sand gravel

卵石	cobble stone
碎石	broken stone; crushed stone
片石	rubble
块石	block stone
料石	dressed stone
石屑	chip
工业废渣	industrial solid waste
结合料	binder
有机结合料	organic binding agent
沥青	bitumen
地沥青	asphalt
天然沥青	natural asphalt
石油沥青	petroleum asphalt
煤沥青	coal tar
乳化沥青	emulsified bitumen
氧化沥青	oxidized asphalt
路用沥青	road bitumen
无机结合料	inorganic binding agent
粉煤灰	fly ash
混合料	mixture
沥青混合料	bituminous mixtures
沥青混凝土混合料	bituminous concrete mixtures
沥青碎石混合料	bituminous macadam mixtures
沥青砂	asphalt sand
沥青膏	asphalt mastic
水泥砂浆	cement mortar
石灰砂浆	lime mortar
水泥混凝土混合料	cement concrete mixture
水泥混凝土	cement concrete
钢筋混凝土	reinforced concrete
预应力(钢筋)混凝土	prestressed concrete
早强混凝土	early strength concrete
干硬性混凝土	dry concrete
贫混凝土	lean concrete
轻质混凝土	light-weight concrete
纤维混凝土	fibrous concrete
外掺剂	admixture
减水剂	water reducing agent
加气剂	air-entraining agent
早强剂	early strength agent
缓凝剂	retarder
钢筋	steel bar
预应力钢材	prestressing steel
高强钢丝	high tensile steel wire
钢绞线	stranded steel wire

冷拉钢筋	cold-stretched steel bar
冷拔钢丝	cold-drawn steel wire
高强螺栓	high strength bolt
空隙率	porosity
孔隙比	void ratio
粒径	grain size
颗粒组成	grain composition
细度	fineness
筛分	sieve analysis
级配	gradation
级配曲线	grading curve
最佳级配	optimum gradation
含水量	water content
最佳含水量	optimum water content
稠度界限	consistency limit
液限	liquid limit
塑限	plastic limit
缩限	shrinkage limit
塑性指数	plasticity index
水泥标号	cement mark
水泥混凝土标号	cement concrete mark
水泥混凝土配合比	proportioning of cement concrete
水灰比	water cement ratio
和易性	workability
坍落度	slump
硬化	hardening
水硬性	hydraulicity
气硬性	air hardening
离析	segregation
徐变	creep
老化	ageing
(沥青)稠度	consistency(of bitumen)
针入度	penetration
黏(滞)度	viscosity
软化点	softening point
延度	ductility
闪点	flash point
溶解度	dissolubility
热稳性	hot stability
水稳性	water stability
油石化	asphalt-aggregate ratio
含油率	bitumen content
压碎率	rate of crushing
磨耗度	abrasiveness
弹性模量	modulus of elasticity

回弹模量	modulus of resilience
劲度(模量)	stiffness modulus
模量比	modulus ratio
泊松比	Poisson's ratio
疲劳试验	fatigue test
劈裂试验	splitting test
三轴试验	triaxial test
击实试验	compaction test
触探试验	cone penetration test
弯沉试验	deflection test
环道试验	circular track test
承载板试验	load plate test
透水性试验	perviousness test
车辙试验	wheel tracking test
马歇尔试验	Marshall stability test
压实度试验	compactness test
铺砂法	sand patch method
硬练胶砂强度试验	earth-dry mortar strength test
软练胶砂强度试验	plastic mortar strength test
(水泥)安定性试验	soundness test(of cement)
击实仪	compaction test equipment
长杆贯入仪	penetration test equipment
承载板	loading plate
杠杆弯沉仪	beam lever deflectometer
路面曲率半径测定仪	surface-curvature apparatus
路面平整度测定仪	viameter
路面透水度测定仪	surface permeameter
五轮仪	fifth-wheel tester
制动仪	skiddometer
速度检测器	speed detector
万能试验机	universal testing machine
三轴(剪切)仪	triaxial shear equipment
加州承载比(CBR)测定仪	California bearing ratiotester
标准筛	standard sieves
(沥青)针入度仪	penetrometer
(沥青)黏度仪	viscosimeter
(沥青)延度仪	ductilometer
(沥青)软化点仪(环-球法)	softening point tester(ringball method)
闪点仪(开口杯式)	flash point tester(open cup method)
马歇尔稳定度仪	Marshall stability apparatus
(沥青混合料)抽提仪	bitumen extractor
砂浆稠度仪	mortar penetration tester
坍落度圆锥筒	slump cone
标准工业黏度计	standard concrete consistometer
饱和面干吸水率试模	saturated-surface-dried moisture retention tester

撞击韧度试验机	impact toughness machine
圆盘耐磨硬度试验机	wear hardness machine
狄法尔磨耗试验机	Deval abrasion testing machine
洛杉矶磨耗试验机	Los Angeles abrasion testing machine
压碎率试模	crushing strength tester
单斗挖掘机	single-bucket excavator
推土机	bulldozer
除根机	rootdozer
铲运机	scraper
平地机	grader
挖沟机	trencher
耕耘机	cultivator
松土机	ripper
松土搅拌机	pulvi-mixer
稳定土拌和机	stabilizer
凿岩机	rock breaker
碎石机	stone crusher
碎石撒布机	stone spreader
装载机	loader
羊足压路机	sheep-foot roller
手扶式单轮压路机	walk behind single drum
蛙式打夯机	frog rammer
内燃夯实机	internal combustion compactor
铁夯(铁撞柱)	tamping iron
压路机	roller
振动压路机	vibratorv roller
沥青加热器	asphalt heater
沥青泵	asphalt pump
沥青洒布机	asphalt sprayer
沥青洒布车	asphalt distributor
沥青混合料拌和设备	asphalt mixing plant
沥青混合料摊铺机	asphalt paver
散装水泥运输车	cement deliver truck
水泥混凝土混合料拌和设备	concrete mixing plant
(水泥混凝土混合料)搅拌运输车	concrete deliver truck
水泥混凝土混合料摊铺机	concrete paver
振捣器	concrete vibrator
水泥混凝土混合料整面机	concrete finisher
真空泵	vacuum pump
水泥混凝土路面切缝机	concrete joint cutter
水泥混凝土路面锯缝机	concrete saw
水泥混凝土路面清缝机	concrete joint cleaner
水泥混凝土路面填缝机	concrete joint sealer
水泵	pump
泥浆泵	mud pump

张拉钢筋油泵	prestressed steel bar drawing oil pump
砂浆泵	mortar pump
水泥混凝土混合料泵	concrete pump
钢筋切断机	bar shear
钢筋冷轧机	cold-rolling mill
钢筋冷拉机	steel stretcher
钢筋冷拔机	steel bar cold-extruding machine
钢筋冷镦机	steel bar heading press machine
钢筋拉伸机	steel extension machine
钢筋弯曲机	steel bar bender
钢筋调直机	steel straighten machine
对焊机	butt welder
钻孔机	boring machine
打桩机	pile driver
拔桩机	pile extractor
千斤顶	jack
张拉预应力钢筋千斤顶	prestressed steel bar drawing jack
手拉葫芦	chain block
起重葫芦	hoisting block
卷扬机	hoister
缆索吊装设备	cableway erecting equipment
起重机	crane
架桥机	bridge erection equipment
砂筒	sand cylinder
盾构	shield
全气压盾构	compressed air shield
半盾构	roof shield
隧道掘进机	tunnel boring machine
全断面隧道掘进机	tunnel boring machine for full section
喷枪	shotcrete equipment
装渣机	mucker
盾构千斤顶	main jack
拉合千斤顶	pull-in jacks
复拌沥青混合料摊铺机	asphalt remixer
路面铣削机	pavemill
回砂车	sand sweeping equipment
除雪机	snow plough
装雪机	snow loader
洗净剂喷布车	detergent spray truck
清扫车	sweeper
洒水车	water truck
画标线机	line maker
振动筛	vibrating screen
撒布机	spreader
输送机	conveyer

提升机	elevator
翻斗车	dump-body car
自卸汽车	dumping wagon
牵引车	tow truck
拖车头	tractor-truck
挂车	trailer
平板车	flat truck
工程车	shop truck
万能杆件	fabricated universal steel members
交通规则	traffic rules
交通事故	traffic accident
交通事故率	traffic accident trate
人口事故率	population accident rate
车辆事故率	vehicle accident rate
运行事故率	operating accident rate
交通控制	traffic control
中央控制台	central control unit
点控制	spot control
线控制	line control
面控制	area control
交通信号	traffic signal
交通信号灯	traffic signal lamp
信号周期	signal cycle
绿信比	split ratio
信号相位	signal phase
相位差	phase difference
绿波	green wave
交通监视系统	traffic surveillance
交通公害	vehicular pollution

附录二

道路工程术语标准

（GBJ 124—88）

中华人民共和国国家标准

道路工程术语标准

GBJ 124—88

主编部门:中华人民共和国交通部
批准部门:中华人民共和国国家计划委员会
施行日期:1988 年 12 月 1 日

关于发布《道路工程术语标准》的通知

计标[1988]493号

根据国家计委计综[1985]1号文的要求，由交通部会同有关部门共同编制的《道路工程术语标准》，已经有关部门会审。现批准《道路工程术语标准》GBJ 124—88为国家标准，自1988年12月1日起施行。

本标准由交通部管理。其具体解释等工作，由交通部公路规划设计院负责。出版发行由中国计划出版社负责。

国家计划委员会

1988年3月31日

编制说明

本规范是根据国家计委计综[1985]1号文的要求，由交通部公路规划设计院主编，会同北京市市政设计院、上海市市政工程研究所、黑龙江省林业设计研究院等单位共同编制的。

本标准在编制过程中，做了大量调查研究工作，查阅了国内外有关标准、规范、词典以及教科书等，从选定词目、编写定义到编出送审稿先后召开过多次会议、广泛征求了意见，经反复讨论修改，最后由我部会同有关部门审查定稿。

本标准包括公路、城市道路、厂矿道路、林区道路等四个方面的术语，共收入词目837条，按章节编排分为13章。

鉴于本标准系初次编制，在施行过程中，请各单位结合实际，认真总结经验，注意积累资料，如发现需要修改和补充之处，请将意见和资料寄送交通部公路规划设计院（北京市东四前炒面胡同），以便今后修订时参考。

交通部

1988年3月

目录

第一章　总则

第 1.0.1 条　为统一公路、城市道路、厂矿道路、林区道路工程的术语及其释义，实现专业术语的标准化，以利于国内外技术交流，促进我国道路工程建设事业的发展，特制订本标准。

第 1.0.2 条　本标准适用于道路的设计、施工、科研、养护等方面。

第 1.0.3 条　本标准主要选取道路工程中的常用术语，其他有关专业的术语，应遵守其他有关标准的规定。

第二章　道路

第一节　一般规定

第 2.1.1 条　道路 road

供各种车辆和行人等通行的工程设施。按其使用特点分为公路、城市道路、厂矿道路、林区道路及乡村道路等。

第 2.1 2 条　公路 highway

联结城市、乡村，主要供汽车行驶的具备一定技术条件和设施的道路。

第 2.1.3 条　城市道路 city road; urban road

在城市范围内，供车辆及行人通行的具备一定技术条件和设施的道路。

第 2.1.4 条　厂矿道路 factories and mines road

主要供工厂、矿山运输车辆通行的道路。

第 2.1.5 条　林区道路 forest road

建在林区，主要供各种林业运输工具通行的道路。

第 2.1.6 条　乡村道路 country road

建在乡村、农场，主要供行人及各种农业运输工具通行的道路。

第 2.1.7 条　道路工程 road engineering

以道路为对象而进行的规划、勘测、设计、施工等技术活动的全过程及其所从事的工程实体。

第 2.1.8 条　道路网 road network

在一定区域内，由各种道路组成的相互联络、交织成网状分布的道路系统。全部由各级公路组成的称公路网。在城市范围内由各种道路组成的称城市道路网。

第 2.1.9 条　道路(网)密度 density of road network

在一定区域内，道路网的总里程与该区域面积的比值。

第 2.1.10 条　道路技术标准 technical standard of road

根据道路的性质、交通量及其所处地点的自然条件，确定道路应达到的各项技术指标和规定。

第 2.1.11 条　设计车辆 design vehicle

道路设计所采用的汽车车型，以其外廓尺寸、重量、运转特性等特征作为道路设计的依据。

第 2.1.12 条　特种车辆 special vehicle

外廓尺寸、重量等方面超过设计车辆限界的及特殊用途的车辆。

第 2.1.13 条　计算行车速度(设计车速) design speed

道路几何设计(包括平曲线半径、纵坡、视距等)所采用的行车速度。

第 2.1.14 条　道路建筑限界 boundary line of road construction

为保证车辆和行人正常通行，规定在道路的一定宽度和高度范围内不允许有任何设施及障碍物侵入的空间范围。

第 2.1.15 条　净空 clearance

道路上无任何障碍物侵入的空间范围。其高度称净高，其宽度称净宽。

第 2.1.16 条　等级道路 classified road

技术条件和设施符合道路技术标准的道路。

第 2.1.17 条　辅道 relief road

设在道路的一侧或两侧，供不允许驶入或准备由出入口驶入该道路的车辆或拖拉机等行驶的道路。

第二节　公路

第 2.2.1 条　高速公路 freeway；motorway

具有四个或四个以上车道。设有中央分隔带，全部立体交叉并全部控制出入的专供汽车高速行驶的公路。

第 2.2.2 条　等级公路 classified highway

技术条件和设施符合国家标准或部标准的公路。

第 2.2.3 条　干线公路 arterial highway

在公路网中起骨架作用的公路。

第 2.2.4 条　支线公路 feeder highway

在公路网中起连接作用的公路。

第 2.2.5 条　国家干线公路（国道）national trunk highway

在国家公路网中，具有全国性的政治、经济、国防意义，并经确定为国家干线的公路。

第 2.2.6 条　省干线公路（省道）provincial trunk highway

在省公路网中，具有全省性的政治、经济、国防意义，并经确定为省级干线的公路。

第 2.2.7 条　县公路（县道）county road

具有全县性的政治、经济意义，并经确定为县级的公路。

第 2.2.8 条　乡公路（乡道）township road（county road）

主要为乡村生产、生活服务并经确定为乡级的公路。

第 2.2.9 条　绕行公路 bypass

为使干线上行驶的车辆避开城镇或交通拥挤路段等而修建的公路。

第 2.2.10 条　公路自然区划 climatic zoning for highway

根据全国各地气候、水文、地质、地形等条件对公路工程的影响而划分的地理区域。

第三节　城市道路

第 2.3.1 条　（城市）快速路 expressway

城市道路中设有中央分隔带，具有四条以上的车道，全部或部分采用立体交叉与控制出入，供车辆以较高的速度行驶的道路。

第 2.3.2 条　（城市）主干路 arterial road

在城市道路网中起骨架作用的道路。

第 2.3.3 条　（城市）次干路 secondary trunk road

城市道路网中的区域性干路，与主干路相连接，构成完整的城市干路系统。

第 2.3.4 条　（城市）支路 branch road

城市道路网中干路以外联系次干路或供区域内部使用的道路。

第 2.3.5 条　街道 street

在城市范围内，全路或大部分地段两侧建有各式建筑物，设有人行道和各种市政公用设施的道路。

第 2.3.6 条　郊区道路 suburban road

位于城市郊区的城市道路。

第 2.3.7 条　居住区道路 residential street

以住宅建筑为主体的区域内的道路。

第 2.3.8 条　工业区道路 industrial district road

以工业为主体的区域内的道路。

第四节 厂矿道路

第 2.4.1 条 厂外道路 factory-out road

厂矿围墙(厂矿区)范围外的道路,包括对外道路、联络道路等。

第 2.4.2 条 厂内道路 factory-in road

厂矿围墙(厂矿区)范围内的道路(露天矿山道路除外),包括主干道、次干道、支道、车间引道和人行道。

第 2.4.3 条 (厂内)主干道 arterial road

连接厂内主要出入口的道路和运输繁忙的全厂性道路。

第 2.4.4 条 (厂内)次干道 secondary trunk road

连接厂区次要出入口的道路或厂内车间、仓库、码头等之间运输较繁忙的道路。

第 2.4.5 条 (厂内)支道 branch road

厂区内车辆和行人都较少的以及可供消防车辆行驶的道路。

第 2.4.6 条 露天矿山道路 opencast mine road

露天矿山范围内行驶矿山(自卸)汽车的道路与通往附属厂(车间)和各种辅助设施行驶各类汽车的道路。

第 2.4.7 条 生产干线 productive arterial road

采矿场开采台阶通往卸矿点或废石场的共用道路。

第 2.4.8 条 生产支线 productive branch road

由开采台阶或废石场与生产干线相连接的道路或由一个开采台阶直接到卸矿点或废石场的道路。

第 2.4.9 条 联络线 linking-up road

与露天矿生产干线、支线相连接,经常行驶矿山(自卸)汽车的道路。

第五节 林区道路

第 2.5.1 条 林区公路 forest highway

主要供汽车行驶的林业专用公路。

第 2.5.2 条 运材道路 haul road

林业企业在木材装车场或楞场(山场)与贮木场之间按照森林经营要求修建的道路。

第 2.5.3 条 集材道路 skid road

林业企业在土材伐区至木材装车场或楞场(山场)之间修建的专供集材作业使用的道路。

第 2.5.4 条 护林防火道路 protection forest fireproof road

以护林防火为主要用途的道路。

第 2.5.5 条 连接道路 linking-up road

在林区内部,沟通相邻的林业企业和企业内部林场之间交通的道路。

第 2.5.6 条 冻板道路 freeze road

冬季寒冷地区,靠地面冻结后达到可承受车辆荷载的、只在冰冻期内使用的季节性道路。

第 2.5.7 条 木排道 corduroy road

在泥沼地带,用木杆及灌木为主要材料铺筑的道路。

第六节 其他道路

第 2.6.1 条 自行车道 cycle track;cycle path

主要供自行车通行的道路,在城市中可自成系统。

第 2.6.2 条　畜力车道 cattle-pass

主要供畜力车通行的道路。

第 2.6.3 条　驮道 bridle road

主要供畜力驮运使用的道路。一般建在山区。

第三章　道路交通

第一节　道路交通结构

第 3.1.1 条　交通组成 traffic composition

在交通流中各类运行单元的数量及其所占百分比。

第 3.1.2 条　混合交通 mixed traffic

汽车与非机动车或车辆与行人,在同一道路上混行的交通。

第 3.1.3 条　交通流 traffic flow

道路上车流和人流的统称。

第 3.1.4 条　车流 vehicle stream

众多车辆在车道上连续行驶所形成的流动状态。

第 3.1.5 条　交通密度 traffic density

一个车道单位长度内某一瞬时存在的车辆数,以辆每千米表示。

第 3.1.6 条　车头间距 space headway

在同一车道上行驶的车辆队列中,两连续车辆车头端部间瞬时的距离。

第 3.1.7 条　车头时距 time headway

在同一车道上行驶的车辆队列中,两连续车辆车头端部通过某一断面的时间间隔。

第 3.1. 8 条　车(辆)间净距 vehicular gap

在同一车道上行驶的车辆队列中,两连续车辆的前车尾端至后车前端之间的瞬时距离。

第 3.1.9 条　延误 delay

由于驾驶人员无法控制的因素所引起的行驶时间的损失。

第 3.1.10 条　点速度 spot speed

车辆驶过道路某一断面时的瞬时速度。

第 3.1.11 条　行驶速度 running speed

车辆驶过某一区间,全行程内单位时间正常运行(不包括停车)的距离。

第 3.1.12 条　区间速度 overall speed

车辆驶过某一区间,全行程内单位时间运行(包括停车时间)的距离。

第 3.1.13 条　运行速度 operating speed

驾驶人员根据实际道路条件、交通条件、良好气候条件等能保持安全行驶的最高速度。

第 3.1.14 条　临界速度 optimum speed; critical speed

在某一路段上通行能力最大时的空间平均速度。

第 3.1.15 条　时间平均速度 time mean speed

在给定的时间内,通过某一断面所有行驶车辆点速度的平均值。

第 3.1.16 条　空间平均速度 space mean speed

在给定的时间内,在某一路段上所有车辆单位时间行驶距离的平均值。

第 3.1.17 条　经济车速 economic speed

汽车行驶中消耗燃料最节省的速度。

第 3.1.18 条　自由车速 free-flow speed

不受其他车辆影响的条件下,驾驶人员按自己的能力所及选择的行驶速度。

第 3.1.19 条 交通量 traffic volume

在单位时间内通过道路某一断面的通行单元(车辆或行人)数。通常专指车辆数。

第 3.1.20 条 年平均日交通量 annual average daily traffic

全年的日交通量观测结果的平均值。

第 3.1.21 条 月平均日交通量 monthly average daily traffic

全月的日交通量观测结果的平均值。

第 3.1.22 条 年第 30 位最大小时交通量 thirtieth highest annual hourly volume

将一年内所有小时交通量,按从大到小的顺序排列,序号第 30 位的小时交通量。

第 3.1.23 条 年最大小时交通量 maximum annual hourly volume

一年内所有小时交通量中的最大值。

第 3.1.24 条 高峰小时交通量 peak hourly volume

一定时间内(通常指一日或上午、下午)出现的最大小时交通量。

第 3.1.25 条 设计小时交通量 design hourly volume

根据交通量预测所选定的作为道路设计依据的小时交通量。

第 3.1.26 条 通行能力 traffic capacity

在一定的道路和交通条件下,道路上某一路段单位时间内通过某一断面的最大车辆数。

第 3.1.27 条 基本通行能力 basic traffic capacity

在理想的道路和交通条件下,一个车道或一条道路某一路段的通行能力。

第 3.1.28 条 可能通行能力 possible traffic capacity

在现实的道路和交通条件下,一个车道或一条道路某一路段的通行能力。

第 3.1.29 条 设计通行能力 design traffic capacity

道路交通的运行状态保持在某一设计的服务水平时,道路上某一路段的通行能力。

第 3.1.30 条 道路服务水平 level of service

主要以道路上的运行速度和交通量与可能通行能力之比综合反映道路的服务质量。

第 3.1.31 条 交叉口通行能力 capacity of intersection

交叉口各进口道单位时间内可以通过的车辆数之和。

第二节　道路交通规划

第 3.2.1 条 道路交通规划 traffic planning

在确定规划期限、目标的基础上,根据交通调查、分析和预测以及社会经济效益估价等,制订的交通结构与道路网的规划。

第 3.2.2 条 交通调查 traffic survey

交通量、车速、交通运行特征、起讫点、交叉口、交通事故、交通环境等调查的统称。

第 3.2.3 条 交通量调查 traffic volume survey

一定时间、一定期间或连续期间内,对通过道路某一断面各种类型交通单元数量的观测记录工作。

第 3.2.4 条 交通量观测站 traffic volume observation station

设在道路沿线的某些特定地点观测记录交通量的工作站。

第 3.2.5 条 起讫点调查 origin-destination study

对通行单元(车辆或行人)的出发地和目的地进行的综合调查。

第 3.2.6 条 出行 trip

车辆、行人从出发地向目的地的移动。

第 3.2.7 条 境内交通 local traffic

起讫点与交通过程均在调查区域的交通。

第 3.2.8 条 过境交通 through traffic

起讫点不在调查区域内，但通过该区域的交通。

第 3.2.9 条 出境交通 outbound traffic

出发地在调查区域内，外出行驶的交通。

第 3.2.10 条 入境交通 inbound traffic

目的地在调查区域内，进入行驶的交通。

第 3.2.11 条 交通发生 traffic generation

调查区域内各小区中出行数量的总和。

第 3.2.12 条 交通分布 traffic distribution

调查区域内各小区之间出行的数量在整个调查区域内出行总数量中所占的比例。

第 3.2.13 条 交通方式划分 model split

指将货物运输、个人出行按其可使用的交通工具划分出各种交通方式的交通量。

第 3.2.14 条 交通量分配 traffic assignment

将起讫点调查所得交通量，合理分配到调查区域内各条道路(包括规划线)上的工作。

第 3.2.15 条 交通量预测 traffic volume prognosis

根据交通调查资料和发展规律，结合交通吸引、转移的分析等，推算地区、路线或路段等未来交通量的工作。

第 3.2.16 条 路网通行能力 capacity of network

在一定的交通状态下，一定时间(日、小时)内，道路网某区域内所能负担交通的能力。

第 3.2.17 条 道路网规划 road network planning

在交通规划基础上，对道路网的干、支道路的路线位置、技术等级、方案比较、投资效益和实现期限的测算等的系统规划工作。

第 3.2.18 条 棋盘式道路系统 gridiron road system

由两组互相垂直的平行道路组成方格网状的道路系统。

第 3.2.19 条 环形辐射式道路系统 ring and radial road system

由某中心向各方面伸延呈辐射状的道路与若干条环绕某中心、距中心不等距离的环形道路组成的道路系统。

第 3.2.20 条 自由式道路系统 free style road system

滨江(海)或山坡上的城市顺应地形而形成的道路系统。

第 3.2.21 条 混合式道路系统 combination-type road system

不同型式道路网混合构成的道路系统。

第 3.2.22 条 (城市)道路面积率 road area ratio

城市道路用地面积与城市总面积之比。以百分率表示。

第 3.2.23 条 (城市)人均道路面积 road area per citizen

城市中每一居民平均占有的道路面积。

第四章　道路组成与附属设施

第一节　横断面组成

第 4.1.1 条　路幅 roadway

由车行道、分隔带和路肩等组成的道路横断面范围。

第 4.1.2 条　车行道（行车道） carriage way

道路上供汽车行驶的部分。

第 4.1.3 条　车道 lane

在车行道上供单一纵列车辆行驶的部分。

第 4.1.4 条　内侧车道 fast lane

多车道的车行道上紧靠道路中线的车道。

第 4.1.5 条　中间车道 center lane

多车道的车行道上位于中部的车道。

第 4.1.6 条　外侧车道 nearside lane

多车道的车行道上紧靠路边侧的车道。

第 4.1.7 条　附加车道 auxiliary lane

道路上局部路段增辟专供某种需要使用的车道。包括变速车道、爬坡车道等。

第 4.1.8 条　变速车道 speed-change lane

高速公路、城市快速路等道路上的加速车道和减速车道的总称。

第 4.1.9 条　加速车道 acceleration lane

供车辆驶入高速车流之前加速用的车道。

第 4.1.10 条　减速车道 deceleration lane

供车辆驶离高速车流之后减速用的车道。

第 4.1.11 条　超车车道 overtaking lane

在高速公路、城市快速路及主干路上，专供同向车辆超车用的车道。

第 4.1.12 条　爬坡车道 climbing lane

设置在高速公路的上坡路段，供慢速上坡车辆行驶用的车道。

第 4.1.13 条　停车车道 parking lane

专供短时间停放车辆的车道，设于紧临路缘石（或路肩）的车道位置。

第 4.1.14 条　紧急停车带 emergency parking strip；lay-by

在高速公路和一级公路上，供车辆临时发生故障或其他原因紧急停车使用的临时停车地带。

第 4.1.15 条　错车道 passing bay

在单车道道路上，可通视的一定距离内，供车辆交错避让用的一段加宽车道。

第 4.1.16 条　回车道（回车场） turnaround loop

在路线的终端或路侧，供车辆回转方向使用的回车坪或环形道路。

第 4.1.17 条　专用车道 accommodation lane

规定只允许某种车辆行驶或只限某种用途使用的车道。

第 4.1.18 条　车道宽度 lane-width

道路上供一列车辆安全顺适行驶所需要的宽度，包括设计车辆的外廓宽度和错车、超车或并列行驶所必需的余宽等。

第 4.1.19 条 人行道 side walk;foot way

道路中用路缘石或护栏及其他类似设施加以分隔的专供行人通行的部分。

第 4.1.20 条 分隔带 separator;central reserve

沿道路纵向设置的分隔车行道用的带状设施,位于路中线位置的称中央分隔带;位于路中线两侧的称外侧分隔带。

第 4.1.21 条 路缘带 marginal strip

位于车行道两侧与车道相衔接的用标线或不同的路面颜色划分的带状部分。其作用是保障行车安全。

第 4.1.22 条 路肩 shoulder;verge

位于车行道外缘至路基边缘,具有一定宽度的带状部分(包括硬路肩与土路肩),为保持车行道的功能和临时停车使用,并作为路面的横向支撑。

第 4.1.23 条 硬路肩 hard shoulder

与车行道相邻并铺以具有一定强度路面结构的路肩部分(包括路缘带)。

第 4.1.24 条 路缘石 curb

设在路面边缘的界石,简称缘石。

第 4.1.25 条 平缘石 flush curb

顶面与路面平齐的路缘石。有标定路面范围、整齐路容、保护路面边缘的作用。

第 4.1.26 条 立缘石(侧石) vertical curb

顶面高出路面的路缘石。有标定车行道范围和纵向引导排除路面水的作用。

第 4.1.27 条 平石 gutter apron

铺砌在路面与立缘石之间的平缘石。

第 4.1.28 条 街沟(偏沟) gutter

城市街道路面边缘处,由立缘石与平石或铺装路面形成的侧沟。

第 4.1.29 条 路侧带 curb side strip

街道外侧立缘石的内缘与建筑线之间的范围。

第 4.1.30 条 绿化带 green belt

在道路用地范围内,供绿化的条形地带。

第 4.1.31 条 横坡 cross slope

路幅和路侧带各组成部分的横向坡度。指路面、分隔带、人行道、绿化带等的横向倾斜度。以百分率表示。

第 4.1.32 条 路拱 crown

路面横断面的两端与中间形成一定坡度的拱起形状。

第 4.1.33 条 路拱曲线 camber curve

路拱所采用曲线的线形,有抛物线、直线接抛物线和折线等线形。

第二节 线形与视距

第 4.2.1 条 道路中线 center line of road

一般指道路路幅的中心线。规划道路断面的中心线称规划中线,道路两侧红线间的中心线,称红线中线。

第 4.2.2 条 道路轴线 road axis

作为线形控制所选择的与路幅中心线相隔一定距离的平行线。

第 4.2.3 条 道路路线 route of road

道路中线的空间位置。

第4.2.4条 道路线形 road alignment

道路中线的立体形状。

第4.2.5条 平面线形 horizontal alignment

道路中线在水平面上的投影形状。

第4.2.6条 纵面线形 vertical alignment

道路中线在纵剖面上的起伏形状。

第4.2.7条 线形要素 alignment element

构成平面线形及纵面线形的几何特征。前者为直接、圆曲线及缓和曲线,后者为直线和圆曲线(或抛物线)。

第4.2.8条 平曲线 horizontal curve

在平面线形中路线转向处曲线的总称,包括圆曲线和缓和曲线。

第4.2.9条 最小平曲线半径 minimum radius of horizontal curve

在规定的计算行车速度、超高横坡度及路面摩擦系数等条件下,保证汽车行驶在道路曲线部分时,产生的离心力等横向力不超过轮胎与路面摩阻力所允许的界限,并使乘车人员感觉良好而计算的半径。

第4.2.10条 汽车最小转弯半径 minimum turning radius

指汽车方向盘旋转至最大角度时按旋转方向外侧的前轮循圆曲线行走轨迹的半径。

第4.2.11条 圆曲线 circular curve

道路平面走向改变方向或竖向改变坡度时所设置的连接两相邻直线段的圆弧形曲线。

第4.2.12条 复曲线 compound curve

两个或两个以上半径不同、转向相同的圆曲线径相连接或插入缓和曲线相连接而成的平曲线。

第4.2.13条 反向曲线 reverse curve

两个转向相反的相邻的圆曲线中间连以缓和曲线或径相连接而成的平曲线。

第4.2.14条 同向曲线 adjacent curve in one direction

两个转向相同的相邻圆曲线中间连以直线所形成的平面线形。

第4.2.15条 断背曲线 broken-back curve

两个转向相同的相邻圆曲线中间连以短直线而成的平曲线。

第4.2.16条 回头曲线 switch-back curve;reverse loop

山区道路在同一坡面上回头展线时所采用的回转曲线。

第4.2.17条 缓和曲线 transition curve

平面线形中,在直线与圆曲线、圆曲线与圆曲线之间设置的曲率连续变化的曲线。

第4.2.18条 竖曲线 vertical curve

在道路纵坡的变坡处设置的竖向曲线。

第4.2.19条 凸形竖曲线 convex vertical curve

设于道路纵坡呈凸形转折处的曲线。用以保证汽车按计算行车速度行驶时有足够的行车视距。

第4.2.20条 凹形竖曲线 concave vertical curve

设于道路纵坡呈凹形转折处的曲线。用以缓冲行车中因运动量变化而产生的冲击和保证夜间汽车前灯视线和汽车在立交桥下行驶时的视线。

第4.2.21条 平曲线加宽 curve widening

为适应汽车在平曲线上行驶时后轮轨迹偏向曲线内侧的需要,平曲线内侧相应增加的路面、路基宽度。

第4.2.22条 加宽缓和段 transition zone of curve widening

设置平曲线加宽时,从加宽值为零逐渐加宽到全加宽值的过渡段。

第4.2.23条 超高 superelevation

为抵消车辆在平曲线路段上行驶时所产生的离心力,在该路段横断面上设置的外侧高于内侧的单向横坡。

第 4.2.24 条　超高缓和段 superelevation runoff

从直线路段的横向坡渐变到曲线路段有超高单向坡的过渡段。

第 4.2.25 条　断面渐变段 transition zone of cross section

为适应交通运行、交通组织、排水方式等条件的变化，道路的断面布置相应地逐步完成转变过程而设置的路段。

第 4.2.26 条　纵坡 longitudinal gradient

路线纵断面上同一坡段两点间的高差与其水平距离之比，以百分率表示。

第 4.2.27 条　最大纵坡 maximum longitudinal gradient

根据道路等级、自然条件、行车要求及临街建筑等因素所限定的纵坡最大值。

第 4.2.28 条　最小纵坡 minimum longitudinal gradient

为纵向排水的需要，对排水不畅的路段所规定的纵坡最小值。

第 4.2.29 条　变坡点 grade change point

路线纵断面上两相邻坡度线的相交点。

第 4.2.30 条　平均纵坡 average gradient

含若干坡段的路段两端点的高差与该路段长度的比值。

第 4.2.31 条　坡长限制 grade length limitation

对较大纵坡坡段所限定的长度。

第 4.2.32 条　纵坡折减 grade compensation

对海拔 3000 米以上的高原地区，降低最大纵坡的规定。

第 4.2.33 条　缓和坡段 transitional gradient

在纵坡长度达到坡长限制时，按规定设置的较小纵坡路段。

第 4.2.34 条　合成坡度 resultant gradient

道路路面上的纵向坡度和横向坡度的矢量和。

第 4.2.35 条　视线 sight line

司机在驾驶车辆时目光触及固定或移动物体的直线。视线距离地面的高度，称视线高度。

第 4.2.36 条　视距 sight distance

从车道中心线上规定的视线高度，能看到该车道中心线上高为 10cm 的物体顶点时，沿该车道中心线量得的长度。

第 4.2.37 条　停车视距 stopping sight distance

汽车行驶时，驾驶人员自看到前方障碍物时起，至达到障碍物前安全停车止，所需的最短行车距离。两部车辆相向行驶，会车时停车则需二倍停车视距，称会车视距。

第 4.2.38 条　超车视距 overtaking sight distance

在双车道道路上，后车超越前车时，从开始驶离原车道起，至可见对向来车并能超车后安全驶回原车道所需的最短距离。

第 4.2.39 条　视距三角形 sight triangle

平面交叉路口处，由一条道路进入路口行驶方向的最外侧的车道中线与相交道路最内侧的车道中线的交点为顶点，两条车道中线各按其规定车速停车视距的长度为两边，所组成的三角形。在视距三角形内不允许有阻碍司机视线的物体和道路设施存在。

第 4.2.40 条　路口视距 sight distance of intersection

平面交叉路口处视距三角形的第三边的长度。

第 4.2.41 条　(平曲线)横净距 lateral clear distance of curve

道路曲线最内侧的车道行车轨迹至由安全视距两端点的连线所构成的曲线内侧空间的界限线(即包络线)的距离。

第 4.2.42 条　(路口)截角 cut corner for sight line

平面交叉路口处，按视距三角形沿路口视距位置拆除妨碍视线的建筑物角部。

第 **4.2.43** 条　视野 field of vision

司机在行车中眼睛固定注视一定目标时，所能见到的空间范围。

第三节　道路交叉

第 **4.3.1** 条　道路交叉（路线交叉）road intersection

两条或两条以上道路的交会。

第 **4.3.2** 条　交叉角 intersection angle

两条道路相交时的夹角。用锐角表示。

第 **4.3.3** 条　（铁路）道口 railroad grade crossing

道路与铁路平面相交处。

第 **4.3.4** 条　平面交叉 at-grade intersection；grade crossing

道路与道路在同一平面内的交叉。简称平交。

第 **4.3.5** 条　多岔交叉 multiple-leg intersection

有五条或五条以上岔道在同一平面上的交叉。

第 **4.3.6** 条　环形交叉 rotary intersection；roundabout

道路交会处设有中心岛，所有横穿交通流都被交织运行所代替，形成一个单向行驶的环行交通系统。其中心岛称环岛。

第 **4.3.7** 条　微形环交 mini-roundabout

道路交会处设小型中心岛以减少用地面积。其交通运行组织以趋近路口的车辆让环中车辆优先通行方式代替在环中交织运行的平面交叉。其中心岛称微型环岛。

第 **4.3.8** 条　十字形交叉 cross roads

四岔道路呈“十”字形的平面交叉。

第 **4.3.9** 条　丁字形交叉（T 形交叉） T intersection

三岔道路呈“丁”字形的平面交叉。

第 **4.3.10** 条　错位交叉 staggered junction

两条反向道路分别垂直于同一道路上，其交点距离很近，可以看作两个反向丁字形交叉相连接。

第 **4.3.11** 条　Y 形交叉 Y intersection

三岔道路呈“Y”形的平面交叉。

第 **4.3.12** 条　立体交叉 grade-separated junction

道路与道路或铁路在不同高程上的交叉。简称立交。

第 **4.3.13** 条　上跨铁路立体交叉 overpass grade separation

道路从铁路上跨越的立体交叉。

第 **4.3.14** 条　下穿铁路立体交叉 underpass grade separation

道路从铁路下穿过的立体交叉。

第 **4.3.15** 条　简单立体交叉 grade separation

上下层道路之间互不连通的立体交叉。简称简单立交。

第 **4.3.16** 条　互通式立体交叉 interchange

上下各层道路之间用匝道或其他方式互相连接的立体交叉。其中只有部分匝道互相连通的称为部分互通式立体交叉。

第 **4.3.17** 条　苜蓿叶形立体交叉 clover-leaf interchange

指四岔道交叉的右转弯均用外侧直连匝道连通，而左转弯均用环形匝道连通，呈苜蓿叶形的互通式立体交叉。只设部分环形匝道的称部分苜蓿叶形立体交叉。

第 **4.3.18** 条　定向式立体交叉 directional interchange

设有一个以上的供左转弯车辆使用直连或半直连匝道相连通的互通式立体交叉。

第 4.3.19 条　菱形立体交叉 diamond interchange

设有四条匝道连通相交道路，在次要道路上的连接部分有冲突点的呈菱形的互通式立体交叉。

第 4.3.20 条　喇叭形立体交叉 trumpet interchange

以喇叭形匝道连接的三岔道(丁字形或 Y 形)互通式立体交叉。

第 4.3.21 条　环形立体交叉 rotary interchange

主干线为直通式，次要路线与主干线转弯车道呈环形的互通式立体交叉。

第 4.3.22 条　分隔式立体交叉 interchange with special bicycle track

互通式立交道路中，将非机动车自成运行系统，与机动车无平面冲突点互不干扰的立体交叉。

第 4.3.23 条　匝道 ramp

互通式立体交叉上下各层道路之间供转弯车辆行驶的连接道。

第 4.3.24 条　单向匝道 one-way ramp

互通式立体交叉中，只允许单向行驶的匝道。

第 4.3.25 条　双向匝道 two-way ramp

互通式立体交叉中，准许双向行车的匝道。

第 4.3.26 条　环形匝道 loop ramp

苜蓿叶形立体交叉中，供左转弯车辆使用的呈环形的匝道。左转弯的车辆循环形匝道运行向右约 270°转弯进入相交道路，以避免与直行车辆的平面冲突。

第 4.3.27 条　(平面)交叉口 intersection; road crossing

道路与道路平面相交处。

第 4.3.28 条　交叉口进口 intersection entrance

车流进入道路平面交叉处的路口。

第 4.3.29 条　交叉口出口 intersection exit

车流离开道路平面交叉处的路口。

第 4.3.30 条　加宽转角式交叉口 intersection with widened corners

用曲线展宽各个转角构成的平面交叉口。

第 4.3.31 条　拓宽路口式交叉口 flared intersection

在接近交叉口的道路两侧展宽或增辟附加车道的平面交叉口。

第 4.3.32 条　分道转弯式交叉口 channelized intersection

采用设导流岛、划分车道等措施使转弯车辆分道行驶的平面交叉口。

第 4.3.33 条　渠化交通 channelization

在平面交叉口设置交通标志、标线和交通岛等，引导车流和行人各行其道的方法。

第 4.3.34 条　交织 weaving

两股车流在短距离内连续进行合流、分流的交通现象。

第 4.3.35 条　交织路段 weaving section

环形交叉等设施中的能安全、顺畅地进行交织的路段。

第 4.3.36 条　合流 converging

两股车流合二为一的交通现象。

第 4.3.37 条　分流 diverging

车股流一分为两股或多股车流的交通现象。

第 4.3.38 条　冲突点 conflict point

在交叉口内，两股车流轨迹线呈交叉形的交会点。

第 4.3.39 条　交织点 weaving point

在交叉口内，两股不同方向车流轨迹线呈 Y 形的交会点。一股车流分流时，称分流交织点；两股车流合流时，称合流交织点。

第 4.3.40 条　交通岛 traffic island

为控制车辆行驶方向和保障行人安全，在车道之间设置的高出路面的岛状设施。包括导流岛、中心岛、安全岛等。

第4.3.41条 导流岛 channelization island

为把车流导向指定的行进路线而设置的交通岛。

第4.3.42条 中心岛 center-island

设置在平面交叉中央的圆形或椭圆形的交通岛。

第4.3.43条 安全岛 refuge island

设置在往返车行道之间，供行人横穿道路临时停留的交通岛。

第4.3.44条 道口铺面 paved crossing

道口的钢轨间及两侧一定范围的块料等铺装。

第4.3.45条 道口限界架 boundary frame on crossing

为保证道路上的车辆在电气化铁路的电力线下安全通过，在距道口两端一定距离处设置的道路限界门架。

第四节 附属设施

第4.4.1条 交通安全设施 traffic safety device

为保障行车和行人的安全，充分发挥道路的作用，在道路沿线所设置的人行地道、人行天桥、照明设备、护栏、标柱、标志、标线等设施的总称。

第4.4.2条 人行横道 cross walk

在车行道上用斑马线等标线或其他方法标示的、规定行人横穿车道的步行范围。

第4.4.3条 人行地道 pedestrian underpass

专供行人横穿道路用的地下通道。

第4.4.4条 人行天桥 pedestrian overcrossing

专供行人跨越道路用的桥梁。

第4.4.5条 分隔设施 separate facilities

在路面上安设的分隔双向交通、机动车和非机动车、车辆和行人等的简易构造物。

第4.4.6条 护栏 guard rail

沿危险路段的路基边缘设置的警戒车辆驶离路基和沿中央分隔带设置的防止车辆闯入对向车行道的防护设施，以及为使行人与车辆隔离而设置的保障行人安全的设施。

第4.4.7条 护墙 guard wall

在道路的急弯、陡坡等危险路段，沿路肩修筑的矮墙。

第4.4.8条 标柱 guard post

在道路的转弯、濒河、高填方路段、桥头引道等处的边缘位置设置的矮柱。

第4.4.9条 防护栅 safety fence

为防止牲畜、行人、非机动车辆等进入高速公路，而在路基以外设置的栅栏。

第4.4.10条 防炫屏（遮光栅） anti-dizzling screen

为使夜间行车的驾驶人员免受对向来车前灯炫光干扰而设置在中央分隔带上的遮光设施。

第4.4.11条 隔音墙 acoustic barrier

为减轻行车噪声对附近居民的影响而设置在公路侧旁的墙式构造物。

第4.4.12条 防沙设施 sand protection facilities

在易受沙害的路段设置的控制风蚀的发生和改变沙粒搬运及堆积条件的设施。

第4.4.13条 防雪设施 snow protection facilities

在易于发生雪害的路段，设置在道路上风侧的栅栏、防雪栅等设施。

第4.4.14条 道路限界架 boundary frame on road

在隧道、半山洞、立体交叉桥梁、电气化铁路道口等处的两端，按道路建筑限界的规定设置的门架。

第 4.4.15 条 （厂矿道路）阻车堤 stopping truck-heap

用松散粒料沿险要路段中线间断堆置，专供露天矿失控车辆紧急停车用的设施。

第 4.4.16 条 （厂矿道路）挡车堆 anti-creep heap

用松散粒料间断堆置在险要路段一侧或两侧，起挡车作用的设施。

第 4.4.17 条 （厂矿道路）防滑堆 antiskid heap

在废石场或贮矿场边坡顶部用废石（土）或矿石堆积而成的石（土）堆，防止卸车作业车辆滑溜的设施。

第 4.4.18 条 道路照明设施 lighting facilities of road

为保证能见度低时交通正常运行，正确地识别路况及各种交通标志，设置于道路上的灯光照明设施。

第 4.4.19 条 交通广场 traffic square

具有交通枢纽功能的广场。

第 4.4.20 条 停车场 parking lot

供停放车辆使用的场地。

第 4.4.21 条 反坡安全线 adverse grade for safety

设置在露天矿山道路下坡路段，供失控下溜车辆逐渐冲向上坡而减速、停车的岔线。

第 4.4.22 条 公交（车辆）停靠站 bus bay; parking station

公共交通车辆运行的道路上，按营运站位置设置的车辆停靠设施，有岛式、港湾式等。

第 4.4.23 条 综合管道（综合管廊） composite pipe line

能容纳几种公用设施管线的沟道。

第 4.4.24 条 渡口 ferry

道路越过河流以船渡方式衔接两岸交通的地点。包括码头、引道及管理设施。

第 4.4.25 条 道路绿化 road planting

在道路两旁及分隔带内栽植树木、花草以及护路林等。

第 4.4.26 条 街道绿化 street planting

在街道的两旁及分隔带内种植树木和绿篱、布置花坛、林荫步道、街心花园以及建筑物前的绿化等。

第 4.4.27 条 行道树 street trees

沿道路两旁栽植的成行的树木。

第 4.4.28 条 绿篱 hedge; living fence

密植于路边及各种用地边界处的树丛带。

第 4.4.29 条 功能栽植 function planting

在道路用地范围内或路旁为某种需要而进行的绿化栽植，包括防炫、视线诱导、防风、缓冲、隔音、禁入、遮蔽等栽植。

第 4.4.30 条 护路林 shelter belt

在道路旁、城市毗连处，为防止飞沙、积雪以及横向风流等对道路或行驶车辆造成有害影响而种植的林带。

第 4.4.31 条 里程碑 kilometer stone

标志公路及城市郊区道路里程的碑石。每一公里设一块，用以计算里程和标志地点位置。

第 4.4.32 条 百米桩 hectometer stake

在里程碑之间，每隔一百米设立的小桩。

第五章　道路勘测与设计

第一节　勘测选线与设计

第 5.1.1 条　踏勘 reconnaissance

对道路建设的方案进行野外勘察和技术经济调查并估算投资等的作业。

第 5.1.2 条　(道路工程)方案图 road project

为反映道路工程建设的地点、规模、布局、占地及拆迁范围等情况而绘制的图及文字说明。

第 5.1.3 条　(道路)平面示意图 plane sketch

为概括地反映工程全貌而绘制的图。包括道路的走向、线形、主要构造物等。

第 5.1.4 条　线形设计 alignment design

路线立体形状及其相关诸因素的综合设计。

第 5.1.5 条　公路景观设计 highway landscape design

公路的线形、构造物型式与沿线自然景观相协调的美学设计。

第 5.1.6 条　(城市道路)平面设计 alignment design; plane design

城市道路线形、交叉口、排水设施及各种道路附属设施等平面位置的设计。

第 5.1.7 条　(城市道路)竖向设计 design of elevation

城市道路路线、交叉口、广场、停车场等各部位的高程设计。

第 5.1.8 条　选线 route selection

根据路线基本走向和技术标准,结合地形、地质条件和施工条件等因素,通过全面比较,选择路线的全过程。

第 5.1.9 条　路线控制点 control point

任务书中指定通过的地点,以及为便于分段布线,在选线过程中选定的对路线走向起控制作用的地点。

第 5.1.10 条　定线 location of line

根据既定的技术标准和路线方案,结合有关条件,从平面、纵断面、横断面综合考虑,具体定出道路中线的工作。

第 5.1.11 条　纸上定线 paper location

在地形图上定出道路中线的工作。

第 5.1.12 条　比较线 alternative line

选线或定线时选出的作为比较方案的路线。

第 5.1.13 条　展线 route development

为使山岭区路线纵坡能符合技术标准,采取顺应地形延伸路线长度的布线方法。

第 5.1.14 条　初测 preliminary survey

根据任务书确定的修建原则和路线基本走向方案;通过对各比较线方案的勘测、调查工作,以确定采用的路线;并为编制初步设计文件提供所需的资料。

第 5.1.15 条　定测 location survey

根据批准的设计文件,在现场进行具体方案的勘测落实,并通过详细测量、调查及内业工作,为编制施工图设计提供所需的资料。

第 5.1.16 条　地貌 topographic feature

地表高低起伏的自然形态。

第5.1.17条 地物 culture

地面上各种有形物(如山川、森林、建筑物等)和无形物(如省、县界等)的总称。

第5.1.18条 地形 topography

地物和地貌的总称。

第5.1.19条 台地 terrace

沿河谷两岸或海岸隆起的呈带状分布的阶梯状地貌。

第5.1.20条 垭口 pass;saddle back

山脊上呈马鞍状的明显下凹处。

第5.1.21条 平原区 plain terrain

地形宽广平坦或略有起伏,地面自然坡度很小的地区。

第5.1.22条 微丘区 rolling terrain

丘岗较低,地面自然坡度平缓,相对高差不大的地区。

第5.1.23条 重丘区 hilly terrain

丘岗较高,地面起伏较大,但无明显的山岭自然形态要素(山顶、山坡、山脚),地面自然坡度较陡,相对高差较大的地区。

第5.1.24条 山岭区 mountainous terrain

地貌变化很大,有明显的山岭自然形态要素(山顶、山坡、山脚),地面自然坡度陡,相对高差大的地区。

第5.1.25条 沿溪线 valley line

沿河溪走向布设的路线。

第5.1.26条 山脊线 ridge line

沿山脊走向布设的路线。

第5.1.27条 山坡线(山腰线) hill-side line

沿山坡布设的路线。

第5.1.28条 越岭线 ridge crossing line

翻越山岭布设的路线。

第5.1.29条 纵断面设计 profile design;design of vertical alignmet

确定道路的纵坡、变坡点位置、竖曲线与高程的设计。

第5.1.30条 交叉口设计 road crossing design

道路平面交叉口范围的几何设计、交通组织设计、交通设施、水泥混凝土路面的板块划分、竖向设计及排水设计等。

第5.1.31条 管线综合设计 under-ground pipes comprehensive design

确定道路横断面范围内各种管线的布设位置及与道路平面布置和竖向高程相协调的工作。

第5.1.32条 土方调配 cut-pill transition

在路基设计和施工中,经济合理地调运挖方作为填方的作业。

第5.1.33条 土方调配图 cut-pill transition program

表示路基土方纵向调运数量及位置的图表。

第5.1.34条 土方调配经济运距 economical hauling distance

路基土方纵向调运与路外借土费用相等时的纵向运距。

第二节 测量

第5.2.1条 导线 traverse

在地面上布设的由若干段直线连成的折线,作为测量路线平面图或地形图的控制线。

第5.2.2条　导线测量 traverse survey

测量导线长度、转角和高程,以及推算坐标等的作业。

第5.2.3条　中线测量 center line survey

沿选定的中线量测转角、测钉中桩、定出道路中线平面位置的作业。

第5.2.4条　施工测量 construction survey

工程开工前及施工中,根据设计图在现场进行恢复道路中线、定出构造物位置等测量放样的作业。

第5.2.5条　竣工测量 final survey

工程竣工后,为编制工程竣工文件,对实际完成的各项工程进行的一次全面量测的作业。

第5.2.6条　(路线)平面图 plan view

道路中线及沿线地貌、地物在水平面上的投影图。

第5.2.7条　交点 intersection point

路线改变方向时,两相邻直线相交的点。

第5.2.8条　虚交点 imaginary intersection point

当交点太远或无法安置仪器时,一般在交点前后两直线段上另选能通视的点安置仪器,经量测、计算而得到的原交点。

第5.2.9条　转点 turning point

中线测量时,因视线不能通视而增设的测站;水准测量时,为传递高程所设的过渡测点。

第5.2.10条　转角 intersection angle

交点处后视线的延长线与前视线的夹角

第5.2.11条　偏角 deflection angle

在平曲线测量中,曲线上任意点的弦与切线所夹的角。

第5.2.12条　方位角 azimuth angle

由子午线的北端顺时针方向量到测线上的夹角。以真子午线为准者称"真方位角";以磁子午线为准者称"磁方位角"。

第5.2.13条　象限角 bearing angle

子午线的一端(北端或南端)与测线所夹的锐角。

第5.2.14条　方向角 direction angle

采用某坐标轴方向作为标准方向所确定的方位角。

第5.2.15条　切线长 tangent length

路线交点至曲线起点或终点的直线距离。

第5.2.16条　曲线长 curve length

曲线的起点至终点之间的弧线长度。

第5.2.17条　外(矢)距 external distance

交点至曲线中点的距离。

第5.2.18条　测站 instrument station

外业测量时安放仪器进行观测的地点。

第5.2.19条　测点 observation point

外业测量时被观测的目标点。

第5.2.20条　中桩 center stake

为表示中线位置和线形等,沿路线中线所设置的编有桩号的桩或标志。

第5.2.21条　加桩 additional stake

路线整桩号的中桩之间,根据线形或地形变化而加设的中桩。

第5.2.22条　护桩 reference stake

在交点等重要桩位周围,按一定要求设置的起固定该桩位作用的附加桩。

第5.2.23条　断链 broken chainage

因局部改线或分段测量等原因造成的桩号不相连接的现象。桩号重叠的称长链,桩号间断的称短链。

第 5.2.24 条 水准测量 leveling survey

测定各点高程的作业。

第 5.2.25 条 水准点 bench mark

经测定高程的固定标点,作为水准测量的根据点。

第 5.2.26 条 绝对基面 absolute datum

以某一海滨地点平均海水平面高程定为零的水准基面。我国沿用的有大连、大沽、黄海、废黄河口、吴淞、珠江等基面。

第 5.2.27 条 高程(标高) elevation

某点沿铅垂线方向到绝对基面的距离,称绝对高程。简称高程。某点沿铅垂线方向到某假定水准基面的距离,称假定高程。

第 5.2.28 条 地面高程 ground elevation

地面某点的高程。

第 5.2.29 条 设计高程 designed elevation

工程设计中对某点所要求达到的高程。

第 5.2.30 条 (路线)纵断面图 vertical profile map

沿路线中线的竖向剖面图。

第 5.2.31 条 中桩填挖高度 height of cut and fill at center stake

路线各中桩的设计高程与地面高程的差值。

第 5.2.32 条 地形测量 topographic survey

测绘地形图的作业。

第 5.2.33 条 基线 base line

在三角网测量中,经精确测定长度的直线段。

第 5.2.34 条 地形图 topographic map

地表起伏形态和地物位置、形状在水平面上的投影图。

第 5.2.35 条 等高线 contour line

地形图上高程相等的各点所连成的闭合曲线。

第 5.2.36 条 横断面测量 cross-sectional survey

测量中桩处垂直于中线方向的地表起伏形态的作业。

第 5.2.37 条 横断面图 cross-sectional profile

中桩处垂直于道路中线方向的剖面图。

第 5.2.38 条 交叉口平面图 intersection plan

表示城市道路交叉口的道路、建筑物、交通设施、管线设施以及有关排水系统的大比例尺的平面图。

第 5.2.39 条 坑探 pit test

用挖坑方式观察地层地质情况的作业。

第 5.2.40 条 钻探 boring

用机具钻孔取样,判定地层地质情况的作业。

第 5.2.41 条 (道路)地质剖面图 geological section

表示道路通过地带地质构造的剖面图。一般为沿道路中线位置的剖面(即纵向剖面),必要时亦可增加若干横向剖面。

第 5.2.42 条 (道路)地质柱状图 boring log

表示道路中线某桩号处的地质和地下水位情况并注有文字和符号的柱状图形。一般绘于纵断面图的相应桩号处。

第 5.2.43 条 地下水位 underground water level

指地下含水层中水面的高程。根据钻探观测时间可分为初见水位、稳定水位、丰水期水位、枯水期水位、冻前水位等。

第 5.2.44 条 摄影测量 photogrammetry

以地面摄影或航空摄影等方法摄取的像片，经处理后绘制出地形图的作业。

第 5.2.45 条 航空摄影测量 aerial photogrammetry

在飞机上用航摄仪器对地面连续摄取像片，结合地面控制点测量、调绘和立体测绘等步骤，绘制出地形图的作业。

第 5.2.46 条 地面立体摄影测量 ground stereophotogrammetry

在地面布设的基线两端，用摄影经纬仪摄取需要的立体像对经地面立体测绘仪处理，绘制出地形图的作业。

第 5.2.47 条 地面控制点测量 ground control-point survey

用精密测量仪器测定地面控制点的平面位置和高程的作业。

第 5.2.48 条 航摄基线 aerophoto base

在航空摄影作业中，航摄仪器接连两次曝光瞬间镜头中心间的距离。

第 5.2.49 条 影像地图 photographic map

以地面摄影、航空摄影等方法摄取的像片，经处理后拼制的地图。

第 5.2.50 条 像片索引图（镶辑复照图） photo index

将航摄像片按重叠地物影像拼叠起来，经缩小、复照而成的图。

第 5.2.51 条 航摄像片判读 aerophoto interpretation

根据地物的光谱特性、几何形状和成像规律，从像片上判释出与像片影像相应的地物、地貌的类别与特性以及某些要素等的作业。

第 5.2.52 条 综合法测图 planimetric photo

航空摄影和普通测量相结合的测图方法，地物平面位置用航空摄影方法求得，地面高程或等高线用普通测量方法求得。

第 5.2.53 条 全能法测图 universal photo

在航空摄影测量作业中，用同一种仪器对地物、地貌测绘成地形图的方法。

第 5.2.54 条 微分法测图 differential photo

在航空摄影测量作业中，将地面点的平面位置和高程分成两个独立的步骤，用不同仪器成图的方法。

第 5.2.55 条 像片镶嵌图 photo mosaic

将有重叠的多张纠正像片，根据纠正点或影像进行切割拼接、镶嵌粘贴而组成的像片图。

第六章　路基工程

第一节　路基

第 6.1.1 条　路基 subgrade

按照路线位置和一定技术要求修筑的作为路面基础的带状构造物。

第 6.1.2 条　路堤 embankment

高于原地面的填方路基。

第 6.1.3 条　路堑 cutting

低于原地面的挖方路基。

第 6.1.4 条　半填半挖式路基 part-cut part-fill subgrade

在一个横断面内，部分为路堤、部分为路堑的路基。

第 6.1.5 条　台口式路基 benched subgrade

在山坡上，以山体自然坡面为下边坡，全部开挖而成的路基。

第 6.1.6 条　路基宽度 width of subgrade

在一个横断面上两路肩外缘之间的宽度。

第 6.1.7 条　路基设计高程 design elevation of subgrade

指路基外缘、路中心线或中央分隔带边缘线的设计高程。

第 6.1.8 条　(路基)最小填土高度 minimum height of fill

为保证路基稳定，根据土质、气候和水文地质条件所规定的路肩边缘至原地面的最小高度。

第 6.1.9 条　边坡 side slope

为保证路基稳定，在路基两侧做成的具有一定坡度的坡面。

第 6.1.10 条　边坡坡度 grade of side slope

边坡的高度与宽度之比。

第 6.1.11 条　(边)坡顶 top of slope

路基边坡的最高点。挖方路基为边坡与原地面相接处，填方路基为路肩外缘。

第 6.1.12 条　(边)坡脚 toe of slope

路基边坡的最低点。填方路基为边坡与原地面相接处，挖方路基为边坡底。

第 6.1.13 条　护坡道 berm

当路堤较高时，为保证边坡稳定，在取土坑与坡脚之间，沿原地面纵向保留的有一定宽度的平台。

第 6.1.14 条　边坡平台 plam stage of slope

当路堤较高时，为保证边坡稳定，在边坡坡面上沿纵向做成的有一定宽度的平台。

第 6.1.15 条　碎落台 stage for heaping soil and broken rock

在路堑边坡坡脚与边沟外侧边缘之间或边坡上，为防止碎落物落入边沟而设置的有一定宽度的纵向平台。

第 6.1.16 条　护坡 slope protection

为防止边坡受冲刷，在坡面上所做的各种铺砌和栽植的统称。

第 6.1.17 条　挡土墙 retaining wall

为防止路基填土或山坡岩土坍塌而修筑的、承受土体侧压力的墙式构造物。

第 6.1.18 条　重力式挡土墙 gravity retaining wall

依靠墙身自重抵抗土体侧压力的挡土墙。

第6.1.19条 衡重式挡土墙 balance weight retaining wall

利用衡重台上部填土的重力和墙体重心后移而抵抗土体侧压力的挡土墙。

第6.1.20条 悬臂式挡土墙 cantilever retaining wall

由立壁、趾板、踵板三个钢筋混凝土悬臂构件组成的挡土墙。

第6.1.21条 扶壁式挡土墙 counterfort retaining wall

沿悬臂式挡土墙的立臂,每隔一定距离加一道扶壁,将立壁与踵板连接起来的挡土墙。

第6.1.22条 柱板式挡土墙 pile and plank retaining wall

由立柱、挡板、腰梁、腰板、基座和拉杆组成,借助腰板上部填土的重力平衡土体侧压力的挡土墙。

第6.1.23条 锚杆式挡土墙 anchored retaining wall by tie rods

由钢筋混凝土板和锚杆组成,依靠锚固在岩土层内的锚杆的水下拉力以承受土体侧压力的挡土墙。

第6.1.24条 锚碇板式挡土墙 anchored bulkhead retaining wall

由钢筋混凝土墙板、拉杆和锚碇板组成,借埋置在破裂面后部稳定土层内的锚碇板和拉杆的水平拉力,以承受土体侧压力的挡土墙。

第6.1.25条 加筋土挡土墙 reinforced earth retaining wall

由填土、拉带和镶面砌块组成的加筋土承受土体侧压力的挡土墙。

第6.1.26条 石笼 rock filled gabion

为防止河岸或构造物受水流冲刷而设置的装填石块的笼子。

第6.1.27条 抛石 riprap

为防止河岸或构造物受水流冲刷而抛填较大石块的防护措施。

第二节 路基土

第6.2.1条 砂性土 sandy soil

含砂土粒较多且具有一定黏性的土。压实后水稳性好,强度较高,毛细作用小。

第6.2.2条 黏性土 cohesive soil

含黏土粒较多,透水性较小的土。压实后水稳性好,强度较高,毛细作用小。

第6.2.3条 粉性土 silty soil

含粉土粒较多的土。水稳性差,毛细作用大,干燥时有较高强度,随含水量的增加强度显著下降。

第6.2.4条 黄土 loess

在干燥气候条件下形成的多孔性具有柱状节理的黄色粉性土。湿陷性黄土受水浸湿后会产生较大的沉陷。

第6.2.5条 盐渍土 salty soil

不同程度的盐碱化土的统称,在公路工程中一般指地表下1.0m深的土层内易溶盐平均含量大于0.3%的土。

第6.2.6条 膨胀土 expansive soil

具有较大的吸水后显著膨胀、失水后显著收缩特性的高液限黏土。

第6.2.7条 红黏土 red clay

碳酸盐类岩石在亚热带温湿气候条件下经风化后形成的褐红色黏性土。压实后水稳性较好,强度较高。

第6.2.8条 软土 soft soil

主要是由天然含水量大、压缩性高、承载能力低的淤泥沉积物及少量腐殖质所组成的土。

第6.2.9条 淤泥 mud

在静水和缓慢的流水环境中沉积并含有机质的细粒土。其天然含水量大于液限,天然孔隙比大于1.5。当天然孔隙比小于1.5而大于1.0时,称淤泥质土。

第 6.2.10 条 冻土 frozen soil

温度低于0℃且含有冰晶的土。

第 6.2.11 条 季节性冻土 seasonal frozen soil

冬季冻结春季融化的土层。自地表面至冻结层底面的厚度称冻结深度。

第 6.2.12 条 多年冻土(永冻土) permafrost

持续三年或三年以上的冻结不融的土层。其表层冬冻夏融,称季节融化层。多年冻土层顶面距地表的深度,称冻土上限,是多年冻土地区道路设计的重要数据。

第 6.2.13 条 饱和土 saturated soil

土体内的孔隙基本上被水充满的土。

第三节 道路排水

第 6.3.1 条 路基排水 subgrade drainage

为保证路基稳定而采取的汇集、排除地表或地下水的措施。

第 6.3.2 条 地表水 surface water

降水后在地表形成的径流及滞留在低洼处的水。

第 6.3.3 条 地下水 underground water

存在于地表以下岩石或土层的孔隙、裂隙中的水。

第 6.3.4 条 毛细水 capillary water

地下水受土粒间孔隙的毛细作用上升的水分。

第 6.3.5 条 边沟 side ditch

为汇集和排除路面、路肩及边坡的流水,在路基两侧设置的水沟。

第 6.3.6 条 截水沟 intercepting ditch

为拦截山坡上流向路基的水,在路堑坡顶以外设置的水沟。

第 6.3.7 条 排水沟 drainage ditch

将边沟、截水沟和路基附近低洼处汇集的水引向路基以外的水沟。

第 6.3.8 条 急流槽 chute

在陡坡或深沟地段设置的坡度较陡、水流不离开槽底的沟槽。

第 6.3.9 条 跌水 drop water

在陡坡或深沟地段设置的沟底为阶梯形,水流呈瀑布跌落式通过的沟槽。

第 6.3.10 条 蒸发池 evaporation pond

在气候干旱地区的排水困难路段,于道路两侧每隔一定距离,为汇集边沟流水任其蒸发所设置的积水池。

第 6.3.11 条 盲沟 blind drain; blind ditch

在路基或地基内设置的充填碎、砾石等粗粒材料并铺以倒滤层(有的其中埋设透水管)的排水、截水暗沟。

第 6.3.12 条 渗水井 seepage well

为将边沟排不出的水渗到地下透水层中而设置的充填碎、砾石等粗粒材料并铺以倒滤层的竖井。

第 6.3.13 条 过水路面 ford

通过平时无水或流水很少的宽浅河流而修筑的在洪水期间容许水流漫过的路面。

第 6.3.14 条 暴雨强度 intensity of rainstorm

降雨的集中程度。一般以一次暴雨的降雨量、最大瞬间降雨强度、小时降雨量等表示。

第 6.3.15 条 (排水)设计重现期 design frequency

设计暴雨强度出现的周期,是道路排水设计的标准。

第 6.3.16 条 街道排水 street drainage

为排除街道路面上的降水而采取的排水措施。

第 6.3.17 条　管道排水 pipe drainage

利用设在地下的相互连通的管道及相应设施,汇集和排除道路的地表水。

第 6.3.18 条　渠道排水 gutter drainage

利用设在地面上的沟渠及相应设施,汇集和排除道路的地表水。

第 6.3.19 条　(立体交叉)泵站排水 drainage by pumping station

利用泵站排除立体交叉下穿路段地表水的措施。

第 6.3.20 条　雨水口 inlet;gully

管道排水系统汇集地表水的设施,由进水箅、井身及支管等组成。

第 6.3.21 条　检查井 manhole

在地下管线位置上每隔一定距离修建的竖井。主要供检修管道、清除污泥及用以连接不同方向、不同高度的管线使用。

第 6.3.22 条　雨水口支管 buanch pipe of inlet

将雨水口汇集的水输入到排水管道的引水支管。

第 6.3.23 条　泄水口 drain opening

道路管道排水系统或渠道排水系统的出水口。

第四节　路基施工

第 6.4.1 条　压实 compaction

对土或其他筑路材料施加动的或静的外力,以提高其密实度的作业。

第 6.4.2 条　压实度 degree of compaction

土或其他筑路材料压实后的干密度与标准最大干密度之比,以百分率表示。

第 6.4.3 条　(标准)最大干密度 maximum dry unit weight

按照标准击实试验方法,土或其他筑路材料在最佳含水量时得到的干密度。

第 6.4.4 条　填方 fill

路基表面高于原地面时,从原地面填筑至路基表面部分的土石体积。

第 6.4.5 条　挖方 cut

路基表面低于原地面时,从原地面至路基表面挖去部分的土石体积。

第 6.4.6 条　借土 borrow earth

为填筑路基,在沿线或路线以外选定的地点所取的土。

第 6.4.7 条　弃土 waste

利用挖方填筑路基所剩余的土或不适宜筑路而废弃的土。

第 6.4.8 条　取土坑 borrow pit

在道路沿线挖取土方填筑路基或用于养护所留下的整齐土坑。

第 6.4.9 条　弃土堆 waste bank

将开挖路基所废弃的土堆放于道路沿线一定距离的整齐土堆。

第 6.4.10 条　回填土 back-filling

工程施工中,完成基础等地面以下工程后,再返还填实的土。

第 6.4.11 条　软弱地基 soft ground

天然含水量过大,承载力低,在荷载作用下易产生滑动或固结沉降的地基。

第 6.4.12 条　强夯法 dynamic consolidation

为提高软弱地基的承载力,用重锤自一定高度下落夯击土层使地基迅速固结的方法。

第 6.4.13 条　预压法 preloading method

为提高软弱地基的承载力和减少构造物建成后的沉降量,预先在拟建构造物的地基上施加一定静荷载,使地基土压密后再将荷载卸除的压实方法。

第 6.4.14 条 反压护道 loading berm

为防止软弱地基产生剪切、滑移,保证路基稳定,在路堤两侧填筑起反压作用的具有一定宽度和厚度的土体。

第 6.4.15 条 砂井(砂桩) sand drain(sand pile)

为加速软弱地基排水固结,在地基中钻孔,灌入中、粗砂而成的排水柱体。将砂灌入织袋放进孔内形成的井,称袋装砂井。

第 6.4.16 条 排水砂垫层 sand mat of subgrade

为加速软弱地基的固结,保证路基的强度和稳定,在路堤底部铺设的砂层。

第 6.4.17 条 石灰桩 lime pile

为加速软弱地基的固结,在地基上钻孔并灌入生石灰而成的吸水柱体。

第 6.4.18 条 固结 consolidation

在荷载或其他因素作用下,土体孔隙中水分逐渐排出、体积压缩、密度增大的现象。

第 6.4.19 条 保温护道 thermal insulation berm

在多年冻土地区,路堤两侧用保温材料填筑的具有一定宽度和厚度的护道。其作用是防止自然或人为因素改变地面温度,造成冻土融化而影响路基的稳定。

第 6.4.20 条 土石方爆破 blasting procedure

在筑路工程中,使用炸药爆破开挖土石方的方法。

第 6.4.21 条 抛掷爆破 blasting for throwing rock

炸药爆炸时,被爆破岩体的一部分沿最小抵抗线方向抛出的爆破方法。

第 6.4.22 条 爆破漏斗 blasting crater

抛掷爆破时所形成的爆破坑。其半径 r 与最小抵抗线 w 之比称爆破作用指数,即 $r/w=n$。当 $n=1$ 时,所形成的漏斗称标准抛掷爆破漏斗;当 $n<1$ 时,称减弱抛掷爆破漏斗;当 $n>1$ 时,称加强抛掷爆破漏斗。

第 6.4.23 条 松动爆破 blasting for loosening rock

炸药爆炸时,岩体被破碎松动但不抛掷的爆破方法。

第 6.4.24 条 爆破作用圈 acting circles of blasting

炸药爆炸时所产生的膨胀力和冲击波,以药包为中心向四周传播的同心圆。从中心向外依次为压缩圈、抛掷圈、破裂圈和振动圈。

第七章 路面工程

第一节 路面种类

第7.1.1条 路面 pavement

用各种筑路材料铺筑在道路路基上直接承受车辆荷载的层状构造物。

第7.1.2条 刚性路面 rigid pavement

刚度较大、抗弯拉强度较高的路面。一般指水泥混凝土路面。

第7.1.3条 柔性路面 flexible pavement

刚度较小、抗弯拉强度较低,主要靠抗压、抗剪强度来承受车辆荷载作用的路面。

第7.1.4条 高级路面 high type pavement

用水泥混凝土、沥青混凝土、热拌沥青碎石或整齐石块作面层的路面。

第7.1.5条 次高级路面 sub-high type pavement

用沥青贯入碎(砾)石、冷拌沥青碎(砾)石、半整齐石块、沥青表面处治等作面层的路面。

第7.1.6条 中级路面 intermediate type pavement

用水结碎石、泥结碎石、级配碎(砾)石、不整齐石块等作面层的路面。

第7.1.7条 低级路面 low type pavement

用各种材料改善土的路面。

第7.1.8条 水泥混凝土路面 cement concrete pavement

用水泥混凝土板作面层的路面。

第7.1.9条 钢筋混凝土路面 reforced concrete pavement

配置有纵横向钢筋或钢筋网的水泥混凝土路面。

第7.1.10条 块料路面 block pavement

用石块、水泥混凝土块等铺砌而成的路面之统称。

第7.1.11条 沥青路面 bituminous pavement

用沥青作结合料铺筑面层的路面之统称。

第7.1.12条 再生沥青路面 reclaimed bituminous pavement

用再生沥青混合料作面层的路面。

第7.1.13条 沥青混凝土路面 bituminous concrete pavement

用沥青混凝土作面层的路面。

第7.1.14条 全厚式沥青(混凝土)路面 full depth asphalt pavement

沥青混凝土面层以下各结构层(垫层除外)均采用沥青混合料铺筑的路面。

第7.1.15条 沥青碎石路面 bituminous macadam pavement

用沥青碎石作面层的路面。

第7.1.16条 沥青贯入式路面 bituminous penetration pavement

用沥青贯入碎(砾)石作面层的路面。

第7.1.17条 上拌下贯式(沥青)路面 penetration macadam with coated chips

下部用贯入式、上部用沥青混合料作面层的路面。

第7.1.18条 (沥青)表面处治 bituminous surface treatment

用沥青和集料按层铺法或拌和法铺筑而成的厚度不超过3cm的沥青面层。

第 7.1.19 条　泥结碎石路面 clay-bound macadam

以碎石为骨料,经碾压后灌泥浆,依靠碎石的嵌锁和黏土的黏结作用形成的路面。

第 7.1.20 条　水结碎石路面 water-bound macadam

石灰岩类碎石层经洒水碾压,依靠碎石的嵌锁和石粉的黏结作用形成的路面。

第 7.1.21 条　级配路面 graded aggregate pavement

按密实级配原理选配的集料和适量黏性土,经拌和、摊铺、压实而成的路面。

第 7.1.22 条　刚性基层 rigid-type base

用低标号水泥混凝土铺筑的路面基层。

第 7.1.23 条　半刚性基层 semi-rigid type base

用无机结合料稳定土铺筑的能结成板体并具有一定抗弯强度的基层。

第 7.1.24 条　稳定土基层 stabilized soil base course

用石灰、水泥、粉煤灰等结合料与土、砂砾或其他集料,经拌和、摊铺、压实而成的路面基层。

第 7.1.25 条　工业废渣基层 industrial waste base course

用适合于路用的工业废渣修筑的路面基层。

第 7.1.26 条　(锥形)块石基层 Telford base

用一定规格的锥形块石经手工铺砌、碎石嵌缝并压实而成的路面基层。

第二节　路面设计

第 7.2.1 条　回弹弯沉 rebound deflection

路基或路面在规定荷载作用下产生垂直变形,卸载后能恢复的那一部分变形。

第 7.2.2 条　容许(回弹)弯沉 allowable rebound deflection

根据道路等级、路面类型及累积当量轴载等确定的回弹弯沉值。是柔性路面设计的主要指标。

第 7.2.3 条　标准轴载 standard axial loading

为路面结构计算所规定的设计荷载。

第 7.2.4 条　土基干湿类型 type of dry and bamp soil base

根据路槽底面以下规定深度内土的平均稠度或相对含水量划分的干湿状态。分为干燥、中湿、潮湿、过湿土基四种类型。

第 7.2.5 条　路槽 road trough

为铺筑路面,在路基上按照设计要求修筑的浅槽。分挖槽、培槽、半挖半培槽三种形式。

第 7.2.6 条　路床 road bed

路槽底部一定深度的部分称路床。土质路床又称土基。

第 7.2.7 条　路面结构层 pavement structure layer

构成路面的各铺砌层,按其所处的层位和作用,主要有面层、基层和垫层。

第 7.2.8 条　面层 surface course

直接承受车辆荷载及自然因素的影响,并将荷载传递到基层的路面结构层。

第 7.2.9 条　磨耗层 wearing course

面层顶部用坚硬的细粒料和结合料铺筑的薄结构层。其作用是改善行车条件,防止行车对路面的磨损,延长路面的使用周期。

第 7.2.10 条　联结层 binder course

为加强面层与基层的共同作用或减少基层裂缝对面层的影响,设在基层上的结构层,为面层的组成部分。

第 7.2.11 条　基层 base course

设在面层以下的结构层。主要承受由面层传递的车辆荷载,并将荷载分布到垫层或土基上。当基层分为多层时,其最下面的一层称底基层。

第 7.2.12 条　垫层 bed course

设于基层以下的结构层。其主要作用是隔水、排水、防冻以改善基层和土基的工作条件。

第 7.2.13 条　隔水层 aquitard

为隔断侵入路面基层的毛细水，在基层与土基之间用透水性良好的或不透水的材料铺筑的垫层。

第 7.2.14 条　隔温层 thermal insulating course

为防止或减轻土基的冻害，在基层和土基之间用导温性低的材料铺筑的垫层。

第 7.2.15 条　整平层 leveling course

旧路面加铺补强层之前，先铺一层垫平原有路面的结构层。

第 7.2.16 条　补强层 strengthening layer

当原有路面的强度不适应交通要求时，在其上加铺的结构层。

第 7.2.17 条　封层 seal coat

为封闭表面空隙，防止水分侵入面层或基层，在面层或基层上铺的沥青封面。

第 7.2.18 条　透层 prime coat

为使沥青层与无沥青材料的基层结合良好，在基层上浇洒的液体沥青层。

第 7.2.19 条　黏层 tack coat

为使新铺沥青面层与下层黏结良好而浇洒的沥青层。

第三节　路面施工

第 7.3.1 条　层铺法 spreading in layers

集料与结合料分层摊铺、洒布、压实的路面施工方法。

第 7.3.2 条　拌和法 mixing method

集料与结合料按一定配比拌和均匀、摊铺、压实的路面施工方法。

第 7.3.3 条　厂拌法 plant mixing method

在固定的拌和工厂或移动式拌和站拌制混合料的施工方法。

第 7.3.4 条　路拌法 road mixing method

在路上或沿线就地拌和混合料的施工方法。

第 7.3.5 条　热拌法 hot mixing method

将一定比例的集料和沥青分别加热至规定温度，然后拌和均匀的施工方法。

第 7.3.6 条　冷拌法 cold mixing method

将一定配比的集料和液体沥青在常温下进行拌和的施工方法。

第 7.3.7 条　热铺法 hot laid method

沥青混合料加热拌和后，在规定温度下摊铺、压实的路面施工方法。

第 7.3.8 条　冷铺法 cold laid method

沥青混合料拌和后，在常温下摊铺、压实的路面施工方法。

第 7.3.9 条　贯入法 penetration method

在初步压实的碎石层上浇灌沥青，再分层撒铺嵌缝料和洒布沥青，并分层压实的路面施工方法。

第 7.3.10 条　铺砌法 Pitching method

用手工或机械铺筑块料路面的施工方法。

第 7.3.11 条　缩缝 contraction joint

在水泥混凝土路面板上设置的收缩缝。其作用是使水泥混凝土板在收缩时不致产生不规则的裂缝，一般采用假缝。

第 7.3.12 条　胀缝 expansion joint

在水泥混凝土路面板上设置的膨胀缝。其作用是使水泥混凝土板在温度升高时能自由伸展，应采用真缝。

第 7.3.13 条　真缝 true joint

在水泥混凝土路面板上做成贯通整个板厚的缝。

第 7.3.14 条　假缝 dummy joint

在水泥混凝土路面板上做成不贯通整个板厚的缝。

第 7.3.15 条　横缝 transverse joint

在水泥混凝土路面板上设置的与道路中线垂直或接近垂直的缝。

第 7.3.16 条　纵缝 longitudinal joint

在水泥混凝土路面板上设置的平行于道路中线的缝。

第 7.3.17 条　企口缝 tongue and groove joint

相邻两块水泥混凝土路面板,一侧板的中间榫头与邻板板边的榫槽吻接以传递荷载的接缝。

第 7.3.18 条　施工缝 construction joint

因施工需要设置的接缝。

第 7.3.19 条　传力杆 dowel bar

沿水泥混凝土路面板横缝,每隔一定距离在板厚中央布置的圆钢筋。其一端固定在一侧板内。另一端可以在邻侧板内滑动,其作用是在两块路面板之间传递行车荷载和防止错台。

第 7.3.20 条　拉杆 tie bar

沿水泥混凝土路面板接缝,每隔一定距离在板厚中央布置的异形钢筋。其作用是防止路面板错动和纵缝间隙扩大。

第 7.3.21 条　路面平整度 surface evenness

路表面纵向的凹凸量的偏差值。

第 7.3.22 条　路面粗糙度 surface roughness

路表面骨料的棱角阻止轮胎滑动的能力。通常以路面摩擦系数和路表构造深度来表示。

第八章　桥涵工程

第一节　桥涵类型

第 8.1.1 条　桥梁 bridge

为道路跨越天然或人工障碍物而修建的建筑物。

第 8.1.2 条　钢筋混凝土桥 reinforced concrete bridge

以钢筋混凝土作为上部结构主要建筑材料的桥梁。

第 8.1.3 条　预应力混凝土桥 prestressed concrete bridge

以预应力混凝土作为上部结构主要建筑材料的桥梁。

第 8.1.4 条　钢桥 steel bridge

以钢材作为上部结构主要建筑材料的桥梁。

第 8.1.5 条　圬工桥 masonry bridge

以石料、砖或水泥混凝土作为主要建筑材料的桥梁。

第 8.1.6 条　木桥 timber bridge

以木材作为主要建筑材料的桥梁。

第 8.1.7 条　正交桥 right bridge

桥梁的纵轴线与其跨越的河流流向或路线轴向相垂直的桥梁。

第 8.1.8 条　斜交桥 skew bridge

桥梁的纵轴线与其跨越的河流流向或路线轴向不相垂直的桥梁。

第 8.1.9 条　弯桥 curved bridge

桥面中心线在平面上为曲线的桥梁。

第 8.1.10 条　坡桥 bridge on slope

修建在较大纵坡的路段上并与路线纵坡基本一致的桥梁。

第 8.1.11 条　斜桥 skew bridge

桥梁的纵轴线与其墩台轴线不相垂直的桥梁。

第 8.1.12 条　正桥 right bridge

桥梁的纵轴线与其墩台轴线相垂直的桥梁。

第 8.1.13 条　上承式桥 deck bridge

桥面系位于上部结构上部的桥梁。

第 8.1.14 条　中承式桥 half-through bridge

桥面系位于上部结构中部的桥梁。

第 8.1.15 条　下承式桥 through bridge

桥面系位于上部结构下部的桥梁。

第 8.1.16 条　梁桥 beam bridge

以梁作为上部结构主要承重构件的桥梁。

第 8.1.17 条　简支梁桥 simple supported beam bridge

以一端由固定支座支承、另一端由活动支座支承的梁作为上部结构主要承重构件的梁桥。

第 8.1.18 条　连续梁桥 continuous beam bridge

以由三个或三个以上支座支承的梁作为上部结构主要承重构件的梁桥。

第 8.1.19 条　悬臂梁桥 cantilever beam bridge

以一端或两端向外自由悬出的简支梁作为上部结构主要承重构件的桥梁。

第 8.1.20 条　联合梁桥 composite beam bridge

钢主梁和钢筋混凝土或预应力混凝土桥面板结合成整体的梁桥。

第 8.1.21 条　板桥 slab bridge

以板作为上部结构主要承重构件的桥梁。

第 8.1.22 条　拱桥 arch bridge

在竖直平面内以拱作为上部结构主要承重构件的桥梁。

第 8.1.23 条　双曲拱桥 two-way curved arch bridge

拱圈由纵向拱肋和横向拱波组成的拱桥。

第 8.1.24 条　空腹拱桥 open spandrel arch bridge

拱圈上设有腹拱、立柱或横墙以支承桥面系的拱桥。

第 8.1.25 条　实腹拱桥 filled spandrel arch bridge

拱圈上为实体建筑或填料的拱桥。

第 8.1.26 条　系杆拱桥 bowstring arch bridge

由系杆承受两拱脚水平推力的拱桥。

第 8.1.27 条　桁架桥 truss bridge

以桁架作为上部结构主要承重构件的桥梁。

第 8.1.28 条　刚构桥 rigid frame bridge

梁与墩、台为刚性联结的桥梁。

第 8.1.29 条　T 形刚构桥 T-shaped rigid frame bridge

主梁为跨中设铰或挂梁的多跨刚构桥。

第 8.1.30 条　斜拉桥(斜张桥) cable stayed bridge

以固定于索塔并锚固于桥面系的斜向拉索作为上部结构主要承重构件的桥梁。

第 8.1.31 条　悬索桥(吊桥) suspension bridge

以通过索塔悬挂并锚固于两岸(或桥两端)的缆索(或钢链)作为上部结构主要承重构件的桥梁。

第 8.1.32 条　漫水桥 submersible bridge

允许洪水漫过桥面的桥梁。

第 8.1.33 条　浮桥 pontoon bridge

上部结构架设在水中浮动支承(如船、筏、浮箱等)上的桥梁。

第 8.1.34 条　开启桥 movable bridge

为通航需要,上部结构能以竖旋、平旋、提升等方式开合的桥梁。

第 8.1.35 条　装配式桥 fabricated bridge

上部结构由预制构件组合成整体的桥梁。

第 8.1.36 条　装拆式钢桥 fabricated steel bridge

上部结构主要承重构件是以标准单元金属构件组装而成并可快速拼拆的桥梁。

第 8.1.37 条　涵洞 culvert

横穿路基的小型排水构造物。一般由基础、洞身和洞口组成。

第 8.1.38 条　管涵 pipe culvert

洞身以圆形管节修建的涵洞。

第 8.1.39 条　拱涵 arch culvert

洞身顶部呈拱形的涵洞。

第 8.1.40 条　箱涵 box culvert

洞身以钢筋混凝土箱形管节修建的涵洞。

第 8.1.41 条　盖板涵 slab culvert

洞身上部以钢筋混凝土板、条石等作盖板的涵洞。

第8.1.42条 无压力式涵洞 inlet unsubmerged culvert

入口处水流的水位低于洞口上缘,洞身全长范围内水面不接触洞顶的涵洞。

第8.1.43条 压力式涵洞 outlet submerged culvert

入口处水流的水位高于洞口上缘,洞身全长范围内充满水流,洞顶承受水头压力的涵洞。

第8.1.44条 半压力式涵洞 inlet submerged culvert

入口处水流的水位高于洞口上缘,部分洞顶承受水头压力的涵洞。

第8.1.45条 倒虹涵 siphon culvert

渠道与道路平面交叉时,为连接渠道而设在道路下面洞身形似倒置的虹吸管的压力式涵洞。

第二节 桥涵构造

第8.2.1条 上部结构 superstructure

桥梁支座以上(无铰拱起拱线或框架主梁底线以上)跨越桥孔部分的总称。

第8.2.2条 主梁 main beam

在上部结构中,支承各种荷载并将其传递至墩、台的梁。

第8.2.3条 横梁 transverse beam

在上部结构中,沿桥轴横向设置并支承于主要承重构件上的梁。

第8.2.4条 纵梁 longitudinal beam;stringer

在上部结构中,沿桥梁轴向设置并支承于横梁上的梁。

第8.2.5条 拱圈 arch ring

在拱桥上部结构中,支承各种荷载并将其传递至墩、台的拱形结构。

第8.2.6条 拱上结构 spandrel structure

拱桥拱圈以上各部分结构的总称。

第8.2.7条 腹拱 spandrel arch

在空腹式拱桥拱圈以上设置的小拱。

第8.2.8条 拱上侧墙 spandrel wall

在实腹式拱桥拱圈以上沿桥纵向两侧设置的挡土墙。

第8.2.9条 桥面系 floor system;bridge decking

上部结构中,直接承受车辆、人群等荷载并将其传递至主要承重构件的桥面构造系统,包括桥面铺装、桥面板、纵梁、横梁、人行道等。

第8.2.10条 桥面铺装 bridge deck pavement

为保护桥面板和分布车轮的集中荷载,用沥青混凝土、水泥混凝土、高分子聚合物等材料铺筑在桥面板上的保护层。

第8.2.11条 伸缩缝 expansion joint

为适应材料胀缩变形对结构的影响而在结构中设置的间隙。

第8.2.12条 桥面伸缩装置 bridge floor expansion and contraction installation

为使车辆平稳通过桥面并满足桥面变形的需要,在桥面伸缩缝处设置的各种装置的总称。

第8.2.13条 安全带 safety belt

当桥面不设人行道时,为保障交通安全,在车行道边缘设置的高出车行道的带状构造物。

第8.2.14条 下部结构 substructure

支承桥梁上部结构并将其荷载传递至地基的桥墩、桥台和基础的总称。

第8.2.15条 桥墩 pier

多孔桥梁中,处于相邻桥孔之间支承上部结构的构造物。

第8.2.16条 盖梁 bent cap

为支承、分布和传递上部结构的荷载，在排架桩墩顶部设置的横梁。

第 8.2.17 条 重力式墩、台 gravity pier(abutment)

在承受外力时，依靠自身重力以及作用其上的重力保持稳定的墩、台。

第 8.2.18 条 柱式桥墩 column pier

墩身由一个或几个立柱所组成的桥墩。

第 8.2.19 条 排架桩墩 pile bent pier

在成排的桩的桩顶以盖梁联结构成的桥墩。

第 8.2.20 条 柔性墩 flexible pier

墩身较细长、墩顶可随着上部结构顺桥向的位移而相应变位的桥墩。

第 8.2.21 条 制动墩 abutment pier

多跨桥梁中，可承受全桥或分段水平推力的桥墩。

第 8.2.22 条 单向推力墩 single direction thrusted pier

多孔拱桥中，可承受单向恒载推力的桥墩。

第 8.2.23 条 桥台 abutment

位于桥梁两端并与路基相连接的支承上部结构和承受桥头填土侧压力的构造物。

第 8.2.24 条 锥坡 conical slope

为保护路堤边坡不受冲刷，在桥涵与路基相接处修筑的锥形护坡。

第 8.2.25 条 U 形桥台 U-shaped abutment

前墙和两侧翼墙连成一体，在平面上呈 U 字形的桥台。

第 8.2.26 条 八字形桥台 flare wing wall abutment

两侧翼墙在平面上呈八字形的桥台。

第 8.2.27 条 埋置式桥台 buried abutment

台身大部分埋于土中，仅设置耳墙局部挡土的桥台。

第 8.2.28 条 扶壁式桥台 counterfort abutment

由钢筋混凝土前墙、踵板和扶壁构成的桥台。

第 8.2.29 条 锚碇板式桥台 anchored bulkhead abutment

台身借埋置在台后稳定土体内的锚碇板和锚杆的拉力以抵抗土体侧压力的桥台。

第 8.2.30 条 支撑式桥台 supported type abutment

台身顶部与梁或板铰接，下部设置支撑梁，使桥梁构成四铰框架体系的桥台。

第 8.2.31 条 地基 subsoil

直接承受构造物荷载影响的地层。

第 8.2.32 条 加固地基 consolidated subsoil

用换土、夯实、有机或无机结合料稳定等方法加固处理的地基。

第 8.2.33 条 天然地基 natural subsoil

未经加固处理的地基。

第 8.2.34 条 基础 foundation

将桥梁墩、台所承受的各种荷载传递至地基上的构造物。

第 8.2.35 条 承台 bearing platform

为承受、分布由墩身传递的荷载，在基桩顶部设置的联结各桩顶的钢筋混凝土平台。

第 8.2.36 条 支座 bearing

设在桥梁上部结构与下部结构之间，使上部结构具有一定活动性的传力装置。

第 8.2.37 条 固定支座 fixed bearing

使上部结构能转动而不能水平移动的支座。

第 8.2.38 条 活动支座 expansion bearing

使上部结构能转动和水平移动的支座。

第 8.2.39 条 索塔 cable bent tower

悬索桥或斜拉桥支承主索的塔形构造物。

第 8.2.40 条 索鞍 cable saddle

在悬索桥索塔顶部设置的鞍状支承装置。

第 8.2.41 条 调治构造物 regulating structure

为引导或改变水流方向,使水流平顺地通过桥孔以减缓水流对桥位附近河床、河岸的冲刷而修建的水工构造物。

第三节 桥涵设计

第 8.3.1 条 桥位 bridge site

在勘测过程中所选择的建桥位置。

第 8.3.2 条 主桥 main bridge

根据设计流量、通航要求、结构等确定的桥梁的主要跨段。

第 8.3.3 条 引桥 approach span

位于主桥两端、代替高路堤的桥梁跨段。

第 8.3.4 条 跨径 span

结构或构件支承间的水平距离。

第 8.3.5 条 桥下净空 clearance of span

为满足桥下通航(行车、行人)的需要,对上部结构底缘以下规定的空间限界。

第 8.3.6 条 桥面净空 clearance above bridge floor

桥面车行道、人行道上方应保持的空间限界。

第 8.3.7 条 桥梁建筑高度 construction height of bridge

上部结构底缘至桥面顶面的竖直距离。

第 8.3.8 条 荷载 load

使结构或构件产生内力和变形的外力及其他因素。

第 8.3.9 条 永久荷载(恒载) permanent load

在结构的设计使用期内,其值不变或变化值与平均值相比可忽略不计的荷载,如结构重力、预加应力、土的重力、土的侧压力等。

第 8.3.10 条 可变荷载 variable load

在结构的设计使用期内,其值可变化且变化值与平均值相比不可忽略的荷载。按其对桥涵结构的影响程度,分为基本可变荷载(活载、如车辆、人群等)和其他可变荷载(如风力、汽车制动力等)。

第 8.3.11 条 偶然荷载 accidental load

在结构的设计使用期内偶然出现(或不出现),其数值很大、持续时间很短的荷载,如地震力、船只或漂浮物撞击力等。

第 8.3.12 条 荷载组合 loading combinations

根据桥涵特性、使用要求、桥位处自然条件、荷载发生频率等,由规范规定在设计时应考虑可能在结构上同时出现的若干荷载。

第 8.3.13 条 施工荷载 construction load

施工阶段为验算桥梁结构或构件安全度所考虑的临时荷载,如结构重力、施工设备、风力、拱桥单向推力等。

第 8.3.14 条 通航水位 navigable water level

在各级航道中,能保持船舶(队)正常航行时的最高和最低水位。

第 8.3.15 条 设计水位 design water level

与设计流量相对应的水位。当计入浪高及壅水影响时称计算水位。

第 8.3.16 条 设计洪水频率 designed flood frequency

桥涵设计时采用的某一洪水重现的概率。

第 8.3.17 条 水力计算 hydraulic computation

为确定桥涵构造物的结构尺寸(如基础埋深、桥下净空等),根据设计流量进行的计算工作。

第 8.3.18 条 桥下一般冲刷 general scour under bridge opening

由于桥梁墩台压缩水流,导致桥下流速增大而引起桥下河床断面的冲刷。

第 8.3.19 条 桥墩局部冲刷 local scour near pier

由于桥墩的阻碍,水流在桥墩周围产生强烈涡流而引起的冲刷。

第 8.3.20 条 自然演变冲刷 natural scour

在不受水工建筑物影响的情况下,由于水流挟带泥沙行进而引起的河床冲刷。

第 8.3.21 条 冲刷系数 coefficient of scouring

桥下需要的过水面积与建桥后未经冲刷的过水面积的比值。

第四节 桥涵施工

第 8.4.1 条 先张法 pretensioning method

先在台座上张拉预应力钢材,然后浇筑水泥混凝土以形成预应力混凝土构件的施工方法。

第 8.4.2 条 后张法 post-tensioning method

先浇筑水泥混凝土,待达到规定的强度后再张拉预应力钢材以形成预应力混凝土构件的施工方法。

第 8.4.3 条 缆索吊装法 erection with cableway

利用悬挂的缆索运输和安装构件的施工方法。

第 8.4.4 条 悬臂拼装法 erection by protrusion

在桥墩两侧设置吊架,平衡地逐段向跨中悬臂拼装水泥混凝土梁体预制件,并逐段施加预应力的施工方法。

第 8.4.5 条 悬臂浇筑法 cast-in-place cantilever method

在桥墩两侧设置工作平台,平衡地逐段向跨中悬臂浇筑水泥混凝土梁体,并逐段施加预应力的施工方法。

第 8.4.6 条 移动支架逐跨施工法 span by span method

采用可在桥墩上纵向移动的支架及模板,在其上逐跨拼装水泥混凝土梁体预制件或现浇水泥混凝土,并逐跨施加预应力的施工方法。

第 8.4.7 条 纵向拖拉法 erection by longitudial pulling method

将预制的单根梁或预拼的整孔梁,用拖拉设备从桥头纵向拖到墩上的施工方法。

第 8.4.8 条 顶推法 incremental launching method

梁体在桥头逐段浇筑或拼装,用千斤顶纵向顶推,使梁体通过各墩顶的临时滑动支座而就位的施工方法。

第 8.4.9 条 转体架桥法 construction by swing

利用河岸地形预制半孔桥跨结构,在岸墩或桥台上旋转就位于跨中合龙的施工方法。

第 8.4.10 条 浮运架桥法 erecting by floating

利用潮水涨落或调节船舱内的水量,将船载的整孔主要承重结构置于墩台上的施工方法。

第 8.4.11 条 顶入法 jack-in method

利用顶进设备将预制的箱形构造物或圆管逐渐顶入路基,以构成立体交叉通道或涵洞的施工方法。

第九章　隧道工程

第9.0.1条　(道路)隧道 tunnel

为使道路从地层内部或水底通过而修建的建筑物。由洞身、洞门等组成。

第9.0.2条　洞门 tunnel portal

为保持洞口上方及两侧路堑边坡的稳定,在隧道洞口修建的墙式构造物

第9.0.3条　衬砌 tunnel lining

为防止围岩变形或坍塌,沿隧道洞身周边用水泥混凝土等材料修建的永久性支护结构。

第9.0.4条　明洞 open cut tunnel

用明挖法修建的隧道。常用于地质不良路段或埋深较浅的隧道。

第9.0.5条　围岩 surrounding rock

隧道周围一定范围内,对洞身的稳定有影响的岩(土)体。

第9.0.6条　隧道建筑限界 structural approach limit of tunnel

在隧道洞身内应保持的道路建筑限界及设置其他设施的空间范围。

第9.0.7条　隧道埋深 depth of tunnel

隧道开挖断面的顶部至自然地面的垂直距离。

第9.0.8条　明挖法 open cut method

先将隧道部位的岩(土)体全部挖除,然后修建洞身、洞门,再进行回填的施工方法。

第9.0.9条　矿山法 mine tunnelling method

用开挖地下坑道的作业方式修建隧道的施工方法。

第9.0.10条　盾构法 shield tunnelling method

利用盾构进行隧道开挖、衬砌等作业的施工方法。

第9.0.11条　新奥法 New Austrian Tunnelling Method

在软弱岩层中修建隧道时,开挖后立即喷射水泥混凝土作为临时支撑(必要时加锚杆)以稳定围岩,然后再进行衬砌的施工方法。

第9.0.12条　沉埋法 immersed tunnelling method

将箱形或管形水泥混凝土预制构件,分段沉埋至河底或海底而构成隧道的施工方法。

第9.0.13条　隧道支撑 tunnel support

隧道开挖过程中,为了防止围岩变形或坍落所设置的支护结构。常用的有构件支撑和喷锚支护两类。

第9.0.14条　构件支撑 element support

用钢、木等材料制作构件架设的临时支撑,如木支撑、金属支撑、钢木混合支撑等。

第9.0.15条　喷锚支护 lock bolt support with shotcrete

借高压喷射水泥混凝土和打入岩层中的金属锚杆的联合作用(根据地质情况也可分别单独采用)加固岩层,分为临时性支护结构和永久性支护结构。

第十章　道路养护

第 10.0.1 条　养护 maintenance

为保证道路正常使用而进行的经常性保养、维修，预防和修复灾害性损坏，以及提高使用质量和服务水平而进行的加固、改善或增建。

第 10.0.2 条　定期养护 periodical maintenance

对道路及附属设施按一定时间进行保养、维修的养护方法。

第 10.0.3 条　巡回养护 patrol maintenance

在管养的路段上巡回检查，发现病害、交通障碍及其他异常情况及时进行处理的养护方法。

第 10.0.4 条　大中修周期 maintenance period

两次大、中修的间隔时间。

第 10.0.5 条　小修保养 routine maintenance

对道路及附属设施经常进行维护保养和修补轻微损坏部分的作业。

第 10.0.6 条　中修 intermediate maintenance

对道路及附属设施的一般性磨损和损坏部分进行修理加固、更换或局部改善，以恢复道路原有技术状况的工程。

第 10.0.7 条　大修 heavy maintenance

对道路及附属设施的较大损坏进行全面的综合修理，以恢复原设计标准，或在原技术等级范围内局部改善或个别增建，以提高道路通行能力的工程。

第 10.0.8 条　改善工程 road improvement

根据交通发展的要求，对道路及附属设施进行逐段改善，以提高技术等级的工程。

第 10.0.9 条　回砂 sand sweeping

用回砂设备对路面松散保护层恢复平整的作业。

第 10.0.10 条　罩面 overlay of pavement

为改善沥青路面的使用质量，提高路面的防水、抗滑能力和平整度，在原有沥青路面上加铺的薄沥青面层。

第 10.0.11 条　路面翻修 pavement recapping

对损坏的路面，经挖除或翻松处理后重新铺筑的作业。

第 10.0.12 条　路面补强 pavement strengthening

根据交通发展要求，对原有路面采取增加强度的措施。

第 10.0.13 条　防滑处理 deslicking treatment

为恢复或提高路面抗滑能力而采取的措施。

第 10.0.14 条　路面病害 pavement distress

路面的各种损坏、变形及其他缺陷的统称。

第 10.0.15 条　路面松散 revelling of pavement

由于结合料黏性降低或消失，路面在行车作用下集料从表面脱落的现象。

第 10.0.16 条　路面网裂 net-shaped cracking

路面表面产生纵横交错呈网状的较小裂缝。

第 10.0.17 条　路面龟裂 alligator cracking

路面表面产生形似龟背花纹的较宽裂缝。

第 10.0.18 条　反射裂缝 reflection crack

路面基层开裂而导致面层出现的裂缝。

第 10.0.19 条 路面坑槽 pot holes

在行车作用下，路面骨料局部脱落而产生的坑洼。

第 10.0.20 条 路面冻胀 surface frost heave

在寒冷地区结冻初期，土基下部的水分向上集聚并冻结成冰引起膨胀，造成柔性路面拱起开裂、刚性路面错台或折断的现象。

第 10.0.21 条 路面沉陷 pavement depression

由于路基的竖向变形而导致路面下沉的现象。

第 10.0.22 条 弹簧现象 springing

路基或路面上出现的受压下陷、去压回弹的现象。

第 10.0.23 条 路面滑溜 surface slipperiness

由于路面表面光滑、潮湿、结冰等原因造成行车滑移的现象。

第 10.0.24 条 泛油 bleeding

沥青路面因沥青含量偏多或稠度偏低，当气温较高时，在行车作用下沥青被挤出，路面表面出现薄油层的现象。

第 10.0.25 条 拱胀 blow up

水泥混凝土路面在气温升高时，因胀缝不能充分发挥作用，造成板体向上拱起的现象。

第 10.0.26 条 路面板唧泥 pavement slab pumping

水泥混凝土路面板在行车的重复作用下，引起板体上下运动而产生抽吸作用，使路面下稀释的泥浆或细料从接缝或裂缝处挤出的现象。

第 10.0.27 条 错台 faulting of slab ends

在水泥混凝土路面的接缝或裂缝处，两板体产生相对竖向位移的现象。

第 10.0.28 条 错位 slab staggering

水泥混凝土路面板产生水平位移的现象。

第 10.0.29 条 坍方 land slide

路基、堤坝及河岸等边坡土体坍塌的现象。

第 10.0.30 条 沉陷 subsidence

路基压实度不够或构造物地基土质不良，在水、荷载等因素作用下产生的不均匀的竖向变形。

第 10.0.31 条 翻浆 frost boiling

春融时期由于土基含水量过大，强度急剧降低，在行车作用下，路面表面出现不均匀起伏、弹簧或破裂冒浆等现象。

第 10.0.32 条 沙害 sand hazard

通过沙漠地区的路段，因风沙的作用造成大量积沙而阻碍交通的现象。

第 10.0.33 条 雪害 snow hazard

因积雪或雪崩而阻碍交通或造成行车事故的现象。

第 10.0.34 条 水毁 washout

因暴雨、洪水造成路基、路面、桥涵及其他设施的损毁。

第 10.0.35 条 路容 road appearance

道路及其附属设施等的外观状况。

第 10.0.36 条 路况 road condition

现有道路路基、路面、构造物及附属设施等的技术状况。

第 10.0.37 条 路况调查 road condition survey

对现有道路路况的调查、检验、评价并登记储存等工作的全过程。

第十一章　工程材料

第一节　材料

第 11.1.1 条　粒料 granular material

呈颗粒状的松散材料。

第 11.1.2 条　集料(骨料)aggregate

在混合料中起骨架和填充作用的粒料,包括碎石、砾石、石屑、砂等。

第 11.1.3 条　矿料 mineral aggregate

包括矿粉在内的集料。

第 11.1.4 条　矿粉 mineral powder

符合工程要求的石粉及其代用品的统称。

第 11.1.5 条　砂 sand

岩石经风化或轧制而成的粒径为 0.074 ~ 2mm 的粒料。

第 11.1.6 条　砾石 gravel

风化岩石经水流长期搬运而成的粒径为 2 ~ 60mm 的无棱角的天然粒料。

第 11.1.7 条　砂砾 sand gravel

砂和砾石的混合物。

第 11.1.8 条　卵石 cobble stone

风化岩石经水流长期搬运而成的粒径为 60 ~ 200mm 的无棱角的天然粒料;大于 200mm 者称漂石。

第 11.1.9 条　碎石 broken stone;crushed stone

符合工程要求的岩石,经开采并按一定尺寸加工而成的有棱角的粒料。

第 11.1.10 条　片石 rubble

符合工程要求的岩石,经开采选择所得的形状不规则的、边长一般不小于 15cm 的石块。

第 11.1.11 条　块石 block stone

符合工程要求的岩石,经开采并加工而成的形状大致方正的石块。

第 11.1.12 条　锥形块石 Telford

底面大、顶面小,形状似截头锥体的石块。

第 11.1.13 条　料石 dressed stone

按规定要求经凿琢加工而成的形状规则的石块。

第 11.1.14 条　石屑 chip

轧制并筛分碎石所得的粒径为 2 ~ 10mm 的粒料。

第 11.1.15 条　(路用)工业废渣 industrial solid waste

符合工程要求的钢渣、炉渣、粉煤灰等固体废渣的统称。

第 11.1.16 条　同粒径集料 single-size aggregate

粒径基本接近同一尺寸的集料。

第 11.1.17 条　结合料 binder

用以结合松散材料使其成为整体的有机或无机材料。

第 11.1.18 条　有机结合料 organic binder

具有良好胶结性能的有机化合物。在道路工程中,主要是指沥青材料。

第 11.1.19 条　无机结合料 inorganic binder

具有胶结性能的无机化合物。在道路工程中，主要是指水泥、石灰等材料。

第 11.1.20 条　沥青 bitumen

由极复杂的高分子碳氢化合物及其非金属（氧、硫、氮等）衍生物所组成的有机胶凝材料。分为地沥青和焦油沥青。

第 11.1.21 条　地沥青 asphaltic bitumen

天然沥青和石油沥青的总称。

第 11.1.22 条　焦油沥青 tar

有机物经过干馏得到焦油后进一步加工得到的沥青的总称。

第 11.1.23 条　天然沥青 natural asphalt

石油受自然因素的作用所形成的沥青。

第 11.1.24 条　石油沥青 petroleum asphaltic bitumen

环烷基或混合基的石油，经提炼出轻质油后得到的残留物。

第 11.1.25 条　煤沥青 coal tar

煤经过干馏得到煤焦油，再经过蒸馏后得到的残留物。

第 11.1.26 条　液体沥青 liquid asphaltic bitumen

在常温下呈流动状态的地沥青。

第 11.1.27 条　乳化沥青 emulsified bitumen

沥青在含有乳化剂的水溶液中，经机械搅拌使沥青微粒子分散而形成的沥青乳液。

第 11.1.28 条　阳离子乳化沥青 cationic emulsified bitumen

用阳离子乳化剂制成的乳化沥青，沥青微粒带正电荷。

第 11.1.29 条　阴离子乳化沥青 anionic emulsified bitumen

用阴离子乳化剂制成的乳化沥青，沥青微粒带负电荷。

第 11.1.30 条　混合料 mixture

集料或矿料与结合料经拌和而成的混合材料。

第 11.1.31 条　沥青混合料 bituminous mixture

沥青与矿料或集料按一定比例拌和而成的混合料。

第 11.1.32 条　沥青混凝土混合料 bituminous concrete mixture

沥青与级配矿料按一定比例拌和而成的混合料。压实后称沥青混凝土。按所用矿料粒径不同，分为粗粒式、中粒式、细粒式等。

第 11.1.33 条　沥青碎石混合料 bituminous macadam mixture

沥青与级配材料按一定比例拌和而成的混合料。压实后称沥青碎石，其空隙率一般大于 10%。按所用集料粒径不同，分为粗粒式、中粒式、细粒式等。

第 11.1.34 条　沥青砂 asphalt sand

沥青与砂按一定比例拌和而成的混合料。

第 11.1.35 条　再生沥青混合料 reclaimed asphalt mixture

旧沥青面层材料经回收加工并掺入新料及再生剂拌制成的混合料。

第 11.1.36 条　水泥混凝土混合料 cement concrete mixture

水泥、集料和水按一定比例拌和而成的混合料。

第 11.1.37 条　水泥混凝土 cement concrete

水泥混凝土混合料经浇筑、振捣并硬化后形成的固体材料。

第 11.1.38 条　碾压式水泥混凝土 rolled cement concrete

水灰比小、无坍落度、可用机械压实成型的水泥混凝土。

第 11.1.39 条　钢筋混凝土 reinforced concrete

配置有受力钢筋的水泥混凝土。

第 11.1.40 条　预应力混凝土 prestressed concrete

通过张拉钢材对混凝土预加应力的水泥混凝土。

第 11.1.41 条　干硬性混凝土 dry concrete

水灰比较小、坍落度极小、经强力振捣成型后强度较高的水泥混凝土。

第 11.1.42 条　轻质混凝土 light-weight concrete

采用轻质集料的水泥混凝土。

第 11.1.43 条　纤维混凝土 fibrous concrete

掺有短纤维(如钢纤维、玻璃纤维、聚丙烯纤维)、具有较高抗拉强度的水泥混凝土。

第 11.1.44 条　外加剂 admixture

为改善材料的某些性能而加入的化学制剂。

第 11.1.45 条　冷拉钢筋 cold-stretched steel bar

在常温下经拉伸而提高屈服强度的钢筋。

第 11.1.46 条　高强螺栓 high strength bolt

用优质高强钢材制成的螺栓,其传力方式是依靠被紧固构件接触面的摩擦力。

第 11.1.47 条　土工织物 civil engineering fabric; geotextile

在土体中能起排水、隔离、加固等作用的人造纤维织物(如聚丙烯、聚酯、尼龙等)。

第二节　材料性质

第 11.2.1 条　空隙率 porosity

材料的颗粒之间空隙体积占总体积的百分比。

第 11.2.2 条　孔隙比 void ratio

材料的孔隙体积与其固体体积的比值。

第 11.2.3 条　颗粒组成 grain composition

在集料中,各种不同粒径范围的颗粒重量占总重量的百分率。

第 11.2.4 条　细度 fineness

粉状材料的粗细程度。一般以筛孔尺寸或比表面积表示。

第 11.2.5 条　细度模数 fineness modulus

砂的粒径的粗细程度,为砂在规定各筛孔的累积筛余百分率之和除以 100 求得。

第 11.2.6 条　筛分 sieve analysis

按规定试验方法用标准筛对矿料进行颗粒组成分析。

第 11.2.7 条　石料磨光值 polished stone value

按规定试验方法测得的石料抵抗轮胎磨光作用能力的数值。以百分率表示。

第 11.2.8 条　级配 gradation

矿料的各种粒径范围颗粒重量的分配比例。按各种粒径范围的连续或中断,分为连续级配和间断级配;按混合料成型后空隙率的大小,分为开级配和密级配。

第 11.2.9 条　最佳级配 optimum gradation

能使矿料的颗粒组成满足工程技术要求的级配。

第 11.2.10 条　含水量 water content

材料内所含水分的重量与材料干重之比,对沥青、油类等材料为所含水分重量与含水材料总重量之比,以百分率表示。

第 11.2.11 条　最佳含水量 optimum moisture content

材料在标准击实试验条件下,能达到最大干密度时的含水量。

第 11.2.12 条　(土的)稠度界限 consistency limit (of soil)

土从一种稠度状态变到另一种稠度状态的分界含水量。分为液限、塑限和缩限。

第 11.2.13 条　液限 liquid limit

土从可塑状态变为可塑状态时的分界含水量。

第 11.2.14 条　塑限 plastic limit

土从半固体状态变为可塑状态时的分界含水量。

第 11.2.15 条　缩限 shrinkage limit

土从固体状态变为半固体状态时的分界含水量。

第 11.2.16 条　塑性指数 plasticity index

土的液限与塑限的差值。

第 11.2.17 条　(土的)平均稠度 average consistency (of soil)

判定土基干湿状态的指标。为土的液限含水量与平均含水量之差与土的塑性指数的比值。

第 11.2.18 条　(土的)相对含水量 relative moisture content(of soil)

判定土基干湿状态的指标。为土的平均含水量与液限含水量的比值。

第 11.2.19 条　硬度 hardness

材料抵抗其他物体刻划或压入其表面的能力。测定方法有压入、弹性回跳法、刻痕法等。

第 11.2.20 条　抗弯强度 bending strength

材料在弯曲破坏时的最大弯拉应力。

第 11.2.21 条　(路用)石料等级 gradation of stones

筑路用石料按其抗压强度和磨耗度不同而分成的等级。

第 11.2.22 条　水灰比 water cement ratio

水泥混凝土混合料中,所用水的重量与水泥重量的比值。

第 11.2.23 条　砂率 sand ratio

水泥混凝土混合料中,砂的重量与砂、石总重量之比,以百分率表示。

第 11.2.24 条　和易性 workability

水泥混凝土混合料在施工过程中的流动性、黏聚性、保水性等的综合性质。

第 11.2.25 条　坍落度 slump

按规定试验方法测得的新拌制的水泥混凝土混合料下坍的竖直距离,以厘米计。

第 11.2.26 条　硬化 hardening

新拌制的水泥砂浆或水泥混凝土混合料经化学作用逐渐失去塑性而变硬的现象。

第 11.2.27 条　水硬性 hydraulicity

无机结合料遇水后,能在水中硬化并继续增长其强度的性质。

第 11.2.28 条　气硬性 air hardening

无机结合料能在空气中硬化并继续增加其强度的性质。

第 11.2.29 条　离析 segregation

各种混合料出现的集料与结合料或粗集料与细集料分离的现象。

第 11.2.30 条　徐变 creep

固体材料的塑性变形随荷载作用时间的延续而逐渐增加的性质。

第 11.2.31 条　老化 ageing

材料受自然条件的影响,其性能随时间的延续而衰蜕的现象。

第 11.2.32 条　(沥青)针入度 penetration(of bitumen)

沥青试样在规定的温度、时间和荷载条件下,标准针垂直贯入试样中的深度,以 1/10mm 计。

第 11.2.33 条　(沥青)黏(滞)度 viscosity(of bitumen)

沥青试样在规定的温度下,通过规定尺寸的流孔流出规定体积所需的时间,以秒计。

第 11.2.34 条　(沥青)软化点 softening point(of bitumen)

沥青试样在规定条件下测定其达到某种稠度时的温度。

第 11.2.35 条　(沥青)延度 ductility(of bitumen)

沥青试样在规定的温度和拉伸速度条件下被拉断时的长度,以 cm 计。

第 11.2.36 条 闪点 flash point

沥青或油类按规定试验方法加热,液面产生的易燃气体遇火初次出现一瞬即灭的闪火时的温度。

第 11.2.37 条 (沥青)溶解度 solubility(of bitumen)

沥青在规定的有机溶剂中可溶解部分的重量占原重量的百分比。

第 11.2.38 条 (沥青)热稳性 hot stability(of bitumen)

沥青混合料成型后在高温条件下能保持稳定的能力。

第 11.2.39 条 水稳性 water stability

材料在水的作用下能保持原有强度的能力。

第 11.2.40 条 油石比 bitumen-aggregate ratio

在沥青混合料中,沥青重量与矿料重量之比,以百分数表示。

第 11.2.41 条 压碎值 crushing strength

按规定试验方法测得的被压碎碎屑的重量与试样重量之比,以百分率表示。

第 11.2.42 条 磨耗度 abrasiveness

按规定试验方法测定石料在撞击、剪切和摩擦的综合作用下抵抗磨耗的能力。

第 11.2.43 条 回弹模量 modulus of resilience

路基、路面及筑路材料在载荷作用下产生的应力与其相应的回弹应变的比值。

第 11.2.44 条 加州承载比(CBR) California bearing ratio(CBR)

路基土、粒料、稳定土等,在规定贯入量时所施加的试验荷载与标准碎石材料的同一贯入量所施加的荷载之比,以百分率表示。

第 11.2.45 条 劲度 stiffness modulus

沥青材料或沥青混合料试件在一定温度和一定受荷时间下的应力与应变的比值。

第 11.2.46 条 模量比 modulus ratio

在多层路面中,相邻两层材料回弹模量的比值。在钢筋混凝土中,指钢筋与水泥混凝土弹性模量的比值。

第十二章　试验及仪具

第一节　试验

第 12.1.1 条　击实试验 compaction test

在一定夯击功能条件下，测定材料的含水量与干密度关系的试验。

第 12.1.2 条　压实度试验 compactness test

测定材料压实后的密实程度的试验。

第 12.1.3 条　触探试验 cone penetration test

测定地基土不同土层的贯入阻力和承载能力的试验。

第 12.1.4 条　承载板试验 loading plate test

用规定圆板测定路基土或路面结构各层所承受的压力与回弹弯沉的关系，以评定其承载能力的试验。

第 12.1.5 条　弯沉试验 deflection test

用弯沉仪测定路基或路面强度的试验。

第 12.1.6 条　铺砂试验 sand patch test

用标准砂测定路面表面的平均构造深度，以评定路面粗糙程度的试验。

第 12.1.7 条　透水度试验 perviousness test

用路面透水度测定仪测定沥青路面透水性的试验。

第 12.1.8 条　劈裂试验 splitting test

按规定试验方法对试件加压使产生劈裂破坏，以间接求得水泥混凝土或沥青混凝土抗拉强度的试验。

第 12.1.9 条　环道试验 circular track test

用环道测定静、动载及自然因素作用下路基、路面的应力、应变及材料的耐磨性等的大型模拟试验。

第 12.1.10 条　含蜡量试验 paraffin content test

测定沥青材料在 -20℃时结晶的烷烃类含量的试验。

第 12.1.11 条　集料剥落试验 stripping test for aggregate

测定集料与沥青结合料黏附性的试验。

第 12.1.12 条　石料裹覆试验 stone coating test

测定石料与乳化沥青黏附性的试险。

第 12.1.13 条　马歇尔试验 Marshall stability test

用马歇尔稳定度仪测定沥青混合料稳定度和流值的试验。

第 12.1.14 条　车辙试验 wheel tracking test

评定沥青混凝土路面在高温时抵抗产生轮迹的能力的室内模拟试验。

第 12.1.15 条　冻融试验 freezing and thawing test

对材料试件反复进行冻结和融解，观察有无剥落、破裂等现象，以判断材料耐冻性的试验。

第二节　检测仪具

第 12.2.1 条　击实仪 compaction test apparatus

用以测得土的含水量与干密度关系曲线，并可间接测定土的最佳含水量和最大干密度的仪具，分为轻型和重型两种。由底座、试模、模套、导杆、击锤、击锤垫、把手等组成。

第 12.2.2 条　长杆贯入仪 penetration test apparatus

间接测定土基回弹模量的仪具。由贯入锤、贯入杆、导杆、击锤、击锤垫、把手等组成。

第 12.2.3 条　承载板 loading plate

测定土基和路面材料回弹模量的仪具。由刚性承载板、竖杆等组成。

第 12.2.4 条　杠杆弯沉仪 beam level deflectometer

测定路基、路面在车轮荷载作用下测点表面回弹弯沉值的仪器。由底座、前杠杆、后杠杆、测头、百分表等组成。

第 12.2.5 条　路面曲率半径测定仪 surface-curvature apparatus

测定路面在车轮荷载作用下测点与支点表面垂直变形的差值，并可间接测定路面曲率半径的仪器。由导轮、上杆、下杆、前支点、后支点、测头、百分表等组成。

第 12.2.6 条　路面平整度测定仪 viameter；profilometer

测定路面平整程度的仪器。由直尺、支承轮、量测轮、传感装置、记录装置等组成。

第 12.2.7 条　路面透水度测定仪 surface permeameter

测定路面透水程度的仪器。由底座、小量筒、大量筒、旋塞等组成。

第 12.2.8 条　摆式仪 portable pendulum tester

测定路面抗滑性能的仪器。由底座、立柱、摆头、指针等组成。

第三节　材料试验仪具

第 12.3.1 条　加州承载比（CBR）测定仪 California beariug ratio tester

测定加州承载比（CBR）的仪具。由机架、加荷装置、测力装置、贯入压头、百分表等组成。

第 12.3.2 条　（沥青）针入度仪 penetrometer

测定黏稠石油沥青、液体石油沥青蒸馏后残留物等稠度的仪器。由支架、圆台、盛样皿、齿杆、连杆、刻度盘、按钮、标准针、小镜等组成。

第 12.3.3 条　（沥青）黏度仪 viscosimeter

测定低稠度的黏稠石油沥青、液体石油沥青、软煤沥青等稠度的仪器。由支架、盛样筒、保温浴筒、球棒、搅拌器等组成。

第 12.3.4 条　（沥青）延度仪 ductilometer

测定黏稠石油沥青、液体石油沥青蒸馏后残留物等变形能力的仪器。由水槽、螺旋杆、滑动器、指针、标尺、试模、电动机等组成。

第 12.3.5 条　软化点仪（环球法）softening point tester (ring-ball method)

测定黏稠石油沥青和液体石油沥青、软煤沥青蒸馏后残留物等耐热性质的仪器。由烧杯、环架、试件环、定位环、钢球等组成。

第 12.3.6 条　闪点仪（开口杯式）flash point tester(open cup method)

测定沥青、油类等加热后产生闪火或燃烧时的最低温度的仪器。由支架、坩埚托、内坩埚、外坩埚、温度计、引火管、防护罩等组成。

第 12.3.7 条　马歇尔稳定度仪 Marshall stability apparatus

测定沥青混合料稳定度和流值的仪器。由支架、加荷装置、测力环、百分表、流值计、试模、击锤、击实台等组成。

第 12.3.8 条　（沥青混合料）抽提仪 bitumen extractor

测定沥青混合料沥青含量和矿料（或集料）级配的仪器。由底座、加热装置、保温筒、内筒、外环、虹吸管、铜丝笼、冷凝管、漏斗等组成。

第 12.3.9 条　洛杉矶磨耗试验机（搁板式磨耗试验机）Los Angeles abrasion testing machine

测定碎石或砾石磨耗度的机具。由机架、圆柱筒（附有搁板）、钢球、计数器、电动机等组成。

第 12.3.10 条　狄法尔磨耗试验机（双筒式磨耗试验机）Deval abrasion testing machine

测定碎石或砾石磨耗度的机具。由机架、水平架、圆柱筒（两个）、计数器、电动机等组成。

第十三章　施工机具

第一节　土石方施工机具

第 13.1.1 条　铲运机 scraper

中距离铲、装、运、卸土体和控制厚度(分层)填土以及整平、局部碾压土体的机具。按行走方式不同,分为拖式和自行式;按传动机构不同,分为机械式和液压式。

第 13.1.2 条　平地机 grader

铺平松散材料和刮平路基(包括边坡)、路面、场地以及开挖路槽、边沟的机具;还可用以在路基上拌和路面材料、养护土路、铲除杂草、清除积雪及松土(附有齿耙)。按行走方式不同,分为拖式和自行式;按传动机构不同,分为机械式和液压式。需要时,还可加装推土工作装置。

第 13.1.3 条　挖沟机 trencher

在土体中开挖矩形、梯形、阶梯形截面沟槽的机具。按工作装置不同,分为链斗式和轮斗式。

第 13.1.4 条　松土机 ripper

耙松坚硬的土和含有树根或大量砂砾的土的机具。

第 13.1.5 条　稳定土拌和机 stabilzer

将土破碎并与其他材料混合、搅拌的机具。按拌和方式不同,分为集中拌和式(又分为固定式和移动式)和路上拌和式。

第 13.1.6 条　凿岩机 rock breaker

在岩石或水泥混凝土上钻孔的机具。按工作原理不同,分为冲击式和旋转式;按动力形式不同,冲击式凿岩机又分为风动、电动、内燃和液压;按操作方式不同,风动凿岩机还可分为导轨式、气腿式和手持式。

第 13.1.7 条　碎石机 stone crusher

破碎石块的机具。按工作原理不同,分为颚式、锥式、滚动式和锤式。

第二节　压实用施工机具

第 13.2.1 条　羊足压路机(羊足碾)sheep-foot roller

碾压上体的机具。按行走方式不同,分为拖式(又分为单筒和双筒)和自行式。

第 13.2.2 条　压路机 roller

压实路基、路面的机具。按质量不同,分为轻型、中型和重型;按行走装置不同,分为钢筒式(又分为光面和钉痕)和轮胎式;按构造形式不同,分为两轮两轴式、三轮两轴式和三轮三轴式。

第 13.2.3 条　振动压路机 vibratory roller

压实路基路面、具有振动滚轮的机具。按行走方式不同,分为拖式和自行式(又分为单轮手扶式、双轮手扶式和驾驶式);按构造形式不同,驾驶式振动压路机还可分为铰接式、串联式、双轮式和组合式。

第三节　路面施工机具

第 13.3.1 条　碎石撒布机 stone spreader

按规定宽度、厚度摊铺路面碎石材料的机具。

第13.3.2条　沥青洒布机 asphalt sprayer

将热沥青喷洒到路面上的机具。按行走方式不同，分为拖式和手推式；按构造形式不同，分为电动喷洒和手摇喷洒。

第13.3.3条　沥青洒布车 asphalt distributor

将热沥青喷洒到路面上的车辆。

第13.3.4条　沥青混合料拌和设备 asphalt mixing plant

拌制沥青混合料的整套装置。按拌和方式不同，分为固定式和移动式；按生产工艺方法不同，分为间歇式和连续式（又分为强制搅拌和筒体拌和）。

第13.3.5条　沥青混合料摊铺机 asphalt paver

摊铺沥青混合料的机具，按行走装置不同，分为履带式和轮胎式。

第13.3.6条　水泥混凝土（混合料）拌和设备 concrete mixing plant

拌制水泥混凝土混合料的整套装置。按拌和方式不同，分为固定式和移动式；按生产工艺方法不同，分为间歇式和连续式；按构造形式不同，分为自落式和强制式。

第13.3.7条　水泥混凝土（混合料）摊铺机 concrete paver

摊铺水泥混凝土混合料的机具。按摊铺方式不同，分为滑模式和轨模式；按行走装置不同，滑模式水泥混凝土摊铺机又分为履带式和轮胎式；按工作装置不同，轨模式水泥混凝土摊铺机又分为斗式和螺旋式。

第13.3.8条　（水泥混凝土）路面锯缝机 concrete saw

切割水泥混凝土路面假缝的机具；还可用以锯开路面埋置管线。按行走方式不同，分为手推式、半自动式和自行式。

第13.3.9条　（水泥混凝土）路面清缝机 concrete joint cleaner

清除水泥混凝土路面缝中石屑、砂、土、旧填缝料等杂物的机具。

第13.3.10条　（水泥混凝土）路面填缝机 concrete joint sealer

在水泥混凝土路面接缝或裂缝处灌入密封材料的机具。

第四节　桥梁施工机具

第13.4.1条　水泥混凝土（混合料）泵 concrete pump

能连续输送水泥混凝土混合料的机具。按动力形式不同，分为风动和电动。

第13.4.2条　（预应力）钢筋冷镦机 steel bar heading press machine

在常温下镦粗预应力钢筋或钢丝端头的机具。按动力形式不同，分为手动、电动和液压。

第13.4.3条　（预应力）钢筋拉伸机 steel extension machine

张拉带有螺杆锚具或夹具、镦头锚具或夹具的高强度粗钢筋或钢丝束的机具；还可用以对单根或成组的高强度粗钢筋或钢丝进行模外先张或后张自锚。

第13.4.4条　钻孔机 boring machine

对地层钻孔的机具。按工作原理不同，分为螺旋式、回转式、冲抓式、全套管式和振动冲击式；按构造形式不同，螺旋式钻孔机又分为螺旋钻孔机、长螺旋钻孔机、短螺旋钻孔机和钻扩机；按泥浆运行方向不同，回转式钻孔机又分为正循环和反循环。

第13.4.5条　打桩机 pile driver

将桩打入地层的机具。按锤体动力形式不同，分为人力（或机械）牵引、蒸汽、内燃、振动和液压；按桩架形式不同，分为直式、塔式、多能式、起重机式和简易式；按工作条件不同，分为陆上、水上和潜水；按锤体升降方式不同，蒸汽打桩机又分为单作用式、双作用式和差动式；按构造形式不同，振动打桩机又分为刚式、柔式和冲击式。

第13.4.6条　张拉预应力钢筋千斤顶 prestressed steel bar drawing jack

张拉预应力混凝土构件中的钢筋或钢丝的机具。按构造形式不同,分为台座式、拉杆式、锥锚式和三作用式。

第13.4.7条 缆索吊装设备 cableway erecting equipment

起吊、运输和安装构件的整套装置。

第13.4.8条 架桥机 bridge girder erection equipment

整孔架设钢梁和分片架设钢筋混凝土或预应力混凝土梁的机具。按构造形式不同,分为板梁式和构架式。

第五节 隧道施工机具

第13.5.1条 盾构(盾构挖掘机)shield

用盾构法修筑隧道的机具。按构造和开挖方法不同,分为手掘式、挤压式、半机械式和机械式;按进土孔关闭情况不同,挤压式盾构又分为闭胸式和网格式,机械式盾构又分为闭胸式和开胸式。

第13.5.2条 隧道掘进机 tunnel boring machine

用矿山法在山岭地区掘进钻凿隧道的机具。

第六节 道路养护机具

第13.6.1条 复拌沥青混合料摊铺机 asphalt remixer

沥青路面翻修、补强的机具。

第13.6.2条 路面铣削机(刨路机)pavemill

铣削挖掘原有沥青路面面层的机具。按铣削时加热与否,分为加热铣削和冷式铣削。

第13.6.3条 回砂机 sand sweeping equipment

将飞散滚落到路边的保护层粒料扫回到路面上并刮平的机具。

第13.6.4条 除雪机 snow plough

清除道路积雪的机具。

附录　英汉术语对照索引

abrasiveness　磨耗度
absolute datum　绝对基面
abutment　桥台
abutment pier　制动墩
acceleration lane　加速车道
accidental load　偶然荷载
accommodation lane　专用车道
acoustic barrier　隔音墙
acting circles of blasting　爆破作用圈
additional stake　加桩
adjacent curve in one direction　同向曲线
admixture　外加剂
adverse grade for safety　反坡安全线
aerial photogrammetry　航空摄影测量
aerophoto base　航摄基线
aerophoto interpretation　航摄像片判读
ageing　老化
aggregate　集料(骨料)
air hardening　气硬性
alignment design　(城市道路)平面设计,线形设计
alignment element　线形要素
alligator cracking　路面龟裂
allowable rebound deflection　容许(回弹)弯沉
alternative line　比较线
anchored bulkhead abutment　锚碇板式桥台
anchored bulkhead retaining wall　锚碇板式挡土墙
anchored retaining wall by tie rods　锚杆式挡土墙
anionic emulsified bitumen　阴离子乳化沥青
annual average daily traffic　年平均日交通量
anti-creep heap　(厂矿道路)挡车堆
anti-dizzling screen　防炫屏(遮光栅)
antiskid heap　(厂矿道路)防滑堆
approach span　引桥
aquitard　隔水层
arch bridge　拱桥
arch culvert　拱涵
arch ring　拱圈
arterial highway　干线公路
arterial road　(厂内)主干道,(城市)主干路

asphalt distributor 沥青洒布车
asphalt mixing plant 沥青混合料拌和设备
asphalt paver 沥青混合料摊铺机
asphalt remixer 复拌沥青混合料摊铺机
asphalt sand 沥青砂
asphalt sprayer 沥青洒布机
asphaltic bitumen 地沥青
at-grade intersection 平面交叉
auxiliary lane 附加车道
average consistency(of soil) (土的)平均稠度
average gradient 平均纵坡
azimuth angle 方位角
balance weight retaining wall 衡重式挡土墙
base course 基层
base line 基线
basic traffic capacity 基本通行能力
beam bridge 梁桥
beam level deflectometer 杠杆弯沉仪
bearing 支座
bearing angle 象限角
bearing pile 支承桩
bearing platform 承台
bed course 垫层
bench mark 水准点
benched subgrade 台口式路基
bending strength 抗弯强度
Benkelman beam 杠杆弯沉仪(贝克曼弯沉仪)
bent cap 盖梁
berm 护坡道
binder 结合料
binder course 联结层
bitumen 沥青
bitumen extractor (沥青混合料)抽提仪
bitumen-aggregate ratio 油石比
bituminous concrete mixture 沥青混凝土混合料
bituminous concrete pavement 沥青混凝土路面
bituminous macadam mixture 沥青碎石混合料
bituminous macadam pavement 沥青碎石路面
bituminous mixture 沥青混合料
bituminous pavement 沥青路面
bituminous penetration pavement 沥青贯入式路面
bituminous surface treatment (沥青)表面处治
blasting crater 爆破漏斗
blasting for loosening rock 松动爆破
blasting for throwing rock 抛掷爆破

blasting procedure	土石方爆破
bleeding	泛油
blind ditch	盲沟
blind drain	盲沟
block pavement	块料路面
block stone	块石
blow up	拱胀
boring	钻探
boring log	(道路)地质柱状图
boring machine	钻孔机
borrow earth	借土
borrow pit	取土坑
boundary frame on crossing	道口限界架
boundary frame on road	道路限界架
boundary line of road construction	道路建筑限界
bowstring arch bridge	系杆拱桥
box culvert	箱涵
branch pipe of inlet	雨水口支管
branch road	(城市)支路,(厂内)支道
bridge	桥梁
bridge decking	桥面系
bridge deck pavement	桥面铺装
bridge floor expantion and contraction installation	桥面伸缩装置
bridge girder erection equipment	架桥机
bridge on slope	坡桥
bridge site	桥位
bridle road	驮道
broken chainage	断链
broken stone	碎石
broken back curve	断背曲线
buried abutment	埋置式桥台
bus bay	公交(车辆)停靠站
bypass	绕行公路
cable bent tower	索塔
cable saddle	索鞍
cable stayed bridge	斜拉桥(斜张桥)
cableway erecting equipment	缆索吊装设备
California bearing ratio(CBR)	加州承载比(CBR)
California bearing ratio tester	加州承载比(CBR)测定仪
camber curve	路拱曲线
cantilever beam bridge	悬臂梁桥
cantilever retaining wall	悬臂式挡土墙
capacity of intersection	交叉口通行能力
capacity of network	路网通行能力
capillary water	毛细水

carriage way	车行道(行车道)
cast-in-place cantilever method	悬臂浇筑法
cationic emulsified bitumen	阳离子乳化沥青
cattle-pass	畜力车道
cement concrete	水泥混凝土
cement concrete mixture	水泥混凝土混合料
cement concrete pavement	水泥混凝土路面
center-island	中心岛
center lane	中间车道
center line of road	道路中线
center line survey	中线测量
center stake	中桩
central reserve	分隔带
channelization	渠化交通
channelization island	导流岛
channelized intersection	分道转弯式交叉口
chip	石屑
chute	急流槽
circular curve	圆曲线
circular road	环路
circular test	环道试验
city road	城市道路
civil engineering fabric	土工织物
classified highway	等级公路
classified road	等级道路
clay-bound macadam	泥结碎石路面
clearance	净空
clearance above bridge floor	桥面净空
clearance of span	桥下净空
climatic zoning for highway	公路自然区划
climbing lane	爬坡车道
cloverleaf interchange	苜蓿叶形立体交叉
coal tar	煤沥青
cobble stone	卵石
coefficient of scouring	冲刷系数
cohesitve soil	黏性土
cold laid method	冷铺法
cold mixing method	冷拌法
cold-stretched steel bar	冷拉钢筋
column pier	柱式墩
combination-type road system	混合式道路系统
compaction	压实
compaction test	击实试验
compaction test apparatus	击实仪
compactness test	压实度试验

composite beam bridge	联合梁桥
composite pipe line	综合管道(综合管廊)
compound curve	复曲线
concave vertical curve	凹形竖曲线
concrete joint cleaner	(水泥混凝土)路面清缝机
concrete joint sealer	(水泥混凝土)路面填缝机
concrete mixing plant	水泥混凝土(混合料)拌和设备
concrete paver	水泥混凝土(混合料)摊铺机
concrete pump	水泥混凝土(混合料)泵
concrete saw	(水泥混凝土)路面锯缝机
cone penetration test	触探试验
conflict point	冲突点
conical slope	锥坡
consistency limit(of soil)	(土的)稠度界限
consolidated subsoil	加固地基
consolidation	固结
construction by swing	转体架桥法
construction height of bridge	桥梁建筑高度
construction joint	施工缝
construction load	施工荷载
construction survey	施工测量
continuous beam bridge	连续梁桥
contour line	等高线
contraction joint	缩缝
control point	路线控制点
converging	合流
convex vertical curve	凸形竖曲线
corduroy road	木排道
counterfort retaining wall	扶壁式挡土墙
counterfort abutment	扶壁式桥台
country road	乡村道路
county road	县公路(县道),乡道
creep	徐变
critical speed	临界速度
cross roads	十字形交叉
cross slope	横坡
cross walk	人行横道
cross-sectional profile	横断面图
cross-sectional survey	横断面测量
crown	路拱
crushed stone	碎石
crushing strength	压碎值
culture	地物
culvert	涵洞
curb	路缘石

curb side strip 路侧带
curve length 曲线长
curve widening 平曲线加宽
curved bridge 弯桥
cut 挖方
cut corner for sight line （路口）截角
cut-fill transition 土方调配
cut-fill transition program 土方调配图
cutting 路堑
cycle path 自行车道
cycle track 自行车道
deceleration lane 减速车道
deck bridge 上承式桥
deflection angle 偏角
deflection test 弯沉试验
degree of compaction 压实度
delay 延误
density of road network 道路（网）密度
depth of tunnel 隧道埋深
design elevation of subgrade 路基设计高程
design frequency （排水）设计重现期
design hourly volume 设计小时交通量
design of elevation （城市道路）竖向设计
design of vertical alignment 纵断面设计
design speed 计算行车速度（设计车速）
design traffic capacity 设计通行能力
design vehicle 设计车辆
design water level 设计水位
designed elevation 设计高程
designed flood frequency 设计洪水频率
deslicking treatment 防滑处理
Deval abrasion testing machine 狄法尔磨耗试验机（双筒式磨耗试验机）
diamond interchange 菱形立体交叉
differential photo 微分法测图
direction angle 方向角
directional interchange 定向式立体交叉
diverging 分流
dowel bar 传力杆
drain opening 泄水口
drainage by pumping station （立体交叉）泵站排水
drainage ditch 排水沟
dressed stone 料石
drop water 跌水
dry concrete 干硬性混凝土
ductility（of bitumen） （沥青）延度

ductilometer	(沥青)延度仪
dummy joint	假缝
dynamic consolidation	强夯法
economic speed	经济车速
economical hauling distance	土方调配经济运距
element support	构件支撑
elevation	高程(标高)
embankment	路堤
emergency parking strip	紧急停车带
emulsified bitumen	乳化沥青
erecting by floating	浮运架桥法
erection by longitudinal pulling method	纵向拖拉法
erection by protrusion	悬臂拼装法
erection with cableway	缆索吊装法
evaporation pond	蒸发池
expansion bearig	活动支座
expansive soil	膨胀土
expantion joint	胀缝
expressway	(城市)快速路
external distance	外(矢)距
fabricated bridge	装配式桥
fabricated steel bridge	装拆式钢桥
factories and mines road	厂矿道路
factory external transportation line	对外道路
factory-in road	厂内道路
factory-out road	厂外道路
fast lane	内侧车道
faulting of slab ends	错台
feeder highway	支线公路
ferry	渡口
fibrous concrete	纤维混凝土
field of vision	视野
fill	填方
filled spandrel arch bridge	实腹拱桥
final survey	竣工测量
fineness	细度
fineness modulus	细度模数
fixed bearing	固定支座
flare wing wall abutment	八字形桥台
flared intersection	拓宽路口式交叉口
flash point	闪点
flash point tester (open cup method)	闪点仪(开口杯式)
flexible pavement	柔性路面
flexible pier	柔性墩
floor system	桥面系

flush curb	平缘石
foot way	人行道
ford	过水路面
forest highway	林区公路
forest road	林区道路
foundation	基础
free style road system	自由式道路系统
free way	高速公路
free-flow speed	自由车速
freeze road	冻板道路
freezing and thawing test	冻融试验
frost boiling	翻浆
frozen soil	冻土
full depth asphalt pavement	全厚式沥青(混凝土)路面
function planting	功能栽植
general scour under bridge opening	桥下一般冲刷
geological section	(道路)地质剖面图
geotextile	土工织物
gradation	级配
gradation of stone	(路用)石料等级
grade change point	变坡点
grade compensation	纵坡折减
grade crossing	平面交叉
grade length limitation	坡长限制
grade of side slope	边坡坡度
grade separation	简单立体交叉
grade-separated junction	立体交叉
graded aggregate pavement	级配路面
grader	平地机
grain composition	颗粒组成
granular material	粒料
gravel	砾石
gravity pier(abutment)	重力式墩、台
gravity retaining wall	重力式挡土墙
green belt	绿化带
gridiron road system	棋盘式道路系统
ground control-point survey	地面控制点测量
ground elevation	地面高程
ground stereophotogrammetry	地面立体摄影测量
guard post	标柱
guard rail	护栏
guard wall	护墙
gully	雨水口
gutter	街沟(偏沟)
gutter apron	平石

gutter drainage 渠道排水
half-through bridge 中承式桥
hard shoulder 硬路肩
hardening 硬化
hardness 硬度
haul road 运材道路
heavy maintenance 大修
hectometer stake 百米桩
hedge 绿篱
height of cut and fill at center stake 中桩填挖高度
high strength bolt 高强螺栓
high type pavement 高级路面
highway 公路
highway landscape design 公路景观设计
hill-side line 山坡线(山腰线)
hilly terrain 重丘区
horizontal alignment 平面线形
horizontal curve 平曲线
hot laid method 热铺法
hot mixing method 热拌法
hot stability(of bitumen) (沥青)热稳性
hydraulic computation 水力计算
hydraulicity 水硬性
imaginary intersection point 虚交点
immersed tunnelling method 沉埋法
inbound traffic 入境交通
incremental launching method 顶推法
industrial district road 工业区道路
industrial solid waste (路用)工业废渣
industrial waste base course 工业废渣基层
inlet 雨水口
inlet submerged culvert 半压力式涵洞
inlet unsubmerged culvert 无压力式涵洞
inorganic binder 无机结合料
instrument station 测站
intensity of rainstorm 暴雨强度
intercepting ditch 截水沟
interchange 互通式立体交叉
interchange with special bicycle track 分隔式立体交叉
intermediate maintenance 中修
intermediate type pavement 中级路面
intersection (平面)交叉口
intersection angle 交叉角,转角
intersection entrance 交叉口进口
intersection exit 交叉口出口

intersection plan	交叉口平面图
intersection point	交点
intersection with widened corners	加宽转角式交叉口
jack in method	顶入法
kilometer stone	里程碑
land slide	坍方
lane	车道
lane-width	车道宽度
lateral clear distance of curve	(平曲线)横净距
lay-by	紧急停车带
level of service	道路服务水平
leveling course	整平层
leveling survey	水准测量
light-weight concrete	轻质混凝土
lighting facilities of road	道路照明设施
lime pile	石灰桩
line development	展线
linking-up road	联络线,连接道路
liquid asphaltic bitumen	液体沥青
liquid limit	液限
living fence	绿篱
load	荷载
loading berm	反压护道
loading combinations	荷载组合
loading plate	承载板
loading plate test	承载板试验
local scour near pier	桥墩局部冲刷
local traffic	境内交通
location of line	定线
location survey	定测
lock bolt support with shotcrete	喷锚支护
loess	黄土
longitudinal beam	纵梁
longitudinal gradient	纵坡
longitudinal joint	纵缝
loop ramp	环形匝道
Los Angeles abrasion testing machine	洛杉矶磨耗试验机(搁板式磨耗试验机)
low type pavement	低级路面
main beam	主梁
main bridge	主桥
maintenance	养护
maintenance period	大中修周期
manhole	检查井
marginal strip	路缘带
Marshall stability apparatus	马歇尔稳定度仪

Marshall stability test	马歇尔试验
masonry bridge	圬工桥
maximum annual hourly volume	年最大小时交通量
maximum dry unit weight	(标准)最大干密度
maximum longitudinal gradient	最大纵坡
mine tunnelling method	矿山法
mineral aggregate	矿料
mineral powder	矿粉
mini-roundabout	微形环交
minimum height of fill	(路基)最小填土高度
minimum longitudinal gradient	最小纵坡
minimum radius of horizontal curve	最小平曲线半径
minimum turning radius	汽车最小转弯半径
mixed traffic	混合交通
mixing method	拌和法
mixture	混合料
model split	交通方式划分
modulus of elasticity	弹性模量
modulus of resilience	回弹模量
modulus ratio	模量比
monthly average daily traffic	月平均日交通量
motorway	高速公路
mountainous terrain	山岭区
movable bridge	开启桥
mud	淤泥
multiple-leg intersection	多岔交叉
national trunk highway	国家干线公路(国道)
natural asphalt	天然沥青
natural scour	自然演变冲刷
natural subsoil	天然地基
navigable water level	通航水位
nearside lane	外侧车道
net-shaped cracking	路面网裂
New Austrian Tunnelling Method	新奥法
observation point	测点
one-way ramp	单向匝道
open cut method	明挖法
open cut tunnel	明洞
open spandrel arch bridge	空腹拱桥
opencast mine road	露天矿山道路
operating speed	运行速度
optimum gradation	最佳级配
optimum moisture content	最佳含水量
optimum speed	临界速度
organic binder	有机结合料

origin-destination study	起讫点调查
outbound traffic	出境交通
outlet submerged culvert	压力式涵洞
outlet inlet main road	城市出入干道
overall speed	区间速度
overlay of pavement	罩面
overpass grade separation	上跨铁路立体交叉
overtaking lane	超车车道
overtaking sight distance	超车视距
paper location	纸上定线
paraffin content test	含蜡量试验
parent soil	原状土
parking lane	停车车道
parking lot	停车场
parking station	公交(车辆)停靠站
part-put part-fill subgrade	半填半挖式路基
pass	垭口
passing bay	错车道
patrol maintenance	巡回养护
paved crossing	道口铺面
pavement	路面
pavement depression	路面沉陷
pavement recapping	路面翻修
pavement slab pumping	路面板唧泥
pavement spalling	路面碎裂
pavement strengthening	路面补强
pavement structure layer	路面结构层
pavemill	路面铣削机(刨路机)
peak hourly volume	高峰小时交通量
pedestrian overcrossing	人行天桥
pedestrian underpass	人行地道
penetration macadam with coated chips	上拌下贯式(沥青)路面
penetration method	贯入法
penetration test apparatus	长杆贯入仪
penetration(of bitumen)	(沥青)针入度
penetrometer	(沥青)针入度仪
periodical maintenance	定期养护
permafrost	多年冻土
permanent load	永久荷载
perviousness test	透水度试验
petroleum asphaltic bitumen	石油沥青
photo index	像片索引图(镶辑复照图)
photo mosaic	像片镶嵌图
photogrammetry	摄影测量
photographic map	影像地图

pier	桥墩
pile and plank retaining wall	柱板式挡土墙
pile bent pier	排架桩墩
pile driver	打桩机
pipe culvert	管涵
pipe drainage	管道排水
pit test	坑探
pitching method	铺砌法
plain stage of slope	边坡平台
plain terrain	平原区
plan view	(路线)平面图
plane design	(城市道路)平面设计
plane sketch	(道路)平面示意图
planimetric photo	综合法测图
plant mixing method	厂拌法
plastic limit	塑限
plasticity index	塑性指数
Poisson's ratio	泊松比
polished stone value	石料磨光值
pontoon bridge	浮桥
porosity	空隙率
portable pendulum tester	摆式仪
possible traffic capacity	可能通行能力
post-tensioning method	后张法
pot holes	路面坑槽
preliminary survey	初测
preloading method	预压法
prestressed concrete	预应力混凝土
prestressed concrete bridge	预应力混凝土桥
prestressed steel bar drawing jack	张拉预应力钢筋千斤顶
pretensioning method	先张法
prime coat	透层
productive arterial road	生产干线
productive branch road	生产支线
profile design	纵断面设计
profilometer	路面平整度测定仪
proportioning of cement concrete	水泥混凝土配合比
protection forest fire-proof road	护林防火道路
provincial trunk highway	省干线公路(省道)
railroad grade crossing	(铁路)道口
ramp	匝道
rebound deflection	回弹弯沉
reclaimed asphalt mixture	再生沥青混合料
reclaimed bituminous pavement	再生沥青路面
reconnaissance	踏勘

red clay	红黏土
reference stake	护桩
reflection crack	反射裂缝
refuge island	安全岛
regulating structure	调治构造物
reinforced concrete	钢筋混凝土
reinforced concrete bridge	钢筋混凝土桥
reinforced concrete pavement	钢筋混凝土路面
reinforced earth retaining wall	加筋土挡土墙
relative moisture content(of soil)	(土的)相对含水量
relief road	辅道
residential street	居住区道路
resultant gradient	合成坡度
retaining wall	挡土墙
revelling of pavement	路面松散
reverse curve	反向曲线
reverse loop	回头曲线
ridge crossing line	越岭线
ridge line	山脊线
right bridge	正交桥
right bridge	正桥
rigid frame bridge	刚构桥
rigid pavement	刚性路面
rigid-type base	刚性基层
ring and radial road system	环形辐射式道路系统
ripper	松土机
riprap	抛石
road	道路
road alignment	道路线形
road appearance	路容
road area per citizen	(城市)人均道路面积
road area ratio	(城市)道路面积率
road axis	道路轴线
road bed	路床
road bitumen	路用沥青
road condition	路况
road condition survey	路况调查
road crossing	(平面)交叉口
road crossing design	交叉口设计
road engineering	道路工程
road feasibility study	(道路工程)可行性研究
road improvement	改善工程
road intersection	道路交叉(路线交叉)
road mixing method	路拌法
road network	道路网

road network planning	道路网规划
road planting	道路绿化
road project	(道路工程)方案图
road trough	路槽
road way	路幅
rock breaker	凿岩机
rock filled gabion	石笼
roller	压路机
rolled cement concrete	碾压式水泥混凝土
rolling terrain	微丘区
rotary interchange	环形立体交叉
rotary intersection	环形交叉
roundabout	环形交叉
route development	展线
route of road	道路路线
route selection	选线
routine maintenance	小修保养
rubble	片石
running speed	行驶速度
rural road	郊区道路
saddle back	垭口
safety belt	安全带
safety fence	防护栅
salty soil	盐渍土
sand	砂
sand drain(sand pile)	砂井
sand gravel	砂砾
sand hazard	沙害
sand mat of subgrade	排水砂垫层
sand patch test	铺砂试验
sand pile	砂桩
sand protection facilities	防沙设施
sand ratio	砂率
sand sweeping	回砂
sand sweeping equipment	回砂机
sandy soil	砂性土
saturated soil	饱和土
scraper	铲运机
seal coat	封层
secondary trunk road	(厂内)次干道,(城市)次干路
seepage well	渗水井
segregation	离析
semi-rigid type base	半刚性基层
separate facilities	分隔设施
separator	分隔带

sheep-foot roll	羊足压路机(羊足碾)
shelter belt	护路林
shield	盾构(盾构挖掘机)
shield tunnelling method	盾构法
shoulder	路肩
shrinkage limit	缩限
side ditch	边沟
side slope	边坡
side walk	人行道
sieveanalysis	筛分
sight distance	视距
sight distance of intersection	路口视距
sight line	视线
sight triangle	视距三角形
silty soil	粉性土
simple supported beam bridge	简支梁桥
single direction thrusted pier	单向推力墩
single-size aggregate	同粒径集料
siphon culvert	倒虹涵
skew bridge	斜交桥
skew bridge	斜桥
skid road	集材道路
slab bridge	板桥
slab culvert	盖板涵
slab staggering	错位
slide	滑坡
slope protection	护坡
slump	坍落度
snow hazard	雪害
snow plough	除雪机
snow protection facilities	防雪设施
soft ground	软弱地基
soft soil	软土
softening point tester(ring-ball method)	(沥青)软化点仪(环-球法)
softening point(of bitumen)	(沥青)软化点
solubility(of bitumen)	(沥青)溶解度
space headway	车头间距
space mean speed	空间平均速度
span	跨径
span by span method	移动支架逐跨施工法
spandrel arch	腹拱
spandrel structure	拱上结构
special vehicle	特种车辆
speed-change lane	变速车道
splitting test	劈裂试验

spot speed	点速度
spreading in layers	层铺法
springing	弹簧现象
stabilizer	稳定土拌和机
stabilized soil base course	稳定土基层
stage for heaping soil and broken rock	碎落台
staggered junction	错位交叉
standard axial loading	标准轴载
steel bar heading press machine	钢筋冷镦机
steel bridge	钢桥
steel extention machine	钢筋拉伸机
stiffness modulus	劲度
stone coating test	石料裹覆试验
stone crusher	碎石机
stone spreader	碎石撒布机
stopping sight distance	停车视距
stopping truck heap	(厂矿道路)阻车堤
street	街道
street drainage	街道排水
street planting	街道绿化
street trees	行道树
strengthening layer	补强层
strengthening of structure	加固
stringer	纵梁
striping test for aggregate	集料剥落试验
structural approach limit of tunnel	隧道建筑限界
sub-high type pavement	次高级路面
subgrade	路基
subgrade drainage	路基排水
submersible bridge	漫水桥
subsidence	沉陷
subsoil	地基
substructure	下部结构
superelevation	超高
superelevation runoff	超高缓和段
superstructure	上部结构
supported type abutment	支撑式桥台
surface course	面层
surface evenness	路面平整度
surface frost heave	路面冻胀
surface permeameter	路面透水度测定仪
surface roughness	路面粗糙度
surface slipperinness	路面滑溜
surface water	地表水
surface-curvature apparatus	路面曲率半径测定仪

surrounding rock	围岩
suspension bridge	悬索桥
switch-back curve	回头曲线
T intersection	丁字形交叉(T 形交叉)
T-shaped rigid frame bridge	T 形刚构桥
tack coat	黏层
tangent length	切线长
tar	焦油沥青
technical standard of road	道路技术标准
Telford	锥形块石
Telford base	(锥形)块石基层
terrace	台地
thermal insulation berm	保温护道
thermal insulation course	隔温层
thirtieth highest annual hourly volume	年第 30 位最大小时交通量
through bridge	下承式桥
through traffic	过境交通
tie bar	拉杆
timber bridge	木桥
time headway	车头时距
time mean speed	时间平均速度
toe of slope	(边)坡脚
tongue and groove joint	企口缝
top of slope	(边)坡顶
topographic feature	地貌
topographic map	地形图
topographic survey	地形测量
topography	地形
township road	乡公路(乡道)
traffic assignment	交通量分配
traffic capacity	通行能力
traffic composition	交通组成
traffic density	交通密度
traffic distribution	交通分布
traffic flow	交通流
traffic generation	交通发生
traffic island	交通岛
traffic mirror	道路反光镜
traffic planning	道路交通规划
traffic safety device	交通安全设施
traffic square	交通广场
traffic stream	车流
traffic survey	交通调查
traffic volume	交通量
traffic volume observation station	交通量观测站

traffic volume prognosis	交通量预测
traffic volume survey	交通量调查
transition curve	缓和曲线
transition slab at bridge head	桥头搭板
transition zone of cross section	断面渐变段
transition zone of curve widening	加宽缓和段
transitional gradient	缓和坡段
transverse beam	横梁
transverse joint	横缝
traverse	导线
traverse survey	导线测量
trencher	挖沟机
triaxial test	三轴试验
trip	出行
true joint	真缝
trumpet interchange	喇叭形立体交叉
trunk highway	干线公路
truss bridge	桁架桥
tunnel	(道路)隧道
tunnel boring machine	隧道掘进机
runnel lining	衬砌
tunnel portal	洞门
tunnel support	隧道支撑
turnaround loop	回车道,回车场
turning point	转点
two-way curved arch bridge	双曲拱桥
two-way ramp	双向匝道
type of dry and damp soil base	土基干湿类型
U-shaped abutment	U形桥台
under-ground pipes comprehensive design	管线综合设计
underground water	地下水
underground water level	地下水位
underpass grade separation	下穿铁路立体交叉
universal photo	全能法测图
urban road	城市道路
valley line	沿溪线
variable load	可变荷载
vehicle stream	车流
vehicular gap	车(辆)间净距
verge	路肩
vertical alignment	纵面线形
vertical curb	立缘石(侧石)
vertical curve	竖曲线
vertical profile map	(路线)纵断面图
viameter	路面平整度测定仪

vibratory roller	振动压路机
viscosimeter	(沥青)黏度仪
viscosity(of bitumen)	(沥青)黏(滞)度
void ratio	孔隙比
washout	水毁
waste	弃土
waste bank	弃土堆
water cement ratio	水灰比
water content	含水量
water level	水位
water reducing agent	减水剂
water stability	水稳性
water-bound macadam	水结碎石路面
wearing course	磨耗层
weaving	交织
weaving point	交织点
weaving section	交织路段
wheel tracking test	车辙试验
width of subgrade	路基宽度
workability	和易性
Y intersection	Y 形交叉

附加说明

本术语标准主编单位、参加单位和主要起草人名单

主 编 单 位:交通部公路规划设计院

参 加 单 位:北京市市政设计院

上海市市政工程研究所

黑龙江省林业设计研究院

主要起草人:曹家庄　樊　凡

颜本菘　周凤英

何修美　孙立仁

陈官瀛

JTJ

中华人民共和国行业标准　　JTJ 003—86

公路自然区划标准

Standard of Climatic Zoning for Highway

1986-10-07 发布　　1987-01-01 实施

中华人民共和国交通部发布

中华人民共和国交通部文

(86)交公路字 737 号

关于发布《公路自然区划标准》的通知

(不另行文)

兹批准《公路自然区划标准》,编号为 JTJ 003—86,作为交通部部颁标准,自 1987 年 1 月 1 日起实行。

本标准的解释工作,由交通部公路规划设计院负责。希各有关单位在实践中注意积累资料,不断总结经验,将发现的问题和修改意见,函告交通部公路规划设计院,以便修订时参考。

附件:《公路自然区划标准》

中华人民共和国交通部

一九八六年十月七日

编 制 说 明

《公路自然区划标准》系根据交通部(86)交公路字196号“关于下达1986年公路规划、勘察设计及标准规范编制等任务的通知”中的有关要求,由交通部公路规划设计院主持编制。

制定本标准的主要依据是:交通部公路一局设计所和北京大学地理系1974年9月“关于〈中国公路自然区划图〉的报告”、交通部公路规划设计院1975年6月“关于中国潮湿系数值计算的工作报告”、1978年9月《地理学报》第33卷第1期“论中国公路自然区划”和交通部公路局1978年11月15日(78)公路程字第159号文批准的《中华人民共和国公路自然区划图》。

本标准由总则、一级区划和二、三级区划共三章11条和三个附录组成。为使本标准更切合我国公路工程实际,请各单位在使用中注意积累资料、总结经验,将需要修改、补充的意见和资料,寄交通部公路规划设计院,以便今后修订时参考。

本标准由汤庚祥执笔编写。

目　录

第一章　总则

第 1.0.1 条　区划的目的

为区分不同地理区域自然条件对公路工程影响的差异性，并在路基、路面的设计、施工和养护中采取适当的技术措施和采用合适的设计参数，以保证路基、路面的强度和稳定性，特制定本标准。

第 1.0.2 条　区划的原则和方法

自然区划以自然气候因素的综合性和主导性相结合为原则，采用以地理相关分析为基础的主导标志法，从分析自然综合情况与公路工程的实际关系出发，选出具有分区意义的主导标志。在确定区界时，还需进行地理相关分析对区界进行修正，以求其同一区内有相似的公路工程自然环境。但综合性或主导性因素的原则，均应遵循地带性和非地带性理论。

第 1.0.3 条　区划的分级

为使自然区划便于在实践中应用，结合我国地理、气候特点，将全国的公路自然区划分为三个等级。一级区划首先将全国划分为多年冻土、季节冻土和全年不冻三大地带，再根据水热平衡和地理位置，划分为冻土、湿润、干湿过渡、湿热、潮暖、干旱和高寒七个大区。二级区划是在一级区划基础上以潮湿系数为主进一步划分。三级区划是在二级区内划分更低一级的区域或类型单元。本标准仅规定一、二级区划，其具体划分详见“中华人民共和国公路自然区划图”。

第 1.0.4 条　标准适用范围

本标准为在公路规划、设计中考虑不同地理区域的自然条件对公路工程的影响，特别为在路基、路面的设计、施工、养护中确定技术措施和设计参数提供了依据，适用于新建和改建的公路工程。

第 1.0.5 条　区划的采用

各级自然区划在具体使用时应结合当地特点，特别在各区的分界处，应根据本标准的有关规定论证确定。三级自然区划由各地按有关规定自行划分。

第二章　一级区划

第 2.0.1 条　一级区划的主要依据与指标

以全国性的纬向地带性和构造区域性为依据，根据对公路工程具有控制作用的地理、气候因素来拟订。对纬向性的，特别是东部地区的界线，采用了气候指标；对非纬向性的，特别是西部地区的界限，则较多地强调构造和地貌因素；中部个别地区则采用土质作指标。

第 2.0.2 条　一级区划的主要指标

根据我国地理、地貌、气候等因素，以均温等值线和三阶梯的两条等高线作为一级区划的标志。

一、全年均温 -2℃ 等值线。在一般情况下，地面大气温度达到 -2℃ 时，地面土开始冻结。因此，它大体上是区分多年冻土和季节冻土的界线。

二、一月份均温 0℃ 等值线，是区分季节冻土和全年不冻的界线。

三、我国地势的三级阶梯的两条等高线。

1. 1000m 等高线：走向北偏东，自大兴安岭，南下太行山、伏牛山、武当山、雪峰山、九万山、大明山至友谊关而达国境。

2. 3000m 等高线：走向自西向东，后折向南。西起帕米尔、沿昆仑山、阿尔金山、祁连山，南下西倾山、岷山、邛崃山、夹金山、大小相岭、锦屏山、雪山、云岭而达国境。

由于三级阶梯的存在，通过地形的高度和阻隔，使其气候具有不同的特色，也成为划分一级区划的主要标志。

第 2.0.3 条　一级自然区

根据不同地理、气候、构造、地貌界线的交错和叠合，将我国分为七个一级自然区，即：Ⅰ、北部多年冻土区，Ⅱ、东部温润季冻区，Ⅲ、黄土高原干湿过渡区，Ⅳ、东南湿热区，Ⅴ、西南潮暖区，Ⅵ、西北干旱区，Ⅶ、青藏高寒区。

区划的特征与指标如表 2.0.3，一级区的自然条件和对公路设计的要求见附录一。

表 2.0.3　一级区划的特征与指标

代号	一级区名	平均温度（℃）	平均最大冻深（cm）	潮湿系数 K	地势阶梯	新构造特征	土质带
Ⅰ	北部多年冻土区	全年 <0	>200	0.50 ~ 1.00	东部 1000m 等高线两侧	大面积中等或微弱上升，差异运动不大	棕黏性土
Ⅱ	东部温润季冻区	1 月 <0	10 ~ 200	0.50 ~ 1.00	东部 1000m 等高线以东	大面积下降，差异运动强弱不一	棕黏性土，黑黏性土，冲积土，软土
Ⅲ	黄土高原干湿过渡区	1 月 <0	20 ~ 140	0.25 ~ 1.00	东部 1000m 等高线以西，西南 3000m 等高线以东	大面积上升，幅度不大，夹有长条形中等沉降	黄土
Ⅳ	东南湿热区	1 月 >0，全年 14 ~ 26	<10	1.00 ~ 2.25	东部 1000m 等高线以东	大部分地区上升，局部地区下降差异运动微弱	下蜀土，黄棕黏性土，红黏性土，砖红黏土，软土
Ⅴ	西南潮暖区	1 月 >0，全年 14 ~ 22	<20	1.00 ~ 2.00	东部 1000m 等高线以西，西南 3000m 等高线以东	大面积中等上升，差异运动强弱不一	紫黏土，红色石灰土，砖红黏性土
Ⅵ	西北干旱区	全年 <10 山区垂直分布	东部 100 ~ 250 西部 40 ~ 100	东部 0.25 ~ 0.5，西部 <0.25	东部 1000m 等高线以西，西南 3000m 等高线以北	大面积或长条形上升与盆地下降相间	栗黏性土，砂砾土，碎石土
Ⅶ	青藏高寒区	全年 <10，1 月 <0	除南端外 40 ~ 250	0.25 ~ 1.50	西南 3000m 等高线以西以南	大面积强烈上升，差异运动显著	砂砾土，软土

第三章　二、三级区划

第 3.0.1 条　二级区划的主导因素与标志

二级区划仍以气候和地形为主导因素，但具体标志与一级区划有显著差别。一级自然区有其共同标志，即：气候因素是潮湿系数 K 值，地形因素是独立的地形单元。二级区的划分则需因区而异，将上述标志具体化或加以补充，其标志是以潮湿系数 K 为主的一个标志体系。

潮湿系数 K 值按全年的大小分为六个等级：

过湿区　　　$K>2.00$

中湿区　　$2.00 \geqslant K>1.50$

湿润区　　$1.50 \geqslant K>1.00$

润干区　　$1.00 \geqslant K>0.50$

中干区　　$0.50 \geqslant K>0.25$

过干区　　　$K<0.25$

有关潮湿系数 K 值和蒸发力的计算公式规定如下：

$$K=\frac{R}{Z} \tag{3.0.1-1}$$

式中　R——年降水量(mm)；

　　　Z——年蒸发量(mm)。

年蒸发量 Z 无法直接测定，只能用蒸发力(可能的蒸发量)E_T 来代替 Z 计算。蒸发力 E_T 的计算，采用 H·L 彭曼公式(详细内容见附录二)：

$$E_T=F \cdot E_0 \tag{3.0.1-2}$$

式中　F——季节系数，见附录二；

　　　E_0——水面蒸发量(mm)。

第 3.0.2 条　二级自然区

根据二级区划的主导因素与标志，在全国七个一级自然区内又分为 33 个二级区和 19 个副区(亚区)，共有 52 个二级自然区。它们的区界与名称如下(各二级区自然条件对公路工程的影响见附录三)。

Ⅰ北部多年冻土区中有：$Ⅰ_1$ 连续多年冻土区，$Ⅱ_2$ 岛状多年冻土区。区划的特征与指标如表 3.0.2-1。

表 3.0.2-1　二级区划的特征与指标

二级区名(包括副区)	水热状态						地表情况		
	潮湿系数 K	年降水量(mm)	雨型	多年平均最大冻深(cm)	最高月平均地温(℃)	地下水埋深(m)	地貌类型	地表切割深度(m)	土质和岩性
$Ⅰ_1$ 连续多年冻土区	0.75～1.00	400～600	夏、秋雨	>300	<30	1～3	湿润丘陵、重丘、低山和中山	北部<200 南部200～500	棕黏性土，砂性土，粗粒岩
$Ⅰ_2$ 岛状多年冻土区	0.5～1.00	400～600	夏、秋雨	230～300	<30	1～3	湿润重丘、低山和中山	200～500	黏性土和砂性土为主，粗粒岩

Ⅱ东部温润季冻区中有：$Ⅱ_1$ 东北东部山地润湿冻区，$Ⅱ_{1a}$ 三江平原副区，$Ⅱ_2$ 东北中部山前平原重冻区，$Ⅱ_{2a}$ 辽河平原冻融交替副区，$Ⅱ_3$ 东北西部润干冻区，$Ⅱ_4$ 海滦中冻区，$Ⅱ_{4a}$ 冀北山地副区，$Ⅱ_{4b}$ 旅大丘陵副区，$Ⅱ_5$ 鲁豫轻冻区，$Ⅱ_{5a}$ 山东丘陵副区。区划的特征与指标如表 3.0.2-2。

表3.0.2-2　二级区划的特征与指标

二级区名（包括副区）	水热状态						地表情况		
	潮湿系数 K	年降水量（mm）	雨型	多年平均最大冻深（cm）	最高月平均地温（℃）	地下水埋深（m）	地貌类型	地表切割深度（m）	土质和岩性
II_1 东北东部山地润湿冻区	0.75～1.50	600～1200	夏雨	80～250	<30.0	一般>0洼地，谷地1～1.5	湿润重丘低山为主，其次为冲积平原和沼泽	大部为200～500	棕黏性土、砂性土、粗粒岩
II_{1a} 三江平原副区	0.75～1.00	600～800	夏雨	150～200	<30.0	<1	沼泽、平原为主	除完达山外大部分为平原	内陆软土
II_2 东北中部山前平原重冻区	0.25～1.25	400～600	夏雨	120～240	<30.0	一般>3，谷地1～3	冲积平原阶地或洪积扇	大部分为平原	黑黏性土、内陆软土
II_{2a} 辽河平原冻融交替副区	0.75～1.25	600～800	夏雨	80～120	<30.0	一般1～2，海滨<1	冲积平原和海边软土平原	大部分为平原	冲积土和沿海软土
II_3 东北西部润干冻区	0.50～0.75	200～600	夏雨	100～240	<30.0	一般1～3，山前>3	重丘、低山冲积平原、阶地，并有沙地分布	大部为平原或高差为200～500的丘陵	栗黏性土、冲积土和砂砾土，粗粒花岗岩、流纹岩
II_4 海滦中冻区	0.50～0.75	400～800	夏、秋雨	40～100	30～32.5	一般为1～4，海滨<1	大部为冲积平原，三角洲，海边为软土平原	大部为平原	冲积土和沿海软土
II_{4a} 冀北山地副区	0.75～1.00	600～800	夏、秋雨	100～120	<30	一般>3，谷地2～4	湿润中山，低山和重丘	200～500	冲积土，粗粒岩和细粒岩
II_{4b} 旅大丘陵副区	0.75～1.00	600～800	夏、秋雨	60～80	<30	>3	湿润丘陵	微丘	棕黏性土、粗粒岩
II_5 鲁豫轻冻区	0.50～1.00	600～800	夏、秋雨	10～40	30～32.5	一般2～3，海滨<2	冲积平原	平原	冲积土
II_{5a} 山东丘陵副区	0.75～1.25	600～1000	夏、秋雨	30～50	<30	一般>3，谷地、海滨<3	湿润丘陵、重丘和低山，局部为中山	<200或200～500	棕黏性土和砂砾土、粗粒岩和可溶岩

Ⅲ 黄土高原干湿过渡区中有：III_1 山西山地、盆地中冻区，III_{1a} 雁北张宣副区，III_2 陕北典型黄土高原中冻区，III_{2a} 榆林副区，III_3 甘东黄土山地区，III_4 黄渭间山地、盆地轻冻区。区划的特征与指标见表3.0.2-3。

Ⅳ 东南湿热区中有：IV_1 长江下游平原润湿区，IV_{1a} 盐城副区，IV_2 江淮丘陵、山地润湿区，IV_3 长江中游平原中湿区，IV_4 浙闽沿海山地中湿区，IV_5 江南丘陵过湿区，IV_6 武夷南岭山地过湿区，IV_{6a} 武夷副区，IV_7 华南沿海台风区，IV_{7a} 台湾山地副区，IV_{7b} 海南岛西部润干副区，IV_{7c} 南海诸岛副区。区划的特征与指标见表3.0.2-4。

Ⅴ 西南潮暖区中有：V_1 秦巴山地润湿区，V_2 四川盆地中湿区，V_{2a} 雅安、乐山过湿副区，V_3 三西、贵州山地过湿区，V_{3a} 滇南、桂西润湿副区，V_4 川、滇、黔高原干湿交替区，V_5 滇西横断山地区，V_{5a} 大理副区。区划的特征与指标见表3.0.2-5。

表 3.0.2-3　二级区划的特征与指标

二级区名（包括副区）	水热状态						地表情况		
	潮湿系数 K	年降水量（mm）	雨型	多年平均最大冻深（cm）	最高月平均地温（℃）	地下水埋深（m）	地貌类型	地表切割深度（m）	土质和岩性
Ⅲ$_1$ 山西山地、盆地中冻区	0.5～1.00	400～600	夏、秋雨	40～100	25～30	一般>3，盆地1～3	湿润中山和冲积平原	山地 500～1000，盆地部分为平原	黄土和黄土状土；粗粒岩、可溶岩
Ⅲ$_{1a}$ 雁北张宣副区	0.5～0.75	400～600	夏、秋雨	100～140	25～30	一般>3，盆地1～3	湿润中山和冲积平原	山地 500～1000，盆地部分为平原	黄土状土；粗粒岩、可溶岩
Ⅲ$_2$ 陕北典型黄土高原中冻区	0.5～1.00	400～600	夏、秋雨	40～100	25～30	河谷<3，塬>20	黄土峁、墚、塬为主	大部<200 局部200～500	黄土和黄土状土
Ⅲ$_{2a}$ 榆林副区	0.50～0.75	400～600	夏、秋雨	100～120	25～30	河谷<3，塬>20	黄土峁、墚、塬为主，局部流砂	大部200～500	黄土和黄土状土、砂砾土
Ⅲ$_3$ 甘东黄土山地区	0.25～0.75	200～600	夏、秋雨	80～100	25～30	河谷<3，塬>20	黄土墚、塬为主	<200	黄土和黄土状土，山区为细粒岩
Ⅲ$_4$ 黄渭间山地、盆地轻冻区	0.50～1.00	600～800	夏、秋雨	15～40	30～32.5	一般>3，河谷<1.5	湿润重丘，低山和中山、黄土墚和冲积平原分布其中	边缘山地 500～1000，部分为平原	黄土状土和黄土粗粒岩

表 3.0.2-4　二级区划的特征与指标

二级区名（包括副区）	水热状态							地表情况		
	潮湿系数 K	年降水量（mm）	雨型	最高月 K 值	最大月雨期长度（天数）	最高月平均地温（℃）	地下水埋深（m）	地貌类型	地表切割深度（m）	土质和岩性
Ⅳ$_1$ 长江下游平原润湿区	1.00～1.50	1000～1400	春雨 梅雨	2.0～3.0	2.5～3.5	30～35	一般1～2，海滨、湖滨<1	海滨和内陆为软土平原，冲积平原和三角洲	平原	沿海软土和内陆软土、冲积土
Ⅳ$_{1a}$ 盐城副区	1.00～1.40	930～1150	夏秋雨	1.8～2.2	—	31.5～32.8	一般1～2，海滨、湖滨<1	海滨和内陆为软土平原，冲积平原和三角洲	平原	沿海软土和内陆软土、冲积土
Ⅳ$_2$ 江淮丘陵、山地润湿区	1.00～1.50	1000～1600	夏、秋雨 梅雨	1.5～2.5	3.0～3.5	30～35	一般>3，丘陵间盆地1.5～2.0	冲积平原阶地和湿润丘陵，重丘与低山为主，局部为中山	大部为≤200或200～500，局部为500～1000	黄棕黏性土、下蜀土，粗粒岩
Ⅳ$_3$ 长江中游平原中湿区	1.25～1.75	1200～1800	春雨 梅雨	2.5～4.0	3.6～4.0	32.5～35	一般1～2，湖滨<1	冲积平原和内陆软土平原	平原	冲积土和内陆软土，局部为下蜀土

续上表

二级区名（包括副区）	水热状态							地表情况		
	潮湿系数 K	年降水量（mm）	雨型	最高月 K 值	最大月雨期长度（天数）	最高月平均地温（℃）	地下水埋深（m）	地貌类型	地表切割深度（m）	土质和岩性
Ⅳ$_4$ 浙闽沿海山地中湿区	1.00~2.00	1400~2200	台风暴雨	2.0~3.5	3.0~4.5	30~35	谷地1~3，山岭>5	湿润重丘低山、局部为中山	大部为200~500	红黏性土，局部为沿海软土，粗粒岩
Ⅳ$_5$ 江南丘陵过湿区	1.5~2.25	1400~2000	梅雨秋雨伏旱	3.5~5.0	4.0~4.5	≥35	谷地2~3	湿润丘陵局部分布有山地	一般≥200 局部为200~500	红黏性土、细粒岩
Ⅳ$_6$ 武夷南岭山地过湿区	1.5~2.25	1400~2000	春、夏雨	3.0~4.5	3.5~5.5	30~35	谷地2~3，山岭>5	湿润中山和低山重丘	大部为500~1000 局部为≥1000	红黏性土、粗粒岩、细粒岩、可溶岩
Ⅳ$_{6a}$ 武夷副区	1.75~2.25	1800~2600	梅雨夏雨	3.5~4.5	4.0~5.0	25~32.5	>5	湿润中山	>1000	红黏性土、粗粒岩
Ⅳ$_7$ 华南沿海台风区	0.75~2.0	1600~2600	夏雨和台风暴雨	2.0~3.0	2.5~4.5	30~32.5	一般>3，海滨<1	湿润丘陵重丘、低山，沿海有三角洲平原	平原或≤200 局部为200~500	砖红色黏性土、沿海软土、粗粒岩
Ⅳ$_{7a}$ 台湾山地副区	1.50~2.75	2000~2800	夏雨和台风暴雨	>3.0	2.5~3.0	≤30	>3	湿润中山高山	500~1000 或≥1000	北部为红黏性土，南部为砖红黏性土，细粒岩、粗粒岩
Ⅳ$_{7b}$ 海南岛西部润干副区	0.50~0.75	800~1600	台风雨	<3.0	<3.0	32.5~35.0	1~3	沿海为稀林草原阶地	平原或<200	砖红黏性土
Ⅳ$_{7c}$ 南海诸岛副区		1600~2000	对流雨台风雨			32.5~35		珊瑚岛	平原	砖红黏性土

表3.0.2-5　二级区划的特征与指标

二级区名（包括副区）	水热状态							地表情况		
	潮湿系数 K	年降水量（mm）	雨型	最高月 K 值	最大月雨期长度（天数）	最高月平均地温（℃）	地下水埋深（m）	地貌类型	地表切割深度（m）	土质和岩性
Ⅴ$_1$ 秦巴山地润湿区	1.00~1.50	800~1400	夏、秋雨	2.0~3.0	3.0~3.5	25~32.5	埋深不定	湿润中山局部为高山	大部分为500~1000，局部为<200	黄棕黏性土，粗粒岩为主
Ⅴ$_2$ 四川盆地中湿区	1.25~1.75	1000~1400	夏雨秋雨	2.0~3.0	3.5~4.5	30~32.5	丘陵>2，谷地、成都平原1~2	冲积平原和湿润丘陵，边缘为重丘、低山	大部<200，东南部为500~1000 西部为平原	紫黏性土、细粒岩为主
Ⅴ$_{2a}$ 雅安、乐山过湿副区	1.75~2.75	1200~2200	全年多雨秋雨量多	3.0~4.5	4.0~5.5	<30	—	湿润中山和丘陵盆地	大部为500~1000	紫黏性土、细粒岩、粗粒岩

二级区名（包括副区）	水热状态							地表情况		
	潮湿系数 K	年降水量（mm）	雨型	最高月 K 值	最大月雨期长度（天数）	最高月平均地温（℃）	地下水埋深（m）	地貌类型	地表切割深度（m）	土质和岩性
V_3 三西、贵州山地过湿区	1.50～2.00	1000～1400	全年多雨	2.5～4.0	4.0～5.0	20.0～32.5	埋深不定	湿热喀斯特山地和波状高原，湿润重丘、低山和中山	大部200～500，局部为<200或500～1000	红色石灰岩、红黏性土、可溶岩
V_{3a} 滇南、桂西润湿副区	1.00～1.50	1000～1600	夏雨秋雨	1.5～3.0	3.0～4.0	25～30	谷地2～4，山岭>5	湿热喀斯特山地	大部为200～500，局部<200或500～1000	砖红黏性土、可溶岩
V_4 川、滇、黔高原干湿交替区	0.50～1.00	600～1000	夏雨秋雨	1.5～2.5	4.5～5.0	25～30	—	湿润中山或高山，湿热喀斯特波状高原，坝子分布其间	西北部为500～1000，中部<200，南部为200～500	红黏性土、粗粒岩
V_5 滇西横断山地区	1.00～2.00	1200～1600	夏雨	2.0～5.0	5.0～12.0	20～30	—	湿热中山和高山，有坝子零星分布	大部>1000，南部为500～1000	粗粒岩、细粒岩、可溶岩
V_{5a} 大理副区	1.00～1.50	800～1800	夏雨	2.0～4.0	4.0～5.5	20～30	—	湿热中山和坝子	大部>1000，南部为500～1000	砖红黏性土、细粒岩、粗粒岩

VI 西北干旱区中有：VI_1 内蒙草原中干区，VI_{1a} 河套副区，VI_2 绿洲-荒漠区，VI_3 阿尔泰山地冻土区，VI_4 天山-界山山地区，VI_{4a} 塔城副区，VI_{4b} 伊犁河谷副区。区划的特征与指标见表 3.0.2-6。

表 3.0.2-6 二级区划的特征与指标

二级区名（包括副区）	水热状态						地表情况		
	潮湿系数 K	年降水量（mm）	雨型	多年平均最大冻深（cm）	最高月平均地温（℃）	地下水埋深（m）	地貌类型	地表切割深度（m）	土质和岩性
VI_1 内蒙草原中干区	0.25～0.50	150～400	夏雨	140～240	<30	一般2～4，谷地洼地1～2	干旱残积平原。丘陵、沙漠局部分布溶岩台地和冲积平原	大部为平原，或≤200	栗黏性土和砂砾土、粗粒岩
VI_{1a} 河套副区	<0.25	150～200	夏雨	100～140	<30	<1.5	冲积平原	平原	黏性土和砂性土
VI_2 绿洲-荒漠区	<0.25 其中塔里木至甘西<0.05	<150 其中塔里木至甘西≤50	夏雨或“无雨”	<100	30～40	绿洲≤3，荒漠≥5	沙漠、岩漠、砾漠、干旱残积平原、盐碱化湖积平原和冲积平原	大部为平原	砂砾土为主，绿洲为黏性土和砂砾土，粗粒岩、细粒岩
VI_3 阿尔泰山地冻土区	0.25～0.50	200～400	夏雨	≥150	<30	>3	高山	>1000	粗粒岩

续上表

二级区名（包括副区）	水热状态						地表情况		
	潮湿系数 K	年降水量（mm）	雨型	多年平均最大冻深（cm）	最高月平均地温（℃）	地下水埋深（m）	地貌类型	地表切割深度（m）	土质和岩性
VI$_4$ 天山-界山山地区	0.25～1.00	200～600	夏雨	100～150	≤30	≥5	高山和冰川雪山，局部有高寒砾漠	500～1000或≥1000	砂砾土和黏性土为主，局部有黄土，粗粒岩为主
VI$_{4a}$ 塔城副区	0.25～0.50	≤200	夏雨	≤100	<30	3～5	冲积平原和山地	平原或500～1000	黏性土为主，砂性土和黄土状土为次，粗粒岩为主
VI$_{4b}$ 伊犁河谷副区	0.5～0.75	200～400	夏雨	50～100	>30	<3	冲积平原和阶地或洪积扇	平原	黏性土和砂性土

VII 青藏高寒区中有：VII$_1$ 祁连-昆仑山地区，VII$_2$ 柴达木荒漠区，VII$_3$ 河源山原草甸区，VII$_4$ 羌塘高原冻土区，VII$_5$ 川藏高山峡谷区，VII$_6$ 藏南高山台地区，VII$_{6a}$ 拉萨副区。区划的特征与指标见表3.0.2-7。

表3.0.2-7　二级区划的特征与指标

二级区名（包括副区）	水热状态						地表情况		
	潮湿系数 K	年降水量（mm）	雨型	多年平均最大冻深（cm）	最高月平均地温（℃）	地下水埋深（m）	地貌类型	地表切割深度（m）	土质和岩性
VII$_1$ 祁连—昆仑山地区	0.25～0.50	100～400	夏雨	—	<30	山地>5，山前洪积扇3～5.0	高山和冰山雪地	>100	粗粒岩、细粒岩
VII$_2$ 柴达木荒漠区	<0.25	<50	夏雨或"无雨"	100～200	—	西部荒漠3～5，东部盐沼≤3	岩漠、盐碱化湖冲积平原，南部边缘为沙漠	大部分为平原	砂砾土为主，局部为内陆软土，细粒岩
VII$_3$ 河源山原草甸区	0.5～1.50	200～600	夏秋雨	—	<30	一般≥3，洼地<1	高寒山原、高寒丘陵、台源和沮洳地	200～500或500～1000	以粉性土和变质岩为主
VII$_4$ 羌塘高原冻土区	<0.50	<200	夏秋雨	有多年冻土存在，北部呈连续分布，南部呈岛状分布（以安多为界）	<30年平均温度低于-4	冻结层上水发育，在河谷平原一般<1.0m，最高仅0.2～0.3m，呈片状连续分布	高寒丘陵、台原和高山，局部分布有砾漠凹地，沼泽湿地	台源丘陵≤200，山地为200～1000	以细粒岩可溶岩为主
VII$_5$ 川藏高山峡谷区	0.75～1.50	400～1000	春雨夏雨	—	<30	>3	高山和峡谷，局部分布有冰川、雪山	>1000	以粉性土和变质岩为主
VII$_6$ 藏南高山台地区	<0.50	200～600	夏雨	—	<30	阶地3～5	高山、冰川和雪山、台地和冲积平原	谷地或>1000	粗粒岩和细粒岩，河谷为砂砾土
VII$_{6a}$ 拉萨副区	0.25～0.75	400左右	夏雨	—	<30	>3	高山、冰川和雪山、台地和冲积平原	谷地或>1000	粗粒岩和细粒岩，河谷为砂砾土

第 3.0.3 条　三级区划的方法

三级区划是二级区划的进一步划分。三级区划的方法有两种，一种是按照地貌、水文和土质类型将二级自然区进一步划分为若干类型单位的类型区别；另一种是继水热、地理和地貌等为标志将二级自然区进一步划分为若干更低级区域的区域划分。各地可根据当地的具体情况选用。

附录一　一级区的自然条件和对公路设计的要求

附　表　1

代号	一级区名称	公路工程的自然条件特点	路基路面的设计要求
Ⅰ	北部多年冻土区	纬度高、气温低，为我国唯一的水平多年冻土区。多年冻土层夏季上部融化成为无法下渗的层上水，降低土基强度。秋季层上水由上至下冻结，形成冻结层之间的承压水。冬季产生冻胀，夏季有热融发生	路面设计重要原则是维持其冻稳性，保护冻土上限不致下降，以防路基热融沉陷，导致路面破坏。在路基设计中应是宁填勿切。原地面植被不应破坏，路堤土质应为冻稳性良好的土或砂砾。必须采用路堑时，应有保证边坡和基层稳定的措施。沥青面层因导热系数高，应相应抬高路基。结构组合中如设砂砾垫层，只能按蓄水不能按排水设计
Ⅱ	东部湿润季冻区	是我国主要的季节冻土区，冻结程度及其对路基强度影响自北至南一般逐渐减小。除黑黏性土、软土和粉土外，土基强度较好。主要矛盾是冬季冻胀，春季翻浆，形成明显不利季节。夏季水毁和泥石流也有一定影响。地形以平原和丘陵为主，局部低山公路修建条件不困难	路基路面结构组合设计中，应使路基填土高度符合要求，结合当地自然条件，应采取措施隔温、排水、截断毛细水上升，以防止冻胀翻浆。应用水稳性、冻稳性好的材料作路面基层，在水文土质不良路段，可设置排水垫层，促进水排出，提高路基路面整体强度
Ⅲ	黄土高原干湿过渡区	为东部温润季冻区向西北干旱区和西南潮暖区的过渡区，以集中分布黄土和黄土状土为其主要特点。地下水位深，土基强度较好，边坡能直立稳定。公路面临的主要问题是粉质大孔性黄土的冲蚀和遇水湿陷。因湿度较低，翻浆自东向西、自北向南显著减轻，新构造活跃的西部地震较少，病害增多	路面结构组合的特点，是必须选择不透水的面层或上封闭层。以防止雨水下渗造成黄土湿陷。潮湿地段应注意排水以保护路基。对路肩横坡的设计应使水迅速排出。掺灰类结构物层是稳定的路面基层结构。在石料基层下增设砂砾底基层，亦为本区常用
Ⅳ	东南湿热区	是我国最湿热的地区。春、夏东南季风造成的梅雨和夏雨形成本区公路的明显不利季节。东南沿海台风暴雨多，由地表径流排走，影响相对较小。地温较高，易引起沥青路面泛油，加大水泥路面翘曲应力。地形以丘陵、平原为主，公路通过条件尚好	为减轻沥青路面在热季泛油和雨季黏聚力降低，沥青材料宜选用较高标号，保证其垫层稳定性。渣油路面应提高抗滑性能并注意封闭表面，以提高公路的水稳性。在路基设计中，应加强公路的排水系统。水稻土、软土和潮湿路段的路基应进行处理，或选用低塑砂砾料或泥灰结碎石作底基层或垫层
Ⅴ	西南潮暖区	为东南湿热区向青藏高寒区的过渡区。一些地区因同时受东南和西南季风影响，雨期较长。加之地势较高，蒸发较少，渗透较大，故土基较湿，石质路基和部分干湿季节分明的地区，土基强度较高，本区为我国岩溶集中分布地区。北部和西部新构造强烈，不仅地形高差大，地震病害亦多	路基、路面的结构组合，首要任务是保证其湿稳性。个别干热河谷中，也应注意其干稳定性，过湿地区为保证道路强度，断面一般宜采用路堤，并使边坡符合要求。本区土质多系碳酸盐类岩石风化形成，结构稳定，强度较好。山地多，石料丰富，有利于在设计中就地取材。岩溶地区应在详细工程地质勘测基础上进行设计，以保证公路整体稳定性
Ⅵ	西北干旱区	由于气候干旱，土基强度和道路水文状况均佳，筑路砂石材料较多，中级路面搓板松散、扬尘为主要病害，高山区有风雪流危害。灌区和绿洲有冻胀翻浆，山区公路通过垂直自然带，选线和修筑均较复杂	路基、路面结构的特殊要求是保证其干稳定性。由于干旱，大部分白色路面搓板现象严重，许多地方缺黏土和水。改建沥青路面为有效解决办法。绿洲灌区地下水位高，冻融翻浆严重，结构层应充分利用就近所产砂砾、石料进行处理。道路设计中还应注意风蚀和沙埋的防治
Ⅶ	青藏高寒区	全区为海拔高、气温低的高寒高原，给公路建设带来特殊问题，分布有高原多年冻土、泥石流、沮洳地和现代冰川。东南部由于新构造运动活跃和地形破碎，地震强烈，公路自然病害如滑坡、崩塌、泥石流等均极严重。公路通过条件困难，尤其是4000m以上的高山地区更甚	结构设计应针对当地自然条件和工程病害，采取措施保证路基的整体稳定性，全区除高原冻土地带应维持其冻稳性外，大部分公路路基低，路面多由养护形成，一般用砂砾结构，材料和强度可满足一般要求。交通量大时应敷设沥青路面。由于昼夜温差大，紫外线照射强，沥青老化快，且施工季节短，故施工应采取措施。柴达木盆地气候较干旱，氯化盐可作筑路材料

附录二　潮湿系数 K 值及蒸发力 E_T 的计算

衡量气候、热量、水分状况的综合指标是年降水量 R(mm)与年蒸发量 Z(mm)的比值,这一比值称为潮湿系数 K:

$$K = \frac{R}{Z} \qquad \text{(附 2-1)}$$

式中　R——年降水量(mm);

　　Z——年蒸发量(mm)。

年蒸发量 Z 无法直接测定,必须采用有关参数,换算成蒸发力(可能的蒸发量)E_T。实际上 K 值系以 E_T 代 Z 计算而来。

计算蒸发力的公式中,对比世界上现有的 E_T 公式,我们认为,H · L 彭曼公式考虑了辐射平衡、日照百分率、气温、相对湿度和风速、下垫面反射率、降水量、太阳总辐射等八项参数,是一个半推导、半经验公式,应用到我国公路自然区划中效果较好。

1948 年 H · L 彭曼提出了计算蒸发力的公式:

$$E_T = F \cdot E_0 \qquad \text{(附 2-2)}$$

式中　F——季节系数,11 ~ 12 月为 0.60,5 ~ 8 月为 0.8,其余各月为 0.70;

　　E_0——水面蒸发量,由下式求得

$$E_0 = \frac{\frac{\Delta}{r}H + E_a}{1 + \frac{\Delta}{r}} \quad \text{(mm)} \qquad \text{(附 2-3)}$$

式中　Δ——饱和水汽压曲线在气温为 T_a 处的斜率,$\Delta = \frac{e_a}{273 + t}\left(\frac{6463}{273 + t} - 3.927\right)$,其中 t 为各月平均温度(℃),e_a 为实际水汽压,它随气度 T_a 变化,在计算中由气象常用表❶中查得;

　　r——干湿球湿度公式中的常数,$r = 0.486$;

　　E_a——为空气干燥率,由下式求得

$$E_a = 0.35\left(1 + \frac{53.7V_2}{100}\right)(e_a - e_d) \qquad \text{(附 2-4)}$$

式中　V_2——为 2m 高的月平均风速,单位 m/s。而我国气象资料所测的风速为 10m 高,故应将(附 2-4)式改为(附 2-5)式;

　　$e_a - e_d$——为饱和差,$e_a - e_d = e_a(1 - RH\%)$,$RH$ 为相对湿度,e_a 和 RH 均可由气象常用表中查得。但 e_a 的单位为毫巴,应换算为毫米,即 1mb = 0.75mm。

$$E_a = 0.35\left(1 + \frac{53.7 \times 0.723V_{10}}{100}\right)(e_a - e_d) \qquad \text{(附 2-5)}$$

其中　V_{10}——为 10m 高月平均风速,由气象常用表中查得;

　　H——为地面辐射平衡值,由下式计算

$$H = R_T - R_B$$

$$= R_a(1 - \gamma)\left(0.18 + 0.55\frac{n}{N}\right) - \delta T_a^4(0.56 - 0.092)\sqrt{e_d}\left(0.10 + 0.90\frac{n}{N}\right) \qquad \text{(附 2-6)}$$

其中　R_T——太阳入射辐射值(J/cm²);

---

❶ 气象常用表记于气象出版社出版的《中国地面气候资料》一书中。

R_B——地面射出辐射值(J/cm^2);

R_a——大气完全透明时,单位面积地面上所受到的太阳总辐射量(1mm 蒸发量 = $247J/cm^2$);

γ——下垫面反射率,计算时采用水面反射率为 0.05;

$\frac{n}{N}$——日照百分率,由《中国地面气候资料》中查得;

δT_a^4——气温为 T_a 时黑体辐射值(T_a 为绝对温度 $273+t$)。δ 为斯蒂芬玻尔兹曼常数,为 0.825×10^{-10}。

注 ①R_B 在具体计算时,由于各单位的换算,需乘以 24.4 倍的系数;

②$R_a(1-\gamma)$ 由于单位换算关系,在计算中应除以 247(1mm 蒸发量 = $247J/cm^2$)。

1962 年 H·L 彭曼公式为能在世界各地普遍应用,又提出一个修正式,即将原式的反映水面反射率的 γ 改为草地反射率,从而去掉了季节修正系数(F),但从计算结果看,不如 H·L 彭曼原式更能符合我国实际情况。

附录三　各二级区自然条件对公路工程的影响

（一）北部多年冻土区中各二级区自然条件对公路工程的影响

附　表　3.1

二级区名（包括副区）	主要自然病害	自然条件对公路工程的影响
I_1 连续多年冻土区	冻胀、雪害、冰锥、冰丘、涎流冰、翻浆等	路面结构应采用保温措施，防止夏季冻土融化，降低土基强度，以及防止秋季冻结，水溢地面形成涎流冰。另外，选线时，应考虑冬季雪害影响
I_2 岛状多年冻土区	冻胀、翻浆、雪害、冰锥、冰丘、涎流冰等	除冰冻地区公路工程特点外，在季节冰冻区还要着重考虑翻浆问题，公路选线、修建和养护条件比较复杂

（二）东部温润季冻区中各二级区自然条件对公路工程的影响

附　表　3.2

二级区名（包括副区）	主要自然病害	自然条件对公路工程的影响
II_1 东北东部山地湿润冻区	雪害、冻胀、翻浆、水毁	冬季雪害、夏季水毁均为公路交通的威胁，火成岩分布广泛，地质条件好，但基岩强烈分化影响公路边坡稳定
II_{1a} 三江平原副区	冻胀、翻浆、雪害	软土和沼泽分布广泛，路基易沉，稳定性差，冻胀翻浆严重
II_2 东北中部山前平原重冻区	冻胀、翻浆	冬季降温较快，水分易积聚，春季升温较慢，化冻亦慢，水分不易下渗，故翻浆期长。黑黏土含水量大，强度低
II_{2a} 辽河平原冻融交替副区	冻胀、翻浆、水毁	冬季降温较慢，水分积聚期长，春季升温快，化冻时间短，冻融交替多，故翻浆最为严重。线形条件好。沿海软土地区除翻浆外，雨季路基强度低，造成泥泞
II_3 东北西部润干冻区	翻浆、盐碱、风砂、泥石流	因水分来源较缺，冻融问题不如同纬度地区突出。栗黏性土地区公路修建条件较好，但西部分布有风成沙丘，造成工程困难。西部局部地区路基易沉陷
II_4 海滦中冻区	冻胀、翻浆、水毁、地震	秋雨期内路基中水分增加，春季升温快，翻浆时间短。平原地区沿海和内陆软土分布广，路基强度低，筑路石料缺乏，山前地区夏秋水毁病害多
II_{4a} 冀北山地副区	地震、泥石流、水毁、潜流、冻胀、涎流冰	路基强度高，筑路材料丰富，但有山洪泥石流。燕山一带为强震区，病害较重，加之地形较崎岖，路线通过受限制
II_{4b} 旅大丘陵副区	水毁	冻深较浅，排水条件好，故冻融翻浆较轻，土基强度高。选线容易，但有较轻水毁
II_5 鲁豫轻冻区	泥泞、水毁，鲁西南有地震	局部路段有轻微翻浆，公路修建条件较有利，但通过河漫滩和凹地常遭淹没；暴雨时期影响公路畅通
II_{5a} 山东丘陵副区	水毁、泥石流，个别地区有地震	路基强度较高，筑路材料丰富，地势虽复杂，但路线由宽广河谷通过，山洪对公路有一定影响

(三)黄土高原干湿过渡区中各二级区自然条件对公路工程的影响

附 表 3.3

二级区名（包括副区）	主要自然病害	自然条件对公路工程的影响
$Ⅲ_1$ 山西山地、盆地中冻区	翻浆、冲沟、泥石流	河谷盆地有次生黄土分布，边坡稳定不如典型黄土。春季公路翻浆，山区有山洪、泥石流等病害
$Ⅲ_{1a}$ 雁北张宣副区	翻浆、泥石流、水毁	公路冬季有冻胀，春季翻浆相当严重，是公路主要病害。石灰岩分布广，筑路材料较多
$Ⅲ_2$ 陕北典型黄土高原中冻区	冲沟、湿陷、黄土溶洞	有典型塬、墚、峁地貌。除塬、墚外，路线坡陡，弯道半径小，但黄土具有直立不坠的特性。一般路基强度较高，但遇水易造成路基冲蚀和湿陷
$Ⅲ_{2a}$ 榆林副区	冲沟、湿陷、风砂、翻浆	除具有典型黄土区的公路工程特点外，风或沙侵袭对公路修建营运有影响，春季翻浆亦较严重。但沙黄土分布区，边坡不能直立
$Ⅲ_3$ 甘东黄土山地区	冲沟、湿陷、滑坡、泥石流、地震	黄土砂性较重，且处于强震区，滑坡崩塌、泥石流等影响较大，边坡稳定性较差
$Ⅲ_4$ 黄渭间山地、盆地轻冻区	冲沟、湿陷，局部有泥石流	次生黄土分布广，有黄土墚分布其间，盆地地下水位较高。路基强度较低。有冲沟、湿陷等病害

(四)东南湿热区中各二级区自然条件对公路工程的影响

附 表 3.4

二级区名（包括副区）	主要自然病害	自然条件对公路工程的影响
$Ⅳ_1$ 长江下游平原润湿区	泥泞、湿地和软土病害	软土和水稻田分布广泛，路基水文条件差，不利季节时连续阴雨更是严重，河网化地区过水结构物多。建筑砂石料亦缺乏
$Ⅳ_{1a}$ 盐城副区	泥泞、湿地和软土病害	软土和水稻田分布广泛，路基水文条件差，不利季节时连续阴雨更是严重，河网化地区过水结构物多。建筑砂石料亦缺乏
$Ⅳ_2$ 江淮丘陵、山地润湿区	水毁、滑坡	路基条件好。黄棕色黏性土及下蜀黏土强度均高，但开挖边坡往往形成滑坡。路线由山地通过时较困难，标准不宜过高
$Ⅳ_3$ 长江中游平原中湿区	泥泞、冲刷、路基强度较低	河湖港汊较多。在河湖冲积平原，软土分布广，不利季节路基强度低，路面泥泞。围湖区为近期形成的粉砂软土，强度最低
$Ⅳ_4$ 浙闽沿海山地中湿区	台风、水毁，局部有泥石流和软土	个别地区公路修建条件不利，标准不宜过高。除沿海局部软土部分外，路基强度较高。台风雨影响大，山区公路水毁严重。公路排水系统的设计在本区尤为重要
$Ⅳ_5$ 江南丘陵过湿区	水毁为主，其次崩塌、土流	连续阴雨多，公路的不利季节为4~6月，公路由宽广的丘陵间河谷阶地通过条件不太困难。砂岩风化后的砂屑，黏结力较低，影响了路基强度。夏秋地温高，沥青路面强度反而低。公路应加强排水系统设计
$Ⅳ_6$ 武夷南岭山地过湿区	滑坡、崩塌、溶洞、水毁	不利季节水分充足，气温较低。红黏性土和红砂岩分布地区路基强度低、山地易形成滑坡，并有水毁，西部岩溶严重，南部有土洞，对公路路基稳定和选线有影响
$Ⅳ_{6a}$ 武夷副区	崩塌、滑坡	花岗岩分布广，路基稳定，筑路材料丰富。但强烈风化地区崩塌严重，越岭线石方工程量大，标准受限制
$Ⅳ_7$ 华南沿海台风区	台风、水毁、塌方	在砖红黏性土、花岗岩分布地区，路基强度高，但化学风化强烈。夏季台风雨造成水毁。三角洲地区软土分布广泛，河系发育，路基强度低，公路应加强排水
$Ⅳ_{7a}$ 台湾山地副区	台风、水毁、泥石流、地震	山地南北纵列，东西向交通受阻，且为强震区，影响路基稳定性，夏季台风造成水毁
$Ⅳ_{7b}$ 海南岛西部润干副区	中级路面松散扬尘	雨影区地带潮湿系数在0.75以下，为南方罕见的干燥地区，中级路面易松散、扬尘。地温高，沥青路面易软化
$Ⅳ_{7c}$ 南海诸岛副区	台风、海水进退	

(五)西南潮暖区中各二级区自然条件对公路工程的影响

附 表 3.5

二级区名（包括副区）	主要自然病害	自然条件对公路工程的影响
V_1 秦巴山地润湿区	崩塌、滑坡、泥石流、地震	地势高差大，路线多沿河谷蜿蜒通过，展线困难。越岭线更为困难，土石方工程量亦大，路线标准不宜过高。路基强度高，路面材料丰富，除地震外，各种病害经常发生
V_2 四川盆地中湿区	泥泞、滑坡、泥流	一般紫黏性土地区，路基强度中等。成都黏土地区，因土质粉粒含量高，缺乏黏合剂，路堑边坡往往造成开裂滑坍，虽日降水量小，但持续期长，渗透量大，路基强度低。河谷线和越岭线通过条件均较易，但公路用地也与农业有矛盾，雨日中级路面泥泞
V_{2a} 雅安、乐山过湿副区	泥泞、滑坡、崩塌	全年多雨，秋雨更是连绵不断，严重影响路基强度，黏性土地区，雨季泥泞，路面材料不缺乏，路线标准不宜过高
V_3 三西、贵州山地过湿区	岩溶、山洪、泥石流、滑塌	石灰岩分布广泛。岩溶土洞不仅影响路基稳定，对其他结构物潜在危害更大，降水持续期亦长，渗透大，造成路基过湿。地形为破碎高原和山地，高差起伏大，路线通过条件较困难，工程标准不宜过高，如要求线形顺直，不仅土石方工程量大，在穿越深沟高谷时，桥涵工程量亦将增大很多
V_{3a} 滇南、桂西润湿副区	岩溶、土洞、地震	砖红黏性土强度高，但石灰岩分布区有岩溶、土洞等工程病害，山地路线通过需要展线，路线标准不宜过高，但路面材料丰富，取材较易
V_4 川、滇、黔高原干湿交替区	滑坡、水毁、泥石流、地震	干湿季节分明，湿季能保证路基强度，干季中级路面易出现松散、扬尘病害，特别是一些背风坝子，公路的过干现象严重。北部为我国暴雨泥石流主要分布地区之一，影响公路的修建和使用。但路面材料不缺乏，路线标准不宜过高
V_5 滇西横断山地区	崩塌、滑坡、泥石流、地震	地势高差悬殊，山系南北纵列，东西路线通过困难，暴雨多，地震病害大，滑塌泥石流相当严重，本区又是全国降雨最连续地区，暴雨有时影响车辆正常通过。路面材料不缺乏，山岭与谷地干湿悬殊
V_{5a} 大理副区	崩塌、滑坡、泥石流、地震	与主区类似，但降雨连续性较差，高差较小。南部河谷较宽敞，但热带密林多，影响路线勘测工作

(六)西北干旱区中各二级区自然条件对公路工程的影响

附 表 3.6

二级区名（包括副区）	主要自然病害	自然条件对公路工程的影响
VI_1 内蒙草原中干区	东北部积雪阻车，大青山南翻浆，西部风砂、盐碱	公路路基稳定。大青山以北以东地区，雪害影响大，呼和浩特市、包头、集宁一带冻胀翻浆较重。鄂尔多斯地区多流砂和半固定砂丘，路基稳定性差。除大青山区附近外，其他地区筑路材料较缺乏。路线通过不困难，用地问题不大，标准可以提高
VI_{1a} 河套副区	翻浆、泥泞	地下水位高，浸湿路基，造成不利，灌溉渠系发达，秋灌时对路基强度影响大，造成春季翻浆，路基设计应注意填高要求和填土的湿度影响
VI_2 绿洲-荒漠区	风砂、盐碱、翻浆、扬尘	为我国风成砂主要分布区，危害甚大。河西走廊和准噶尔潮湿系数在0.25以下，塔里木和甘西地区在0.05以下，路基干燥，流砂地区路面易造成车辙下陷。公路通过绿洲时，地下水位高，易造成路基松软和翻浆。路线通过较易，用地问题不大，标准可适当提高
VI_3 阿尔泰山地冻土区	雪害、冻胀	分布有岛状和连续的多年冻土和季节冻土，需采取相应的工程措施。冬季雪害，影响车辆通行

续上表

二级区名 （包括副区）	主要自然病害	自然条件对公路工程的影响
VI_4 天山-界山山地区	现代冰川、风害、雪害、泥石流	地势高峻，气候具有垂直差异性，隘口峡谷较多，公路由隘口通过，但隘口多为风口，影响行车。高山有现代冰川，冬季风吹雪堵塞公路
VI_{4a} 塔城副区	翻浆、雪害	河谷灌区冻胀翻浆较重，冬季雪害较严重
VI_{4b} 伊犁河谷副区	翻浆、扬尘	灌区地下水位高，路基稳定性差。春季易翻浆。草原地区路线通过条件良好

（七）青藏高寒区中各二级区自然条件对公路工程的影响

附 表 3.7

二级区名 （包括副区）	主要自然病害	自然条件对公路工程的影响
VII_1 祁连-昆仑山地区	现代冰川、泥石流、地震	高山属多年冻土区，有现代冰川和风吹雪及其他病害，南北越岭线通过条件困难
VII_2 柴达木荒漠区	风沙、盐碱、盐盖	气候干旱，路基强度高。碱湖分布广泛，含氯化盐的盐块可作路面材料
VII_3 河源山原草甸区	雪害、冻胀、热溶、热溶湖、塘、冰锥、冰丘、泥石流	有岛状多年冻土、季节冻土和沮洳地分布，与冰冻和热融有关的病害普遍。除路基路面结构设计不应破坏冻土上的覆盖层外，其取土距离，也应远离路堤坡脚至少10m以外，湿草地不利于公路通过，公路修建和运营的费用较高
VII_4 羌塘高原冻土区	现代冰川、雪害、冻胀	多年冻土是公路修建中的主要问题，要注意防治热溶滑坍、泥流、沉陷、公路翻浆及冻胀。除取土限制同 VII_3 区外，本区高原上气压低，气候严寒，纵坡设计应尽量采用小于5%以下的坡度为宜，以免给公路修建营运均带来较大困难，费用较高
VII_5 川藏高山峡谷区	海拔4000m以上冻胀、雪害、软土沉陷，4000m以下泥石流、崩塌、地震	地形切割深度大，为强震区，潮湿系数在1.0以上，且有暴雨，是我国公路自然病害最严重地区，暴雨和冰川型泥石流、塌方、雪崩都对公路修建养护带来危害，东西向越岭线土石方工程量大
VII_6 藏南高山台地区	现代冰川、雪害、崩塌、泥石流、地震	高山地区除隘口外，路线通过条件困难，有现代冰川、雪崩、泥石流等病害，中间的高台地路线通过条件较好。西部地区因干燥，有风砂，有时妨碍行车
VII_{6a} 拉萨副区	现代冰川、雪害、崩塌、泥石流、地震	较湿润，路基排水条件尚好，但山区病害严重，路面材料不缺乏。路线标准可适当提高，公路用地问题不大

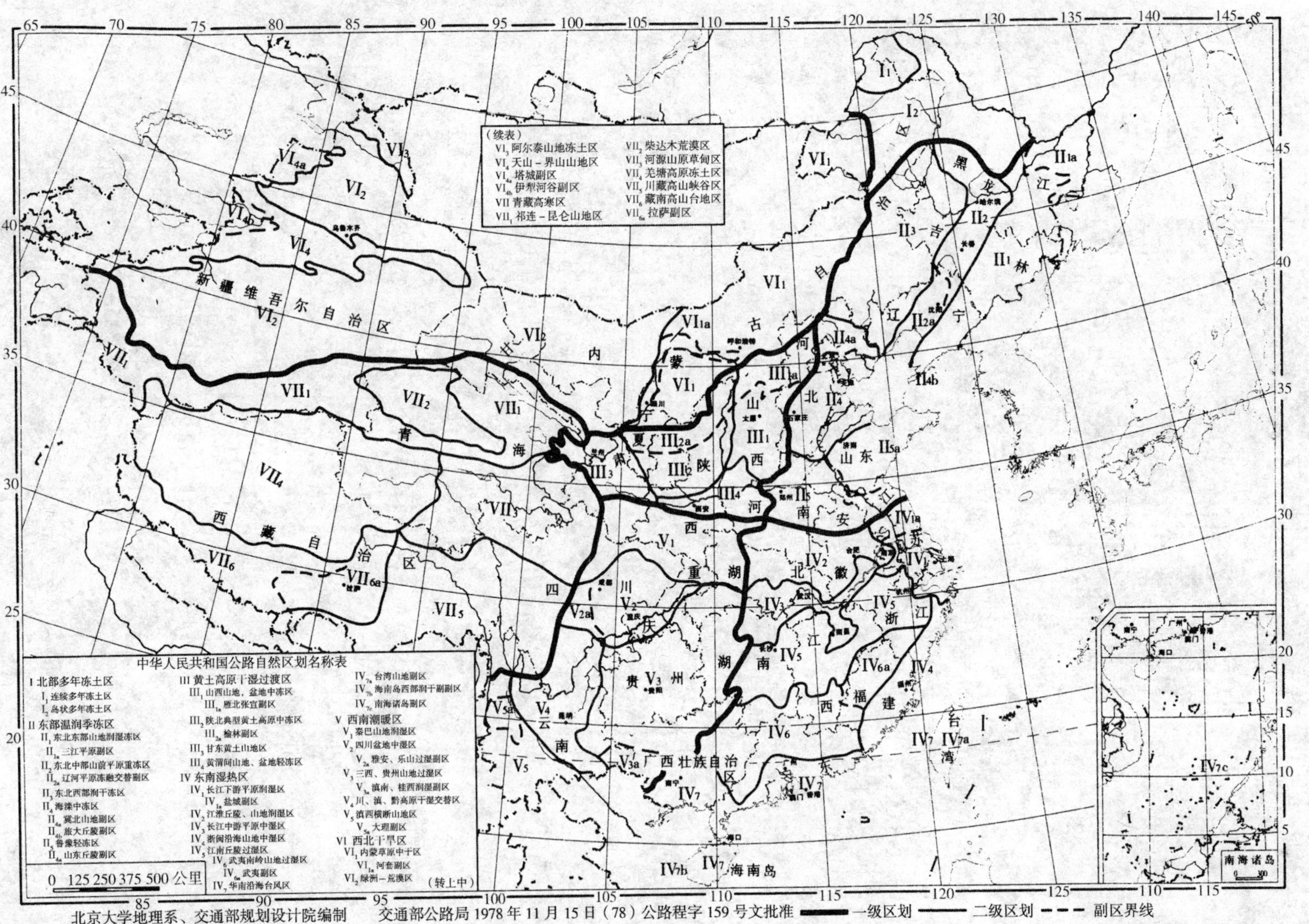

北京大学地理系、交通部规划设计院编制 交通部公路局1978年11月15日（78）公路程字159号文批准

图中：宁夏即宁夏回族自治区

JTJ

中华人民共和国行业标准 JTJ 004—89

公路工程抗震设计规范

Specifications of Earthquake Resistant Design for Highway Engineering

4

1989-10-04 发布 1990-01-01 实施

中华人民共和国交通部发布

JTJ

中华人民共和国行业标准　　JTJ 004—89

公路工程抗震设计规范

Specifications of Earthquake Resistant Design for Highway Engineering

1989-10-04 发布　　1990-01-01 实施

中华人民共和国交通部发布

中华人民共和国交通部文

（89）交工字 568 号

关于发布《公路工程抗震设计规范》的通知

兹批准《公路工程抗震设计规范》，编号为 JTJ 004—89，作为交通部部颁标准自一九九〇年一月一日起施行。一九七七年发布的《公路工程抗震设计规范》同时废止。

该规范的解释工作，由我部公路规划设计院负责，希各有关单位在执行过程中，将发现的问题和意见函告该院，以便修订时参考。

4

中华人民共和国交通部

一九八九年十月四日

修 订 说 明

根据交通部(85)公路技字152号文,“关于修订《公路工程抗震设计规范》的通知”的要求,自1986年起,交通部公路规划设计院会同有关设计、科研和高等院校等单位对原规范进行了修订。

修订后的规范共分5章8个附录。修订的主要内容有:适用范围扩大到所有公路工程;调整了抗震设防标准;修订了液化土的判别方法;补充了软土地基上路基抗震设计的规定;增加了使用橡胶支座的梁桥、弯桥、动水压力、动土压力、连孔拱桥等的地震荷载设计计算公式;修订了反应谱曲线;增补了隧道抗震部分;修订和增加了抗震措施有关条文;结构理论方面改用以分项系数表达的极限状态法。与原规范相比,在设计理论和设计方法上以及在内容上均做了较大的修改和补充。

在本规范施行过程中,希望各有关单位注意积累资料,总结经验,并随时将需要修改、补充的意见和有关资料寄交通部公路规划设计院(北京东四前炒面胡同33号,100010),以便今后进一步修订时参考。

目　　次

基本符号

作用和作用效应

E_{hs}——作用于路基计算土体重心处的水平地震荷载

E_{ihw}——作用于第 i 截面以上墙身重心处的水平地震荷载

E_{ihp}——作用于梁桥桥墩质点 i 的水平地震荷载

E_{htp}——作用于梁桥柔性墩支座顶面处的水平地震荷载

E_{ihs}——上部结构对第 i 号墩板式橡胶支座顶面处产生的水平地震荷载

E_{hp}——墩身所产生的水平地震荷载

E_{hsp}——上部结构对一个或几个板式橡胶支座顶面处产生的水平地震荷载之和

E_{hau}——作用于台身重心处的水平地震荷载

E_{ea}——地震时作用于台背每延米长度上的主动土压力

E_{1hp}——作用于墩顶的顺桥向水平集中力

q_{zhp}——沿墩身分布的顺桥向水平地震荷载

E_{1zp}——作用于墩顶的横桥向水平集中力

S_{1za}——等跨度连拱桥沿拱圈均布的横桥向水平地震荷载引起拱脚、拱顶和 1/4 拱跨截面处弯矩、剪力或扭矩

E_{ih}——作用于隧道衬砌和明洞上任一质点的水平地震荷载

G_s——路基计算土体的重力

G_{iw}——第 i 截面以上墙身圬工的重力

$G_{i=1,2,3\cdots}$——桥墩墩身各分段的重力

G_t——支座顶面处的换算质点重力

G_{sp}——上部结构重力

G_{cp}——盖梁重力

G_p——墩身重力

G_{tp}——桥墩对板式橡胶支座顶面处的换算质点重力

G_{au}——基础顶面以上台身重力

G_{ma}——包括拱上建筑在内沿拱圈单位弧长的平均重力

G_{it}——第 i 号墩顶集中重力

G_a——一孔拱桥上部结构总重力

G_{mp}——墩身每延米重力

E_w——地震时在水深 1/2 高度处,作用于桥墩的总动水压力

E_{hb}——作用于固定支座上顺桥向的水平地震荷载

E_{zb}——作用于固定支座和活动支座上横桥向的水平地震荷载

E_{hzb}——作用于橡胶支座上顺桥向或横桥向的水平地震荷载

S_{va}——单孔拱桥由顺桥向水平地震动所产生的竖向地震荷载引起拱脚、拱顶和 1/4 拱跨截面处弯矩、剪力或轴力

S_{ha}——单孔拱桥由顺桥向水平地震动所产生的水平地震荷载引起拱脚、拱顶和 1/4 拱跨截面处弯矩、剪力或轴力

S_{za}——单孔拱桥由横桥向水平地震动所产生的水平地震荷载引起拱脚、拱顶和 1/4 拱跨截面处弯矩、剪力或扭矩

S_a——等跨度连拱桥拱圈的总地震内力

S_p——等跨度连拱桥墩身的总地震内力

X_{1i}——梁桥桥墩基本振型在第 i 分段重心处的相对水平位移

X_f——考虑地基变形时，顺桥向作用于支座顶面或横桥向作用于上部结构质量重心上的单位水平力在一般冲刷线或基础顶面引起的水平位移与支座顶面或上部结构质量重心处的水平位移之比值

$X_{f\frac{1}{2}}$——考虑地基变形时，在顺桥向作用于支座顶面上的单位水平力在墩身计算高度 $H/2$ 处引起的水平位移与支座顶面处的水平位移之比值

$X_{1,i}$——连拱桥基本振型位移

X_{2p}——连拱桥桥墩第二振型位移

X_e——由水平地震作用引起的支座顶面相对于底面的水平位移

δ——在顺桥向或横桥向作用于支座顶面或上部结构质量重心上单位水平力在该点引起的水平位移

δ_{1ha}——连拱桥作用于拱脚处相向水平集中力引起拱脚处相向水平位移

K_{itp}——第 i 号墩组合抗推刚度

K_{is}——第 i 号墩板式橡胶支座抗推刚度

K_{ip}——第 i 号墩墩顶抗推刚度

K_1——相应于一联上部结构所对应的全部板式橡胶支座抗推刚度之和

K_2——相应于一联上部结构所对应的桥墩抗推刚度之和

K_{iz}——第 i 号墩横向抗推刚度

K_s——拱脚相向抗推刚度

R_i——上部结构重力在第 i 号聚四氟乙烯滑板支座上产生的反力

R_{fre}——上部结构重力在活动支座上产生的反力

R_b——上部结构重力在板式橡胶支座上产生的反力

计算系数

C_i——重要性修正系数

K_h——水平地震系数

K_v——竖向地震系数

K——地基土抗震容许承载力提高系数

P_c——黏粒含量百分率

ξ——黏粒含量修正系数

C_v——地震剪应力随深度的折减系数

C_n——标准贯入锤击数的修正系数

C_e——液化抵抗系数

α——折减系数

C_z——综合影响系数

K_c——抗滑动稳定系数

K_0——抗倾覆稳定系数

ψ_{iw}——水平地震荷载沿墙高的分布系数

β_1——相应于桥墩顺桥向或横桥向的基本周期的动力放大系数

γ_1——桥墩基本振型参与系数

β——相应于某一振型的自振周期的动力放大系数
η——墩身重力换算系数
K_A——非地震条件下作用于台背的主动土压力系数
ξ_h——断面形状系数
γ_v——与在拱平面基本振型的竖向分量有关的系数
γ_h——与在拱平面基本振型的水平分量有关的系数
ψ_v——顺桥向竖向地震荷载产生的内力系数
ψ_h——顺桥向均布水平地震荷载产生的内力系数
ψ_z——横桥向水平地震荷载产生的内力系数
ψ_{1z}——横桥向单位均布水平地震荷载产生的内力系数
γ_m——材料或砌体安全系数
γ_c——混凝土安全系数
γ_s——预应力钢筋或非预应力钢筋安全系数
γ_b——结构工作条件系数
γ_g——荷载安全系数
γ_q——地震荷载安全系数
m——截面弯矩系数
t——截面扭矩系数
q——截面剪力系数
n——截面轴力系数

几 何 特 征

d_u——上覆非液化土层厚度
d_w——地下水位深度
d_s——标准贯入点深度
H——路基边坡、挡土墙、桥墩或台身的高度
H_i——一般冲刷线或基础顶面至墩身各段重心处的垂直距离
H_w——路堤浸水常水位的深度
H_{iw}——第 i 截面以上墙身重心至墙底的高度
B——顺桥向或横桥向的墩身最大宽度
b——与地震作用方向相垂直的桥墩宽度
h——从地面或一般冲刷线算起的水深
θ_h——曲梁桥轴线所对应的水平中心角
R——曲梁半径
$\sum_t$——板式橡胶支座橡胶层总厚度
A_r——板式橡胶支座面积
A_f——基底截面积
A_p——墩身截面积
e——砖石、混凝土构件截面或基底截面的合力偏心距
ρ——基底截面的核心半径
W——基底截面的抵抗矩
a——梁端至墩(台)帽或盖梁边缘的最小距离
L——梁的计算跨径
d——吊梁与悬臂之间的搭接长度

I_e——桥墩等效截面惯性矩

I——截面惯性矩

S——拱轴线的弧长

θ_a——圆弧拱轴线全弧长所对应的中心角

材料指标

$[\sigma]$——地基土修正后的容许承载力或强度提高后的材料容许应力

$[\sigma_e]_1$——地基土抗震容许承载力

σ_0——标准贯入点处土的总上覆压力

σ_e——标准贯入点处土的有效覆盖压力

$[\sigma_0]$——地基土容许承载力

γ_u——地下水位以上土的容重

γ_d——地上水位以下土的容重

γ——土的容重

ϕ——土的内摩擦角

θ——地震角

δ_s——墙背与填土之间的摩擦角

G_d——板式橡胶支座动剪切模量

μ_d——支座动摩阻系数

γ_w——水的容重

γ_p——墩身材料容重

R_j——材料或砌体的极限强度

R_c——混凝土设计强度

R_s——预应力钢筋或非预应力钢筋设计强度

E——材料弹性模量

G_m——场地土平均剪切模量

其　他

N_1——土层实测的修正标准贯入锤击数

N_c——土层计算的修正液化临界标准贯入锤击数

$N_{63.5}$——土层实测的标准贯入锤击数

G——非地震荷载效应

Q_d——地震荷载效应

ω_1——梁桥桥墩或连拱桥顺桥向基本圆频率

ω_{2p}——边拱桥桥墩顺桥向第二圆频率

ω_{iz}——连拱桥横桥向基本圆频率

T_{iz}——连拱桥横桥向基本周期

T_1——梁桥桥墩、单孔拱桥或连拱桥顺桥向基本周期

T_{2p}——连拱桥桥墩顺桥向第二周期

g——重力加速度

μ_1——场地的平均剪切模量对场地评定指数的影响系数

μ_2——覆盖土层厚度对场地评定指数的影响系数

第一章　总则

第1.0.1条　为贯彻抗震工作以预防为主的方针，减轻公路工程的地震破坏，保障人民生命财产的安全和减少经济损失，更好地发挥公路运输及其在抗震救灾中的作用，特制定本规范。

第1.0.2条　本规范适用于中国地震烈度区划图中所规定的基本烈度为7、8、9度地区的公路工程抗震设计。对于基本烈度大于9度的地区，公路工程的抗震设计应进行专门研究；基本烈度为6度地区的公路工程，除国家特别规定外，可采用简易设防。

对于做过地震小区划地区的公路工程，应经主管部门审批后进行抗震设计。

对于修建特别重要的特大桥的场址，宜进行烈度复核或地震危险性分析。

沿线公路用房的抗震设计，应按国家现行的工业与民用建筑抗震设计规范进行。

第1.0.3条　公路工程按本规范设计后，在发生与之相当的基本烈度地震影响时，位于一般地段的高速公路、一级公路工程，经一般整修即可正常使用；位于一般地段的二级公路工程及位于软弱黏性土层或液化土层上的高速公路、一级公路工程，经短期抢修即可恢复使用；三、四级公路工程和位于抗震危险地段、软弱黏性土层或液化土层上的二级公路以及位于抗震危险地段的高速公路、一级公路工程，保证桥梁、隧道及重要的构造物不发生严重破坏。

注：抗震危险地段系指发震断层及其邻近地段；地震时可能发生大规模滑坡、崩塌、岸坡滑移等地段。

第1.0.4条　对构造物的地震作用，应根据路线等级及构造物的重要性和修复（抢修）的难易程度，按表1.0.4进行修正。

表1.0.4　重要性修正系数 C_i

路线等级及构造物	重要性修正系数 C_i
高速公路和一级公路上的抗震重点工程	1.7
高速公路和一级公路的一般工程，二级公路上的抗震重点工程，二、三级公路上桥梁的梁端支座	1.3
二级公路的一般工程、三级公路上的抗震重点工程、四级公路上桥梁的梁端支座	1.0
三级公路的一般工程、四级公路上的抗震重点工程	0.6

注：(1)位于基本烈度为9度地区的高速公路和一级公路上的抗震重点工程，其重要性修正系数也可采用1.5。

(2)抗震重点工程系指特大桥、大桥、隧道和破坏后修复（抢修）困难的路基、中桥和挡土墙等工程。一般工程系指非重点的路基、中小桥和挡土墙等工程。

对政治、经济或国防上具有重要意义的三、四级公路工程，按国家批准权根，报请批准后，其重要性修正系数可按表1.0.4调高一档采用。

第1.0.5条　构造物一般应按基本烈度采取抗震措施。对于高速公路和一级公路上的抗震重点工程，可比基本烈度提高一度采取抗震措施，但基本烈度为9度的地区，提高一度的抗震措施应专门研究；对于四级公路上的一般工程，可不考虑或采用简易抗震措施。

第1.0.6条　立体交叉的跨线工程，其抗震设计不应低于下线工程的要求。

第1.0.7条　验算构造物地震作用时，水平地震系数 K_h 应按表1.0.7采用。

表1.0.7　水平地震系数 K_h

基本烈度（度）	7	8	9
水平地震系数 K_h	0.1	0.2	0.4

竖向地震系数 K_v，取 $\frac{1}{2}K_h$ 值。

第1.0.8条　抗震设计应符合下列要求：

一、选择对抗震有利的地段布设路线和选定桥位。

二、避免或减轻在地震影响下因地基变形或地基失效对公路工程造成的破坏。

三、本着减轻震害和便于修复(抢修)的原则,确定合理的设计方案。

四、加强路基的稳定性和构造物的整体性。

五、适当降低路基和构造物的高度,合理减轻构造物的自重。

六、在设计中提出保证施工质量的要求和措施。

第1.0.9条 按本规范进行抗震设计时,还应符合公路现行的有关标准、规范的要求。

第二章 路线、桥位、隧址和地基

第一节 路线、桥位和隧址

第 2.1.1 条 选择路线、桥位和隧址时，应搜集基本烈度、地震活动情况和区域性地质构造等资料，并加强工程地质、水文地质和历史震害情况的现场调查和勘察工作，查明对公路工程抗震有利、不利和危险的地段。应充分利用对抗震有利的地段。

注：对抗震不利的地段系指软弱黏性土层、液化土层和地层严重不均的地段；地形陡峭、孤突、岩土松散、破碎的地段；地下水位埋藏较浅、地表排水条件不良的地段。

第 2.1.2 条 路线和桥位宜绕避下列地段：

一、地震时可能发生滑坡、崩塌地段。

二、地震时可能塌陷的暗河、溶洞等岩溶地段和已采空的矿穴地段。

三、河床内基岩具有倾向河槽的构造软弱面被深切河槽所切割的地段。

四、地震时可能坍塌而严重中断公路交通的各种构造物。

第 2.1.3 条 当路线必须通过发震断层时，宜布设在其破碎带较窄的部位；当路线必须平行于发震断层时，宜布设在断层的下盘上。路线设计宜采用低填浅挖的设计方案。

当桥位无法避开发震断层时，宜将全部墩台布置在断层的同一盘（最好是下盘）上。

第 2.1.4 条 对河谷两岸在地震时可能因发生滑坡、崩塌而造成堵河成湖的地段，应估计其淹没和堵塞体溃决的影响范围，合理确定路线的标高和选定桥位。当可能因发生滑坡、崩塌而改变河流流向、影响岸坡和桥梁墩台以及路基的安全时，应采取适当的防护措施。

第 2.1.5 条 路线设计应尽量减少对自然平衡条件的破坏，避免造成较多的高陡临空面：不宜采用高墩台、高挡墙、深长路堑以及在同一山坡上的连续回头弯道等对抗震不利的设计方案。在山岭区，可采用隧道、明洞等对抗震有利的设计方案。

在工程地质、水文地质条件不良地段，除应尽量减少对自然平衡条件的破坏外，尚应根据具体情况采取必要的路基防护措施和加强排水处理。在地质不良的峡谷地段，应尽量避免开挖山体，可利用谷底阶地和河滩修建路堤或顺河桥，并应加强防护措施。

第 2.1.6 条 路线难以避开不稳定的悬崖陡壁地段时，宜采用隧道。

隧道设在傍山地段时，应适当内移；隧道洞口不应设在地震时易产生崩塌、滑坡、错落等地质不良地段。

第 2.1.7 条 当路线无法避开因地震而可能严重中断交通的地段时，应备有维护交通的方案。例如：尽量与邻近公路连通；当有旧路、老桥、渡口等可供利用时，宜养护备用；当有特殊需要时，可考虑修建一段抗震备用的低标准辅道等。

第二节 地基

第 2.2.1 条 验算地基的抗震强度时，地基土的抗震容许承载力应按下式计算：

$$[\sigma_e] = K[\sigma] \tag{2.2.1}$$

式中 $[\sigma_e]$——地基土抗震容许承载力（kPa）；

$[\sigma]$——地基土修正后的容许承载力（kPa），应按现行的《公路桥涵地基与基础设计规范》计算确定；

K——地基土抗震容许承载力提高系数，应按表 2.2.1 采用。

柱桩的抗震容许承载力提高系数可取 1.5；摩擦桩的抗震容许承载力提高系数，可根据地基土类别按表 2.2.1 取值。

表 2.2.1　地基土抗震容许承载力提高系数 K

地 基 土	K
岩石，密实的碎石土，密实的砾、粗、中砂、老黏性土，$[\sigma_0] \geqslant 300$kPa 的一般黏性土	1.5
中密的碎石土，中密的砾、粗、中砂，$200\text{kPa} \leqslant [\sigma_0] < 300$kPa 的一般黏性土	1.3
密、中密的细砂、粉砂，$100\text{kPa} \leqslant [\sigma_0] < 200$kPa 的一般黏性土	1.1
新近沉积的黏性土，软土，松散的砂，填土，$[\sigma_0] < 100$kPa 的一般黏性土	1.0

注：$[\sigma_0]$为地基土容许承载力，应符合现行的《公路桥涵地基与基础设计规范》(JTJ 024—85)的规定。

第 2.2.2 条　当在地面以下 20m 范围内有饱和砂土或饱和亚砂土层时，可根据下列情况初步判定其是否有可能液化：

一、地质年代为第四纪晚更新世(Q_3)及其以前时，可判为不液化。

二、基本烈度为 7 度、8 度、9 度区，亚砂土的黏粒(粒径 < 0.005mm 的颗粒)含量百分率 P_c(按重量计)分别不小于 10、13、16 时，可判为不液化。

三、基础埋置深度不超过 2m 的天然地基，可根据图 2.2.2 中规定的上覆非液化土层厚度 du 或地下水位深度 d_w 判定土层是否考虑液化影响。

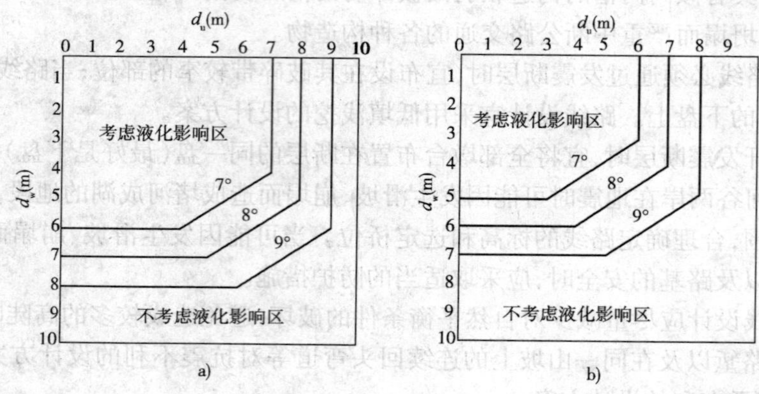

图 2.2.2　液化初判图

a)砂土；b)亚砂土

注：(1)上覆非液化土层厚度 d_u，不包括软土层。软土的定义参照现行的《公路土工试验规程》的有关规定。

(2)黏粒含量百分率 P_c 的测定，应采用六偏磷酸钠作分散剂。

第 2.2.3 条　经初步判定有可能液化的土层，可通过标准贯入试验(有成熟经验时，亦可采用其他方法)，进一步判定土层是否液化。当土层实测的修正标准贯入锤击数 N_1，小于按式(2.2.3-2)计算的修正液化临界标准贯入锤击数 N_c 时，则判为液化，否则为不液化。

$$N_1 = C_n N_{63.5} \tag{2.2.3-1}$$

$$N_c = \left[11.8\left(1 + 13.06\frac{\sigma_0}{\sigma_e}K_h C_v\right)^{1/2} - 8.09\right]\xi \tag{2.2.3-2}$$

式中　C_n——标准贯入锤击数的修正系数，应按表 2.2.3-1 采用；

$N_{63.5}$——实测的标准贯入锤击数；

K_h——水平地震系数，应按表 1.0.7 采用；

σ_0——标准贯入点处土的总上覆压力(kPa)；

$$\sigma_0 = \gamma_u d_w + \gamma_d(d_s - d_w)$$

σ_e——标准贯入点处土的有效覆盖压力(kPa)；

$$\sigma_e = \gamma_u d_w + (\gamma_d - 10)(d_s - d_w)$$

γ_u——地下水位以上土容重，砂土 $\gamma_u = 18.0(\text{kN/m}^3)$；亚砂土 $\gamma_u = 18.5(\text{kN/m}^3)$；

γ_d——地下水位以下土容重，砂土 $\gamma_d = 20.0(kN/m^3)$；亚砂土 $\gamma_d = 20.5(kN/m^3)$；

d_s——标准贯入点深度(m)；

d_w——地下水位深度(m)；

C_v——地震剪应力随深度的折减系数，应按表2.2.3-2采用；

ξ——黏粒含量修正系数，$\xi = 1 - 0.17(P_c)^{1/2}$；

P_c——黏粒含量百分率(%)。

表2.2.3-1 标准贯入锤击数的修正系数 C_n

σ_0(kPa)	0	20	40	60	80	100	120	140	160	180
C_n	2	1.70	1.46	1.29	1.16	1.05	0.97	0.89	0.83	0.78
σ_0(kPa)	200	220	240	260	280	300	350	400	450	500
C_n	0.72	0.69	0.65	0.60	0.58	0.55	0.49	0.44	0.42	0.40

表2.2.3-2 地震剪应力随深度的折减系数 C_v

d_s(m)	1	2	3	4	5	6	7	8	9	10
C_v	0.994	0.991	0.986	0.976	0.965	0.958	0.945	0.935	0.920	0.902
d_s(m)	11	12	13	14	15	16	17	18	19	20
C_v	0.884	0.866	0.844	0.822	0.794	0.741	0.691	0.647	0.631	0.612

第2.2.4条 当地基内有液化土层时，液化土层的承载力(包括桩侧摩阻力)、土抗力(地基系数)、内摩擦角和内聚力等，可根据液化抵抗系数 C_e 予以折减。其折减系数 α 应按表2.2.4采用。液化土层以下地基承载力的提高系数，应符合本规范第2.2.1条的规定；液化土层以上地基承载力不宜提高。在计算液化土层以下地基承载力时，应考虑其重力。

$$C_e = \frac{N_1}{N_c} \tag{2.2.4}$$

式中 C_e——液化抵抗系数；

N_1、N_c 意义同前。

表2.2.4 折减系数 α

C_e	d_s(m)	α
$C_e \leq 0.6$	$d_s \leq 10$	0
	$10 < d_s \leq 20$	1/3
$0.6 < C_e \leq 0.8$	$d_s \leq 10$	1/3
	$10 < d_s \leq 20$	2/3
$0.8 < C_e \leq 1.0$	$d_s \leq 10$	2/3
	$10 < d_s \leq 20$	1

第2.2.5条 软弱黏性土层和液化土层不宜直接用作路基和构造物的地基。当难以避免时，应探明其埋藏和分布情况，并按本规范第三、四章的有关规定采取抗震措施。

第三章　路基和挡土墙

第一节　抗震强度和稳定性验算

第 3.1.1 条　验算路基和挡土墙的抗震强度和稳定性，只考虑垂直路线走向的水平地震荷载。地震荷载应与结构重力、土的重力和水的浮力相组合，其他荷载均不考虑。

地震荷载采用静力法计算。

第 3.1.2 条　路基应按表 3.1.2 规定的范围和要求，验算其抗震稳定性。

路基抗震稳定性验算范围和要求　　表 3.1.2

<table>
<tr><td colspan="3" rowspan="2">公路等级 / 基本烈度（度） / 项目</td><td colspan="3">高速公路及一、二级公路</td><td>三、四级公路</td></tr>
<tr><td>7</td><td>8</td><td>9</td><td>9</td></tr>
<tr><td rowspan="3">岩石、非液化土及非软土的地基上的路堤</td><td rowspan="2">非浸水 填筑</td><td>用岩块及细粒土（粉性土、有机质土除外）</td><td>不验算</td><td>$H>20$ 验算</td><td>$H>15$ 验算</td><td>$H>20$ 验算</td></tr>
<tr><td>用粗粒土（极细砂、细砂除外）填筑</td><td>不验算</td><td>$H>12$ 验算</td><td>$H>6$ 验算</td><td>$H>12$ 验算</td></tr>
<tr><td>浸水</td><td>用渗水性土填筑</td><td>不验算</td><td>$H_w>3$ 验算</td><td>$H_w>2$ 验算</td><td>水库地区 $H_w>3$ 验算</td></tr>
<tr><td></td><td colspan="2">地面横坡大于1:3的路堤</td><td>不验算</td><td>验算</td><td>验算</td><td>验算</td></tr>
<tr><td>路堑</td><td colspan="2">黏性土、黄土、碎石类土</td><td>一般不验算</td><td>$H>20$ 验算</td><td>$H>15$ 验算</td><td>$H>20$ 验算</td></tr>
<tr><td rowspan="2">路基边坡稳定系数</td><td colspan="2">$H\leqslant 20$</td><td colspan="3">≥1.10</td><td rowspan="2">≥1.05</td></tr>
<tr><td colspan="2">$H>20$</td><td colspan="3">≥1.15</td></tr>
</table>

注：(1) H 为路基边坡高度（m）。

(2) H_w 为路堤浸水常水位的深度（m）。

第 3.1.3 条　路基的水平地震荷载，应按下式计算：

$$E_{hs} = C_i C_z K_h G_s \tag{3.1.3}$$

式中　C_i——重要性修正系数，应按表 1.0.4 采用；

C_z——综合影响系数，取 $C_z = 0.25$；

K_h——水平地震系数，应按表 1.0.7 采用；

G_s——路基计算土体的重力（kN）；

E_{hs}——作用于路基计算土体重心处的水平地震荷载（kN）。

第 3.1.4 条　挡土墙应按表 3.1.4 规定的范围和要求以及本规范第 4.3.2 和第 4.3.4 条的规定，验算其抗震强度和稳定性。

第 3.1.5 条　挡土墙第 i 截面以上墙身重心处的水平地震荷载，应按下式计算：

$$E_{ihw} = C_i C_z K_h \psi_{iw} G_{iw} \tag{3.1.5}$$

式中　E_{ihw}——第 i 截面以上墙身重心处的水平地震荷载（kN）；

C_i——重要性修正系数，应按表 1.0.4 采用；

C_z——综合影响系数；取 $C_z = 0.25$；

K_h——水平地震系数，应按表 1.0.7 采用；

G_{iw}——第 i 截面以上墙身圬工的重力(kN)；

ψ_{iw}——水平地震荷载沿墙高的分布系数，应按表 3.1.5 采用。

挡土墙抗震强度和稳定性验算范围和要求 表 3.1.4

公路等级		高速公路及一、二级公路			三、四级公路
项目 \ 基本烈度(度)		7	8	9	9
岩石、非液化土及非软土地基	非浸水	不验算	$H>4$ 验算	验算	验算
	浸水	不验算	验算	验算	验算
液化土及软土地基		验算	验算	验算	验算
抗滑动稳定系数 K_c		≥1.1			
抗倾覆稳定系数 K_0		≥1.2			

注：H 为挡土墙墙趾至墙顶面的高度(m)。

水平地震荷载沿墙高的分布系数 ψ_{iw} 表 3.1.5

墙高(m) \ 公路等级	高速公路及一、二级公路	三、四级公路	重力式挡墙 ψ_{iw} 计算简图
$H\leqslant 12$	$\psi_{iw}=1$	$\psi_{iw}=1$	2.0; 1.0; i; H; H_{iw}; ψ_{iw}; 1.0; 1.0
$H>12$	$\psi_{iw}=1+\dfrac{H_{iw}}{H}$	$\psi_{iw}=1$	$\psi_{iw}=1+\dfrac{H_{iw}}{H}$　$\psi_{iw}=1$

注：(1) H 为挡土墙的高度(m)。

(2) H_{iw} 为验算第 i 截面以上墙身重心至墙底的高度(m)。

第 3.1.6 条 作用于挡土墙上的地震主动土压力按库伦公式计算时，公式中土的容重 γ、土的内摩擦角 ϕ 和墙背与填土间的摩擦角 δ_s 均应按表 3.1.6 所列的地震角 θ 分别修正为 $\dfrac{\gamma}{\cos\theta}$、$\phi-\theta$ 和 $\delta_s+\theta$。

对于路肩墙可按式(4.2.10-1)计算，其中 C_z 取 0.25。

地 震 角 表 3.1.6

地震角 \ 基本烈度(度)		7	8	9
θ	非浸水	1°30′	3°	6°
	浸水	2°30′	5°	10°

第二节 抗震措施

第 3.2.1 条 路基填方宜采用碎石土、一般黏性土、卵石土和不易风化的石块等材料填筑。压实度应符合现行的有关规范的要求。

当采用砂类土填筑路基时，应采取措施将其压实，并对边坡坡面适当加固。

第 3.2.2 条 高速公路和一级公路的路堤，边坡高度大于表 3.2.2 规定时，应放缓边坡坡度。

路堤边坡高度限值(m)　　表 3.2.2

填　料	基本烈度	
	8	9
岩块和细粒土(粉性土和有机质土除外)	15	10
粗粒土(细砂、极细砂除外)	6	3

第 3.2.3 条　在地面横坡陡于 1∶3 的稳定斜坡上填筑路基时,除必须按《公路路基设计规范》(JTJ 013—86)的要求处理基底外,还应根据具体情况加强上侧山坡的排水处理和在坡脚采取支挡措施。

第 3.2.4 条　在软弱黏性土层和液化土层上填筑路基时,可根据具体情况采取适当措施:换土、反压护道、降低填土高度、取土坑和边沟浅挖宽取并远离路基、保护路基与取土坑之间的地表植被和地基加固(砂桩、碎石桩、石灰桩、强夯等)等。

第 3.2.5 条　岩石路堑,当边坡高度超过 10m 时,边坡的坡度应按表 3.2.5 采用。当石质破碎或有倾向路基的软弱面时,应视具体情况进行边坡设计。山坡岩体破碎或上部覆盖层受震易坍塌时,应采取支挡加固措施,高速公路、一级公路宜用隧道或明洞通过。

高度超过 10m 的岩石挖方边坡的坡度　　表 3.2.5

岩石种类	基本烈度	
	8	9
风化岩石	1∶0.6～1∶1.5	1∶0.75～1∶1.5
一般岩石	1∶0.1～1∶0.5	1∶0.2～1∶0.6
坚　石	1∶0.1～直立	1∶0.1～直立

第 3.2.6 条　在岩体严重风化地段,当基本烈度为 9 度时,路基挖方不宜采用大爆破施工。

第 3.2.7 条　高速公路、一级公路不应使用干砌片石挡土墙。其他等级公路的干砌片(块)石挡土墙的高度,当基本烈度为 8 度时,不宜超过 5m;当基本烈度为 9 度时,不宜超过 3m。

浆砌片(块)石挡土墙的最低砂浆标号应按现行的《公路路基设计规范》(JTJ 013—86)的要求提高一级采用。

第 3.2.8 条　混凝土挡土墙的施工缝和衡重式挡土墙的变截面处,均应设置占截面面积 20% 的榫头或用短钢筋加强。

第 3.2.9 条　在软弱黏性土层和液化土层上修建挡土墙时,应根据具体情况采取换土、加大基底面积、采用桩基础等加强地基处理的措施,也可采用轻型支挡构造物。

第四章　桥梁

第一节　一般规定

第 4.1.1 条　本章适用于跨径不超过 150m 的钢筋混凝土和预应力混凝土梁桥、圬工或钢筋混凝土拱桥的抗震设计。

第 4.1.2 条　桥梁上部结构、墩台及基础型式，应考虑地形、地质条件、结构特点、规模、重要性以及震害经验等，选择适当桥型。

当必须在发震断层上修建桥梁时，宜采用跨径较小、墩台较低的简支梁桥。

第 4.1.3 条　下列构造物可不进行抗震强度和稳定性验算，但应采取抗震措施。

一、简支梁的上部构造。

二、基本烈度低于 9 度，基础位于 Ⅰ、Ⅱ 类场地土上的跨径不大于 30m 的单孔板拱拱圈。

三、基本烈度低于 8 度，二、三、四级公路上位于非液化土和非软弱黏性土地基上的实体墩台。

注：场地土分类应按本规范第 4.2.3 条执行。

第 4.1.4 条　验算桥梁的抗震强度和稳定性时，地震荷载应与结构重力、土的重力和水的浮力相组合，其他荷载可不考虑。

第 4.1.5 条　计算桥梁地震荷载时，应分别考虑顺桥和横桥两个方向的水平地震荷载。对于位于基本烈度为 9 度区的大跨径悬臂梁桥，还应考虑上、下两个方向竖向地震荷载和水平地震荷载的不利组合。

第 4.1.6 条　季节性河流上的桥梁，可不考虑水流影响；常年有水的河流上的桥梁，应按常水位计算水的浮力；位于常水位水深超过 5m 的实体桥墩、空心桥墩的抗震设计，应计入地震动水压力。

第 4.1.7 条　梁桥下部结构的抗震设计，应考虑上部结构的地震荷载。其作用点的位置，顺桥向为支座顶面；横桥向为上部结构质量重心。

第 4.1.8 条　位于非岩石地基上的梁桥桥墩抗震设计，应计入地基变形的影响。

第二节　地震荷载

第 4.2.1 条　地震荷载的计算方法，一般情况下桥墩应采用反应谱理论计算，桥台采用静力法。对于结构特别复杂、桥墩高度超过 30m 的特大桥梁，可采用时程反应分析法。

第 4.2.2 条　梁桥桥墩顺桥向和横桥向的水平地震荷载，一般情况下应按下列公式计算。其结构计算简图如图 4.2.2-1 所示。

$$E_{ihp} = C_i C_z K_h \beta_1 \gamma_1 X_{1i} G_i \tag{4.2.2}$$

式中　E_{ihp}——作用于梁桥桥墩质点 i 的水平地震荷载(kN)；

C_i——重要性修正系数，按表 1.0.4 采用；

C_z——综合影响系数，按表 4.2.4 采用；

K_h——水平地震系数，按表 1.0.7 采用；

β_1——相应于桥墩顺桥向或横桥向的基本周期的动力放大系数，按本规范第 4.2.3 条的规定确定；

γ_1——桥墩顺桥向或横桥向的基本振型参与系数；

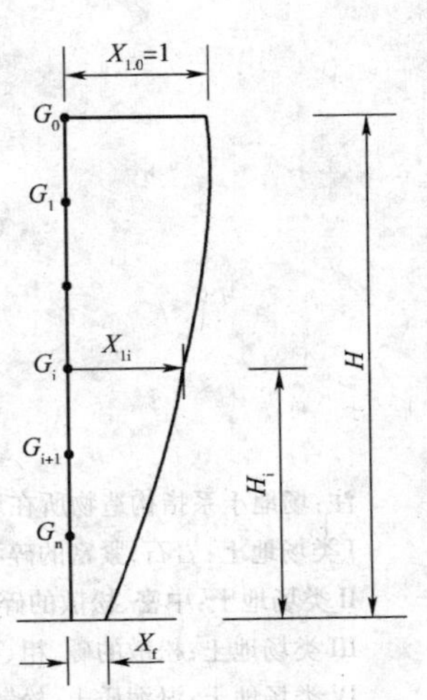

图 4.2.2-1　结构计算简图

公路工程抗震设计规范 4 13

$$\gamma_1=\frac{\sum_{i=0}^{n}X_{1i}G_i}{\sum_{i=0}^{n}X_{1i}^2G_i}$$

X_{1i}——桥墩基本振型在第 i 分段重心处的相对水平位移。对于实体桥墩，当 $H/B>5$ 时，$X_{1i}=X_f+\frac{1-X_f}{H}H_i$（一般适用于顺桥向）；当 $H/B<5$ 时，$X_{1i}=X_f+\left(\frac{H_i}{H}\right)^{1/3}(1-X_f)$（一般适用于横桥向）；

X_f——考虑地基变形时，顺桥向作用于支座顶面或横桥向作用于上部结构质量重心上的单位水平力在一般冲刷线或基础顶面引起的水平位移与支座顶面或上部结构质量重心处的水平位移之比值；

H_i——一般冲刷线或基础顶面至墩身各分段重心处的垂直距离（m）；

H——桥墩计算高度，即一般冲刷线或基础顶面至支座顶面或上部结构质量重心的垂直距离（m）；

B——顺桥向或横桥向的墩身最大宽度（m）（见图4.2.2-2）；

$G_{i=0}$——梁桥上部结构重力（kN），对于简支梁桥，计算顺桥向地震荷载时为相应于墩顶固定支座的一孔梁的重力；计算横桥向地震荷载时为相邻两孔梁重力的一半；

$G_{i=1,2,3\cdots}$——桥墩墩身各分段的重力（kN）。

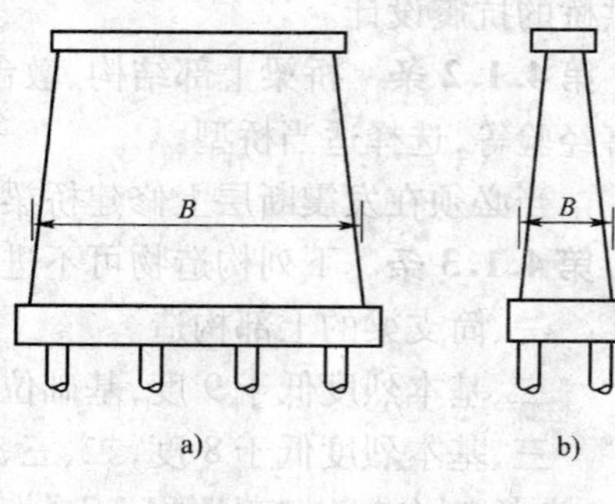

图 4.2.2-2　墩身最大宽度 B

a）横桥向；b）顺桥向

第 4.2.3 条　计算拱桥和梁桥桥墩的地震荷载时，其动力放大系数 β 值可根据结构计算方向的自振周期或基本周期（按附录一～四确定）和场地土类别按图 4.2.3 确定。当具有场地土的平均剪切模量或场地土的剪切波速、质量密度和分层厚度实测资料时，可按附录六确定。

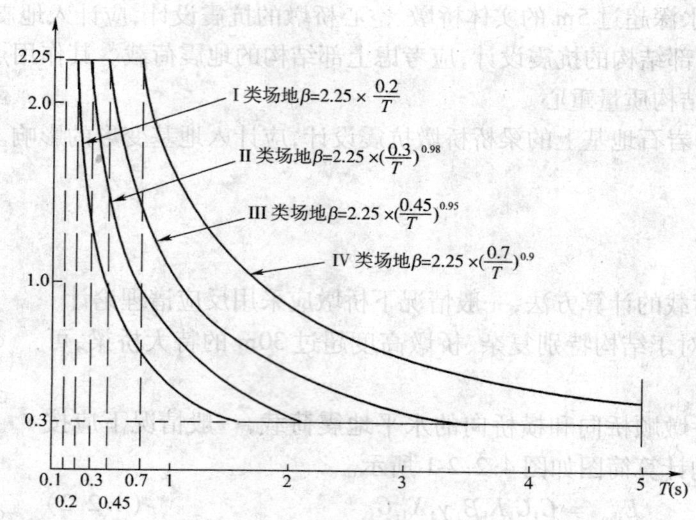

图 4.2.3　动力放大系数 β

注：场地土系指构造物所在地的土层。分为四类：

I 类场地土：岩石，紧密的碎石土。

II 类场地土：中密、松散的碎石土，密实、中密的砾、粗、中砂；地基土容许承载力$[\sigma_0]>250$kPa 的黏性土。

III 类场地土：松散的砾、粗、中砂，密实、中密的细、粉砂，地基土容许承载力$[\sigma_0]\leqslant250$kPa 的黏性土和$[\sigma_0]\geqslant130$kPa 的填土。

IV 类场地土：淤泥质土，松散的细、粉砂，新近沉积的黏性土；地基土容许承载力$[\sigma_0]<130$kPa 的填土。

对于多层土，当构造物位于 I 类土上时，即属于 I 类场地土；位于 II、III、IV 类土上时，则按构造物所在地表以下 20m 范围内的土层综合评定为 II 类、III 类或 IV 类场地土（对于桩基础，可根据上部土层影响较大，下部土层影响较小，厚度大的土层影响较大，厚度小的土层影响较小的原则进行评定。对于其他基础，可着重考虑基础下的土层并按上述原则进行评定。对于深基础，考虑的深度应适当加深）。

第 4.2.4 条 综合影响系数 C_z 值，应按表 4.2.4 采用。

表 4.2.4 综合影响系数 C_z

<table>
<tr><th colspan="3" rowspan="2">桥梁和墩、台类型</th><th colspan="3">桥墩计算高度 H(m)</th></tr>
<tr><th>H<10</th><th>10≤H<20</th><th>20≤H<30</th></tr>
<tr><td rowspan="4">梁桥</td><td>柔性墩</td><td>柱式桥墩、排架桩墩、薄壁桥墩</td><td>0.30</td><td>0.33</td><td>0.35</td></tr>
<tr><td>实体墩</td><td>天然基础和沉井基础上的实体桥墩</td><td>0.20</td><td>0.25</td><td>0.30</td></tr>
<tr><td colspan="2">多排桩基础上的桥墩</td><td>0.25</td><td>0.30</td><td>0.35</td></tr>
<tr><td colspan="2">桥 台</td><td colspan="3">0.35</td></tr>
<tr><td colspan="3">拱 桥</td><td colspan="3">0.35</td></tr>
</table>

第 4.2.5 条 梁桥桥墩的柔性墩，其顺桥向的水平地震荷载可采用下列简化公式计算。其计算简图如图 4.2.5 所示。

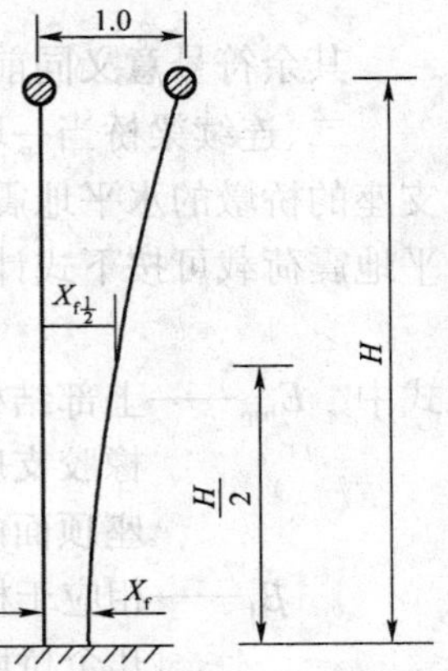

$$E_{htp} = C_i C_z K_h \beta_1 G_t \tag{4.2.5}$$

式中 E_{htp}——作用于支座顶面处的水平地震荷载(kN)；

G_t——支座顶面处的换算质点重力(kN)；

$$G_t = G_{sp} + G_{cp} + \eta G_p$$

G_{sp}——梁桥上部结构重力。对于简支梁桥，计算地震荷载时为相应于墩顶固定支座的一孔梁的重力(kN)；

G_{cp}——盖梁重力(kN)；

G_p——墩身重力。对于扩大基础和沉井基础，为基础顶面以上墩身重力(kN)；对于桩基础，为一般冲刷线以上墩身重力(kN)；

η——墩身重力换算系数；

$$\eta = 0.16(X_f^2 + 2X_{f\frac{1}{2}}^2 + X_f X_{f\frac{1}{2}} + X_{f\frac{1}{2}} + 1)$$

$X_{f\frac{1}{2}}$——考虑地基变形时，顺桥向作用于支座顶面上的单位水平力在墩身计算高度 H/2 处引起的水平位移与支座顶面处的水平位移之比值。

图 4.2.5 柔性墩计算简图

第 4.2.6 条 板式橡胶支座的梁桥，其顺桥向水平地震荷载一般应分别按下列情况计算：

一、全联均采用同类型板式橡胶支座的连续梁桥或桥面连续、顺桥向具有足够强度的抗震联结措施（即纵向联结措施的强度大于支座抗剪极限强度）的简支梁桥，其水平地震荷载可按下述简化方法计算：

1. 上部结构对板式橡胶支座顶面处产生的水平地震荷载：

$$E_{ihs} = \frac{K_{itp}}{\sum_{i=1}^{n} K_{itp}} C_i C_z K_h \beta_1 G_{sp} \tag{4.2.6-1}$$

式中 E_{ihs}——上部结构对第 i 号墩板式橡胶支座顶面处产生的水平地震荷载(kN)；

K_{itp}——第 i 号墩组合抗推刚度(kN/m)；

$$K_{itp} = \frac{K_{is} K_{ip}}{K_{is} + K_{ip}}$$

K_{is}——第 i 号墩板式橡胶支座抗推刚度(kN/m)；

$$K_{is} = \sum_{i=1}^{n_s} \frac{G_d A_r}{\sum t}$$

G_d——板式橡胶支座动剪切模量；$G_d = 1200 kN/m^2$；

A_r——板式橡胶支座面积(m^2)；

$\sum t$——板式橡胶支座橡胶层总厚度(m)；

n——相应于一联上部结构的桥墩个数；

K_{ip}——第 i 号墩墩顶抗推刚度(kN/m)；

β_1——相应于桥墩顺桥向的基本周期的动力放大系数，其基本周期按附录二确定；

G_{sp}——一联上部结构的总重力(kN)；

n_s——第 i 号墩上板式橡胶支座数量。

2. 桥墩地震荷载

(1)实体墩由墩身自重在墩身质点 i 的水平地震荷载

$$E_{hp} = C_i C_z K_h \beta_1 \gamma_1 X_{1i} G_i \tag{4.2.6-2}$$

(2)柔性墩由墩身自重在板式支座顶面的水平地震荷载

$$E_{hp} = C_i C_z K_h \beta_1 G_{tp} \tag{4.2.6-3}$$

式中 $G_{i=1,2,3\cdots}$——桥墩墩身各分段的重力(kN)；

G_{tp}——桥墩对板式橡胶支座顶面处的换算质点重力(kN)；

$$G_{tp} = G_{cp} + \eta G_p$$

其余符号意义同前。

二、连续梁桥当一联中一个或几个墩采用板式橡胶支座，其余均为聚四氟乙烯滑板支座，板式橡胶支座的桥墩的水平地震作用一般应按式(4.2.6-2)或(4.2.6-3)计算。上部结构对支座顶面处产生的水平地震荷载可按下式计算。其值如小于按式(4.2.6-1)的计算值，则应按式(4.2.6-1)计算。

$$E_{hsp} = C_i C_z (K_h \beta_1 G_{sp} - \sum \mu_{id} R_i) \tag{4.2.6-4}$$

式中 E_{hsp}——上部结构对一个或几个板式橡胶支座顶面处产生的水平地震荷载之和。当为几个板式橡胶支座时，应按相应的几个桥墩抗推刚度，以刚度分配的原则计算其每个板式橡胶支座顶面的水平地震荷载(kN)；

β_1——相应于桥墩顺桥向的基本周期的动力放大系数，对于几个桥墩为板式橡胶支座时，应按几个桥墩抗推刚度组合计算，其基本周期按附录二确定；

$\sum \mu_{id} R_i$——一联中所有聚四氟乙烯滑板支座的动摩阻力(kN)；

μ_{id}——第 i 号聚四氟乙烯滑板支座动摩阻系数，取 $\mu_{id} = 0.02$；

R_i——上部结构重力在第 i 号聚四氟乙烯滑板支座上产生的反力(kN)；

其余符号意义同前。

三、采用板式橡胶支座的多跨简支梁桥，对刚性墩可按单墩单梁计算；对柔性墩应考虑支座与上下部的耦联作用(一般情况下可考虑3～5孔)，按图4.2.6进行计算。

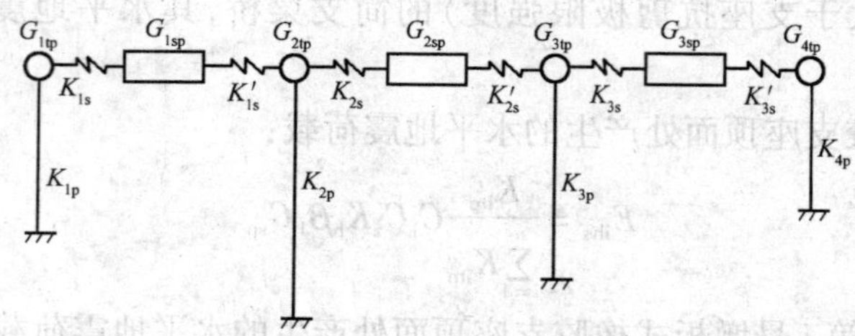

图4.2.6 板式橡胶支座简支梁桥计算简图

图注：

G_{1tp}、G_{2tp}、G_{3tp}、G_{4tp}——桥墩对板式橡胶支座顶面处的换算质点重力(kN)；

G_{1sp}、G_{2sp}、G_{3sp}——上部结构重力(kN)；

K_{1p}、K_{2p}、K_{3p}、K_{4p}——墩顶抗推刚度(kN/m)；

K_{1s}、K'_{1s}、K_{2s}、K'_{2s}、K_{3s}、K'_{3s}——板式橡胶支座抗推刚度(kN/m)。

第 4.2.7 条 采用板式橡胶支座的简支梁桥和连续梁桥，当横桥向设置有限制横桥向位移的抗震措施(例如挡块)时，桥墩横桥向水平地震荷载可按式(4.2.2)计算。

第 4.2.8 条 当曲梁桥的轴线所对应的水平中心角 $\theta_h \leqslant 30°$，且曲梁半径 $R \geqslant 20B$(B 为桥宽)时，曲梁桥桥墩的地震荷载可按直梁桥计算。

第 4.2.9 条 桥台的水平地震荷载可按下式计算：

$$E_{hau} = C_i C_z K_h G_{au} \tag{4.2.9}$$

式中 E_{hau}——作用于台身重心处的水平地震荷载(kN)；

G_{au}——基础顶面以上台身的重力(kN)。

注：(1)对于修建在基岩上的桥台，其水平地震荷载可按式(4.2.9)计算值的 80% 采用。

(2)验算设有固定支座的梁桥桥台时，还应计入由上部结构所产生的水平地震荷载，其值按式(4.2.9)计算，但 G_{au} 取一孔梁的重力。

(3)对于拱桥，应计入上部结构所产生的地震荷载。

第 4.2.10 条 地震时作用于台背的主动土压力可按下式计算：

$$E_{ea} = \frac{1}{2}\gamma H^2 K_A (1 + 3C_i C_z K_h \tan\phi) \tag{4.2.10-1}$$

式中 E_{ea}——地震时作用于台背每延米长度上的主动土压力(kN/m)，其作用点为距台底 $0.4H$ 处；

γ——土的容重(kN/m³)；

H——台身高度(m)；

K_A——非地震条件下作用于台背的主动土压力系数，按下式计算：

$$K_A = \frac{\cos^2\phi}{(1 + \sin\phi)^2}$$

ϕ——台背土的内摩擦角(°)；

C_z——综合影响系数，取 $C_z = 0.35$。

当判定台址地表以下 10m 内，有液化土层或软土层时，桥台应穿过液化土层或软土层；当液化土层或软土层超过 10m 时，桥台应埋深至地表以下 10m 处。其作用于台背的主动土压力应按下式计算：

$$E_{ea} = \frac{1}{2}\gamma H^2 (K_A + 2C_i C_z K_h) \tag{4.2.10-2}$$

式中 C_z——综合影响系数，取 $C_z = 0.30$。

在基本烈度为 9 度地区的液化区设计桥台时，宜采用桩基。其作用于台背的主动土压力可按式(4.2.10-2)计算。

第 4.2.11 条 地震时作用于桥墩上的地震动水压力应分别按下列各式进行计算：

一、$\frac{b}{h} \leqslant 2.0$ 时

$$E_w = 0.15\left(1 - \frac{b}{4h}\right) C_i K_h \xi_h \gamma_w b^2 h \tag{4.2.11-1}$$

二、$2.0 < \frac{b}{h} \leqslant 3.1$ 时

$$E_w = 0.075 C_i K_h \xi_h \gamma_w b^2 h \tag{4.2.11-2}$$

三、$\frac{b}{h} > 3.1$ 时

$$E_w = 0.24 C_i K_h \gamma_w b h^2 \tag{4.2.11-3}$$

式中 E_w——地震时在 $h/2$ 处作用于桥墩的总动水压力(kN)；

ξ_h——断面形状系数。对于矩形墩和方形墩，取 $\xi_h = 1$；对于圆形墩，取 $\xi_h = 0.8$；对于圆端形墩，顺桥向取 $\xi_h = 0.9 \sim 1.0$，横桥向取 $\xi_h = 0.8$；

γ_w——水的容重(kN/m³)；

b——与地震荷载方向相垂直的桥墩宽度，可取 $h/2$ 处的截面宽度(m)。对于矩形墩，横桥向时，取 $b = a$(长边边长)；对于圆形墩，两个方向均取 $b = D$(墩的直径)；

h——从一般冲刷线算起的水深(m)。

第4.2.12条　支座的水平地震荷载应按下列情况分别计算：

一、验算支座部件、梁与支座之间的连接、墩台锚栓和支座支挡措施的抗震强度时，水平地震荷载应按下式计算：

1.顺桥向固定支座

$$E_{hb}=C_iK_hG_{sp}-\sum\mu_dR_{fre} \tag{4.2.12-1}$$

式中　E_{hb}——作用于固定支座上顺桥向的水平地震荷载(kN)；

G_{sp}——上部结构重力(kN)。对于简支梁，为一孔上部结构重力；对于连续梁，为一联上部结构重力；

$\sum\mu_dR_{fre}$——活动支座摩阻力之和(kN)，并应符合

$$\sum\mu_dR_{fre}\leqslant0.65C_iK_hG_{sp}$$

μ_d——活动支座动摩阻系数，对于聚四氟乙烯滑板支座，$\mu_d=0.02$；弧形钢板支座 $\mu_d=0.10$；平面钢板支座，$\mu_d=0.15$；

R_{fre}——上部结构重力在活动支座上产生的反力(kN)。

2.横桥方向

横桥方向的水平地震荷载由活动支座和固定支座共同承受。

$$E_{zb}=C_iK_hG_{sp} \tag{4.2.12-2}$$

式中　E_{zb}——作用于固定支座或活动支座上横桥向的水平地震荷载(kN)；

G_{sp}——上部结构重力(kN)，对于连续梁为一联上部结构重力；对于简支梁为一孔上部结构重力的一半。

二、验算板式橡胶支座抗滑和板式橡胶支座厚度时，其作用于板式橡胶支座上的水平地震荷载按下式计算：

$$E_{hzb}=C_iC_zK_h\beta_1G_{sp} \tag{4.2.12-3}$$

式中　E_{hzb}——作用于板式橡胶支座上，顺桥向或横桥向的水平地震荷载(kN)；

β_1——按附录二确定的动力放大系数；

G_{sp}——上部结构重力(kN)，对于连续梁为一联上部结构重力；对于简支梁，为一孔上部结构重力。

第4.2.13条　单孔拱桥的地震作用应按在拱平面和出拱平面两种情况分别进行计算。沿拱轴线分布的地震荷载所引起的地震内力可按附录五计算。

一、在拱平面

顺桥向水平地震动所产生的竖向地震荷载引起拱脚、拱顶和1/4拱跨截面处弯矩(kN·m)、剪力(kN)或轴力(kN)应按下式计算：

$$S_{va}=C_iC_zK_h\beta\gamma_v\psi_vG_{ma} \tag{4.2.13-1}$$

顺桥向水平地震动所产生的水平地震荷载引起拱脚、拱顶和1/4拱跨截面处弯矩(kN·m)、剪力(kN)或轴力(kN)应按下式计算：

$$S_{ha}=C_iC_zK_h\beta\gamma_h\psi_hG_{ma} \tag{4.2.13-2}$$

二、出拱平面

顺桥向水平地震动所产生的水平地震作用力引起拱脚、拱顶和1/4拱跨截面处弯矩(kN·m)、剪力(kN)或扭矩(kN·m)应按下式计算：

$$S_{za}=C_iC_zK_h\beta\psi_zG_{ma} \tag{4.2.13-3}$$

式中　C_i——重要性修正系数，按表1.0.4采用；

C_z——综合影响系数，取 $C_z=0.35$；

K_h——水平地震系数，按表1.0.7的规定确定；

β——相应于在拱平面或出拱平面的基本周期(按附录三确定)的动力放大系数，按本规范第4.2.3条确定；

γ_v——与在拱平面基本振型的竖向分量有关的系数,按表 4.2.13 采用;

表 4.2.13　系数 γ_v 与 γ_h 值

系数	矢跨比					
	$\frac{1}{4}$	$\frac{1}{5}$	$\frac{1}{6}$	$\frac{1}{7}$	$\frac{1}{8}$	$\frac{1}{10}$
γ_v	0.70	0.67	0.63	0.58	0.53	0.45
γ_h	0.46	0.35	0.27	0.21	0.17	0.12

γ_h——与在拱平面基本振型的水平分量有关的系数,按表 4.2.13 采用;

ψ_v、ψ_h、ψ_z——内力系数,按附录五采用;

G_{ma}——包括拱上建筑在内沿拱圈单位弧长的平均重力(kN/m)。

第 4.2.14 条　多孔连拱桥的桥墩与主拱圈的抗推刚度比大于 37 时,多孔连拱桥的地震荷载可按单孔拱桥计算。

第 4.2.15 条　等跨度连拱桥顺桥向水平地震动所产生的地震荷载引起的内力应分别按下列情况计算:

一、基本振型

1. 沿拱圈均布的顺桥向水平地震荷载引起拱脚、拱顶和 1/4 拱跨截面处的弯矩(kN · m)、剪力(kN)或轴力(kN)应按下式计算:

$$S_{1ha} = C_i C_z K_h \beta \gamma_1 \psi_h \frac{X_{1,i-1} + X_{1,i}}{2} G_{ma} \tag{4.2.15-1}$$

式中　β——相应于某一振型的自振周期(按附录四确定)的动力放大系数,按本规范第 4.2.3 条确定;

γ_1——计算方向的基本振型参与系数;

$$\gamma_1 = \lambda / \overline{M}_1$$

$$\lambda = \sum_{i=1}^{n} \frac{G_{it}}{g} X_{1,1}$$

$$\overline{M}_1 = \sum_{i=1}^{n} \frac{G_{it}}{g} X_{1,1}^2$$

$X_{1,1}$——连拱桥基本振型位移,以河中墩顶为一单位,两岸桥台顶($i=0,n+1$)为零,第 i($i=1 \sim n$)号墩墩顶取值按线性插入;

G_{it}——第 i 号墩顶集中重力(kN);

$$G_{it} = G_a + \frac{1}{4} G_p$$

G_a——一孔拱桥上部结构总重力(kN);

G_p——i 号墩墩身重力(kN)。

ψ_h、G_{ma}意义同本规范第 4.2.13 条。

2. 由于地震动所产生的拱脚相对水平位移引起拱脚、拱顶和 1/4 拱跨截面处的弯矩(kN · m)、剪力(kN)或轴力(kN)应按下式计算:

$$S_{eha} = \begin{bmatrix} M_\phi \\ N_\phi \\ Q_\phi \end{bmatrix} = \frac{\delta_{i-1,i}}{\delta_{22}} \begin{bmatrix} y - y_s \\ \cos\phi \\ \sin\phi \end{bmatrix} \tag{4.2.15-2}$$

$$\delta_{i-1,i} = C_i C_z K_h \beta \gamma_1 \frac{g}{\omega_1^2} (X_{i-1,i} - X_{1,i}) \tag{4.2.15-3}$$

$$\delta_{22} = \frac{R}{EI} \left[K_2 R^2 + K_1 \frac{I}{A} \right] \tag{4.2.15-4}$$

式中　y——拱顶到计算截面的竖距(m);

y_s——拱顶到弹性中心的竖距(m);

$$y_s = \left(1 - \frac{\sin\phi_0}{\phi_0}\right)R$$

ϕ——拱顶截面到计算截面的中心角；

ϕ_0——圆弧拱的半中心角；

$\delta_{i-1,i}$——第 i 孔拱圈两拱脚的相对水平位移(m)；

δ_{22}——在圆弧拱弹性中心施加单位水平力时沿单位力方向产生的相对水平位移(m)；

R——圆弧拱半径(m)；

I——拱圈截面惯性矩(m^4)；

A——拱圈截面面积(m^2)；

$$K_1 = \varphi_0 + \sin\varphi_0\cos\varphi_0$$

$$K_1 = \varphi_0 + \sin\varphi_0\cos\varphi_0 - \frac{2\sin^2\varphi_0}{\varphi_0}$$

K_1、K_2——可按附录五的附表 5-5 查用；

ω_1——连拱桥顺桥向基本圆频率(1/s)，可按附录四计算。

3. 作用于墩顶的顺桥向水平集中力 E_{1hp}(kN)应按下式计算：

$$E_{1hp} = C_i C_z K_h K_{ip} \beta \gamma_1 \frac{g}{\omega_1^2} X_{1,i} \tag{4.2.15-5}$$

式中 K_{ip}——第 i 号墩墩顶抗推刚度(kN/m)。

墩身各截面处弯矩(kN·m)或剪力(kN)，即 S_{1hp}，应按墩顶为自由端的悬臂杆计算。

二、第二振型

1. 沿拱圈分布的竖向和水平地震荷载引起拱脚、拱顶和 1/4 拱跨截面处弯矩(kN·m)、剪力(kN)或轴力(kN)，即 S_{2va}、S_{2ha}，可分别按式(4.2.13-1)、(4.2.13-2)计算。

2. 沿墩身分布的顺桥向水平地震荷载 q_{2hp}(kN/m)按下式计算：

$$q_{2hp} = C_i C_z K_h \beta \gamma_{2p} X_{2p} G_{mp} \tag{4.2.15-6}$$

式中 γ_{2p}——桥墩第二振型参与系数，取 $\gamma_{2p} = 1.3$；

G_{mp}——墩身每延米重力(kN/m)；

X_{2p}——桥墩第二振型位移；

$$X_{2p} = 3.846\left[\left(1 - \frac{Y}{H}\right) - 3\left(1 - \frac{Y}{H}\right)^3 + 2\left(1 - \frac{Y}{H}\right)^4\right]$$

Y——沿墩高的纵坐标，从墩底起算(m)；

H——桥墩高度(m)。

墩身各截面处弯矩(kN·m)或剪力(kN)，即 S_{2hp}，应按墩顶为自由端的悬臂杆计算(见图 4.2.15)。

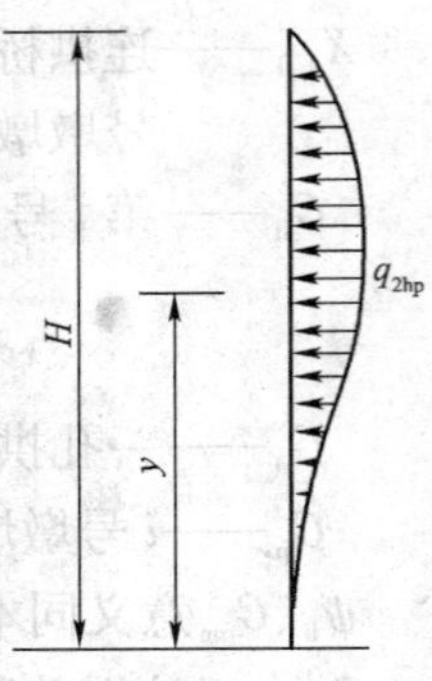

图 4.2.15 墩身地震荷载简图

第 4.2.16 条 等跨度连拱桥横桥向水平地震动所产生地震载荷引起的内力应分别按下列情况计算：

一、基本振型

1. 沿拱圈均布的横桥向水平地震荷载引起拱脚、拱顶和 1/4 拱跨截面处的弯矩(kN·m)、剪力(kN)或扭矩(kN·m)应按下式计算：

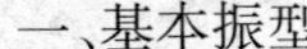

$$S_{1za} = C_i C_z K_h \beta \psi_{1z} G_{ma} \tag{4.2.16-1}$$

式中 ψ_{1z}——内力系数，按附录五确定；

其余符号意义同本规范第 4.2.15 条。

2. 作用于墩顶的横桥向水平集中力 E_{1zp}(kN)应按下式计算：

$$E_{1zp} = C_i C_z K_h \beta G_{it} \tag{4.2.16-2}$$

其中 G_{it} 意义同第 4.2.15 条。

墩身各截面处弯矩(kN·m)或剪力(kN)，即 S_{1zp}，应按墩顶为自由端的悬臂杆计算。

二、第二振型

1. 沿拱圈分布的横桥向水平地震荷载引起拱脚、拱顶和1/4 拱跨截面处弯矩(kN·m)、剪力(kN)或扭矩(kN·m),即 S_{2za},按式(4.2.13-3)计算。

2. 沿墩身分布的横桥向水平地震荷载 q_{2zp} 引起墩身各截面处弯矩(kN·m)或剪力(kN),即 S_{2zp},计算方法与本规范第4.2.15 条第二款第2 项顺桥向情形相同。

第4.2.17 条 连拱桥的总地震内力 S 应按下式计算:

一、顺桥向

1. 拱

$$S_a = [(S_{1ha} + S_{eha})^2 + (S_{2va} + S_{2ha})^2]^{1/2} \tag{4.2.17-1}$$

2. 墩

$$S_p = [(S_{1hp})^2 + (S_{2hp})^2]^{1/2} \tag{4.2.17-2}$$

二、横桥向

1. 拱

$$S_a = [(S_{1za})^2 + (S_{2za})^2]^{1/2} \tag{4.2.17-3}$$

2. 墩

$$S_p = [(S_{1zp})^2 + (S_{2zp})^2]^{1/2} \tag{4.2.17-4}$$

第三节 抗震强度和稳定性验算

第4.3.1 条 验算构造物抗震强度时,按现行的公路桥涵设计规范有关规定进行。

第4.3.2 条 构造物的抗震验算,其计算表达式如下:

一、极限状态法

1. 砖石和混凝土结构

$$S_d(\psi\gamma_g \sum G; \psi\gamma_q \sum Q_d) \leqslant R_d\left(\frac{R_j}{\gamma_m}\right) \tag{4.3.2-1}$$

2. 钢筋混凝土和预应力混凝土结构

$$S_d(\gamma_g \sum G; \gamma_q \sum Q_d) \leqslant \gamma_b R_d\left(\frac{R_c}{\gamma_c}; \frac{R_s}{\gamma_s}\right) \tag{4.3.2-2}$$

式中 G——非地震荷载效应;

Q_d——地震荷载效应;

ψ——荷载组合系数,取 $\psi = 0.67$;

γ_g——荷载安全系数,对于砖石与混凝土结构,结构重力取 $\gamma_g = 1.2$,其余荷载取 $\gamma_g = 1.4$,对于钢筋混凝土与预应力混凝土结构取 $\gamma_g = 1.0$;

γ_q——地震荷载安全系数,对于砖石与混凝土结构,结构重力产生的地震荷载取 $\gamma_q = 1.2$,其余地震荷载取 $\gamma_q = 1.4$,对于钢筋混凝土与预应力混凝土结构取 $\gamma_q = 1.0$;

S_d——荷载效应函数;

R_d——结构抗力效应函数;

R_j——材料或砌体的极限强度;

R_c——混凝土设计强度;

R_s——预应力钢筋或非预应力钢筋设计强度;

γ_m——材料或砌体安全系数;

γ_c——混凝土安全系数;

γ_s——预应力钢筋或非预应力钢筋安全系数;

γ_b——结构工作条件系数。矩形截面取 $\gamma_b = 0.95$;圆形截面取 $\gamma_b = 0.68$。

式(4.3.2-1)右项计算表达式,应按现行的《公路砖石及混凝土桥涵设计规范》(JTJ 022—85)有关

规定计算;

式(4.3.2-2)右项计算表达式,应按现行的《公路钢筋混凝土及预应力混凝土桥涵设计规范》(JTJ 023—85)有关规定计算。

二、容许应力法

$$\sigma \leqslant [\sigma] \tag{4.3.2-3}$$

式中 σ——计算应力(MPa);

$[\sigma]$——材料强度提高后容许应力(MPa)。对于支座销钉、锚栓等,其材料容许应力按现行的《公路桥涵钢结构及木结构设计规范》(JTJ 025—86)规定值提高 50% 采用;对于地基土的容许应力按第 2.2.1 条规定采用。

第 4.3.3 条 板式橡胶支座的抗震验算,可按下列规定进行:

一、支座厚度验算

$$\sum t \geqslant \frac{X_e}{\tan\gamma} = X_e \tag{4.3.3-1}$$

式中 $\sum t$——橡胶层总厚度(m);

$\tan\gamma$——橡胶片剪切角正切值,取 $\tan\gamma = 1.0$;

X_e——由水平地震荷载引起的支座顶面相对于底面的水平位移(m);

$$X_e = \frac{E_{hzb}\sum t}{nG_d A_r} \tag{4.3.3-2}$$

E_{hzb}——水平地震作用力(kN),按式(4.2.12-3)计算;

n——橡胶支座数量;

G_d——橡胶支座动剪切模量,取 $G_d = 1200\text{kN/m}^2$;

A_r——橡胶支座面积(m^2)。

二、支座抗滑稳定性验算

$$\mu_d R_b \geqslant E_{hzb} \tag{4.3.3-3}$$

式中 μ_d——支座动摩阻系数,橡胶支座与混凝土表面的动摩阻系数采用 0.15;与钢板的动摩阻系数采

用 0.10;

R_b——上部结构重力在支座上产生的反力(kN)。

第 4.3.4 条 砖石、混凝土构件截面和基础截面的合力偏心距 e,应分别符合下列要求:

一、对于中、小跨径拱圈和其他结构的截面偏心距 e' 应符合下式的规定。

$$e' \leqslant 2.4\rho' \tag{4.3.4}$$

式中 ρ'——截面核心半径(m)。

二、对于基底截面应符合表 4.3.4 的规定。

第 4.3.5 条 验算墩、台的抗震稳定性时,抗滑动稳定系数 K_c 不宜小于 1.1;抗倾覆稳定系数 K_0 不宜小于 1.2。

表 4.3.4 基底截面合力偏心距 e

地 基 土	e
岩石,密实的碎石土,密实的砾、粗、中砂,老黏性土,$[\sigma_0] \geqslant 300\text{kPa}$ 的一般黏性土	$\leqslant 2.0\rho$
中密的碎石土,中密的砾、粗、中砂,$200\text{kPa} \leqslant [\sigma_0] < 300\text{kPa}$ 的一般黏性土	$\leqslant 1.5\rho$
密、中密的细砂、粉砂,$100\text{kPa} \leqslant [\sigma_0] < 200\text{kPa}$ 的一般黏性土	$\leqslant 1.2\rho$
新近沉积黏性土,软土,松散的砂、填土,$[\sigma_0] < 100\text{kPa}$ 的一般黏性土	$\leqslant 1.0\rho$

注:ρ 为基底截面核心半径,即 $\rho = \frac{W}{A_f}$,W 为基底边缘的截面抵抗矩;A_f 为基底截面积。

第四节　抗震措施

Ⅰ 7 度 区

第 4.4.1 条　同一座桥梁不宜采用拱式和梁式混合的桥型。当需要采用时，应将拱式与梁式衔接部位的墩做成实体桥墩。

第 4.4.2 条　拱桥基础宜置于地质条件一致、两岸地形相似的坚硬土层上。拱桥矢跨比宜取 1/5 ~ 1/8。空腹式拱桥宜减小拱上填料厚度，并宜采用轻质填料，填料必须逐层夯实。边腹拱宜采用静定结构。

第 4.4.3 条　简支梁梁端至墩、台帽或盖梁边缘应有一定的距离(图 4.4.3-1)。其最小值 a(cm)按下式计算：

$$a \geqslant 50 + L \tag{4.4.3}$$

式中 L——梁的计算跨径，以米为单位取值。

吊梁与悬臂之间的搭接长度 d 不应小于 60cm(图 4.4.3-2)。

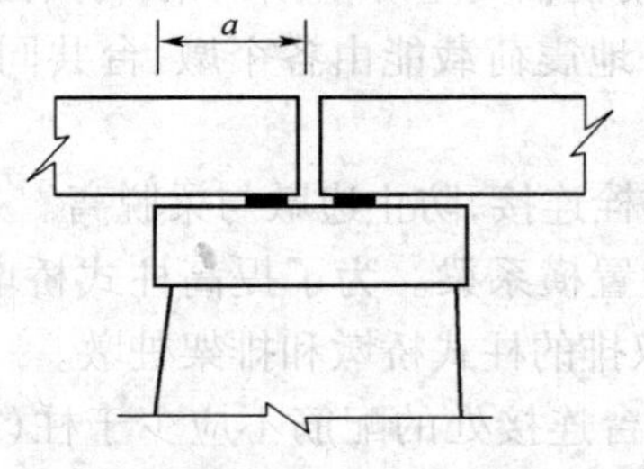

图 4.4.3-1　梁端至墩、台帽或盖梁边缘的最小距离 a

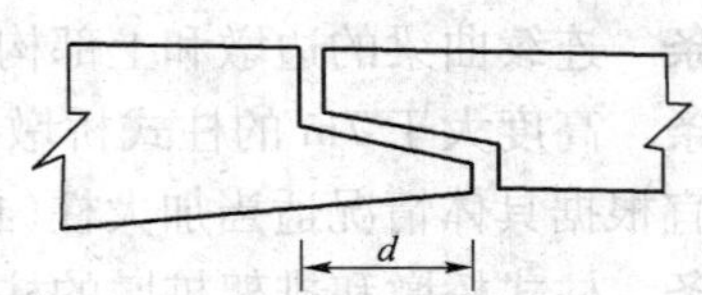

图 4.4.3-2　吊梁与悬臂的搭接长度 d

第 4.4.4 条　桥台胸墙应适当加强，并在梁与梁之间和梁与桥台胸墙之间加装橡胶垫或其他弹性衬垫，以缓和冲击作用和限制梁的位移。其构造示意如图 4.4.4-1、图 4.4.4-2 所示。

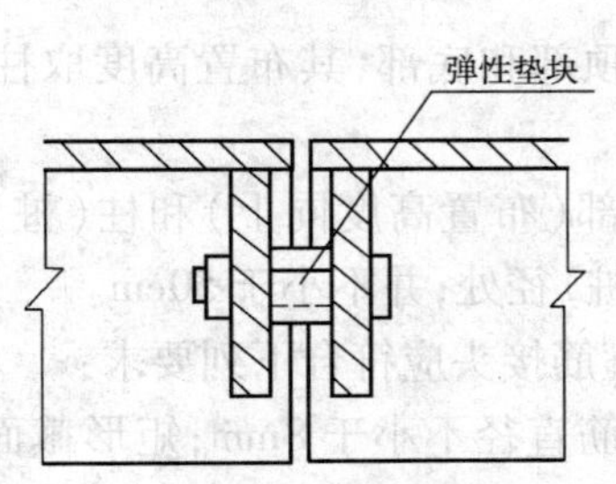

图 4.4.4-1　梁与梁之间的缓冲设施

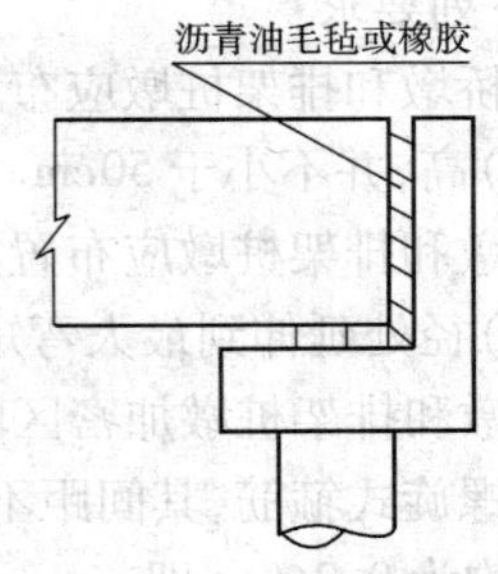

图 4.4.4-2　梁与台之间的缓冲设施

第 4.4.5 条　桥面不连续的简支梁(板)桥和吊梁，宜采用挡块、螺栓连接和钢夹板连接等防止纵横向落梁的措施。连续梁和桥面连续简支梁(板)桥，应采取防止横向产生较大位移的措施。

第 4.4.6 条　在软弱黏性土层、液化土层和严重不均匀地层上，不宜修建大跨度超静定桥梁。

注：严重不均匀地层系指岩性、土质、层厚、界面等在水平方向变化很大的地层。

第 4.4.7 条　在软弱黏性土层、液化土层和不稳定的河岸处建桥时，对于大、中桥，可适当增加桥长，合理布置桥孔，使墩、台避开地震时可能发生滑动的岸坡或地形突变的不稳定地段。否则，应采取措施增强基础抗侧移的刚度和加大基础埋置深度；对于小桥，可在两桥台基础之间设置支撑梁或采用浆砌片(块)石满铺河床。

第 4.4.8 条　在软弱黏性土层、液化土层和严重不均匀地层上建桥时，应根据具体情况采取下列措施：

一、换土或采用砂桩。

二、减轻结构自重,加大基底面积,减少基底偏心。

三、增加基础埋置深度、穿过液化土层。

四、采用桩基础或沉井基础。

II 8 度 区

第 4.4.9 条 8 度区的抗震措施,除应符合本节第 I 部分的规定外,尚应符合本部分的规定。

第 4.4.10 条 大跨径拱桥的主拱圈宜采用抗扭刚度较大、整体性较好的断面型式,如箱形拱、板拱等。当采用钢筋混凝土肋拱时,必须加强横向联系。

拱上建筑的立柱或立墙顶端宜设铰,允许这些部位有些变形。

第 4.4.11 条 双曲拱桥应采取措施加强拱圈的整体性,如减少接头的数量;适当增设横隔板;加强拱波与拱肋之间的连接强度;增设拱板横向钢筋网并与拱肋锚固钢筋联成整体;将主拱圈的纵向钢筋锚固于墩台拱座内,适当加强主拱圈与墩台的连接等。

第 4.4.12 条 桥墩、台高超过 3m 的多跨连拱,不应采用双柱式桥墩或排架桩墩;当多跨连拱桥跨数过多时,不宜超过 5 孔,且总长不宜超过 200m 设一个制动墩。

第 4.4.13 条 梁桥活动支座,不应采用摆柱支座。当采用辊轴支座时,应采取限制其位移的措施。

第 4.4.14 条 连续梁桥宜采取使上部构造所产生的水平地震荷载能由各个墩、台共同承担的措施,以免固定支座墩受力过大。

第 4.4.15 条 连续曲梁的边墩和上部构造之间宜采用锚栓连接,防止边墩与梁脱离。

第 4.4.16 条 高度大于 7m 的柱式桥墩和排架桩墩应设置横系梁。为了提高柱式桥墩和排架桩墩的纵向刚度,宜根据具体情况适当加大柱(桩)直径或采用双排的柱式桥墩和排架桩墩。

第 4.4.17 条 柱式桥墩和排架桩墩的柱(桩)与盖梁、承台连接处的配筋不应少于柱(桩)身的最大配筋。

柱式桥墩和排架桩墩的截面变化部位,宜做成坡度为 2:1 ~ 3:1 的喇叭形渐变截面或在截面变化处适当增加配筋。

第 4.4.18 条 柱式桥墩和排架桩墩加密区段箍筋应按第 4.4.19 条规定的箍筋面积布设,其加密区段的位置和高度应符合下列要求:

一、扩大基础的柱式桥墩和排架桩墩应布置在柱(桩)的顶部和底部,其布置高度取柱(桩)的最大横截面尺寸或 1/6 柱(桩)高,并不小于 50cm。

二、桩基础的柱式桥墩和排架桩墩应布置在柱(桩)的顶部(布置高度同上)和柱(桩)在地面或一般冲刷线以上 1 倍柱(桩)径处延伸到最大弯矩以下 3 倍柱(桩)径处,并不小于 50cm。

第 4.4.19 条 柱式桥墩和排架桩墩加密区段箍筋配置及箍筋接头应符合下列要求:

一、圆形截面应采用螺旋式箍筋,其间距不大于 10cm,箍筋直径不小于 8mm;矩形截面的最小含箍率 ρ_{smin},顺桥向和横桥向均为 0.3%。即:

$$\rho_{smin} = \frac{A_g}{S_k b} = 0.3\% \tag{4.4.19}$$

式中 S_k——箍筋竖向间距(cm);

b——垂直计算方向构件截面长度(cm);

A_g——计算方向箍筋面积(cm^2)。

二、螺旋式箍筋的接头,必须采用焊接;矩形箍筋应有 135°弯钩,并伸入混凝土核心之内。

第 4.4.20 条 石砌或混凝土墩(台)的墩(台)帽与墩(台)身、墩(台)身与基础连接处、截面突变处、施工接缝处均应采取提高抗剪能力的措施。

第 4.4.21 条 桥台宜采用整体性强的结构形式,如 U 形桥台、箱形桥台和支撑式桥台等。对于桩、柱式桥台,宜采用埋置式。

第 4.4.22 条 石砌或混凝土墩、台和拱圈的最低砂浆标号,应按现行的《公路砖石及混凝土桥涵设计规范》(JTJ 022—85)的要求提高一级采用。

第 4.4.23 条 下部为钢筋混凝土结构,其混凝土标号,中、小跨径桥梁不低于 20 号;大跨径桥梁不低于 25 号。

第 4.4.24 条 构造物的基础宜置于基岩或坚硬的土层上。基础底面一般采用平面型式。当基础置于基岩上时,方可采用阶梯型式。

第 4.4.25 条 梁桥桥墩高度超过 10m 时,应采用混凝土或钢筋混凝土结构,并宜在施工缝部位配置适量短钢筋。

III 9 度 区

第 4.4.26 条 9 度区的桥梁抗震措施,除应符合本节第 I、II 部分的规定外,尚应符合本部分的规定。

第 4.4.27 条 梁桥各片梁间必须加强横向连接,以提高上部结构的整体性。当采用桁架体系时,必须加强横向稳定性。

第 4.4.28 条 拱桥拱圈的宽跨比不应小于 1/20。

第 4.4.29 条 混凝土或钢筋混凝土无铰拱,宜在拱脚的上、下缘配置或增加适当的钢筋,并按锚固长度的要求伸入墩(台)拱座内。

第 4.4.30 条 拱桥墩、台上的拱座,混凝土标号不应低于 25 号,并应配置适量钢筋。

第 4.4.31 条 桥梁墩、台采用多排桩基础时,宜设置斜桩。

第 4.4.32 条 桥台台背和锥坡的填料不宜采用砂类土,填土应逐层夯实。并注意排水措施。

第 4.4.33 条 梁桥活动支座应采用限制其竖向位移的措施。

第 4.4.34 条 钢筋混凝土柱式桥墩或排架桩墩,当墩高大于 15m 时,宜控制墩顶在地震作用下产生的弹塑性位移。

第五章　隧道

第一节　一般规定

第5.1.1条　本章适用于新建和改建各级公路的山岭隧道工程的抗震设计。

第5.1.2条　隧道位置应选择在山坡稳定、地质条件较好、对抗震有利地段。洞口应避免设在滑坡、岩堆、泥石流等处。

第二节　抗震强度和稳定性验算

第5.2.1条　隧道应按表5.2.1的规定范围，验算其抗震强度和稳定性。

表5.2.1　隧道抗震强度和稳定性验算范围

<table>
<tr><td colspan="3">公路等级</td><td colspan="2">高速公路及一、二级公路</td><td colspan="2">三、四级公路</td></tr>
<tr><td colspan="3">基本烈度</td><td>7</td><td>8、9</td><td>8</td><td>8、9</td></tr>
<tr><td rowspan="6">工程项目</td><td colspan="2">洞口墙及洞口挡土墙</td><td>不验算</td><td>验算</td><td>不验算</td><td>验算</td></tr>
<tr><td rowspan="3">洞口浅埋和偏压地段隧道衬砌</td><td>单车道Ⅰ～Ⅲ类围岩</td><td>—</td><td>—</td><td>不验算</td><td>验算</td></tr>
<tr><td>双车道Ⅰ、Ⅱ类围岩</td><td>验算</td><td>验算</td><td>验算</td><td>验算</td></tr>
<tr><td>双车道Ⅲ、Ⅳ类围岩</td><td>不验算</td><td>验算</td><td>不验算</td><td>验算</td></tr>
<tr><td rowspan="2">明洞</td><td>单车道</td><td>—</td><td>—</td><td>不验算</td><td>验算</td></tr>
<tr><td>双车道</td><td>验算</td><td>验算</td><td>验算</td><td>验算</td></tr>
</table>

注：围岩分类按现行的《公路隧道勘测规程》（JTJ 061—85）的规定执行。

第5.2.2条　隧道的地震作用应按静力法计算。验算隧道的结构抗震强度和稳定性时，地震荷载应只与结构重力和土的重力组合，并应符合下列规定。

一、隧道衬砌和明洞的结构强度，按现行的《公路隧道设计规范》验算。其安全系数应符合表5.2.2的规定。

表5.2.2　结构强度安全系数

受力特征 \ 材料种类	钢筋混凝土	混凝土	石砌体
混凝土或石砌体达到抗压极限强度		1.8	2.0
混凝土达到抗拉极限强度		2.5	
钢筋达到设计强度或混凝土达到抗压极限强度	1.5		
混凝土达到抗压极限强度（主拉应力）	1.8		

二、洞门墙、洞口挡土墙、半路堑拱形明洞外墙和棚式明洞边墙的稳定系数、偏心距，应符合本规范第3.1.4条和第4.3.4条的规定。

三、地基土容许承载力的提高系数，应符合本规范第2.2.1条的规定。

第5.2.3条　隧道衬砌和明洞上任一计算质点的水平地震荷载，应按下式计算：

$$E_{ih} = C_i C_z K_h G_{is} \tag{5.2.3}$$

式中　E_{ih}——水平地震荷载（kN）；

C_i——重要性修正系数,按表 1.0.4 采用;

C_z——综合影响系数,岩石地基的明洞采用 0.2;其他采用 0.25;

K_h——水平地震系数,按表 1.0.7 采用;

G_{is}——构造物计算点的重力或计算土柱的重力(kN)。

第 5.2.4 条 地震土压力应按本规范第 3.1.6 条的规定计算。洞门墙和洞口挡土墙的水平地震荷载,应按本规范第 3.1.5 条的规定计算。

第三节 抗震措施

第 5.3.1 条 隧道洞口应采取控制路堑边坡和仰坡的开挖高度以及其他防止坍塌震害的措施。位于悬崖陡壁下的洞口,宜采取明洞与洞口相接或其他防止落石的措施。

第 5.3.2 条 隧道洞门形式宜采用翼墙式。洞门建筑材料可按表 5.3.2 采用。

表 5.3.2 洞门建筑材料

工程部位 \ 基本烈度		8	9
洞门端墙	单车道	不低于 10 号浆砌片石	片石混凝土或混凝土
	双车道	片石混凝土	混凝土
洞口挡土墙或翼墙	$H \leq 10m$	不低于 10 号浆砌片石	
	$H > 10m$	片石混凝土或混凝土	

注:H 为挡土墙或翼墙的高度。

第 5.3.3 条 隧道的洞口浅埋和偏压地段,应为抗震设防地段。其设防长度可根据地形、地质条件确定。基本烈度 7 度区 I、II 类围岩的双车道隧道和基本烈度为 8 度和 9 度区 I ~ IV 类围岩的双车道隧道,其设防长度不宜小于 25m;基本烈度为 8 度和 9 度区 I ~ III 类围岩的单车道隧道,设防长度不宜小于 15m。

抗震设防地段的隧道宜采用带仰拱的曲墙式衬砌。

第 5.3.4 条 抗震设防地段的隧道衬砌和明洞的建筑材料,可按表 5.3.4 采用。

表 5.3.4 隧道衬砌和明洞建筑材料

工程项目	围岩类别	材料种类	
隧道衬砌	I、II	钢筋混凝土或加筋混凝土	
	III	混凝土或钢筋混凝土	
	IV	混凝土	
拱形明洞	I ~ III	拱圈用钢筋混凝土	基本烈度 8 度区,单压明洞外边墙用 10 号浆砌片石;其余边墙用片石混凝土、混凝土或钢筋混凝土
	IV 类及以上	拱圈用混凝土或钢筋混凝土	
棚式明洞		顶梁用钢	外支承结构用混凝土或钢筋混凝土。内侧锚杆式边墙用混凝土。衡重式边墙基本烈度 8 度区用 10 号浆砌片石,在 9 度区用片石混凝土或混凝土

第 5.3.5 条 基本烈度为 8 度或 9 度时,洞门端墙与衬砌环框间、端墙与洞口挡土墙或翼墙间的施工接缝处,应加设短钢筋或设置榫头等抗震连接措施,对耳墙式明洞的耳墙与拱部结构间的空隙,宜采用浆砌片石或混凝土回填密实。

第 5.3.6 条 棚式明洞应采取防止落梁的措施。当基本烈度为 8 度或 9 度时,不宜采用悬臂式棚洞。

第 5.3.7 条 浅埋、偏压以及位于断层破碎等地质不良地段的隧道,其衬砌背后应压注水泥砂浆。

附录一　梁桥桥墩基本周期的近似公式

一、梁桥桥墩的基本周期可通过实测、试验或理论计算确定。一般情况可按下列近似公式计算各类桥墩的基本周期：

$$T_1 = 2\pi\left(\frac{G_t\delta}{g}\right)^{1/2} \tag{附 1-1}$$

式中　T_1——各类梁桥桥墩的基本周期（s）；

G_t——支座顶面或上部结构质量重心处的换算质点重力（kN），对于柔性墩，$G_t = G_{sp} + G_{cp} + \eta G_p$；对于实体墩顺桥向，$G_t = G_{sp} + \left[X_f + \frac{1}{3}(1 - X_f)^2\right]G_p$；对于实体墩横桥向或多排桩基础上的桥墩 $G_t = \sum_{i=0}^{n} G_i X_{1i}^2$；其符号意义同本规范第 4.2.2、第 4.2.5 和第 4.2.6 条的有关规定；

δ——在顺桥向或横桥向作用于支座顶面或上部结构质量重心上单位水平力在该点引起的水平位移（m/kN），顺桥和横桥方向应分别计算，对于实体墩，计算横桥方向的基本周期时，一般应考虑剪切变形的影响；对于变截面桥墩，可按本附录的第二款计算等效截面惯性矩；对于扩大基础、多排桩基础和沉井基础，当考虑地基变形时，可按现行的《公路桥涵地基与基础设计规范》的有关规定计算支座顶面或上部结构质量重心处的水平位移；

g——重力加速度（m/s^2）。

二、变截面桥墩等效截面惯性矩可按下式计算：

$$I_e = \frac{H^3}{3\int_0^H \frac{x^2}{I(x)}dx} \tag{附 1-2}$$

式中　I_e——桥墩等效截面惯性矩（m^4）；

H——桥墩计算高度（m）；

x——以墩顶为坐标原点的坐标变量（m）；

$I(x)$——坐标 x 处墩身惯性矩（m^4）。对有代表性的断面可按附表 1 采用。

换算截面惯性矩　附表 1

$I(x)$ 的变化形式	$\frac{1}{I(x)} = ax^2 + bx + c$ I_3, I_2, I_1; h, $0.5h$, $0.5h$	$a = h_2/h_1$ I_2, I_1; h_1, h_2	$a_i = h_i/h_1$ I_i; h_1, h_i, h_{i+1}
I_e	$\frac{1}{I_e} = \frac{0.45}{I_1} + \frac{0.6}{I_2} - \frac{0.05}{I_3}$	$\frac{1}{I_e} = \frac{1-a^3}{I_1} + \frac{a^3}{I_2}$	$\frac{1}{I_e} = \sum_i \frac{a_i^3 - a_{i+1}^3}{I_i}$

附录二　采用板式橡胶支座的梁桥基本周期近似计算公式

板式橡胶支座的梁桥，桥墩基本周期可按两个质点体系的公式计算，其计算简图如附图 2 所示。

$$\omega_1^2 = g\frac{G_{tp}K_1 + (K_1 + K_2)G_{sp} - \{[G_{tp}K_1 + (K_1 + K_2)G_{sp}]^2 - 4G_{tp}G_{sp}K_1K_2\}^{1/2}}{2G_{sp}G_{tp}} \tag{附 2-1}$$

$$T_1 = \frac{2\pi}{\omega_1} \tag{附 2-2}$$

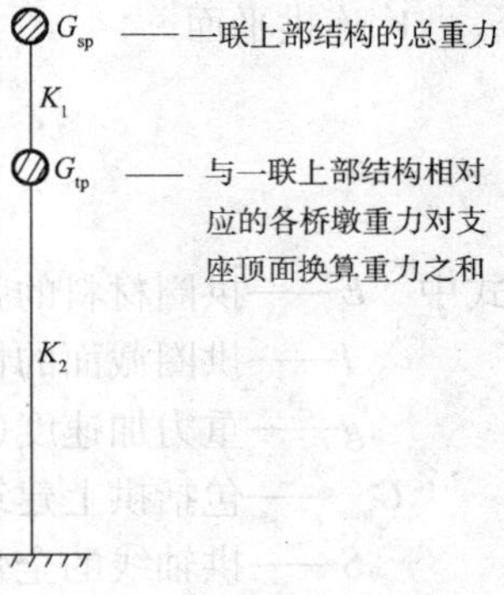

式中 ω_1——基本圆频率(1/s)；

K_1——相应于一联上部结构所对应的全部板式橡胶支座抗推刚度之和(kN/m)；

K_2——相应于一联上部结构所对应的桥墩抗推刚度之和(kN/m)；

T_1——基本周期(s)；

其余符号意义同本规范第 4.2.6 条的规定。

G_{sp} —— 一联上部结构的总重力

K_1

G_{tp} —— 与一联上部结构相对应的各桥墩重力对支座顶面换算重力之和

K_2

附图 2　自振特性计算简图

附录三　单孔拱桥基本周期近似计算公式

一、等截面圆弧拱的基本周期 T_1(s)按下式计算：

1. 连拱平面

$$T_1 = \zeta_T S^2 \left(\frac{G_{ma}}{EIg}\right)^{1/2} \tag{附3}$$

式中 E——拱圈材料的弹性模量(kN/m²)；

I——拱圈截面的惯性矩(m^4)；

g——重力加速度(m/s²)；

G_{ma}——包括拱上建筑在内沿拱圈单位弧长的平均重力(kN/m)；

S——拱轴线的全弧长(m)；

ζ_T——计算系数，可按下式计算：

对于两铰拱，$\zeta_T = \left(\frac{4\pi^2 + 3\theta_a}{4\pi^2 - \theta_a}\right)^{1/2}$

对于无铰拱，

$$\zeta_T = 2\pi\left(\frac{1 + 0.0165\theta_a}{3827 - 91\theta_a + \theta_a}\right)^{1/2}$$

相应于不同矢跨比的 ζ_T 值，亦可按附表3采用；

计算系数 ζ_T 值　　附表3

矢跨比	1/4	1/5	1/6	1/7	1/8
两铰拱	0.196	0.184	0.176	0.172	0.169
无铰拱	0.117	0.112	0.109	0.107	0.106

θ_a——圆弧拱轴线全弧长所对应的中心角(rad)。

2. 出拱平面

当矢跨比为1/4～1/8时，等截面圆弧拱的基本周期可按式(附3)进行计算，式中取 $\zeta_T = 0.288$。

二、等截面悬链线拱、抛物线拱等在拱平面、出拱平面的基本周期均可按相同矢跨比的等截面圆弧拱采用。

附录四　连拱桥自振周期近似计算公式

等跨度连拱桥的自振周期可按下列近似公式计算：

一、顺桥向

1. 基本振型

计算连拱桥顺桥向基本振型荷载引起的 S_{1ha}、$\delta_{i-1,i}$ 和 E_{1hp} 时，基本圆频率 $\omega_1(1/s)$ 可按下式计算：

$$\omega_1 = \left(\frac{\overline{K}_1}{\overline{M}_1}\right)^{1/2} \tag{附 4-1}$$

式中 $\overline{M}_1 = \sum_{i=1}^{n}\frac{G_{it}}{g}(X_{1,i})^2$

$\overline{K}_1 = K_s\sum_{i=0}^{n}(X_{1,i+1} - X_{1,i})^2 + \sum_{i=0}^{n}K_{ip}(X_{1,i})^2$

式中 K_s——拱脚相向抗推刚度(kN/m)；

其余符号意义同本规范第 4.2.15 条的规定。

基本周期 T_1(s)按下式计算：

$$T_1 = \frac{2\pi}{\omega_1} \tag{附 4-2}$$

2. 第二振型

计算连拱桥顺桥向第二振型荷载 S_{2va}、S_{2ha} 时，第二周期可按单孔拱桥在拱平面情形采用。计算墩的第二振型荷载引起的 q_{2hp} 时，墩的第二圆频率 $\omega_{2p}(1/s)$ 可按下式计算：

$$\omega_{2p} = 15.42\left(\frac{EIg}{\gamma_p A_p H^4}\right)^{1/2} \tag{附 4-3}$$

式中 H——墩身高度(m)；

γ_p——墩身材料容重(kN/m^3)；

A_p——墩身截面积(m^2)；

E——墩身材料的弹性模量(kN/m^2)；

I——墩身截面惯性矩(m^4)；

g——重力加速度(m/s^2)。

墩的第二周期 T_{2p}(s)按下式计算：

$$T_{2p} = \frac{2\pi}{\omega_{2p}} \tag{附 4-4}$$

二、横桥向

1. 基本振型

计算连拱桥横桥向基本振型荷载引起的 S_{1za}、E_{1zp} 时，基本圆频率 $\omega_{1z}(1/s)$ 可按下式计算：

$$\omega_{1z} = \left(\frac{K_{iz}}{M_i}\right)^{1/2} \tag{附 4-5}$$

式中 K_{iz}——第 i 号墩墩顶横向抗推刚度(kN/m)；

M_i——第 i 号墩墩顶集中质量，$M_i = \frac{G_{it}}{g} = \frac{1}{g}\left(G_a + \frac{1}{4}G_p\right)$；

G_a——一孔拱桥总重力(kN)；

G_p——墩身重力(kN)。

基本周期 T_{iz}(s)按下式计算：

$$T_{iz} = \frac{2\pi}{\omega_{iz}} \tag{附 4-6}$$

2. 第二振型

计算拱的横桥向第二振型荷载引起的 S_{2za}时，第二周期可按单孔拱桥出拱平面情形采用。计算墩的第二振型荷载引起的 S_{2zp}时，墩的第二圆频率和第二周期可按顺桥向公式计算，但墩身截面惯性矩应取横桥向。

附录五　拱桥地震内力系数表

ψ_h 值　　附表 5-1

f/L	截　面	m	n	q
1/3	拱　顶	0.0000	0.0000	0.09296
	1/4	0.0131	0.26484	0.02790
	拱　脚	0.03018	0.37555	0.34228
1/4	拱　顶	0.0000	0.0000	0.08044
	1/4	0.01145	0.26103	0.02302
	拱　脚	0.0262	0.40563	0.3022
1/5	拱　顶	0.0000	0.0000	0.06926
	1/4	0.00993	0.25791	0.01905
	拱　脚	0.02261	0.42915	0.26417
1/6	拱　顶	0.0000	0.0000	0.0602
	1/4	0.00868	0.25556	0.01604
	拱　脚	0.01967	0.44573	0.23201
1/7	拱　顶	0.0000	0.0000	0.05296
	1/4	0.00766	0.25377	0.01377
	拱　脚	0.01731	0.45728	0.20556
1/8	拱　顶	0.0000	0.0000	0.04715
	1/4	0.00684	0.25235	0.01201
	拱　脚	0.0154	0.46542	0.18386
1/9	拱　顶	0.0000	0.0000	0.04242
	1/4	0.00616	0.25117	0.01061
	拱　脚	0.01384	0.47124	0.16591
1/10	拱　顶	0.0000	0.0000	0.03851
	1/4	0.0056	0.25016	0.00947
	拱　脚	0.01255	0.47547	0.15091

ψ_v 值 附表 5-2

f/L	截　面	m	n	q
1/3	拱　顶	0.0000	0.0000	0.09918
	1/4	0.01345	0.04712	0.05252
	拱　脚	0.01884	0.17265	0.13063
1/4	拱　顶	0.0000	0.0000	0.10180
	1/4	0.01412	0.04561	0.05162
	拱　脚	0.02013	0.15344	0.14902
1/5	拱　顶	0.0000	0.0000	0.10380
	1/4	0.01480	0.04542	0.05087
	拱　脚	0.02121	0.13482	0.16347
1/6	拱　顶	0.0000	0.0000	0.10519
	1/4	0.01522	0.04631	0.05030
	拱　脚	0.02194	0.11885	0.17373
1/7	拱　顶	0.0000	0.0000	0.10616
	1/4	0.01552	0.04788	0.04989
	拱　脚	0.02245	0.10562	0.18096
1/8	拱　顶	0.0000	0.0000	0.10685
	1/4	0.01573	0.04986	0.04959
	拱　脚	0.02281	0.09469	0.18614
1/9	拱　顶	0.0000	0.0000	0.10735
	1/4	0.01589	0.05205	0.04937
	拱　脚	0.02307	0.08562	0.18993
1/10	拱　顶	0.0000	0.0000	0.10772
	1/4	0.01601	0.05433	0.04920
	拱　脚	0.02327	0.07803	0.19277

ψ_z 值

附表 5-3

f/L	截 面	m	q	t
	拱 顶	0.3270	0.0000	0.0000
1/3	1/4	0.00784	0.27190	0.00847
	拱 脚	0.08765	0.33333	0.01345
	拱 顶	0.03346	0.0000	0.0000
1/4	1/4	0.00649	0.27190	0.00773
	拱 脚	0.08650	0.33333	0.01067
	拱 顶	0.03443	0.0000	0.0000
1/5	1/4	0.00505	0.27190	0.00706
	拱 脚	0.08517	0.33333	0.00827
	拱 顶	0.03546	0.0000	0.0000
1/6	1/4	0.00367	0.27190	0.00649
	拱 脚	0.08382	0.33333	0.00640
	拱 顶	0.03647	0.0000	0.0000
1/7	1/4	0.00242	0.27190	0.00601
	拱 脚	0.08255	0.33333	0.00499
	拱 顶	0.03740	0.0000	0.0000
1/8	1/4	0.00129	0.21790	0.00559
	拱 脚	0.08319	0.33333	0.00393
	拱 顶	0.03825	0.0000	0.0000
1/9	1/4	0.00031	0.27190	0.00522
	拱 脚	0.08036	0.33333	0.00312
	拱 顶	0.03900	0.0000	0.0000
1/10	1/4	0.00055	0.27190	0.00489
	拱 脚	0.07946	0.33333	0.00251

ψ_{1z} 值 附表 5-4

f/L	截面	m	q	t
1/3	拱顶	0.02917	0.0000	0.0000
	1/4	0.00456	0.25000	0.00814
	拱脚	0.09869	0.50000	0.01376
1/4	拱顶	0.02999	0.0000	0.0000
	1/4	0.00320	0.25000	0.00746
	拱脚	0.09752	0.50000	0.01092
1/5	拱顶	0.03100	0.0000	0.00000
	1/4	0.00175	0.25000	0.00684
	拱脚	0.09616	0.50000	0.00847
1/6	拱顶	0.03208	0.0000	0.00000
	1/4	0.00036	0.25000	0.00631
	拱脚	0.09478	0.50000	0.00656
1/7	拱顶	0.03313	0.0000	0.00000
	1/4	0.00092	0.25000	0.00585
	拱脚	0.09348	0.50000	0.00511
1/8	拱顶	0.03410	0.0000	0.00000
	1/4	0.00206	0.25000	0.00546
	拱脚	0.09230	0.50000	0.00403
1/9	拱顶	0.03497	0.0000	0.00000
	1/4	0.00306	0.25000	0.00511
	拱脚	0.09124	0.50000	0.00320
1/10	拱顶	0.03574	0.0000	0.00000
	1/4	0.00394	0.25000	0.00479
	拱脚	0.09032	0.50000	0.00257

K_1、K_2 值 附表 5-5

f/L	1/3	1/4	1/5	1/6	1/7	1/8	1/9	1/10
K_1	1.5310	1.4073	1.2604	1.1235	1.0052	0.9052	0.8210	0.7498
K_2	0.0819	0.0269	0.0104	0.0046	0.0023	0.0012	0.0007	0.0004

说明：f/L——矢跨比。

m——截面弯矩系数，求弯矩值时应将表值乘以 L^2。

t——截面扭矩系数，求扭矩值时应将表值乘以 L^2。

q——截面剪力系数，求剪力值时应将表值乘以 L。

n——截面轴力系数，求轴力值时应将表值乘以 L。

附录六　按场地评定指数μ确定动力放大系数β的方法

当具有实测的场地土剪切波速、质量密度和分层厚度数据时，可按下式计算场地评定指数μ，然后按附图6确定动力放大系数β。

$$\mu = 0.6\mu_1 + 0.4\mu_2 \tag{附6}$$

式中　μ_1、μ_2——分别表示场地的平均剪切模量和覆盖土层厚度对场地评定指数的贡献；

$$\mu_1 = \begin{cases} 1 - e^{-6.6(G_m-300)\times 10^{-4}} & G_m > 300\text{kN/m}^2 \\ 0 & G_m \leqslant 300\text{kN/m}^2 \end{cases}$$

G_m——场地土的平均剪切模量（kN/m^2）；

$$G_m = \frac{\sum_{i=1}^{n} h_i \rho_i V_i^2}{\sum_{i=1}^{n} h_i}$$

n——覆盖土层的分层数；

h_i、ρ_i、V_i——分别为第i层土的厚度（m）、质量密度（$\text{kN}\cdot\text{s}^2/\text{m}^4$）和剪切波速度（m/s）；

$$\mu_2 = \begin{cases} e^{-0.916(h-5)^2\times 10^{-3}} & h > 5\text{m} \\ 1 & h \leqslant 5\text{m} \end{cases}$$

h——覆盖土层厚度（m）。

当覆盖土层厚度超过20m时，取自地表起20m范围内土层的平均剪切模量；当覆盖土层厚度小于20m时，取实际厚度范围内土层的平均剪切模量。

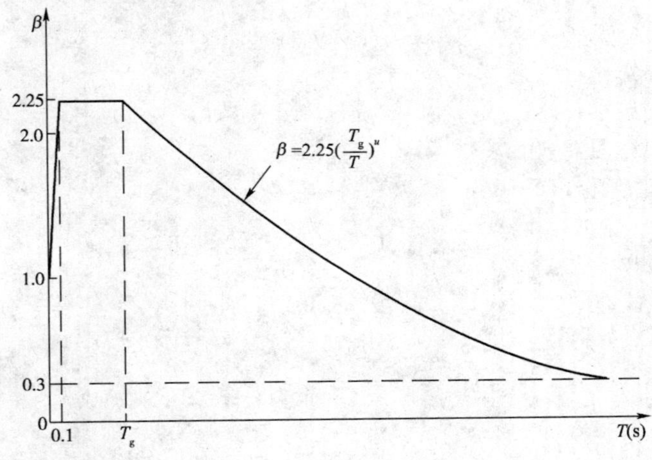

附图6　动力放大系数β计算图

图中参数T_g和k的取值如下：

$T_g = 0.7 - 0.5\mu$

$k = 0.9 + 0.1\mu$

附录七　本规范专用术语解释

基本烈度:一个地区的基本烈度是指该地区今后百年内,在一般场地条件下可能遭遇的最大地震烈度,即现行的全国地震烈度区划图规定的烈度。

地震系数:计算地震荷载时采用的反映地震动强度和特性的系数。它表示不同地震烈度的地面最大加速度的统计平均值与重力加速度的比值。

动力放大系数:采用反应谱理论计算地震荷载时,用以反映单质点弹性结构的动力特性的系数。它表示单质点弹性结构在地震作用下的最大水平加速度反应与地面最大水平加速度的统计平均值的比值。

综合影响系数:计算地震荷载时,用以反映实际构造物的地震反应与现行地震载荷计算理论之间的差异的协调值。

振型:地震时构造物各质点位移的相对比例或振动形状。

可能液化的土:在一定深度内,一定条件下有可能发生液化的土。

液化土:可能液化的土经过试验判定,当遭受基本烈度的地震时会发生液化的土。

软弱黏性土:地基的主要持力层范围内有软塑和极软状态的黏性土层或淤泥层且其容许承载力在基本烈度为 7 度时小于 80kPa,8 度时小于 100kPa,9 度时小于 120kPa 的土。

附录八　本规范用词说明

一、执行本规范条文时，要求严格程度的用词：

1. 表示很严格，非这样做不可的用词：

正面词采用“必须”；

反面词采用“严禁”。

2. 表示严格，在正常情况下均应这样的用词：

正面词采用“应”；

反面词采用“不应”或“不得”。

3. 表示允许稍有选择，在条件许可时首先应这样做的用词：

正面词采用“宜”或“可”；

反面词采用“不宜”。

二、条文中必须按指定的标准、规范或其他有关规定执行的写法为“应按……执行”或“应符合……要求”。非必要按所指的标准规范或其他规定执行的写法为“参照……”。

本规范主编单位、参加单位
和主要起草人名单

主 编 单 位：交通部公路规划设计院

参 加 单 位：国家地震局工程力学研究所

同济大学

温州大学

北京市市政工程设计院

西安公路学院

主要起草人：杨富成　常　岭　朱祖馨

黄裕梅　范立础　陆干文

谢礼立　周雍年　张小琳

李振邦　何度心　项海帆

刘敬云　黄龙生　雍致盛

附件

《公路工程抗震设计规范》

（JTJ 004—89）

条 文 说 明

交通部公路规划设计院

前　　言

中华人民共和国交通部部标准《公路工程抗震设计规范》（JTJ 004—89）已颁发施行，为便于读者比较全面地理解规范条文，达到正确掌握和运用规范的目的，特编写本条文说明。

本条文说明主要是根据1975年以来，我国抗震工作实践及有关大专院校、科研单位所积累的资料和国外的一些资料编写而成，由于这些资料的成熟程度不同，并有一定局限性，因此本条文说明只能作使用规范时的参考，而不能作为依据。

本说明由杨富成、朱祖馨、黄裕梅、刘敬云、雍致盛等汇总编写。

目　录

第一章　总则

第 1.0.1 条　我国是一个多地震国家。强烈地震将会给人民生命财产和国家经济建设造成巨大损失,公路工程也会遭到不同程度的破坏。在抗震救灾中,公路交通运输还是抢救人民生命财产和尽快恢复生产、重建家园的重要环节。为了保障人民生命财产的安全及公路设施的完好,更好地发挥公路运输在抗震救灾中的作用,就需要制定一个适合公路工程实际、能够保障结构物安全可靠、设计标准恰当、技术措施可行、经济合理的公路工程抗震设计规范,以供公路设计部门进行抗震设计时有所遵循。

在制定本规范时,除对原规范条文进行了分析之外,还认真总结了我国近几年来公路震害的经验;对一些量大面广的结构类型进行抗震强度和稳定性验算,并与震害实例作了对比,有些内容还进行了专门试验和理论研究工作,因此,提出的条文是有理论根据的和包含了我国的抗震实践经验的。

第 1.0.2 条　本规范仍沿用地震基本烈度的概念。基本烈度即为全国烈度区划图(1977 年)确定的烈度,不再采用设计烈度这个名词。鉴于我国发生烈度为 7 度、8 度和 9 度的地区的区域比较广,并积累了一定(上述震级)的抗震经验,故本规范适用范围以基本烈度 7、8、9 度地区为限。对于小于 7 度的地震地区,震害一般比较轻微,一般可不考虑设防。但因地震本身不确定因素较多,国家对位于 6 度地震区的重要城市的主要交通通道(出入口)的重要桥梁,要求按 7 度设防,9 度以上地区的公路工程震害多数比较严重,但也有比较轻微的,如 1973 年炉霍地震和 1970 年通海地震区内的 30 座桥梁,震后破坏不大。再如 1976 年的唐山地震的 11 度区内,跨越陡河的胜利桥(公路桥)遭到严重破坏,而该桥上游的铁路桥则基本完好。以上实例说明,公路工程并非绝对不能抗御 9 级以上地震。但由于目前还缺乏 9 度以上强震的观察资料,对公路工程震害调查也很不够,还不能提出一些规律性的具体条文规定,所以对基本烈度大于 9 度的地区的公路工程抗震设计应进行专门研究。

本规范重点放在公路工程中常见的大量使用的建筑物,如重力式挡墙、路堑、一般土填筑的路基、山岭隧道、梁式桥墩台和一般跨径的拱桥等,对于有特殊抗震要求的建筑物,如锚杆式挡墙、钢筋混凝土轻型挡墙、高速公路和一级公路上四车道隧道、刚架拱桥、连续刚构、斜拉桥、跨径超过 150m 的梁式桥及拱桥等,均未包括在本规范内。但当对上述结构进行方案设计或进行具体设计时,也可参照本规范的有关条文规定。

本规范规定的设防依据,是国家审定的全国地震烈度区划图确定的基本烈度。对做过地震小区划的城市,可按批准的地震动参数(一般是加速度峰值和反应谱值)进行设计。

地震烈度属宏观地震学中的概念范畴,地震危险性是参考震后所造成的破坏后果来综合划分等级的,是对地震灾害的一种综合判定。基本烈度是指平均土质条件下,未来百年内场地可能遇到的最高烈度。以基本烈度所表示的地震烈度区划图不包含地震发生的概率,而将同等的地震烈度视为具有同等的地震危险性,事实上同等烈度区的年地震发生率可能是完全不同的。由于地震发生的时间、空间和强度至今不能精确预报,大中地震的发生可作为一随机过程,国家地震部门正按此概念以编制新的地震区划图。

随着我国科学技术和国民经济的发展,随着我国交通运输的现代化,陆续建造了许多大跨高墩及复杂结构的桥梁,从而对抗震工作提出了更多更高的要求。由于以上原因,现有我国地震烈度区划图(1977 年版)显然不能满足工程建设的需要,因此,对上述的重大建设项目的工程场地宜考虑做地震危险性分析。

地震危险性分析结果是工程抗震设计可靠性分析的最基本资料。危险性分析的表达方式有两种:一是为量大面广的一般工程提供地震危险区划图;二是为特殊重大工程场地提供不同危险水平的地震动参数。自 70 年代以来,地震危险性分析已普遍受到各国的重视,已成为抗震设计规范、土地规划、城市抗震防灾、工程震害预测等实际应用方面不可缺少的科学手段。50 年代日本以概率统计方法计算在一定年限内发生一次最大地震的烈度期望值，然后按照烈度和加速度的关系式换算成加速度，编制成重现期分别为75年、100年、200年的全国地震加速度区划图供建设项目及规范使用。1968年美国提出将地震危险性概率分析方法用于评价工程地点的场地震参数，并于70年代采用地震危险性分析方法编制了美国新的地震区域划分图，以50年超越概率为10%的基岩地震水平峰值加速度为设防依据，80年代初又增加了峰值速度作为全国抗震分析的基本参数。之后，世界许多国家相继应用地震危险性概率分析结果作为工程设防依据或编制成地震区划图，如《美国公路桥梁设计准则》中采用的地面震动参数，就是根据地震危险性分析而制定的。日本《道路桥耐震设计规范》规定在确定场地工程地震强度时，将地震活动程度和地震危险性程度作为基本资料，统计出不同强度地震的概率分布作为设防依据。我国《工业与民用建筑抗震设计规范》已率先采用按概率统计方法进行地震危险性分析的成果，目前地震部门也正在以此成果编制我国新的地震危险区划图。

重大工程建设场地的地震危险性分析，是在研究工程场地及附近区域内地震地质构造、地震衰减关系的特征的基础上，通过建立适合本地区的地震危险性分析模型，划分出相应的潜在震源区，并确立出地震活动性参数。经过一系列运算，给出场地不同年限、不同超越概率水平下的烈度、加速度峰值、加速度时程等，作为工程抗震设防的依据。

场地地震危险性分析与工程建设有直接关系，应从以下几个方面考虑并与地震部门商定提供设计依据。

1. 场址地区场地1年、50年、100年地震加速度、速度、位移的超越概率曲线。

2. 场址地区基岩表面不同超越概率的加速度反应谱。

3. 满足年超越概率为2×10^{-3}、1×10^{-3}、2×10^{-4}的基本峰值加速度、反应谱、持续时间的加速度时程。

4. 场址地区土非线性动力参数（剪切模量比、阻尼比、剪切波速）以及土层传递函数谱。

5. 地面竖向及水平向地震波时间历程、不同超越概率的加速度、速度、位移及反应谱。

6. 墩台基础底面的加速度峰值、反应谱和相应的时程。

7. 场址地区滑坡、液化等地基失效危险性分析。

根据以上地震危险性分析结果，要对该工程项目进行决策，选择合理、安全的抗震设防依据。

首先对该场地地震作用超越概率的取值进行决策，因为该值为工程结构抗震设计中最基本的设计依据。实质上超越概率值是个安全标准问题，是确定地震作用大小并表明该结构可接受的危险性程度。在决策其超越概率大小时应考虑以下三方面的因素。

1. 根据其重要性程度确定该结构设计基准期。

2. 地震破坏后，结构功能丧失而可能引起次生灾害的损失。

3. 建设单位所能承担抗震防灾的最大经济能力。

其次，根据地震危险性分析结果，对该工程承担地震风险较大的要进行决策。可进行危险性转移，处理方法有如下几种：

1. 对于国家重点工程，因投资较大，可移至场地条件较好、相对安全的场址。

2. 有条件时，可改变结构类型，进行结构方案比较。

3. 通过购买保险来承担可能由地震所造成的损失。

抗震决策的目的是提高抗震效益，使社会代价减少到最低程度。因此，需要决策机关结合我国当前抗震投资能力，对我国不同类型的大跨桥梁分别确定其不同设计基准期、超越概率水平，以满足抗震设计要求。

第1.0.3条　本条是根据我国当前的经济实力和技术上的可能性，在抗震理论和震害实际调查的基础上提出来的。它是公路工程抗震设计要求达到的总目标，也是公路工程抗震设计水平的一个尺度。一是根据国家的财力物力，不能过高要求；二是考虑到我国公路工程的特点和用途，破坏性地震并不是经常发生的。因此，本规范在保障人民生命财产的安全和公路工程设施基本完好的前提下，为更好地发挥公路运输效能以及在抗震救灾中的作用，允许公路工程在遭受基本烈度的地震作用下有一定程度的破坏，并根据具体情况对修建于一般地段的各级公路工程和修建于抗震危险地段、软弱黏性土层或液化土层上的各级公路工程,分别提出了不同的允许破坏限度。

根据我国公路工程震害资料,修建于一般地段的公路工程震害较轻,路基仅有少量的塌方或小规模的沉陷,稍予清理或修补就能恢复通车。桥梁一般以开裂为主,主要构件的承载能力不致降低,经过一般修整就能继续使用。虽然在一般地段也有破坏比较严重的例子,但根据目前的认识水平和我国具体条件,也可以采取适当措施,以少量的抗震投资来减轻震害。例如1975年海城地震时,位于8度及9度区内一般地段的多数桥梁仅有轻微破坏。发生桥墩断裂、支座位移等破坏的几座梁式大桥,也主要是由于桥墩截面较小、支座与墩台的联结薄弱等原因造成的。如果适当加大桥墩截面,加强支座与桥墩联结,这几座桥梁的破坏是可以避免的。

高速、一级公路,在政治、经济和国防上具有特别重要的意义,其交通量大、技术标准高,对抗震设防的要求也高,在遭遇到强烈地震时所允许的破坏程度要比其他各级公路低。因此本规范对于修建在一般地段的高速、一级公路工程提出了较高的设防要求,即"经一般整修即可使用"。而对其他等级公路的要求,则适当降低。

关于地震危险的地段,是指发震段地层及其邻近地段和地震时可能发生大规模滑坡、崩塌等各种不良地质地段。这些地段在强烈地震时将会发生大规模地表错动、滑坡、崩塌等严重震害,对公路工程有极大破坏作用(例如云南昭通地区,地表上升运动明显,深谷悬岩很多,1974年地震后发生几处大型的滑坡、崩塌,严重地破坏了公路),即使采取工程抗震措施,也是难抗御的。软弱黏性土层和液化土层,在强烈地震时承载能力将会大大降低。甚至完全失效,并将会引起河岸滑移,对公路工程的危害也很严重。在上述地段修建公路时,目前还缺乏行之有效的抗震措施,或者虽然有了技术措施,但由于投资、设备等条件的限制,也难以普遍采用(例如修建于液化土层上的桥梁采用深基础比较有效,但需要较多投资和一定设备,若中小桥梁都采用就有困难)。因此本规范适当降低了修建于上述地段的公路工程设防要求,仅要求保证桥梁、隧道及其他重要构造物不发生严重破坏。

第1.0.4条、第1.0.5条 原规范的设计烈度是根据构造物的重要性在基本烈度的基础上调整确定。烈度提高一度,意味着地震力加倍,对结构截面设计往往带来一定困难,故国外许多国家都不用调整烈度的方法来进行抗震设计,过去用"设计烈度"的苏联规范,在现行规范中也不再采用。因此本规范也不再采用设计烈度,即不再成倍提高或降低设计地震力,而采用重要性修正系数的办法来调整地震力。

本规范从我国具体情况出发,考虑到公路工程的重要性和抗震救灾作用,本着确保重点和节约投资的原则,对不同工程给予不同的抗震安全度。

一、抗震强度和稳定验算

重点工程对政治、经济、国防和抗震救灾具有特别重要的意义,一旦受地震破坏,将造成交通中断,后果非常严重。例如1976年唐山地震时,津榆公路上的芦台蓟运河大桥和滦县滦河大桥的严重破坏,切断了唐山与天津、沈阳之间的公路交通,外地与唐山之间的公路运输均需绕道丰润,虽然经过解放军和公路施工队伍日夜抢修,分别在震后第二天和第六天架通了舟桥和便桥,并在震后第十三天恢复了津榆公路全线交通,但在当时京山铁路亦已中断的情况下,对于灾区人民生命财产等整个抗震救灾工作带来了极大困难。因此,对于特别重要的公路工程,应当给予较高的抗震安全度。

本规范将按其重要性和修复(抢修)难易程度划分为五个档次:第一档次为高速公路和一级公路上的抗震重点工程。这类建筑物地震破坏后会引起严重后果,经济上造成重大损失,国防上也有特别重要的影响,应给予较高的修正系数。第二档次为高速公路、一级公路的一般工程和二级公路的抗震重点工程以及二、三级公路上桥梁的支座。高速公路和一级公路具有特别重要的政治、经济意义,一般专供汽车分道行驶并全部或部分控制出入,其使用要求、技术标准和交通量都很高,对抗震设防要求也很高,故要求在一般地段上发生相当地震基本烈度的地震时,基本不坏或略有损坏,经一般整修即可按原设计标准继续使用。而二级公路上的抗震重点工程又是在抗震救灾上具有与一级公路同等重要的意义。第三档次为二级公路上的一般工程和三级公路上的抗震重点工程以及四级公路上的梁端支座、梁端连接、支挡措施。二级公路是连结重要政治、经济中心或大工矿区的主要干线公路或运输繁重的城郊公路,不论在平时还是在地震时都具有比较重要的意义。三级公路上的抗震重点工程(指特大桥、大桥、隧道和破坏后修复或抢修困难的路基、中桥和挡土墙等),一旦受震破坏后,后果比较严重。为了充分发挥量大面广的四级公路在公路运输及抗震救灾中的作用,因此规定工程按基本烈度设计。第四档次为三级公路的一般工程和四级公路的抗震重点工程。三级公路是沟通县以上城市、运输任务较大的一般干线公路,我国目前干线公路大多数是三级公路,因此三级公路在政治、经济、国防和抗震救灾方面都具有比较重要的意义。四级公路上的个别抗震重点工程,例如某些联系几个乡镇广大地区的特大桥、大桥,一旦受震破坏,影响较大,可视其重要性和修复难易程度,进行必要的设防。一般四级公路是沟通县、乡、村直接为农业运输服务的支线公路,年平均昼夜交通量一般在200辆以下,一般可不进行抗震强度和稳定验算,故作为第五档。

我国目前还有不少公路虽然按其技术标准只达到三、四级公路的要求,但其重要性却相当于二、三级公路。对于这一类公路工程,应当主要依据它们在政治、经济、国防上的重要意义,分别按二、三级公路工程来对待,即可以将重要性修正系数调高一档采用。

关于重要性修正系数的确定:

我国正在编制新的地震区划图,它是以概率分析方法进行编图,给出烈度与震动两类参数,可以概率定量给出设计中的地震荷载,这对工程抗震设计是非常合适的。另外,我国工程结构设计标准将进入安全度时代,亦要求以作用与抗力两大部分的概率定量给出结构可靠性指标。

鉴于以上情况,本规范对重要性程度不同的工程,摒弃烈度增减的方法,而以概率统计为基础给出不同的重要性系数。

我国有关单位对我国华北、西北和西南三大地震活动地区进行了45个地区场地的潜在震源、地震活动性以及衰减规律的地震危险性分析,对我国第二代地震区划图的基本烈度给出了概率定量的成果。地震危险性分析,首先得到地震烈度的年超越概率$P(I>i)$,由各场地地震烈度年超越率可推算出每个场地在某一期限T年内相应于烈度i的超越概率,进而可以给出各场地在给定超越概率条件下的地震烈度,$P(I\geqslant i1^{T})=1-[1-P(I\geqslant i)]^{T}$,然后对各场地$T$年内地震烈度的概率分布进行拟合。由于一般描述随时间变化的荷载作用应采用随机过程模型计算,但目前还不能直接利用。因此,关于随时间变化的荷载作用将用T期间内的最大值分布概率模型代替,经检验后,发现利用地震危险性分析结果时的地震烈度符合极值III型分布。极值III型为有界型原始分布,其密度函数在一个有限的区间$[a,b]$,以外皆等于零。由于地震能量释放是有上界的,地震震级和烈度也是有界的(规定为12度),因此,地震烈度符合极值III型分布,其分布函数为

$$F_{1}(x)=\exp\{-[(w-x)/(w/q)]^{k}\}$$

将分布函数拟合,经检验,符合极值III型的检验水平为5%以下,并将不同超越概率所对应的烈度与该场地的基本烈度作校验,计算出平均值与偏差。计算结果表明,50年超越概率为13%的地震烈度与基本烈度的总体方差最小,而40年的极值III型分布函数的众值即相当于我国公路工程当前的抗震设计水平($C_{z}K_{n}$)。这时的众值烈度约比基本烈度小1.73°。按不同设计基准期统计出的众值烈度比基本烈度减小之值如表1.0.4。

表 1.0.4

设计基准期(年)	30	40	50	60	70	80	100
众值烈度相应比基本烈度减小之值	1.93°	1.73°	1.55°	1.41°	1.19°	1.02°	0.54°

根据公路工程等级和抗震救灾的重要性,现分成四类抗震等级。第I类抗震工程按80年设计基准期,II类抗震工程按60年设计基准期,III类工程按40年设计基准期,IV类抗震工程按20年设计基准期考虑。所计算出的相对众值烈度的比值(以III类抗震工作为1计,即这类工程按基本烈度设计,系数为1)即规范表1.0.4中的重要性系数。抗震设计时,按基本烈度的水平地震系数乘以重要性系数作为地震荷载考虑。

二、抗震构造措施

虽然在强度和稳定性验算时采用了名义上的安全系数,但在基本烈度情况下,结构已进入塑性状态,不存在安全储备问题,本规范规定了一系列的抗震构造措施,是保证结构在一定的塑性变形状态下仍不丧失稳定,使构造物在高于基本烈度或在没有考虑到的各种因素下具有一定的抗御地震的能力,并

在一定的范围内不致产生严重的后果。因此，抗震构造物的构造措施是提高构造物抗震能力的最有效的方法，财力、物力应重点放在抗震构造物的结构措施上。

鉴于高速公路和一级公路在政治、经济、国防上具有特别重要的意义，有必要在构造措施上适当提高结构的安全度，故本规范规定对于高速公路和一级公路上的抗震重点工程，其抗震构造措施可比基本烈度提高一度采用。但在基本烈度大于9度的地区，由于缺乏经验，故条文规定在基本烈度为9度的地区提高一度的抗震措施应专门研究。对于四级公路的一般工程则可不考虑或采取投资少及材料不多而效果好的简易抗震措施。

抗震构造措施和强度及稳定性验算，是在总结国内外公路路基、挡土墙、桥梁、隧道等构造物震害经验的基础上提出来的，而用较少的工程费用对上述薄弱环节予以局部加强，使整个构造物的抗震能力得到提高而考虑的。

构造物部分遭到震害，并不意味着整个构造物在地震作用下强度和稳定性都不够，而只是在薄弱环节上首先发生破坏，导致构造物破坏。例如对于地震时挡土墙滑动、桥墩台在施工缝处断裂、梁端坠落等，相应地对地基采取抗滑措施、混凝土工作缝予以适当加强、支座部位采取防止落梁的抗震措施等，就会提高这些构造物的抗震能力，花较少的费用，就可以取得一定的抗震效果。

对于重大的、修复困难的以及软土地基、液化地基上的构造物，在抗震设计上要慎重些。应通过抗震强度和稳定验算，对构造物作全面地细致地分析和研究，以使公路全线各构造物具有比较一致的抗震能力，对重点、薄弱环节得到必要的抗震保证。

第1.0.6条 立体交叉的跨线工程一旦受震破坏，不仅会影响上线交通，还会影响到下线交通。因此，跨线工程应按上、下两线中较高的线路的设防标准来进行抗震设计，亦即其重要性修正系数应不低于下线工程的重要性修正系数和构造措施水准。

第1.0.7条

1. 基本烈度

建设规划和工程设计都必须考虑到地震的影响，地震烈度区划就是为其提供较合理的抗震设防标准。这种设防的指标可以用不同方式表示，本规范采用的是“基本烈度”。目前地震基本烈度是指一定区域在今后一定时期内，在一般场地条件下可能遭到的最大地震烈度。由于各类工程建设需要考虑的使用时间有所差别，因此在同一地点，对不同使用年限的工程也应各有自己的基本烈度。目前全国地震烈度区划图是选用100年这个期限，所以该图反映的是未来百年内各地可能遭到最大地震烈度的分布图，它并不排除比预报小的地震在该危险区内发生。此外，上述概念还说明基本烈度是在一定范围内、一般场地条件下可能遭到的最大烈度，即在指定的标准土和一般地形、地貌、构造及水文地质条件下最普遍分布的烈度，而不反映各种原因所引起的局部烈度异常。事实上，在一个地震发生时，烈度异常是经常出现的。

烈度分布图的编制是分两步完成，即先进行地震危险区划，后完成地震烈度区划。地震危险区划是对未来百年内可能发生地震的地点和强度进行预测；地震烈度区划是在地震危险区预测的基础上预测未来地震的最大烈度分布。

2. 水平地震系数

水平地震系数 K_h，即地震时地面最大水平加速度的统计平均值 a_h 与重力加速度的比值。由于地震时地面的最大水平加速度与地震烈度有直接对应关系，因此水平地震系数也与地震烈度有直接的对应关系。

关于地震时地面最大水平加速度与地震烈度之间的关系，国内外的研究者做过许多工作，其主要研究成果列于表1.0.7-1。由表1.0.7-1可见，各国研究者的研究结果差异很大，目前国际上尚无统一标准。但是，尽管据以得出这些结果的观察资料不尽相同，却都反映了一个共同的规律，即地震烈度每增加一度，地面最大加速度都增大一倍左右。我国工程力学研究所搜集美国在同一宏观烈度下取得的最大水平加速度，1976年规范的水平地震系数（见表1.0.7-2）采用了经统计分析后提供的成果。

3. 竖向地震系数

地震的宏观现象表明，在高烈度区竖向地震的影响是十分明显的，例如烟囱破坏情况，以及某些建筑物不是侧向倒塌而是在原位置叠合塌落等。唐山地震时，国家地震局工程力学研究所和河北省地震局在京、津、石的观测台网所测得的地震记录表明，主震时地面竖向最大加速度 a_v 约等于 0.68 ~ 0.74a_h，见表 1.0.7-3。

表 1.0.7-1　地面最大水平加速度与地震烈度的关系

研究者		地面最大水平加速度（m/s^2）					
	地震烈度	5	6	7	8	9	10
B. Gutenherg& C. Frichter（美）	范围	1 ~ 52	1 ~ 100	20 ~ 160			
	建议值	1.47	31.6	60	147	316	600
F. Neumann（美）	范围	2 ~ 75	5 ~ 175	18 ~ 140	51 ~ 350		
	建议值	32	64	130	264	400	600
J. Hershberger（美）	范围	2 ~ 100	15 ~ 100	66 ~ 250	264		
	建议值	17.5	46.9	126	338	905	
C. B. MeBeBeB（原苏）	范围	3 ~ 36	18 ~ 95	36 ~ 153	100 ~ 321		
	建议值	1.25 ~ 25	25 ~ 50	50 ~ 100	100 ~ 200	200 ~ 400	400 ~ 800
河广角（日）	建议值	8	25		80		250
B. A. HeuaeB 原苏	建议值	100 ± 20	210 ± 50	420 ± 100	680 ± 150	100 ± 300	
E. Peterschmitt	建议值	1.43	45	143	450		
我国 1964 年地震区工业与民用建筑设计规范（草案）				75	150	300	
本规范	建议值			100	200	400	

表 1.0.7-2　我国与前苏联的水平地震系数比较

地 震 烈 度	7	8	9
1976 年我国规范的水平地震系数	0.1	0.2	0.4
1981 年修订我国地震烈度表的一个建议方案	0.125	0.25	0.5
原苏联规范 CHпиII—7—81	0.1	0.2	0.4

根据国内外研究，在更大的范围内进行统计时，a_v 一般平均约为 0.5a_h 左右。

表 1.0.7-3　1976 年 7 月 28 日唐山地震部分资料

地　点	震中距（km）	a_h（m/s^2）	a_v（m/s^2）
天津市河东区	99	100	100
北京市密云水库	153	53	50
北京市东城区	160	60	32
北京市海淀区	168	47	30
河北省黄壁庄	370	15	10
河北省隆尧梁县	405	10	10
河北省隆尧梁县	393	8	5

近年来，国内外已测得 a_v 达到和超过 a_h 的记录，最突出的例子是 1976 年苏联格兹里地震记录和 1979 年美国 Imperiar Valley 地震记录，$a_h = 0.6g \sim 0.8g$，a_v 分别为 1.35g 和 1.75g。因此近年来各国研究者对竖向地震反应日益重视。部分国家对竖向地震系数 K_v 的规定见表 1.0.7-4。

第 1.0.8 条　本条提出了公路工程抗震设计的基本要求。

一、选择对抗震有利的地段布设路线和选定桥位

我国的地震绝大多数是构造地震，其成因和地震影响场均受地质构造条件的控制。在发震断层及其邻近地段，不仅地震烈度高，而且强烈地震往往还引起地表错动，对公路工程具有极大的破坏作用。除了地质构造条件以外，局部的工程地质、水文地质、地基土质、地形等场地条件对于公路工程的震害也有很大影响。

表 1.0.7-4　部分国家对竖向地震系数 K_v 的规定

国　别	是否计竖向地震力	竖向地震系数
美国 1980 年公路桥规范	不计	
原苏联 1981 年规范(СНипII—7—81)	计	$0.5K_h$
日本 1980 年公路桥规范	除支座外其他不计	
日本 1980 年铁路规范	计	$0.5K_h$
中国铁路抗震设计规范(GBJ 111—87)	计	$0.5K_h$
中国工业与民用建筑抗震设计规范(TJ 11—87)	计	$0.2 \sim 0.3K_h$

对抗震有利的地段的施工场地,其实际地震烈度比区划图规定的烈度为低,结构物的地震力计算值可能比实际的要高。由此产生的效果,不仅使地震荷载减小,同时在有利的工程地质条件下,地震作用性质也会发生变化,如地壳构造破坏;土中次生残留效应(液化、变形等)和土力学性能减弱。由于这种关系,使设计时很难用计算或结构构造措施克服的那些地震作用因素的危险性得以消除。显然,考虑地质条件,选择有利地段布设路线和选定桥位,是提高结构物抗震效果的最重要措施之一。它往往比所有其他措施所起的作用更大。

二、关于避免或减轻在地震作用下因地基变形或地基失效对公路工程造成的破坏

由于地震作用,使土的力学性质发生变化,特别是使一些土的承载能力降低。如松散的饱和砂土液化,造成地基失效,桥梁由于基础严重位移和下沉遭到了破坏,路基也普遍发生沉陷、塌陷等严重破坏。1975 年海城、1976 年唐山地震时,有些地区由于地基液化、河岸滑移,桥墩普遍向河心位移或向河岸倾斜或折断,使交通中断。

除了地基失效之外,地基变形的影响也应重视。例如 1970 年通海地震时,1 孔 10m 的石拱桥由于两桥台地基的不均匀沉陷(相对沉陷量达 30cm),而造成了拱圈错断。

以上说明,地震所引起的地基变形或地基失效对公路工程具有较大的破坏作用,在抗震设计中应引起足够的重视,并采取适当措施来避免或减轻这种破坏。

三、关于本着减轻震害和便于修复(抢修)的原则,合理确定设计方案

设计方案的选定,对于提高公路工程的使用质量、降低工程造价具有很大的影响,在整个设计过程中是一个带有全局性的问题。而抗震设计的目的就在于尽量减轻公路工程的震害,并且在一旦遭到破坏以后能够尽快地恢复交通。因此,地震区的公路工程在确定设计方案阶段就应充分考虑减轻震害和便于修复(抢修)的要求。

例如:在确定路线的总方向和主要控制点时,应尽量避开基本烈度较高的地区和震害危险大的地段;在路线设计中,要合理利用地形,正确掌握标准,尽量采用浅挖低填的设计方案以减少对自然平衡条件的破坏;当桥位无法避开发震断层时,采用低墩小跨的设计方案等等。

对于地震区的桥型选择,宜按下列几个原则进行:

1. 减轻结构的自重和降低其重心,以减小结构物的内力并提高其稳定性。
2. 使质量中心与结构物或其部分刚度中心重合,减小扭转运动和由其自重引起的附加地震力。
3. 结构物在长度和高度上的协调,可减少各部分不同性质的振动所造成的危害作用。
4. 降低结构刚度,使用延性材料(提高结构物变形能力)来减小地震力。
5. 加强地基的调整和处理,减小地基变形和防止地基失效。

四、关于加强路基的稳定性和构造物的整体性

路基的稳定性对抗震性能有很大的影响。路基的震害调查表明,严重的路基震害除了地表错动、地基变形和地基失效等原因外,主要是由于路基的稳定性不够所引起的。例如采用砂类土填筑的路基和压实不够的路基容易发生整体坍滑等震害;岩土松散、坡度过陡的挖方边坡容易发生滑坡、崩塌震害等。

构造物的整体性是指构造物各个组成部分本身的强度和刚度以及它们相互之间的连接。强烈抗震时,地震荷载是通过各个组成部分之间的相互连接来传递,并依靠各个组成部分本身的强度和刚度以及它们相互之间的联结作用来承担的。强度和刚度不足的部分,以及连接薄弱的部位往往首先发生破坏,有时还会因此而造成构造物的整体破坏。公路桥梁的震害调查资料也证明了这一点。桥梁上、下部构

造之间的连接部位，墩台与承台、基桩与承台、墩柱与盖梁之间的联结部位，八字翼墙与桥台台身之间的连接部位等，都是震害大量发生的部位。就是落梁、落拱等严重震害，也有不少是由于上、下部构造之间的连接薄弱所造成的。

此外，加强全桥的整体性（例如在小桥的桥台之间设置支撑梁或采用浆砌片石、块石满铺河床），还能减轻地基变形、地基失效以及河岸滑移对桥梁的影响。

五、关于适当降低路基边坡和构造物的高度，合理减轻构造物的自重

路基边坡和构造物的高度越高，一般震害也就越重，这是因为它们的地震反应比较强烈而且复杂的缘故。此外，深挖高填的路基对自然平衡条件的破坏比较严重，路基边坡的稳定性也就更差。从抢修和修复的角度来看，深挖高填的路基和较高的构造物也比较困难。

总之，降低高度和合理减轻自重，都是减轻震害的有效措施。

六、关于在设计中提出保证施工质量的要求和措施

施工质量对公路工程的抗震性能也有很大的影响，一次强烈地震往往可以充分暴露施工质量方面存在的问题。例如1973年炉霍地震时，采用卵石灌浆砌筑的红旗桥（1孔8m石拱桥），桥台用卵石通缝砌筑，造成桥台与拱座脱开，并向河心滑移80cm，全桥遭到严重破坏，无法继续使用。因此，地震区的公路建设必须充分重视施工质量，在抗震设计中要明确提出保证施工质量的要求和措施。

第二章　路线、桥位、隧址和地基

第一节　路线、桥位和隧址

第 2.1.1 条　在地震区进行路线设计和桥位、隧址选择时，应充分估计未来地震对公路工程的可能影响。其中尤其要根据本规范第一章所规定的设防要求和其他有关规定，着重考虑那些可能使公路工程遭到的破坏超出允许限度的影响。作上述估计和考虑的目的，是为了通过路线设计和桥位或隧址选择来尽量避免和减轻这种影响。

为了估计和考虑未来地震对公路工程的可能影响，首先要做好以下两方面的工作：

一、向有关地震、地质部门搜集公路沿线的地震基本烈度资料以及公路沿线地区的地震活动情况、区域性地质构造等与基本烈度直接有关的资料，以摸清沿线地区的地震活动趋势及其地质构造背景，并对未来地震对于公路工程的可能影响有一个总体了解。

二、地震部门所提供的基本烈度，是指某一地区在今后一定时期内可能普遍遭遇的最高地震烈度。它只反映了一个地区内各处地面受到地震影响的程度的平均趋势，而忽略了局部场地条件的差异所造成的影响。由于局部场地条件的差异造成的场地影响问题，正是在进行路线设计和桥位或隧址选择时所要考虑的重点问题。因此，在搜集基本烈度等有关资料的基础上，还应当加强工程地质、水文地质和历史震害情况的现场调查和勘察工作，从场地条件和历史震害所反映的场地影响两个方面来估计和考虑未来强烈地震对各个具体路段和具体工程的可能影响。

本规范对于场地影响问题，除了针对不同的场地条件采取相应的抗震措施和抗震验算中采用不同的计算参数或方法以外，主要是通过在布设路线和选定桥位或隧址时采用避重就轻的方法来解决的。所谓“避重就轻”的方法，有以下三点具体内容：

1. 本规范把场地条件粗略地归纳为对公路工程抗震有利、不利和危险三类。在布设路线和选定桥位或隧址时应当尽量避开地震危险的地段，充分利用对抗震有利的地段。

2. 就是在同一类的地段中，由于具体场地条件的复杂性，地震对公路工程的影响也不会完全一致，其中也存在着相对较重和相对较轻的小段落，在布设路线和选定桥位或隧址时，也应当结合具体情况对这些因素作适当的比较和考虑。

3. 地震对公路工程的影响，还与工程本身的抗震性能有关。并且，路线布设和桥位或隧址选择常常与方案比较紧密结合在一起，因此，布设路线和选定桥位或隧址时，还应当结合方案比较，尽量少采用对抗震不利的设计方案，多采用对抗震有利的设计方案。

查明公路沿线的局部场地条件，不仅是搞好路线设计和桥位、隧址选择的一个重要前提，也是搞好整个抗震设计的重要依据。因为不论是采取适当的抗震措施，还是选用适当的计算参数，都要以此作为基础。

总之，公路沿线的基本烈度、地震活动情况、区域性地质构造以及工程地质和水文地质条件、历史震害情况等资料，都是合理布设路线、选定桥位、隧址和搞好抗震设计所不可少的基础资料，必须切实加强这一方面的调查研究和现场勘察工作。

第 2.1.2 条　在本规范第 1.0.2 条的说明中已经谈到，大于 9 度的地区，公路工程的震害多数比较严重。并且由于 9 度以上的地震较少发生，震害调查和强震观察工作做得不够，目前还提不出比较成熟的相应措施；本规范第 1.0.3 条的说明中也已谈到，当某些场地条件对公路工程抗震特别不利的地段，强烈地震对公路工程具有极大的破坏作用，常常造成严重的交通中断。因此，为了减轻公路震害，保障公路交通和减少抗震投资，在确定路线的总方向和主要控制点时，应当尽量避开基本烈度高于 9 度的地区和地震时可能严重中断交通的危险地段。

本规范第1.0.3条中列出的两类震害危险的地段,已在本规范第一章的有关条文说明中有所说明。现再补充说明如下:

一、发震断层及其邻近地段

发震断层是指未来可能发生地震的活动断层,它控制着极震区的烈度分布。等烈度线的长轴方向往往与发震断层的走向基本一致,沿发震断层方向的烈度衰减也比其垂直方向来得缓慢,这说明了在发震断层及其邻近地段,地震烈度有明显增高的趋势。这一认识已为我国多次强烈地震所证明,并且已经应用于我国的地震烈度区划工作。

关于发震断层及其邻近地段地震烈度明显偏高问题,我国地震部门在进行烈度区划,综合评定基本烈度时已有考虑。对于公路工程的抗震来说,需要重视的则是发震断层引起的地表错动问题。在强烈地震时,发震断层往往引起地表错动,例如1970年通海地震和1973年炉霍地震时,发震断层均引起了严重的地表错动,出现在地表的裂缝带长度分别达到240cm和300cm,地表错动对于公路工程具有极大的破坏作用,常常造成严重的交通中断。例如1970年通海地震时,地震引起的地裂缝带所经之处,路严重坍塌,桥梁完全倒垮(小红坡一号桥、二号桥等)。再如美国加利福尼亚州南太平洋铁路3~6号隧道,其洞身都穿过活动断层段,1952年克思郡地震时,在地层裂缝处洞身都产生错移。日本丹郡隧道的超前排水隧洞经过活动断层,1936年地震后,由于断层错动,使隧洞洞身横向错开2.28m,导致隧洞废弃。

综上所述,发震断层及其邻近地段在强烈地震时不仅烈度高,而且往往还会发生地表错动,具有极大的破坏作用,因此列为抗震危险的地段。

二、地震时可能发生大规模滑坡、崩塌等的不良地质地段

强烈地震所引起的大规模滑坡、崩塌对公路工程也具有极大的破坏作用,常常造成严重的交通中断。例如1974年昭通地震时,小堡子—绥江公路K113.5~K114.2一段山体发生大规模滑坡,滑坡体把公路路基由河谷北岸推到南岸,并且抬高约20m,路面转动90°,呈直立状,滑坡方量达到48万立方米,堵河成湖,中断交通。再如1970年通海地震时,普元公路K112~K117.5一段山体发生大规模崩塌,多数路基被崩塌体完全掩埋,交通严重中断,震后被迫改线。这一类的大规模滑坡、崩塌,不仅具有极大的破坏作用,而且震前难以处理,震后也难以抢修,因此把地震时可能发生大规模滑坡、崩塌等的不良地质地段也列为对抗震危险的地段。

强烈地震时,如果在桥位附近发生滑坡、崩塌,即使其规模较小,往往也足以使桥梁遭到比较严重的破坏。暗河、溶洞和已经采空的矿穴,在强烈地震时也容易塌陷。从而使相应地面上的公路工程遭到比较严重的破坏。当河床的基岩具有倾向河槽、倾角较大的构造软弱面,并且又被流水切割成深切河槽时,由于基岩在河槽方向失去支撑,在强烈地震时容易顺构造软弱面向河心滑动,从而使修建在这种地段的桥梁及其桥头引道遭到严重的破坏。因此,在布设路线和选择桥位时,宜绕避上述地段。

为了保障公路交通,更好地发挥公路运输在抗震救灾中的作用,路线宜避开在地震时可能坍塌而严重中断公路交通的各种构造物,尤其是房屋建筑物。这是因为房屋建筑物一旦受震坍塌于公路之上,由于事关人民的生命财产,坍塌的清理工作比较困难和复杂,势必要大大延长交通中断的时间。1970年通海地震时,就有由于馆驿镇的民房倒塌在公路上而造成交通中断、影响救灾工作的例子。1976年唐山地震时,由于房屋倒塌而阻塞公路交通、影响救灾工作的情况就更为严重,对此必须引起足够的重视。

第2.1.3条 由于局部场地条件的差异,在基本烈度高于9度的地区存在着相对的低烈度异常区,在抗震危险的地段也存在着对公路工程影响相对较轻的地段。因此,当路线必须通过上述地区和地段时,就要充分利用这种局部场地条件的差异,尽量选择其影响范围较小和影响程度较轻的部位通过,以减轻强烈地震对公路工程的影响。

在大规模滑坡、崩塌等不良地质地段布设路线和选择桥位的要求,与非地震区基本相同。本条着重提出了在发震断层及其邻近地段布设路线和选择桥位、隧址时应当注意的一些问题。

在发震断层及其邻近的一个狭长地段内,地震烈度有明显增高趋势。为了尽量缩短通过高烈度区

的路线长度,路线应尽量避免与发震断层平行布设。宜选择破碎带较窄的部位穿过发震断层。此外,根据1970年通海地震、1973年炉霍地震等发震断层比较明显的地震资料,发震断层两盘的烈度衰减规律明显不同,一般下盘衰减较快,说明下盘的影响相对较轻。因此,当路线必须平行于发震断层时,宜将路线布设在下盘上,以尽量减轻强烈地震对公路工程的影响程度。至于路线设计宜采用浅挖低填的设计方案的问题,主要是为了减少对自然平衡条件的破坏,降低路基边坡的高度,减轻震害和便于修复。

发展断层引起的地表错动,对于公路工程,特别是对于跨越发震断层的桥梁具有极大的破坏作用。为了避免或减轻地表错动的强烈影响,宜将桥位选择在发震断层与河流相距较远的地方,并将全部墩台布置在断层的同一盘(最好是下盘)上。这样,虽然位于发震断层上的引道路基可能遭到严重破坏,但桥梁的破坏可以得到减轻。此外,考虑到修建于发震断层及其邻近地段的桥梁,在强烈地震时遭到破坏的可能性较大,为了便于修复,建议采用低墩小跨的简支梁桥。

第2.1.4条 在工程地质条件不良的峡谷地段,强烈地震引起滑坡崩塌,从而堵塞河流,形成湖泊的例子不少。在我国历史上,1933年的四川迭溪地震就是一个典型的例子。当时,岷江及其支流多处被崩塌体所堵塞,堵塞体最高达到200m以上,共形成了大小湖泊20余个,其中最长的观音岩大海子长达7.5km,最宽的点将台小海子宽约500m。迭溪附近的一个高约160m的堵塞体在震后45d溃决,湖水以40m的水头向下游猛泻,造成了极严重的次生灾害。在我国近年来发生的强烈地震中,也不乏堵河成湖的例子。例如1971年昭通地震时,9度区的手扒岩山崩、8度区的海口大滑坡、7度区的蒿芝坝大滑坡等,都造成了堵河成湖。因此,在工程地质条件不良的峡谷地段布设路线和选择桥位时,应将工程地质勘察工作的范围扩大到上、下游的一定范围,查明有无在强烈地震时因发生滑坡、崩塌而造成堵河成湖的可能性,并估计其淹没和堵塞体溃决的影响范围,以便合理地确定路线的标高和选定桥位。

河谷两岸发生较小规模的滑坡、崩塌,虽然不致造成堵河成湖,但有可能改变河流的流向。例如1973年炉霍地震时,鲜水河两岸的洪积扇和冲积阶地的陡坎受震塌滑,压缩河床改变河流流向,导致水流冲淘对岸。如果这种现象正发生在桥位上游的邻近地段,或对岸修建有沿河路基,就可能由于水流的冲淘作用而影响岸坡、桥梁墩台和路基的安全。因此,当存在着这种可能性时,应采取相应的防护措施,以避免或减轻这种影响。

第2.1.5条 适当降低路基边坡和构造物的高度,是公路工程抗震设计的一个基本要求。为了提高路基的抗震稳定性,还应当尽量减少对自然平衡条件的破坏。例如,在1973年炉霍地震的10度区内,川藏公路沿水河谷布设并基本上与发震断层的走向一致,但宽谷地段的路基由于填挖不大,苦马岗等某些沿河路段由于路线布设较低,且利用了河滩或河谷阶地修建路堤,都收到了减轻震害的效果。本条主要根据上述这些基本要求,在总结历次地震所提供的抗震经验的基础上,提出了在确定路线设计方案时应当注意的问题。

其中,深长路堑不仅边坡较高,而且在强烈地震时一旦遭到破坏,由于工作面的限制,抢修工作比较困难。同一山坡上的连续回头弯道,由于在强烈地震时也容易发生自上而下的连续性破坏,影响大段路基,因此都列为抗震不利的设计方案。

隧道是一种地下构筑物,强烈地震时,由于面波影响的显著减弱和围岩对位移的限制作用,一般都具有较好的抗震性能。从国内外的震害资料来看,隧道在7度地区基本不发生破坏,在8和9度区的震害也主要发生在洞口和洞口仰坡。至于明洞,虽然不完全是地下构造物,但如果加强了外侧洞墙,也具有较好的抗震性能,并且可以显著减轻山体坍塌对公路的影响。因此,本规范把隧道和明洞都列为对抗震有利的设计方案。

第2.1.6条 如第2.1.5条的说明所述,隧道是一种对抗震有利的设计方案,故在悬崖陡壁等对抗震不利的地段,宜选用隧道通过。

隧道洞口是保证隧道路段交通畅通的关键部位,它一般是处于有一定深度的挖方地段,因此隧道洞口不应该设在地震时易发生崩塌、滑坡、错落等地质不良地段。

为减轻地震波的影响,不致造成地震时引起隧道的偏压,隧道设在傍山地段时,应适当内移。

第2.1.7条 公路交通运输是抗震救灾的一个关键,保障地震区的公路交通,对于减少牺牲、减轻损失和尽快地恢复生产、重建家园具有重要的意义。因此,当路线由于种种原因而实在无法避开因地震而可能严重中断交通的地段时，就应当根据公路的使用情况和性质，充分估计其中断交通的可能性和严重程度，采取在震后能够维持交通的措施。

本条就是根据国内历次强烈地震所提供的下述抗震经验制订的。

一、位于1970年通海地震10度区的曲溪盆地，人口比较集中，但只有一条普元公路通过。震后，其西侧的马脖子路段（K112～K117.5）发生大规模崩塌，东侧的馆驿镇又由于民房倒塌于公路之上，均造成了严重的交通中断，对抗震救灾带来了一定的影响。而在1973年炉霍地震时，虽然川藏公路多处阻塞，但尚有炉色公路可供使用，最初到达的救灾队伍都是从阿坝自治州沿炉色公路赶来的。以上正反两方面的经验，充分说明了尽量与邻近公路连通的重要性。

二、1973年炉霍地震区的川藏公路苦马岗路段，原有公路依山布设，线形较差，行车很不方便。后为改善纵向线形，改善行车条件，将路线改为沿河布设。改线工程尚未结束，遭遇了强烈地震，新线坍塌较为严重，而旧路由于填挖不大而基本完好。1970年通海地震区的普元公路K102～K107路段也发生过类似的情况。在桥梁方面，修建于1975年海城7度区的盘山大桥遭到了落梁4孔的严重破坏，但其上游附近有一老桥尚未拆除，震后靠老桥维护交通。以上例子说明，对可供利用的旧路、老桥以及渡口等予以养护备用，也是在紧急情况下维持交通的一项有效措施。

三、1970年通海地震时，普元公路K112～K117.5一段沿河路线因山体大规模崩塌而严重中断交通，并且由于岩体极为破碎而随清随塌，短期难于疏通，致使不得不紧急抢修一条标准低、里程长（比老路长8km）的越岭路线以维持交通。通过这一例子可以引出一个教训，对于某些有特殊需要的公路，与其在震后紧急抢修，不如在震前就预作考虑。但考虑到修建辅道投资较大，强烈地震也不经常发生，因而条文规定，当有特殊需要时，可以考虑这一措施的采用。

第二节　地基

第2.2.1条　由于地震荷载属于瞬时的偶然荷载，地基土在短暂荷载作用下，可以取用较高的容许承载力。世界上大多数国家的抗震规范和我国其他规范，在验算地基土的抗震强度时，对于抗震容许承载力的取值，大都采用在静力设计容许承载力的基础上乘以提高系数的办法。本条参照了《工业与民用建筑抗震设计规范》（TJ 11）及其他抗震规范，对K值作了修订。

提高系数K表示抗震容许承载力与静力容许承载力的比值，可表示如下：

$$K=\frac{[\sigma_e]}{[\sigma]}=\frac{P_{ud}/K_d}{P_{us}/K_s}=\frac{P_{ud}}{P_{us}}\cdot\frac{K_s}{K_d}=n_r n_s$$

式中　$[\sigma_e]$、$[\sigma]$——分别为地基土抗震和静力容许承载力（kPa）；

P_{ud}、P_{us}——分别为地基土和静力极限承载力（kPa）；

K_d、K_s——分别为抗震和静力容许承载力的安全系数；

n_r——土的动力、静力极限承载力的比值，在数值上可近似取土动强度与静强度之比值R_d/R_s；

n_s——土的静力和抗震容许承载力安全系数的比值。

一、静力容许承载力安全系数K_s的取值：

根据我国地基规范编制说明和勘察规范规定，除软土和粉细砂的安全系数取1.8外，其他土类的安全系数均不小于2。

二、抗震容许承载力安全系数K_d的取值：

地基土抗震容许承载力的安全系数，基于地震作用的偶然性和短暂性，以及工程的经济性，其值可较静力设计为低，参考我国现行规范和日本等国规范的规定，取其值为1.5。

三、地震作用下土的动、静强度比值n_r的取值：

动力荷载作用下土的强度与荷载性质、土的性质和应力应变条件有关。国内外资料表明，在地震作用下，稳定土的动强度较静强度一般有所提高。而土愈软，动、静强度的比值愈低，因此软土取0.95；一般黏性土上限取1.15，下限取0.95；老黏性土取1.15；新近沉积黏性土取0.85。

四、提高系数 K 的取值：

鉴于黏性土的安全系数与动、静强度比值的资料比较确切，而岩石、碎石土、砂土的动强度只有一些定性资料，为此在提高系数取值时，对黏性土与软土可采用 $K=n_r n_s$ 的方法，而对岩石、碎石土、砂土则参考国内外规范资料加以确定。

1. 黏性土和软土

黏性土、软土 K 值确定如表 2.2.1-1 所示。

2. 岩石、碎石土和砂土

国内外抗震规范对岩石抗震容许承载力大都在静力容许承载力的基础上提高 50%，故岩石的提高系数取 1.5。

表 2.2.1-1

土的名称及状态		$n_r=\frac{R_d}{R_s}$	$n_s=\frac{K_s}{K_d}$	K 值	
				$K=n_r n_s$	取值
老黏性土		1.15	2.0/1.5	1.35	1.5
一般黏性土	$[q]>300$kPa	1.15	2.0/1.5	1.53	1.5
	$[q]=100$kPa	0.95	1.0/1.5	1.14	1.1
新近沉积黏性土		0.85	2.0/1.5	1.13	1.1
软土		0.85	1.8/1.5	1.02	1.0

参考我国《铁路工程抗震设计规范》(1977)和希腊规范，对砾石和砂取值如表 2.2.1-2。

五、对于单桩的抗震容许承载力，许多规范都予以提高，其中冶金部抗震规程（送审稿）提高 50%；一机部抗震规程（送审稿）提高 20% ~50%，并采用按土类提高摩擦力和桩尖土承载力的方法来体现；工民建抗震规范（1985 年征求意见稿）提高 40%；日本容许提高 1 倍。因此本规范规定在进行抗震强度验算时，柱桩的抗震容许承载力提高 50%；摩擦桩的抗震容许承载力可根据土类按表 2.2.1-2 提高 10% ~50%。

表 2.2.1-2

土的名称	密实			中密、稍密		
	$[\sigma_0]$	$N_{63.5}$	K	$[\sigma_0]$	$N_{63.5}$	K
砾，粗、中砂	40	38	1.5	16 ~34	13 ~30	1.3
细、粉砂	20 ~30	17 ~26	1.3	12 ~22	7 ~19	1.1

第 2.2.2 条 鉴别地震现场是否为液化区，目前按有无喷水冒砂现象作为主要的判别指标，这无疑是合理可行的。但用有无喷水冒砂来判断非液化场地就不能得到完全肯定的结果，特别是当表层有一定厚度的非液化层覆盖时。不过，根据我国自海城地震以来对各震区的震害调查表明，在未产生喷水冒砂地区，尤其是当表层有一定的非液化黏性土层覆盖时，即使下部饱和砂土可能液化，由于未喷出地表，对于建在其上的浅埋天然地基的一般建筑物影响不大，因此可以按有无喷水冒砂来鉴别地震现场是否液化。从辽南海城地震和唐山地震大量宏观调查中发现，当某个指标达到某界限值后，砂土不会液化，即使液化也不会产生喷冒，对建筑物不会造成危害。在这种情况下，就不需要进行液化判别，也就无须再进行标准贯入试验，可以大大节省野外工作量，因此本条文给出了初判条件。

根据北京市勘察处、铁道部铁道科学研究院等九个单位提供的“唐山地震砂土液化现场勘察资料研究报告”的分析表明，砂土液化与土层地质年代、地下水位、上覆非液化土层厚度和黏粒含量等因素有关。

一、地质年代

唐山地区表层砂的沉积年代分为第四纪晚更新世(Q_3)、全新统(Q_4)和新近沉积(Q_4 新)三类。唐山地震时，对砂土液化的实际调查资料表明，Q_3 时期沉积的砂，由于沉积年代较老，不论是通过标准贯入试验或室内试验，都证明是密实的，甚至是超压密的，其抗液化性能很强，即使在地震烈度为 9 ~11 度的高烈度区内，土层也未发生液化。同样，凡确认为 Q_3 及其以前的亚砂土也未发生液化。而在河漫滩、冲积阶地、古河道、湖沼洼地等新近沉积砂土，由于沉积年代短，砂土结构密度处于松散状态，其抗液化性能差，在高烈度地区几乎全部液化。Q_4 时期沉积的砂则既有液化也有非液化的。因此本条文规定地质年代为第四纪晚更新世（Q_3）或其以前的饱和砂土、饱和亚砂土为不液化的土层。

二、黏粒含量

由室内振动三轴试验证实了亚砂土随着黏粒含量的增加，其抗液化性能提高。从收集海城、唐山地震两个震区含有黏粒含量 P_c（%）的液化点资料，绘制成液化点黏粒含量与烈度关系图 2.2.2。从图中可以看出，当黏粒含量达到某个界限值之后，很少发生液化。因此，对于亚砂土在烈度为 7°、8°、9° 地震区时，黏粒含量分别以 10、13、16 作为界限值，超过此界限值不会出现液化。黏粒含量必须采用六偏磷酸钠作分散剂测定，如用氨水作分散剂或其他颗粒分析方法时，则应通过相应的关系进行换算。

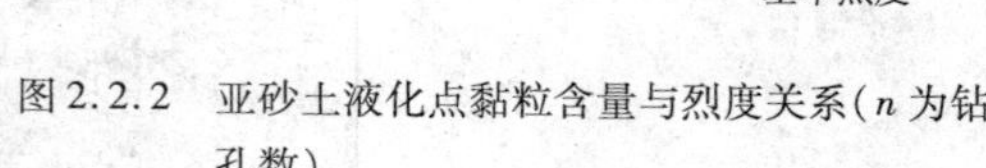

图 2.2.2　亚砂土液化点黏粒含量与烈度关系（n 为钻孔数）

三、上覆非液化土层厚度 d_u、地下水位深度 d_w 的初判界限值的规定，是根据海城、唐山地震液化与非液化的调查资料，经过分析统计并考虑了较大安全度确定的。

第 2.2.3 条　本规范的试行本中，关于饱和砂土的液化判别公式是根据我国 1972 年以前几次大地震的现场勘察资料和震害资料建立的，自试行本颁布使用以来，在勘察设计中起到了重要的作用，普遍认为基本可行。但由于该判别方法采用了计算临界标准贯入锤击数随砂层埋深与地下水位成线性变化关系，在实际使用过程中发现，在判别深层饱和砂土是否液化时，会得出偏于保守的结果。同时，试行本中对于饱和亚砂土是否液化，未能给出具体判别方法，因此有必要对原公式进行修订。随后，1975 年发生辽南海城地震，1976 年又发生了唐山大地震，这两次大地震除了砂土有喷冒现象外，海城地震时，在下辽河盘锦地区发生了大面积亚砂土喷出地面，唐山地震时，天津等沿海地区又发生了大面积亚砂土喷出现象。这不仅为这次修订饱和砂土液化判别公式提供了条件，而且为制订饱和亚砂土液化判别公式提供了依据。

液化判别公式[规范式（2.2.3-2）]是根据国际上已发表的液化与不液化的资料及我国 1972 年以前 6 次大地震和海城、唐山大地震的原始基础资料共 17 次地震、106 个场地，采用了地震剪应力比 $\frac{\tau}{\sigma_e}$ 修正的标准贯入锤击数 N_1 作为液化的判别指标而建立的。地震剪应力比由下式计算：

$$\frac{\tau}{\sigma_e}=0.65K_h\frac{\sigma_0}{\sigma_e}C_v \tag{2.2.3-1}$$

式中　σ_0——试验处总的上覆压力（kPa）；

$$\sigma_0=\gamma_u d_w+\gamma_d(d_s-d_w)$$

σ_e——试验处有效覆盖压力（kPa）；

$$\sigma_e=\gamma_u d_w+(\gamma_d-10)(d_s-d_w)$$

γ_u——地下水位以上土容重，对于砂土 $\gamma_u=18.0(kN/m^3)$；亚砂土 $\gamma_u=18.5(kN/m^3)$；

γ_d——地下水位以下土容重，对于砂土 $\gamma_d=20.0(kN/m^3)$；亚砂土 $\gamma_d=20.5(kN/m^3)$；

d_s——标贯点的深度（m）；

d_w——地下水位深度（m）；

K_h——水平地震系数；

C_v——地震剪应力随深度的折减系数。

修正的标准贯入锤击数 N_1 由下式计算：

$$N_1=C_nN_{63.5} \tag{2.2.3-2}$$

式中　$N_{63.5}$——实测的标准贯入锤击数；

C_n——修正系数。

根据计算的地震剪应力比 τ/σ_e 作为纵坐标，修正的标准贯入锤击数 N_1 为横坐标作图，用直观的方法，确定了液化与不液化的临界线（见图 2.2.3-1）。图中的临界线，以下列方程式表达：

$$\frac{\tau}{\sigma_e} = -0.026 + 0.0058N_1 + 0.00036N_1^2$$

然后将上述表达式化为计算的修正标准贯入锤击数临界值的数学表达式，即为液化判别公式：

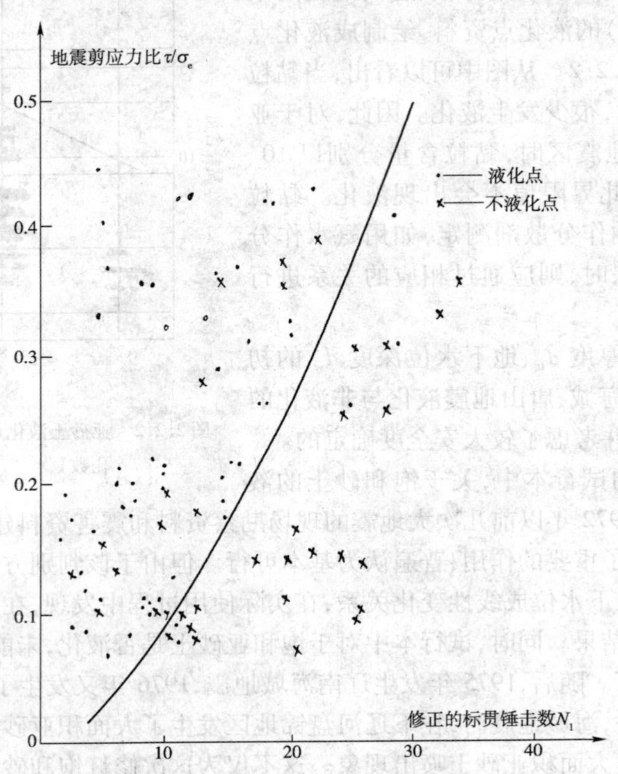

图 2.2.3-1　液化与不液化的临界线

$$N_c = 11.8\left(1 + 13.06\frac{\sigma_0}{\sigma_e}K_h C_v\right)^{\frac{1}{2}} - 8.09 \tag{2.2.3-3}$$

当实测的修正标准贯入锤击数 $N_1 < N_c$ 时，则判为液化，否则为不液化。

用式（2.2.3-3）对 106 个场地进行回判，成功率为 82.1%；对另一批资料，50 个场地进行了检验，成功率为 84%。平均判别成功率为 83.1%。

关于判别饱和亚砂土是否液化的问题，由于亚砂土与砂土液化的主要因素是一致的，这次采用砂土相同的判别公式，另考虑一个黏粒含量修正系数 ξ。黏粒含量修正系数 ξ 采用《铁路工程抗震设计规范》（GBJ 111—87）推荐的数值。该系数是根据近 300 套数据，经过反算求得 ξ 与黏粒含量 P_c 之间的关系（见图 2.2.3-2），$\xi = 1 - 0.17\sqrt{P_c}$。黏粒含量 P_c（%）采用加六偏磷酸钠作分散剂测定。

因此，饱和亚砂土液化判别公式采用下列形式：

$$N_c = \left[11.8\left(1 + 13.06\frac{\sigma_0}{\sigma_e}K_h C_v\right)^{\frac{1}{2}} - 8.09\right]\xi \tag{2.2.3-4}$$

用式（2.2.3-4）对 125 个数据进行了电算，判别成功率为 80.8%；后经哈尔滨工程力学研究所对 299 级数据进行了验证，判别成功率为 89.6%。

由上述分析可知，采用式（2.2.3-4）即条文中式（2.2.3-2）判别可液化土是否液化，都能取得较满意的结果，因此本规范采用式（2.2.3-2）作为饱和砂土和亚砂土的液化判别公式。这种判别方法简单，概念明确。

第 2.2.4 条　按第 2.2.3 条式（2.2.3-2）判断为已液化的土层，由于液化程度不同，其承载力不会完

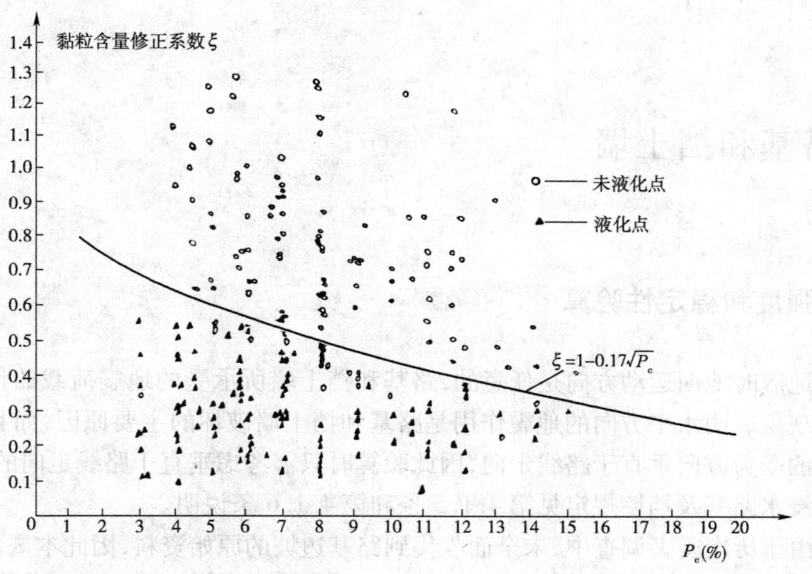

图 2.2.3-2　黏粒含量修正系数 ξ 与黏粒含量 P_c(%)之间的关系

全丧失，可根据液化抵抗系数 C_e 予以折减。但在计算液化土层以下的地基承载力时，应考虑液化土层的重力。

第 2.2.5 条　本条对于在软弱黏性土层和液化土层上修建公路工程时应当注意的问题作了原则性的规定。

第三章　路基和挡土墙

第一节　抗震强度和稳定性验算

第3.1.1条　地震时地面运动方向是任意的,路基和挡土墙所承受的地震荷载的作用方向也是任意的。但大量震害现象表明水平方向的地震作用是路基和挡土墙破坏的主要原因,而且对于路基和挡土墙由于其最不利的受力方向垂直于路线走向,因此验算时只需考虑垂直于路线走向的水平地震作用。

荷载组合和浸水路基及挡墙规定见第4.1.5条和第4.1.6条说明。

第3.1.2条　由于历次震害调查中,未全面收集到路基边坡的原始资料,因此本规范对公路路基抗震验算范围是借用铁路抗震规范的有关规定。铁路抗震规范对于验算范围规定的说明如下:

一、验算路基抗震稳定性的范围和要求,系根据宏观震害调查结合抗震稳定验算的综合分析,并本着抗震工作以预防为主和保证重点的原则确定的。

二、路堤

路堤震害主要取决于所处的工程地质及水文地质条件、路堤高度和填料的性质、地震强度等因素的影响。

1.宏观震害表明,在地下水位较深地段的岩石和一般土质地基上,用黏性土、碎石类土填筑的路堤,其抗震稳定性较好,7度区无震害,8度和9度区,即使比较高的路堤,一般也很少遭受破坏,见表3.1.2-1。

2.路堤稳定验算,由于我国幅员辽阔,各地区的土质和气候条件都不相同,我们选用铁道部第一、二、三勘测设计院在西北、西南、华北地区所做的路堤填料试验和1975年海城地震区经受7度和9度地震基本无震害的路堤填土试验资料中具有代表性的四组土的物理力学试验数据:

(1)$\gamma = 19\text{kN/m}^3, c = 33\text{kPa}, \phi = 16°$;

(2)$\gamma = 17\text{kN/m}^3, c = 20\text{kPa}, \phi = 20°$;

(3)$\gamma = 19\text{kN/m}^3, c = 21\text{kPa}, \phi = 21°24'$;

(4)$\gamma = 16\text{kN/m}^3, c = 24.6\text{kPa}, \phi = 20°$。

表3.1.2-1　铁路路堤无震害实例

地震区	工程位置	路堤高度(m)	地震烈度(度)	地基土	填料	附注
东川	东川铁路深沟至洗马塘	16	8	砂砾土	砂砾土	未见
邢台	石太铁路K32+700	12	7~8	黄土质砂黏土	砂黏土	地下水
海城	大石桥镁矿专用线K5+750~K6+550	11	9	岩石及土质地基	黏砂土夹碎石	地下水
唐山	京山铁路滦河特大桥京端	15	8	岩石	黏性土	地下水

按不同的路堤高度及边坡坡度,计入列车活载的影响进行抗震稳定性验算,其结果同宏观震害基本接近。这说明了在岩石和一般土质地基上用黏性土填筑的路堤,边坡高度$H \leqslant 20\text{m}$时,具有一定的抗震稳定性。从验算资料的统计分析(见表3.1.2-2),路堤稳定系数降低值,7度地震约为0.05;8度地震为0.09~0.1;9度地震为0.16~0.20。

3.用中砂、粗砂、砾砂填筑的路堤,因砂土的颗粒间黏结力较小,抗变形的能力差,在地震荷载作用下,特别是高烈度区,路堤容易产生侧向变形,造成边坡溜塌等严重破坏。因此,对路堤验算高度控制较严,在8度和9度区,边坡高度大于12m和6m时,除采取抗震措施外,尚需验算稳定性。

4.浸水路堤验算高度的规定,系根据宏观震害结合验算资料确定。1966年东川地震区,东川专用线洗马塘附近浸水路堤，堤高6.2m，水深1.5～2.0m，地基为砾石土和卵石土，就地取土填筑，位于8度区，路堤产生下沉和纵向开裂，裂缝宽度10～40cm。经验算无震时路堤稳定系数$K=1.24$，9度地震路堤稳定系数$K=1.05$。由于浸水路堤经常处在对抗震不利的状态，修复亦较困难，故在8度和9度区，常水位浸水深度大于3m和2m，除采取抗震措施外，还应验算稳定性。

表3.1.2-2 路堤边坡稳定性验算结果汇总表

地面横坡	边坡高度(m)	验算采用边坡值	填料物理力学指标			稳定系数K值				稳定系数降低值(%)			附注
			γ (kN/m³)	c (kPa)	ϕ (度)	无地震	7度	8度	9度	7度	8度	9度	
0:1	10	0～8m用1:1.5，大于8m用1:1.75	17.2	20	20	1.308	1.262	1.219	1.143	4.6	8.9	16.5	
0:1	12	0～8m用1:1.5，大于8m用1:1.75	17.2	20	20	1.257	1.211	1.168	1.090	4.6	8.9	16.7	
0:1	16	0～8m用1:1.5，大于8m用1:1.75	17.2	20	20	1.184	1.139	1.098	1.024	4.5	8.6	16.0	
0:1	18	0～8m用1:1.5，大于8m用1:1.75	17.2	20	20	1.151	1.108	1.067	0.993	4.3	8.4	15.8	
0:1	18	0～8m用1:1.75，大于8m用1:2	17.2	20	20	1.260	1.203	1.154	1.069	5.7	10.6	19.1	边坡放缓一级
0:1	20	0～8m用1:1.5，大于8m用1:1.75	19.0	21	21.24	1.158	1.114	1.072	0.998	4.4	8.6	16.0	
0:1	20	0～8m用1:1.75，大于8m用1:2	19.0	21	21.24	1.273	1.217	1.166	1.077	5.6	10.7	19.6	边坡放缓一级
0:1	18	0～8m用1:1.5，大于8m用1:1.75	16.0	24.6	20	1.298	1.249	1.203	1.120	4.9	9.5	17.8	
0:1	12	0～8m用1:1.5，大于8m用1:1.75	19.0	33	16	1.388	1.338	1.290		5.0	9.8		
0:1	16	0～8m用1:1.5，大于8m用1:1.75	19.0	33	16	1.274	1.226	1.182	1.101	4.8	9.2	17.3	
0:1	18	0～8m用1:1.75，大于8m用1:2	19.0	33	16	1.314	1.257	1.204	1.114	5.7	11.0	20.0	边坡放缓一级
0:1	20	0～8m用1:1.5，大于8m用1:1.75	19.0	33	16	1.184	1.138	1.096	1.015	4.6	8.8	16.9	
0:1	25	0～8m用1:1.5，8～15m用1:2，15～25m设反压护道	19.0	33	16	1.548	1.380	1.287	1.127	16.8	26.1	42.1	护道高10m，顶宽19.7m，边坡1:1.5

三、路基稳定系数的确定

地震力是一种特殊荷载，发生几率较小，验算路基稳定时，可适当降低安全值。但稳定系数的大小，直接影响建筑物的安全和造价，是体现经济、技术政策的重要问题，必须结合实践经验、工程重要性、建筑材料的力学指标以及计算理论等综合考虑。参考国内外一些抗震设计规范，对土坝(坡)稳定系数一般取1.00～1.10。根据铁路工程的重要性和路基高度的地震效应，结合宏观震害及验算资料，采取区别对待。Ⅰ、Ⅱ级铁路路基边坡高度$H\leqslant 20$m时，稳定系数应不小于1.10，边坡高度$H>20$m时，稳定系数应不小于1.15；Ⅲ级铁路及Ⅰ级工业企业铁路，稳定系数均不小于1.05。

对比各级公路与铁路的重要性和对维持交通的要求，规范条文规定了路基边坡抗震稳定系数：高速公路和一、二级公路，当边坡高度$H\leqslant 20$m时取1.10，$H>20$m时取1.15；三、四级公路取1.05。

第3.1.3条 目前国内外抗震设计规范中，路基和挡土墙抗震强度和稳定性验算均采用静力法计算地震荷载。理论与震害实例表明，水平方向的地面振动和速度对建筑物的破坏起着主导作用，因此各点的水平加速度和地面相同，不考虑建筑物的自振特性和地震竖向分量和转动分量的影响。

第3.1.4条和第3.1.5条 由于历次震害调查中未全面收集到挡土墙的资料，因此本规范对挡土墙的抗震验算范围、稳定系数和地震作用计算是采用铁路抗震规范的有关规定。铁路抗震规范对此的说明为：从我国近几年发生的大地震中，调查震区挡土墙高度多为5m左右，最高的是11.6m，宏观震害表明,浆砌片石挡土墙具有一定的抗震能力。在岩石及一般土质地基上,7 度地震基本无震害;8 度和 9 度地震时,有部分挡土墙发生变形或破坏,尤其是软弱地基上的挡土墙遭受震害严重,见表 3.1.4-1。

表 3.1.4-1　铁路浆砌片石挡土墙震害情况

地震区	工程位置	挡土墙类型	墙高(m)	地震烈度(度)	震害程度	附注
通海(1970)	蒙宝铁路(米轨)K105	浸水路堤挡墙	5~11.6	7	完好	岩石地基
通海(1970)	蒙宝铁路(米轨)K105	路肩墙	6.1	7	完好	岩石地基
海城(1975)	长大铁路 K228+800	护基墙	3	8	基本完好	
海城(1975)	长大铁路 K240+300	护岸墙	2.65	9	基本完好	碎(卵)石土地基
海城(1975)	海城镁矿专用铁路	路堑墙	5~6	9	基本完好	岩石地基,砂浆标号低
海城(1975)	海城镁矿专用铁路	路堑墙	5~6	9	损坏	墙身外鼓,墙顶局部掉块,岩石地基
唐山(1976)	南堡专用铁路 K7+750	站台墙	2	8	倒坍	地基液化
唐山(1976)	南堡专用铁路 K11+740	护岸墙	3	8	损坏	软弱地基

根据宏观震害,结合以往验算资料,这次又作了补充计算,在一般土质地基上,计入列车活载的影响,综合影响系数 $C_1=1/4$,验算结果列于表 3.1.4-2。

表 3.1.4-2　7 度区单、双线铁路挡土墙稳定分析

填土的内摩擦角 / 稳定系数 / 工程项目	35°		45°		线别
	K_c	K_0	K_c	K_0	
路肩墙　$H=5m$	1.13	1.52	1.05	1.45	单线铁路
路肩墙　$H=8m$	1.21	1.16	1.11	1.30	
路肩墙　$H=10m$	1.17	1.19	1.07	1.22	
路肩墙　$H=12m$	1.12	1.27	1.23	1.28	
路肩墙　$H=12m,h=4m$	1.37	1.40	1.09	1.39	
路肩墙　$H=8m$	1.25	1.30			双线铁路
路肩墙　$H=10m$	1.28	1.43	1.69	1.26	
路肩墙　$H=12m$	1.36	1.54	1.68	1.33	
路肩墙　$H=10m,h=4m$	1.26	1.45			

注:1. K_c 为滑动稳定系数;K_0 为倾覆稳定系数。

2. 单线路堤墙 $H=12m$ 及双线挡土墙均受基底应力控制。

从表 3.1.4-2 看出,挡土墙(壹线 2018、2019 及肆线 2009、2013)墙身断面强度可满足 7 度地震的抗震要求,8 度地震时,需要进行抗震设计,这和宏观震害情况基本一致。

挡土墙稳定系数的取值问题:因地震力是一种特殊荷载,作用一瞬间,故在国内外一些抗震设计规范中,对挡土墙的稳定性及控制条件都作了适当的降低。滑动稳定系数一般取 1.0~1.2,倾覆稳定系数有的不降低,有的降低为 1。从宏观震害结合验算资料分析,并参考有关规定,对挡土墙控制条件作了适当的放宽,其中滑动稳定系数不小于 1.1,倾覆稳定系数不小于 1.2。

挡土墙墙身地震力 P_i 按下式计算

$$P_i = C_z K_h \psi_i W_i$$

现将上式各项取值分述如下:

一、综合影响系数 C_z 值

建筑物遭受地震破坏的原因是复杂的,它与结构类型、选用的材料、地基土、地形地貌、地震强度等有密切关系。目前对这些影响因素尚缺乏研究,暂不能提出定量的指标,因此,用综合影响系数加以概括,以弥补理论计算与宏观震害之间的差异。从大量的震害实例表明,不同地基土上的挡土墙震害程度的差异很大,所以综合影响系数也着重反映地基的影响。

二、水平地震荷载沿墙高分布系数 ψ_i

宏观震害表明,一般较高的挡土墙,在墙的顶部或中上部容易产生震害。国内外一些科研单位对挡土墙或土坝进行动力试验,一般墙顶或坝顶的水平加速度反应较大,有时可达地面的两倍或两倍以上,沿着墙高或坝高分布不是呈直线规律。

1980 年四川省建筑科学研究所模拟地震荷载做重力式挡土墙压力的模型试验,埋设在振动台台面与墙顶处的加速度计的记录资料见表 3.1.5-1。

表 3.1.5-1 振动台台面与墙顶处最大加速度实测值

试验组数	测量加速度部位	第一次		第二次		第三次		第四次	
		加速度(a/b)	台面与墙顶比值	加速度(a/b)	台面与墙顶比值	加速度(a/b)	台面与墙顶比值	加速度(a/b)	台面与墙顶比值
一组	台面	0.162	1.65	0.156	1.52	—	—	—	—
	墙顶	0.260		0.239		—		—	
二组	台面	0.152	1.93	0.242	1.69	0.250	1.75	0.323	1.46
	墙顶	0.293		0.410		0.437		0.473	
三组	台面	0.152	1.78	0.242	1.61	0.264	1.65	0.359	1.37
	墙顶	0.271		0.389		0.436		0.493	

表 3.1.5-1 挡土墙 H = 6m,振动台台面与墙顶处最大加速度比值最大为 1.93,最小 1.37,平均值为 1.64。目前对挡土墙的动力特性试验研究甚少,又缺乏强震观测资料,现将挡土墙高度以 12m 为界限划分为高墙和低墙,墙高 $H \leq 12$m 时,其水平加速度沿着墙高呈均匀分布即 $\psi_i = 1$;当墙高 $H > 12$m 时,假设墙顶为地面的两倍,按直线分布,则水平加速度墙高分布系数见图 3.1.5。

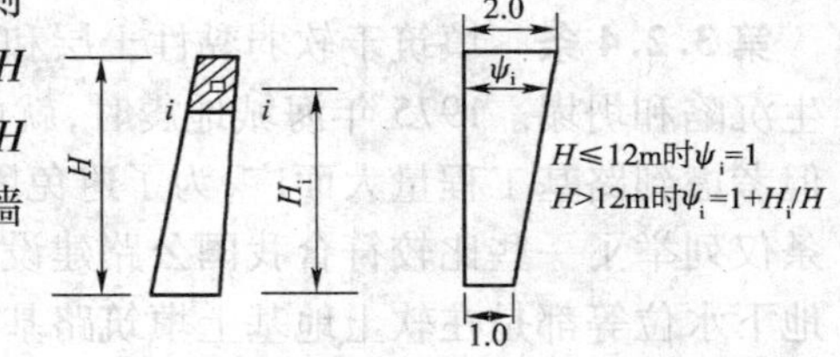

图 3.1.5 水平地震力沿墙高分布系数

三、墙重 W_i

浸水挡土墙的重力 W_i,系根据地基土的透水情况和墙身浸水深度确定墙身的浮力影响进行计算的,与非地震区浸水挡土墙计算方法一样。

第 3.1.6 条 地震土压力的计算方法,本规范采用惯性力法,即静力法。该法是以库伦土压力理论为基础,把地震时土体所产生的水平惯性力作为一种附加力作用在楔体上,然后根据静力学的平衡原理,从力三角形中求出作用于墙背上的土压力。这一方法最初是由日本的物部长穗提出的,故又名物部公式。在本规范的试行本中列出了物部公式。考虑到此式是由路堑墙和路肩墙导出的,为扩大其适用范围(如路堤墙),本次修订改以地震角来修正常规设计中主动土压力公式中的容重 γ、土的内摩擦角 ϕ 和墙背与填土间的摩擦角 δ_s。

对于路肩墙仍推荐采用简化公式,简化公式的说明见第 4.2.10 条关于式(4.2.10-1)的条文说明。

第二节 抗震措施

第 3.2.1 条 路基填方的震害原因,在一般地段主要是地震所造成的填土力学强度的降低。而地震对填土力学强度的影响强度,又与填料的性质和填土的密实度有很大关系。因此,对填料进行适当的选择并保证其一定的密实度,是提高路基稳定性的一项基本措施。

根据对河源、邢台、渤海、阳江、通海、炉霍等六个地震区的不完全统计,在路基填方的震害实例中,采用砂类土、卵石土、亚黏土和碎石土等材料填筑的分别占 48%、12%、9%和 9%,其发生震害的最低烈度分别为 6 度、7 ~8 度、9 度和 9 度以上,这充分说明采用碎石土、亚黏土等具有一定黏结力的材料填筑的路基,其抗震性能要比采用砂类土填筑的好得多。

路基填方的抗震性能不仅与填料性质有关,还与填土的密实度有关。密实度低的填土,由于其初始力学强度低和空隙率大,在地震时土粒容易发生位移,从而使路基遭到不同程度的破坏。提高填土的密实度,可以增加土粒间的黏结力和摩擦力,从而提高路基的抗震稳定性。因此,地震区的路基填方宜采用碎石土、一般黏性土、卵石土和不易风化的石块等材料填筑。对于压实度的抗震要求,由于缺乏定量资料暂不另作规定,仍按现行有关规范执行。

采用砂类土填筑的路基,由于填土缺乏一定的黏结力,在地震时土粒非常容易发生侧向位移。当位移较大时,还将加剧振动时土粒间压应力的瞬间降低,从而进一步降低其抗剪强度。土粒的侧向位移及其引起的抗剪强度的进一步降低,将会造成路基沉陷和边坡坍塌等震害。因此,虽然砂类土的压实比较困难,也应尽量采用振动机械和夯击机械将其压实,并对边坡坡面采取适当的加固措施,以减少和限制土粒的侧向位移。

第 3.2.2 条 第 3.2.1 条说明已指出,一般黏性土和碎石土具有良好的抗震稳定性能,而黏结力差的填料抗震性能较差。铁道部抗震规范编写组曾根据震害调查和路堤稳定性验算,提出放缓边坡的路堤抗震措施。考虑到高速公路和一级公路的交通量大和交通畅通的重要性,参照铁道部的经验,规定了高速公路和一级公路在进行路堤抗震稳定性验算前,就采取放缓路堤边坡坡度的措施。

第 3.2.3 条 填筑于地面横坡较陡的稳定斜坡上的路基,在地震时容易发生沿基底面的坍塌。根据计算,采用普通填料(取 $\phi = 30°$)填筑的路基,当烈度为 8 度、地面横坡陡于 1∶2.5 和烈度为 9 度、地面横坡陡于1∶3时,其抗滑动稳定系数将降到 1.1 以下。因此,为了加强地基的稳定性,当地面横坡陡于1∶3时,除必须按规范的要求处理基底外,尚应根据具体情况加强上侧山坡的排水处理和坡脚采取支挡措施。

第 3.2.4 条 填筑于软弱黏性土层和液化土层上的路基,在地震时将会随着地基的变形和失效而发生沉陷和坍塌。1975 年海城地震时,就由于地基液化引起路基沉陷、塌陷和滑塌,造成了严重的破坏。但考虑到路基工程量大面广,为了避免因硬性规定采取某些投资较高的措施,而大大增加抗震费用,本条仅列举了一些比较符合我国公路建设实际的措施供选用。其中,换土、反压护道、降低填土高度、降低地下水位等都是在软土地基上填筑路基的一般措施。

对于可液化土层,除采取上述措施外,根据 1975 年海城地震的经验,还可以采取取土坑浅挖宽取并远离路基和保护路基与取土坑之间的地表植被等措施。1975 年海城地震时,浅层的液化砂土从地表覆盖层相对薄弱的地方大量喷出地表,从而在地下浅层形成空穴,造成了地面和路基的沉陷和塌陷。从地表宏观现象来看,路基的沉陷和塌陷与两侧取土坑的喷水冒砂之间也有着明显的对应关系。因此,取土坑浅挖宽取可以减少对地表覆盖层的人为削弱,取土坑远离路基和保护路基与取土坑之间的地表植被可以防止在路基附近喷水冒砂,而这些措施的根本目的都是为了避免在路基及其附近的地下形成空穴,从而减轻地基液化对路基的影响。

地基加固是软土和可液化土地区保证路基稳定的有效抗震措施。例如塘沽软土地区修筑了一条用长砂井、短砂井、石灰桩等方法作为正常设计中处理软土措施的铁路试验路堤,1976 年唐山地震时,该地区为 8 度烈度区,而试验路堤基本完好。再如,廊坊地区某一工厂厂房建于可液化砂土地基上,后经用强夯加固地基后,测得砂层物理、力学指标均大有改善,符合抗震要求。地基加固耗资较大,须视具体情况采用。如常规设计中已采用了地基加固措施,可不再考虑地震影响。

第 3.2.6 条 对河源、阳江、通海、炉霍等四个地震区路基挖方边坡震害实例的统计分析表明,在岩体非常严重松散地段和不具有倾向路基的构造软弱面的地段,按非地震条件设计的坚石边坡具有优良的抗震性能,一般不需放缓边坡;按非地震条件设计的一般岩石边坡,一般也具有良好的抗震性能,只有位于9 度及9 度以上地区的、高度超过 10m 的边坡才需将其坡度放缓 0.1 左右;按非地震条件设计的风化岩石边坡,也具有一定的抗震性能,只有位于 8 度及 8 度以上地区的、高度超过 10m 的边坡才需将其坡度放缓 0.1 左右。

本条根据上述分析结果,对岩石挖方边坡的坡度作出了相应的规定。

大爆破施工,容易造成岩体松动,对抗震不利,尤其在岩体严重风化和地震烈度较高的地区,其后果就更为严重。因此，在岩体严重风化地段，当设计地震烈度为9度时，不宜采用大爆破施工。

第3.2.7条 对通海、炉霍等地震区干砌挡土墙震害实例的统计分析表明，当高度不超过5m时，在8度及8度以下的地区的震害率为零；当高度不超过3m时，震害主要发生在9度及9度以上地区，并且均为干砌卵石挡土墙。这说明如果保证施工质量，并给予适当的高度限制，在地震区仍然可以采用干砌挡土墙。本条据此对干砌片（块）石挡土墙的高度作出了相应的规定。

根据对通海等地震区的不完全统计，在浆砌挡土墙的震害实例中，沿砌缝发生开裂的占79%。这说明砌缝是浆砌挡土墙的一个抗震薄弱环节，因此规定浆砌片（块）石挡土墙的最低砂浆标号应按现行有关规范的要求提高一级采用，以提高砌缝的结合强度和挡土墙的整体性。

第3.2.8条 从挡土墙震害资料分析，混凝土挡土墙的施工缝和衡重式挡土墙的变截面处，要求设置一定数量的榫头或短钢筋，以加强挡土墙的整体性，提高抗震性能。

第3.2.9条 根据与3.2.4条相同的考虑，本条列举了一些措施供选用。

第四章　桥梁

第一节　一般规定

第 4.1.1 条　自本规范的试行本颁发以来，桥梁设计理论有了新的发展，对地震活动的地区特性、桥梁构造物与地基动力特性、桥梁线性与非线性（即材料非线性、几何非线性）的地震反应特性也有了新的认识，但至今，对一些复杂的桥梁构造物，或大跨径、新体系的桥梁构造物就不宜应用简便的抗震设计方法。为此，本规范对桥梁抗震设计的适用范围作了规定。

日本道路桥梁规范规定的适用范围为跨径小于 200m 的桥梁抗震设计，对桥型未作限制。美国《ATC-6 公路桥梁抗震设计指准》规定的适用范围为跨径不超过 152.4m 的普通梁和混凝土梁以及箱形梁。悬索桥、斜拉桥、拱桥和开启桥等未包括在指准内，"评注"中涉及到设计这类桥梁的一般考虑，但对跨径、桥型作了限制。

本规范根据我国震害经验，对梁桥、拱桥作了跨径限制，对桥型也作了限制。

第 4.1.2 条　抗震设计应以保证交通不中断（即使短时间的），或者由于次要构件损坏而把车速降低到最低限度为目的。因此在桥梁设计时应充分考虑地形、地质条件、桥梁结构特点、规模、以往的震害经验、桥梁重要程度，按本章规定采取有效的抗震措施和恰当的计算方法，使其主要构件不受损坏并保证其使用性能。设计时所采用主要措施有：

1. 适当选择桥位，使其在抗震方面处于最有利的位置；减小地基变形量，使地基不失效；
2. 正确拟定结构的总体布置和体系，并考虑抗震要求作合理布置和规定其主要尺寸；
3. 合理选择与抗震要求相适应的各构件材料；
4. 考虑抗震条件来选定各承重构件（桥墩台）的结构形式；
5. 考虑地震作用来计算各承重构件；
6. 采用保证各构件、节点、接头的强度和稳定性的结构构造措施。

工程地震是一门新兴而又古老的科学，不确定因素比较多。近几年来由于科学技术的进步，无论在道路结构物抗震理论方面，还是在结构设计方面，都取得了一定的成绩。但是，由于桥梁结构的多样化，结构理论和设计实践上的许多问题还没有得到全面解决，要保证所有构造物在基本烈度影响下保持完整，就要在抗震设防上花费相当多的资金；而降低安全度，又可能导致人的死亡和大量的物质损失。因此，通常把抗震的条件归结为要求主要承重构件不破坏，但容易发生次要构件破坏。日本抗震设计中规定的容许损坏程度为地震后的修复费用不应超过建筑物总造价的 10%。因此本规范规定，当进行桥梁抗震设计时，除应保证主要承重构件具有足够的强度和稳定性外，并应具有易修复性（如支座的更换，拱桥拱上建筑的修复等等）。

第 4.1.3 条

1. 简支梁上部构造

在地震区修建梁式桥，可以采用各种型式的钢筋混凝土的上部构造，包括装配式的预应力结构在内。一般情况下不要求做任何变更，仅在高地震烈度下，对上部结构的构造和型式作某些变更，其目的是为减轻上部结构重量或使上部结构的地震力按预定的桥墩受力形式向桥墩传输。

根据调查，在邢台、通海、昭通、炉霍、海城、唐山等地震区，凡按常规设计的简支梁桥上部构造，即使受到 9 度甚至 10 度地震的影响也基本上没有发生破坏，而仅在上、下部构造的连结部位发生销钉剪断、桥台胸墙撞坏以及墩（台）帽混凝土碎裂等比较轻微的震害。国外的震害经验，也反映了同样情况。因此，简支梁的上部构造可不进行抗震强度和稳定性验算。

2. 关于单孔板拱拱圈

通过对云南、四川、河北、广东等地25座位于8度区的拱桥震害调查结果表明，除两座由于地基变形过大而遭到严重破坏外，其余23座跨径由5m至30m的单孔石拱桥均基本完好。其中，13座是解放前修建的，10座是解放后修建的。解放前修建的，大部采用石灰砂浆砌筑，其拱圈厚度比现行标准图为小。解放后修建的，均采用水泥砂浆砌筑，其拱圈厚度基本上接近于现行标准图，并且烈度为8度时，其拱圈抗力不超过本规范所规定的抗力。因此，凡按常规设计的跨径不大于30m的单孔板拱拱圈，当地震烈度低于9度，且基础位于土上时，可不进行抗震强度和稳定性验算，但应采取抗震措施。

3. 桥梁墩台

1）不论地震惯性力、岸坡滑移产生的移动动土压力、地基失效产生的墩台变位、土的动土压力，都是随烈度而增加，因此，烈度高桥震害严重，烈度低桥震害较轻。例如，海城地震时，桥梁震害程度调查统计结果如表4.1.3。

表4.1.3　海城地震桥梁震害程度百分比

区域	种类	烈度	9度					8度					7度				
			毁坏	破坏	破损	微损	无损	毁坏	破坏	破损	微损	无损	毁坏	破坏	破损	微损	无损
西部地区	铁路桥	桥梁式						3	0	22	78	0	0	3	21	55	21
	公路桥	梁式桥						4	7	21	27	41	4	3	15	21	57
		拱桥						13	7	13	27	40	0	0	12	44	44
其他地区	铁路桥	梁式桥	0	1	5	21	73	0	0	0	0	100	0	0	0	0	100
	公路桥	梁式桥	0	1	7	27	65	0	0	8	27	65	0	0	3	6	91
		拱桥	0	0	17	21	62	0	0	14	14	72	0	0	5	0	95

注：1. 西部地区为下辽河平原区，地下有饱和粉细砂层，地下水位较浅。

2. 其他地区为一般稳定土层。

2）桥梁震害受地基条件的影响较大

从海城、唐山地震的震害调查说明，地基土质松散、地下水位高或存在有液化土层时，尽管远离震中，烈度较低，但地裂缝、喷砂冒水现象严重。砂土液化是导致桥梁震害的基本因素，结构惯性力仅是加剧了破坏，因此有岸坡滑移和地基失效的桥梁，在烈度为7度有时6度时就使桥梁产生震害。

位于覆盖土层较薄的一般稳定土上的桥梁，烈度不大于8度地区，桥梁震害比较轻微；当烈度达到9度时，桥梁震害较重，但严重破坏的只是个别桥梁（严重破坏主要集中在下部结构），大多数石砌墩台及素混凝土墩台是能经受住考验的。抗震设计时，应考虑这一事实。

3）公路桥梁的震害较之铁路桥梁普遍严重

一般说来，公路桥梁的负载小，基础浅，特别在软土及可液化地基上，桩基入土深度比铁路桥浅，受砂土液化影响较大。较大跨度的公路桥，基础虽然较深，但侧向刚度一般也较之同类铁路桥梁弱，受岸坡土壤滑移的影响也较大。对小跨径的公路桥，自重轻，有可能充分利用表层土壤承载力。

综合上述分析，在松软地基上的桥梁，应一律进行抗震验算后设防；对Ⅰ、Ⅱ类地基上的重力式墩台，在基本烈度低于8度的二、三、四级公路上，可不进行抗震强度和稳定验算。排架桩墩台及桩柱基础墩台，一般比较柔，地震时变形大，易产生震害，也要验算后设防。

第4.1.4条　地震荷载是一种偶然荷载，出现几率很小，因此，为了减少抗震投资，在验算时，地震荷载应与结构重力、土的重力和水的浮力相组合，其他荷载均不考虑。

本规范不考虑车辆荷载，其理由主要有以下两点：

一、地震时车辆恰好通过桥梁的情况不多，迄今为止国内外还没有由于地震时恰好有车辆通过而导致桥梁破坏的实例。

二、即使地震时恰好有车辆通过，由于车辆的滚动作用，在纵向也不产生地震力；在横向，也只有当实际的水平地震作用方向与桥轴垂直时才可能产生横向最大地震惯性力，且该横向最大地震惯性力也不会超过车辆与桥面之间的摩阻力，否则车辆将会发生滑移或倾覆。同时，车辆本身还装有消能减震设备，因此最终传到构造物的地震荷载就更小了。

第 4.1.5 条 见 1.0.7 条说明。

第 4.1.6 条 本条是从客观实际出发,并为减少抗震投资而制定的。由于地震并不经常在洪水期间发生,因此,对季节性河流上的桥梁可不考虑水流影响。对常年有水的河流上的桥梁,由于一年之中多数时间受到常水位影响,因此,规定只按常水位计算水的浮力。在水中的桥墩或与水接触的桥墩下部,在地震时,由于水受到复杂的影响,设计上将与振动加速度成比例的力按动水压力作用进行处理。但水深小于 5m 时,这种影响较小。故规定当常水位以下水深超过 5m 时,应计入地震动水压力对桥墩的影响。

第 4.1.7 条 桥梁下部结构的抗震设计,影响最大的荷载之一是上部结构的惯性力,因此,在下部结构的抗震设计时,应考虑上部结构的惯性力。上部结构的惯性力,原则上规定为分别作用于两个水平方向的力。水平的两个方向,一般取桥轴线方向和垂直桥轴线方向。但在下部结构设计时的土压力水平分力的作用方向与桥轴线不相同时,应将上部结构的惯性力按作用在土压力的水平分力的作用方向以及与此方向垂直方向来考虑。

上部结构地震力作用点位置,原则上应位于结构或构件质心。对于梁式桥,由于上部结构和下部结构的联结部分——支座的存在,因此对于顺桥向的上部结构的地震作用位置可取支座顶面。而对于横桥向,上部结构的地震力作用位置,则应取上部结构质量重心。

对于拱桥、刚架桥等,一般上部结构和下部结构很难区分。由于桥梁结构特性和荷载作用状况是变化的,因此对于这类桥梁的抗震设计,必须考虑相应的结构特点

第 4.1.8 条 在地震作用下,地基-墩台与基础-桥梁上部构造的震动是相互关联的,这种相互作用,主要体现在两方面:

1. 地基变形改变上部结构的动力特性,使结构基本周期延长,阻尼增大。

2. 上部结构的反馈作用,改变了地基运动的频谱组成,使与结构自振周期相同的分量得到加强,加速度的幅值较邻近自由场地要小。

目前地震工程应用研究注重于考虑前一种影响,如美国抗震规范(ATC-6),将基础与地基的振动假定为置于半空间弹性体上的刚体振动。这在理论上较为严谨。实际上,由于确定地基土参数等的不准确性,并不能保证得到满意的计算结果。日本及我国铁路工程抗震设计规范均将“相互作用”影响用考虑地基静变形来体现,这种方法的近似性主要在于忽略了土体惯性的影响和土的非线性性质。由于当前对土的动力特性参数试验积累资料不足,土体等效质量如何计算尚无成熟方法,故静柔度法在现阶段实为简便合理的可行方法。

本规范对于“相互作用”,仅限于考虑地基变形对桥梁结构周期的影响。对于梁桥抗震分析,一般采用单墩模式,将地基变形柔度用位于桥墩(或承台)底部的水平弹簧及转动弹簧体现。各类基础柔度系数,可按《公路桥涵地基与基础设计规范》(JTJ 024—85)计算。

在目前实测资料不足的情形下,计算基础变位时,地基土变形比例系数 m 仍按《公路桥涵地基与基础设计规范》附录六表 6-5 取值。虽然按个别实测资料反算 m 值,动载比静载大,但 m 取值在一定范围内对柔度系数计算结果影响不大。

按刚性地基假定与按本规范提出方法考虑地基变形影响,两者计算结果有一定差别。考虑地基变形后周期延长,它与地基及基础的刚度有关。

第二节 地震荷载

第 4.2.1 条 国外有关地震荷载计算方法的演变情况如下:

一、日本 1923 年关东大地震后,在 1924 年将抗震设计纳入建筑规范,采用静力理论,取水平地震系数 $K=0.1$。1930 年铁路建设省公布的《桥梁设计标准》,规定 $K=0.2$,且只计恒载。1931 年土木工程协会出版的《钢筋混凝土结构设计规范》规定 $K=0.2$,计地震时容许应力加大 50%。1940 年《铁路钢桥设计规范》也作了相同规定。1955 年《铁路钢筋混凝土和混凝土结构设计规定》及《铁路钢桥设计规范》规定,根据地区、结构类型、场地土(分四类)的不同,$K=0.1\sim0.35$。1970 年日本国铁修订了《铁路结构设计规范》和《铁路结构设计标准》,规定地震作用用静力法分析,地震系数分 A、B 两区,

$K=0.15\sim0.20$，尚应乘以场地土系数（三类场地）$0.8\sim1.2$，线路等级（分四级）系数 $0.9\sim1.1$。对于高出地面10m以上部分结构的地震系数，按每高出1.0m增加1.0%计。1972年《公路抗震设计规范》规定 $K=0.2$，尚应乘以地区系数（分三区）$0.7\sim1.0$，场地土（分四类）系数 $0.9\sim1.2$，线路等级（分两级）系数 $0.8\sim1.0$。当桥墩高度大于25m或自振周期 $T>0.5\text{s}$ 时，采用反应谱（场地土分四类）理论计算地震荷载。1980年，日本《公路桥梁设计规范》耐震设计篇规定：标准地震系数 $K_0=0.2$，计算地震系数 $K_h=V_1V_2V_3K_0$。其中 V_1——地区系数，V_2——场地系数，V_3——重要性系数。当墩高 $H>15\text{m}$ 时，采用反应谱理论计算地震作用，$K_h=V_1V_2V_3\beta K_0$，动力系数根据自振周期 T 查谱曲线，$\beta=1.25$。

二、美国1933年北加州长岸地震后，将抗震设计纳入建筑规范。1952年加州公布了《地震力与风侧力规范》，首先采用反应谱理论计算地震荷载。1970年美国统一建筑规范，仍采用同一条谱曲线。1970年圣费尔南多地震使许多公路桥遭受严重的破坏，从此引起了对桥梁抗震设计的重视，进行了许多研究。1973年加州运输部（CaI Trans）公布了《桥梁抗震设计规范》，并于1975年为美国州公路运输协会（AASHTO）所采用。1977年美国联邦公路局（FHWA）开始对AASHTO规范进行修订，于1980年公布了《美国公路桥梁抗震设计规范》。以上各规范均采用反应谱理论，但对特别重要的桥梁还可作专门动力分析。美国公路桥抗震设计规范采用三种场地土，三条谱曲线。

三、原苏联1940年采用的《地震区工民建设计规范》，到1949年为《地震区建筑物设计细则》（TY-58-48）所代替。1951年出版了《关于地震区建筑物的调整》（DCD-101-51）。1957年采用了新的《地震区建筑设计规范》（CH-8-57），在工民建部分采用反应谱理论计算地震荷载，只有一条谱曲线，场地土分三类调整地震烈度。1969年《地震区建筑设计规范》（CHND-A12-69），地震荷载计算与1957年规范是一致的。1981年公布了原苏联地震区建筑设计规范（CHиπII-7-81），分三类场地土，采用三条谱曲线。

从以上几个国家的抗震规范的演变过程来看，地震荷载的计算，已从将建筑物当作刚体的静力理论向考虑建筑物自振特征的动力理论发展。本规范规定地震荷载的计算方法，原则上采用反应谱理论，但对路基、挡土墙、桥台、隧道等建筑物，由于自振特性研究很少，仍用静力法计算地震荷载。对于结构特别复杂，墩高大于30m的桥梁，可采用时程反应分析法进行桥梁抗震设计。时程反应分析法，即对桥梁结构选取动力计算图式，根据动力学原理作地震反应的时程分析，其关键在于直接输入设计地震波时，必须充分考虑到地震动力特性（地震强度、震中距、频谱组成、延续时间等），以及结构的动力特性（桥的固有周期、极限状态的抵抗能力及变形耗能等）。一般可考虑多选择几条地震记录（应与建桥地点、地形、地质、地震传播特性、震中距离相仿等因素），或人工地震波进行地震反应时程分析，从而判断桥梁在强震作用下的薄弱部位，并进行抗震设计。

第4.2.2条 本条给出了梁桥桥墩顺桥向和横桥向水平地震荷载计算的一般公式。下面着重对桥墩结构计算简图式作些说明：

当应用反应谱理论对桥梁进行抗震分析时，首先要确定结构的计算简图，而后才能通过动力学的分析方法求出结构的基本周期及振型，从而确定其地震荷载。因此，结构计算简图的确定，对于桥梁抗震验算有着十分重要的意义。

众所周知，梁桥的下部构造是与上部构造互相连接的，在微幅振动的情况下，由于活动支座的摩阻力未被克服，上部构造对墩身的振动具有一定的约束作用，从而使桥墩刚度加大、周期变短。但上部构造的重量却又使桥墩周期加大。实测资料表明，在脉动试验或汽车通过等微幅震动情况下，这种上部构造的约束作用比较明显。但是，在强震作用下，桥梁上部构造的约束作用又将如何？由于缺乏大振幅试验的资料和强震观察数据，目前还不十分清楚，这是一个值得进一步研究解决的问题。但从国内几次强震的桥梁震害情况来看，支座均有不同程度的破坏，梁也有较大的纵、横向位移，似乎说明这种约束作用并不很大。日本《道路桥抗震设计规范》计算桥墩地震荷载时，均按单墩考虑，不考虑上部结构对下部结构的约束作用。因此，本规范在确定桥墩的结构计算简图时，均按单墩考虑。

1. 柔性墩

本规范在确定柔性桥墩的基本周期和地震作用时，均按单墩模型考虑。其理由如下：一是桥墩所支承的上部构造重量远较墩本身的重量为大，两者比值一般为5:1～8:1；二是它们均属柔性结构；三是计算简单，可满足工程上所要求的精度。

2. 多排桩基础上的桥墩及实体墩

由于公路桥梁墩身一般不高，因此在确定地震作用时一般只考虑第Ⅰ振型，而将高振型略去不计。考虑到墩身在横桥向和顺桥方向的刚度不同，在计算时两个方向分别采用不同的振型。在确定了振型曲线 X_{1i} 之后（一般采用静力挠曲线），就可以应用能量法或代替质量法将墩身各分段重量核算到墩顶上。这样，在确定基本周期时，仍可以简化为单质点处理，避免了多质点体系基本周期计算十分繁杂的缺点。对于多排桩基础上的桥墩也可根据桥墩型式的不同情况，如属柔性墩时，也可按柔性墩处理。实体墩的结构计算简图也可采用自由端等代刚度的悬臂杆，其基本周期简化为单质点体系求得。在确定地震荷载时，将墩身分为若干分段按多质点体系计算。

第 4.2.3 条 场地土质条件是影响地震特性的主要因素之一。1976 年规范中将场地土划分为三类，并分别给出了每类场地的反应谱曲线。第一类基岩或坚硬土和第三类软弱土都比较容易判定，而将介于这两者之间的一般场地都划作第二类并以一条反应谱曲线来代表，就显得比较粗糙。另一方面，随着强震加速度记录资料的积累，已有可能将场地土划分得更细一些。因此，本规范中将场地土划分为四类，即原来的一般场地土分成第二、三两类，原来的软弱场地改为第四类。

工程力学研究所根据 900 多条国内外地震加速度记录反应谱的统计分析，确定了四类场地上的反应谱曲线（临界阻尼比为 0.05）。同时，近几年来，高性能的数字强震仪已用于记录地震加速度，数字强震仪的频带范围宽，因此可由此获得高精度的地震动力高低频特性。根据对 150 多条数字强震仪加速度记录的反应谱分析，对反应谱曲线的长周期部分作了修改。

与原规范相比，所作的主要修改如下：

1. 短周期部分（$0 \leqslant T \leqslant 0.1$s），将原来的平台改为斜直线，周期 $T=0$ 时 $\beta=1$，$T=0.1$ 时 $\beta=2.25$。这既符合理论推理，也符合数字强震仪加速度记录的实际分析结果。平台的起点不分场地类别均取为 0.1s。实际上，硬场地上要小一些，软场地上要大一些，本规范中暂不予区分。

2. β 曲线的下降拐点周期 T_g，第三类场地为 0.45s，第一、二、四类场地与原规范中第一、二、三类相同。

3. 长周期部分 β 曲线的下降速率是与场地有关的，硬场地上衰减较快，软场地上衰减较慢。附录六中用指数 K 值的大小来表示 β 曲线的下降速率。硬场地上 $K=1$，与原规范相同。其余各类场地的 K 值依次略有减小。

4. 根据需要，所给出的 β 曲线长周期部分至 5.0s 为止。统计分析表明，长周期部分的 β 值是很小的，为了保证结构的安全，规定了 β 的下限值为 0.3，比原规范的 0.45 小 1/3。四条 β 曲线下降到 0.3 时的周期值分别为 1.5s、2.35s、3.8s 和 6.5s 左右。不同岩土的平均剪切波速见表 4.2.3。

表 4.2.3 剪切波速参考值

岩 土 名 称	岩土性质或基本承载力（kPa）	剪切波速 V_{sm}（m/s）
填土		100～200
淤泥、淤泥质土或软土	<100	90～140
黏土、砂黏土	$100 \leqslant \sigma_0 \leqslant 400$	120～400
黏砂土	$100 \leqslant \sigma_0 \leqslant 400$	100～380
黄土、黄土质土		130～300
粉砂、细砂	稍松的	100～130
	中等密实的	130～200
中砂、粗砂	稍松的	110～160
	中等密实的	160～250
粗砂、砂砾		200～350
砾石土、卵石土	松散的	200～300
碎石土	中等密实的	300～400
	密实的	>400
岩石	风化颇重	500～1000
	未风化、风化轻微	>1000

注：1. 本表所列为 10m 深度以内的值，深度大于 10m 时，应适当加大。

2. 根据土层深度、标贯击数、平均粒径、孔隙比、液性指数等综合分析选择表中所列的剪切波速值。

3. 黏土、砂黏土、黏砂土可按 σ_0 内插取值。

第 4.2.4 条 本规范结构地震力计算采用弹性反应谱理论，计算假定结构是弹性状态。然而，地震是一种不经常发生的偶然荷载，一般均允许结构物在强震作用下处于塑性状态，但不产生结构毁坏，所以，弹性反应谱的理论值与实际作用值有差异。为了使结构抗震计算与震害宏观现象基本一致，在地震力计算时必须引入"修正系数"，即称之"综合影响系数"。所谓"综合"，即这个系数不但主要反映结构弹塑性动力特性，还反映计算图式的简化、结构阻尼、几何非线性（P-Δ 效应）等影响。

这次修订规范时，对于天然基础和沉井基础上的实体墩及多排桩基础上的桥墩、桥台、拱桥均未作变动，仅对柱式桩、排架桩墩、薄壁桥墩作了修订。理由如下：

钢筋混凝土排架柱桩、薄壁墩均是偏心受压杆，结构延性较差，应用梁桥非线性地震反应程序分析，算得墩高 5m、10m、15m（柱桩）和地震烈度为 7 度左右时，定义 C_z 为 $M_{塑性弯矩}/M_{弹性极限弯矩}$，则 C_z 为 0.6 ~ 0.7 左右，见表 4.2.4-1（排架桩墩，计算烈度为 7 度左右，输入人工地震波）。

表 4.2.4-1

墩高	场地土	非线性反应值		相应截面上线性反应值 M_y (kN·m)	非线性对线性反应值的折减	备注
		最大延性系数 μ	M_u (kN·m)			
5m	Ⅱ	3.1619	3417.0	5087.3	0.672	(0.561)
	Ⅲ	5.8956	3901.4	6581.6	0.593	(0.412)
10m	Ⅱ	4.0337	3999.0	5446.0	0.743	(0.498)
	Ⅲ	4.513	4146.8	6081.0	0.682	(0.471)
15m	Ⅱ	4.643	3416.9	4941.1	0.692	(0.464)
	Ⅲ	3.417	3468.0	5160.0	0.672	(0.541)

如以单向横向荷载作用于桥墩（以墩高 10m 为例），从受力全过程的 M-ϕ（曲率）关系图上（配筋率为 0.8%、1.2%）看，其中 ϕ_u 为弹性极限曲率，Δ_y 为最大弹塑性曲率。则结构的延性系数 μ 值为 ϕ_u 与 Δ_y 的比值。根据钢筋混凝土结构在重复荷载作用下刚度退化的特性，并假定弹性体系在最大位移时所储存的变形能与弹塑性体系达到最大位移时的耗能相等，导出了地震力折减系数（即综合影响系数）C_z，计算式为：

$$C_z = \frac{1}{\sqrt{z\mu - 1}}$$

根据柱桩不同配筋情况，取用不同混凝土极限应变、设计强度值，则算得 C_z，见表 4.2.4-2。

表 4.2.4-2 C_z 值（墩高 10m）

配筋率	混凝土的 ε_h、R_h	C_z
0.8%	规范值	0.477
	比规范值提高后	0.338
1.2%	规范值	0.542
	比规范值提高后	0.317

可见，一般按规范设计的柱桩（混凝土极限应变、设计强度取用规范值），反映出结构延性较差，即截面上钢筋到达屈服强度后，变形增长不多时，混凝土即被压碎。此值与表 4.2.4-1 备注中直接用非线性地震反应程序算得的结构最大延性系数 μ，与应用 G. A. Blumt 公式计算 C_z 所得的值比较接近。因为，采用"力矩"比定义 C_z，还反映各项计算假定中的误差。

对于柱桩的延性，各国作了大量研究分析，特别是新西兰专家 R. Park 和 M. J. N. Pristley 采用加强螺旋箍筋形成柱中核心，得出混凝土的极限应变值与设计强度值（图 4.2.4）随着螺旋箍筋体积比（螺旋钢筋对核心混凝土的体积比）的增大而提高的结论。

因此，要降低钢筋混凝土柱桩、薄壁墩的综合影响系数，也即要求增加结构延性。本规范根据上述分析研究，并参照了新西兰专家研究成果和美国公路桥梁设计标准（ATC-6），对排架桩墩和钢筋混凝土薄壁墩的综合影响系数分别取用 0.33 与 0.35，但必须满足形成提高混凝土 ε_h、R_h 的构造条件；否则取用 0.5。这与我国 70 年代几次大震的震害情况是基本相符的。

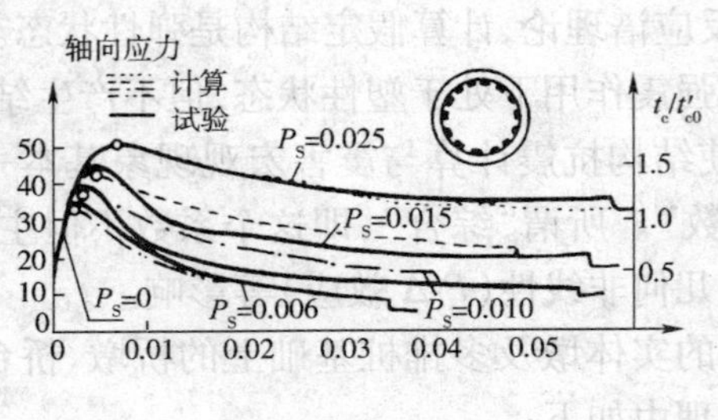

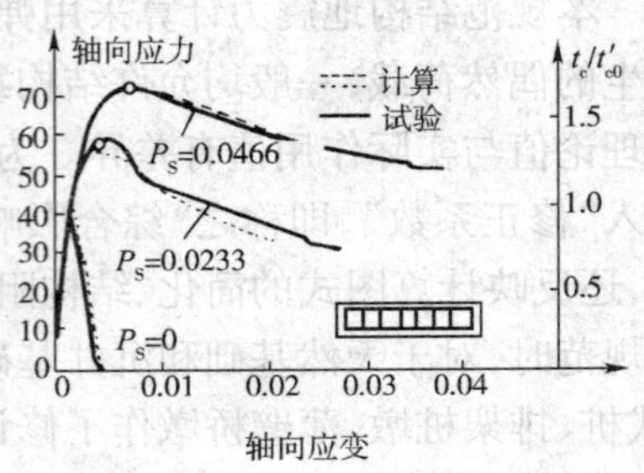

图 4.2.4

对于混凝土实体墩，因本身为脆性材料，实际上不存在结构延性问题。其综合影响系数经桥梁非线性地震反应程序分析，约在0.25～0.35。这主要反映了实体墩按构造布置的截面尺寸大，其强度的弹性值很大。

中、美、原苏三国桥梁抗震设计规范中综合影响系数的比较如下：

中国（公路）：实体墩　$H=10\text{m}, C_z=0.24$

中间内插；

$H=30\text{m}, C_z=0.34$

排架桩墩、钢筋混凝土薄壁式墩　$C_z=0.33$ 和 0.35

美国（公路）：钢筋混凝土墙式墩　$C_z=0.333$

排架墩　$C_z=0.333$

单柱墩　$C_z=0.333$

多柱排架墩　$C_z=0.200$

原苏联：$C_z=0.25$；当 H/b（墩宽）>25 时，$C_z=0.375$

第4.2.5条　本条给出了柔性墩地震作用的简化公式，其计算简图详见4.2.2条说明。现着重对考虑地基变形时，墩身重力换算系数 η。

一、基本假定

1. 多自由度体系振动的动能与单自由度体系振动时的动能相等。

2. 墩身的第一振型曲线符合静力挠曲线，静力挠曲线按《公路桥涵地基与基础设计规范》(JTJ 024—85)计算。

3. 一般冲刷线或基础顶面至支座顶面间的第一振型曲线用折线替代（图4.2.5）。

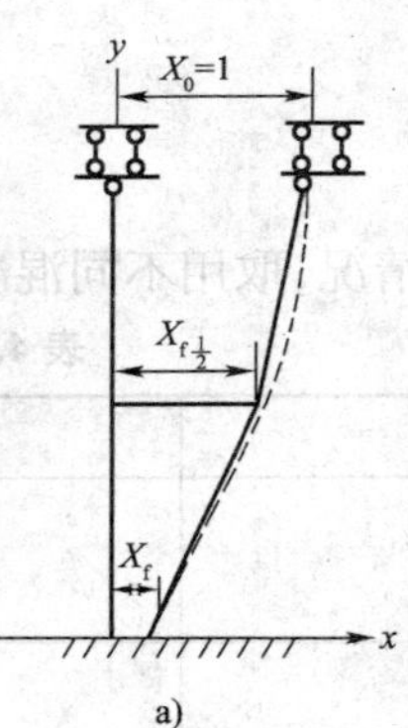

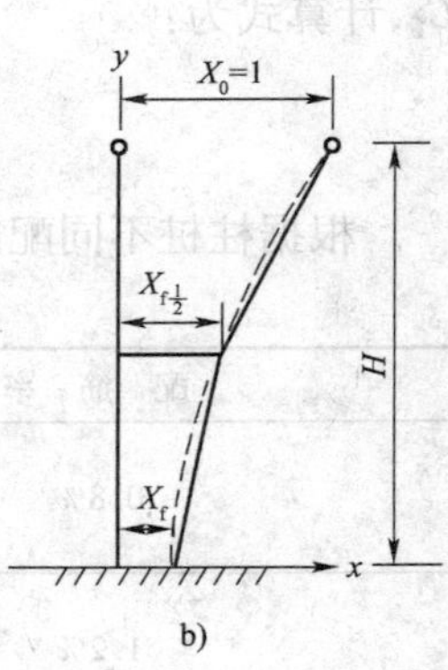

图4.2.5　计算简图

图中：X_1——考虑地基变形时，基础顶面或一般冲刷线与支座中心处的水平位移比值；

$X_{f\frac{1}{2}}$——考虑地基变形时，墩身计算高度 $\frac{H}{2}$ 处水平位移与支座顶面处水平位移之比值；

X——支座中心处的相对水平位移，$X_0=1$。

二、计算步骤

当墩顶水平振幅为 δ 时，在墩身 y 处振幅为：

$y=0$ 至 $y=\frac{H}{2}$ 时

$$\delta_y=\left[X_f+\frac{2(X_{f\frac{1}{2}}-X_f)}{H}y\right]\delta$$

$y=\frac{H}{2}$ 至 H 时

$$\delta_y=\left[X_{f\frac{1}{2}}+\frac{2(1-X_{f\frac{1}{2}})}{H}\left(y-\frac{H}{2}\right)\right]\delta$$

代入替代质量的计算公式有

$$M=\int_0^H\left[\frac{\delta_y}{\delta}\right]^2\cdot m\mathrm{d}y$$

则得

$$M=\int_0^H\left[X_f+\frac{2(X_{f\frac{1}{2}}-X)}{H}y\right]^2\cdot m\mathrm{d}y+\int_{\frac{H}{2}}^H\left[X_{f\frac{1}{2}}+\frac{2(1-X_{f\frac{1}{2}})}{H}\left(y-\frac{H}{2}\right)\right]^2\cdot m\mathrm{d}y$$

$$M=\frac{1}{6}(X_f^2+2X_{f\frac{1}{2}}^2+X_f\cdot X_{f\frac{1}{2}}+X_{f\frac{1}{2}}+1)\cdot mH$$

上述公式未考虑振型形状。当计算横桥向的基本周期时，由于上部构造及盖梁对桩（柱）顶转动的约束，一般采用了在水平力作用下墩顶只有位移而无转动的假定。在计算顺桥向的基本周期时，则按自由端考虑。这两种情况下，当不考虑地基变形（岩石地基）时，桩（柱）身重力换算系数分别为 $\eta_h=0.37$ 及 $\eta_h=0.24$，因此由此引入振型形状修正系数 ξ，即：

1. 对于岩石地基，横桥向重力换算系数

$$\eta_h=\frac{1}{6}\xi(X_f^2+2X_{f\frac{1}{2}}^2+X_f\cdot X_{f\frac{1}{2}}+X_{f\frac{1}{2}}+1)=0.37$$

由振型曲线得

$$X_f=0\qquad X_{f\frac{1}{2}}=\frac{1}{2}$$

代入上式解得 $\xi=1.11$

$\therefore\ \eta_h=0.19(X_f^2+2X_{f\frac{1}{2}}^2+X_fX_{f\frac{1}{2}}+X_{f\frac{1}{2}}+1)$

2. 对于岩石地基，顺桥向重力换算系数

$$\eta_h=\frac{1}{6}\xi(X_f^2+2X_{f\frac{1}{2}}^2+X_f\cdot X_{f\frac{1}{2}}+X_{f\frac{1}{2}}+1)=0.24$$

由振型曲线得

$$X_f=0\qquad X_{f\frac{1}{2}}=\frac{5}{16}$$

代入上式解得　$\xi=0.955$

$\therefore\ \eta_h\doteq0.16(X_f^2+2X_{f\frac{1}{2}}^2+X_fX_{f\frac{1}{2}}+X_{f\frac{1}{2}}+1)$

第 4.2.6 条　鉴于梁式桥所采用橡胶支座形式不同（有板式橡胶支座、滑板橡胶支座），其相应的结构计算与简图也将各异，因此本条文按不同支座情况及结构形式给出了顺桥向地震作用的计算方法。

1. 对全联均采用板式橡胶支座的连续梁桥、桥面连续或顺桥向具有足够强度的抗震联结措施（即纵向联结措施的强度大于支座抗剪极限强度）的简支梁桥，假定地震时各墩墩顶的振动位移相等，于是全桥可简化为单墩计算。计算简图如图4.2.6-1所示。

根据计算简图便可确定桥墩的基本周期及其相应 β_1 值。上部结构对支座顶面地震作用，则可仅取第一振型计算，并按刚度分配到各墩支座，即条文中的式(4.2.6-1)。

桥墩本身由地震引起的地震作用，应分别依桥墩形式按单质点或多质点计算。

2. 对于一联采用一个板式橡胶支座，其余均为聚四氯乙烯滑板支座的连续梁桥，可采用单墩计算简图，但对上部构造所产生的地震作用应考虑阻力的影响，以改善固定支座墩受力状况，并使之更接近实际，计算简图如图 4.2.6-2 所示。

不考虑结构非线性阻尼影响时，由上部结构对支座中心处产生的水平地震力可按下式计算：

$$E_{hsp}=C_iC_z(K_h\beta_iG_{sp}-C_z\sum^{n}\mu_{id}R_i)$$

式中　E_{hsp}——上部结构对支座中心处产生的水平地震力（kN），且应大于按本规范式(4.2.6-1)计算值，否则应按本规范式(4.2.6-1)计算；

μ_{id}——第 i 号墩滑板支座动摩阻系数；

R_i——第 i 号墩上所有滑板支座反力之和（kN）；

n——相应一联上部构造设滑板支座的桥墩个数；

其余符号见本规范条文。

3. 对于采用 n 个板式橡胶支座，其余均采用聚四氟乙烯滑板支座时，首先按仅有 n 个板式橡胶支座承受全联的地震力，然后再从 E_{ihs} 中减去聚四氟乙烯滑板支座的动摩阻力，作为 n 个板式橡胶支座顶面处产生的水平地震力。对于每个支座地震力应按其墩身抗推刚度进行分配。

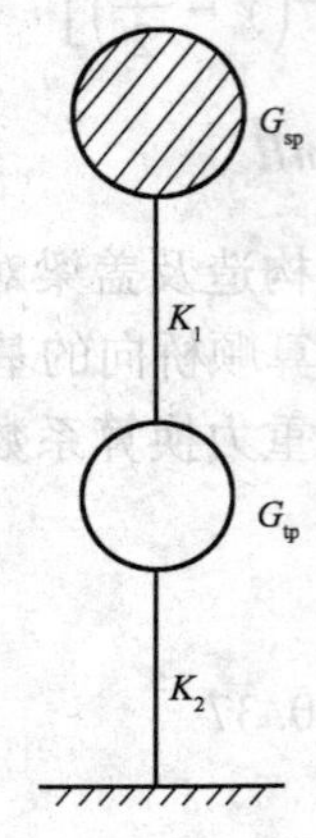

图 4.2.6-1　自振特性计算简图

图中：G_{sp}——一般上部结构的总重力(kN)；

G_{tp}——与一联上部结构相对应的各桥墩重力对支座顶面换算重力之和(kN)；

K_1——相应于一联上部结构所对应的全部板式橡胶支座抗推刚度之和(kN/m)。

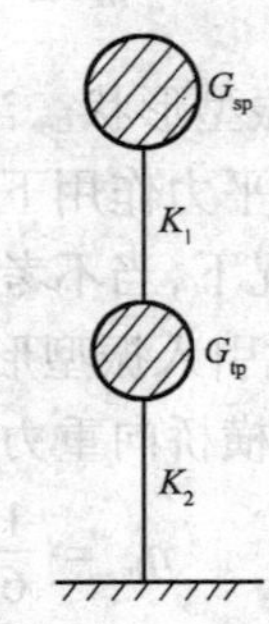

图 4.2.6-2　自振特性计算简图

图中：G_{sp}——一联上部结构总重力(kN)；

G_{tp}——设有板式橡胶支座桥墩换算到支座中心重力(kN/m)；

K_1——板式支座抗推刚度(kN/m)；

K_2——设有板式支座墩的墩身抗推刚度。

4. 对于采用橡胶支座的简支梁桥，地震作用力应按多质点体系计算，其结构计算简图可采用图4.2.6-3。

图 4.2.6-3 中 m_1、m_3、m_5……为墩顶处各墩(台)的换算质量，可采用 $m_1 = \eta_k M_1$(M_1 为墩身质量，η_k 为换算系数)；m_2、m_4、m_6……为各跨上部构造的质量；K_1、K_4、K_7、K_{10}……为各墩墩身刚度；K_2、K_3、K_5、K_6、K_8、K_9……为橡胶支座剪切刚度。

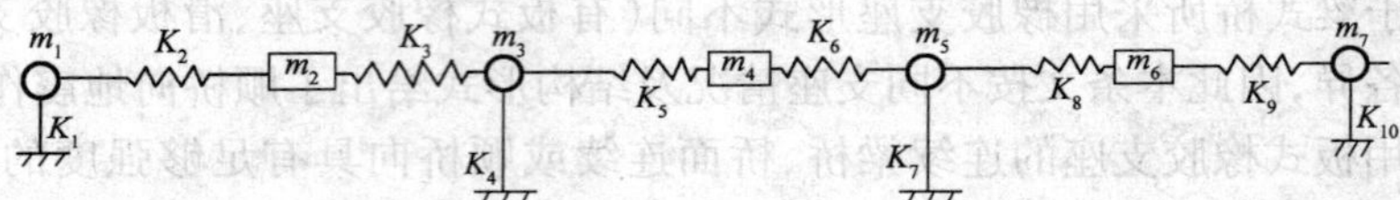

图 4.2.6-3　自振特性计算简图

对于具有重力式桥台的简支梁桥，亦可采用图 4.2.6-4 的计算简图。

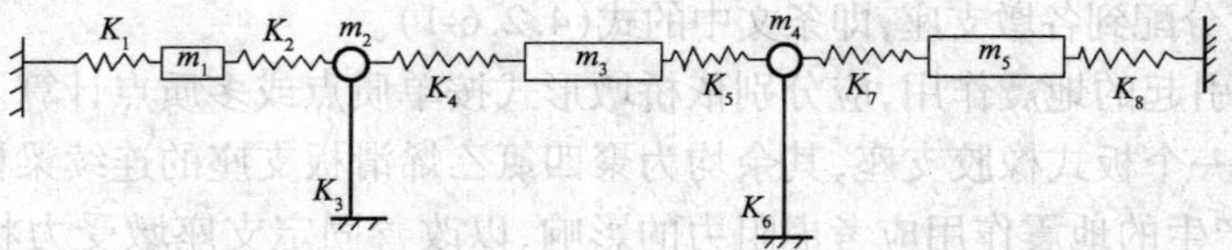

图 4.2.6-4　自振特性计算简图

图 4.2.6-4 多质点体系的频率方程为

$$\begin{matrix} K_1+K_3-M_1\omega^2 & -K_2 & & & & \\ -K_2 & K_2+K_3-M_2\omega^2 & -K_3 & & & \\ & -K_3 & K_3+K_4+K_5-M_2\omega^2 & -K_5 & & \\ & & -K_5 & K_5+K_6-M_4\omega^2 & -K_6 & \\ & 0 & & -K_6 & K_6+K_7+K_8-M_5\omega^2 & -K_8 \end{matrix}$$

该方程可利用电算求解。为了简化起见，一般取基本振型和基本周期即可。地震作用力按多质点体系的普遍式(4.2.2)计算。

对于双质点体系自振周期，可按一般结构力学方法计算。

第 4.2.7 条 梁桥的横桥向一般不控制设计,因为结构在横向刚度比纵向刚度大得多。但对独柱墩身的梁式桥,亦需重视结构横向抗震强度与稳定性验算。设在橡胶支座并有限制梁横向位移的措施,则可按一般支座考虑;如果不设限制位移措施,则应按橡胶支座的受力特性考虑。

第 4.2.8 条 曲梁的长跨比太小,就不能作为曲梁来分析,而成为曲板型。本条只适用于曲梁,因此要满足梁的要求,即梁长与梁宽之比要大于 10。当曲梁中心角为 30°时,曲梁长 $L=\pi R/6$,以 $L=10B$(B 为桥宽)代入,则得曲梁半径 $R=20B$。

曲梁桥是比较复杂的问题。以一个三跨连续曲梁(它的固有频率与相应振型和桥梁本身的几何和物理条件有关)为例:对横向抗震,可能第一、四、七振型贡献较大;而纵向抗震,则第六振型贡献最大。如果连续曲梁的跨数变化,这个动力参数影响也有变化,因此,寻求一般的简化计算方法较为困难。如一个三跨连续曲梁,进行有限元分析,结构的主要几何及物理特性为:$E=3.241\times10^{10}/\text{m}^2$,$G=1.392\times10^{10}/\text{m}^2$,$S=140\text{m}$,$H'=H''=6\text{m}$,$\alpha=1/3$,$I_{px}=3.0\text{m}^4$,$I_{py}=1.629\text{m}^4$,$I_y=49.66\text{m}^4$,$I_x=11.34\text{m}^4$。计算结果(以曲梁桥轴线所对应水平中心角 θ 为参数)比较列于表 4.2.8 中。

表 4.2.8

θ / 比较项目	75.67°	56.75°	45.4°	37.8°	28.4°	22.7°
$\omega_1/\omega_2=\infty$	0.853	0.900	0.930	0.946	0.967	0.977
$M_1/M_2=\infty$	0.831	0.860	0.860	0.898	0.935	0.952

注:ω_2 与 M_2 分别是相应于某一 θ 值的频率及边墩底弯矩;$\omega_1=\infty$ 及 $M_2=\infty$ 是未考虑 θ 影响的相应值。

从表 4.2.8 中可以明显看出,如 $\theta\leqslant30°$,其误差在 5% 以内,故建议在 $\theta\leqslant30°$时,并满足 $L>20B$。曲梁桥抗震设计可按直梁桥处理。

第 4.2.9 条 梁桥桥台的地震作用都与土在地震时的压力有关,这里存在着一个结构和基础与地基、填土之间的相互作用问题。

地震时的土压力问题至今未得到圆满解决。对结构和基础与地基、填土之间的相互作用问题,目前国外虽有一些研究成果,即把土作为弹性介质,并考虑土的动力特性,以及沿深度方向有着不同弹簧系数和阻尼系数的许多质点与结构相联系,从而列出这一体系的振动微分方程,然后根据实际的地震记录来求解这一多质点体系的地震反应。但这方面的成熟程度离开实际应用还有一定的差距。我国在这方面也开展了一些研究,但有实际参考价值的还不多。此外,公路桥台一般具有截面大而高度低的特点,对于轻型桥台缺少动力特性的观测和试验研究资料,故仍采用静力法验算。考虑到修建在基岩上的桥台震害较轻这一具有普遍性的震害特点,适当降低桥台的水平地震荷载是适合的。至于降低的幅度,目前尚无成熟的经验,暂按正常情况的 80% 采用。

第 4.2.10 条 关于梁桥桥台所受地震土压力,自 30 年代初日本 Mononobe 根据库伦土压理论,用一个给定的水平地震系数,按静力法导出作用于台背的地震主动压力,并在与 Okabe 等进行了砂箱振动试验以来的半个世纪中,Mononobe-Okabe 公式一直被广泛应用着。由于这个公式比较繁冗,各国规范在实际采用时作了不同的简化。例如美国 Seed 和 Whitman 假定台背为竖直光滑平面,并取台后土的内摩擦角 $\phi=35°$,导出地震主动压力 E_{ea} 的一个近似式为

$$E_{ea}=\frac{1}{2}\gamma H^2\left(K_R+\frac{3}{4}K_H\right) \tag{4.2.10-1}$$

此式在美国得到应用。其中 K_A 为库伦土压系数,γ 为土的容重,H 为台高。

我国 1977 年批准的《公路工程抗震设计规范》将 Mononobe-Okabe 公式简化为

$$E_{ea}=\frac{1}{2}\gamma H^2K_R(1+3K_H\tan\phi) \tag{4.2.10-2}$$

按各个规范的简化公式计算出的由于地震引起的主动土压力的增加量虽然存在明显的差别,但地震土压力的最终结果仍只较非地震条件下的土压力增加一个很小的百分数。例如按上述 1977 年公路规范,当 $K_h=0.1$ 时,地震引起的土压增大系数仅为 21%。如考虑综合影响系数的折减和地基容许承载力的提高,则其影响更小。

海城和唐山地震时，由于桥台伴随台后填土（岸坡）整体地向河心大量滑移造成了许多公路桥（梁桥及拱桥）的倒塌事故，成为这两次地震中桥梁震害的一个最普遍、最突出的现象。现行规范规定的地震土压力公式不足以解释这个震害事实。

在海城及唐山地震后立即进行的现场考察，以及对某些震害工点进行的钻探结果表明，大量的浅埋重力式桥台（包括一些桩基桥台）与台后土体的整体滑坡具有以下三个特点：

1. 滑坡都发生在严重液化地段，震害工点附近均有地震液化引起的喷水冒砂现象。

2. 桥台滑移主要是沿台底向河心的水平位移，伴随有台身的沉降和向后倾斜。

3. 台后路面及河岸出现 2 ~ 3 条主要的顺河向长大裂缝，主裂缝的位置在台后 5 ~ 15m 范围内。若干钻探表明：这些裂缝向下延伸，其方向接近于铅垂向，直达液化层。

这些特点表明桥台滑移与地震液化有关，滑移是沿着液化层的上表面开始进行的，滑块大致是一矩形。

计算分析表明：台后土体的水平向正应力 σ_1 在台后一定距离出现一个峰值，这个截面的位置随台高 H 的增加而后移。从计算结果来看，此距离大致与台高 H 接近。σ_1 的这个峰值截面（竖向）应当就是滑移开始时首先出现主要竖向裂缝的区域。计算分析所确定的主裂缝与震害考察中看到的主裂缝在位置和方向上都是一致的。

土的非线性在桥台抗震分析中是一个影响最大的因素，分析表明：由于考虑土的非线性，桥台体系的地震反应比线性解大大降低。对于建在土层上的桥台，非线性解降至线性解的 30% ~ 60%，此值与现行规范中采用的 $C_z = 0.35$ 大致相符。当台底有液化层存在时，降至 25%。

作用于台背的地震土压力及其合力作用点的位置，是桥台抗震设计的主要依据。计算结果表明，建在均匀土层上的桥台所受地震土压力合力作用点高度在距台底 $0.4 \sim 0.5H$ 之间，线性解接近于下限，非线性解接近于上限，下卧层中有液化层存在时，此值降至 $0.4H$ 附近。不同地震烈度条件下，地震土压力作用点高度无明显变化。

关于地震土压力的大小问题，应分两种情况考虑：对于建在均匀的无地震液化可能的土层上的桥台，Mononobe-Okabe 公式给出可靠的近似结果，故仍可按现行规范即 Mononobe-Okabe 公式的简化形式进行。对于地表以下 10m 以内被判定存在可液化层或软土层（流塑黏性土、淤泥）时，就要考虑沿此液化层（软土层）滑移的可能性。此时，桥台埋置深度应穿过液化层（软土层）或埋置到地表以下至少 10m 的深度，否则，即使加大桥台的重量，也不能避免桥台的滑移。当埋置深度达到 10m 以后，台底以下土层可不再考虑因液化而降低其承载力。

桥台滑移计算模型如图 4.2.10 所示。图中台后土体的滑裂面假定为从台底开始的水平面转为竖向面，水平滑裂面的长度 CH 可取 $C=1$（如前述）。忽略竖向面上土的抗拉强度，则当滑移开始时，矩形滑块在重力 W、地震惯性力 $K_H W$ 与台背法线成 δ 角（台背摩擦角）的台背抗力 E_{ea} 和水平滑移面（液化层上表面）的抗力 R 的作用下，处于极限平衡状态。抗力 R 与水平滑移面的法线成 ϕ 角，ϕ 为此液化层的内摩擦角。由这个平衡条件可解算出作用于台背的地震土压力 E_{ea}。但须注意：在此极限条件下，当竖向裂缝产生的同时，矩形滑动土块（按刚塑性假定）与桥台组成一个整体滑块，则竖向裂缝之后的土层仍存在库伦土压的条件，这也是实际震害中看到的第二条裂缝出现的原因。于是，E_{ea} 写为

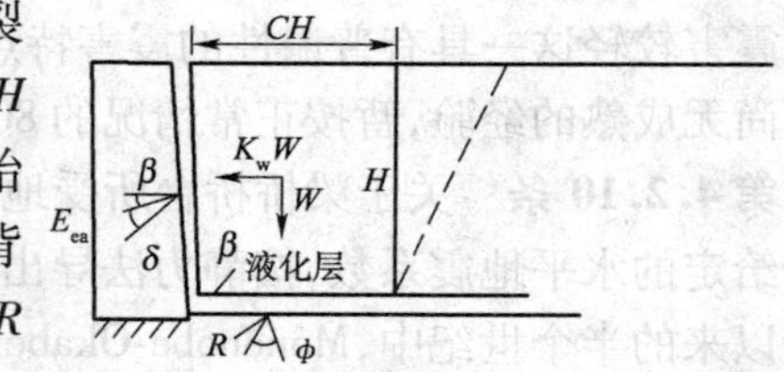

图 4.2.10 桥台滑移计算模型

$$E_{ea} = 1/2\gamma H^2 K_E + 1/2\gamma H^2 K_R \tag{4.2.10-3}$$

$$K_E = \frac{2(\tan\eta - \tan\phi)}{\cos(\delta+\beta)\cdot[1-\tan(\delta+\beta)\cdot\tan\phi]}$$

$$K_R = \frac{\cos^2(\phi-\beta)}{\cos^2\beta\cdot\cos(\delta+\beta)\left[1+\sqrt{\dfrac{\sin(\phi+\delta)\cdot\sin\phi}{\cos(\phi+\beta)\cdot\cos\beta}}\right]}$$

对于直立光滑台背，$\beta=\delta=0$，则上式简化为

$$K_E = 2(\tan\eta - \tan\phi)$$

$$K_R = \frac{\cos^2\phi}{(1+\sin\phi)^2} \tag{4.2.10-4}$$

式(4.2.10-3)和(4.2.10-4)中的 K_E 仅当地震条件下,且 $\tan\eta > \tan\phi$ 时才为有效。非地震条件下 $K_E = 0$。当 $\tan\eta < \tan\phi$ 时,$K_E < 0$,说明沿液化层的滑移不致发生。

当液化层处在完全液化条件下,应取 $\phi = 0$,此时,对于直立光滑台背,上式可进一步简化为

$$K_E = 2\tan\eta = ZK_H \tag{4.2.10-5}$$

$$E_{ea} = \gamma H^2 K_H + 1/2\gamma H^2 K_R = 1/2\gamma H^2 (K_R + 2K_H)$$

此式与 Seed-Whitman 式(4.2.10-1)相似,但具有较大的系数值。

算例:设台高 H_m,直立光滑台背;台后土容重 γ(kN/m^3),内摩擦角 $\phi = 35°$,地震烈度为7、8、9。对于无液化[按式(4.2.10-2)]和有液化[按式(4.2.10-5)]两种情形计算出地震土压力系数如表4.2.10。

表 4.2.10 地震土压力系数

K_H		0.1	0.2	0.4
无液化	K_R	0.27	0.27	0.27
	$K_E = 3K_R K_H \tan\phi$	0.057	0.113	0.227
	C_z	0.35	0.35	0.35
	$C_z K_E$	0.02	0.04	0.08
	$K_H + C_z K_E$	0.29	0.31	0.35
有液化	K_R	0.27	0.27	0.27
	$K_E = 2K_H$	0.2	0.4	0.8
	C_z	0.35	0.35	0.35
	$C_E K_E$	0.07	0.14	0.28
	$K_R + C_z K_E$	0.34	0.41	0.55

从表列数据可看出,对无液化情形,因地震引起的土压力增加百分比为:7度,7.4%;8度,15%;9度,30%。对有液化情形,此百分比增至:7度,26%;8度,52%;9度,104%。

以上的公式仅限于考虑由于台后土的主动土压力引起的桥台沿其基底的滑移问题。在这里,假定河床是稳定的,即河岸沿深层的大滑坡不致发生。后者是一个需要另作专门研究的问题。

第4.2.11条 地震动水压力问题,实质上是结构与水的相互作用问题,因而是十分复杂的。自1933年 H. M. Westergard 首次发表了地震作用在挡水坝上动水压力论文以来,动水压力问题已引起各国学者的广泛重视。随着地震工程学科的不断深入以及工程实践的需要,各国学者曾先后研究过许多因素对动水压力的影响,并取得了一定的成果。

目前各国规范所列的动水压力公式,大部分是以水中刚性圆柱体在正弦地震运动作用下的理论解作为编制规范公式的基础,采用附加质量形式,因而计算简单,使用方便。各国动水压力系数比较见图4.2.11-1、图4.2.11-2。通过对四国五家规范的比较分析说明:动水压力计算公式都在一定程度上考虑了结构的实际工作条件,地震地面运动的不规则性,以及理想边界条件的差异而作了符合各自试验结果的修正。参数 R/H 是衡量水中结构物承受动水压力大小的重要几何参数,也是表征结构相对柔度影响的参数。就圆形墩而言,其值一般远小于1,通常在0.1~0.5之间变化,一般更接近下限值。地震对水所产生的附加惯性力对高烈度区仍然是相当可观的,不应忽视。

基于上述分析,在修订本规范时,增加动水压力计算。由于日本公路桥梁抗震设计规范分别各种情况考虑了以 R/H 为参数的种种修正,计算简单,便于使用,对圆形、矩形均适用,合力计算值介于原苏联规范和印度规范之间,在某种意义上处于平均状态,因此在当前情况下采用了日本规范的计算公式,其 C_z 值采用0.2。

第4.2.12条 强烈地震时,梁桥支座的破坏是一种比较普遍的震害现象。例如:1970年通海地震时,位于9度区的峨山大桥2孔共10根直径40mm的固定支座销钉全部被剪断,摆柱支座也严重歪斜;

1975 年海城地震时，位于 9 度区的刘家桥边梁 2 根直径 16mm 的销钉均被剪断，位于 9 度区的海城南大桥辊轴支座的轴横向位移 150mm；1976 年唐山地震时，位于 9 度区滦县滦河大桥摆柱支座大部倾倒，位于 8 度区的老安淀大桥辊轴支座多处发生严重位移甚至掉落河中，位于 7 度区的洋河大桥摆柱支座因歪斜过大而无法继续使用。在国外也有不少支座破坏的震害实例，例如 1984 年日本福井地震时，中角桥就由于支座锚栓被拔出而造成了落梁破坏。

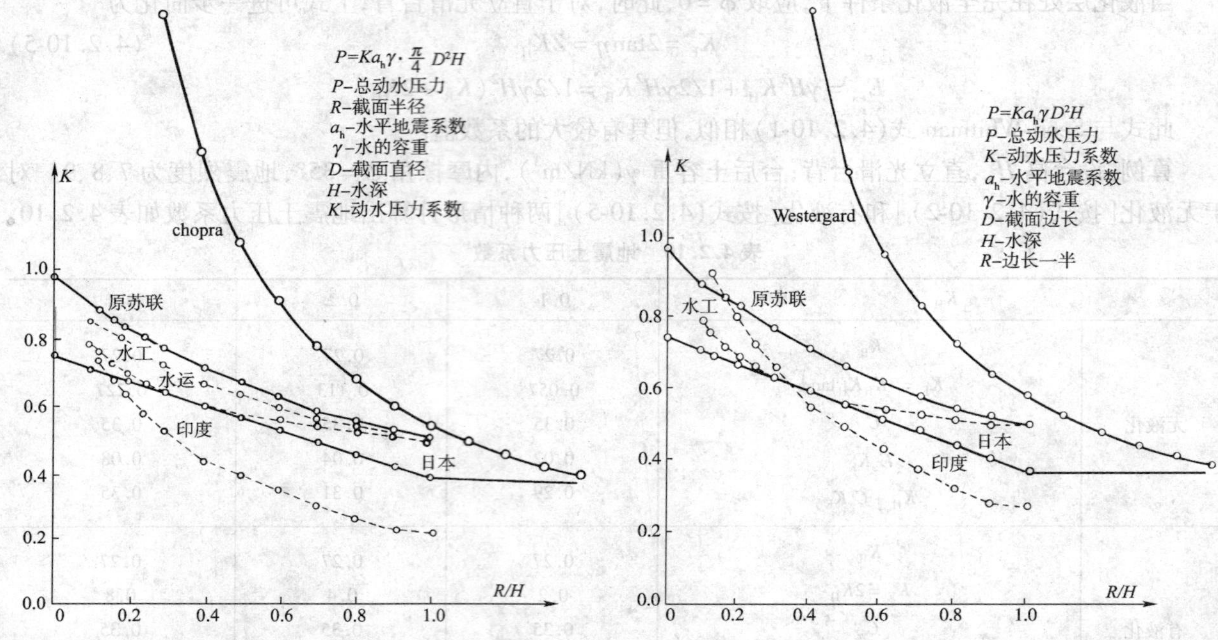

图 4.2.11-1　动水压力系数与 R/H 之间关系（圆形截面）　　图 4.2.11-2　动水压力系数与 R/H 之间关系（方形截面）

图中：原苏联为原苏联地震区建筑设计规范（снипII-7-31）；水工为我国水工建筑物抗震设计规范（SDJ 10—78）；日本为日本 1980 年道路桥梁规范；印度为印度结构抗震设计规范（ZS:1893～1975）；水运为我国水运工程水工建筑物抗震设计规范（JTJ 201—84）。

本规范关于支座、锚栓及支挡措施的计算方法，是一种粗略地估计地震荷载的方法。现大致说明如下：

当位于岩石地基时，桥墩下端固定，$X_1(i)=\frac{H_1}{H}=0$，最大加速度为 $K_H\cdot g$，相应的地震荷载为 $C_z\cdot K_H\cdot W_1$。在墩顶 $X_1(i)=\frac{H_1}{H}=1$，最大加速度约为 $\beta\cdot\gamma\cdot K_H\cdot g$，假定 $\gamma=1.2$，则相应地震荷载为 $1.2\beta\cdot C_z\cdot K_H\cdot W_1$。$\beta$ 的最大值为 2.25，因此墩顶地震荷载的最大值为 $2.7C_z\cdot K_H\cdot W_1$（因公路桥低墩居多，一般周期较短，故 β 取最大值），取 $C_z=0.5$，则地震荷载为 $1.35K_H\cdot W_1$。由于地震荷载发生时，上部结构对于支座是突加荷载，再者地震区桥梁的支座是整个桥梁抗震中的一个关键部位，故设计时应特别注意。

本规范对于梁端支座的 C_i 值规定为 1.0～1.7 之间，并按其重要性采用不同值。

1977 年《公路工程抗震设计规范》规定，支座承受的水平地震荷载，一般假定顺桥方向的水平地震荷载全部由固定支座承受，不计活动支座摩阻力的作用，对于大跨度梁、连续梁桥，由于水平地震力加大，支座设计比较困难，参照国外抗震设计规范，如原苏联地震区建筑设计规范（снипII-7-81）第 4.28 条、《日本国铁路抗震设计规范》第 16.3 条、《日本国公路桥梁设计规范》抗震设计篇第 3.3 条都明确规定，计算地震荷载时应考虑活动支座摩阻力的作用。为此，本规范采用的支座的纵向水平力地震荷载的计算公式为

$$P=C_zK_H\cdot W_1-\sum\mu R_a\qquad(\sum\mu R_a\leqslant 0.65K_H\cdot W_1)$$

其中，R_a、K_H、W_1 见规范条文。

μ 为活动支座动摩阻系数。对于聚四氟乙烯滑板支座，实际测定（支座规格为 100×100×32.5mm 和 100×200×32.5mm），正压力为 1.78～11.1MPa，位移幅值为 3～12mm、频率为 0.01 和 0.3Hz。有无机油两种状态下，总平均稳定的动摩擦系数为 0.033，其稳定的动摩擦系数的变化幅度为 0.017～

0.052。为安全起见，规范采用计算动摩擦系数 $\mu=0.02$。

对于其他支座形式，由于缺乏可靠试验资料，暂取静摩擦系数的百分之五十作为计算的动摩擦系数。

上式中考虑了活动支座动摩阻力作用，同时限制了活动支座产生的摩阻力最大不能大于水平地震荷载的一半。

支座在横向承受水平地震荷载时，仍按有固定支座和活动支座共同承受。

必需指出，该条仅作为验算支座部件、梁与支座之间连接、墩台锚栓及橡胶支座的支挡措施抗震强度，不能用于验算墩身的强度，否则就会得到过于保守的结果。

第 4.2.13 条 本条给出了单孔拱桥地震荷载的计算方法。

一、中国科学院工程力学研究所在上海、无锡和长沙等地进行模型试验以后，通过分析得出以下结果：

1. 拱的第一振型是对称振型还是反对称振型，并不取决于拱的支承条件（即是两铰拱还是无铰拱），而主要取决于矢跨比的大小。当矢跨比为$\frac{1}{5}\sim\frac{1}{10}$时，在拱平面内的第一振型为反对称振型。

2. 拱上建筑增加了主拱圈的重量和刚度，前者降低拱的自振频率，后者则提高拱的自振频率。在强震区，腹拱和立柱先于主拱开裂，因此，拱上建筑的作用主要是增加结构的自重，而对结构刚度的影响较小。故在计算时，可不考虑拱上建筑对拱体刚度的增强，截面惯性矩按主拱圈的计算，而将拱上建筑的重量作为载重附加在主拱圈上。

3. 实测裸拱的振型曲线与有拱上建筑的振型曲线极为接近。因而可以把主拱圈的振型曲线当作有拱上建筑的振型曲线来应用。根据试验，在拱平面内的竖向位移为反对称曲线，水平位移沿拱轴线变化不大，近似定值；垂直于拱平面的位移为正对称曲线（见图 4.2.13-1）。

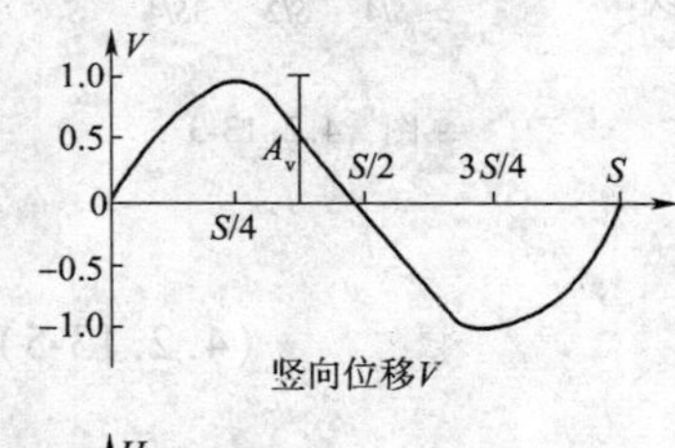

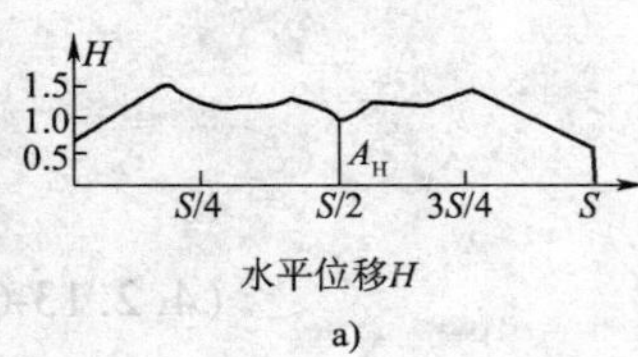

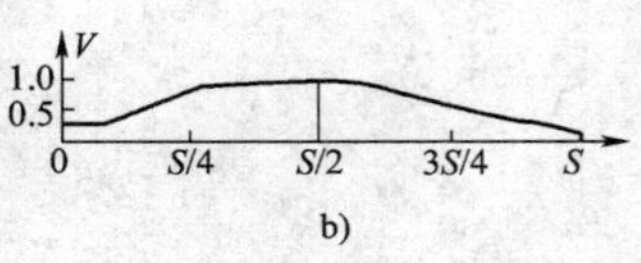

图 4.2.13-1
a）在拱平面内的竖向和水平位移；b）垂直于拱平面的水平位移

二、地震荷载

1. 在拱平面内

对于两铰拱，根据上述振型以及边界条件，有

$S_i=0$ 或 S，

$$U=0,W=0$$

$$M=EI\left(\frac{\partial^2 U}{\alpha S^2}+\frac{1}{R_0}-\frac{\partial W}{\alpha S}\right)=0 \tag{4.2.13-1}$$

取

$$\left.\begin{aligned}U&=A\sin\frac{2\pi S_i}{S}\sin\omega t\\W&=B\left(1-\cos\frac{2\pi S_i}{S}\right)\sin\omega t\end{aligned}\right\} \tag{4.2.13-2}$$

式中 U——拱轴的径向位移，A 为其振幅；

W——拱轴的法向位移，B 为其振幅；

S_i——自拱脚至计算点沿拱轴的弧长；

S——拱轴线的全弧长；

ω——圆频率；

R_0——拱轴半径（图 4.2.13-2）。

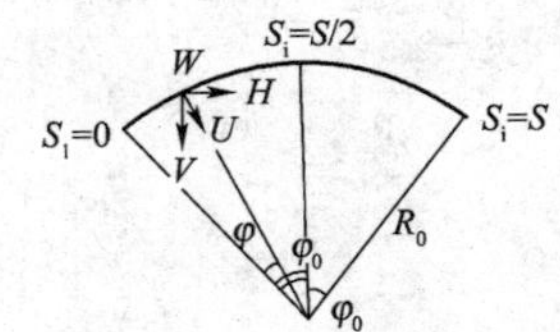

图 4.2.13-2

则有

$$\left.\begin{aligned}V&=u\cos(\varphi_0-\varphi)-w\sin(\varphi_0-\varphi)\\H&=u\sin(\varphi_0-\varphi)+w\cos(\varphi_0-\varphi)\end{aligned}\right\} \tag{4.2.13-3}$$

式中 V——竖向振型位移；

H——水平振型位移；

φ——自拱脚至计算点的中心值；

φ_0——半个拱圈的中心角。

为简化计算，忽略拱的轴向压缩变形，取

$$\frac{\partial w}{\partial S}=\frac{u}{R_0}$$

则得 $$B=\frac{S}{2\pi R_0}A \tag{4.2.13-4}$$

由式(4.2.13-4)算出的 V、H 如图 4.2.13-3 所示。这和精确计算的结果有大致相似的图形。

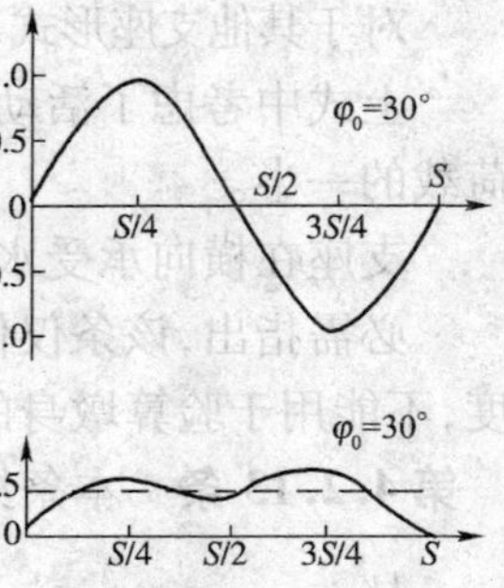

由图 4.2.13-3 可见，竖向振型位移 V 的形状与径向振型位移 U 近似，而水平振型位移 H 则沿拱轴线接近于定值。

图 4.2.13-3

振幅 A_V 与 A_H 可近似地用 U 的振幅 A 表示，有

$$\left.\begin{aligned}A_V&=\left(\cos\frac{\varphi_0}{2}-\frac{S}{2\pi R_0}\cdot\sin\frac{\varphi_0}{2}\right)A\\A_H&=\left(\frac{S}{\pi R_0}\right)A\end{aligned}\right\} \tag{4.2.13-5}$$

则有

$$\left.\begin{aligned}V&=A_V\cdot\sin\frac{2\pi S_i}{S}\\H&=A_H\\\frac{A_V}{A_H}&=\frac{\pi R_0}{S}\cdot\cos\frac{\varphi_0}{2}-\frac{1}{2}\sin\frac{\varphi_0}{2}\end{aligned}\right\} \tag{4.2.13-6}$$

令

$$\left.\begin{aligned}\gamma_V&=V\frac{\int_0^S H\rho\Omega \mathrm{d}S}{\int_0^S (H^2+V^2)\rho\Omega \mathrm{d}S}\\\gamma_H&=E\frac{\int_0^S H\rho\Omega \mathrm{d}S}{\int_0^S (H^2+V^2)\rho\Omega \mathrm{d}S}\end{aligned}\right\} \tag{4.2.13-7}$$

式中 γ_V——竖向振型系数；

γ_H——水平振型系数；

ρ——拱的单位体积重力；

Ω——主拱的截面积。

将式(4.2.13-6)代入式(4.2.13-7)得

$$\left.\begin{aligned}\gamma_V&=\frac{\dfrac{A_V}{A_H}}{1+\dfrac{1}{2}\left(\dfrac{A_V}{A_H}\right)^2}\cdot\sin\frac{2\pi S_i}{S}=\xi_r\cdot\sin\frac{2\pi S_i}{S}\\\gamma_H&=\frac{1}{1+\dfrac{1}{2}\left(\dfrac{A_V}{A_H}\right)^2}\end{aligned}\right\} \tag{4.2.13-8}$$

于是，对于顺桥方向的水平地震作用，考虑结构的第一振型，在拱平面内沿拱轴每延米地震荷载的竖向分力 q_{va}和水平分力 q_{ha}可写为

$$\left.\begin{aligned}q_{iva}&=C_z\cdot K_H\cdot\beta\cdot\gamma_V\cdot G_{ima}\\q_{iha}&=C_z\cdot K_H\cdot\beta\cdot\gamma_H\cdot G_{ima}\end{aligned}\right\} \tag{4.2.13-9}$$

式中 G_{ima}——包括拱上建筑的每延米拱桥重力；

$$G_{ima}=\rho\Omega g$$

g——重力加速度。

对于无铰拱，根据计算其 V、H 的图形与两铰拱大致相似，因此可取两铰拱的振型系数。

2. 垂直于拱平面

拱作横向振动时，不论两铰拱还是无铰拱，都可假定为两端固定。其边界条件为

$$S_i=0 \text{ 或 } S, V=0, \beta=0, \frac{\partial V}{\partial S}=0$$

其中 V 为侧向水平位移，β 为截面角位移。

满足边界条件和正对称的振型函数为

$$\left.\begin{aligned} V&=A\left(1-\cos\frac{2\pi S_i}{S}\right)\sin\omega t\\ \beta&=B\cdot\sin\frac{\pi S_i}{S}\cdot\sin\omega t \end{aligned}\right\} \tag{4.2.13-10}$$

从而振型系数由式(4.2.13-7)得

$$\gamma_Z=V\frac{\int_0^S V\rho\Omega\mathrm{d}S}{\int_0^S V^2\rho\Omega\mathrm{d}S}$$

$$=V\frac{\int_0^S A\left(1-\cos\frac{2\pi S_i}{S}\right)\rho\Omega\mathrm{d}S}{\int_0^S A^2\left(1-\cos\frac{2\pi S_i}{S}\right)^2\rho\Omega\mathrm{d}S}$$

$$=\frac{2}{3}\left(1-\cos\frac{2\pi S_i}{S}\right)$$

从而，拱桥沿拱轴每延米的横向水平地震作用力 q_{iEa} 可近似写为

$$q_{iEa}=C_z\cdot K_h\beta\cdot V_z G_{ima} \tag{4.2.13-11}$$

第 4.2.14 条 本条是依据《公路砖石及混凝土桥涵设计规范》(JTJ 022—85)中多孔拱桥的桥墩与主拱圈的抗推刚度比大于 37 时可按单拱计算而规定的。否则应考虑连拱作用。

第 4.2.15 条～第 4.2.17 条 在地震区修建的连拱桥很多，而连拱桥在地震时破坏程度一般比较严重，故此次修订中增补了连拱桥内容。

自 1966 年邢台地震以来的各次大地震，特别是海城和唐山地震中，连拱桥所发生的震害现象可归结出四点：

1. 地基条件是最主要的影响因素。良好地基的拱桥抗震效果好；不良地基上的拱桥震害明显重，而震害主要是因岸坡滑移或地基失效引起。

2. 在中强烈度条件下，主拱圈通常能保持完好，但拱上建筑的节点极易出现破裂，拱上建筑的破坏先于主拱圈。

3. 连拱桥震害一般要比同样条件的单孔拱桥严重。连拱桥中的一孔在遭受震害落拱时，会引起连锁反应，招致多孔落拱。

4. 连拱桥的震害程度与墩高、孔数和跨度有关。墩愈多，跨度愈长，往往震害愈重。

为了简化连拱桥的动力计算，引用了一些研究试验成果：

1. 日本的若干自振计算结果表明，连拱的纵向振型可分为以拱的振动为主和以墩的振动为主两类。

2. 长征渠连拱模型试验中发现，当拱发生共振时，墩柱振动反应较轻微；而当墩柱发生共振时，拱圈的振动反应较轻微。

3. 无锡三孔连拱原型桥爆炸试验表明，连拱的纵向基本振型是以同相位墩顶位移为主的整体振型，而反映拱圈典型振动(如单孔拱的反对称振型)的振型具有较高的频率。当连拱的边孔受非破坏性爆炸作用时，连拱的纵向反应以纵向整体基本振型反应的贡献为最大。

由于连拱桥的上部结构(包括拱上建筑)的质量通常很大，分析表明：当考虑上部结构质量时，桥墩(作为墩顶顶面自由的伸臂梁)的基本频率($j=1$)降低，而高阶频率($j\geqslant2$)依次与顶端简支的同样尺寸

的悬臂梁较低一阶的频率很接近。而且上部结构与桥墩质量之比值 a 愈大，或是高频的阶数愈高，则接近的程度愈高。高阶振型也依次与顶端简支、悬臂梁的较低一阶振型相接近于一个相对于地基的不动点。事实上，公路连拱桥的上部结构重量通常要比墩身大得多，这个事实不仅正好解释了上述研究试验所得的结论，而且可使连拱的自由振动的计算获得简化。

对于一般的等跨度连拱桥* 情形，以反映墩顶纵向位移为主的纵向基本振型可取直杆的纵向振型，即河中的墩顶为一单位。两岸桥台为零，如图 4.2.15 所示；i 号墩顶（$i=1-n$）取值按线性插入。

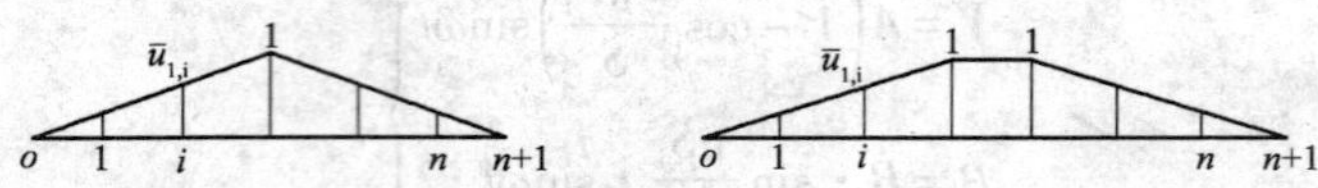

图 4.2.15

对于高阶振型，既然墩顶可视为不动点，于是可不考虑拱与墩之间的动力耦联，桥墩与拱圈分别进行计算，即拱圈按拱趾无纵向位移的单孔拱（无铰拱或双铰拱）计算，而桥墩按墩顶简支的悬臂梁逐墩计算。至于第二振型，拱应按单孔拱的基本振型计算，如公路 1977 年规范一样；墩按顶端简支悬臂梁的第一振型计算。

连拱桥横向自由振动的计算问题，由于拱桥的质量和侧向刚度特大，在计算第一振型（以墩身振动为主）时可假定主拱圈（包括拱上建筑）为刚体，将一孔拱桥（相邻两半孔之和）的质量集中于墩顶，计入墩身折算质量，按单质点系计算。同样，对于高阶振型，也假定墩顶质点为相对于地基的不动点，拱与墩分别计算；主拱圈的侧向第二振型按单孔拱出拱平面情形，即按公路 1977 年规范计算；墩身按顶端简支悬臂梁逐墩处理，与纵向情形相同，但截面抗弯刚度应采用横向的相应值。

连拱桥纵向所受地震荷载可近似地考虑整体的基本振型荷载和第二振型荷载（拱与墩分开计算）分别引起的结构内力、位移或截面应力按平方和的方根取值作为设计依据。

第二振型荷载中拱与墩分别计算，拱按公路 1977 年规范单孔拱平面情形计算；i 号墩沿墩身分布的横向水平地震荷载与纵向情形 P_{pz} 的公式相同，但取横向相应的计算参数。

按照以上建议的方法计算连拱桥的地震荷载，则连拱桥的抗震性与同样条件单孔拱桥相比，都是不利的，而且墩愈高，孔数愈多，跨度愈长，地震力一般也是愈大的。

根据上述公式，制定出内力反应系数计算表，以减少计算工作量，并对公式作进一步简化，便于直接计算应用。

计算精度的分析：

所建议的连拱地震力计算简化方法，在两个主要方面可能对计算精度产生影响：一是连拱自振特性计算的简化，一是在地震力计算中仅考虑了两个振型荷载叠加。

取（小薄庄桥）算例，四孔等跨连拱桥，输入同样的计算参数，用有限元法（SAP—5 程序），将每孔拱离散为 22 段杆单元。每座墩为 6 段杆单元，这样，一共有 107 个节点，106 个杆单元，取混凝土弹性模量 $E=3\times10^4\text{MPa}$，泊桑比 $\nu=0.18$，钢筋混凝土容重 $d_w=25\text{kN/m}^3$。

计算得出按频率值排列的前 15 个振型的数据如表 4.2.15。

其中振型序号 1、3、4 为纵向第一振型，以墩顶位移为主，四孔三墩桥共有而且仅有这三个；序号 6、7、8、9 为以拱圈振动为主的第二类振型，各孔拱圈作反对称振动；序号 11、13、14、15 为以拱圈为主的第三类振型。横向第一类振型共有三个，即以墩顶横向位移为主的序号 2、5、10 的三个振型，其中频率最低的序号 2 即为所建议方法的横向第一类基本振型；以拱圈振动为主的横向第二类振型也有四个，其中频率最低者排在序号 12，此即所建议方法的以拱圈振动为主的第二振型，其余的三个振型已排在前 15 个振型之后了；以墩身振动为主的第二类振型及其他高阶类振型都未排在前 15 个振型之内。

---

* 当桥墩的刚度很大时，可不考虑连拱作用，而按单孔拱计算地震荷载。判别条件可参照静载情形的规定。

对于跨度不等，或结构特别复杂的连拱桥，其纵向整体基本振型应作专门研究，而高振型的计算可仍按一般情形进行。

表 4.2.15

振型序号	频率(Hz)	周期(s)	振型序号	频率(Hz)	周期(s)
1	1.497	0.6681	9	4.779	0.2092
2	1.839	0.5437	10	5.136	0.1947
3	1.850	0.5406	11	7.380	0.1355
4	1.882	0.5315	12	7.491	0.1335
5	3.263	0.3065	13	8.231	0.1215
6	4.176	0.2394	14	8.294	0.1206
7	4.335	0.2307	15	9.386	0.1065
8	4.607	0.2171			

将上述算例按建议近似法算出的连拱自振周期与有限元法得出的结果对比,可见近似法大致是合理的,误差是可以预见的。对比结果如表4.2.16(单位:s)。

表 4.2.16

计算方法 / 振型序号	有限元法	近似法	计算方法 / 振型序号	有限元法	近似法
纵向基本振型	0.6681	0.82	横向基本振型	0.5437	0.46
纵向第二振型(拱)	0.2394	0.193	横向第二振型(拱)	0.1335	0.051
纵向第二振型(墩)	—	0.043	横向第二振型(墩)	—	0.021

由表4.2.16所列数据可知,对于纵向振动情形,近似法与有限元法的计算结果是比较接近的,横向振动的基本周期也大致相符。但以拱的振动为主的横向第二振型的周期,误差较大,这个误差的结果将使计算偏于安全方面。引起这些误差的原因可能是两个,一是算例中拱的横向振动只考虑了弯曲变形,而多波拱的剪切变形可能是不可忽略的;二是近似法忽略了墩顶横向位移(见振型序号12)。后一个因素可能起了重要作用。

振型序号1、6、2、12(即近似法考虑的四个振型)具有明显较大的振型参与系数,在计算连拱桥的地震时,这些振型荷载的“贡献”较大,因此考虑了这些振型的组合可保证必要的计算精度。

第三节　抗震强度和稳定性验算

第4.3.1条　1977年《公路工程抗震设计规范》采用容许应力法进行强度验算,但1985年《公路钢筋混凝土及预应力混凝土桥涵设计规范》和《公路砖石及混凝土桥涵设计规范》已采用分项安全系数的极限状态法进行强度计算(其中支座仍按容许应力法进行强度计算),《公路桥涵地基与基础设计规范》中地基强度验算仍采用容许应力法,为考虑与以上几本规范衔接,因此对于钢筋混凝土及预应力混凝土结构和砖石及混凝土结构,采用分项安全系数的极限状态法验算;对于地基和支座等采用容许应力法验算。

第4.3.2条　地震荷载是一种出现几率较小的偶然荷载,为了获得经济合理的设计,适当降低安全系数(与现行公路桥梁设计规范安全系数相比较)是必要的,本规范采用降低荷载安全系数验算构造物的抗震强度,而材料安全系数和结构工作条件系数取值与现行桥梁设计规范一致。

1977年公路抗震规范规定,验算构造物抗震强度时,材料容许应力提高50%。这次修订,把材料容许应力提高50%换算成相当的荷载安全系数,即等强度换算。也就是说,采用容许应力法(材料容许应力提高50%)计算抗震强度所需材料数量与采用极限状态法(降低荷载安全系数)计算抗震强度所需材料数量相等。

一、砖石和混凝土结构

砖石和混凝土结构的荷载组合系数ψ是依据《公路砖石及混凝土桥涵设计规范》第三章表3.0.1-1

确定的。该表中荷载组合Ⅱ、Ⅲ、Ⅳ时组合系数 $\psi = 0.60$；荷载组合Ⅴ的组合系数 $\psi = 0.77$，分别相当于1974年公路桥规规定附加组合时，容许应力提高25%和施工荷载组合时容许应力提高30%。以此类推，荷载组合Ⅵ，即地震荷载组合时，荷载组合系数 ψ 应是0.67，即相当1977年公路抗震规范规定容许应力提高50%。故本规范规定荷载组合系数 ψ 取0.67。

二、钢筋混凝土和预应力混凝土结构

钢筋混凝土和预应力混凝土结构的荷载安全系数，系通过对现行桥梁标准图（按容许应力法设计的标准图）进行大量试算确定的。受弯构件正截面强度计算，有两个安全系数，即荷载安全系数和材料安全系数；偏心受压构件正截面强度计算，有三个安全系数，即荷载安全系数、材料安全系数及结构工作条件系数，两种构件的荷载、材料安全系数取值是相同的。因此，确定偏心构件的荷载系数，可通过受弯构件的荷载系数确定。

按容许应力法计算构件强度，其总安全系数 K（受弯构件）为：

$$K = \frac{M_p}{M}\frac{\sigma_g}{[\sigma_g]} \tag{4.3.2-1}$$

式中 M_p——构件极限弯矩；

M——荷载产生的弯矩；

σ_g——由 M 计算出的钢筋应力；

$[\sigma_g]$——钢筋的容许应力。

假设容许应力提高50%。则安全系数为

$$K' = \frac{M_p}{M}\frac{\sigma_g}{1.5[\sigma_g]} \tag{4.3.2-2}$$

K' 为按容许应力法计算的构件，容许应力提高50%后，构件的总安全系数。我们对现行的按容许应力法设计的钢筋混凝土梁标准图进行大量试算，试算结果如表4.3.2。

现行《钢筋混凝土及预应力混凝土桥涵设计规范》，荷载安全系数是随恒、活载比例不同而变化，但本规范规定地震荷载不与车辆荷载组合，因此，荷载安全系数是常数，则受弯构件总安全系数为

$$K = \gamma_0 \gamma_s \tag{4.3.2-3}$$

式中 γ_0——荷载安全系数；

γ_s——材料安全系数。

表4.3.2 安全系数 K'

钢筋型号	桥梁数量（座）	平均 K'	钢筋型号	桥梁数量（座）	平均 K'
Ⅰ级钢筋	57	1.181	Ⅱ级钢筋	105	1.243
5号钢筋	109	1.185	Ⅲ级钢筋	15	1.235

现行桥涵设计规范规定 $\gamma_s = 1.25$。假设式（4.3.2-2）中 K' 与式（4.3.2-3）中 K 相等，即 $K' = K$。从表4.3.2中看出，K' 值范围为1.12～1.24，偏安全取 $K' = 1.25$。因此，$\gamma_0 = K/\gamma_s = 1.25/1.25 = 1.0$，即本规范规定的荷载系数 γ_g 和 γ_q 值。

三、关于容许应力法

支座强度验算，本规范采用容许应力法，因此材料容许应力仍按1977年《公路工程抗震设计规范》规定提高50%采用。当验算支座销钉、锚栓等抗震强度时，材料容许应力值按《公路桥涵钢结构及木结构设计规范》（JTJ 025—86）容许值乘以1.5系数采用。对于地基土的容许应力可按本规范第2.2.1条规定采用。

第4.3.3条 在中、小跨径公路桥梁中，广泛使用板式橡胶支座。国内曾对板式橡胶支座做过静载试验，如上海市政设计院对51种不同规格的155块板式橡胶支座进行静载试验，剪切模量 G 值大部分在1.0～1.5MPa之间变动，因此，现行公路桥规 G 值采用1.1MPa。动载试验表明，动剪切模量大于静剪切模量，故本规范 G 值采用1.2MPa。

对于最大剪切角正切值 $\tan\gamma$，其试验值绝大部分超过1.0，其余接近1.0。此时，支座保持完好无损。现行公路桥规 $\tan\gamma = 0.5 \sim 0.7$，考虑地震是临时荷载，剪切角正切值可适当增大，因此，本规范剪切

角正切值 $\tan\gamma$ 采用1.0。

板式橡胶支座进行抗震验算时,容许压应力是不控制的。因进行抗震强度验算时,地震荷载不与车辆荷载进行组合,故地震时支座反力比正常情况下支座反力小。当地震水平力比较大时,橡胶支座产生较大水平变形,有可能超过容许变形值,因此需要验算支座厚度,以控制水平变形不超过容许值,即容许剪切角正切值不超过1.0。

当跨径比较小,地震水平力比较大时,有可能使支座产生滑动,因而还需要验算支座抗滑稳定性,抗滑摩阻系数取值,采用静摩擦系数的50%。

第4.3.4条 合力偏心距 e 的要求,是在1977年《公路工程抗震设计规范》的基础上修改拟定的。

对于砖石及混凝土截面合力偏心距的规定,是根据矩形截面偏心受压试验的结果拟定的。当 $e=2.7\rho$ 时,结构的承载能力将突然降低以致失稳(此时的抗倾覆稳定系数小于1.1)。再考虑到构造物开裂严重时,裂缝以上有倾倒的危险,因此对合力偏心距的要求宜适当提高。为了保证抗倾覆稳定系数在1.2以上,故规定合力偏心距 $e\leqslant 2.4\rho$。如为圆形截面,对合力偏心距的要求应当更高,但缺乏具体数据,在设计时应专门研究解决。

对于钢筋混凝土截面,可不受合力偏心距的控制,但钢筋的配置要考虑到地震荷载的反复作用。双曲拱桥的肋大多采用钢筋混凝土预制构件,尽管钢筋用量不多,但一般仍按钢筋混凝土验算,否则其合力偏心距大,可达 3.0ρ。因此对双曲拱肋的合力偏心距暂不作规定。

对于基底截面合力偏心距的规定,主要是控制基底最大、最小应力的比值,以防止基础的不均匀沉降。对不同地基土的基底截面合力偏心距的要求,是以宏观震害为基础,参照现行公路桥涵地基与基础设计规范,根据地基土的强弱而拟定的。对于坚硬地基,1977年抗震规范系指基岩,本规范坚硬地基除基岩外,还包括密实的碎石土,密实的砾、粗、中砂,老黏性土以及容许应力大于或等于300kPa的一般黏性土等。因此,偏心距 e 由1977年抗震规范 2.4ρ 调成 2.0ρ;对于较弱地基,对合力偏心距提出了较高的要求,即 $e\leqslant\rho$;对于一般稳定土,1977年抗震规范偏心距规定为 $e=1.2\rho\sim1.65\rho$,本规范由于地基划分四类,并适当作了调整,即分别为 1.5ρ 和 1.2ρ。

第4.3.5条 验算墩、台抗震稳定性时,须验算抗滑动稳定和抗倾覆稳定。所谓滑动,就是地震水平力克服了构造物基底面与基底土之间的摩阻力而沿基底面滑动;所谓倾覆,就是构造物向一侧倾倒(绕基底的某一轴转动)。

现行公路桥涵地基与基础规范,规定荷载组合Ⅱ、Ⅲ、Ⅳ、Ⅴ时,抗倾覆和抗滑动稳定系数为1.2~1.3。考虑地震荷载是一种几率较小的偶然荷载,一般构造物抗倾覆稳定系数大于抗滑动稳定系数,故本规范抗滑动稳定系数规定为1.1,抗倾覆稳定系数规定为1.2。

第四节 抗震措施

Ⅰ 7 度 区

第4.4.1条 拱桥与梁桥衔接处的墩体容易遭受震害,1935年台湾新竹地震,鱼藤坪桥在拱式桥型与梁式桥型相衔接部位的墩顶下3.5m处被震断,造成塌拱。这是由于地震使拱产生的附加推力导致墩受力失去平衡而折断。因此,在同一座桥梁上不宜同时采用拱式和梁式的桥型。否则,不同桥型衔接部位的墩体应有较强的抗推能力。

第4.4.2条 拱桥结构出现扭裂,拱体呈贯穿斜裂缝的现象,通常是由于桥址两端的地形、地质条件不一,地震摆幅不同而使桥梁产生扭动所致,因此,应尽量避开在这类地形及地质条件下修建拱桥。

至于拱桥结构本身,一般矢跨比越大,拱越陡,对抗倾覆越不利;矢跨比过小,拱过于扁平,则推力又太大。过陡或过于扁平的拱桥,对抗震都是不利的,故规定矢跨比以采用1/5~1/8为宜。

拱桥的地震荷载与其自重成正比,为了减小地震荷载,应尽可能地减轻拱上建筑的重量、减小拱顶填料的厚度和采用轻质填料。

减小拱顶填料的厚度，不仅可以减轻自重，还可以减轻侧墙因填料土压力而造成的破坏。根据24座拱桥侧墙震害程度与拱顶填料厚度关系的统计资料表明：当拱顶填料厚度小于35cm时，即使在10度区侧墙也完好无损；当大于35cm时，侧墙开始出现不同程度的裂缝；当大于90cm时，在9度区即开始出现侧墙倒毁的现象。

拱上建筑在强烈地震时开裂的现象比较普遍，为了减轻拱上建筑的破坏，从降低内力的要求来看，似应多设断缝。但过多地设置断缝，又势必减弱拱桥的整体性，而且施工也不方便，考虑到拱上建筑的破坏虽然比较普遍，但程度一般较轻，经过一般整修即可继续使用，因此规定边腹拱宜采用静定结构，其余腹拱采用连续结构。

第4.4.3条 本条对墩（台）帽和盖梁宽度的要求，主要是防止落梁的一种措施。强烈地震时，上、下部构造之间过大的相对位移，很可能造成落梁破坏。当墩（台）帽或盖梁较窄时（如轻型桥墩、台帽等）就容易造成落梁破坏。本条规定简支梁端至墩（台）帽或盖梁边缘的最小距离公式：$d \geqslant 50+L$，是根据1977年《公路工程抗震设计规范》和现行标准图，并参照1980年日本道路桥规范及说明中抗震设计篇的规定（$S \geqslant 70+0.5L$）综合提出来的，见表4.4.3。

表4.4.3 *a* 值对照表（单位：cm）

名称 \ 跨径 L(m)	10	13	16	20	25	30	35	40
《公路工程抗震设计规范》(1977年)	48	48	58	58	85	85	104	104
《日本道路桥规范及说明》抗震设计篇(1980年)	75	77	78	80	83	85	88	90
现行标准图采用值	53	53	58	58	83	83	88	98
本规范采用值	60	63	66	70	75	80	85	90

从表4.4.3可看出，跨径小于20m的简支梁桥，本规范采用值比1977年抗震规范值大，小于日本规范值，并稍大于现行标准图采用值；跨径大于20m的简支梁桥，本规范采用值小于1977年抗震规范值，与日本规范值接近，但均小于现行标准图采用值。也就是说，跨径小于20m的简支梁桥，墩（台）帽和盖梁宽与现行设计相比较，要稍加宽些；跨径大于20m的简支梁桥，一般不控制，即现行设计的墩（台）帽和盖梁宽就能满足。

第4.4.4条 梁式桥中最严重的震害就是落梁，多数桥台胸墙被撞坏，例如1970年通海地震时的峨山大桥，1975年海城地震时的博洛铺桥、怀子沟桥等。因此要求适当加强桥台胸墙的强度（例如将台帽和胸墙采用混凝土整体浇筑并配置适量的钢筋等），并在胸墙与梁端之间填充缓冲材料，以缓和梁对胸墙的冲撞。

第4.4.5条 本条是用挡块、螺栓连接和钢夹板连接等防止纵、横向落梁措施。板桥和梁桥在强烈地震时，由于地震惯性力的作用和地基变形、地基失效及岸坡滑移引起墩台变位，很可能在上、下部构造之间产生过大的相对位移而造成落梁破坏。1970年的通海地震、1975年的海城地震和1976年的唐山地震等强烈地震时，都有不少落梁破坏的实例。国外，落梁破坏的例子也不少，如1948年日本福井地震时的中角桥、板垣桥等。落梁破坏势必造成严重的交通中断，震后修复也比较困难，应当采取适当的措施来予以防止。

对连续梁桥和桥面连续简支梁（板）桥，本条规定应采取防止横向落梁措施。对于顺桥向，桥面连续的简支梁（板）桥，在梁与梁接头处必须达到一定强度，否则仍有可能从梁与梁接头处断裂而掉入河中。如梁与梁接头处强度不够，仍须设置顺桥向挡块等措施。

第4.4.6条 大跨度超静定结构的桥梁，对于地基变形的反应是比较敏感的。桥址位于软弱黏性土层、液化土层和严重不均匀的地层上，在强烈地震作用下，容易发生大幅度下沉或不均匀沉降，这对超静定结构是不利的。如果采取措施防止这类土层的地基变形，目前在技术上及经济上都存在一些问题。因此，为了经济、合理地修建桥梁，确保大跨度超静定结构的安全，避免在这类区域修建大跨度超静定结构的桥梁是适宜的。至于中、小跨度超静定桥梁，由于桥址地域较小，不均匀沉降的影响相对降低，在防止沉降或不均匀沉降方面的技术措施及经济条件所存在的问题相对少了。各地可根据具体情况，权衡利弊，作出抉择，本条不作明确规定。

第4.4.7条 不稳定的河岸，在地震时容易向河心滑动；软弱黏性土层和液化土层，在地震时也可能由于地基失稳而引起河岸滑移，因此，修建于这些地段的桥梁震害往往都比较严重。例如1966年邢台地震时，修建于细砂层上的滏阳河任村桥，河岸出现多道顺河向的张开裂缝和喷水冒砂，有明显的滑移迹象，左岸桥台向河心位移达90cm；修建于粉细砂层上的滏阳河孙家窑桥，两岸桥台均向河心位移并向河岸倾斜，石砌台身也大部倒塌。再如，1975年海城地震时，修建于液化土层上的盘山大桥，虽然位于7度区，但由于地基液化失效引起了河岸滑移，造成墩柱严重位移、倾斜、开裂甚至折断和落梁4孔的严重震害；修建于液化土层上的滚子泡拱桥，也由于地基液化失效引起了河岸滑移，桥台向河心位移，边孔拱圈被挤断。

因此，在软弱黏性土层、液化土层和不稳定的河岸处修建大、中桥时，为了避免或减轻河岸滑移的影响，可适当增加桥长，合理布置桥孔，以避免将墩台布设在地震时可能滑动的岸坡上和地形突变处；并可适当增加基础的刚度和埋置深度，以提高墩台对河岩滑移所产生的强大水平推力的抗御能力。在上述地段修建小桥时，可在两桥台基础之间设置支撑梁或采用浆砌片（块）石满铺河床的措施，以加强全桥的整体性和提高对于河岸滑移所产生的水平推力的抗御能力。

第4.4.8条 软弱黏性土地基在无地震时就有不均匀下沉和河岸滑移现象，在地震时势必更加严重。往往可以造成墩台位移、歪斜，甚至落梁、塌拱等破坏。例如1976年唐山地震时，位于9度区的宁河和汉沽两座跨越蓟运河的大桥，地基上层均为厚达10余米的软弱黏性土层，震后由于岸坡滑移，桥长均缩短了1.8m左右。前者落梁2孔，梁的最大横向位移达到90m；后者桥墩严重歪斜，个别桥墩折断。再如1948年日本福井地震时，修建于软弱黏性土层上的中角桥和板垣桥，墩台都发生了沉陷和位移，导致上部构造掉入河中或产生较大的纵横向位移。

严重不均匀地基在地震时将会发生不均匀下沉。国内外的震害调查资料表明：同一座桥梁的各个墩台，如果地基条件不同就会因为下沉量的不均匀而造成破坏。即使是同一墩台的地基不均匀，也会产生一定的影响。例如1923年日本关东地震时，荒川桥就因为桥墩上、下游的地基软硬不均而引起了不均匀下沉，致使桥墩及其上部构造向上游方向倾斜。

关于避免、减轻软弱黏性土层和严重不均匀地层的影响的具体措施，由于经验不足，除了本规范第4.4.7条所规定的以外，仅根据国内外的有关资料提出以下的措施：

一、换土或采用砂桩

其目的主要是提高地基的承载力和减少地基的下沉。其中换土主要适用于小桥。例如广东河源的湛珠湖小桥，由于施工时挖除了软土，换填砂砾并采用扩大基础上的轻型桥台，在1962年河源地震时没有发生下沉和位移。

二、减轻结构自重、加大基底面积、减少基底偏心

其目的主要是减小基底应力和使应力分布趋于均匀，从而减轻地基的变形和地基的不均匀下沉。减轻荷载可以通过采用轻型结构和轻质材料来达到，但加大基底面积，对于软弱黏性土层是否合适，尚有待于在实践中进一步研究。减少基底偏心，可以根据构造物的受力特点，对构造物的形状和尺寸作适当的调整，以减少基底偏心。

三、增加基础埋置深度并穿过液化层

其目的主要是避免或减轻地基液化的影响。宜采用穿过液化土层且有足够长度深入到稳定土层的深基础，以减轻基础的下沉。例如1966年邢台地震时，由于枣驼桥的沉井基础穿过砂层深入到黏性土层之中，震后桥梁仅有轻微损坏；而震区内其他基础置于砂土层的桥梁，几乎都遭到了严重的破坏。通过以上对比，说明这一措施是有效的。

四、采用桩基础或沉井基础

其目的主要是穿过软弱黏性土层，将基础置于稳定土层之中。

Ⅱ 8 度 区

第 4.4.10 条 拱桥的主拱圈在强烈地震作用下，不仅在拱平面内受弯，而且还在拱平面外受扭。当地基由于强烈地震而产生不均匀沉陷时，主拱圈还会发生斜向扭转和斜向剪切，如 1970 年通海地震时，1 孔 10m 的路南河石拱桥，由于两桥台地基的不均匀沉陷，使主拱圈受扭而发生了斜向剪切，这说明主拱圈在强烈地震时将会产生较大的附加扭矩。因此，大跨径拱桥（$L_0 \geqslant 40m$）的主拱圈宜采用抗扭刚度较大、整体性较好的断面型式。一般以采用箱形拱、板拱等闭合式断面为宜，不宜采用开口断面。当采用肋拱时，不宜采用石肋或混凝土肋，宜采用钢筋混凝土肋，并加强拱肋之间的横向联系，以提高主拱圈的横向刚度和整体性。

在拱平面内，从拱桥的振动特性看，拱圈与拱上建筑之间振动变形的不协调性将更加突出，为了消除或减少这种振动变形和不协调性，宜在拱上立柱或立墙端设铰，允许这些部位有一些转动或变形。

第 4.4.11 条 大量的震害实例表明，双曲拱等装配组合式拱圈的整体性较差。例如 1975 年海城地震时，9 度区内的双曲拱桥多数都在拱肋与拱波的连接部位以及拱波的顶部产生顺桥向的裂缝，裂缝开口 3 ~ 5mm，长度大部分贯通半个跨长，少部分贯通整个跨长。8 度区内的双曲拱桥也有类似情况，如 1974 年的昭通地震，1976 年的唐山地震等地震区，双曲拱桥的这一破坏特点也很明显。因此，必须加强双曲拱等装配组合式拱圈的横向联系和各构件之间的连接，以保证主拱圈的横向刚度和整体性。关于双曲拱桥拱肋之间的横向联系，以采用横隔板为宜。

第 4.4.12 条 在连拱中，如一孔震塌，墩顶受力失去平衡，很可能引起其余各孔发生链式塌拱现象，酿成更大的灾害。大量震害资料表明：连拱破坏比较严重，特别是墩、台较柔和较高，破坏更严重，因此，本条规定墩台高超过 3m 不应采用双柱式桥墩或排架桩墩，宜采用刚度较大的实体墩，同时又规定，当跨数过多和总长比较长时，宜设置制动墩，抑制链式反应。

第 4.4.13 条 采用摆柱式活动支座和辊轴活动支座的桥梁，在地震区桥梁破坏比较严重。如 1976 年唐山地震时，位于 9 度区的滦县滦河大桥摆柱支座大部倾倒，桥梁遭到严重破坏；位于 8 度区的老安淀大桥，辊轴支座多处发生严重位移甚至掉落，致使上部结构落入河中；位于 7 度区的洋河大桥摆柱支座因歪斜过大而无法继续使用。因此本规范规定 8 度及 8 度以上地震区不应采用摆柱支座；对辊轴活动支座，则应采取限制其位移措施。

第 4.4.14 条 关于连续梁桥的抗震设计，我国目前还缺乏经验，震害实例也很少。

连续梁桥在强烈地震时，一般不会发生落梁破坏，这是它的一大优点。但如每一联只在一个墩上设置固定支座，其余为活动支座，只依靠一个固定支座墩来承受强大的，由整个一联上部构造所产生的水平地震荷载，显然在技术上非常困难，在经济上也不合理。因此，如何使各个墩来共同承担上部构造所产生的水平地震荷载，成了连续梁桥抗震设计中的一个关键问题。

关于这一方面的具体措施，日本取得一些经验，可参考采用，并在实践中总结出我国自己的经验来。近年来，国内修建的连续梁桥，同时几个桥墩台采用板式橡胶支座作为固定支座，其余墩台采用滑板支座，这种办法是可行的。

第 4.4.15 条 连续曲梁受力比较复杂，又没有震害实践，在地震作用下，梁可能会产生横向位移，因此，每联曲梁的边墩与上部构造之间宜使用锚栓联结，防止边墩与梁震脱。

第 4.4.16 条 高度较大的柱（桩）式墩，在强烈地震时柱（桩）倾斜和折断的实例是很多的。例如 1966 年邢台地震时，长路桥的桩柱在近地面处折断，史家嘴桥的墩柱严重倾斜；1975 年海城地震时，盘山大桥、胜利塘桥和析木西桥等桥梁的柱（桩）严重倾斜、开裂甚至折断。造成这类破坏的原因之一，是柱（桩）强度和刚度不足。而另一方面，某些采用双排柱（桩）的桥墩破坏相对较轻，这说明采用双排柱（桩）对于提高桥墩的纵向刚度是有效的。因此，规定对于较高的柱（桩）式墩，宜根据具体情况适当加大柱（桩）直径或采用双排柱（桩），以提高桥墩的纵向刚度。

设置横系梁，主要是为了加强柱（桩）式墩的整体性。本规范参照现行标准图，对墩高在 8 ~ 13m 之间的柱（桩）式墩，规定对于高度大于 7m 的柱（桩）式墩应设置横系梁。由于这类桥墩的高度一般不太大，一般只需设置一道横系梁。但在设计时宜尽量降低横系梁的位置，例如设置在接近地面或施工水位的地方。

第4.4.17条 柱式桥墩和排架桩墩的柱(桩)与盖梁、承台联结处等的截面变化部位，在强烈地震时容易遭到破坏。在国内外的历次强烈地震中(例如我国1966年邢台地震、1975年海城地震、1976年唐山地震和日本1923年关东地震等)，上连联结部位开裂、混凝土剥落、钢筋压坏以及柱(桩)折断等破坏现象十分普遍。从有关的设计资料看，这些联结部位的配筋不足是造成破坏的重要原因之一。为了提高这些部位的联结强度，应保证其配筋不少于柱(桩)本身的最大配筋。

为了减轻柱(桩)式墩截面变化部位的破坏，可将突变截面改做成喇叭形渐变截面。当施工有困难时，也可在截面突变部位适当增加配筋，予以加强。

第4.4.18条 柱式桥墩和排架桩墩布设箍筋可增加核心混凝土强度，提高抗剪抗弯能力，防止剪切和弯曲破坏。除按正常配置一定数量箍筋外，对主要部位箍筋还要加密。对于扩大基础的桩柱墩，应布置在柱(桩)的顶部和底部；对于桩基础的桩柱墩，应布置在顶部和地面线或一般冲刷线处。这些部位最容易破坏，符合实际震害情况。其破坏主要是混凝土开裂或压碎、剥落，使钢筋外露等。箍筋加密区段的高度，系参照美国公路桥抗震设计指南确定的。

第4.4.19条 加密区箍筋面积是参照美国公路桥抗震设计指南计算公式和我国现行公路桥规箍筋面积的规定及施工方便等综合考虑而拟定的。"指南"计算公式如下：

圆形截面的螺旋式箍筋对混凝土核心的体积比 ρ_k 按下面两公式中取大值采用。

$$\rho_k = 0.45\left(\frac{A}{A_{he}} - 1\right)\frac{R_a}{R_g}$$

$$\rho_k = 0.12\,\frac{R_a}{R_g}$$

$$a_j = \rho_k d_{he} S_k / 4$$

式中 S_k——箍筋竖向间距；

A——构件截面积；

A_{he}——混凝土核心面积；

d_{he}——混凝土核心截面的直径；

R_a——混凝土抗压设计强度；

R_g——箍筋抗拉设计强度。

对于圆形截面，箍筋用量比现行桥规规定的多，但比"指南"规定的用量少；对于矩形截面，规定的含箍筋率比现行桥规规定的大，以表面看来，似乎箍筋用量比较多，但它是局部加密，总的箍筋用量不多，抗震效果是好的。

第4.4.20条 砖石及混凝土墩台的墩台帽与墩台身的联结部位和截面突变部位，在强烈地震时遭到破坏的例子是很多的。例如1935年台湾新竹地震时的内社川桥，墩身截面沿高度成五级阶梯形变化，震后在截面突变处断裂。再如，1975年海城地震时的二站下水桥、1923年日本关东地震时的荣桥和石里桥、1964年日本新泻地震时的八千代桥等，都在墩台帽与墩台身的联结部位被水平剪断。

墩台身与基础的联结部位，由于埋在地下，其破坏情况较难发现，因而震害资料较少，但以受力情况来看，该处截面发生突变，也是一个容易发生破坏的部位。此外，施工缝也是一个容易发生破坏部位。有些混凝土桥墩在强烈地震时被整齐剪断，就可能与施工缝处理不当有关。

上述部位都是砖石及混凝土墩台的抗震薄弱环节，在设计时应当引起足够的重视。在这些部位，可根据具体情况采取预埋短钢筋或突出的石块、凿毛结合面、设置咬接榫头等措施，并保证施工质量，以提高其抗震强度和加强墩台的整体性。

第4.4.21条 U形桥台、箱形桥台的整体性强；支撑式桥台一般都设有支撑梁或采用浆砌片(块)石满铺河床，从而加强了全桥的整体性。它们都具有较好的抗震性能，因此宜在地震区采用。

带耳墙的埋置式桥台，在一定程度上是依靠台背填土的侧向土压力来维持其平衡的，地震时如果填土下沉或者失稳，势必危及桥台的稳定；八字型和一字型桥台，在地震时容易在台身与翼墙的连接部位开裂。上述桥台不宜在地震区采用。

至于桩、柱式桥台,目前通常有两种做法:一是采用挡土板来挡住桥头填土,一是采用埋置式(即桥头填土伸入边孔并做成护坡,将桥台埋置于土中)。由于挡土板将会把地震时的土压力全部传至桩上,使桩的上部承受过大的水平荷载,故从经济和安全的角度出发,宜采用埋置式。

第 4.4.22 条 加强构造物的整体性是抗震设计的一个基本要求。对于砖石及混凝土砌体来说,其整体性主要是由砂浆强度来保证的,因此,在地震区适当提高砌体的砂浆标号是必要的。

第 4.4.23 条 桥梁下部结构为钢筋混凝土结构,其混凝土强度标号的规定主要是为提高结构的抗剪强度。如两岸桥台在地震作用下不产生滑移(即无岸坡滑移)而桥墩台破坏,则多为剪切破坏。因此,应适当提高混凝土标号,防止剪切破坏。

第 4.4.24 条 国内外大量的震害调查资料表明,当桥梁的基础置于基岩或坚硬土层上时,震害一般较轻。根据京津地区拱桥抗震性能研究小组 1967 年对邢台、河源、会理、通海、嵩明、东川、大理等十个地震区的 62 座砖石拱桥的调查结果,按地基分类的震害率:基石为零,大砂(砾)石为 3%,小砂卵(砾)石、砂黏土为 42%,松散细砂、淤泥为 100%。又根据对 1975 年海城地震桥梁震害的调查结果,修建在软弱黏性土层和饱和松散的粉细砂层上的桥梁震害要比修建在基岩、砂卵(砾)石和黏性土层上的严重得多,因此,构造物的基础宜置于基岩或坚硬土层上。

底面形状为阶梯形的基础,在无地震时也容易向下滑动和产生不均匀沉陷,地震时这种现象就更加严重,因此,为了减轻地基变形的影响,对于非基岩地基上的基础,其底面一般应做成平面,并尽量避免立面和平面上的形状突变。只有当基础置于基岩上时,由于两者可以结合成为整体,比较稳定可靠,方可采用阶梯形式。

第 4.4.25 条 国内高度超过 10m 的桥墩震害实例不多,1976 年唐山地震时,位于 9 度区的滦县和爪村两座滦河大桥墩高均超过 10m,桥墩采用片石砌筑,震后绝大多数桥墩都开裂通缝。上述高墩的破坏,是因为高墩在地震作用下的弯曲变形较大。因此,地震区的桥墩,尤其是高墩最好采用抗弯性能较好的材料。为此,本条规定墩高超过 10m,应采用混凝土或钢筋混凝土结构,并宜在施工缝部位配置适量短钢筋。

III 9 度 区

第 4.4.27 条 梁式桥横向落梁或斜桥扭转滑移落梁的例子很少,主要发生在高烈度区。一般震害是板梁部分旁落,桁梁倾覆,其原因乃是桥面系整体性差或稳定性不足造成的。因此,本条规定对梁桥各片梁必须加强横向连接;对桁架体系必须加强横向稳定。

第 4.4.28 条 地震中发生震塌的拱桥主要是一些宽度较狭小的人行便道桥,因此规定高烈度区拱圈的宽跨比不应小于 1/20。

第 4.4.29 条 在高烈度区,有不少无铰拱的拱脚与墩台帽脱开,甚至导致拱脚下滑和落拱,这是无铰拱的一个抗震薄弱环节。因此规定,对于 9 度区的混凝土或钢筋混凝土无铰拱,宜通过配置或增设钢筋来加强拱脚与墩台帽之间的连接,以承受强烈地震时在拱脚部位产生的拉力。

第 4.4.30 条 强烈的地震力,可能使拱圈产生较大的偏心压力,当拱座底部承压面积的水平抗剪面的尺寸过小,强度不足,便容易发生开裂。由于缺乏有关的研究资料,仅依据工程实践经验,规定混凝土标号不应低于 25 号,并配置适量钢筋,增大抗剪能力。

第 4.4.31 条 高桩承台在地震时的受力情况十分复杂,特别是群桩与地基土的共同作用问题尚未圆满解决,考虑到地震荷载主要是一种水平荷载,直桩抗御水平荷载的能力较差,因此,在 9 度区宜在高桩承台的纵、横方向设置斜桩,以提高其抗御水平地震荷载的能力。

第 4.4.32 条 桥头引道和锥坡的填料,通常是在地表面上堆积起来的土工结构,地震时发生下沉现象很普遍,主要取决于填料种类及其密实度。

砂类土在施工过程中不易压实,因此,在 9 度区不适宜作为台背和锥坡的填料。

当台背和锥坡的填料采用一船黏性土时,应逐层夯实,增强填料密度,并做好排水处理,以消除或减少填料下沉。

第 4.4.33 条 地震的宏观现象表明,地面竖向运动的影响在极震区是很显著的。在震害调查过程中,震区人民普遍反映,地震开始时是上、下跳动,随后才是水平晃动。因此,对于 9 度区桥梁活动支座,为防止上部结构上抛而破损,应采用限制竖向位移的措施。

第 4.4.34 条 钢筋混凝土柱式墩或排架桩墩比较高时,在高烈度区情况下,桥墩的实际变形有可能大于极限变形时,结构则倒塌,发生落梁,此时桥墩的强度,可能还未达到极限值。为防止变形过大造成结构物破坏,故本条规定,墩高超过 1.5m 时,在 9 度区宜控制墩顶位移。

第五章　隧道

第一节　一般规定

第 5.1.1 条　在地震区新建和改建各级公路的山岭隧道时,隧道通过基本烈度在 7 度以上的地震区时,必须避开发震断层带,隧道洞身不应穿越受震后易于产生崩塌、滑坡、错落等不良地质处。如必须通过上述地段时,应选择其范围最小且相对稳定的地段通过,并提出保证洞身安全的有效措施,设置抗震防护工程。

对于水底公路隧道,国内目前修建水底隧道的经验和震害资料很少,如遇有此类工程,应作专门研究。

第 5.1.2 条　在地震区选择隧道位置,尤其是洞口位置,对行车安全、维修养护工作都十分重要,应尽量避开对抗震不利的地形、地质地段,并采取必要的防震抗震措施,以减少地震对隧道建筑物的破坏。由于地震的破坏性自地表深入地下而迅速减弱,故一般对深埋隧道影响较小,对浅埋隧道、偏压隧道、明洞及洞门等的影响较大。尤其是在岩层松散、土层较厚、滑坡、岩堆、泥石流、陡崖、断层等地质不良地段,在强烈的地震影响下,会导致山体变形。因此,隧道位置的选择不仅受地质条件的影响,还要受地形条件的影响。根据地形条件,又可分为河谷线隧道和越岭线隧道。

河谷线隧道往往沿河傍山而行,如隧道位置太靠外,造成隧道傍山浅埋、洞顶覆土过薄,极易造成山体变形,引起偏压,危及隧道安全;若隧道位置太靠里,则隧道加长,造成浪费。因此,河谷隧道的位置,应根据地形、地质及隧道外侧的覆盖土层厚度,合理选择。

越岭隧道按其高程位置不同,可分为高位置隧道(即山顶隧道)和低位置隧道(即山麓隧道)两种。当隧道位置较低时,隧道长度大,工期亦较长。但展线短,线路爬坡高度小,运营条件好,也有利于抗震。当隧道位置较高时,路线爬坡高度大,运营条件差,虽然隧道长度缩短,但给洞口建筑带来许多困难,往往后患不少,对抗震不利。

隧道洞口建筑应考虑下列几点:

1. 洞口应尽可能设在山体稳定、地质较好之处,不应设在不稳定的悬崖陡壁之下或地质不良地段。当不能避开时,应采取有效措施,确保洞口安全。

2. 洞口遇有不稳定的地层(如松散的堆积层、风化严重的破碎岩石层等),或洞口位于可能产生落石掉块之陡崖下时,为保证运营安全,可考虑提前进洞或接长明洞来确保洞口的稳定性。

第二节　抗震强度和稳定性验算

第 5.2.1 条　公路隧道的抗震验算,主要是根据宏观震害调查和隧道工程类别,参照公路等级和设计经验区别确定。

本条规定主要借鉴铁路隧道震害调查资料和公路隧道的设计特点,并考虑 7 度地震时对隧道影响不大,而重点放在大于 7 度地震区的隧道验算。如:在 1970 年元月云南通海地区发生 7.8 级地震后,在 7 度地震区调查了 19 座铁路隧道,这些隧道建于 1927 年前后,埋深约 7 ~ 15.5m,有的通过坡积层和洪积层,有的通过较坚硬完整的石灰岩,多数隧道内无渗水,只有个别隧道漏水严重。其中,蒙宝线 10 号隧道为一座长 28m 的对称式明洞,洞身用石料砌筑,洞顶覆土厚度不等,最厚处约 3m,洞门形式有端墙式和翼墙式,震后建筑物基本完好。

调查资料表明,地震对地下结构的破坏,是随隧道埋深的增加而减轻。深埋隧道衬砌,除由于地震引起断层错动产生的破坏外,一般很少发生震害。位于8度或8度以上地震区而地质较差的隧道,其震害主要发生在洞口、浅埋和偏压地段的衬砌。又如1933年日本东京大地震,震级为8.3级,震中烈度为10度,震中区遭受破坏的24座隧道中,有14座只是洞口遭受破坏。云南1970年通海大地震,震级为7.8级,震中烈度为10度,位于震中的大兴沟和树兴沟过水隧道,洞身无损害,而洞口发生了坍塌。上述情况说明,对单车道公路隧道的抗震验算,重点放在地震烈度较高、地质条件较差的洞口、浅埋和偏压地段,按规范表5.2.1规定的范围进行抗震验算。对于7度地震区的双车道隧道,其围岩为I、II类者,考虑到隧道跨径大、净空高的特点,为安全计,应进行抗震验算。

隧道洞门墙、洞口挡土墙与路堤挡土墙,都属于结构支挡建筑物,与一般非地震区受力状态和计算方法基本一致。

第5.2.2条 对隧道地震作用力的计算,目前根据隧道特点大体上可分为动力法和静力法两种。由于静力法计算简便,易于掌握,铁路单线隧道的抗震计算结果与一般宏观震害调查情况也较接近,且其抗震加强措施与非震区隧道衬砌亦基本一致。目前对隧道围岩压力计算理论,尚待进一步探索,因此,在抗震计算中,采用精确的计算方法,实际意义不大,故仍采用以往沿用的静力法计算。

由于地震荷载作用属瞬时的特殊荷载,结构安全系数的取值,应比主要荷载作用下的相应值有所降低,一般强度和稳定性计算都能满足设计要求。规范表5.2.2所列结构强度安全系数,是按破坏阶段的强度验算安全值折算给出的。由于公路过去修建隧道较少,缺乏这方面的计算,故本规范采用铁路计算资料验算。

另外,对半路堑拱形明洞外墙和棚式明洞边墙稳定性系数、偏心距,应按本规范第3.1.4条和第4.3.4条规定及说明确定。

隧道地基土的抗震容许承载力,按本规范第2.2.1条式(2.2.1)进行验算,其容许承载力乘以土的抗震提高系数(查规范表2.2.1)。规范表2.2.1内的系数是根据各类土的密实程度,并考虑到由于地震荷载引起的附加荷载与经常承受的荷载相比,地震荷载占的比例较大,且往往超过了容许承载力安全储备,而使基础产生附加沉降和不均匀沉降。同时,由于附加荷载过大,致使基础发生剪切失稳破坏。因此,考虑到地震荷载属于特殊荷载,作用时间短暂,基底土的容许承载力应予以提高。

第5.2.3条 隧道水平地震作用力的计算式(5.2.3)中,其综合影响系数 C_z 的取值是根据铁路抗震规范而来的。

第5.2.4条 隧道洞门墙和洞口挡土墙,在第5.2.1条说明中已谈到,都属于结构支挡建筑物,与一般非地震区的受力分析和计算方法基本一致。在地震区,隧道工程主动土压力和洞门墙、洞口挡土墙水平地震力的计算,也与一般挡土墙要求一致,应按本规范第3.1.6条和第3.1.5条的规定进行。

第三节　抗震措施

第5.3.1条 地震区的隧道洞口、路堑边坡和仰坡的开挖高度,在岩层整体性较差、土质不良地段,由于长期风化剥蚀作用,在地震过程中极易产生坍塌落石,堵塞洞口,危及行车安全。故要求严格控制洞口开挖高度,并在地形不利的洞口地段设置明洞或采取其他有效防护措施,以保证安全。

第5.3.2条 为保证隧道洞口山坡开挖后土体的稳定,以防止地震造成洞口的坍塌,必须修建洞门及洞口建筑物。

根据以往洞口建筑物的震害调查,震害主要是洞门端墙和洞口挡土墙的开裂和破坏,原因多与建筑物的结构形式和强度有关。由于翼墙式洞门的端墙和翼墙能形成对抗震有利的整体结构,其抗震能力已为实践所证实,而对地质较差或地震过程中岩层有可能滑动的洞口,宜尽量采用上述结构形式。结构的抗震强度,国外多采用提高建筑材料自身标号等级来解决。如苏联1931年建筑规范规定:8、9度地震区,隧道洞门采用钢筋混凝土,7度地震区,允许采用混凝土。据我国铁路隧道震害调查:在8度地震区,采用10号浆砌片石砌筑的桥梁墩台和路基挡土墙,震后情况基本完好;9度地震区,用15号混凝土整体灌注的隧道洞门,震后仅翼墙出现了少量裂纹,不影响正常使用。鉴于上述情况,本条根据地震烈度、公路工程的重要性及地质条件等因素综合考虑,对洞门结构建筑材料提出如规范表5.3.2的要求。

第 5.3.3 条 地震区隧道的洞口、浅埋或偏压地段，应为抗震设防重点，要与围岩类别结合考虑加强其衬砌构造。

隧道加强段的长度，主要根据隧道拱肩土的最小覆盖厚度及洞口地面纵坡（1:1.5～1:1.25）的变化情况，并结合隧道断面宽度及围岩类别等计算其抗震设防段的长度。一般四级公路的单车道隧道，I～III类围岩宜不小于 15m；高速公路及一、二、三级公路的双车道隧道，I～IV 类围岩宜不小于 25m。在实际工作中，隧道处的地形、地质条件变化十分复杂，还应根据施工具体情况，适当留有余地，取其设防长度。

实践证明，隧道衬砌的构造形式，采用曲墙带仰拱现浇混凝土衬砌，除洞内 15.7m 及出口 15m 明洞外，均压注水泥砂浆，且施工质量良好，经受 9 度地震后，衬砌完好无损。计算表明，隧道采用曲墙式断面，其截面安全系数和偏心距均能符合抗震规定。如采用直墙式断面，则不能满足抗震要求。

第 5.3.4 条 根据国内发生的数次震害调查表明，采用现浇混凝土或钢筋混凝土，可提高结构的整体性和抗震能力。从浅埋隧道理论分析，在 II 类围岩中的隧道，即使提高混凝土标号，有关指标也难符合抗震要求，必须采用钢筋混凝土结构才能达到要求。而在 III 类及以上围岩的隧道，一般采用混凝土衬砌已能抵御地震力的破坏。本条规范表 5.3.4 对隧道衬砌和明洞建筑材料的规定，是根据结构自身的特点，在满足受力要求的前提下，考虑经济适用的原则确定的。

第 5.3.5 条 结构的整体性对抗震能力有很重要的影响，因此，洞门端墙与衬砌环框之间、端墙与挡墙或翼墙施工缝处，以及明洞等具有悬臂形式的耳墙结构等抗震薄弱环节，应采取加强连接措施。由于结构的形式、部位及所用建筑材料不同，具体措施可在施工图中作出明确规定。

第 5.3.6 条 棚式明洞的简支顶梁与侧墙（或纵梁）的联结处，是结构的薄弱环节，在地震力作用下，有可能产生落梁震害，中断交通。为了提高棚洞的抗震能力，要求加设防震钢筋、防震板或阻挡结构等抗震措施。

悬臂式棚洞抗震性能较差，在 7 度地震区可以采用，而在 8 度、9 度地震区不宜采用，因一旦发生震害，抢修工作比较困难。

第 5.3.7 条 根据以往实践经验，隧道压浆能加固地层，并使衬砌与围岩密贴，改善互相间接触条件及受震时的振动状态，提高其抗震能力。因此，规定地震区的浅埋、偏压隧道，以及通过断层破碎带、流砂等不良地质地段的隧道，应压入水泥砂浆加固。

JTG

中华人民共和国行业标准　　JTG B03—2006

公路建设项目环境影响评价规范

Specifications for Environmental Impact Assessment of Highways

5

2006-02-08 发布　　2006-05-01 实施

中华人民共和国交通部发布

中华人民共和国交通部公告

2006 年第 5 号

关于发布《公路建设项目环境影响评价规范》(JTG B03—2006)的公告

现公布《公路建设项目环境影响评价规范》(JTG B03—2006),自 2006 年 5 月 1 日起施行,原《公路建设项目环境影响评价规范(试行)》(JTJ 005—96)同时废止。

《公路建设项目环境影响评价规范》(JTG B03—2006)由交通部公路科学研究院编制,人民交通出版社出版。规范的管理权和解释权属交通部,日常解释及管理工作由交通部公路科学研究院负责。

请各有关单位按照规范条文用词说明,正确理解规范条文的相关规定,在执行过程中,根据项目具体情况,科学合理地使用相关技术指标。同时在实践中注意积累资料,总结经验,及时将发现的问题和修改意见函告交通部公路科学研究院(北京市海淀区西土城路 8 号,邮政编码:100088;电话:010—62079195),以便修订时参考。

特此公告。

中华人民共和国交通部

二〇〇六年二月八日

修 订 说 明

1996 年 7 月由交通部以交公路发［1996］660 号文发布了《公路建设项目环境影响评价规范（试行）》（JTJ 005—96），并于 1997 年 1 月 1 日起试行。

随着公路建设项目环境影响评价工作的普遍开展，环境评价技术的不断提高和有关技术资料的积累，为提高环境影响评价的有效性，保证环境影响评价的质量和推动落实公路建设项目环境保护工作，交通部于 2000 年 1 月以交公路发（1999）739 号文《关于下达 1999 年度公路建设标准、规范、定额等编制、修订工作计划的通知》下达了《公路建设项目环境影响评价规范（试行）》（JTJ 005—96）修订任务。

本次修订的主要内容包括：新增术语、基本规定、工程概况与工程分析、水土保持、景观影响评价、地表水环境影响评价和事故污染风险分析等 7 章；引入了分段、分级评价原则；对社会环境影响评价、生态环境影响评价、声环境影响评价和环境空气影响评价的内容做了较大调整，以达到突出重点、兼顾一般之目的。修订后的规范共 12 章，6 个附录。

各单位在执行过程中有何意见或建议，请及时函告交通部公路科学研究院（地址：北京市西土城路 8 号，邮编 100088，电话：010—82022466，传真：010—62045671，电子邮件：hh. ye@ rioh. cn）或中国工程建设标准化协会公路分会秘书处（地址：北京市西土城路 8 号，邮政编码：100088，电话：010—62079195，传真：010—62079195，电子邮件：SHC@ rioh. cn），以便下次修订时参考。

原规范主编单位：交通部公路科学研究所

原规范参加单位：交通部科技信息研究所
西安公路交通大学
长沙交通学院

原规范主要起草人：宋国真　刘书套　罗友乔　曹申存　聂嘉宣

本规范修订单位：交通部公路科学研究院
长安大学

本规范主要起草人：叶慧海　董博昶　刘书套　孟　强　刘　殊
魏显威　晏晓林　董小林　刘　珊　黄述芳

目　次

1 总则

1.0.1 为了落实《中华人民共和国环境保护法》、《中华人民共和国环境影响评价法》、《中华人民共和国水土保持法》和《中华人民共和国公路法》等法律法规要求，促进公路交通行业可持续发展，统一公路建设项目环境影响评价的基本原则、内容、方法和要求，保证公路建设项目环境影响评价质量，特制定本规范。

1.0.2 公路建设项目环境影响评价应结合公路的工程特点、所在区域的环境特征及环境功能区划，突出重点、兼顾一般，并根据公路建设规模和所在地区环境敏感程度，合理确定环境评价工作的总体要求。

1.0.3 本规范适用于需编制报告书的新建或改扩建的高速公路、一级公路和二级公路建设项目的环境影响评价，其他等级的公路建设项目环境影响评价可参照执行。

1.0.4 评价分为现状评价和预测评价，预测评价包括施工期和运营近、中期。环境敏感或环境管理有要求时，对必要的环境要素可以进行远期预测。

1.0.5 公路建设项目环境影响评价除应符合本规范外，还应符合国家现行的有关标准的规定。

2　术语

2.0.1　公路景观　highway landscape

指公路本身形成的景观以及公路沿线的自然景观和人文景观，即展现在行车者视野中的由公路线形、公路构造物和周围环境共同组成的图景。公路景观构成分为内部景观和外部景观。

2.0.2　公路内部景观　highway interior-landscape

指公路路域范围内的工程构造物所构成的景观因子。主要包含：特大桥、互通立交、隧道、跨线桥、路堑边坡、附属设施建筑物、声屏障等。

2.0.3　公路外部景观　highway exterior-landscape

指公路路域外与公路及沿线设施关系较密切的环境景观因子。主要包括自然、人文两种景观类型，如风景名胜区、自然保护区、森林公园、文物古迹等。

2.0.4　环境敏感区　environmental sensitive areas

是指具有下列特征的区域：

1　需特殊保护地区：国家法律、法规、行政规章及规划确定或经县级以上人民政府批准的需要特殊保护的地区，如饮用水水源保护区、自然保护区、风景名胜区、生态功能保护区、基本农田保护区、水土流失重点防治区、森林公园、地质公园、世界遗产地、国家重点文物保护单位、历史文化保护地等。

2　生态敏感与脆弱区：沙尘暴源区、荒漠中的绿洲、严重缺水地区、珍稀动植物栖息地或特殊生态系统、天然林、热带雨林、红树林、珊瑚礁、鱼虾产卵场、重要湿地和天然渔场等。

3　社会关注区：人口密集区、文教区、集中的办公地点、疗养地、医院等，以及具有历史、文化、科学、民族意义的保护地等。

2.0.5　环境敏感点　environmental sensitive sites

通常将被公路穿过或临近公路的环境敏感区称为环境敏感点。它是公路项目特有的对环境敏感区的一种称呼，实际上是环境敏感区相对路线很长的公路而言的一种提法。环境敏感点的性质和范围根据评价的环境要素不同而相应改变，因此，又可分为噪声敏感点、生态敏感点等。

2.0.6　环境敏感路段　environmental sensitive sections

通常将穿过或临近环境敏感区的公路路段称为环境敏感路段，其长度一般对应于环境敏感点的大小，它也是公路项目特有的名词术语。与环境敏感点相似，环境敏感路段也可分为噪声敏感路段和生态敏感路段等。在公路环境评价中，经常把环境敏感点与环境敏感路段对应使用。

2.0.7　敏感点评价　sensitive site's assessment

对具体环境敏感点或环境敏感路段进行的评价，有时也称“敏感路段评价”。其涉及的路线长度视敏感点大小而定，通常仅为数百米或数公里，评价时采用的均为“特定”或“实际”的数据。

2.0.8　路段评价　sectional assessment

相对敏感点评价的一种说法，此处“路段”的长度往往较长，在“路段”内可包括几个敏感路段。通常对具有某种相似类型或相似评价参数的路段进行一般性评价，以给出某种“平均”状态的评价。如在噪声评价中，经常按交通量预测划分为几个路段（高速公路一般以互通立交为节点），在路段内以路段平均路基高度、平均交通量来预测说明本路段“平均”或“一般”的噪声污染水平。

3 基本规定

3.0.1 应分段、分级评价，并宜采用以点为主、点段结合的方法。

3.0.2 评价的环境要素主要有生态环境、水土保持、地表水环境、声环境、环境空气、社会经济、景观等，具体项目评价的环境因子应经过环境影响识别与筛选后确定。

3.0.3 评价应按项目工程特点、区域环境特征及环境功能区划等进行路段（敏感点）划分，并确定各路段的工作重点和工作内容。

生态环境、声环境和环境空气影响评价划分为三个工作等级，其他环境要素可只进行敏感路段与一般路段的划分，并确定相应的评价工作深度。各环境要素对应的路段划分原则及评价工作要求的详细规定参阅相应章节。

3.0.4 环境影响报告书的编制

1 环境影响报告书应全面、概括地反映环境影响评价的全部工作，文字应简洁、准确，并尽量采用图表和照片，报告引用的数据须可靠、翔实，评价结论应明确、可信，环境保护措施应具有针对性与可操作性。

2 环境影响报告书应包括如下内容：

1） 工程概况与工程分析；

2） 环境概况；

3） 环境要素专题评价；

4） 公众参与；

5） 事故污染风险分析；

6） 环境管理计划、环境监测计划与环境监理要求；

7） 环境保护措施与投资估算；

8） 环境影响经济损益分析；

9） 环境影响评价结论。

环境要素专题评价和事故污染风险评价可根据环境、工程的特点及评价工作要求进行选择性编制。施工期环境影响评价宜反映在相关环境要素专章（节）中。

3 环境影响报告书编制格式见附录A。

3.0.5 评价工作应注意各项环境保护措施的可操作性。

环境保护措施应以“保护优先、预防为主、防治结合、注重实效”为原则，并符合相关的环境保护法规，必要时应有比选方案，并对方案进行技术可行性、费用效益比、可操作性等论证。

3.0.6 污染治理措施的效果，应能满足污染物排放的国家标准或地方标准要求。声屏障等部分环境保护设施可视交通量增长情况一次设计、分期实施。

3.0.7 对改扩建项目，应查清原有公路的环境现状，区分不同情况提出环境保护措施。

3.0.8 在比选路线方案时，应结合工程量、施工难度、工程费用，对沿线地方政府、公众意见和环境影响的程度（环境敏感度、受影响人群数量以及环境影响损益量）等指标进行综合比选，采用定量和定性方式，从环保角度推荐较佳方案。

3.0.9 公路建设项目环境保护投资可划分为：

1） 环境污染治理投资；

2） 生态环境保护投资；

3） 社会经济环境保护投资；

4） 环境管理及其科技投资；

5） 环境保护税费项目。

公路建设项目环境保护投资项目及指标见附录 B。

4 工程概况与工程分析

4.0.1 工程概况说明应包括以下内容：

1 路线走向及主要控制点；

2 主要技术标准；

3 建设规模（主要工程量清单）；

4 预测交通量；

5 建设条件（自然条件、施工条件等）；

6 占地与拆迁数量；

7 工期安排与总投资。

4.0.2 工程分析主要分析与环境影响有关的各个建设工序和过程。

4.0.3 应对施工期和运营期分别进行工程分析。对改扩建项目，还应对相关的既有公路污染源、环境现状和已有措施进行回顾性分析。

4.0.4 施工期工程分析宜包括以下内容：

1 征地拆迁数量、安置方式及对居民生活质量的影响分析；

2 土石方平衡情况和取弃土场影响分析；

3 主要材料来源、运输方式及主要料场可选择方案的分析，施工车辆和设施噪声的影响分析；

4 特大桥及大桥结构形式、施工工艺可选择方案及其关键施工环节对环境的影响分析；

5 路基、路面施工作业方式及其各种拌和场的生产工艺及影响分析，施工车辆和机械设备对环境空气的影响分析；

6 隧道施工工艺可选择方案，废渣、废水处置方式的影响分析；

7 施工营地规模及选址，生活垃圾和生活污水处置方式的影响分析；

8 路基、施工场地和取弃土场的水土流失影响分析；

9 特殊路段工程特点及影响分析。

4.0.5 运营期工程分析宜包括以下内容：

1 汽车尾气和交通噪声污染影响分析；

2 事故污染风险的分析；

3 路面汇水对路侧敏感地表水体的影响分析；

4 对景观及居民交通便利性的影响分析；

5 对区域经济发展的影响分析；

6 附属服务设施产生的废水、废气、固体废弃物污染的影响分析；

7 对基础设施、当地产业及生活方式、资源开发等的影响。

4.0.6 工程分析深度应符合以下要求：

1 给出拆迁安置方式可行性定性分析意见；

2 给出取弃土场所选择要求；

3 给出施工营地选择的原则要求；

4 给出施工期临时水土保持防护措施要求；

5 给出附属服务设施布设及生活污水、锅炉烟气处理要求。

4.0.7 工程分析宜采用类比法和查阅资料分析法。

5 社会环境影响评价

5.1 一般规定

5.1.1 评价因子与评价范围

1 社会环境影响评价包括区域社会环境评价和沿线社会环境评价。

2 区域社会环境评价因子一般为矿产资源利用、工农业生产、地区发展规划、旅游资源和文化教育等,评价范围宜是线路直接经过的市、县一级行政辖区,或可行性研究报告中划定的项目直接影响区。

3 沿线社会环境评价因子一般为社区发展、农村生计方式、居民生活质量、征迁安置、土地利用、基础设施、文物古迹和旅游资源等,评价范围宜是受公路直接影响的区域,评价对象为直接受影响个人、群体或单位。

4 评价因子视其受项目的具体影响程度分为重大影响评价因子、中等影响评价因子和轻度影响评价因子,影响视其结果又分为正影响和负影响。

5.1.2 评价内容与工作基本要求

1 应根据地区特点和工程特征,对各评价因子的重要程度进行研究,并进行筛选。

2 评价内容应根据评价因子筛选结果确定。对确定为重大影响的评价因子进行详评,中等影响的因子进行简评,轻度影响的因子进行简评或不评。

3 社会环境影响评价包括下列内容:

1) 项目建设对项目直接影响区的社会经济发展、规划和产业结构等的宏观影响;

2) 项目建设征地拆迁和再安置影响;

3) 项目建设对公路沿线民众的生计方式、生活质量、健康水平和通行交往等影响;

4) 项目建设对沿线基础设施(含防洪)的影响;

5) 项目建设对沿线社区发展及土地利用的影响;

6) 项目建设促进项目直接影响区旅游和文化事业发展的作用;

7) 项目建设对项目直接影响区交通运输体系的改善作用;

8) 项目建设对项目直接影响区矿产资源开发和工农业生产的宏观影响;

9) 项目建设对沿线文物和旅游资源保护与开发的影响;

10) 其他一些特殊或具体问题的分析,如少数民族、宗教习俗等。

4 根据项目公路等级、建设规模、所处位置、所在地区自然和社会环境特征等具体情况,分路段对社会环境影响因子进行筛选(如表 5.1.2),确定其重要程度。

表 5.1.2 社会环境影响评价因子筛选表

评价时段	农民生计方式	生活质量	拆迁安置	矿产资源	土地利用	基础设施	文物古迹	地区发展规划	通行交往	工农业生产	旅游资源	社区发展	……
	1	2	3	4	5	6	7	8	9	10	11	12	……
施工期													
运营近期													
运营中远期													

注:可用以下符号表示影响程度:

●——重大影响;▲——中等影响;○——轻度影响;-——负影响;+ ——正影响。

5.1.3 评价方法

1 评价应分路段进行。应根据行政区划、自然和社会环境特征以及项目影响情况划分路段，在不同路段内选择代表性点或代表性路段进行分析评价。

2 应根据已建的公路建设项目社会环境影响的调查资料或项目后评价资料，进行类比分析与评价。

5.2 社会环境现状评价

5.2.1 现状评价内容

通过收集和分析社会经济统计资料，对社会与经济环境进行评价，一般应包括以下内容：

1 居民生活质量及生计方式；

2 基础设施总体水平；

3 主要工业门类及其发展状况；

4 土地利用现状及发展规划；

5 农林牧副渔业发展状况；

6 矿产资源及其开发情况；

7 重要旅游资源及旅游业发展状况；

8 重要文物资源保护及开发状况；

9 交通运输业发展状况。

5.2.2 调查方法

1 对沿线社会环境评价宜采用实地调查的方法。实地调查可针对代表性点或代表性路段进行详细调查，推广全线。

2 对区域社会环境评价，应采用收集、查询当地资料、文献的方法，辅以代表性点的调查对比。调查数据应以统计部门确认的资料为准。

5.2.3 现状评价

根据调查结果，宜列表统计项目影响区社会经济发展水平，对社会环境现状进行分析、评价。现状评价应重点分析沿线社会环境评价范围内居民的生活、生产条件和承受能力，并指出项目应重视的社会环境敏感因素。

5.3 社会环境影响分析评价

5.3.1 社区发展的影响

应从社区建设、人口结构、文化结构、社区经济发展、路线对两侧交往的阻隔及民族因素等方面分析评价项目建设对社区发展的影响。

5.3.2 农村生计方式与生活质量影响

应从农村生计方式、居民生活收入及结构、健康保健、文化教育等方面分析评价。

5.3.3 征迁、安置分析与评价

1 应分析评价征地拆迁对受影响人口生活条件、生产条件等的影响。

2 应根据地区的自然和社会经济条件，对项目再安置提出指导性意见。

3 有条件时可简要描述拆迁再安置计划，并作宏观评述。

5.3.4 基础设施的影响

1 应分析评价建设项目对沿线现有交通设施、电力设施及通讯设施等的影响。

2 应分析评述建设项目对水利排灌设施的影响，并进行必要的防洪分析。

5.3.5 资源利用的影响

应从土地资源、矿产资源、旅游资源和文物古迹资源的保护、开发与利用等方面分析项目建设对其影响。

5.3.6 发展规划影响

应主要分析项目建设与直接影响区内县级以上城市规划、交通规划和经济发展规划的协调性，并分析其影响。

5.3.7 针对社会环境影响评价中叙述的不利环境影响，应提出相应的减缓或消除不利影响的措施、对策与建议。

5.4 公众参与

5.4.1 公众参与内容

公众参与，包括项目方案决策、勘察、设计和环境影响评价等过程进行的征询和协商。

5.4.2 公众参与工作步骤

1 建设项目信息披露；

2 公众意见调查、收集；

3 公众意见合理性分析、统计与评述；

4 政府各相关职能部门意见协商；

5 专家与对项目感兴趣利益团体的意见；

6 环境影响评价技术文件公示。

5.4.3 调查对象

包括公众个人、政府部门、感兴趣团体、企事业单位和专家。

5.4.4 调查内容

1 项目建设对本地区经济建设和发展的作用；

2 对项目建设的一般性意见；

3 项目主要环境问题，及对各单项环境污染和生态破坏的认可程度；

4 对路线走向、局部选线方案、建设规模、（互通）立交设置、服务（停车）区设置、通道设置等的具体意见和建议；

5 对征地拆迁安置办法的具体意见和建议；

6 对项目环境保护措施的意见和建议。

5.4.5 重点调查对象

有关工程方案应重点调查当地政府部门的意见。有关环境保护措施方案的调查，应重点调查直接受影响人群的意见。

5.4.6 调查结果的统计整理

1 按项目直接影响区和间接影响区进行分类统计整理；

2 对于选择性问题，统计各类选择的人数和比例；对于具体意见和建议，进行分类整理，并统计人数和比例。

5.4.7 调查结果分析

1 分析调查对象的结构情况及其代表性；

2 分析推断一定区域内公众对拟建项目的态度；

3 分析各种公众意见的合理性；

4 采用统计分析方法，做出较全面、客观的分析结论；

5 对公众座谈会的集中式意见，直接归纳、分析，并与调查表的统计结果进行一致性比较分析。

5.4.8 公众参与评述

对项目公众参与的方式、调查内容和调查结果做出较全面、客观、简要的评述。

5.4.9 公众意见反馈

1 环境影响评价机构应在整理归纳公众意见后，将其客观地反馈给项目建设单位。同时还应对直接影响区公众意见的合理性进行评价，并对项目建设单位提出在后续的研究设计阶段应注意的问题和处理原则。

2 宜给出项目建设单位对于公众意见的初步处理意向。

6 生态环境影响评价

6.1 一般规定

6.1.1 按公路所经地区不同的生态系统类型进行分段评价，并分别确定评价工作等级。应针对可能产生重大影响的工程行为及其涉及的敏感生态系统明确重点评价区域和关键生态影响因子。

6.1.2 路段评价工作等级划分原则如下。

1 三级评价

评价范围内无野生动植物保护物种或成片原生植被，不涉及省级及以上自然保护区或风景名胜区，不涉及荒漠化地区、大中型湖泊、水库或水土流失重点治理区的路段。

2 二级评价

评价范围内涉及荒漠化地区、大中型湖泊、水库或水土流失重点防治区，但评价范围内无野生动植物保护物种或成片原生植被，不涉及省级及以上自然保护区或风景名胜区的路段。

3 一级评价

评价范围内涉及野生动植物保护物种或成片原生植被，或涉及省级及以上自然保护区、风景名胜区的路段。

6.1.3 生态环境影响评价范围确定原则如下。

1 三级评价范围为公路用地界外不小于100m。二级评价范围为公路用地界外不小于200m。一级评价范围为公路用地界外不小于300m。当项目的建设区域外有高陡山坡、峭壁、河流等形成的天然隔离地貌时，评价范围可以取这些隔离地物为界。

2 省级及以上自然保护区的实验区划定边界距公路中心线不足5km者，宜将其纳入生态环境现状调查范围，并根据调查结果确定具体评价范围。

3 对于受工程建设直接影响的原生、次生林地，应以其植物群落的完整性为基准确定评价范围。

6.2 生态环境现状调查

6.2.1 生态环境现状调查范围可在评价范围的基础上适当扩大。

6.2.2 生态环境现状调查宜包括以下内容：

1 走访项目直接影响区县级及以上环境保护、林业、农业、渔业、水利、矿产资源等政府部门，了解相关的环境保护法规并就具体问题进行咨询。对于改扩建项目，还应调查既有的生态环境影响和存在的问题。

2 收集项目直接影响区县级及以上人民政府批准的生态规划、城镇规划、土地利用总体规划、水土保持规划，及自然资源现状分布、野生动植物分布的资料和图件。

3 收集项目直接影响区县级及以上人民政府划定的自然保护区、风景名胜区、森林公园的现状分布与规划图，查明保护区与项目之间的相对位置关系。

4 收集项目直接影响区县级及以上人民政府划分水土流失重点监督区、重点治理区和重点预防保护区的通告。

5 根据需要收集项目直接影响区地形图、卫星照片或航测照片。

6 需进行一级或二级评价的较敏感的工程影响区域，应进行实地调查，调查内容应包括：

1） 地形、地貌特征，土壤侵蚀类型、特点和程度。

2） 植被类型及其相应的分布。

3） 优势植物种类及其覆盖率；受影响的古树名木的位置、树种；野生保护植物的种类及分布。

4） 野生保护动物的种类、分布、活动区域和迁徙路线。

5） 自然保护区、风景名胜区及森林公园的位置、分布、性质和保护级别。

6.2.3 生态环境现状调查可根据项目及区域环境特点采用样方调查、目测和摄影、摄像、收割调查、经验估算或其他简便、易操作的方法。

6.3 生态环境现状评价

6.3.1 宜绘制生态环境影响评价分级分区图、重要生态敏感点分布图和重要生态保护目标平面图，并加以文字说明。

6.3.2 生态环境现状评价宜包括以下各款中的部分或全部内容：

1 三级评价的路段：结合项目地理位置图、土地利用现状图、地表水系图，说明项目直接影响区的生态系统类型、主要生态问题及其发展趋势；重点描述、分析土地资源及其利用情况、动植物区系、主要物种、植被覆盖率、项目区域生态环境宏观特征。

2 二级评价的路段：本条第1款所列内容；阐明评价范围内自然保护区、风景名胜区、森林公园的基本情况，并说明其与项目间的空间位置关系；通过工程平纵面图、地形图、土地利用现状图、植被分布图、现场照片，结合生态规划、城镇规划和土地利用总体规划资料，对评价范围内的生态结构、主要生态因子现状及其抗干扰能力进行分析，并说明其变化趋势。

3 一级评价的路段：本条第2款所列内容；绘制野生保护植物资源分布图和评价范围内的生物量图表；结合现场摄像和照片分析评价范围内的生态系统结构、稳定性、物种多样性、抗干扰能力及其变化趋势；有条件时可采用地理信息系统（GIS）、遥感（RS）等信息技术进行处理和分析。

6.3.3 对改扩建项目，还应说明项目已存在的生态环境影响和遗留问题，并给予分析和评价。

6.4 生态环境影响预测

6.4.1 生态环境影响预测方法

根据工程和评价区域的性质、特点，生态环境影响预测可分别或以组合方式采用类比预测法、图形叠置法及经验分析与专家咨询法。

6.4.2 生态环境影响预测评价宜包括以下各款中的部分或全部内容。

1 三级评价的路段：分析项目征用土地对项目直接影响区土地资源和农林牧渔业生产、主要动植物物种、植被覆盖率的影响；分析项目直接影响区土地利用状况的变化。

2 二级评价的路段：本条第1款所列内容；分析预测项目实施对评价范围内生态敏感区域的潜在影响；分析预测工程实施对项目评价范围内列入保护名录的野生动植物和优势植被的影响，并在此基础上预测评价范围内主要生态因子和生态系统结构可能发生的变化。

3 一级评价的路段：本条第2款所列内容；进行植物群落、动物栖息地、迁徙通道的影响分析，并分析评价范围内的生态系统结构、稳定性、物种多样性变化趋势。通过相关图表说明工程对评价范围内生态系统结构、功能及其抗干扰能力的影响，并可用现场摄像和照片资料进行辅助说明。

6.4.3 对一级和二级评价的路段，宜用生物量、物种多样性、植被覆盖率、频率、密度、优势度等指标对评价范围内的生态特征进行工程建设前后对比的定量分析；有条件时可采用遥感、地理信息系统等技术进行分析评价。

6.4.4 对改扩建项目，还应说明项目实施后既有生态环境影响的变化情况，并进行分析和评价。

6.5 生态环境保护措施

生态环境保护措施可以包括：

1 保护生态环境的规划、选线措施；

2 改善和恢复生态环境的绿化措施；

3 保护水土资源及其他生态环境要素的工程措施；

4 野生保护动植物物种的专项保护措施；

5 为保护生态环境而采取的施工方法和施工组织优化措施；

6 保护、改善、恢复生态环境的管理和监督措施。

7 水土保持

7.1 一般规定

7.1.1 已编制水土保持方案报告书的公路建设项目,在其环境影响报告书中的水土保持章(节)可直接引用水土保持方案报告书的结论意见、措施、投资估算以及效益分析等。

7.1.2 未编制水土保持方案报告书的公路建设项目,在其环境影响报告书中需设水土保持章(节)时,应针对该项目主要填挖方路段、不良地质路段、特大及大桥路段以及取弃土场进行编制。

7.2 水土保持现状调查

7.2.1 调查项目主要填挖方路段、主要取弃土场所处地带的水土流失现状及治理措施与效果,土壤侵蚀类别、强度及其相应的侵蚀面积,以及公路建设所占用不同类别水土保持防治分区的面积等。

7.2.2 调查项目永久性占地、临时工程占地和取弃土场等占地类别与数量。

7.3 水土保持章(节)的内容

7.3.1 依据现状调查结果,确定项目的水土流失防治责任分区。

7.3.2 依据相关规范进行项目的水土流失预测及其危害性分析。

7.3.3 分析评价主体工程设计中已采取的防护与排水工程、绿化工程等的水土保持功能。

7.3.4 提出新增水土保持措施内容、投资估算及效益分析。

7.3.5 水土保持章(节)的图件,应包括水土流失现状图、工程总体布置图、防治分区及措施布局图等。

7.3.6 对改扩建项目,应分析评价已有各项水土保持防治措施的效果,并结合实际提出新增措施及其投资估算。

8 声环境影响评价

8.1 一般规定

8.1.1 声环境影响评价包括施工期噪声影响评述和运营期交通噪声影响评价。

8.1.2 运营期评价划分为路段交通噪声评价和敏感点(路段)噪声评价。敏感点(路段)噪声评价应根据噪声敏感目标的位置、功能、规模及路段交通量确定评价工作等级;路段交通噪声评价只进行一般性的预测分析。

8.1.3 敏感点(路段)噪声评价可划分为三级,划分原则如下。

1 三级评价(满足如下任一条件时)

1) 预测交通量:路段近期预测日交通量不超过 5 000 辆标准小客车。

2) 噪声敏感目标规模:少于 200 名学生的学校教室,少于 20 张床位的医院病房、疗养院等,少于 50 名常驻居民的居民点。

3) 噪声敏感目标距路中心线距离大于 150m。

4) 路侧区域没有建设规划时。

2 二级评价(满足如下任一条件时)

1) 噪声敏感目标规模:有 200 名以上学生的学校、有 20 张床位以上的医院病房、疗养院、有对噪声有限制要求的保护区等噪声敏感目标,且其距路中心线距离在 100 ~ 150m 范围内。

2) 噪声敏感目标规模:有连续分布的 50 名以上常驻居民的居民点,且其距路中心线距离在 60 ~ 100m 范围。

3) 预测交通量及功能区划:通过县级以上城市已规划区,且运营近期预测日交通量超过 5 去时 000 辆但小于10 000辆标准小客车。

3 一级评价(满足如下任一条件时)

1) 噪声敏感目标规模:有 200 名以上学生的学校、有 20 张床位以上的医院病房、疗养院、有对噪声有限制要求的保护区等噪声敏感目标,且其距路中心线距离在 100m 范围内。

2) 噪声敏感目标规模:有连续分布的 50 名以上常驻居民的居民点,且其距路中心线距离在 60m 范围内。

3) 预测交通量及功能区划:通过地区级以上城市已规划区,且运营近期预测日交通量超过10 000 辆标准小客车。

4 敏感点(路段)如同时符合不同评价等级的条件时按较高评价等级执行。

8.1.4 敏感点(路段)噪声评价工作基本要求如下。

1 三级评价工作基本要求

1) 着重调查现有噪声源种类和数量;可全部利用当地已有的环境噪声监测资料。

2) 可不进行噪声预测,噪声影响分析以现有或类比资料为主,对噪声超标范围、超标值及受影响人口分布进行分析。

3) 对超标的噪声敏感目标提出噪声防治措施。

2 二级评价工作基本要求

1) 应选择代表性噪声敏感目标进行监测,并用于同类噪声敏感目标的环境现状评价。

2) 应进行噪声预测,并绘制出其平面等声级图。

3) 应给出公路运营近、中期的噪声超标范围、超标值及受影响人口分布。

4） 对超标的噪声敏感目标应提出噪声防治措施，给出降噪效果分析。

3 一级评价工作基本要求

1） 宜对噪声敏感目标逐点进行监测，并用于同类噪声敏感目标的环境现状评价。

2） 应进行噪声预测，并绘制出其平面等声级图；对于高层建筑还应绘制出立面等声级图。

3） 应给出公路运营近、中期的噪声超标范围、超标值及受影响人口分布。

4） 对超标的噪声敏感目标应提出噪声防治措施，并进行技术经济论证，给出最终降噪效果。

8.1.5 评价范围：路中心线两侧各 200m 范围。

8.2 声环境现状评价

8.2.1 现状调查内容

1 评价范围内现有噪声源种类、数量，与路线位置关系及相应的噪声级；

2 评价范围内的环境噪声级、噪声超标情况；

3 评价范围内噪声敏感点、保护目标、人口分布等；

4 评价范围内的声环境功能区划；

5 现有交通噪声分布情况。

8.2.2 现状监测

1 环境噪声监测布点

三级评价的噪声敏感点（路段）可不进行现状监测，必要时可监测 1 ~2 处代表性噪声敏感目标。

二级评价的噪声敏感点（路段）应在路段范围内选择代表性噪声敏感目标进行监测，每处噪声敏感目标宜布设 1 ~2 个点位。

一级评价的噪声敏感点（路段）宜对每个噪声敏感目标逐点布设监测，每处噪声敏感目标宜布设 1 ~3个点位。

2 交通噪声监测布点

对新建项目，可选择在对新建公路评价范围内环境噪声有影响的既有公路布设 1 ~2 个交通噪声监测断面。

对改扩建项目，应布设必要的交通噪声监测断面，并进行相关参数的记录。

3 测量方法

按《声学 环境噪声测量方法》（GB/T 3222）进行，并绘制现状监测布点示意图。

4 测量数据与评价值

环境噪声：测量数据为等效连续 A 声级以及累积百分声级 L_{10}、L_{50}、L_{90}，评价值为 L_D 和 L_N；

交通噪声：测量数据为等效连续 A 声级以及累积百分声级 L_{10}、L_{50}、L_{90}，评价值为 L_{Aeq}。

8.2.3 声环境现状评价

根据监测获得的环境噪声值与相应的环境标准进行评价，分析达标情况，并说明超标的原因。

8.3 施工期声环境影响评述

8.3.1 施工期声环境影响评述应针对不同工程作业时的机械噪声及工程车辆交通噪声进行评述，提出综合防治措施。

8.3.2 评述范围为施工场边界 100m 范围。

8.3.3 评述对象为噪声敏感目标。

8.3.4 评述标准：《建筑施工场界噪声限值》（GB 12523）。

8.3.5 影响评述参照附录 C.3。

8.4 运营期声环境影响预测评价

8.4.1 噪声预测宜采用模式预测法，有条件时可采用类比分析法。

8.4.2 填方路段交通噪声预测模式参数选择见附录 C.1，高架道路和立交区交通噪声预测模式见附录 C.2。半挖半填及路堑路段交通噪声预测参见《声屏障声学设计和测量规范》(HJ/T 90)。

1 环境噪声级计算

$$L_{Aeq环} = 10\lg[10^{0.1L_{Aeq交}} + 10^{0.1L_{Aeq背}}] \quad (8.4.2\text{-}1)$$

式中：$L_{Aeq环}$——预测点的环境噪声值，dB；

$L_{Aeq交}$——预测点的公路交通噪声值，dB；

$L_{Aeq背}$——预测点的背景噪声值，dB。

2 公路交通噪声级计算

$$L_{Aeqi} = L_{0i} + 10\lg\frac{N_i}{TV_i} + \Delta L_{距离} + \Delta L_{地面} + \Delta L_{障碍物} - 16 \quad (8.4.2\text{-}2)$$

$$L_{Aeq交} = 10\lg[10^{0.1L_{Aeq大}} + 10^{0.1L_{Aeq中}} + 10^{0.1L_{Aeq小}}] + \Delta L_1 \quad (8.4.2\text{-}3)$$

式中：L_{Aeqi}——i 车型，通常分为大、中、小三种车型，车辆的小时等效声级，dB；

$L_{Aeq交}$——公路交通噪声小时等效声级，dB；

L_{0i}——该车型车辆在参照点(7.5m 处)的平均辐射噪声级，dB；

N_i——该车型车辆的小时车流量，辆/h；

T——计算等效声级的时间，取 $T=1$h；

V_i——该车型车辆的平均行驶速度，km/h；

$\Delta L_{距离}$——距噪声等效行车线距离为 r 的预测点处的距离衰减量，dB；

$\Delta L_{地面}$——地面吸收引起的交通噪声衰减量，dB；

$\Delta L_{障碍物}$——噪声传播途中障碍物的障碍衰减量，dB；

ΔL_1——公路弯曲或有限长路段引起交通噪声修正量，dB。

8.4.3 根据环境噪声执行标准对预测分析结果进行噪声评价，分析超标情况。改扩建项目，应对噪声影响变化的情况进行分析和评价。

8.5 噪声防治措施

8.5.1 施工期对噪声超标的噪声敏感目标宜采取经济补偿或限制施工时间等管理措施。

8.5.2 路中心线 50m 内有建筑物的路基施工路段，应针对振动式压路机作业提出施工监控措施或替代作业方式。

8.5.3 运营期应根据预测结果提出环境噪声监测计划或分期实施防治措施。

8.5.4 应提出噪声影响控制距离。

9 景观影响评价

9.1 一般规定

9.1.1 公路景观评价分为内部景观评价与外部景观评价。

9.1.2 内部景观评价对象为工程构造物,外部景观评价对象为景观敏感区。

9.1.3 无特殊工程构造物时,可不进行内部景观评价;无景观敏感区时可不进行外部景观评价。景观评价应突出对景观敏感路段的评价。

9.2 评价内容

9.2.1 应对工程构造物的造型、色彩等美学特性评价,并对其与周围环境的协调性进行评价。内部景观评价应选取代表性构造物进行评价。

9.2.2 应对景观敏感区的完整性、美学价值、科学价值、生态价值及文化价值等方面因公路建设所受到的影响进行评价。外部景观评价应对景观敏感路段逐段进行评价。

9.3 景观评价方法

9.3.1 宜采用“文字描述”结合“效果模拟分析”的方法对工程构造物的美学特性进行评价。

9.3.2 宜采用“文字描述”及“眺望点视觉模拟分析法”对景观敏感区受到的影响进行评价。对特别敏感的景观敏感区还可采用“专家评议法”。

9.4 景观影响优化、替代方案

9.4.1 通过对代表性工程构造物的景观评价分析,必要时可提出优化方案建议。

9.4.2 当公路与景观敏感区美学价值构成视觉冲突时,应提出相应的替代或减缓措施方案。

10 地表水环境影响评价

10.1 一般规定

10.1.1 地表水环境影响评价只对公路所经区域河流（包括河口）、湖泊、水库的环境影响进行评价，不包括沼泽、冻土区以及水生生态。

10.1.2 运营期评价可根据项目具体的污染特征和地表水环境现状，划分为敏感路段和一般路段分别进行。

10.1.3 评价范围应符合下列要求：

1 路中心线两侧各200m范围内；路线跨越水体时，扩大为路中心线上游100m、下游1 000m范围内。

2 当建设项目的污水直接排入城市排水管网时，评价点应为建设项目污水排入城市排水管网的接纳处。

3 当项目排污的受纳水体为开放性地表水水域（含灌溉渠道）时，评价范围应为建设项目排污口至下游100m。

4 当项目排污的受纳水体为小型封闭性水域时，评价范围为整个水域。

10.2 地表水环境现状评价

10.2.1 现状调查范围应在评价范围的基础上适当扩大。

10.2.2 现状调查应符合以下规定：

1 收集污水受纳水域的水体位置、常规水文资料和调查范围内水域的常规水质监测资料，绘制水系分布图。

2 调查受纳水体的水系构成、环境功能区划、使用功能、污染物总量控制指标。

3 调查原则是尽量利用现有的资料和数据。

4 调查改扩建项目在改建前的污水排放量、既有水质监测资料、污水排放去向、受纳水体环境功能区划，绘制污水排放去向图。

10.2.3 现状监测应符合以下规定：

1 当评价范围内的排污受纳水体没有常规水质监测资料或资料不完整，以及评价范围内有水域功能规划III类及以上水体时，应对水质进行现状监测。监测因子与评价因子相同。

2 取样断面、取样点的选择及监测频率应符合《环境影响评价技术导则　地面水》（HJ/T 2.3）的有关规定。水样分析方法应符合《地表水环境质量标准》（GB 3838）的规定。

3 对改扩建项目，当既有水质监测资料不能全面反映污水排放状况时，应实测污水排放量和污水水质。采样频率和水样分析方法应符合《污水综合排放标准》（GB 8978）的规定。

10.2.4 现状评价内容：

1 根据水环境现状资料，对受纳水体地表水环境质量分项进行达标状况评价。

2 对改扩建项目，应评价既有污水排放的达标现状，并对既有污染源污水处理设施处理效果和处理能力进行评述。

10.3 地表水环境影响预测评价

10.3.1 施工期地表水环境影响评述应符合以下规定：

1 调查了解施工方案、施工临时驻地位置、集中机械维修点、大型隧道和桥梁施工点，以及相邻地表径流方向和水域功能。

2 分析施工期废水排放的原因、地点及施工期废水的水质特征。

3 可采用类比调查方法预测施工期污水排放量和污水水质，对照排放标准评价施工期排放废水可能产生的影响范围、影响程度和时效性。

10.3.2 运营期地表水环境影响评价应符合以下规定：

1 评价内容主要是服务区生活污水和洗车污水等。

2 敏感路段应进行水环境现状评价和污染源预测评价，提出切实可行的水环境保护措施。

3 一般路段不进行地面水环境影响评价，可简要说明污水排放数量、排放去向、受纳水体情况，并对照评价标准进行简要的环境影响分析，提出水环境保护措施。

10.4 地表水环境保护措施

10.4.1 地表水环境保护措施应包括管理措施和工程防护措施。

10.4.2 应根据项目污水排放达标情况和对受纳水体的影响程度提出污水治理措施，并评价其环境效益，也可进行简要的技术经济分析。公路沿线设施污水排放量及排放浓度估算参见附录D。

10.4.3 直接穿越饮用水源保护地的路段应提出路线避让要求，如无法避让时应提出可靠的保护措施。

10.4.4 根据预测评价结论对污水排放口的设置进行论证。

10.4.5 当项目所在地对建设项目有污染物排放总量控制要求时，应提出污染物实现排放总量控制的方案。

10.4.6 环境管理措施可包括对污水排放口布设及地表水环境监测的建议、防止泄漏等事故发生的措施建议、环境管理机构设置的建议等。

10.4.7 应对施工驻地、集中施工场地以及大型隧道和桥梁施工工点等提出有效、经济的工程管理措施和临时性的污水处置及防护措施。

11 环境空气影响评价

11.1 一般规定

11.1.1 环境空气运营期评价分为敏感点(路段)评价和路段评价。路段评价长度一般采用工程可行性研究报告交通量预测划分,敏感点(路段)评价长度按敏感目标分布确定。敏感点(路段)评价按环境空气敏感目标规模、路段交通量确定评价工作等级,路段评价只进行一般分析评价。

11.1.2 敏感点(路段)评价可划分为三个等级,划分原则如下。

1 三级评价(符合以下任一条件时)

1) 运营近期交通量小于 20 000 辆/日(标准小客车)。

2) 运营近期交通量大于 20 000 辆/日(标准小客车),小于 50 000 辆/日(标准小客车),且评价范围内无 50 户以上居民区、学校等敏感目标。

2 二级评价(符合以下任一条件时)

1) 运营近期交通量小于 50 000 辆/日(标准小客车),大于 20 000 辆/日(标准小客车),但评价范围内有 50 户以上居民区、学校等敏感目标。

2) 运营近期交通量大于 50 000 辆/日(标准小客车),且评价范围内无 50 户以上居民区、学校等敏感目标。

3 一级评价(符合以下条件时)

运营近期交通量大于 50 000 辆/日(标准小客车),且评价范围内有 50 户以上的居民区、学校等敏感目标。

4 敏感点(路段)如同时符合不同评价等级的条件时按较高评价等级执行。

11.1.3 评价范围为公路中心线两侧各 200m 范围。如果附近有城镇、风景旅游区、名胜古迹等保护对象,评价范围可适当扩大到路中心线两侧各 300m 的范围。

11.1.4 敏感点(路段)评价工作内容的基本要求如下。

1 三级评价工作基本要求

1) 宜在现有资料基础上分析环境空气质量现状。

2) 采用类比分析法对路段两侧评价范围内环境空气影响进行一般性描述分析。

2 二级评价工作基本要求

1) 充分利用现有资料进行现状评价分析,必要时可进行补充监测与评价。

2) 对代表性环境空气敏感目标进行评价,并反馈于其他环境空气敏感目标。预测时可采用类比分析法或模式计算法。

3 一级评价工作基本要求

1) 对代表性环境空气敏感目标进行现状监测,采用单因子指数法进行现状评价。

2) 宜采用模式预测法,对敏感点(路段)的污染物扩散浓度进行逐点预测与评价。

11.1.5 环境空气评价因子分施工期评价因子和运营期评价因子。施工期评价因子为总悬浮颗粒物(TSP),必要时增加沥青烟;运营期评价因子为二氧化氮(NO_2),必要时增加一氧化碳(CO)。

11.2 环境空气现状评价

11.2.1 现状调查内容

1　调查评价范围内地形、地貌特点和现有工业污染源的情况，收集当地政府制订的功能区划分、环境空气质量执行标准和发展规划，划分评价路段，确定环境空气敏感点。

2　收集项目直接影响区环境空气质量常规监测资料，统计分析各点的主要污染物的浓度值、超标量和变化趋势等。

3　收集项目直接影响区近1～3年常规气象资料，包括年、季、月的气压、气温、降水、湿度、日照、主导风向、平均风速及稳定度频率等内容。

11.2.2　现状监测

1　二级、三级评价的敏感点（路感），必要时可进行一期现状监测。

2　监测布点以代表性环境空气敏感目标为主。监测点应具有代表性，能反映路段内环境空气污染水平和浓度分布规律。

3　监测因子为选定的评价因子。一级、二级评价采用《环境空气质量标准》（GB 3095）中规定的监测采样和分析方法；三级评价可每期监测5d并保证至少3d有效数据；尽可能采取24h连续监测二氧化氮，若受条件限制时应每天监测至少4次。

4　监测时同步进行气象观测（风向、地面风速、气温等）。

11.2.3　现状评价方法

分析评价因子日均浓度值变化范围超标率及超标原因，采用单因子指数法对评价因子达标情况进行分析评价，并对环境空气现状作出评价。

单因子指数法如式（11.2.3）：

$$P=\frac{C_i}{C_{0i}} \tag{11.2.3}$$

式中：P——i因子质量指数；

C_i——i因子浓度实测值，mg/m^3；

C_{0i}——i因子标准值，mg/m^3。

11.2.4　现状评价

对评价范围内现有环境空气敏感点所在区域的功能划分、环境空气质量现状、现有污染源情况等进行评价分析。

11.3　环境空气质量预测

11.3.1　施工期影响分析

对施工期的环境空气影响不做模式预测，可只根据现有资料进行类比分析。施工期评价重点为施工路面扬尘（含施工便道及新铺设路面）、场站扬尘（搅拌站及堆料场等）。

11.3.2　运营期影响评价

1　对运营期汽车尾气中的污染物，可采用模式预测法或类比分析方法估算其扩散浓度，三级评价可只做类比分析评述。

2　根据公路沿线设施的锅炉所采用的燃料种类，简要分析其烟尘排放情况，并提出排放控制的要求。

11.3.3　类比分析法

1　有符合下列条件的可类比项目时，宜采用类比分析法评述环境空气质量影响。

1）与预测路线交通量和平均车速相近；

2）　与预测路线的地形和气象条件相近；

3）　原型监测点和路线预测点与路中心线垂直距离相近。

2　类比预测公式如式（11.3.3-1）。

$$C_{PR}=C_{mR}\frac{Q_P U_m \sin\theta_m}{Q_m U_P \sin\theta_P} \tag{11.3.3-1}$$

$$C_P = C_{PR} + C_{P0}$$

$$C_{mR} = C_m - C_{m0}$$

式中：C_P、C_{P0}——分别为评价年预测点的污染物浓度和背景浓度，mg/m^3；

C_m、C_{m0}——分别为类比原型对应点的污染物监测浓度和背景浓度，mg/m^3；

C_{PR}、C_{mR}——分别为评价年预测点和监测点由车辆产生的污染物浓度，mg/m^3；

Q_P、Q_m——分别为评价年预测点和原型监测点的源强，mg/s·m；

U_P、U_m——分别为评价年预测点和原型监测点处的风速，m/s；

θ_P、θ_m——分别为评价年预测点和原型监测点风速矢量与公路中心线夹角（简称风向角），(°)。

3　排放源强数据（车辆排放污染物线源强度）采用如下方法计算。

行驶车辆尾气中的污染物排放源强按连续线源计算，线源的中心线即路中心线。污染物排放源强按式（11.3.3-2）计算。

$$Q_j = \sum_{i=1}^{3} 3\,600^{-1} A_i E_{ij} \qquad (11.3.3\text{-}2)$$

式中：Q_j——j 类气态污染物排放源强度，mg/(s·m)；

A_i——i 型车预测年的小时交通量，辆/h；

E_{ij}——运行工况下 i 型车 j 类排放物在预测年的单车排放因子，mg/(辆·m)，推荐值见附录 E 中表 E.2.7。

11.3.4　模式预测法

无类比条件时，可选用附录 E 中的模式和参数进行环境空气质量预测。

11.3.5　路段评价污染物浓度预测要求

1　预测参数选择该路段的平均高度、平均风速等“平均”值。

2　日平均值按日均小时交通量参数进行预测，1h 平均值按高峰小时交通量参数进行预测。

11.3.6　敏感点（路段）评价污染物浓度预测要求

1　预测参数按敏感点（路段）实际参数进行预测。

2　应将预测扩散浓度与背景浓度线性叠加后，与标准限值比较，分析环境空气质量达标和超标情况。

3　应分析出现超标时的气象条件和污染程度。

11.4　污染防治对策

11.4.1　应对施工期场站选址、施工现场（含施工道路）、物料装运、材料堆放及运输道路提出环保要求。

11.4.2　应根据预测结果提出运营期环境空气污染防治对策。

12 事故污染风险分析

12.0.1 应对在运营过程中危险化学货物的泄漏进行事故污染风险分析，其分析重点应针对敏感水体进行，并提出风险防范和管理对策。

12.0.2 应对公路分路段进行危害敏感性识别，其识别重点应是处于敏感水体汇水区的路段。

12.0.3 对确认的敏感路段，应根据事故风险、危害种类等，结合工程设计提出工程防范要求。

12.0.4 应制订必要的应急报告制度及程序。

附录 A　环境影响报告书编制格式

A.1.1　报告书文件幅面应采用 A_4，封面应采用草绿底黑字。

A.1.2　报告书封面格式见图 A.1.2。

证书编号（字号四宋）　　　　　　　　　　项目编号（字号四宋）

×××公路工程

（字号三仿）

环境影响报告书

（字号一黑）

委托单位：（字号三仿）
编制单位：（字号三仿）
××年××月××日（字号三仿）

图 A.1.2　报告书封面格式

A.1.3 报告书封里一格式见图 A.1.3。

环境影响评价证书

（影　印　件）

（按原件 1/3 比例缩印）

持证单位：（字号四宋）

法人代表：

评价机构：（加盖公章）

评价机构负责人：

项目名称：

图 A.1.3　报告书封里一格式

A.1.4 报告书封里二格式见图 A.1.4。

主编单位:(字号四宋)

法人代表:(签章)

总工程师:姓名　　签字　　职称

评价机构负责人:姓名　　签字　　职称

参编单位:(字号四宋)

法人代表:(签章)

总工程师:姓名　　签字　　职称

评价机构负责人:姓名　　签字　　职称

项目负责人:姓名　签字　环境评价工程师证书编号

总报告编写:姓名　签字　环境评价工程师证书或上岗证编号

专项负责人:

专项名称:姓名　签字　环境评价工程师证书或上岗证编号

图 A.1.4　报告书封里二格式

A.1.5 报告书封里三格式图见 A.1.5。

目　　录

正文

附件

附图

注：

(1)正文目录应编至＊.＊节。

(2)附件应列出项目环境影响评价委托书、环境影响评价标准确认函等依据性文件。

(3)附图主要是监测布点图、项目地理位置图、路线平、纵面缩图、水系图等技术性图纸。

图 A.1.5　报告书封里三格式

附录 B　公路建设项目环境保护投资项目及环保投资估算指标

B.1.1　公路建设项目环境保护投资项目及环保投资估算指标见表 B.1.1。

表 B.1.1　公路建设项目环境保护投资项目及环保投资估算指标

序号	投　资　项　目	单位	投资(万元)	备　　注
一、	环境污染治理投资			
1	声环境污染治理			
1.1	声屏障(含环境设施带)	延米		
1.2	围墙	延米		
1.3	建筑物封闭外廊	延米		
1.4	隔声窗	m^2		
1.5	低噪声路面	m^2		
1.6	防噪林带	m^2		
1.7	建筑物拆迁	m^2		不含正常的工程拆迁
1.8	专设的限速、禁鸣标志等	处		
2	振动治理			
2.1	减振沟	m		
3	环境空气污染治理			
3.1	附属设施锅炉烟尘、餐饮油烟处理设施	套		
3.2	收费亭、隧道强制通风设备	套		
3.3	防护林带	m^2		注意与1.6的协调
3.4	施工期降尘措施			不含成套搅拌设备本身应具备的除尘装置
3.5	建筑物拆迁	m^2		注意与1.7的协调，不得重复计算费用
4	地表水污染环境治理			
4.1	附属设施污水处理设施	处		
4.2	施工期生产和生活废水处置	处		含隧道施工废水处置
4.3	路面汇水集中处理设施	处		如独立的排水系统、排水系统中的泥沙沉淀、隔油池、集水井(池)等
二、	生态环境保护投资			
1	绿化美化工程	m^2		除包括公路用地范围内的绿化费用外，还应包含为补偿因道路建设所占原有绿地而在道路用地范围以外建设的绿化工程等的费用。如：城郊结合部的绿化，取弃土场植被恢复与防护措施等
2	对湿地、草原、草场的保护工程(或置换工程)			含在牧区为转场特设的通道

续上表

序号	投资项目	单位	投资(万元)	备注
3	公路经过渔业养殖水域所采取的防护措施			含给予渔政部门的渔业资源补偿费用,但不含给渔民的直接赔偿费用
4	公路经过自然保护区所采取的特殊工程措施			如特殊的防护隔栅、动物通道等
5	保护沿线土地资源措施			如耕地表土剥离及保护措施、料堆场等的复垦
6	取弃土(含石方)场所生态恢复和水保措施			根据项目预、工可进行估算,要求初设落实
三、	社会经济环境保护投资			
1	通道和人行桥工程	处		为构成道路交通网而设置的互通立交、分离式立交、路线桥等构造物除外
2	为保护人文景观、历史遗产所采取的措施			如文物勘察、挖掘和保护费用;特设的跨越或遮挡工程等
3	危险化学品运输事故的防范措施			如危险品检查站设置、事故应急车、敏感路段监控等
4	工程拆迁及安置费用			不计征地及青苗费用
5	为补偿因公路建设所占用水源(特别是农村的饮用水源)的供水工程费用			
	……			
四、	环境管理及其科技投资			
1	专设监测站的基建费、仪器设备费、装备费等			根据项目监测计划确定
2	项目环境保护专业人员及监理工程师等的技术培训费			根据项目培训计划确定
3	环境监测费用			根据项目环境监测计划确定
4	项目环境保护工作人员的薪酬及办公经费			根据项目环境管理计划确定
5	环境工程(设施)维护和运营费用			按有关费率确定
6	工程环境监理费用			按有关费率确定
	……			
五、	环境保护税费项目			按一定费率或税率收取
1	水土保持补偿费			
2	造林费、林地补偿费			
3	耕地费、造地费			
4	矿产资源税			
5	文物勘察费、文物挖掘保护费			
6	渔业资源保护费			
	……			

附录 C　公路交通噪声预测

C.1　公路交通噪声预测模式参数选择

C.1.1　公路交通噪声预测模式中各参数的确定方法

1　车速

1）　公式计算法

车速计算参考公式如式(C.1.1-1)和式(C.1.1-2)所示：

$$v_i = k_1 u_i + k_2 + \frac{1}{k_3 u_i + k_4} \tag{C.1.1-1}$$

$$u_i = \mathrm{vol}[\eta_i + m(1-\eta_i)] \tag{C.1.1-2}$$

式中：v_i——预测车速，km/h；当设计车速小于120km/h时，该车型预测车速按比例降低；

u_i——该车型的当量车数；

η_i——该车型的车型比；

vol——单车道车流量，辆/h；

m——其他两种车型的加权系数。

k_1、k_2、k_3、k_4 分别为系数，如表C.1.1-1所示。

表 C.1.1-1　车速计算公式系数

车　型	k_1	k_2	k_3	k_4	m
小型车	-0.061 748	149.65	-0.000 023 696	-0.020 99	1.210 2
中型车	-0.057 537	149.38	-0.000 016 390	-0.012 45	0.804 4
大型车	-0.051 900	149.39	-0.000 014 202	-0.012 54	0.709 57

车型分为小、中、大三种，车型分类标准见表C.1.1-2。车型比应按可行性研究报告中提供的交通量调查结果确定。

表 C.1.1-2　车型分类标准

车　型	汽车总质量	车　型	汽车总质量
小型车(S)	3.5t 以下	大型车(L)	12t 以上
中型车(M)	3.5t 以上～12t		

注：小型车一般包括小货、轿车、7座(含7座)以下旅行车等；

大型车一般包括集装箱车、拖挂车、工程车、大客车(40座以上)、大货车等；

中型车一般包括中货、中客(7座～40座)、农用三轮、四轮等。大型车和小型车以外的车辆，可按相近归类。

2）　根据项目直接影响区相似公路车辆运行状况分析确定车速。

2　单车行驶辐射噪声级 L_{0i}

1）　车辆在参照点(7.5m处)的平均辐射噪声级(dB) L_{0i} 按下式计算：

小型车　$$L_{0S} = 12.6 + 34.73\lg v_S + \Delta L_{路面} \tag{C.1.1-3}$$

中型车　$$L_{0M} = 8.8 + 40.48\lg v_M + \Delta L_{纵坡} \tag{C.1.1-4}$$

大型车　$$L_{0L} = 22.0 + 36.32\lg v_L + \Delta L_{纵坡} \tag{C.1.1-5}$$

式中：右下角注$_{S、M、L}$——分别表示小、中、大型车；

v_S、v_M、v_L——该车型车辆的平均行驶速度，km/h。

2）　源强修正

公路纵坡引起的交通噪声源强修正量 $\Delta L_{纵坡}$ 计算按表 C.1.1-3 取值。

表 C.1.1-3　路面纵坡噪声级修正值

纵坡(%)	噪声级修正值(dB)	纵坡(%)	噪声级修正值(dB)
≤3	0	6~7	+3
4~5	+1	>7	+5

注:本表仅对大型车和中型车修正,小型车不作修正。

公路路面引起的交通噪声源强修正量 $\Delta L_{路面}$ 取值按表 C.1.1-4 取值。

表 C.1.1-4　常规路面修正值 $\Delta L_{路面}$

路　面	$\Delta L_{路面}$	路　面	$\Delta L_{路面}$
沥青混凝土路面	0	水泥混凝土路面	+1~2

注:本表仅对小型车修正,大型车和中型车不作修正。

3　距离衰减量 $\Delta L_{距离}$ 的计算

当行车道上的小时交通量大于 300 辆/h 时,$\Delta L_{距离} = 10\lg \frac{r_0}{r}$

当行车道上的小时交通量小于 300 辆/h 时,$\Delta L_{距离} = 15\lg \frac{r_0}{r}$

其中:r_0——等效行车道中心线至参照点的距离,$r_0 = 7.5$m;

r——等效行车道中心线至接受点的距离,m。

$$r = \sqrt{r_1 \cdot r_2}$$

式中:r_1——接受(预测)点至近车道行驶中线的距离,m;

r_2——接受(预测)点至远车道行驶中线的距离,m。

4　地面吸收声衰减量 $\Delta L_{地面}$ 计算

$$\Delta L_{地面} = -A_{gr}$$

当声波越过疏松地面传播时,或大部分为疏松地面的混合地面,且在接受点仅计算 A 声级前提下,A_{gr} 可用下式计算:

$$A_{gr} = 4.8 - (2h_m/d)[17 + (300/d)] \geqslant 0 \text{ dB} \qquad (C.1.1\text{-}6)$$

式中:A_{gr}——地面效应引起的衰减值,dB;

d——声源到接受点的距离,m;

h_m——传播路径的平均离地高度,m;h_m = 面积 F/d,可按图 C.1.1-1 进行计算。

若 A_{gr} 计算出负值,A_{gr} 可用 0 代替。

其他情况可参照《声学　户外声传播的衰减　第 2 部分:一般计算方法》(GB/T 17247.2)进行计算。

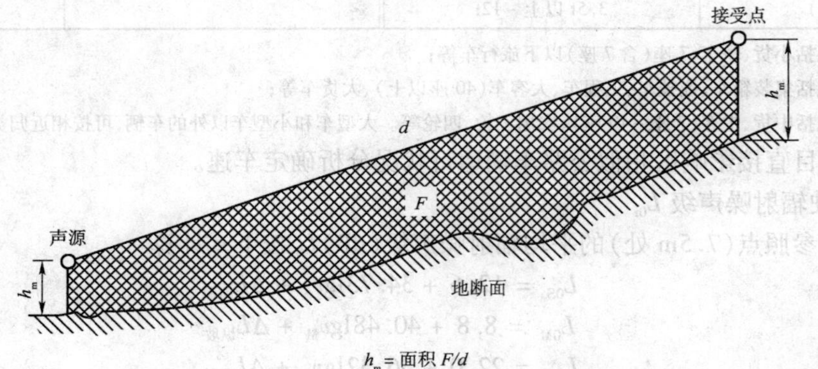

图 C.1.1-1　估计平均高度 h_m 的方法

5　公路弯曲或有限长路段引起的交通噪声修正量 ΔL_1 的计算(式 C.1.1-7)

$$\Delta L_1 = 10\lg(\theta/180°) \quad (C.1.1\text{-}7)$$

式中：θ ——预测点向公路两端视线间的夹角(°)，见图 C.1.1-2 ~ 图 C.1.1-4。

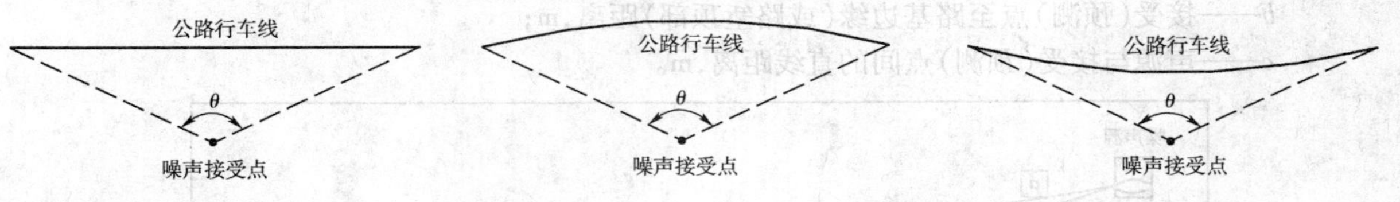

图 C.1.1-2　有限长路段　　图 C.1.1-3　公路内弯曲　　图 C.1.1-4　公路外弯曲

6　障碍物声衰减量 $\Delta L_{障碍物}$ 的计算

$$\Delta L_{障碍物} = \Delta L_{树林} + \Delta L_{农村房屋} + \Delta L_{声影区} \quad (C.1.1\text{-}8)$$

1)　$\Delta L_{树林}$ 为林带引起的障碍衰减量。

通常林带的平均衰减量用下式估算：

$$\Delta L_{树林} = kb \quad (C.1.1\text{-}9)$$

式中：k——林带的平均衰减系数，取 $k = -0.1\text{dB/m}$；

b——噪声通过林带的宽度，m。

林带引起的障碍衰减量随地区差异不同，最大不超过 10dB。例如北方地区林木密度小，衰减量适当降低。

2)　$\Delta L_{农村房屋}$ 为农村建筑物的障碍衰减量。

一般农村民房比较分散，它们对噪声的附加衰减量估算按表 C.1.1-5 取值。

在噪声预测时，接受（预测）点设在第一排房屋的窗前，随后建筑的环境噪声级按表 C.1.1-5 及图 C.1.1-5 进行估算。

表 C.1.1-5　建筑物噪声衰减量估算值

房屋状况	衰减量 ΔL	备　注
第一排房屋占地面积 40% ~60%	-3dB	房屋占地面积按图 C.1.1-5 计算
第一排房屋占地面积 70% ~90%	-5dB	
每增加一排房屋	-1.5dB 最大绝对衰减量≤ -10dB	

注：表 C.1.1-5 仅适用于平路堤路侧的建筑物。

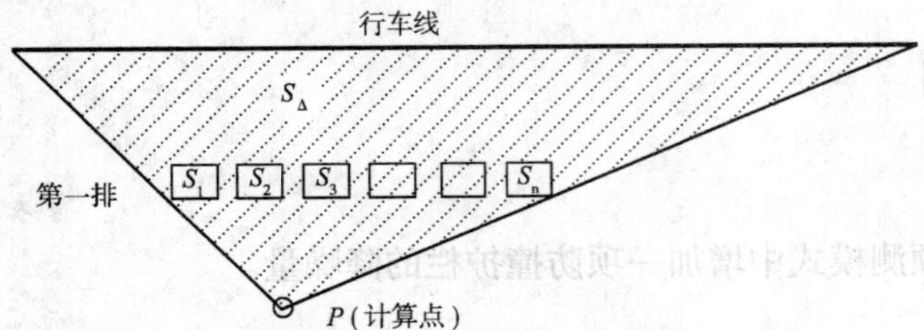

房屋占地面积 $S = S_1 + S_2 + \cdots + S_n$

接受点对房屋张角至行车线三角形的总面积 $S_0 = S_\Delta$

房屋占地面积百分比 $= \frac{S}{S_0} \times 100\%$

图 C.1.1-5　第一排房屋占地面积计算示意图

3)　$\Delta L_{声影区}$ 为预测点在路堤或路堑两侧声影区引起的绕射声衰减量。

当预测点处于声照区，$\Delta L_{声影区} = 0$；

当预测点位于声影区，$\Delta L_{声影区}$ 主要取决于声程差 δ。

在计算绕射声衰减量时使用菲涅耳数 N_{max}。菲涅耳数定义为：

$$N_{max} = \frac{2\delta}{\lambda} \quad (C.1.1\text{-}10)$$

式中：N_{max}——菲涅耳数；

λ——声波波长，m；

δ——声程差，m，由图 C.1.1-6 计算 δ，$\delta = a + b - c$；

a——声源与路基边缘（或路堑顶部）距离，m；

b——接受（预测）点至路基边缘（或路堑顶部）距离，m；

c——声源与接受（预测）点间的直线距离，m。

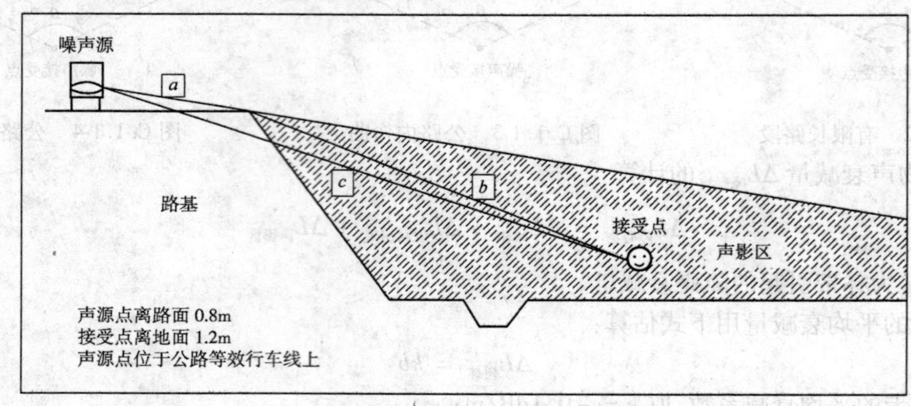

图 C.1.1-6　声程差 δ 计算示意图

线源绕射声衰减量的计算模式如式（C.1.1-11）：

$$\Delta L_{声影区} = \begin{cases} -10 \times \lg\left(\dfrac{3 \times \pi \times \sqrt{1-t^2}}{4 \times \tan^{-1}\sqrt{\dfrac{1-t}{1+t}}}\right) & (当\ t \leqslant 1\ 时) \\ -10 \times \lg\left[\dfrac{3 \times \pi \times \sqrt{t^2-1}}{2 \times \ln(t + \sqrt{t^2-1})}\right] & (当\ t > 1\ 时) \end{cases} \quad (C.1.1\text{-}11)$$

其中 $t = 20 \times N_{max}/3$。

C.1.2　预测模式的适用范围

1　公路交通噪声预测模式适用于双向六车道及以下的高速公路、一级公路和二级公路，其他公路可做参考。

2　预测点在距噪声等效行车线 7.5m 以远处。

3　车辆平均行驶速度在 48～140km/h 之间。

C.2　高架道路和立交区交通噪声预测

C.2.1　高架道路噪声预测

进行高架道路噪声预测时，在交通噪声预测模式中增加一项防撞护栏的降噪量。

C.2.2　立交区噪声预测

分别计算主路到预测点的噪声级、匝道到预测点的噪声级，然后叠加。

预测点的交通噪声小时等效声预测级 $L_{Aeq}(h)$ 按式（C.2.2）计算：

$$L_{Aeq}(h) = 10\lg\sum 10^{0.1L_{Aeq}(h)_{mi}} \quad (C.2.2)$$

式中：$L_{Aeq}(h)$——预测点的交通噪声小时等效声级，dB；

$L_{Aeq}(h)_{mi}$——各主路、匝道的交通噪声小时等效声级，dB。

其中匝道上的车速按常规取值：

小车：40～50km/h；

中车：30～40km/h；

大车：20～30km/h。

亦可类比调查确定。

C.3 施工机械噪声测试值汇总

C.3.1 公路工程机械噪声测试值见表 C.3.1。

表 C.3.1 公路工程施工机械噪声测试值

序号	机械类型	型号	测点距施工机械距离(m)	最大声级 L_{max}(dB)
1	轮式装载机	ZL40 型	5	90
2	轮式装载机	ZL50 型	5	90
3	平地机	PY160A 型	5	90
4	振动式压路机	YZJ10B 型	5	86
5	双轮双振压路机	CC21 型	5	81
6	三轮压路机		5	81
7	轮胎压路机	ZL16 型	5	76
8	推土机	T140 型	5	86
9	轮胎式液压挖掘机	W4—60C 型	5	84
10	摊铺机(英国)	fifond311 ABG CO	5	82
11	摊铺机(德国)	VOGELE	5	87
12	发电机组(2 台)	FKV—75	1	98
13	冲击式钻井机	22 型	1	87
14	锥形反转出料混凝土搅拌机	JZC350 型	1	79

C.3.2 沥青混凝土搅拌站噪声测试值见表 C.3.2。

表 C.3.2 沥青混凝土搅拌机噪声测试值

序号	搅拌机型号	测点距施工机械距离(m)	最大声级 L_{max}[dB(A)]
1	Parker LB1000 型(英国)	2	88
2	LB30 型(西筑)	2	90
3	LB2.5 型(西筑)	2	84
4	MARINI(意大利)	2	90

注:以上数据是施工机械满负荷运转时测试的。

附录D　公路沿线设施污水量定额及污水成分

D.1.1　生活污水量定额见表D.1.1。

表D.1.1　生活污水量定额

序号	高速公路管理设施	平均日污水量(L/人)				
		一分区	二分区	三分区	四分区	五分区
1	收费站(无住宿人员)	12～40	30～45	40～65	40～70	25～40
2	服务区工作人员	95～125	100～140	110～150	120～160	100～140
3	管理中心以及收费站(有住宿人员)	95～125	100～140	110～150	120～160	100～140
4	服务区住宿人员	45～90				
5	服务区就餐人员	8～20				
6	服务区过往人员冲洗厕所	10～20				

说明：

第一分区：黑龙江、吉林、辽宁、内蒙古、新疆、西藏、青海。

第二分区：北京市、天津市、山东、河北、山西、陕西、宁夏、河南、甘肃。

第三分区：上海市、浙江、江苏、安徽、江西、湖北、湖南、福建。

第四分区：广东、台湾、广西、海南。

第五分区：贵州、四川、云南、重庆市。

D.1.2　冲洗汽车用水量定额见表D.1.2。

表D.1.2　冲洗汽车用水量定额

序　号	车　型	冲洗汽车用水量
1	小客车	10～30L/车
2	客车或载货车	40～80L/车

D.1.3　高速公路管理设施污水浓度见表D.1.3。

表D.1.3　高速公路管理设施污水浓度(mg/L)

管理设施＼指标	pH(无量纲)	SS	COD	BOD_5	氨氮	石油类	动植物油
管理中心、收费站等	6.5～9.0	500～600	400～500	200～250	40～140	2～10	15～40
服务区	6.5～9.0	500～600	800～1200	400～600	40～140	2～10	15～40

附录 E　环境空气预测模式及参数选择

E.1　预测模式

E.1.1　当风向与线源夹角为 $0<\theta<90°$ 时，计算任意形状线源的积分模式（可以计算有限长和无限长线源的浓度分布），如图 E.1.1 公路作有限长线源（AB 段），其扩散模式为式（E.1.1-1）：

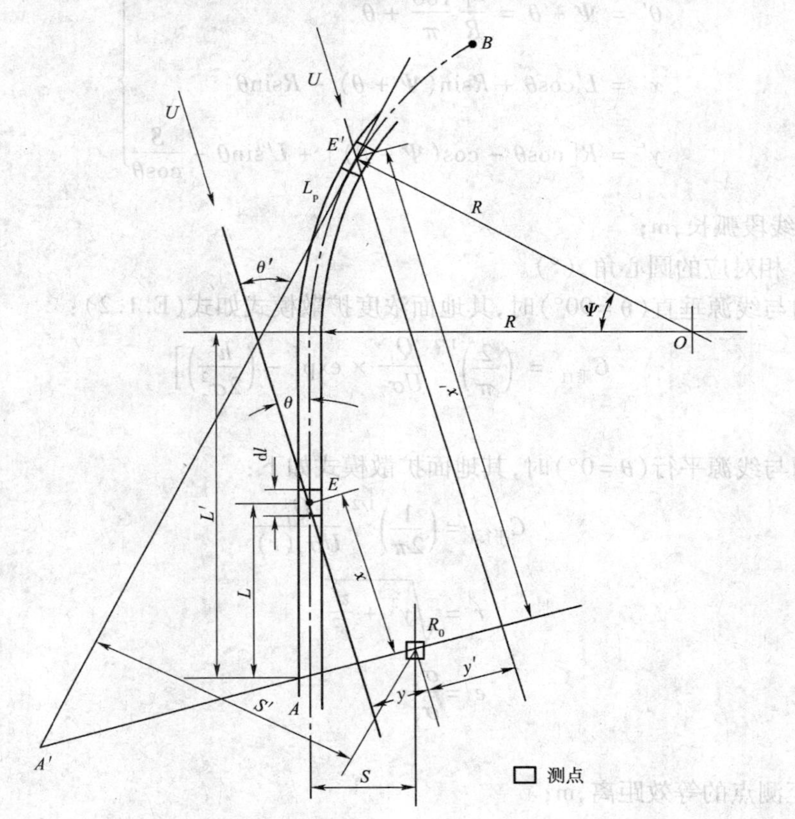

图 E.1.1　公路作为线源的污染物浓度扩散计算示意图

注：θ 或 θ'——风速矢量与线源（公路中心线）夹角，简称风向角，(°)；

L——微元中点至线源起点 A 的距离，m；

L'——曲线起点至线源起点 A 的距离，m；

R——曲线公路的曲率半径长，m；

Ψ——曲线微元中点至曲线起点的圆心角，(°)；

S 或 S'——预测点至线源中心线或微元段中心点切线的垂直距离，m。

$$C_{PR}=\frac{Q_j}{U}\int_A^B\frac{1}{2\pi\sigma_y\cdot\sigma_z}\exp\left[-\frac{1}{2}\left(\frac{y}{\sigma_y}\right)^2\right]\left\{\exp\left[-\frac{1}{2}\left(\frac{z-h}{\sigma_z}\right)^2\right]+\exp\left[-\frac{1}{2}\left(\frac{z+h}{\sigma_z}\right)^2\right]\right\}\mathrm{d}l$$

（E.1.1-1）

式中：C_{PR}——公路线源 AB 段对预测点 R 产生的污染物浓度，mg/m³；

U——预测路段有效排放源高处的平均风速，m/s；

Q_j——气态 j 类污染物排放源强度，mg/（辆·m）；

σ_y、σ_z——水平横风向、垂直扩散参数,m;

y——线源微元中点至预测点的横风向距离,m;

z——预测点至地面高度,m;

h——有效排放源高度,m;

A、B——线源起点及终点。

扩散模式(E.1.1-1)中几何参数关系为:

A. 直线线源测点至微元中点的 x 与 y 见图 E.1.1,按式(E.1.1-2)计算:

$$\left.\begin{aligned} c &= L\cos\theta \\ y &= L\sin\theta - S/\cos\theta \end{aligned}\right\} \tag{E.1.1-2}$$

B. 圆弧曲线线源测点至微元中心点的 x'和 y'按式(E.1.1-3)计算:

$$\left.\begin{aligned} \theta' &= \Psi + \theta = \frac{L_P}{R}\frac{180}{\pi} + \theta \\ x' &= L'\cos\theta + R\sin(\Psi + \theta) - R\sin\theta \\ y' &= R[\cos\theta - \cos(\Psi - \theta)] + L'\sin\theta - \frac{S}{\cos\theta} \end{aligned}\right\} \tag{E.1.1-3}$$

式中:L_P——曲线线段弧长,m;

Ψ——与 L_P 相对应的圆心角,(°)。

E.1.2 当风向与线源垂直(θ=90°)时,其地面浓度扩散模式如式(E.1.2):

$$C_{垂直} = \left(\frac{2}{\pi}\right)^{1/2}\frac{Q_j}{U\sigma_z} \times \exp\left[-\left(\frac{h^2}{2\sigma_z^2}\right)\right] \tag{E.1.2}$$

E.1.3 当风向与线源平行($\theta=0°$)时,其地面扩散模式如下:

$$C_{平行} = \left(\frac{1}{2\pi}\right)^{1/2}\frac{Q_j}{U\sigma_z(r)} \tag{E.1.3-1}$$

其中,

$$r = \sqrt{y^2 + \frac{z^2}{e^2}} \tag{E.1.3-2}$$

$$e = \frac{\sigma_z}{\sigma_y} \tag{E.1.3-3}$$

式中:r——微元至测点的等效距离,m;

e——扩散参数比。

E.2 参数选择

E.2.1 平均风速

有效排放源高度处的平均风速 U,可现场监测得出。

如引用气象资料中的风速 U_0,当 $U_0 < 2$m/s 时,考虑车辆高速行驶的空气拖动效应,应按式(E.2.1)作修正。

$$U = AU_0^{0.164}\cos^2\theta \tag{E.2.1}$$

式中:A——与车速相关的系数,车速为 80~100km/h 时,$A=1.85$;

θ——风速矢量与线源夹角(°)。

当计算得出的 $U < U_0$ 时,仍用 U_0 代入式(E.1.1-1)或式(E.1.2)或式(E.1.3-1)中。

E.2.2 大气稳定度

大气稳定度分级确定执行《环境影响评价技术导则 大气环境》(HJ/T 2.2)的附录 B 并提高一级。

E.2.3 垂直扩散参数

垂直扩散参数 σ_z 按式(E.2.3)计算:

$$\sigma_z = (\sigma_{za}^2 + \sigma_{z0}^2)^{1/2} \quad (E.2.3)$$

$$\sigma_{za} = a(0.001x)^b$$

式中:σ_{za}——常规垂直扩散参数,m;

a、b——分别为回归系数和指数,取值见表 E.2.3-1;

σ_{z0}——初始垂直扩散参数,m,取值见表 E.2.3-2;

x——线源微元至预测点的下风向距离,m。

表 E.2.3-1 回归系数和指数值

大气稳定度等级	a	b
不稳定(A、B、C)	110.62	0.931 98
中性(D)	86.49	0.923 32
稳定(E、F)	61.14	0.914 65

表 E.2.3-2 初始垂直扩散参数

风速 U(m/s)	<1	$1 \leqslant U \leqslant 3$	>3
σ_{z0}(m)	5	$5-3.5(U-1/2)$	1.5

E.2.4 水平扩散参数

水平扩散参数 σ_y 按式(E.2.4)计算:

$$\sigma_y = (\sigma_{ya}^2 + \sigma_{y0}^2)^{1/2} \quad (E.2.4)$$

$$\sigma_{ya} = 465.1 \times (0.001x)\tan\theta_P$$

$$\theta_P = c - d \times \ln(0.001x)$$

式中:σ_{ya}——常规水平横风向扩散参数,m;

σ_{y0}——初始水平扩散参数,m,取值见表 E.2.4-1;

θ_P——烟羽水平扩散半角,(°);

x——线源微元中点至预测点的下风向距离,m;

c、d——回归系数,取值见表 E.2.4-2。

表 E.2.4-1 σ_{y0} 取 值

风速 U(m/s)	<1	$1 \leqslant U \leqslant 3$	>3
σ_{y0}(m)	10	$2\sigma_{z0}$	3

表 E.2.4-2 回 归 系 数

大气稳定度等级	c	d
不稳定(A、B、C)	18.333	1.809 6
中性(D)	14.333	1.770 6
稳定(E、F)	12.500	1.085 7

E.2.5 风向平行于公路中心线时的常规扩散参数确定

A. 常规垂直扩散参数 σ_{zap},按式(E.2.5-1)计算:

$$\sigma_{zap} = a(0.001r)^b \quad (E.2.5\text{-}1)$$

$$r = [y^2 + (z/e)^2]^{1/2}$$

$$e = \sigma_z/\sigma_y \qquad e \approx 0.5 \sim 0.7$$

式中:r——微元至测点等效距离,m;

e——常规扩散参数比,靠近路中心线 e 取小值,反之取大值;

y——线源微元至预测点的横向距离,m。

其余符号意义同前。

B. 常规水平横风向扩散参数 σ_{yap},按式(E.2.5-2)计算:

$$\sigma_{yap} = 4.651 \times (0.001y)\tan[c - d \times \ln(0.001y)] \quad (E.2.5\text{-}2)$$

式中符号意义同前。

C. 初始水平和垂直扩散参数同前。

E.2.6 高峰小时、昼间系数及路基高度取值

采用项目工程可行性研究报告提供的数据。

E.2.7 污染物排放源强度

见表 E.2.7。

表 E.2.7 车辆单车排放因子推荐值[mg(辆·m)]

平均车速(km/h)		50.0	60.0	70.0	80.0	90.0	100.0
小型车	CO	31.34	23.68	17.90	14.76	10.24	7.72
	NO_x	1.77	2.37	2.96	3.71	3.85	3.99
中型车	CO	30.18	26.19	24.76	25.47	28.55	34.78
	NO_x	5.40	6.30	7.20	8.30	8.80	9.30
大型车	CO	5.25	4.48	4.10	4.01	4.23	4.77
	NO_x	10.44	10.48	11.10	14.71	15.64	18.38

E.3 预测结果表示

车辆排放污染物扩散浓度预测可按评价路段预测,预测结果用表格表示。

预测点浓度可做日平均浓度预测和高峰小时浓度预测。日平均浓度在日均小时交通量和典型气象(风向、风速和稳定度等)条件下预测,高峰小时浓度预测则在日高峰小时交通量和典型气象条件下预测。

附录 F　本标准用词说明

执行本规定条文时，对于要求严格程度的用词说明如下，以便在执行中区别对待。

（1）　表示很严格，非这样做不可的用词：

正面词采用“必须”；

反面词采用“严禁”。

（2）　表示严格，在正常情况下均应这样做的用词：

正面词采用“应”；

反面词采用“不应”或“不得”。

（3）　表示允许稍有选择，在条件许可时首先应这样做的用词：

正面词采用“宜”

反面词采用“不宜”。

（4）　表示有选择，在一定条件下可以这样做的，采用“可”。

《公路建设项目环境影响评价规范》

（JTG B03—2006）

条 文 说 明

1 总则

1.0.1 本规范编制的主要法律法规依据有：

《中华人民共和国环境保护法》；

《中华人民共和国水土保持法》；

《中华人民共和国环境影响评价法》；

《中华人民共和国公路法》；

《中华人民共和国水污染防治法》；

《中华人民共和国大气污染防治法》；

《中华人民共和国环境噪声污染防治法》；

《中华人民共和国文物保护法》；

《建设项目环境保护管理条例》；

《基本农田保护条例》；

《交通建设项目环境保护管理办法》。

1.0.2 公路项目环境影响评价的环境要素包括生态环境、声环境、环境空气、水环境、社会环境和景观等内容。

一般公路建设项目宜突出对生态和声环境的评价和环境保护措施的论证，适当弱化地表水、环境空气、危险化学品运输等的环境预测分析。

《建设项目环境保护分类管理办法》对建设项目环境影响评价工作总体要求进行了分级规定。公路建设项目按其建设规模和所在地区环境敏感程度可分别编制环境影响报告书、环境影响报告表。

1.0.3 本规范只对需编制环境影响报告书的项目工作内容和技术方法进行规定。环境影响报告表已由国家环境保护行政主管部门制订了统一格式，因此，填写环境影响报告表的项目可参照执行。公路网规划环境影响评价也可参照本规范执行。公路大气、噪声等环境影响评价采用的模式和计算参数大多在高速公路及一级公路的数据基础上获得，因此，对三级及以下公路的环境预测及评价只能参照执行。

1.0.5 引用标准根据其修订自动调整。主要的标准有：

《地表水环境质量标准》(GB 3838)；

《污水综合排放标准》(GB 8978)；

《农田灌溉水质标准》(GB 5084)；

《渔业水质标准》(GB 11607)；

《环境空气质量标准》(GB 3095)；

《锅炉大气污染物排放标准》(GB 13271)；

《城市区域环境噪声质量标准》(GB 3096)；

《城市区域环境振动标准》(GB 10070)；

《建筑施工场界噪声标准限值》(GB 12523)。

3 基本规定

3.0.1 公路建设项目为线状工程,点多面广,且敏感点分散,因此,必须突出敏感点评价,简化路段评价。为更好地理解"点段"的概念,此条所谈的"点"实际上就是敏感路段,而"段"则应理解为较长的路段或"区段"。为进一步增强评价的针对性,更好地说明问题和提高评价的效率,应根据环境要素将路线划分为不同的路段,并根据路段的工程特点、区域环境特征及环境功能区划确定各路段的评价工作内容和深度。

3.0.2 环境是由各种环境要素组成的,大气、噪声、水体、土壤、社会经济、文化等都是环境要素,被选择作为环境评价的环境要素的质量参数也叫评价因子。公路项目的环境要素通常划分为生态环境、水土保持、地表水环境、声环境、环境空气、社会经济、景观等。

环境影响识别是指识别受一项开发行为或项目影响的环境要素的各种因子(或参数),受影响的环境因子可以按环境要素及参数分类。公路工程的环境影响是多方面的,最重要的是对景观和视觉、空气质量、交通运输方式、噪声、社会经济、水质和野生生物的影响。对具体项目评价环境因子的确定必须在工程分析和影响识别的基础上进行。本条所列的环境要素可进行选择性评价,同时也应按照区域特殊的环境特征增加必要的评价环境要素。

3.0.3 按照项目工程特点、区域环境特征及环境功能区划,对不同的环境要素可各自进行路段划分,并根据相应路段的环境特征对其规定评价工作要求。公路建设项目不划分项目的整体评价工作等级。

按照《环境影响评价导则》的相关规定,环境要素的评价工作等级可分为三级。一级应进行全面、深入的评价,二级应针对重点问题进行深入评价,三级为一般性评价。对于公路建设项目,生态、噪声和环境空气可进行评价等级划分。水土保持、地表水、环境空气、景观等只需确定重点(敏感)路段和一般路段,并确定其工作内容和深度,不划分评价等级。就具体项目,个别环境要素评价,如环境空气,可不进行环境现状实测,而只进行简单的叙述、分析。

3.0.4 在环境影响报告中引用的工程量等宜与项目的初步设计文件一致,也可根据项目的实际情况采用工程初步设计外验材料、工程可行性研究报告或工程预可行性研究报告的数据,报告书应注明所引用资料的来源。

对本条规定的内容报告书中均应有反映,但编制的深度则应根据项目特点进行选择。

3.0.5 就公路建设项目而言,"保护"就是通过"避绕"、"少扰"等手段,减少工程对现有生态平衡的破坏。在工程选线中要注意避开需特殊保护区;在工程设计中要考虑采用高架桥或隧道通过生态脆弱或地质不良地段;在工程施工时要尽量减少对植被的破坏。"预防"是通过工程设施防止可能出现的生态问题。如利用边坡防护和截排水系统,防止边坡失稳带来的水土流失;利用导流、防护设施防止水流对河岸的冲刷;利用通道解决动物跨线迁徙问题。"治理"是一种被动的措施,但可通过防治结合提高其主动性。如通过抗滑桩、挡墙、锚杆、锚索防治和处理边坡失稳;通过网格绿化固沙防沙;通过集中取土,造塘养鱼来补偿湿地;通过植被覆盖、复垦处理、设置挡墙防止弃方带来的水土流失;通过声屏障等减缓噪声影响等。总之要采用保护、预防、防治的一切手段,将公路建设对生态破坏、环境污染的影响降至最低。

3.0.6 对于涉及环境保护投资较大或公众较敏感的环境保护措施,应提出两个以上(含两个)备选方案。由于公路交通污染状况与交通量等有直接的关系,因此对于交通噪声污染治理等措施应根据交通量增长情况提出分期实施意见。分期实施,既包括在不同阶段采取不同的治理措施,也包括同一设施分阶段分规模(处理能力)完成。对于声屏障等设施,应在主体工程设计阶段完成设计,根据交通量增长情况适时完成实施。

3.0.7 对于改扩建的公路项目,应注意对其进行环境影响、环境对策和环境治理效果三者的"有"与"无"分析,在采取环境保护措施时应根据受影响对象及对应的防治责任分别提出不同的对策。对于只进行道路加宽和加罩面的公路工程项目,在公路路侧建筑控制区内修建的环境敏感建筑物按已有工程进行污染控制;对于采取截弯取直等线形改造项目的公路路段则应按新建公路项目的要求进行污染控制。

3.0.8 由于某些环境影响指标尚难以量化,或缺乏统一的量化方法,因此,暂不要求全部采取量化指标。为便于比较,宜尽可能采取量化的指标并说明采取的量化方法。

3.0.9 环境保护投资是贯彻环境保护基本国策、实现环境保护目标的重要保证。国务院环境保护委员会、国家计委 1987 年颁布的《建设项目环境保护设计规定》中明确规定:"环境保护设施按下列原则划分:(一)凡属污染治理和保护环境所需的装备、设备、监测手段和工程设施等均属环境保护设施;(二)生产需要又为环境保护服务的设施;(三)外排废弃物的运载设施、回收及综合利用设施、堆存场地的建设和征地费用列入生产投资,但为了保护环境所采取的防粉尘飞扬,防渗漏措施以及绿化设施所需的资金属于环境保护投资"。但其中的原则(二)在项目中实际应用较易引起争议。鉴于公路建设项目中兼具环境保护功能的公路主体工程较多,如桥梁、涵洞、互通立交、跨线桥、渡槽、路基防护与排水、沿线设施等,本规范采用交通部《公路交通行业环境保护投资界定》课题成果,对环境影响报告书中的环境保护投资项目进行了规定。

4 工程概况与工程分析

4.0.1 工程概况的主要内容是指:

1 路线主要控制点包括路线起点、终点和较重要的路线必经地点。

2 主要技术指标应包括路线长度、公路等级、车道数量、路面材料、设计防洪频率等。

3 主要工程量清单应包括土石方数量、桥涵数量、隧道数量、立交数量等。

4 交通量预测数据应包括与环境预测年份对应的交通量及公路远景交通量。

6 应包括永久占地和临时占地数量。

4.0.2 工程分析内容应根据建设项目的工程特征,包括建设项目的类型、性质、规模、开发建设方式与强度、能源与资源用量、污染物排放特征,以及项目所在地的环境条件来确定。公路项目作为非污染的生态项目,包括与产生污染物有关的建筑工艺过程及其污染物的产生源、污染物种类、数量、治理措施、排放源强和排放方式、资源和能源的储运、交通运输、土地利用、运营期事故和废物处置及控制等分析,并宜初步估计其环境影响。

公路建设项目的建设环节和过程基本相同,其对环境产生影响方式也相似,但由于工程建设标准、项目所在地环境敏感性和环境管理要求差异较大,工程分析应注意三者的结合,突出重点。

4.0.6 工程分析深度定位为定性分析,不要求进行预测计算和评价,因此,其总体要求是通过分析给出以下主要方面的意见或结论。

1 公路一般采取同地(村)安置,主要说明有无因地形或其他因素限制,使宅基地无法落实的情况,如有,应进一步提出可能的选择方案;

2 主要从水土保持角度对其合理性提出意见;

5 应根据路线所处地区的地域特征、污水量等初步分析适用的污水处理工艺。

5 社会环境影响评价

5.1.1 公路建设项目社会环境影响评价是指对拟建公路项目所引起的社会环境变化进行定性或定量的分析评价，以及提出消除或减缓不良效果的措施。

1 区域社会环境评价：主要指对公路所涉及区域内的工农业生产、经济开发与发展规划、资源利用、交通运输体系、文化教育等因素在项目建设影响下的宏观变化与发展的分析评价，这种影响通常体现为公路建设的社会效益和经济效益。

沿线社会环境评价：主要指项目建设自身或环境质量变化等因素对公路沿线地区的社区发展、农村生计方式、居民生活质量、征迁安置、土地利用、基础设施、文物古迹和旅游资源等因素的直接影响以及变化情况的分析评价，这种影响通常表现为公路占用、干扰或关联等对两侧附近人群和单位造成的直接影响。

3～4 评价因子及其影响程度

1） 社区发展：社区指聚居在一定地域范围内的人们所组成的社会生活共同体，它包括地域、共同关系和社会互动。社区发展指建设项目路线经过地带的社会群居体的地域、共同关系和社会互动关系的发展情况。以连续的社区为研究对象，从整个社区中间通过者为重大影响；从整个社区2/3处通过者为中度影响；从社区边缘通过者为轻度影响。

2） 农村生计方式：指农村居民从事农、林、牧、副、渔等生产的情况及其收入所占的比例。以受影响而改变生计方式的人口数量为研究对象，50%以上人口改变生计方式者为重大影响，20%～50%人口改变生计方式者为中度影响；20%以下人口改变生计方式者为轻度影响。

3） 基础设施：指项目影响区内防洪、农灌、交通、通信、电力等设施。以项目对其占用、干扰、拆迁等影响量为研究对象，在一定的路段内，影响量达到原区段内相应设施数量50%以上者为重大影响；影响量为20%～50%者为中度影响；影响量为20%以下者为轻度影响。

4） 征迁安置：指公路建设项目征地、拆迁和再安置。征地指公路工程用地范围之内的土地，由于公路占用需长期或永久的改变其原产出能力，或在施工期临时征用土地影响其产出能力。拆迁指公路工程用地范围内的建筑物和其他地表构筑物由于公路占地而搬迁另建的整个过程。再安置则指对受公路工程占地和拆迁影响的人口及企事业单位采取一系列的措施和步骤，使其生活和生产在较短时间内得到恢复，并尽快提高或至少不降低原有水平的行动过程。

宜分不同路段或地区进行影响评估（通常以乡为统计单位）。占用耕地量大于区段内耕地量40%以上者为重大影响，在20%～40%之间者为中等影响，小于20%者为轻度影响。

5） 文物古迹：直接经过省级及以上文物单位保护范围者为重大影响；从省级以上文物单位边缘经过，或直接经过市县级文物单位保护范围者为中度影响；从市县级文物单位边缘经过，或经过无保护等级文物单位者为轻度影响。

6） 土地利用：从已规划用地中间通过者为重大影响；从已规划用地范围2/3处通过者为中度影响；从已规划用地边缘通过者为轻度影响。

7） 旅游资源：指已确定的旅游区，或有自然和文化特色具备开发旅游的地域。从地域中间通过者为重大影响；从2/3处通过者为中度影响；从边缘通过者为轻度影响。

8） 区域社会环境影响的因子可按以下原则定性确定。

重大影响：地区自然环境和社会环境条件差，或敏感程度高（国家划定的环境敏感区），公路建设规模大、标准高，项目建设对某评价因子的影响致使其发生根本性或重大变化。

中等影响：地区自然环境和社会环境条件一般，公路建设规模较大、标准高，项目建设对某评价因子的影响使其变化较小。

轻度影响:地区自然环境和社会环境条件一般,公路建设规模较小、标准较低,项目建设对某评价因子的影响微小。

确定为轻度影响的评价因子,在报告书中可不做评价。

5.1.2 分段宜根据不同地貌单元结合县/乡级行政区划进行。

5.1.3 评价采用类比方法。根据已建的公路建设项目社会环境影响的调查或项目后评价资料,考虑建设单位经验和管理水平,进行类比分析与评价。

5.2.2 通常应以通过受项目潜在影响较大的行政辖区的路段为典型路段(点)进行调查。社会环境影响评价所需资料一般包括:

1) 《工程可行性研究报告》;

2) 项目影响区行政区划图(省、区、市、县、乡界限清楚);

3) 评价范围内各级政府近年的社会与经济统计资料;

4) 评价范围内各级政府国民经济和社会发展五年计划和中长期规划资料;

5) 建设项目沿线的基础设施资料;

6) 评价范围内的文物古迹、名胜景点和各类资源等资料;

7) 建设项目沿线公众和政府意见资料;

8) 建设项目沿线民众的民族、宗教和习俗等方面的资料;

9) 其他有关资料。

上述资料应以统计部门确认的最新或近三年的资料为准,并注意统计口径的一致性,以便于类比或比较分析。

5.3.1、5.3.2

涉及社区概况、人口结构、经济发展、路线对两侧交往的阻隔、公共卫生、文化设施、交通设施、通讯设施、水利排灌设施及电力设施等内容的分析评价。

社区概况:是指建设项目路线经过地带的社会生活共同体概况,以县为单元计。

人口结构:是指农业人口和非农业人口(反映城市化水平);职工人数和农业劳动力(反映劳动力服务方向)。人口文化结构:主要指初中以上人口占总人口比重;专业技术人员占总人口的比重。

经济发展:是指工业、农业总产值的增长速度和变化的比例关系(反映工业化水平的指标);国内生产总值增长(反映综合经济发展水平),第三产业产值(反映产业结构和社会化程度);年出口总额(反映外向型经济水平);粮食年产量(反映粮食自给程度)。

路线对两侧交往的阻隔:是指公路建成后可能影响路线两侧人员交往,反映路线设计应设置必要的方便人员交往的通道。

居民生活收入:是指居民的纯收入,是反映居民收入水平和生活水平的指标。

公共卫生:是指万人占有医生数、病床及其医疗保健设备数,人群健康情况和地方病的医疗防治等。

文化设施:是指公共图书馆、报纸杂志出版业、电影院、艺术团体、广播、电视等群众文化活动设施。

交通设施:是指铁路、公路、水运、航空、管道等设施,与建设项目有直接或间接联系。在评述中应提出互相促进和避免相互干扰的对策。

通讯设施、水利排灌设施及电力设施与建设项目发生相互干扰时,涉及迁移和避让,要进行经济论证。

5.3.3

2 对再安置工作的基本要求包括:

1) 不低于拆迁安置前的水平;

2) 符合用地规划;

3) 执行国家和地方的法规;

4) 满足被安置户的合理要求;

5) 剩余劳动力:对征地较多而产生的剩余劳动力在近期和远期劳动工作方面,提出指导性意见;

6） 对弱势人群采用优先政策，优先进行生产安置。

3 “有条件时”指项目设计文件或拆迁再安置报告已经完成并有具体的相关资料。

5.3.4 一般采用《工程可行性研究报告》提供的公路路线，并根据相互位置关系进行分析评述。防洪分析主要引用防洪报告的结论条款。

5.3.6 未经上一级政府批复的规划方案不作为评估依据。高速公路项目一般均属于国家级或省级规划项目，在与市县级规划发生无法协调的矛盾时，可建议对市县级相关规划按程序进行调整。

5.3.7 可选择的降低对社会环境不利影响的措施有如下三种。

1 调整线位：对有重大影响的敏感路段，在条件允许时采取。

2 制订工作方案，提前防范：对征地拆迁、基础设施、农村生计方式、社区发展等的不利影响，可制订出项目在设计、施工和营运阶段的相应措施，如施工阶段组织当地劳动力务工、发展当地特有的产业等。

3 设计变更：对有重大影响的敏感路段，采取如增加通道、增加桥涵、收缩边坡、改路为桥等工程措施，减少影响。

5.4.1 公众参与是指为使建设项目的论证更加科学合理，使项目所在地的公众、团体、单位等的合法利益得到充分保证，建设单位与公众之间采取的一种双向沟通与交流的方式。公众参与中的“公众”是一个广义的概念，它不但包括受项目影响的民众，还包括有关的团体、机构和单位。

公众参与目的是通过与公众进行的有效协商，使直接或间接受到项目影响的各群体的利益和意见有所考虑和补偿。充分听取公众意见，不仅是尊重公众的权利，也是减少可能产生的不利于项目建设的问题出现，提高建设项目的社会效益和环境效益的一种有效途径。公众参与是环境影响评价工作的一项必要程序。

5.4.2

1 由建设单位通过各种传播媒体进行新闻发布或召开新闻发布会。向公众介绍项目工程概况、项目直接影响区环境概况、预期的环境影响和防治措施等，以便得到公众的理解和支持，同时能及时根据公众的意见和建议寻求减轻不利影响的措施。包括网上发布、网上讨论等形式发布和收集意见。

2 一般由环境影响评价机构向项目受影响的群体发放公众意见调查表或入户走访，对被调查者的意见进行统计分析，并提出反馈意见给建设单位和设计单位。也可由政府项目主管部门、建设单位和环境影响评价机构共同或单独召开公众座谈（听证）会。向公众介绍项目工程概况、项目直接影响区环境概况、预期的环境影响和预防措施等，并接受公众的质疑，充分听取各方面意见。

3 主要采取发放调查表的方式。调查表应有工程主要内容的介绍，包括路线走向、建设规划、建设标准、涉及的主要环境敏感点等。特别敏感的路段可画简图说明。

调查表应使调查对象能较全面地反映对建设项目的意见和建议。调查表的内容要注意全面性、层次性、次序性和无重复性。

调查表可包括公众对修建公路的态度、对路线走向的意见、对项目的认识程度、对项目环境影响的认识、对征地拆迁的意见、解决环境问题的意向方法等内容。

调查中，在对建设项目的规划和计划等问题进行说明和解释时，要实事求是，不能暗示、诱导和要求调查对象回答问题。

调查表可分为户级调查表和群体调查表两种。调查表格式可参照表5.4.2-1和表5.4.2-2。

4 参与协商的政府部门主要有负责规划、环境保护、水土保持、文物保护、交通、国土、渔业等政府管理部门。根据项目性质，根据需要可涉及不同等级的政府部门，从乡镇级政府，到国家有关部委办。

5 可由政府项目主管部门、环境保护行政主管部门、建设单位或环境影响评价机构单独或共同召开专家咨询会或审查会，对项目的有关环境文件、环保措施的可行性进行咨询或评审。咨询专家人数一般不少于5人。应支持感兴趣的团体（如环境志愿者）参加会议。

6 建设单位、负责项目审批的环境保护行政主管部门和环境影响评价机构应有供公众查阅的环境影响报告书简本。

表 5.4.2-1　沿线企事业单位、政府机构及社会团体意见调查表

单位名称	所在地区	单位人数	填表人
单位主要从事行业	单位与公路位置关系	单位可能受到的影响	联系方式
项目简介:主要控制点、技术指标、建设规模、建设时间等			
对修建该公路的看法和态度			
对改公路走向的具体意见			
修建该公路对本地区经济发展的影响			
修建该公路对本地区社会公共事业的影响,如能源、交通、通信、文化娱乐、卫生、教育等			
修建该公路对本地区生态环境的影响			
修建该公路对民众生活质量的影响			
修建该公路对本地区文物古迹、文物景点有何影响			
对修建该公路的具体要求、建议及其他需要说明的问题			

注:本表格不够填写时,请附纸填写。

调查人:　　　　　　　　　　调查日期:　　年　月　日

表 5.4.2-2　沿线公众意见调查表

被调查者姓名	性别	年龄	民族	文化程度
单位或住址	职务	职业	与项目关系	可能受到的影响
项目简介:主要控制点、技术指标、建设规模、建设时间等				
是否赞同修建该公路	赞同	不赞同	不知道	
是否同意该公路的选线、走向	同意	不同意	不知道	
修建该公路是否有利于本地区经济的发展	有利	不利	不知道	
修建该公路要占用部分田地,要拆迁一些住房,你对此有无意见	没有	有	不知道	
是否了解公路征地/拆迁补偿政策	了解	了解一些	不了解	
是否服从征地/拆迁和重新安置	服从	有条件服从	不服从	
对安置补偿工作有何要求	经济补偿	就地安置	变更职业	其他
公路建设对你影响较大的是	噪声	汽车尾气	灰尘	其他
建议采取何种措施减轻影响	公路绿化	声屏障	远离村镇	其他

注:(1)请你用“√”表示你对每个问题的态度,如“赞同 √”等;

(2)对于其他意见和建议以及一些具体要求,请书面表达,可附纸说明。

调查人:　　　　　　　　　　调查日期:　　年　月　日

5.4.3

1 公众个人

1） 据调查范围内人员结构状况、数量分布等确定调查对象。

2） 确定调查对象采用抽样方法进行，同时有目的地调查当地人民代表或熟悉当地各方面情况的人员。

3） 选择可能受占用土地、拆迁房屋影响的公众，以及需要搬迁或部分征用土地的单位和群体。

4） 特别注意选择对项目不利影响承受力较差的人群（如残疾人家庭、老龄家庭、孤儿家庭、贫困户等）。

2 当地政府/单位

对建设项目沿线的乡镇、县、地市的政府，企业以及其他单位进行调查。调查的重点是对建设项目对其自然环境和社会环境主要方面影响的意见和建议，以及发展趋势的预测。

3 专家

除交通、环保专家外，应根据具体情况选择农业、林业、水力、水土保持、城建、文物以及社会学家等。可采用专家会议和专家个人咨询等方法。

4 根据沿线人员的结构分布，以及所在村庄、单位的地理位置等，一般可按比例，适当确定调查对象的结构和数量。对于较重要的村庄、单位，被调查的人员数量可适当增加。

5 有关环境保护措施方案的调查，应调查直接受影响人群的意见。本款直接受影响人群是指将从环境保护措施中直接受益的人群。

5.4.7

1 从被调查人员基本情况统计结果可反映出调查对象的结构情况，以及一定区域内人员的代表性，为分析调查结果提供基础数据。

2 从统计结果可知在被调查人员中对各类问题持某种意见的人数比例，从而推断一定区域内公众对拟建项目的态度。

3 结合调查了解的实际情况，分析公众意见的合理性，为解决环境问题提供依据。

4 采用统计分析方法，做出较全面、客观的分析结论。在分析中，要坚持真实、客观的原则，不得编制虚假数据。

5 注重直接影响区公众的意愿，尽可能的减少项目带来的不利影响。

5.4.9 对公众如下方面的具体意见和建议，调查人员在整理和归档后应及时反馈给项目法人。

1） 对征地拆迁和安置补偿的意见；

2） 要求解决生活、生产困难方面的意见；

3） 对高等级公路全封闭以及要求设置通道、跨线桥、涵洞的意见；

4） 对路线方案和施工工期的意见；

5） 弱势人群的意见和要求；

6） 地方政府对取、弃土场所选择及复垦方案的意见；

7） 其他关心问题。

6 生态环境影响评价

6.1.1 生态环境影响评价宜按公路所经地区不同的生态系统类型进行分段评价，如城市生态系统、农业生态系统、森林生态系统、草原生态系统、水域生态系统等。路段划分不宜过多、过细，并且不宜完全以地形地貌决定。

在不同路段内，应就重要和关键生态影响因子的情况确定不同的工作要求。不同路段的关键生态影响因子也可不同。明确重点评价区域和关键生态影响因子的要求，系"以点为主、点段结合"评价方法的具体体现，遵循的指导思想就是重点评价和一般宏观评述相结合，重点关注局部敏感生态系统和典型生态因子；其实质在于，生态环境影响评价应将工程建设对周围敏感区域和相应的生态因子可能产生突出影响的局部路段和工点作为焦点，而不是全线按一个深广度进行评价。一般而言，大桥、隧道、高填深挖路段应进行重点评价。

取弃土(渣)场(采石场)通常不改变其原有的生态功能，而主要涉及水土保持，因此，取弃土(渣)场(采石场)的生态环境影响评价宜纳入水土保持专题(节)。

6.1.2 公路建设项目呈带状分布，线长点多，地理跨度较大，分布区域通常呈现为不同的生态类型和生态敏感性，唯有按不同设施所在的不同区域(路段)具体划分评价工作等级，才能科学地制定评价工作目标和指导原则，更好地适应公路建设项目及其影响区域的生态环境特点，分清主要矛盾和次要矛盾，突出重点，达到保护和改善受影响区域生态环境的目的。

评价工作级别的划分遵循《环境影响评价技术导则　非污染生态影响》(HJ/T 19)中的相关原则，同时针对公路建设项目的特点，明确了按不同区域(路段)划分评价工作等级的原则。本条中"荒漠化"的量化指标如下：潜在荒漠化的生物生产量为3～4.5t/(hm^2·a)，正在发展的荒漠化为1.5～2.9t/(hm^2·a)，强烈发展的荒漠化为1.0～1.4t/(hm^2·a)，严重荒漠化为0.0～0.9t/(hm^2·a)。大、中型湖泊、水库的划分标准执行《环境影响评价技术导则　地面水环境》(HJ/T 2.3)的规定。土壤侵蚀强度按《土壤侵蚀分类分级标准》(SL 190)确定。

6.1.3 生态环境影响评价范围的确定原则为：生态因子之间互相影响和相互依存的关系是划定评价范围的原则和依据。公路工程生态环境影响评价范围主要根据各路段所在区域与周边环境的生态完整性确定。

鉴于公路建设项目一般为带状工程，线长点多，普通线路的生态环境影响多呈相似特征，因此规定了以项目区域有无敏感生态因子为依据，分别确定评价工作等级及评价范围的办法。针对不同的评价工作等级分别规定评价范围，是在充分研究、考虑以往公路建设项目实际生态环境影响范围的基础上确定的。

公路涉及省级(含)以上自然保护区时，本条规定提出了距实验区边界外5km的调查范围，目的是为了在现场踏勘和调查阶段能够较全面、准确地识别保护区与建设项目的相互关系，以及可能产生的环境影响，进而研究确定具体评价范围。

对于受工程直接影响的原生、次生林地，当建设活动将引起整个植物群落的结构和功能改变，导致其生态完整性和稳定性破坏时，应以受影响的整个植物群落为评价范围；否则评价范围仅限于本款规定的评价范围。

6.2.1 在进行现场生态调查时，为发现和甄别关键生态影响因子及潜在的生态影响，确定合适的评价范围，可在这阶段适当扩大调查范围。

6.2.2 关于生态环境现状调查的内容参照了 HJ/T 19 中的相关规定，强调收集利用既有资料、特别是各类图件和照片。对一级和二级评价提出实地调查的要求，是为了适应较高评价深广度的需要，三级评价应以收集资料为主。

此处“直接影响区”的内涵与5.1.1节区域社会环境评价因子评价范围的内涵一致。

6.2.3 生态环境调查方法主要有：

——样方调查法：选取典型拼块内的矩形区域，勘察其内的土壤类型、物种、生物量、生产量及其他需要调查的生态因子，作为确定同类拼块生态特征的依据。采用样方调查法时，应根据调查对象的相对同质性，选取合适的样方面积。

——目测和摄影、摄像：通过现场目测、拍摄照片和录像记录调查区域内的生态特征。

——收割调查和经验估算法：通过实物收割、称重和经验估算测定生物量，通常适用于草本植物和农作物；进行经验估算时应咨询当地有经验的农民或有关专家。

6.3.1 影响评价分级分区图、重要生态敏感点分布图和重要生态保护目标平面图可以采用项目平纵断面缩图、工程平面图作为基础图件，同时参照现场调查搜集到的生态规划图、各级自然保护区、风景名胜区、森林公园的分布图和平面图进行绘制。对于自然保护区、风景名胜区和森林公园，当其距离公路中心线距离不足(含)5km时，图件中均应明确标示出其位置。

6.3.2 现状评价内容应根据公路建设项目的具体工程影响区域范围和特点进行识别、甄选，并选择合适的评价指标，同时应注意贯彻分段(分区)确定评价工作等级和评价内容的原则。

对一级评价要求交代的物种多样性，可在卫星、航测照片或地形图上采用平行线段等分法进行统计分析。平行线段等分法是在反映评价区域的照片或图件上绘制若干平行线，并按一定长度进行等分，然后统计落入每一线段上的物种，进而结合物种的密度和频率说明区内的物种多样性和异质性。

6.4.1 预测方法各有其优势和局限性，应根据评价项目实际情况选用或综合运用几种方法。

——类比预测法：根据已建成的类似项目对生态环境的影响分析预测拟建项目的生态环境影响。类比预测法大量应用于宏观分析和预测，要求拟建项目及其周边生态环境特征与类比项目相似，且类比项目的生态环境影响已趋于稳定；实际评价中很难出现完全类同的项目，因此类比法多适用于分析预测拟建项目部分工程或某一因子的生态环境影响。

——图形叠置法：将项目设施、评价区域生态特征、受影响环境要素和潜在生态影响因子叠合在地形图或卫星、航测照片上，直观地说明项目生态环境影响。图形叠置法实用、简便，且非常直观，特别适合对于自然保护区、敏感生态系统影响的判定，是目前兼具操作性和科学性的评价方法；其缺陷是在定量分析上尚不够精确。

图形叠置法结合地理信息系统分析代表了国内外建设项目生态环境评价方法的主流。本方法宜结合典型断面图进行分析。

——经验分析与专家咨询法：通过以往积累的经验和专家系统评估项目可能产生的生态环境影响。对于多维、多因子、不确定性较大的生态环境影响，经验分析与专家咨询法提供了一种行之有效的分析手段，实用性好；缺点是精度、准确性受到限制，随意性较大；一般用作辅助分析方法。

6.4.2 本款对各级评价的主要预测分析内容做出了明确规定。实际评价中应贯彻分段(分区)确定评价工作等级和预测内容的原则，注意：

——三级评价侧重于土地利用的变化分析和重要工点、敏感环境要素的生态影响宏观分析；项目实施对评价范围内自然保护区、风景名胜区、森林公园的潜在影响；通过分析说明项目实施后对路域产生的主要生态影响和关键生态影响因子。

——二级评价除沿线生态影响宏观分析外，应就工程影响区域的所有潜在生态干扰、主要生态因子和重要野生动植物、优势植被或拼块的变化、整体生态结构可能产生的变化给出说明。植被和自然资源预测分布图、景观干扰断面分析图宜利用1:2000平面图和横断面图进行绘制。

——一级评价强调对生态系统结构、功能、稳定性、物种多样性变化趋势、抗干扰能力的影响分析，增加了对珍稀濒危动植物物种、栖息地和迁徙通道的影响预测内容，对评价深度、生态图件提出了更高的要求。

影响区域的资源分布图和生物量图表可以用工程平面图、地形图作为基础图件，结合收集到的现状图表和预测分析结果进行绘制。

6.4.3 工程前后评价区域生态指标的对比定量分析主要利用现状调查、收集资料，并按工程设计资料对有关指标的变化进行测算，进而做出对比分析。

大量应用卫星遥感和航测技术、地理信息系统代表了生态环境影响评价的技术发展趋势，公路建设项目生态环境影响评价应积极推广和应用。

6.5.1 生态保护措施可归纳为规范中所列出的六类，但并不一定限于这六类。提出的措施应具有环境影响治理的针对性、技术上的可实现性和经济上的可行性。公路绿化植物选择应注意乔灌草结合，以路界内绿化为主。

7 水土保持

7.1.1 对于路线处于山区、丘陵区、风沙区(简称“三区”)的公路建设项目,按有关规定需编制独立成册的《水土保持方案报告书》。因此,在环境影响报告书中水土保持的内容可相应适当简化,只需引用《水土保持方案报告书》中的相关结论内容。

7.1.2 在“三区”外的公路建设项目不需编制独立成册的《水土保持方案报告书》,但需在环境影响报告书中列专章或专节进行评述。此类项目,应遵循点线结合、以点为主的原则,主要针对局部高填深挖路段、不良地质路段、长隧道、特大及大型桥梁和集中取弃土(渣)场进行水土保持评述。

7.2.2 本条规定的占用各种土地数量,可利用该工程可行性研究资料或初步设计文件资料分段收集征用土地数量与类别进行统计。

7.3.1 根据“谁开发谁保护,谁造成水土流失谁负责治理”的原则,项目水土保持防治责任范围及面积主要指:

1) 主体工程水土流失面积(边坡坡面、路基顶面);
2) 取弃土(渣)场占地面积和坡面面积;
3) 施工便道及临时占地面积。

7.3.3 分析评价公路建设项目中既有的边坡防护工程、排水工程、绿化工程等具有水土保持功能的水保效益。主要是指以下工程:

1) 拦渣工程(拦渣墙、拦渣堤、滚水坝、拦水土埂等);
2) 护坡工程(边坡平台、工程防护、植物护坡、综合护坡工程等);
3) 绿化工程(分隔带绿化、路侧绿化、互通立交区绿化、服务区绿化、取、弃土场绿化等);
4) 复垦工程[取、弃土(渣)场的复垦、临时占地的复垦、取土场(坑)改蓄水池或鱼塘工程等];
5) 沿溪线的河道治理工程(治理长度、工程量等);
6) 排水工程(截水沟、急流槽、边沟、排水沟、路面径流蓄水池与蒸发池等);
7) 分离式路基与半旱桥工程[减少开挖面积、减少弃土(渣)数量]。

7.3.4 公路建设项目施工期的水土保持,主要指路基开挖产生裸露坡面后在雨季采取的减轻或防治水土流失的各种措施。如覆盖草帘、塑料布、土工布、临时沉沙池、拦渣栅等。

新增水土保持措施的投资估算编制依据应以公路交通行业的工程概预算定额标准为依据,当公路行业缺乏概预算定额标准时,可选择相关行业或项目所在地区相关的定额标准进行。

水土流失防治效益分析,主要指采取各项水保措施之后减少或控制水土流失量的效益;减少土地沙化及改善路域生态环境的效益,以及做好水土保持对项目防洪保安全,增加经济效益的作用等。

8 声环境影响评价

8.1.2 路段评价和敏感点(路段)评价定义见2.0.7和2.0.8。路段交通噪声评价是按交通量预测将全线划分为若干段,高速公路通常以互通立交为划分的节点。

路段交通噪声评价是为了说明路段"一般"噪声污染水平,选择路段日均昼夜交通量、路段平均路基高度等参数给出路段交通噪声衰减规律(图或表),预测点一般选择距离路中心线20m、40m、60m、80m、120m、160m、200m。并分别给出路段昼间70dB、65dB和60dB达标距离,夜间55dB、50dB和45dB达标距离。必要时可以画平面等值线,划线时不考虑地形和建筑物的影响。

敏感点(路段)交通噪声评价针对噪声敏感目标,噪声敏感目标是指:学校教室、医院病房、疗养院、集中居民点等对噪声有限制要求的噪声敏感建筑物或区域。

敏感点(路段)交通噪声评价,应选择所在路段的预测交通量数据、实际道路结构参数(宽度、高度等)、敏感目标分布及建筑结构等进行交通噪声预测,与现状噪声监测值进行叠加后与噪声评价标准进行对比评价。预测点一般选择噪声敏感建筑物窗前1m,必要时还可分别给出昼间70dB、65dB和60dB,夜间55dB、50dB和45dB的平面等值线图,划线时应考虑实际地形、地表类型和各种地面附着物(建筑物、树木等)的影响。

敏感(点)路段长度一般按沿路线分布的噪声敏感建筑物长度,再加2倍的噪声敏感建筑物与路中心线距离确定,必要时可适当延长但单边的延长段长度不超过200m。经过动物保护区的路段,按两端各延长300m确定。经过城市规划区的路段,按规划区范围直接确定。

8.1.3 噪声敏感点(路段)评价工作级别的划分参照《环境影响评价技术导则 声环境》(HJ/T 2.4)的相关原则,在综合考虑噪声敏感目标类别、建设前后噪声级变化和受噪声影响人数因素后结合公路建设项目噪声污染特点后确定。具体敏感点(路段)的评价等级应依照本款划分原则和就高不就低原则进行确定。

"连续分布"指居民住房在路线纵向上相互间没有超过100m的断带。

本款中噪声敏感目标与公路的距离均指交通噪声可直达的距离。

8.1.4 大量监测数据证实,公路交通噪声影响范围基本在上述评价范围内。

8.2.2 噪声敏感目标监测点位的设置遵循以下原则。

学校、医院等噪声敏感目标一般选择在教室和病房距路最近的窗口外进行监测;疗养院、大型居民点、保护区则除在距路最近的敏感建筑物外进行监测外,还应选择一处背景环境噪声监测点(自然保护区只做背景环境噪声监测);对三层以上的建筑物还应考虑在与路面高差最小的楼层进行监测,对于八层以上的高层建筑宜布设三个以上监测点位。

环境噪声在规定的测量时间内,每次每个测点测量10min的等效声级。

交通噪声在规定的测量时间内,每次每个测点测量20min的等效声级。

断面监测点距公路中心线的距离一般为20m、40m、60m、80m和120m。

夜间监测时间宜选择在23:00~5:00之间。

重要噪声敏感目标是指:(1)200名以上学生学校的教室、20张床位以上医院的病房、疗养院、对噪声有限制的保护区等噪声敏感目标;(2)50户以上的居民集中区;(3)地区级以上城市已规划区;(4)野生动物保护区。

对于新建公路有影响的既有公路应布设监测点。

8.4.2 模式为推荐模式。

8.5.1 可选择的施工期噪声防治管理措施主要有:

1 采用低噪声施工机械,限制强噪声的施工机械施工时段。

2 按劳动卫生标准控制工人工作时间,或对操作者及有关人员采取个人防护措施。

3 料场、拌和场、沥青搅拌站等应离开敏感点不小于100m。

4 施工便道应远离敏感点,尽量避免穿越居民集中区。

5 地方道路交通高峰时间停止或减少运输车辆通行。

8.5.3 由于噪声预测模式是在统计情况下建立的,实际应用时与交通量预测、车速分布、车型比等均有很大关联,特别是因线位调整导致环境敏感点(目标)距离的改变非常普遍,因此,在环境影响报告书中提出噪声防护措施时应注意其在环境评价阶段的不确定性带来的预测误差。根据模式预测精度分析和公路竣工验收实测数据分析,初期环境噪声预测值超标准3dB以下者,以初期进行环境噪声监测、适时实施防治措施为宜;初期环境噪声预测值超标准3dB时,应确定初期噪声防治措施及费用估算。

可选择的噪声防治措施有:

1 声屏障:通常适用于高路堤、路中心线60m内50户以上低层敏感建筑物的防治;

2 建筑物隔声措施:通常适用于敏感建筑物分布较分散或采取声屏障措施后环境噪声仍超标时采取;

3 调整公路线位:在条件允许时优先采取;

4 低噪声路面:在条件允许时优先采取;

5 调整建筑物使用功能:在条件允许时优先采取;

6 搬迁:在条件允许时优先采取;

7 环境设施带:在条件允许时优先采取;

8 经济补偿:可在无其他可行措施,且受影响人群能接受时采用。

9 景观影响评价

9.1.1 目前国内外对景观(landscape)一词存在多种解释,既有地理学范畴的,又有美学范畴的,还有生态学范畴的。本规范的“景观评价”界定为“公路景观”的美学内容评价,“公路景观”一词引用自《大百科全书》有关条目。

本规范所称的景观是指公路路线、路面、沿线构造物、沿线设施、附属设施等人工构造物同公路通过地带的自然景观与人文景观相互融合后构成的景观。

9.1.2

1 公路内部景观评价对象主要由公路线形、工程构造物两部分组成。“公路线形”评价须依靠公路设计人员来完成,故本规范暂只要求进行工程构造物景观评价。如条件允许或确有必要进行“公路线形”景观评价,可与路线设计人员协作参考本规范、《公路环境保护设计规范》(JTG B04)和《公路路线设计规范》(JTG D20)等有关内容进行。公路构造物种类多,应分类后选择代表性构造物进行评价。工程构造物通常划分为桥梁、隧道、跨线桥、服务区建筑物、互通、边坡等类别。

2 景观敏感区是指路线通过或公路使用者视线可及的省级及以上自然保护区、风景名胜区、森林公园、文物保护单位、历史文化保护地等及对沿线当地有特殊价值的外部景观因子。

对路线所经地区有特殊价值及意义的景观因子(如与路线经过地区居民生活关系较密切的古树名木、纪念物、风水林地等)可考虑对其进行简单评述。景观敏感路段是指在视线范围内可能与景观敏感区造成视觉冲突的路段,景观评价中应首先确定敏感路段。

9.1.3 特殊工程构造物一般指大跨径桥梁、大型互通和长隧道出入口。包括:长度大于等于500m的桥梁或单跨大于等于100m的桥梁;通过省级(含)以上风景名胜区、自然保护区、森林公园、文物保护单位等景观敏感区的长度大于等于100m小于500m的桥梁或单跨大于等于40m小于100m的桥梁;单洞长度大于3000m的隧道;通过省级(含)以上风景名胜区、自然保护区、森林公园、文物保护单位等景观敏感区的单洞长度大于250m的隧道;枢纽型互通立交;位于省级(含)以上风景名胜区、自然保护区、森林公园、文物保护单位等景观敏感区的互通立交等;位于省级(含)以上风景名胜区、自然保护区、森林公园、文物保护单位等景观敏感区的跨线桥;高度大于60m的路堑边坡;位于省级(含)以上风景名胜区、自然保护区、森林公园、文物保护单位等景观敏感区的高度大于30m的路堑边坡;省界处的高速公路主线收费站大棚;位于省级(含)以上风景名胜区、自然保护区、森林公园、文物保护单位等景观敏感区的附属设施的主体建筑物(如收费站大棚、服务区综合楼等);位于省级(含)以上风景名胜区、自然保护区、森林公园、文物保护单位等景观敏感区的声屏障;其他公众反映认为需进行专门评价的构造物。上述几种类型构造物在评价中可根据需要及具体情况选取。外部景观评价只针对景观敏感路段进行。

9.2.1 工程构造物的美学评价因子较多(如:色彩、比例、造型、尺度、节奏、韵律、对比均衡、协调统一等等),为便于操作,结合公路工程构造物的特点可选择造型、色彩及与环境的协调统一性等几项重点因子进行评价。

9.2.2 外部景观因子受到的影响既有正影响也有负影响,评价时一般侧重负影响。

外部景观因子的价值属性主要包括以下几个方面:

1 完整性:外部景观因子的不可分割性及因子内各组成部分的相互关联性;

2 美学价值:自然景观的美感度、奇特性等;

3 科学价值:科普教育价值、科学考察价值;

4 生态价值:区域生态功能、保健价值;

5 文化价值:历史意义、文化内涵、现实意义、游乐价值等。

9.3.2

1　分别分析由路内典型视点观看外部景观因子及由外部景观因子典型视点观看拟建公路时所产生的不同视觉景观效果以及公路建设对外部景观因子的影响程度，主要包括景观因子的完整性、美学价值、科学价值、生态价值及文化价值等方面受到的影响。

2　在条件允许时，宜采用地理信息系统（GIS）、计算机三维模拟等先进的技术进行景观影响评价。

3　特别敏感的外部景观因子指具有极高景观价值的因子，如世界自然文化遗产、国家级文物保护单位等。当公路路线对上述景观因子产生干扰时，干扰途径及影响结果往往较复杂，为稳妥、有效地保护景观因子，避免或减缓公路建设造成的负面影响，可邀请有关专家进行座谈、评议。

9.4.2

1　为充分展现公路沿线优美的景观，可结合停车区、服务区的选址，为公路使用者提供可以观赏优美景观的眺望点，同时为避免路线两侧长距离、单一绿化栽植林带所带来的视觉疲劳及对周围优美景观的遮挡，应采取一定措施“制造”或“预留”出一定长度的视觉走廊，通称“露、透、挡”。

2　替代或减缓措施一般有：

1）　调整、优化线形；

2）　绿化栽植措施恢复被破坏的植被及景观；

3）　绿化栽植遮挡公路构造物，以保护有价值的外部景观因子。

10 地表水环境影响评价

10.1.2 根据《环境影响评价技术导则 地面水环境》(HJ/T 2.3)评价等级划分原则,公路建设项目污水排放量很小,其评价等级应确定为三级评价并可进一步简化,突出对敏感路段的评价。敏感路段是指沿线有环境功能区划规定的Ⅲ类及以上水体或具有同等水体功能要求的路段,一般路段是指沿线所经水体为环境功能区划规定的Ⅲ类以下水体的路段。

10.1.3 潮汐性河流评价范围按桥位上下游各1000m。

10.2.2 水环境调查应在受建设项目影响较显著的地表水区域内进行调查,主要调查是否有集中饮用水源、取水口。调查内容能够说明地表水环境的基本状况,能满足地表水环境影响评价的要求。

10.3.2 敏感路段评价中应对地表径流等进行分析论述,并提出切实可行的防护措施,如工程措施、管理措施以及危险品运输管理计划等。

路段污染源预测评价应符合以下规定:

1 可采用类比调查方法预测项目建成后污染源排放的污水量、污染物浓度和排放总量。改扩建项目,还应计算污水量、污染物浓度和排放总量的变化情况。

2 评述污水处理设施的处理效果和处理能力是否能够满足要求、是否需要加强或优化处理工艺、是否需要进行中水回用。

3 统计建设项目污染物排放总量,有总量控制要求的项目按确定的排放总量控制建设项目的污染物排放总量。

10.4.1~10.4.7

1 地表水环境保护措施应以预防为主,优先采用路线避绕等措施。

2 公路污水处理必须结合当地同类设施的污水处理要求和地区经济发展、气候特征、受纳水体环境功能等环境状况,选用易于维护、处理效果稳定、运行成本低廉的处理方法及设备,确保其投入运营后能持续被利用。

3 公路服务区等附属设施应考虑污水循环利用,特别是中西部地区的公路项目。公路服务区生活污水再生利用时水质应满足行标《公路服务区生活污水再生利用 第一部分:水质》(JT/T 645.1)的要求。

4 集中施工场地一般指集中承担某项施工任务的场所,如灰土拌和站、沥青搅拌站、混凝土预制件场等。

11 环境空气影响评价

11.1.1 公路线路较长,一般在数十至数百公里之间,预测交通量全线并不一致,而是按划分的路段预测的。针对上述特点结合我国环评工作的实践,环境空气评价应按预测交通量所划分的路段分段进行。在路段内选择一个或几个地点作为评价代表点,进行现状调查、监测和浓度分布预测,并以上述评价点的结论代表该路段的评价结论。

11.1.2 根据国内已有的公路建设项目环境影响评价经验,汽车尾气污染物的等标排放量 P_i 均远小于《环境影响评价技术导则 大气环境》(HJ/T 2.2)中规定的分级值$2.5\times10^9 m^3/h$。根据公路建设项目的主要污染物排放量、周围地形的复杂程度以及当地应执行的大气环境质量标准等因素,结合考虑公路建设项目的特点及沿线环境空气敏感点的规模、数量和敏感程度,以及工程治理措施的可能性,对环境空气影响评价可适当从简。

11.1.3 根据已做的公路环境评价、公路竣工环境保护验收调查和公路类比监测表明,公路运营期车辆排放污染物的扩散与公路沿线地形和气象条件有关,扩散后所覆盖的地域为公路两侧与线形平行的带状区域。即便是交通量很大的公路,距公路中心线 150m 以外的污染物浓度已接近背景值。故将路中心线两侧各 200m 的狭长地带作为评价。考虑到评价范围内或边界外附近含有环境空气质量一类功能区的要求和不利扩散气象条件可能造成的影响,在有城镇、风景旅游区、名胜古迹等保护对象时,评价范围可扩大到路中心线两侧各 300m 的地带。

11.1.5 根据高速公路竣工验收监测数据,虽然公路两侧 NO_2 浓度高于全国监测 NO_2 浓度的年日均值的混合平均值 $0.046mg/m^3$,但公路两侧的 NO_2 浓度没有明显的超标现象,通常在路侧 50m 范围内即可满足二级标准。因此,除一级评价需进行模式预测外,二级、三级评价可适当简化。

监测数据同时表明公路两侧环境空气中的 CO 含量通常在路侧 20m 处即可满足二级标准。因此,除一级评价中有较重要的敏感建筑或特殊要求区域(如在城镇已建成区、规划区或特长隧道内)而选用 CO 指标外,一般情况下不选用 CO 指标。

11.2.1 现状调查一般应包括下列内容:

1 拟建公路沿线可能造成环境空气污染的工业企业状况。

2 拟建公路沿线污染源排放特征及危害情况(如污染源种类、排放方式、排放量、排放规律、危害对象及程度)。

3 调查评价地区的环境空气质量地方标准、发展规划;收集沿线地区的环境空气质量常规监测资料;沿线近 1~3 年的常规气象监测资料。要注意收集在逆温、静风和局部地区环流等不利扩散气象条件下的污染物浓度及分布情况。

4 调查拟建公路沿线环境空气质量功能区的分布、规模及发展规划(如村庄、居民区、医院、学校、文物保护区和游览景点等),以确定环境空气敏感点(路段)并划分评价路段。

11.2.2 三级评价一般不做现状监测,但在缺乏现有资料又有需要时可以进行现状监测,可适当减少采样频次。

11.3.3 气态排放污染物等速工况下单车排放因子 E_{ij}(mg/辆·m)推荐值参考了美国环保局(EPA)1991 年执行 MOBIL E4.1 版本模式、因素和计算方法,结合我国对部分车辆所进行的实测结果统计修正得出。具体数据是由国家发布的有关标准,以 i 型车出厂做产品一致性检查时的 j 类气态排放物的单车排放因子标准值为基础,考虑了车速、环境温度、行驶里程增值、车辆折旧更新和曲轴箱泄漏及油箱、化油器的蒸发等因素修正后,从大量的在用车辆排放测试数据中统计计算得出的。

出于修订经费和环境评价重要性因素考虑,本次修订未包括单车源强的修订。在使用时应注意对表 E.2.7 中数值进行必要的削减。

11.3.4

1 大量试验发现,连续点源气态污染物在扩散过程中,顺风水平和铅垂方向的浓度分布都近似高斯分布。因此高斯烟羽扩散式为各国环保工作者所公认,并被普遍采用。汽车行驶时,尾气扩散的现象,严格说是随机流动点源群。但是,在研究公路两侧空间的污染物浓度分布时,将车辆排放物等效为车道上的连续线源并不会带来很大的误差。因此,此种近似为世界各国采用,本《规范》也将车辆排放物作为连续线源处理。

2 排放污染物浓度扩散模式,以高斯扩散模式为基础,各国曾推导出多种实用的气态污染物扩散模式,如我国常用的近似式、内插式,美国 EPA 的 HIWAY-2、加州运输部的 CALINE4,得克萨斯州的 TX-LINE 和英国的简单桌面模式等。经过监测、验算和对比,除内插式和桌面式差别较大外,对平原微丘地区的直线公路,其他模式的计算结果相差并不大。本《规范》附录推荐的为 HIWAY-2 积分模式,理由为:

1) 此公式适用于各种风向角和直线、曲线各种线形的公路。

2) 算法相对较简单,且有较高的精度。

3) 式中选用的各种参数(主要为扩散参数)经过大量试验和多次修正,可信度较高。

11.3.6 根据车辆源强计算后获得的是 NO_x 的数值,应换算为 NO_2 后与环境空气质量标准(GB 3095)限值进行比较。

11.4.1 施工期的防治措施有:限期清理建筑垃圾、保持工程运输通道清洁、建材堆场遮蔽挡风、洒水保湿等。

11.4.2 运营期可选择的环境空气防治措施有:

1 限速等交通管制措施。

2 对服务区、管理所等设施的锅炉排气以及烟囱高度等提出要求。

3 变更局部路线走向、绿化等工程措施。

12　事故污染风险分析

12.0.1　本规范主要考虑的是与项目联系在一起的突发性灾难运输事故，此处所指的危险化学品主要是指毒性大、易于在空气中挥发或进入水体并且在环境中不易自然降解的化学物品，不包括放射性和易燃易爆危险货物。对于工程质量范畴的工程安全分析，如隧道的救灾防灾不属于本规范评价内容。也不适用于在工作场所（如收费亭）长期暴露于恶劣环境下的人体健康风险评价。

危险化学品运输事故不仅可导致人员伤亡，同时也可能对路域环境产生重大影响，因此，应进行事故污染风险分析。

在公路运输过程中，由于车辆的移动性和货物种类多样性，事故发生地点和泄漏物质均为不确定。这与我们分析化工厂和核设施等固定装置的事故风险是不同的。后者事故发生时通常有一定的征兆和发生过程，因此对事故有可控制性，其泄漏量一般较大。公路危险化学品运输事故特点是难以预防。由于单车装载的货物总量有限，其泄漏量一般较小。

对于易燃易爆危险品运输，一旦发生很难及时扑救，其后果通常表现为有限的人员伤亡和财产损失，一般不对环境造成影响。因此，对这类运输事故不予更多的讨论。

对运输有毒气体的车辆泄漏事故，因其排放总量小，只要人员及时撤离到一定的距离就可避免伤亡。对已排泄到空气中的有毒气体则无处理办法。

对于环境风险最大的是有毒有害物质进入地表水体，尤其是敏感水体。因此，对其应进行重点分析。

由于公路危险化学品运输的事故发生地点及污染物种类的不确定性，对其进行事故概率分析无实际意义，因此，不要求进行事故概率计算，而应着重对敏感路段防范措施和应急计划进行分析。

12.0.2　由于前述对运输危险化学品车辆发生事故的不可预测性，因此应对公路全线对环境比较敏感的路段进行筛选和确定，并根据项目所在区域的生态环境情况，包括水体、路域生态特征和气象特征、社会经济状况、城镇及人口分布等，确定事故风险分析的敏感路段，并对各敏感路段在遭受危险化学品运输事故时可能产生的事故后果进行分析，确定其危害影响的程度。通常主要是针对事故后果比较敏感的路段，如跨越敏感水体的桥梁、中隧道以上隧道、傍水库、湖泊、河流路段及其他有特殊要求的路段。

12.0.3　对敏感路段，必须结合工程已有的设计方案分析其防范和减缓事故后果的有效性，必要时提出工程防范措施。对跨越敏感水体的桥梁，应分析其护栏对车辆的抗冲击能力，确保运输危险化学品车辆不能倾入或掉入水体；同时要保证在桥面洒落的有毒物质不会直接进入水体。对有特殊要求的保护区，可在适当地点设置禁止危险品车辆行驶标志牌，确保其不进入敏感地区等。对弯多坡急或有其他特殊情况的路段，可设置在恶劣气候条件下禁止危险品车辆行驶标志牌。

12.0.4　制定风险管理对策与应急计划的法规依据主要有：

1　国务院《危险化学品安全管理条例》；

2　公安部《易燃易爆化学物品消防安全监督管理办法》；

3　《危险货物运输包装通用技术条件》（GB 12463）；

4　《道路运输危险货物车辆标志》（GB 13392）；

5　交通部《道路危险货物运输管理规定》；

6　《汽车运输危险货物规则》（JT 617）；

7　地方政府制定的道路危险货物运输管理规定。

附录 B　公路建设项目环境保护投资项目及环保投资估算指标

表 B.0.1 根据交通部前期工作项目(计 97—006)《公路交通行业环境保护投资界定》课题研究成果和近期相关工作发展确定。

《公路交通行业环境保护投资界定》课题研究目的在于界定公路交通行业环境保护投入的范围，统一本行业环境保护投入的统计口径。由于原《环评规范》中对于现行公路工程项目没有明确统一、完善的环保设施及投资划分的规定，因此，不同的评价单位对于公路建设项目环境影响报告书中应包括哪些环保设施及投资项目经常出现不同的划分。由于缺乏这种统一的尺度，导致从项目投资角度难以反映该公路项目对环境保护的投入或重视程度。

国务院环境保护委员会、国家计委 1987 年颁布的《建设项目环境保护设计规定》中明确规定："环境保护设施按下列原则划分：(一)凡属污染治理和保护环境所需的装备、设备、监测手段和工程设施等均属环境保护设施；(二)生产需要又为环境保护服务的设施；(三)外排废弃物的运载设施、回收及综合利用设施、堆存场地的建设和征地费用列入生产投资，但为了保护环境所采取的防粉尘飞扬，防渗漏措施以及绿化设施所需的资金属于环境保护投资"。对以上原则的(一)、(三)两条，目前大家都已取得共识，但对其中的第(二)条原则"生产需要又为环境保护服务的设施"划归为环保设施则有不同见解。

对公路建设项目设计文件和环境影响报告书而言，前者是安排建设项目、组织施工、竣工验收和控制投资的重要依据，如严格按照第(二)条原则来划分，则许多公路主体工程如桥梁、涵洞、互通立交、跨线桥、渡槽、路基防护与排水、沿线设施等大多也属于环保设施，这样公路建设的投资几乎 80% ~90% 属于环保投资，而这些工程已经在设计文件中作为公路主体工程自成体系，将它们的投资在设计文件中划分为环保投资显然是不切合实际的；而后者环境影响报告书，其主要目的是定性或定量地描述、预测和评价建设项目对社会、经济、自然、生态环境的现状和未来影响的范围和程度，为减轻公害和优化环境，在工程的环保设计方面提出建议并为环保措施的选择与实施提供参考，显然环境影响报告书中突出强调的是环境保护，因此，它所包含的环保设施范围必将大于设计文件中的范围。综上所述，对于公路建设项目设计文件和环境影响报告书中的环保投资必须分别加以界定。

根据环境保护工作贯穿项目始终的要求，在环境影响报告书中还需反映部分在运营期的环保费用，而根据《公路基本建设工程概、预算编制办法》，运营期发生的费用不属于建设投资的范畴。

附录中的投资数据可以根据表 B.1 在项目的初步设计文件中得到反映或归集。

表 B.1　环保投资项目计列说明

序号	投 资 项 目	计 列 说 明
一、	环境污染治理投资	
1	声环境污染治理	
1.1	声屏障(含环境设施带)	初步设计文件中的《环境保护》篇章
1.2	围墙	初步设计文件中的《环境保护》篇章
1.3	建筑物封闭外廊	初步设计文件中的《环境保护》篇章
1.4	隔声窗	初步设计文件中的《环境保护》篇章
1.5	低噪声路面	初步设计文件中的《路基、路面及排水》篇章
1.6	防噪林带	初步设计文件中的《环境保护》篇章中的绿化工程
1.7	建筑物拆迁	初步设计文件中的《路线》篇章

续上表

序号	投资项目	计列说明
1.8	专设的限速、禁鸣标志等	初步设计文件中的《交通工程及沿线设施》篇章
2	振动治理	初步设计文件中的《环境保护》篇章
2.1	减振沟	初步设计文件中的《环境保护》篇章
3	环境空气污染治理	
3.1	附属设施锅炉烟尘、餐饮油烟处理设施	在初步设计文件中的《交通工程及沿线设施》篇章，按购置费和安装费分别计列，不计运营费用
3.2	收费亭、隧道强制通风设备	分列初步设计文件中的《隧道》、《交通工程及沿线设施》篇章，按购置费和安装费计列，不计运营费用
3.3	防护林带	设计文件中的《环境保护》篇章的绿化工程
3.4	施工期降尘措施	在工程费中列支
3.5	建筑物拆迁	初步设计文件中的《路线》篇章
4	地表水污染环境治理	
4.1	附属设施污水处理设施	初步设计文件中的《交通工程及沿线设施》篇章的服务设施、管理养护设施中计列
4.2	施工期生产和生活废水处置	在初步设计概算的现场管理费中综合考虑
4.3	路面汇水集中处理设施	初步设计文件中的《路基、路面及排水》篇章的排水设施中计列
二、	生态环境保护投资	
1	绿化美化工程	设计文件中的《环境保护》篇章的绿化工程
2	对湿地、草原、草场的保护工程(或置换工程)	设计文件中的《渡口码头及其他工程》篇章中其他工程项目计列
3	公路经过渔业养殖水域所采取的防护措施	防护措施在防护工程计列，给予渔民的渔业资源补偿费用及给渔民的直接补偿费用在工程建设费用中拆迁补偿费和安置补偿费中计列
4	公路经过自然保护区所采取的特殊工程措施	视项目情况分别在设计文件中的《路线》、《路基、路面及排水》和《环境保护》等篇章计列
5	保护沿线土地资源措施	视项目情况分别在设计文件中的《路基、路面及排水》篇章计列
6	取弃土(含石方)场所生态恢复和水保措施	视项目情况分别在设计文件中的《路基、路面及排水》和《环境保护》篇章计列，归集在工程建设其他费用中的土地补偿费中
三、	社会经济环境保护投资	
1	通道和人行桥工程	设计文件中的《路线交叉》篇章计列
2	为保护人文景观、历史遗产所采取的措施	视项目情况分别在设计文件中的《路线》、《路基、路面及排水》和《环境保护》等篇章计列，归集在工程费和工程建设其他费用中
3	危险化学品运输事故的防范措施	视项目情况分别在设计文件中的《路线》、《路基、路面及排水》、《桥梁、涵洞》和《环境保护》等篇章计列，防护费用，监控设备购置及安装费用在交通工程监控设施中计列，运行费用不属于建设费用不予列入
4	工程拆迁及安置费用	设计文件中的《路线》篇章计列，归集在工程建设其他费用中的拆迁补偿费和安置补助费中

续上表

序号	投资项目	计列说明
5	为补偿因公路建设所占用水源(特别是农村的饮用水源)的供水工程费用	在设计文件中的《渡口码头及其他工程》篇章计列,归集在工程费和工程建设其他费用中的拆迁补偿费和安置补助费中
四、	环境管理及其科技投资	
1	专设监测站的基建费、仪器设备费、装备费等	设计文件中的《交通工程及沿线设施》篇章
2	项目环境保护专业人员及监理工程师等的技术培训费	设计文件中的环保篇章
3	环境监测费用	设计文件中的《环境保护》篇章,施工期监测可归集在工程建设其他费用中,运营期费用不属于建设费用,应在通行费中列支
4	项目环境保护工作人员的薪酬及办公经费	不属于建设费用,应在通行费中列支
5	环境工程(设施)维护和运营费用	设计文件中的环保篇章
五、	环境保护税费项目	全部归集在设计文件中概算表的工程建设其他费用中
1	水土保持补偿费	计列
2	造林费、林地补偿费	计列
3	耕地费、造地费	计列
4	矿产资源税	计列
5	文物勘察费、文物挖掘保护费	计列
6	渔业资源保护费	计列
	……	

附录C 公路交通噪声预测

C.1 公路交通噪声预测模式参数选择

在《公路建设项目环境影响评价规范》修订的过程中，修订组选取了10处公路，进行了车辆的参考能量平均辐射声级、车速、车流量的同步现场测试，获得配套源强数据：小车997组，中车448组，大车486组；车速和车流量的大、中、小车型对应配套数据均大于1900组；并在以上公路进行了交通噪声随距离衰减规律的测试、地面吸收系数研究测试、高路堤路肩对公路交通噪声衰减影响的测试、住房建筑的朝向对公路交通噪声衰减影响的测试等。结合上述实测，并在对包括原规范预测模式在内的三种交通噪声预测模式进行对比分析基础上提出了此公路交通噪声预测模式。

公路交通噪声预测公式中各参数，是通过大量调查、监测与试验确定的。其依据如下：

1 车速计算公式是根据《公路交通能力研究》课题大量实测数据，进行统计回归分析而得。当设计车速小于120km/h，公式计算平均车速按比例递减。

但由于路况、车型等诸多因素影响，确定准确的车速很困难。因此，公式确定的车速只是统计的"中值"，在具体项目环评中，如条件许可，也可以根据邻近地区相似公路车辆运行状况调查后确定。

2 i类车辆的参考能量平均辐射声级L_{0i}。选择有代表性的大、中、小三类公路行驶车辆，在已建成的高速公路和普通公路，进行大量数据测试来研究车外噪声与行驶速度之间的关系，进行统计回归分析而得。分析结论证实，噪声值与车速对数的线性相关性很好，各类车辆回归方程中相关系数都远大于其临界相关系数（见表C.1），详见专题研究报告。

表C.1 我国机动车辆噪声与车速的对数线性回归分析

车 型	L回归方程(dB)	采样数量n	相关系数r	剩余标准差s(dB)
小型车	$L_{0S}=12.6+34.73\lg v_S$	997	0.6252	2.9
中型车	$L_{0M}=8.8+40.48\lg v_M$	448	0.4646	2.5
大型车	$L_{0L}=22.0+36.32\lg v_L$	486	0.2433	2.6

3 公路交通噪声距离衰减量$\Delta L_{距离}$的计算方法，是对我国11条高速公路、一级汽车专用公路和一、二级公路进行测试研究（原规范编写组进行）和本次修订进行的10条公路的一系列现场测试，并参考美国、日本的公路交通噪声预测模式，在大量交通噪声预测数据验证经验的基础上确定的。

在进行r的计算时，需注意到：当公路上下行车流量比偏离1.0时，实际等效行车道中线的位置也将有相应的变化。当近车道行驶的车流量占双向车流量比例大于0.5时，实际等效行车道中线的位置将向靠近预测点偏移，r也相应减小；反之则远离，r也相应加大；当双向车流量比值偏离1.0较小时，这一变化可忽略不计。在进行公路交通噪声预测时，通常假定车流量是均匀分布的。

地面吸收声衰减量$\Delta L_{地面}$采用的是《声学 户外声传播的衰减 第2部分：一般计算方法》（GB/T 17247.2）的计算方法。

4 公路纵坡引起的交通噪声修正量$\Delta L_{纵坡}$是根据《交通噪声及其控制》和《道路交通环境工程》提供的数据。

5 公路路面引起的交通噪声修正量$\Delta L_{路面}$，是根据我国沥青混凝土路面和水泥混凝土路面公路两侧交通噪声测试数据，并参考国外资料确定的。

6 公路弯曲或有限长路段引起的交通噪声修正量ΔL_1的计算方法是参照国外资料和国内研究资料而确定的。

7　公路与预测点之间障碍物对噪声传播的障碍衰减量 $\Delta L_{障碍物}$ 的计算是分别参照国外资料和国内研究资料而定的。当噪声源发出的声波遇到障碍物时，它将沿着三条路径传播：一部分越过障碍顶端绕射到达受声点；一部分穿透障碍物到达受声点；一部分在障碍物面上产生反射。对于树木、房屋等产生的障碍衰减量的计算非常复杂，本规范采用的是简化后的经验值，会生产一定的偏差。路基和路堑生产的 $\Delta L_{声影区}$ 计算也很复杂，本规范采用的绕射声衰减量计算公式是假定公路声源为一无限长不相干线声源时确定的，详细的计算可参见《声屏障声学设计和测量规范》（HJ/T 90）。

8　车辆单车噪声源强计算适用车速条件：

1）　小型车为 63 ~ 140km/h。

2）　中型车为 53 ~ 100km/h。

3）　大型车为 48 ~ 90km/h。

C.2　高架道路和立交区交通噪声预测

高架道路噪声预测不考虑地面吸收的影响，若要分横向预测和纵向预测，即考虑距离和高度预测时，采用二维预测。环境敏感点在地面时，加上防撞护栏的修正量；环境敏感点为高层建筑时，做二维曲线分布预测。

立交区噪声预测主要提供思路和预测的理论原理，具体方法需在以后工作中完善。

JTJ

中华人民共和国行业推荐性标准　　JTJ/T 006—98

公路环境保护设计规范

Design Specifications of Highway Environmental Protection

1998-07-21 发布　　1998-12-01 实施

中华人民共和国交通部发布

6

JTJ

中华人民共和国行业推荐性标准　　JTJ/T 006—98

公路环境保护设计规范

Design Specifications of Highway Environmental Protection

1998-07-21 发布　　1998-12-01 实施

中华人民共和国交通部发布

中华人民共和国交通部文

交公路发[1998]444号

关于发布《公路环境保护设计规范》的通知

各省、自治区交通厅，北京市交通局，上海市市政工程管理局，天津市市政工程局，重庆市交通局，部属公路设计、施工、科研、监督、监理单位，公路院校：

现批准发布《公路环境保护设计规范》（编号JTJ/T 006—98），作为推荐性行业标准，自1998年12月1日起施行。

《公路环境保护设计规范》由交通部第一公路勘察设计院主编，人民交通出版社出版。希望各单位在实践中注意积累资料，总结经验，及时将发现的问题和修改意见函告交通部第一公路勘察设计院，以便修订时参考。

中华人民共和国交通部

一九九八年七月二十一日

前　　言

为满足公路环境保护设计工作需要，交通部于 1992 年下达了编制《公路环境保护设计规范》的任务。

公路工程建设历来十分重视环境保护设计，编制组在广泛搜集近年来所做的公路建设项目环境影响评价、科研、监测资料以及国外有关环境保护资料，总结多年实践经验的基础上，进行了较系统的分析与论证，对公路建设全过程的环境保护的各方面作出了规定。

本规范共六章，主要内容有总则、总体设计、社会环境、生态环境、环境污染防治、景观与绿化。

本规范主编单位为交通部第一公路勘察设计院，参编单位为辽宁省交通厅、西安公路交通大学、交通部公路科学研究所。

《公路环境保护设计规范》系首次编制，在执行过程中，请各单位结合工程实践将发现的问题以及有关建议及时函告交通部第一公路勘察设计院（电话：029—7210249；地址：西安市友谊西路 87 号；邮编：710068）。

本规范主要起草人：陈永耀　汪双杰　胡建勋　张玉芬　刘书套　何仁杰　蔡志洲

目　录

1 总则

1.0.1 为确定公路工程建设项目环境保护设计标准、原则、内容和方法,提高公路环境保护设计质量和水平,特制定本规范。

1.0.2 本规范是根据《中华人民共和国环境保护法》、《中华人民共和国公路法》、《建设项目环境保护设计规定》和《公路工程技术标准》(JTJ 001—97)等有关规定,在总结我国多年来公路环境保护实践经验并广泛搜集、研究公路对社会、生态环境的影响的基础上制定的。

1.0.3 本规范适用于新建高速公路、一级公路和有特殊要求的公路工程项目环境保护设计。

1.0.4 公路环境保护应贯彻以防为主、以治为辅、综合治理的原则,并结合工程设计开发利用环境,尽可能地改善和提高公路环境质量。

1.0.5 公路工程项目建设的各个阶段必须做好环境保护设计。在可行性研究阶段应进行环境影响评价;在初步设计阶段应针对环境影响评价报告书(表)中的环境保护评价意见,拟定环境保护总体设计方案并进行论证;在施工图设计阶段应根据审定意见作出环境保护工程设计。

1.0.6 公路环境保护设施的设计年限应同该公路的远景设计年限一致。声屏障等部分环境保护设施可视交通量增长情况分期实施。

1.0.7 公路环境保护设计必须贯彻"经济效益、社会效益与环境效益统一"的方针,各种环境保护设施应因地制宜,做到技术可行、经济合理、效益显著。

1.0.8 公路建设项目环境保护投资的划分

1.0.8.1 凡以保护社会环境、生态环境,或治理环境污染,或进行环境管理为直接目的的投入,均为环境保护投资。

1.0.8.2 公路建设项目中属主体工程且同时具有保护环境功能的工程或设施,其投资应列入公路主体工程投资中。

1.0.8.3 凡治理声、气、水对环境的污染所设置的工程或设施等所发生的工程设施费用应在环境保护投资中计列。

1.0.9 公路工程建设项目环境保护设计除应符合本规范外,尚应符合国家现行的有关环境质量标准的规定。

1.0.10 公路环境保护设计篇(章)及其编制的公路环境保护投资均应纳入公路工程设计文件。

2 总体设计

2.1 一般规定

2.1.1 在做公路全线总体设计时，应结合项目工程建设条件、交通需求、地区经济发展等研究对环境的影响，以维护生态平衡、尽量降低环境污染为宗旨，以敏感点为主、点线结合、保护沿线环境为目标，确定环境保护总体设计原则和工程方案。

2.1.2 公路建设项目除工程方案因素比选外，还应对该地区相关敏感点进行深入调查，充分研究工程与环境的相互影响，论证不同公路路线方案给沿线环境带来的不同影响。

2.1.3 应根据环境保护标准、技术指标及其治理原则，结合本项目沿线的经济环境、社会环境、生态环境等特点制定公路环境保护总体设计方案，作出技术先进、经济合理、适用可靠的公路环境保护设计。

2.1.4 公路环境保护总体设计应符合下列要求：

——公路工程与自然环境融为一体；

——公路的各种构造物同周围环境相协调并成为新的人文景观；

——提供良好的视觉环境；

——对施工与营运期将产生的污染应采取相应措施，进行综合治理；

——公路环境保护设计宜结合不同的区域环境分段作出相应的建筑风格的设计。

2.1.5 根据预测交通量和不同的保护对象而拟分期修建的环境保护设施，必须按总体规划确定的各项技术指标制定分期修建方案，并作出分期实施设计。

2.2 设计要点

2.2.1 公路环境保护总体方案设计应综合考虑路网规划、交通量、工程建设条件等，所推荐的路线应是可为环境所接受的方案，并着重进行以下方面的分析：

——路线及其相邻路网交通量增减变化所带来的噪声、废气的影响；

——对沿线农田水利设施与水土保持的影响；

——开挖与填筑路基对自然植被覆盖的影响；

——处理工程地质病害、开挖隧道等改变水文地质情况后对农作物的影响；

——对生态环境分割所带来的影响；

——同城镇规划、行政区划的配合及其影响；

——对文物、遗址、古迹、风景区等的影响；

——线位与环境敏感点的距离及其影响。

2.2.2 公路选线应结合地形、地物，针对路线所处区域的不同环境特征，考虑不同的环境保护对象进行相应的设计。

2.2.2.1 平原、微丘区公路应着重论证以下影响因素：

——填方、取土、弃土对农业资源、土壤耕作条件的影响；

——对农田水利排灌系统的影响；

——路面径流对养殖业水体的影响。

2.2.2.2 重丘、山岭区公路应着重论证以下影响因素：

——高填、深挖对自然景观、植被的影响；

——公路的分割与阻隔对珍稀动植物资源的影响；
——对水土流失的影响；
——开挖、废方堆弃、爆破作业等诱发地质灾害的影响。

2.2.2.3 绕城线或接城市出入口的公路应着重论证以下影响因素：
——拆迁的影响；
——阻隔出行、交往的影响；
——交通噪声的影响；
——环境空气污染的影响。

2.2.3 线形设计应合理采用技术标准及其指标，着重优化以下几方面：
——平、纵线形组合设计应能使汽车匀速行驶；
——互通式立交、匝道及其各类出入口的线形设计应能使车流顺畅运行；
——设置平面交叉时应采用较高平、纵指标并做好渠化设计，以使车流通畅，避免堵塞；
——环境敏感点附近的路段，宜采用较高平、纵指标，避免设置急弯、陡坡、爬坡车道等。

2.2.4 路基设计应结合工程地质条件，贯彻因地制宜、就地取材的原则做好环境保护设计，并符合下列要求：
——对取土、石、砂砾料的料场，应考虑其位置、开采方式、数量等对坡面植被、河道流向等的影响；
——对弃方的位置、数量应考虑其对自然环境的影响；
——路基综合排水系统应与当地排灌系统协调。

2.2.5 互通式立交设计应针对互通式立交区地形、地质条件，以及互通式立交区周围自然环境、社会环境等特点，结合互通式立交主体工程考虑立交区环境设计方案，并符合下列规定：
——在满足互通式立交使用功能的同时，应考虑交叉型式、布局的美观；
——综合考虑互通式立交区周围自然环境进行上跨主线与下穿主线的方案比较，合理确定桥上纵坡及桥头路基高度；
——立交桥结构型式、跨径、桥长本身应成比例，应与立交区周围环境相协调；
——根据路线总体景观设计方案，做好立交区绿化设计；
——立交区综合排水系统应与路线综合排水系统统一考虑。

2.2.6 隧道设计应结合地质、水文、气象、地震等情况，考虑施工和营运环境进行多方案论证，并符合下列要求：
——隧址的选择应综合考虑接线设计、洞内外排水系统、弃渣处理、施工和营运管理等，并提出必要的环境保护措施；
——隧址通过含有有害气体的地层时，应预测对施工、营运的影响，并提出防治措施；
——隧址应避开或保护储水结构层和蓄水层，保护地下水径流和地表植被。

2.2.7 服务区、管理设施设计应结合自然景观选择适宜的位置，并符合下列要求：
——对生活废水、废弃物等进行综合治理；
——污染防治措施应进行多方案比选；
——拟分期实施的防污染设施应论证并确定实施年限；
——有条件时，结合周围环境进行景观设计。

2.2.8 施工组织设计应采取必要措施防止或减缓对环境空气、声环境、水环境的影响，并符合下列要求：
——做好施工便道的调查与设计；
——应采取临时工程措施，以确保受干扰地段的排灌系统不被中断；
——应采取预防措施，使施工作业产生的粉尘污染减至最低限度；
——沥青混合料拌和厂位置应远离居民区；
——限定产生高噪声的施工机械的作业时间；
——对爆破作业应采用能保证路基与边坡稳定并尽可能减少对环境扰动的施工方法。

3 社会环境

3.1 一般规定

3.1.1 公路环境保护设计所称的社会环境，是指公路沿线范围内，人类在自然环境基础上，经过长期有意识地社会劳动所创造的人工环境。

3.1.2 公路社会环境保护设计应调查、搜集公路沿线的土地资源、农田水利设施、建筑物、行政区划、人文景观等社会环境现状及其远景发展规划，并进行综合分析，论证公路建设与社会环境的相互影响关系。

3.1.3 公路社会环境保护设计应立足于对社会环境的开发和利用，使公路建设产生更多的社会效益。

3.2 土地利用

3.2.1 公路选线应全面调查沿线土地利用情况，按不同种类分别统计，遵照节约用地的原则，结合当地基本农田保护区及国土规划，进行充分比选，确定路线位置。

3.2.2 公路用地应少占耕地、果园，多利用荒坡、荒地、滩涂等荒芜土地。

3.2.3 取土设计，应结合土地利用规划选择取土场位置及其取土方式。当采用集中取土方式时，宜结合平整土地选取较高地势的土丘取土，或结合河道整治选取滩槽取土；当采用宽挖浅取方式时，应保留表土回填复耕。

3.2.4 农田地区的路基应尽可能降低其高度，并宜设置支挡结构，减少占地。

3.2.5 施工临时用地应结合公路永久用地统筹安排。占用耕地的施工临时用地，工程竣工后应尽快清场复垦。

3.3 农田水利设施

3.3.1 应调查公路通过地带的农田水利排灌系统、人工蓄防洪设施的布局与发展规划，使公路设计尽可能与其相协调。

3.3.2 路线不宜压占干渠、支渠；不得已而压占时，应按原过水断面改移或采取其他工程措施。跨越干渠、支渠的桥涵不宜压缩渠道过水断面。

3.3.3 在对排灌设施进行合并、调整或改移设计时，不得影响其原有排灌功能与要求。

3.4 拆迁与安置

3.4.1 选定路线方案时，应尽可能绕避村镇和环境敏感建筑物，避免大规模的拆迁。当路线对环境敏感建筑物等有干扰时，应作防护与拆迁等多方案比较。

3.4.2 对公路沿线两侧必须拆迁的建筑物应进行调查统计，分门别类登记造册。

3.4.3 应充分调查了解被安置对象的各种因素，在设计中充分体现国家的有关政策，提出安置规模等建议方案。

3.5 出行与交往

3.5.1 公路选线应注意调查行政区划、居民聚集区、学校、乡镇企业等的位置，了解人群流向，减少对人群出行、交往的阻隔。

3.5.2 影响人群出行、交往需设置横向通行构造物时，其规模应根据出行数量、出行目的以及路网布局进行设计。

3.5.3 公路通过农田区时，横向通行构造物型式与间距应根据具体情况选择，并与农田基本建设规划相协调。

3.5.4 应充分考虑通道内排水设计，不得因积水影响安全通行。

3.5.5 路线通过牧区时，应设置放牧转场通道。

3.6 人文景观

3.6.1 应搜集公路沿线已发现的文物、遗址、名胜古迹、风景区等的位置和保护级别，并拟定环境保护设计对策。

3.6.2 公路应绕避省级以上文物、遗址等保护区。公路对文物、遗址等保护区产生干扰时，应按"文物保护法"中有关规定执行。

3.6.3 服务区、停车场等位置的选定，宜充分利用天然或人文景点，其风格应与周围环境相协调。

3.6.4 大型桥梁、互通式立交等大型构造物的型式、布局等，宜与当地环境协调组成具有独特风格的景观。

4 生态环境

4.1 一般规定

4.1.1 公路环境保护设计所称的生态环境是指公路中心线两侧各200m范围内的自然保护区、水源保护地、森林、草原、湿地和野生生物及其栖息地等。

4.1.2 公路应绕避生态环境中所列的保护对象。公路对生态环境中的保护对象产生干扰时，应结合受保护对象的特性提出保护方案，将不利影响减少到最低的限度。有条件时，宜进行环境补偿。

4.2 生物及其栖境的保护

4.2.1 公路中心线距省级以上自然保护区边缘宜不小于100m。当公路必须进入自然保护区时，应遵照国家有关规定执行。

4.2.2 公路通过林地时，应严格控制林木的砍伐数量，严禁砍伐公路用地范围之外不影响视线的林木。

4.2.3 公路用地范围内，应按绿化设计要求进行栽植。有条件时，填方边坡的植被覆盖率在秦岭、淮河以南地区应达到70%以上；秦岭、淮河以北地区应达到50%以上。

4.2.4 公路经过草原时，应注意保护草原植被。取、弃土场地应选择在牧草生长差的地方。

4.2.5 公路进入法定保护的湿地时，工程方案应避免造成生态环境的重大改变。施工废料应弃于湿地之外。

4.2.6 在有国家级保护的野生动物出没路段，应设置预告、禁止鸣笛等标志，并为动物横向过路设置兽道。

4.3 水资源、自然水流形态的保护

4.3.1 应调查和搜集公路中心线两侧各200m范围内的地表水资源分布、容量以及水体的主要功能。

4.3.2 路面径流不得直接排入饮用水体和养殖水体。

4.3.3 不得占用居民集中地区的饮用水体；当路基边缘距饮用水体小于100m、距养殖水体小于20m时，应采取绿化带或者其他隔离防护措施。

4.3.4 公路在湖泊、水库等地表径流汇水区通过时，应采取措施防止公路对地表径流的阻隔。

4.3.5 公路经过瀑布上游、温泉区等特殊水体时，应符合国家现行的有关规定，确定避让距离。

4.3.6 在作饮用水的地下水水源保护区设置的排、渗水构造物可能造成地下水水质污染时，应采取措施隔离地表污水。

4.3.7 应注意保护自然水流形态，做到不淤、不堵、不留工程隐患。

4.3.7.1 跨越溪、河、沟的桥涵的过水断面，应保证泄洪能力。

4.3.7.2 公路跨越山谷时，应根据山谷宽、深及汇水面积等选择通过方式，有条件时宜优先采用桥梁跨越。

4.3.7.3 工程废方弃置应作出设计，避免阻塞河道水流或造成水土流失。

4.4 水土保持

4.4.1 应充分调查沿线的工程地质、地形地貌、气候条件、植被种类及覆盖率、水土流失现状等，综合采用生物防护和工程防护措施，做好水土保持工作。

4.4.2 在山区公路地质病害地段，当采取生物防护措施进行水土保持时，应考虑当地区域水土保持规划。

4.4.3 山区、丘陵区公路应尽可能与原有地形、地貌相配合，减少开挖面、开挖量，注意填挖平衡。

4.4.4 弃土场应做好排水防护设计，以避免成为新的水土流失源。

4.4.5 取土点宜选择荒山、荒地。

4.4.6 暴雨强度较大、岩体风化严重、节理发育的石质挖方边坡或松散碎（砾）石土填挖方边坡地段，宜采用植物与工程综合防护措施。

4.4.7 做好公路综合排水设计，应充分利用地形和天然水系将路界范围内地表径流引入自然沟中。各种排水沟渠的水流不应直接排放到水源、农田、园林等地。

4.4.8 应注重高速公路绿化设计，选用适合当地生长的花草、灌木、乔木等植物，对路堤边坡、弃土等进行绿化，防止水土流失。

5 环境污染防治

5.1 一般规定

5.1.1 公路环境污染防治是指公路施工期、营运期的噪声、废气、污水等对生活环境的污染防治。

5.1.2 公路建设项目应主要防治下列环境污染：

——公路交通噪声、施工作业噪声对声环境的污染；

——公路营运车辆的尾气、搅拌站（场）的烟尘和施工扬尘对环境空气的污染；

——公路服务区等的生活污水、路面径流、施工废水和工业废渣等对水环境的污染；

——施工中的废弃物对景观环境的污染。

5.1.3 公路环境污染防治主要针对以下环境敏感点：

——声环境敏感点：学校、医院、疗养院、城乡居民区和有特殊要求的地区；

——环境空气敏感点：省级以上自然保护区、风景名胜区、人文遗迹以及学校、医院、疗养院、城乡居民区和有特殊要求的地区；

——水环境敏感点：饮用水源及养殖水源保护地。

5.1.4 公路应绕避环境敏感点。

5.1.4.1 公路中心线距声环境敏感点应大于100m，其中距医院、疗养院、学校宜大于200m。

5.1.4.2 公路中心线距环境空气质量标准为一级的地区应大于100m。

5.1.4.3 公路中心线距地面水环境质量标准为Ⅰ~Ⅲ类水质的水源地应大于100m。

5.1.4.4 公路中心线距对交通振动、电磁辐射有特殊要求的敏感点以及危险品仓库等的距离应符合国家现行的有关标准的规定。

5.1.5 公路环境污染防治措施应充分利用自然条件，并结合工程特点综合考虑：

——利用山丘、高地、林地、草地等保护声环境和环境空气；

——利用临路建筑、仓库、堤岸、围墙等降低噪声；

——结合地形，利用路堑等，降低噪声，改善环境。

5.2 声环境污染防治

5.2.1 声环境噪声标准

距公路中心线200m范围内的一般声环境敏感点应符合《城市区域环境噪声标准》（GB 3096—93）中的4类环境噪声标准的规定，学校教室、医院病房、疗养院住房等应符合2类环境噪声标准的规定，有特殊要求时应符合国家现行有关标准的规定。

5.2.2 应对《公路建设项目环境影响报告书》中列出的环境噪声级超标5dB的敏感点作补充工程调查，进行声环境污染综合防治设计，提出实施方案。

5.2.3 应根据敏感点的性质、位置、规模、当地条件及工程特点，确定防治对策，可考虑下列措施防治交通噪声：

——调整公路线位；

——堆筑工程弃方；

——建筑物设置隔声设施；

——建造声屏障；

——栽植绿化林带；

——调整临噪声源一侧建筑物的使用功能。

对所选用的交通噪声防治措施，应进行工程与环境费用效益分析，综合经济比较后确定。

5.2.4 堆筑工程弃方防治交通噪声，应符合下列规定：

5.2.4.1 应对用地的可行性进行分析论证，并注重与景观协调。

5.2.4.2 工程弃方堆筑高度、长度可参照本规范第5.2.6.3款的规定设计，其边坡坡度应根据当地土质条件、地形、地物确定，堆筑体应压实，保证稳定。

5.2.4.3 采用建筑垃圾或工业废渣等废弃物堆筑时应用土壤包覆，不得外露，并及时绿化。

5.2.4.4 堆筑体表面应绿化，有条件时应在其表面及周围作美化栽植。

5.2.5 建造隔声设施应符合下列规定：

5.2.5.1 敏感点规模较小或为高层建筑时，可设置隔声设施降低室内噪声。

5.2.5.2 隔声设施可采用封闭阳台、设置双层窗、封闭外走廊等，必要时亦可加设外墙。

5.2.5.3 隔声设施的隔声设计可参照《民用建筑隔声设计规范》(GBJ 118—88)的有关规定。

5.2.6 建造声屏障应符合下列规定：

5.2.6.1 当公路距敏感点较近、用地受限且环境噪声超标5dB以上时，可采用声屏障。

5.2.6.2 声屏障应设在靠近声源处，路堤地段声屏障内侧距路肩边缘不宜大于2.0m；路堑地段则应设在靠近坡口部位；桥梁地段可结合护栏一并设置。

5.2.6.3 声屏障的高度、长度应根据噪声衰减量、屏障与声源及接受点三者之间的相对位置、公路线形、地面因素等进行设计。声屏障高度不宜超过5.0m。当声屏障长度大于1km时，应设紧急疏散口。

5.2.6.4 声屏障材料应具备隔声、高强、低眩、耐久、耐火、耐潮等性能。

5.2.6.5 声屏障结构设计应作强度计算和抗倾覆稳定性验算。

5.2.6.6 声屏障临公路侧的表面应减少对声波、光波的反射，其形式和色彩应与周围环境相协调。

5.2.7 栽植绿化林带防治交通噪声应符合下列规定：

5.2.7.1 城镇、风景区附近或有景观要求的路段，宜采用绿化林带。

5.2.7.2 栽植绿化林带应结合自然环境、公路景观、水土保持规划等进行。

5.2.7.3 绿化林带宽度不宜小于10m，长度应不小于敏感点沿公路方向的长度，并根据当地自然条件选择枝繁叶茂、生长迅速的常绿树种。乔、灌木应搭配密植，乔木高度不宜低于7.0m，灌木不低于1.5m。

5.2.8 公路施工组织设计中应对产生强噪声辐射的施工机械的作业时间、场地布置等作出规定，其噪声标准应符合《建筑场界噪声标准》(GBJ 12523—90)中的有关规定。

5.3 环境空气污染防治

5.3.1 环境空气质量标准

距公路中心线200m范围内的一般环境空气敏感点应符合《环境空气质量标准》(GB 3095—96)二级标准的规定；有特殊要求的地区应符合国家现行有关标准的规定。

5.3.2 应对《公路建设项目环境影响报告书》中列出的环境空气质量超标的敏感点作补充工程调查，提出综合防治方案。

5.3.3 环境空气污染防治应结合景观绿化设计，选择有吸附或净化能力，适合当地气候、土壤条件的草木、灌木和乔木。在用地许可时，宜种植多层次的绿化林带。

5.3.4 沥青混合料应集中场站搅拌，其设备污染物排放应符合《沥青工业污染物排放标准》(GB 4916—85)中的一级标准的规定。搅拌场站距敏感点距离不宜小于300m，并应设在当地主导风向的下风向一侧。

5.3.5 石灰、粉煤灰等路用粉状材料运输和堆放应有遮盖，有条件时其混合料应集中拌和，减轻对空气、农田的污染。

5.3.6 施工组织设计中应考虑对施工路段及便道适时洒水，减轻扬尘污染。

5.4 水环境污染防治

5.4.1 公路沿线设施排放的污水和施工期间排放的废水应符合《污水综合排放标准》(GB 8978—88)的规定。

5.4.2 公路沿线设施的管理区、养护工区、服务区等的生活污水应经处理达标后排放。

5.4.3 公路路线必须经过饮用水源地或养殖水体附近时，应设边沟或排水沟，必要时可设置小型净化池。

5.4.4 桥位距自来水厂取水口上游应大于1000m，距下游应不小于100m。

5.4.5 洗车台(场)、加油站应设置污水处理系统，经过处理达标后的污水可排入当地污水受纳系统。

5.4.6 饮用水源地保护区内不得设置沥青混合料及混凝土搅拌站；不得堆放或倾倒任何含有害物质的材料或废弃物；不得在饮用水源地保护区内取土、弃土，破坏土壤植被。

5.4.7 施工过程中搅拌站的排水、混凝土养生水等含有害物质的废水不得排入地表水Ⅰ～Ⅲ类水源地保护区。

5.4.8 公路必须经过饮用水源地、水产养殖区域时，在该路段前后应设标志牌予以提示。

6 景观与绿化

6.1 一般规定

6.1.1 公路环境保护设计所称的景观是指公路路线、桥梁、隧道、互通式立交、沿线设施等人工构造物同公路通过地带的自然景观与人文景观相互融合后构成的景观。

公路环境保护设计所指的绿化是指公路沿线及互通式立交区、服务区等公路用地范围内的绿化。

6.1.2 应结合自然环境、经济条件、公路构造物的特点,因路制宜进行景观与绿化设计,形成同自然景观相协调的建筑群体。

6.1.3 应充分利用绿化以缓解因修建公路给沿线带来的各种影响。有条件时应结合防护工程进行绿化设计,保护自然环境,改善景观。

6.1.4 公路两侧的绿化设计,应结合车速与视点不断移动的特点,考虑视觉与心理效果,做到尽量与周围景观、自然环境相协调。

应注重高速公路服务区、管理区的景观与绿化设计,应结合地形、地区的特点,尽量改善环境,协调景观。

对以保护自然环境为目的的绿化设计,应充分结合地区特性、沿线条件进行设计。

6.1.5 公路栽植用树木,按树高划分为高树、中树和矮树三种。高树的高度为3.0m以上;中树的高度为1.0m~3.0m;矮树的高度为1.0m以下。高度在10.0m以上者为高大乔木。

6.2 景观

6.2.1 公路景观设计的基本要求:

6.2.1.1 根据工程及沿线区域环境特征或行政区划等,宜将公路划分为若干景观设计路段。在各景观设计路段中宜选择大型构造物和沿线有特色的景物作为设计景点。公路景观设计尽可能做到点、线、面兼顾,整体统一,使公路与沿线景观相协调。

6.2.1.2 公路上的各种人工构造物的造型与色彩应考虑景观效果和驾驶者的视觉效果,尽可能减少或消除各种构造物对自然景观的不利影响。

6.2.1.3 有条件时,应充分利用各种人工构造物和绿化来补偿、改善公路沿线景观,并结合不同路段的区域环境特征形成其特有的风格。

6.2.1.4 应合理组合路线的平、纵、横面,保证线形流畅、视野开阔。

6.2.1.5 应利用公路沿线设施和各种人工构造物,诱导驾驶者视线,预告公路前方路况的变化,以适时采取安全行驶措施。

6.2.2 公路景观设计要点:

6.2.2.1 公路上的桥梁、互通式立交、隧道和服务区、管理设施等作为一个景点,设计时应使构造物本身各部位比例协调。

6.2.2.2 各景点设计路段应充分结合工程和自然景观,宜具有一定风格,且与地域景观协调一致。各景观设计路段之间的过渡应自然。

6.2.2.3 应充分利用公路通过地带的自然景观点和人工景观点进行设计:

——利用孤立大树、独立山丘、古建筑等作为点缀;

——公路绕避风景区或独立景观点时,宜将风景区或独立景观点布设于曲线的内侧;

——公路穿过林地、果园、绿地时,宜以曲线通过;

——服务区宜充分利用海滨、湖滨、风景名胜地等设置。

6.2.2.4 在自然景观单一的路段，其线形设计宜以曲线为主，并保持连续、均衡，同时宜结合工程景点改善景观。

6.2.3 对自然环境、景观影响较大的工程，应综合考虑工程和景观因素进行多方案比选、论证：

——深挖方路段宜对路堑与隧道方案比选、论证；

——路线跨越山间谷地时，宜作高路堤与高架桥方案比选、论证；

——路线沿横坡较陡的林区布设时，宜作半填半挖与纵向高架桥方案比选、论证。

6.2.4 视觉污染防治：

——公路用地范围内，除收费站、服务区外，不得设置广告牌、宣传牌；

——高速公路的起、终点或大型构造物处设置建筑小品时，应注意色彩、造型，避免引起视觉混乱；

——公路两侧有影响视觉的场所时，应采取绿化或工程措施予以遮避或改善。

6.3 绿化

6.3.1 公路绿化设计按功能分为保护环境绿化和改善环境绿化两类。

6.3.2 保护环境绿化：通过绿化栽植以降噪、防尘、保持水土、稳定边坡。

6.3.2.1 防护栽植：在风大的公路沿线或多雪地带等，有条件时宜栽植防护林带。

6.3.2.2 防污栽植：在学校、医院、疗养院、住宅区附近，宜栽植防噪、防气体污染林带。

6.3.2.3 护坡栽植：公路路基、弃土堆、隔声堆筑体等边坡坡面应绿化，保持水土以增进边坡稳定。

6.3.3 改善环境绿化：通过绿化栽植以改善视觉环境，增进行车安全。

6.3.3.1 诱导栽植：在小半径竖曲线顶部且平面线形左转弯的曲线路段，应在平曲线外侧以行植方式栽植中树或高树。

6.3.3.2 过渡栽植：可在隧道洞口外两端光线明暗急剧变化段栽植高大乔木予以过渡。

6.3.3.3 防眩栽植：在中央分隔带、主线与辅道或平行的铁路之间，可栽植常绿灌木、矮树等以隔断对向车流的眩光。

6.3.3.4 缓冲栽植：在低填方且没有设护栏的路段或互通式立交出口端部，可栽植一定宽度的密集灌木或矮树。

6.3.3.5 遮蔽栽植：对公路沿线各种影响视觉景观的物体宜栽植中低树进行遮蔽；公路声屏障宜采用攀援植物予以绿化和遮蔽。

6.3.3.6 标示栽植：当沿线景观、地形缺少变化，难以判断所经地点时，宜栽植有别于沿途植被的树木等，形成明显标志，预告设施位置。

6.3.3.7 隔离栽植：在公路用地边缘的隔离栅内侧，宜栽植刺藜、常绿灌木及攀援植物等，防止人或动物进入。

6.3.4 公路绿化应与沿线环境和景观协调，并考虑总体环境效果。

6.3.4.1 通过林地、果园时，除因影响视线、妨碍交通或砍伐后有利于获得视线景观者外，应充分保留原有树木。

6.3.4.2 通过草原、绿地或湿地时，宜选择当地植物进行绿化。

6.3.4.3 公路绿化应结合当地区域特征，分段栽植不同的树种，但应避免不同树种、不同高度、不同冠形与色彩频繁替换而产生视觉景观的混乱。

6.3.4.4 互通式立交区及服务区范围内，有条件时宜作景观绿化设计。

6.3.5 公路绿化常用树种应根据气候、土壤、防污染要求等因素进行选择：

——满足绿化设计功能的要求；

——具有较强的抗污染和净化空气的功能；

——具有苗期生长快、根系发枝性好、能迅速稳定边坡的能力；

——易繁殖、移植和管理，抗病虫害能力强；

——具有良好的景观效果，能与附近的植被和景观协调。

附录　本规范用词说明

一、为便于在执行本规范条文时区别对待，对要求严格程度不同的用词说明如下：

1. 表示很严格，非这样做不可的：

正面词采用“必须”；

反面词采用“严禁”。

2. 表示严格，在正常情况下均应这样做的：

正面词采用“应”；

反面词采用“不应”或“不得”。

3. 表示允许稍有选择，在条件许可时首先应这样做的：

正面词采用“宜”或“可”；

反面词采用“不宜”。

二、条文中指明应按其他有关标准、规范的规定执行的写法为“应按……执行”或“应符合……要求或规定”。非必须按照指定的标准、规范执行的写法为“可参照……”。

《公路环境保护设计规范》

（JTJ/T 006—98）

条 文 说 明

1 总则

1.0.1 环境保护是我国的一项基本国策,我国公路建设项目的设计和施工,历来十分重视对自然环境的保护工作,特别是在公路选线、确定桥梁位置、综合排水、防止水土流失等方面积累了丰富的经验。为消除和减轻对环境的负面影响,公路工程建设项目必须从设计阶段开始重视环境保护工作。因此,在总结公路环境保护设计经验的基础上,有必要研究确定环境保护设计标准、原则、内容和方法,故特制定本规范。

1.0.3 高速公路、一级公路路线平、纵面指标较高,容易与自然环境产生某种程度的干扰或造成社会环境、自然环境的改变。因此,从保护环境、同自然环境协调出发,高速公路、一级公路必须在主体工程设计的同时进行环境保护设计。

有特殊要求的公路是指从风景名胜区、自然保护区以及林区等区域内经过的公路,因对自然景观与生态环境保护等有特殊要求,故应根据所经地带的特征和要求进行环境保护设计。

1.0.4 公路环境保护设计应以防为主,在工程设计开始即从主观上考虑环境保护问题,通过设计上的努力,达到避免引起环境破坏、污染进而保护环境的目的。以防为主是主观活动,也是最经济有效的环境保护措施。

1.0.6 公路环境保护设施主要指为降低交通噪声而设置的声屏障,管理、服务区中污水处理池,隧道通风、除尘设施等,其设计应根据预测交通量分析确定。《公路工程技术标准》(JTJ 001—97)规定了各级公路的远景设计年限。随着交通量的增长及公路使用时间的推移,公路改建或设施的维修更新是十分必要的。因此公路环境保护设施的设计年限应与公路远景设计年限一致。

条文中部分环境保护设施系指主要为防治污染而设置的设施,如声屏障等;交通量增长情况系指通车后营运期间某一时间环境监测统计交通量。

1.0.7 公路工程线长面广,对环境的影响自然不可忽视。但工程设计应妥善处理好主体工程与环保措施间的关系,尽可能从路线方案、指标的运用上合理取舍,而不过多地依赖环境保护设施来弥补。当公路工程对局部环境造成较大影响时,应进行主体工程方案与采取环保措施间的多方案比选。

1.0.8 公路建设项目环境保护设计投资划分原则系依据《建设项目环境保护设计规定》制定。公路设计主体工程设施(如桥涵等)、防护工程设施(如挡土墙等)等多兼有环境保护功能,与环境保护要求一致,但从我国公路设计的实际情况出发,均计入主体工程投资中。本规范规定的为防治污染和保护环境所设工程设施系指以环境保护功能为主的设施,如兽道、净化池等,其所发生的款项为环境保护设计投资。对此,在公路设计总说明书中应作出规定,并从概(预)算表中摘出环境保护投资项目与资金,汇总列表说明,以便设计、审查及建设管理单位掌握环保投资的基本情况。

1.0.10 交通部颁《公路工程基本建设项目设计文件编制办法》已对公路工程设计各阶段环境保护篇章内容作出规定,在编制设计文件中应按编制办法及本规范执行。

2 总体设计

2.1 一般规定

2.1.1 公路环境保护设计不是一个独立的专业设计问题，它与公路各专业勘测设计密不可分，环境保护设计的许多具体措施不可能脱离主体工程设计对环境保护观念的落实，同时对主体工程的设计又要求从环境保护角度考虑方案与对策。为使环境保护设计与公路主体工程设计、环境保护措施与工程措施间关系协调，以最少的环境保护投入达到理想的环境保护效果，在公路设计中必须进行环境保护总体方案设计。

环境保护总体方案与公路沿线农业生产、城镇分布、自然及人文景观、社会经济发展水平等环境特征相关，还与地形、地貌、公路等级、工程投资规模等建设条件相关。环境保护总体方案设计应综合分析上述因素，在主体工程设计的同时作出切合实际的安排。

2.1.3 环境保护标准是指国家颁布的环境保护质量标准，如《大气环境质量标准》、《地面水环境质量标准》等。技术指标是指设计人员针对所确定的环境保护总体设计原则量化的某些设计指标，如线位距环境敏感点的最小距离、乡村地区通道一般间距、路基填（挖）方控制高度等。

2.1.4 视觉环境对人的心理感受有明显的影响，如急弯陡坡能引起司乘人员心理紧张，公路边坟墓、垃圾场等引起司乘人员心理不愉快等反应。总体设计中应考虑采取相应的措施改善之，如对坟地的迁移或遮掩等。

2.1.5 按《公路工程技术标准》（JTJ 001—97）规定，公路分期修建年限按预测交通量定为7～10年。环境保护设施分期修建年限可参照使用。按预测交通量分析，若公路使用后7～10年污染不超标，宜在总体设计中考虑预留远期设置位置及技术条件。

2.2 设计要点

按照公路环境保护设计所确定的以防为主、治为辅、防治结合的设计原则，公路设计应在如何防止公路建设带来环境负影响以及如何改善环境上思考一些问题。以防为主是设计阶段瞻前性的活动过程，因此在公路设计中应从环境保护的角度，站在总体设计的高度上提出环境保护设计所考虑的对象，有的放矢。

本规范按公路总体设计、公路选线、线形设计、路基路面、桥梁涵洞、互通式立交、隧道、服务区管理设施等专业设计，以及施工组织设计等方面提出本节设计规定，以体现公路设计各环节环境保护设计要点。具体设计过程中，设计人员应分析研究所设计项目的实际情况及要求，突出环境保护设计的重点及特色。

3 社会环境

3.1 一般规定

3.1.1 社会环境即经过人的改造受过人的影响的自然环境，也就是人类在自然环境的基础上，通过长期有意识的社会劳动所创造的人工环境，它是人类劳动的产物，如工矿区、农业区、生活居住区、城镇、交通、名胜古迹、温泉、疗养区、风景游览区等。

社会环境是人类物质文明和精神文明发展的标志，并随人类社会的经济建设和科技的进步而不断地丰富和发展。

3.1.2 公路建设对加速物质流通和交通便利，对国民经济发展和人民生活改善起着重要作用，但是公路建设也带来如占用耕地、砍伐森林、调整水利设施、拆迁建筑物、居民再安置、区划分割、出行与交往不便等社会环境问题，通过分析、论证，应该强调经济效益、社会效益和环境效益三者的统一，处理好公路建设与环境保护的关系。

3.2 土地利用

3.2.1 土地通常指由地形、土壤、植被以及水文、气候等自然要素组成的自然综合体，是农业生产最基本的生产资料，是人类生产、建设和生活不可缺少的物质条件，必须珍惜它、保护它。随着交通事业的发展，公路建设占用一定数量的土地，应该遵照《中华人民共和国土地管理法》的有关规定进行办理，加强土地管理，合理使用、保护土地资源。

土地种类主要指：耕地、荒地、草地、林地、滩涂、湿地。

3.3 农田水利设施

3.3.1 公路通过农田区必然会同原有农田水利灌溉系统发生干扰，应详细调查原有农田水利规划布局及现状，选线时应尽可能地将影响减少到最小程度。

3.4 拆迁与安置

3.4.3 当占用和拆迁房舍时，应慎重从事，按国家及当地政府制订的有关规定执行。调查中应特别注重再安置的政策与费用方面的内容。

3.5 出行与交往

3.5.1 选线时应全面了解沿线行政区划的界线，一般情况以县一级为限，对居民高度集中的聚集区必要时亦应予以考虑。应避免由于公路阻隔影响居民往来、农业耕作、水资源利用等各种影响。

3.5.2 公路通过居民密集区，应充分考虑群众、居民出行与交往，学生上学、职工上下班的需要，通道设置数量宜适当增加，间距适当加密。对暂时无通行要求，但通过规划为开发区域的路段，应考虑发展要求，增设构造物或加大通行净空。

3.5.3 路线通过农田耕作区，应结合当地农业耕作特点及对横向构造物净高的要求，确定下穿或上跨等型式,或结合现有公路网布局以保证在一定范围内具有满足较高净空要求的横向构造物。

3.5.5 放牧区人烟稀少时,通道数量可相应减少,但应满足牲畜转场的需要,供放牧转场的通道以下穿方式为宜。

3.6 人文景观

3.6.1 受省级以上保护的国家文物如下:

1. 具有历史艺术、科学价值的古文化遗址、古墓群、古建筑物、石窟和石刻。

2. 与重大历史事件、革命运动和著名人物有关的具有重要纪念意义、教育意义和史料价值的建筑物、遗址、纪念物。

3. 历史上各时代珍贵的艺术品、工艺美术品。

4. 重要的革命文献资料以及具有历史、艺术、科学价值的手稿、古旧图书资料。

5. 反映历史上各时代、各民族社会制度、社会生产、社会生活的代表实物。具有科学研究价值的古脊椎动物化石、古人类化石。

3.6.3 风景名胜区等具有独特的自然风貌和人文景观是发展旅游事业的重要条件,应该充分利用这些天然景点。宜结合服务区、停车场等,通过房屋造型设计,配合绿化、雕塑等设施,给公路环境设计增添新的景观。

4 生态环境

4.1 一般规定

4.1.1 自然保护区、水源保护区、湿地系指国家有关行政主管部门明文划定的且规定有相应的范围、级别的区域。野生生物主要指《国家保护植物名录》中的植物与《国家重点保护野生动物名录》中的动物及其栖息地。

4.1.2 对生态环境提出保护方案主要指植物防护或工程防护方案,如尽量减少对原有地表植被的破坏,减少工程的开挖面与覆盖面,设置绿化带,将路面径流引出或筑砌挡墙、排水沟、改路堤为桥等。

环境补偿是指利用公路绿化补偿对植被的破坏,增设动物通道减少阻隔,将取土坑辟为水塘等。

4.2 生物及其栖境的保护

4.2.1 公路中心线距省级以上自然保护区边缘不小于100m是根据对公路建设项目进行环境影响评价时,预测环境空气、交通噪声以及生态环境影响的范围多在距路中心100m之内而确定的。

4.2.3 绿化栽植包括种植乔木、灌木、藤木、花卉及草皮等。所提出的"有条件时",主要是指对植物生长的气候、水文、土质等适宜的填方路基的土质边坡。挖方的土质边坡因坡度太陡,植物缺乏立地条件,在目前的技术条件下,植被覆盖率可低于上述指标。

4.2.5 湿地是指水源丰富并为水生生物、两栖类生物及鸟类等重要的生息环境。在生态环境中湿地是重要的保护目标之一,世界上发达国家对湿地的保护非常重视。施工废料及路面径流中的有害物质若排入湿地将会污染其环境,所以应采取措施将其排放于湿地之外,避免造成对湿地生态环境的改变。

4.2.6 当公路通过陆生、水生野生生物栖息地或栖息水域时,应对采用的工程方案与施工工艺进行必要的论证,在设计时应根据动物的活动特性及其环境特征,设计兽道。

4.3 水资源、自然水流形态的保护

4.3.1 水资源包括地面水和地下水。地面水是指江、河、湖泊、水库等水域。水体的使用功能是指如生活饮用水、渔业养殖水、农田灌溉水等。同一水域兼有几种功能时,应按最高功能确定其类别。

4.3.2 公路投入营运后,由于车辆在营运过程中,可能会滴漏油类物质,轮胎与路面摩擦会产生橡胶微粒,车辆排放废气中的颗粒物质,运输货物中飞扬的微粒物质等,均可能在路面上形成不同程度的积聚,而这些物质会随降水而形成路面径流。由于生活饮用水和水产养殖水的水质要求高,因而带有污染物质的路面径流不得直接排入这类水域。

4.3.3 绿化林带主要是指路基和水体之间所栽植的乔木、灌木、草本等植物不同层次的密植林带。这类林带有阻隔车辆废气中的颗粒物质直接进入水体的功能。

其他隔离措施是指修筑防渗漏排水沟(边沟)等。

4.3.6 应采取措施隔离地表污水主要指路面径流若渗入生活饮用水的地下水源保护区时,应对设置的排水构造物进行防渗处理。

4.3.7.3 废方弃置应做出设计是指对弃方堆放的地理位置、堆放形状以及堆方表面的处置,如绿化覆盖、梯形码砌等作出设计。有条件时可将废方堆放在路基侧,使之形成人造挖方路段,并在其上进行绿化栽植,进而产生减低交通噪声污染等环境效益。

4.4 水土保持

4.4.1 植物防护是在土质填方路基边坡和挖方边坡上以及公路用地范围内的植树、植草绿化工程。在设计时应根据地理位置、气候与土质条件，并注意花草、灌木、乔木的合理搭配。

4.4.4 堆弃方时应注意减少破坏或掩埋地表植被，并应设置排水构造物等。有条件时，可利用弃土造田。弃土场应进行绿化方案设计，以便及早恢复植被，减少水土流失。

4.4.5 平原地区当采用宽挖浅取方案取土时，应注意保留表土以利复垦。

5 环境污染防治

5.1 一般规定

5.1.1 生活环境是指人们正常生活的生活环境和工作环境，也包括人类食用生物的生长环境，如水产养殖水体等，其目的是保护人们的身体健康和正常生活、工作。

5.1.4.1 公路中心线距声环境敏感点的最小距离是指距敏感点第一排建筑物的距离。对于居民住宅，一般将路侧 30m 内 50 户以上居民住宅区作声环境敏感点对待，从经济角度考虑路线避让；若居民户数较少，可考虑拆迁或采取其他环保措施。

根据对现有公路交通噪声实测和拟建公路交通噪声预测结果，公路中心线距城乡居民区大于 100m，距学校、医院、疗养院大于 200m 时，昼间公路交通噪声级能符合环境噪声标准值（分别为 $L_{Aeq}=70dB$，$L_{Aeq}=60dB$）要求，但夜间可能超标（夜间环境噪声标准值分别为 $L_{Aeq}=55dB$，$L_{Aeq}=50dB$）。夜间安静是人们休息睡眠的基本条件，所以确定公路路线时应尽可能地远离声环境敏感点。

5.1.4.2 根据《环境空气质量标准》（GB 3095—96）的规定，环境空气质量一级标准地区是指经由地、市级以上人民政府划定的自然保护区、风景名胜区和其他需要特殊保护的地区。

5.1.4.3 根据《中华人民共和国水污染防治法》、《饮用水源保护区污染防治管理规定》，地面水环境 I～III 类水质标准划分如下：

I 类：源头水、国家自然保护区；

II 类：集中式生活饮用水水源地一级保护区、珍贵鱼类保护区、鱼虾产卵场等；

III 类：集中式生活饮用水水源地二级保护区及游泳区。

5.1.4.4 对交通振动、电磁辐射有特殊要求的敏感点是指天文台、地震观象台、通讯网点等。

5.2 声环境污染防治

5.2.1 《城市区域环境噪声标准》（GB 3096—93）中规定的各类区域的噪声值如下：

I 类环境噪声标准　昼间 55dB　夜间 45dB；

II 类环境噪声标准　昼间 60dB　夜间 50dB；

III 类环境噪声标准　昼间 65dB　夜间 55dB；

IV 类环境噪声标准　昼间 70dB　夜间 55dB。

对声环境要求特殊，省或地级以上城市有高于国家标准的明确规定者，宜按省市规定执行。

5.2.2 《公路建设项目环境影响报告书》指《公路建设项目环境影响评价规范（试行）》（JTJ 005—96）中的附录 A2。

5.2.3 公路交通噪声的防治应采用“主动式”防治，综合考虑公路线位，以绕避声环境敏感点为最佳措施。

公路交通噪声防治措施费用效益分析是指采取的环保设施工程费用（包括运转费用）与环保设施所取得的效益（社会、经济、环境效益）之间的比较、分析。

公路交通噪声防治设计应针对环境敏感点的状况，采取技术、经济合理的措施。对于那些规模较小的学校（如农村 100 人左右的小学）等敏感点，搬迁新建亦不失为可行的措施。

5.2.4 建筑声屏障与堆筑工程弃方（或建筑垃圾、工业废渣等）相比，在公路用地许可且能就地取材时，应首选采用堆筑工程弃方方案。堆筑工程弃方在公路外侧形成高堤（又称假挖方），不但降噪效果好，而且给公路沿线增加了多变的地貌。

堆筑工程弃方时，对于堆筑体的形式、尺寸、稳定性及表面处治等应作专项设计。当堆筑高度较高时，其表面可用铁丝网、竹编网、混凝土砌块等护面，并及时绿化栽植。

5.2.5 对建筑物采取隔声设施，是为了降低室内噪声，使室内达到允许噪声级。住宅、学校、医院等部分室内允许噪声级见表1。

表1 部分室内允许噪声级

建筑类别	房间名称	允许噪声级 dB(A)	
		平均	最大
住宅建筑	卧室、书房	40~45	50
	起居室	45~50	
学校建筑	要求安静的房间	40	
	普通教室	40~50	55
医院建筑	病房	40~45	50
	门诊室	35	60
	手术室	45	50
旅馆建筑	客房	40~45	55
	会议室、多功能大厅	45~50	
	办公室	50	55
	宴会厅	50~55	

注：1. 表中允许噪声级摘自《民用建筑隔声设计规范》(GBJ 118—88)；

2. 单位 dB(A)表示 A 计权声级。

5.2.6.1 声屏障的噪声衰减量为声屏障建造前后同一接收点的噪声级之差，又称声屏障的插入损失，其大小根据敏感点环境噪声级、环境噪声标准值而确定。

被保护敏感点的环境噪声级(L_p)与环境噪声标准值(L_S)的差为建造声屏障的最小噪声衰减量，其设计噪声衰减量(ΔL)应满足 $\Delta L \geq L_p - L_S$。

声屏障隔声量应大于噪声衰减量 10dB。

5.2.6.2 声屏障设置位置

声屏障距声源越近，其噪声衰减量越大。为了行车安全及保证视觉空间，声屏障临路侧的表面距路肩边缘应大于 2.0m。

5.2.6.3 声屏障高度不宜超过 5m。当高度大于 5m 时，应将超出部分向行车道一侧挑出。声屏障紧急疏散口是供公路上发生事故时紧急疏散使用，疏散口之间的间距不宜大于 300m。疏散口处应设置标志，疏散口不能过大，门扇应密封，易开启。

5.2.6.4 声屏障的形式与构造的选择，应符合因地制宜、构造坚固、形式多样、方便施工、经济合理、协调美观等原则。声屏障可选用砖石料、混凝土、木材、金属、轻型复合材料等建造。当采用木材、多孔吸声材料时，应作防火、防腐等处理。

5.2.6.5 声屏障结构设计应考虑自重、侧向土压力、风荷载、冰雪载等。

5.2.6.6 减小声屏障临路侧表面对光波的反射是为了减少对车内司乘人员的眩光，保证行车安全与舒适。当在高架桥等路段采用透明材料的声屏障时，其表面应作吹砂处理，避免大面积反光。

减小声屏障临路侧表面对声波的反射是为了减少对车内司乘人员的噪声干扰(尤其在公路两侧设置声屏障时)。通常声屏障壁体宜做成扩散反射型或吸收型，亦可利用表面垂直绿化，改善其声学性能。

5.2.7 绿化林带具有防噪、防尘、水土保持、改善生态环境和美化环境等综合功能。在公路用地许可时，应首选采用栽植绿化林带降噪。

绿化林带的降噪功能不可估计过高，但其对人的心理作用是良好的。乔、灌木搭配密植，树木高大，枝叶茂密的绿化林带的附加降噪量估算如下：

林带宽度为10m时,附加降噪量1dB~2dB;

林带宽度为30m时,附加降噪量3dB~5dB;

林带宽度为50m时,附加降噪量5dB~7dB;

林带宽度为100m时,附加降噪量10dB~12dB。

5.2.8 为防止施工机械噪声扰民,列出以下常用施工机械噪声测试值(表2)以供参考。合理组织安排强噪声辐射机械的施工时间是必要的。

表2 公路工程机械噪声测试值

机械名称	型号	测点距机械距离(m)	最大声级(dB)	距机械不同距离的噪声级(dB)					
				10m	20m	30m	50m	100m	150m
轮式装载机	ZL40,ZL50	5	90	84	78	74.5	70	64	60.5
平地机	PY160A	5	90	84	78	74.5	70	64	60.5
振动式压路机	YZJ10B	5	86	80	74	70.5	66	60	56.5
双轮双振压路机	CC21	5	81	75	69	65.5	61	55	51.5
三轮压路机		5	81	75	69	65.5	61	55	51.5
轮胎压路机	ZL16	5	76	70	64	60.5	56	50	46.5
推土机	T140	5	86	80	74	70.5	66	60	56.5
轮胎式液压挖掘机	W4-60C	5	84	78	72	68.5	64	58	54.5
摊铺机(英国)	Fifond311 ABGCO	5	82	76	70	66.5	62	56	52.5
摊铺机(德国)	VOGELE	5	87	81	75	71.5	67	61	57.5
发电机组(2台)	FKV-75	1	98	92	86	82.5	78	72	68.5
冲击式钻井机	22	1	87	81	75	71.5	67	61	57.5
搅拌机	JZC350	2	79	73	67	63.5	59	53	49.5
搅拌机(英)	Parker LB1000	2	88	82	76	72.5	68	62	58.5
搅拌机(西筑)	LB30	2	90	84	78	74.5	70	64	60.5
搅拌机(西筑)	LB25	2	84	78	72	68.5	64	58	54.5
搅拌机(意大利)	MARINI	2	90	84	78	74.5	70	64	60.5

5.3 环境空气污染防治

5.3.1 《环境空气质量标准》(GB 3095—96)中规定,环境空气质量功能区Ⅱ类区为城镇中的居住区、商业居民混合区、文化区、一般工业区和农村地区,该功能区的环境空气质量执行二级标准。

5.3.5 石灰、粉煤灰等路用粉状材料的运输和堆放常常产生严重扬尘污染,可采取遮盖、袋装、罐装、洒水等防止扬尘措施。

5.4 水环境污染防治

5.4.3 公路经过生活饮用水水源地保护区和养殖水体附近,且边沟或排水沟内的水无处可排放时,应在公路边沟(或排水沟)外设净化池(亦称氧化塘),使水自净或蒸发。净化池的大小视水量确定。塘中的水不得溢入饮用水水源地和养殖水体。

6　景观与绿化

6.1　一般规定

6.1.1　公路环境保护设计所称的景观与绿化设计范围限于公路用地界范围内。公路两侧景观与绿化工程设计必须在正常用地范围以外占用土地时，所占用土地应计入公路用地。公路特别是高速公路选线及设计时，应有意识地将公路用地范围外既有自然或人文景观纳入视觉范围而加以利用，使公路同自然景观、人文景观相融为一体。本章对公路建设中利用和改善环境作了规定，主要针对高速公路和有景观要求的路段。

6.1.2　公路景观设计应将公路主体工程，即公路线形、桥梁、隧道、立体交叉与沿线设施作为综合建筑群体统筹考虑，采取与自然环境、经济条件相适宜的技术对策。既不能为片面追求景观效果不顾当地条件和工程特点盲目加大投资造成不必要的浪费，也不能不结合项目特点，忽视景观设计，造成公路与自然景观不相协调。

6.2　景观

6.2.1　公路景观设计应系统考虑公路本身景观及沿线既有景观，使其相互协调并形成和谐的景观带，既为公路使用者提供舒适的行车环境，同时也使从公路以外观察公路环境者感到公路景观与周围环境达到和谐统一。

6.2.2　公路景观设计从公路本身入手只是一个方面，而应在选线时即充分利用沿线景观。

服务区是公路使用者活动最为集中的地方，对景观需求也较为强烈，因此服务区的位置选择及布设形式应充分利用有特色的自然景观。

6.2.3　从工程技术经济角度出发，挖方深度大于25m、填方高度大于20m，即为深挖、高填路段，宜分别进行设置隧道与桥梁方案的比较。

6.2.4　公路两侧设置广告牌、宣传牌，会分散驾驶人员的注意力，从而容易引起交通事故，故在公路用地范围内（除收费站、服务区、起点、讫点外）不得设置广告牌、宣传牌。

广告牌、宣传牌泛指除路用标志牌以外的商业性、政治性、宣传性等其他用途的牌子。

因建筑小品有可能分散驾驶人员注意力，故不提倡用于高速公路的路段上。

6.3　绿化

6.3.1　公路绿化的目的在于通过绿化缓解因公路施工、营运给沿线地区带来的各种影响，保护自然环境，改善生活环境，并通过绿化提高公路交通安全和舒适性。公路绿化设计必须适应地区特征、自然环境，合理确定绿化地点、范围和树种。

公路绿化的功能，不同国家和地区有不同的分类。以日本为代表的分类方式，是将绿化分为安全驾驶、美化、环境保护三大功能，据以确定绿化栽植的型式与规模。事实上，根据一种功能确定的绿化栽植型式往往具备多种功能，如引导驾驶员视线和诱导判断公路线形方向的栽植，既具有交通工程学中视线引导功能，同时也有保护沿途环境的作用，还具备美化景观的能力。因此，本规范从绿化栽植实际应取得的效果和希望达到的目的分析，将公路绿化功能归纳为“改善环境”和“保护环境”两类。设计中不应片面、孤立地按照某种需要确定栽植型式，而应综合考虑一种栽植型式的不同效果加以合理运用。

6.3.2 保护环境绿化,一是保护公路本身的行车免遭风、雪袭击或减轻影响程度,二是防治公路施工、营运期弃土、噪声、废气对沿途环境的污染。

6.3.2.1~6.3.2.2 防护林带、防气体污染林带,因为涉及用地宽度,因此在设计过程中应深入地对气象、土地资源等基础资料进行调查,以保证设计经济合理。

6.3.3 改善环境绿化的各种栽植型式并不对公路本身的使用性能产生影响,其目的是为驾乘人员提供得到改善后的良好行车环境,促进行车安全。

公路沿线附近的坟墓、屠宰场、垃圾堆等物,污染视觉影响情绪,应采取遮蔽栽植的方式改善视觉环境。

6.3.4 公路绿化设计得当,则具有较强的环境效应。本规范规定的不同功能条件下的栽植型式,是与公路经过地区各种条件相适应的设计,通过各种栽植的点或区段集合成公路沿线的景观带,并与周围环境协调一致。

互通式立交与服务区的绿化设计宜与当地城市绿化风格及建筑风格协调一致。本规范规定宜做景观设计,是在功能绿化设计的基础上综合考虑绿化美学要求,以提高绿化设计水平。

6.3.5 公路绿化常用的植物有常绿乔木、落叶乔木、常绿灌木与小乔木、落叶灌木与小乔木、藤木及其他植物等。为供设计人员选择时参考,现将有关植物分类列于表3~表7中。

表3 常绿乔木

名称	生长地区	生长环境		高度(m)	对环境污染的作用	景观
		温度、湿度、阳光	土壤			
罗汉松	华东、中南	温暖、多湿处	沙质酸性土壤	16~25	抗污染,对二氧化硫的抗性强	园景树
白皮松	西北、华北、西南	阳性树种,略耐半荫	酸性或中性黄土、肥沃钙质土	25~30	对烟尘、二氧化硫有较强的抗性	树形多姿,苍翠挺拔
油松	华北、东北、西北	阳光充足北方地区,耐盐碱、水湿、干旱	酸性或中性土壤	25~30	防尘、防风,易受二氧化硫的伤害	园景树
云松	华北、西北	喜冷凉湿润气候	微酸性土壤	20	抗污染,具有良好的吸尘降噪能力	园景树 风景林
侧柏	华北、华东、华南	喜阳光,气候在8℃~16℃生长良好	各种土壤	20	抗污染	园林树
松柏	华北、华东、四川	喜阳光,耐旱、热		20	抗污染,具有吸尘降噪作用	园林树
龙柏	长江、黄河流域	喜光、温湿气候	湿润土壤	8	抗污染,具有吸尘降噪作用	园景树
桉树	华东、华南、西南	喜光、温湿气候	酸性或微碱性土壤,忌石灰质土壤	38	具有中等抗污染能力	叶深绿,冠圆形
细叶榕	华东、西南、华北等	喜阳光、暖热多雨气候	酸性土壤	15~20	抗污染,能吸收空气中有毒物质	树冠广大
银桦	华东、西南	喜阳光、温暖湿润气候	酸性土壤	20	抗污染强,吸收空气中有害物质	

表4 落叶乔木

名称	生长地区	生长环境		高度(m)	对环境污染的作用	景观
		温度、湿度、阳光	土壤			
水杉	中南、华东、西南	喜阳光、温暖湿润气候	肥沃沙质土，微酸性土	30~40	对二氧化硫的抗性弱，降噪效果好	树干挺拔
金钱松	长江流域		酸性沙土质		对二氧化硫抗性弱	树干挺直、树冠呈圆锥形
白桦	北方地区、高原地区	喜阳光、耐寒	酸性土，适应性强	15		树冠为长圆球形
毛白杨	黄河流域	喜阳光、湿润气候		20~30	抗污染，吸收空气中有害物质，吸滞尘埃	园景树 风景林
旱柳	全国各地	耐干旱、水湿，喜阳光	通气良好的沙质土	20	抗烟尘，能吸收空气中有害物质，有固沙能力	
馒头柳	北方地区	耐寒，喜阳光，适应性强	通气良好的沙质土	15	抗烟尘	
垂柳	长江流域、华北、陕西等	喜阳光，适应性强	湿润沙土	18	抗污染，能吸收有害物质	
榆树	全国各地	喜阳光，适应性强	肥沃、湿润沙土		抗污染，耐烟尘，吸滞尘埃	
枫杨	南方地区	喜阳光，温湿气候	肥沃深厚的油沙土、酸性及微碱性土	30	抗污染	
槐树	全国各地	喜阳光、耐干冷	排水良好的沙质土	10~15	抗污染，吸收有害气体	
刺槐	全国各地	喜阳光，耐干旱、不耐荫、不耐涝	排水良好的沙质土	10~15	抗污染强，吸收有害物质，吸滞尘埃	
臭椿	全国各地	喜阳光，适应性强		20~30	对烟尘、二氧化硫的抗性弱，能吸滞尘埃，降噪效果好	
杨树	北方地区	喜阳光，耐寒，耐旱	肥沃沙质土壤		对二氧化硫的抗性强	
乌桕	黄河以南各省	喜阳光，不耐荫，喜温暖湿润气候	深厚、湿润、排水良好的土壤	15	对二氧化硫、二氧化氮尘有较强抗性	冠球形、秋叶紫色
泡桐	东北、华北、西北、华东等地	喜阳光，不耐荫，喜温暖气候，耐旱、不耐积水与盐碱	湿润、肥沃、疏松、通气良好的土壤	20	抗污染，能吸收空气中有害物质	开花并有芳香
白蜡	全国各地	喜光、喜温暖湿润气候	喜石灰性土壤，在碱性、中性土壤中也能生长	15	抗烟尘，对二氧化硫有较强的抗性	秋天叶为黄色
合欢	华北、四川、长江以南各地	喜光，能适应各种气候条件，不耐寒、耐涝	对土壤要求不严，干旱贫瘠沙质土均可	15	抗污染，有改良土壤和固沙的作用	树冠扁而阔，盛夏开粉红色花

表5　常绿灌木、小乔木

名　称	生长地区	生长环境		高度（m）	对环境污染的作用	景　观
		温度、湿度、阳光	土壤			
大叶黄杨	长江流域及以南地区	喜阳光、温湿气候	肥沃、湿润土壤	1～3	抗污染较强，吸收有害物质	
夹竹桃	华北以南	喜温暖、湿润气候		2	抗污染强，吸收有害物质	
女贞	华北、西北、西南	喜阳光、湿润气候	肥沃、湿润土壤	13	抗污染，吸收有害气体，吸滞尘埃	
海桐	长江以南	喜阳光、温湿气候	湿润土壤	3	抗污染，吸收有害物质	
冬青	全国各地			1～3	抗污染	

表6　落叶灌木、小乔木

名　称	生长地区	生长环境		高度（m）	对环境污染的作用	景　观
		温度、湿度、阳光	土壤			
太平花	华北	喜光、耐干旱	肥沃、排水良好的土壤	3	吸滞粉尘，吸收有害气体，抗污染	花乳白色，开于5～6月
月季	华北、西北、华东、西南	喜光、温暖的气候	对土壤要求不严		对有机物有较好的抗性	花开于5～10月
迎春	华东、华北、西南	喜湿润，耐旱、耐寒、适应性强	肥沃土壤	3	抗污染	花淡黄，开于2～4月
木槿	全国各地	喜温暖湿润气候	酸性土，但要求不严	5	抗污染	花白色或紫色，开于6～9月
黄刺玫	东北、华北、西北	喜阳光、耐旱、耐寒	肥沃、排水良好的酸性土壤			花淡黄色，开于4～5月
龙爪槐	华北等地	喜阳光、湿润气候	肥沃、湿润土壤			树冠伞形，枝似龙爪下垂
紫穗槐	东北、华北、西北	喜阳光，耐寒	排水良好的土壤	4	抗污染，吸收有害气体	花暗紫色
小冠花	全国各地	适应性强，耐旱	适用于偏碱性的土壤		抗污染	根系发达，宜植于公路两侧的路堤边坡，花多色，花期长
结缕草	黄河以南	喜光，耐旱、耐踩	对土壤适应性强			根系发达，宜形成草坪
天鹅绒草	长江以南	喜温、湿气候，耐踩	肥沃、排水良好的土壤			葡萄茎发达，宜形成草坪
野牛花	全国各地	喜旱，耐寒、耐踩	对土壤要求不严			葡萄茎发达，宜形成草坪
羊胡子草	华北、西北、东北	耐寒、耐荫、不耐踩	对土壤要求不严			绿色期长，宜形成草坪
紫薇	华北以南	喜温暖，有一定的抗寒性	石灰性土壤最好		抗污染强	

表 7　藤木及其他植物

名　称	生长地区	生长环境		高度(m)	对环境污染的作用	景　观
		温度、湿度、阳光	土壤			
蔷薇	华北以南	喜光、耐寒	对土壤要求不严		抗污染,对二氧化硫抗性弱	花色多,作垂直绿化
紫藤	全国各地	喜阳光,对气候适应性强	肥沃、排水良好的土壤		有一定的抗污染性	花淡紫色,可用作垂直绿化
常青藤	中南、西南、西北	喜温湿气候	对土壤适应性强		抗污染	四季长春,作垂直绿化
金银花(忍冬)	华北、华东、华南、西北、西南	喜阳光,耐荫、耐寒	对土壤适应性强		抗污染	花期长、生长快,垂直绿化
凌霄	华北以南	喜温、湿气候	对土壤适应性强		抗污染	花橙红色
爬山虎	全国各地	耐荫、耐寒,对气候适应性强	对土壤要求不严		抗污染	垂直绿化材料,可用于美化声屏障

JTG

中华人民共和国行业推荐性标准　　JTG/T B05—2004

公路项目安全性评价指南

Guidelines for Safety Audit of Highway

2004-09-01 发布　　2004-11-01 实施

中华人民共和国交通部发布

7

JTG

中华人民共和国行业推荐性标准　　JTG/T B05—2004

公路项目安全性评价指南

Guidelines for Safety Audit of Highway

2004-09-01 发布　　2004-11-01 实施

中华人民共和国交通部发布

中华人民共和国交通部公告

2004 年第 22 号

关于发布《公路项目安全性评价指南》（JTG/T B05—2004）的公告

现发布《公路项目安全性评价指南》（JTG/T B05—2004），自 2004 年 11 月 1 日起实行，作为公路工程行业推荐性标准，在公路行业内自愿采用。

《公路项目安全性评价指南》（JTG/T B05—2004）由华杰工程咨询有限公司负责编制，日常解释和管理工作由华杰工程咨询有限公司负责。

请各有关单位在实践中注意积累资料，总结经验，及时将发现的问题和意见函告华杰工程咨询有限公司（地址：北京市东城区安内国子监街丁 28 号；邮政编码：100007；联系电话：010—64035968），以便修订时参考。

特此公告。

中华人民共和国交通部

二〇〇四年九月一日

前　言

为适应社会和国民经济的发展要求,交通部以交公路发[1999]82 号文决定开展《公路项目安全性评价指南》(以下简称《指南》)的编写研究工作。编写研究工作由华杰工程咨询有限公司主持,同济大学、山东省交通科学研究所参加。工作过程中得到了交通部公路科学研究所、重庆市交通委员会、辽宁省高速公路管理局、北京工业大学、广东省高速公路有限公司等单位的大力支持与配合。

《指南》编写研究组在分析和跟踪欧美等国家道路安全评价(Road Safety Audit)成果的基础上,结合我国国情选择了具有代表性的辽宁沈大、山东济青及烟青、山西太旧、重庆成渝、湖北汉宜、江苏沪宁、新疆吐乌大等高速公路和一级公路进行调查研究。在大量数理统计分析的基础上,对交通事故与公路几何指标、交通事故与运行车速、公路几何指标与运行车速等关系进行了深入研究,初步提出了对我国高速公路和一级公路进行安全性评价的内容、方法和标准。这对我国高速公路和一级公路安全性评价工作的开展以及进一步保障和提高我国公路的行车安全将起到积极作用。

由于我国开展公路安全性评价研究时间较短,加之编写研究组水平所限,《指南》不可避免地存在不足。请使用单位及个人将发现的问题和意见函告华杰工程咨询有限公司(地址:北京市东城区安内国子监街丁 28 号;邮编 100007;电话:010-64035968;传真:010-64031605)。

主 编 单 位:华杰工程咨询有限公司

参 编 单 位:同济大学

山东省交通科学研究所

主要编写人:周海涛　杨春晖　郭忠印　方守恩　王广山　辛　超　崔俊胜

目　次

1　总则

1.0.1　目的

本指南从公路使用者行车安全性的角度对公路项目可行性研究、设计的成果及运营公路进行行车安全性评价，以达到减少交通事故，降低交通事故危害程度的目的。

1.0.2　适用范围

本指南适用于高速公路、一级公路新建或改扩建工程的行车安全性评价。其他等级公路可参照使用。

1.0.3　代表车型

进行公路项目安全性评价时应根据最不利原则选择代表车型。

1.0.4　工作阶段

公路项目安全性评价分为工程可行性研究、设计、运营三个阶段。

1.0.5　成果要求

依据本指南对公路项目工程可行性研究、设计的成果或运营公路进行安全性评价时，应编制《公路项目安全性评价报告》。《公路项目安全性评价报告》的文本格式和内容要求见附录 A。

1.0.6　依据

本指南依据《中华人民共和国公路法》及中华人民共和国交通部部颁《公路工程技术标准》等有关标准、规范的规定编制。国家有关法规、标准、规范变更时自动替换。

2 术语

2.0.1 公路安全性评价 Highway safety audit

公路安全性评价是针对公路行车安全进行的一个系统的评价程序，它将公路行车安全和降低交通事故的概念引入公路工程可行性研究及设计工作中。公路安全性评价是公路建设、管理的基本程序。

2.0.2 运行速度协调性 Consistency of operating speed

运行速度是指当交通处于自由流状态，且天气良好时，在路段特征点上测定的第85个百分位上的车速。运行速度协调性是评价线形设计一致性的指标，采用相邻单元路段间运行速度的变化值进行评价。

2.0.3 路侧 Roadside

路面（硬路肩）外边缘至用地界之间的区域范围。

2.0.4 路侧安全净空区 Clear zone of roadside

与行车道相邻，在未采取保护措施的情况下，禁止任何对失控车辆具有潜在危险的物体存在。路侧安全区包括硬路肩、土路肩以及可控制行车的缓坡，其宽度根据预测交通量、运行速度以及道路几何指标而定。

2.0.5 紧急避险车道 Emergency escaping lane

为减轻危害程度，在长陡下坡路段路侧专门设置的撤离车道，用于使制动失灵等失控车辆（特别是重载汽车）驶离主车道，并安全减速至停止。

3　工程可行性研究阶段

3.1　技术标准

3.1.1　公路等级

根据项目沿线城镇及人口分布情况、预测交通量、交通组成、项目功能以及在路网中的地位等，对拟定的公路等级从适应行车安全性要求方面进行评价。

3.1.2　设计速度

根据拟建公路项目等级，结合预测交通量及其组成、沿线地形情况等对设计速度进行安全性评价。不同设计速度的相邻路段设计速度差不宜大于20km/h。设计速度差大于20km/h的相邻路段间宜设置过渡路段。过渡路段的长度应能够保证线形指标过渡的需要，并设置交通设施引导驾驶员调整运行速度。

3.1.3　路基横断面宽度

1　新建项目应根据预测交通量及其组成，从行车安全性角度评价新建项目路基横断面形式及其行车道、硬路肩、中央分隔带、路缘带等宽度的适应情况。

2　分期实施项目应根据远景规划评价前期实施工程与后期预留工程对行车安全性的影响。

3　改扩建项目应根据路基宽度和设施变化的协调性等情况评价对行车安全性的影响。

3.2　技术方案

3.2.1　技术指标

平、纵面线形指标应与设计速度相适应。以大、中型货车通行为主的项目应尽量提高纵断面、横断面及平面指标。分期建设的项目应注意近期工程对行车安全性的影响。改建项目应注意改建前后技术指标的协调性以及对行车安全性的影响。

3.2.2　起、讫点

根据预测交通量对路线起、讫点与接续道路的连接方式、交通组织等进行评价。

3.2.3　平面交叉

根据地形条件、主线技术指标、相交道路状况、预测交通量等情况对平面交叉设置的必要性、形式、交通组织及交叉口间距等进行评价，评价标准为尽量减少行车冲突点。

3.2.4　互通式立交

根据路网条件、出入交通量及沿线城镇布局等情况对互通式立交设置的必要性、形式、与被交道路连接方式，相邻互通立交、互通立交与隧道等大型构造物以及其他管理服务设施的间距等进行评价。当最小间距不满足现行规范要求时，应增设辅助车道及标志、标线等安全设施。

3.2.5　跨线桥及通道

对未能设置平面交叉或互通式立交的其他路线交叉口，应评价跨线桥或通道设置的必要性及设置间距。

3.2.6　施工期间的交通组织

公路改建项目在施工期间不中断交通或将主线交通量分流到相关道路时，应对施工组织方案的行车安全性影响及其采取的相应安全措施进行评价。

3.3 环境影响

3.3.1 气候

根据降雨、冰冻、积雪、雾、侧风等自然气候条件,应对工程方案中不利自然气候条件下采取的安全性措施进行评价。

3.3.2 不良地质

根据不良地质情况,应对工程方案中不良地质条件所采取的安全性措施进行评价。

3.3.3 动物

根据动物活动区及动物迁徙路线,应对设置隔离栅或动物通道的必要性进行评价。

4　设计阶段

4.1　总体评价

4.1.1　设计符合性

设计符合性检查应根据现行标准、规范的有关规定，按照有关部门批准的项目技术标准，对项目设计成果采用的技术指标的正确性进行检查，并提出不符合现行标准、规范规定的技术指标。各单项指标以及各专业之间的衔接组合影响行车安全性时应进行协调。

4.1.2　运行速度协调性

运行速度协调性评价是对相邻路段的运行速度的差值进行评价。相邻路段是指平面、纵断面、横断面指标或设计速度不同的相接路段，一般是指平曲线的起点、曲中点、终点，纵断面变坡点及横断面宽度变化的前后路段。

1　评价方法

根据运行速度预测方法对各相邻路段的线形特征点（直线起、终点，平曲线起、终点及曲中点，竖曲线变坡点等）进行双向运行速度预测并计算相邻路段运行速度的差值。运行速度计算方法见附录B。

2　评价标准

评价指标采用相邻路段运行速度的差值 Δv_{85}。

$|\Delta v_{85}|<10$ km/h：运行速度协调性好。

$|\Delta v_{85}|$为 10～20km/h：运行速度协调性较好。条件允许时宜适当调整相邻路段技术指标，使运行速度的差值小于或等于 10 km/h。

$|\Delta v_{85}|>20$km/h：运行速度协调性不良。相邻路段需重新调整平、纵面设计。

4.1.3　设计速度与运行速度协调性

设计速度与运行速度协调性评价是对同一路段的设计速度与运行速度的差值进行评价。同一路段是指设计速度、平纵面技术指标及横断面相同的路段。

同一路段设计速度按批准的项目技术标准采用。同一路段运行速度按本章4.1.2条规定计算。当同一路段设计速度与运行速度的差值大于 20 km/h 时，应按本指南规定对该路段的相关技术指标进行安全性验算。

4.2　路线

4.2.1　评价范围

设计速度与运行速度之差大于20km/h 的一般路段。

4.2.2　平面

1　平曲线半径

1）评价方法

在路拱横坡度不变的前提下，采用路段运行速度计算值计算平曲线半径。当采用路段运行速度计算的平曲线半径大于设计速度对应的平曲线半径时，应对加大平曲线半径方案和降低运行速度对应的平曲线半径方案进行技术经济比较，择优采用。

平曲线半径采用式（4.2.2）进行计算。

$$R=\frac{v_{85}^2}{127(\mu+i)} \tag{4.2.2}$$

式中：R——路段运行速度要求的平曲线半径(m)；

v_{85}——运行速度计算值(km/h)；

μ——横向力系数；

i——路拱横坡度(%)。

2)评价标准

设计速度对应的横坡度不变时，加大后的平曲线半径应不小于运行速度对应的平曲线半径，圆曲线长度应不小于按运行速度行驶3s的距离；设计速度对应的平曲线半径不变时，应按4.2.7条的规定调整超高横坡度；设计速度对应的平曲线半径和横坡度调整均受限制时，应采取调控措施，以减小运行速度与设计速度的差值。

2 缓和曲线

缓和曲线参数应根据运行速度v_{85}对圆曲线半径和超高横坡度的变化作相应调整，调整时还应考虑相邻缓和曲线参数比值的均衡性。评价缓和曲线时，其长度除应满足超高渐变最小长度的要求外，还应考虑速度增加时横向加速度变化率的变化导致缓和曲线相应增长。

3 最小直线长度

最小直线长度评价采用运行速度计算值v_{85}进行。

路段运行速度计算值v_{85}与设计速度之差小于或等于20km/h时，直线长度不调整。

路段运行速度计算值与设计速度之差大于20km/h时，反向圆曲线间直线最小长度(以m计)应不小于运行速度v_{85}(以km/h计)的2倍，同向圆曲线间直线最小长度(以m计)应不小于运行速度v_{85}(以km/h计)的6倍。

4.2.3 视距

1 评价方法

1)小客车停车视距

小客车停车视距采用路段运行速度计算值计算。当采用路段运行速度计算值计算的停车视距大于设计速度对应的停车视距时，应加大停车视距。停车视距采用式(4.2.3-1)进行计算。

$$S_c=\frac{v_{85}t}{3.6}+\frac{(v_{85}/3.6)^2}{2gf} \tag{4.2.3-1}$$

式中：S_c——小客车停车视距(m)；

v_{85}——运行速度计算值(km/h)；

t——空驶时间，即反应时间，取2.5s(判断时间1.5s，运行时间1.0s)；

g——重力加速度，取9.8m/s^2；

f——纵向摩阻系数，依运行速度和路面状况而定。

依式(4.2.3-1)计算，按照预测运行速度，小客车的停车视距见表4.2.3-1。

表4.2.3-1 小客车停车视距计算表

运行速度(km/h)	反应时间(s)	摩阻系数	制动停车距离(m)	视距(m)
120	2.5	0.29	279	280
110	2.5	0.29	241	245
100	2.5	0.3	201	205
90	2.5	0.3	169	170
80	2.5	0.31	137	140
70	2.5	0.32	109	110
60	2.5	0.33	85	90

2)货车停车视距

在货车或大客车可能多发事故的复曲线、减速车道、出口匝道端部、车道数减少、丘陵区交叉口、桥墩附近的交叉口、位于或接近凸形竖曲线的平交口等路段,应按照运行速度计算值进行货车停车视距评价。

货车停车视距采用式(4.2.3-2)进行计算。

$$S_t = \frac{v_{85}t}{3.6} + \frac{(v_{85}/3.6)^2}{2g(f+i)} \tag{4.2.3-2}$$

式中:S_t——货车停车视距(m);

v_{85}——货车运行速度计算值(km/h);

t——反应时间(s),根据运行速度不同取值见表4.2.3-2;

g——重力加速度,取9.8m/s^2;

i——路线纵坡度(2%上坡为$i=0.02$,4.5%下坡为$i=-0.045$),纵坡修正值见表4.2.3-3;

f——货车轮胎与路面的纵向摩阻系数,不论运行速度大小,一律取值为0.17。

表4.2.3-2 货车平坡视距计算条件表

运行速度(km/h)	反应时间(s)	摩阻系数	货车停车距离(m)
110	2.5	0.17	356
100	2.5	0.17	301
90	2.5	0.17	251
80	2.4	0.17	202
70	2.3	0.17	158
60	2.2	0.17	120

表4.2.3-3 上、下坡货车视距修正值(m)

运行速度(km/h)	上坡			下坡		
	+2%	+4%	+6%	-2%	-4%	-6%
110	-29	-53	-73	56	86	153
100	-24	-44	-60	46	71	126
90	-20	-36	-49	38	58	102
80	-16	-28	-39	30	46	81
70	-12	-22	-30	23	35	62
60	-9	-16	-22	17	26	45

注:①表中设计值按潮湿路面状态计算;

②对于半径小于400m的平曲线段,应在坡度修正后,将停车视距加长10%。

2 评价标准

设计速度对应的视距应不小于采用运行速度计算值计算的小客车停车视距。在以货车交通量为主以及其他货车或大客车可能多发事故的路段,设计视距还应同时满足按货车运行速度计算值计算的货车停车视距要求。

4.2.4 纵断面

1 评价方法

采用路段运行速度计算值对路段坡度、坡长及竖曲线半径进行评价。

2 评价标准

路段运行速度计算值与设计速度之差小于或等于20km/h时,路段的坡度、坡长及竖曲线半径值不变。

路段运行速度计算值与设计速度之差大于20km/h时，应按运行速度计算值调整相应路段的坡度、坡长及竖曲线半径值。

4.2.5 横断面

1 路基横断面宽度

路基横断面宽度评价采用路段运行速度计算值进行。

路段运行速度计算值与设计速度之差小于或等于20km/h时，相应路段的路基横断面宽度不变。

路段运行速度计算值与设计速度之差大于20km/h时，应按运行速度计算值的标准调整相应路段的路基横断面宽度，调整路段长度应满足《公路工程技术标准》的规定。路基横断面宽度发生变化时，应设置渐变段。渐变段宜结合互通式立交或其他交叉口渐变段一并考虑，并应避免在一般路段中进行变化。当不能避免在一般路段中设置渐变段时，渐变段的设置长度应参照《公路路线设计规范》变速车道渐变段长度的有关规定执行。

2 爬坡车道

当爬坡路段坡顶货车运行速度计算值低于设计速度20km/h，或不能满足设计服务水平要求时，应评价设置爬坡车道的必要性。

对于已设置爬坡车道的路段，应对爬坡车道的长度、宽度以及标志、标线等进行评价。

3 紧急停车带

当运行速度计算值大于设计速度20km/h时，应按运行速度计算值的标准相应调整路基横断面宽度。如因路段长度过小而未调整，且右侧硬路肩宽度在较长路段范围小于2.5m时，应评价设置紧急停车带的必要性。

4 紧急避险车道

在长大下坡路段，连续4km以上路段未设置停车区、加水冷却区等服务设施时，应根据沿线地形条件和交通组成特点，评价在下坡路段设置紧急避险车道的必要性。

对于已设置紧急避险车道的路段，应评价设置间距能否满足行车安全要求，并对紧急避险车道的平纵面线形、长度、横断面宽度、路面材料、排水系统以及防撞护栏、标志、标线等进行评价。

4.2.6 合成坡度

1 评价方法

合成坡度评价采用路段运行速度计算值进行。

2 评价标准

路段运行速度计算值与设计速度之差小于或等于20km/h时，相应路段的合成坡度不变。

路段运行速度计算值与设计速度之差大于20km/h时，应调整相应路段的纵、横坡度，使该路段的合成坡度满足按运行速度计算值标准规定的最大合成坡度要求。

4.2.7 超高

1 评价方法

1）一般纵坡路段

在平曲线半径不变的前提下，超高横坡度采用路段运行速度计算值计算。当采用路段运行速度计算值计算的超高横坡度大于设计速度对应的超高横坡度时，应加大超高横坡度。

超高横坡度采用式(4.2.7-1)进行计算。

$$i=\frac{v_0^2}{127R}-f \tag{4.2.7-1}$$

式中：i——超高横坡度(%)；

v_0——运行速度计算值(km/h)；

R——平曲线半径(m)；

f——路面与轮胎之间的横向摩阻系数。

2）大纵坡路段上的超高

当下坡坡度大于3%时，超高值宜增加，并按式(4.2.7-2)进行计算。

$$E_{\min} = E + \frac{i_{纵} + E}{6} \tag{4.2.7-2}$$

式中：$E_{\min}$——大纵坡路段的最小超高值(%)；

$i_{纵}$——纵向坡度(%)；

E——《公路路线设计规范》规定的超高值。

2　评价标准

平曲线半径不变时，应按预测运行速度对应值，并考虑大纵坡对超高值的影响，加大超高横坡度。

4.2.8　平纵面线形组合

1　评价方法

平纵面线形组合设计评价应按照计算运行速度的标准，检查平曲线与竖曲线组合后的视距，在有可能妨碍视线的边坡、路缘带、树木或其他障碍物等处，沿潜在的临界视线绘出纵断面图。

2　评价标准

在路面上任一点按规定的视高看到的障碍物最高点的距离不得小于停车视距。

4.3　路基路面

4.3.1　路侧安全净空区

1　评价方法

路侧安全净空区采用路侧安全区宽度进行评价。路侧安全净空区是指与行车道毗邻(包括硬路肩范围在内)的区域，其宽度应根据路段运行速度计算值，以及路基填、挖和平面线形指标状况进行计算，计算方法见附录C。

2　评价标准

当路侧安全净空区内存在障碍物时，应排除障碍，或采用解体消能式立柱代替普通立柱，或采用可越式端墙、纵向排水沟和路缘石等措施控制障碍或降低障碍的危害程度。

当路侧安全净空区以外存在悬崖等较大隐患时，应对设计采取的路侧防护措施(如增设护栏或护栏加强、加高等)的有效性进行评价。

4.3.2　路面

1　路面结构形式

路面结构形式的选择应根据项目使用功能、交通组成、气候条件等对抗滑能力的要求，从行车安全性影响方面进行评价。

2　抗滑能力

路面抗滑能力采用汽车轮胎与路面之间的摩阻系数f(见4.2.3条)进行评价，摩阻系数采用专用仪器进行测定。

评价路段主要为陡坡、急弯以及路线出入口等，评价标准采用4.2.3条中运行速度对应的f值。

4.3.3　排水设施

1　排水沟

1)评价内容

评价主要针对位于路侧安全净空区范围内的排水沟，包括挖方路基边沟、填方路基排水沟以及中央分隔带排水沟等。位于路侧安全净空区范围之外的其他排水沟对行车安全有间接影响时也应评价。评价内容为：排水沟的形式、泄水能力及沟身结构(包括沟壁、盖板等)对特殊车辆荷载的承载力要求等。

2)评价方法

排水沟的形式应根据排水沟与路侧安全净空区的关系进行评价。当排水沟处于路侧安全净空带宽度范围以内时，排水沟的形式应采用可跨越式；当排水沟处于路侧安全净空带宽度范围之外时，排水沟应在满足泄水能力要求的前提下，采用对失控车辆危害程度小的形式。

排水沟的泄水能力应根据坡面和路表的汇水流量进行检查，要求在设计暴雨径流强度下，行车道上的路面积水能及时排出。

当路侧未设置防撞护栏时，排水沟沟身结构和盖板应按实际荷载进行承载力验算，不能满足特殊荷载要求时，应增设护栏或加强结构承载力。

2　路缘石和泄水槽

1）路缘石

路缘石的形式应根据运行速度要求，从行车安全性方面进行评价。

2）泄水槽

根据路线设计要素，计算路面积水范围、深度，检查泄水槽的设置间距能否满足泄水能力要求。重点应对竖曲线底部以及超高路段、超高过渡段的排水设施的泄水能力进行评价。

4.3.4　涵洞

当涵洞洞口位于路侧净空区范围时，应对涵洞洞口形式对行车安全性的影响进行评价。

4.4　桥梁

4.4.1　评价范围

独立大桥和特大桥。

4.4.2　桥梁引线

1　速度协调性评价

速度协调性按桥梁设计速度与引线路段的运行速度差值进行评价。

1）评价方法

桥梁段设计速度按批准的项目技术标准采用；桥梁两端引线路段运行速度按两端引线路段加无桥梁状态下的相同技术指标的等长路段连续计算，并根据运行速度预测方法对引线路段的线形特征点（直线起终点、平曲线起终点及中点、竖曲线变坡点）进行双向运行速度预测。引线路段运行速度计算方法见附录B。

2）评价标准

桥梁设计速度与引线路段的运行速度差小于10km/h时，运行速度协调性好，不需进行调整。

桥梁设计速度与引线路段的运行速度差为10～20km/h时，运行速度协调性较好。条件允许时，可适当调整引线路段平面、纵断面、横断面技术指标，使桥梁设计速度与引线路段的运行速度差小于10km/h。

桥梁设计速度与引线路段的运行速度差大于20km/h时，运行速度协调性不良，需调整引线路段的设计。条件困难时，可在引线路段采取减速措施。

2　桥梁引线路段的平、纵、横断面以及路基路面的评价方法见本章第4.2和4.3节。

3　桥梁引线段与桥上护栏的衔接过渡方式应根据护栏形式、在横断面上的位置以及运行速度的要求进行评价。

4.4.3　桥梁断面

1　桥梁断面

当桥梁横断面受造价控制或其他技术改造难度过大等原因而不能设置硬路肩时，应根据行车安全需要评价设置紧急停车带的必要性。

对于增设人行道的桥梁，应根据交通组织管理以及防撞护栏和防护网设置方案，评价人行道的行人通行安全性以及对行车道的影响。

2　防撞护栏

根据桥外危险程度、交通组成等对防撞护栏的形式及其高度进行评价。

3　桥面铺装

根据预测运行速度，结合桥梁纵、横坡度设置以及桥面较普通路面易结冰等情况，对桥面铺装的抗滑能力进行评价。

4　桥面排水

根据设计流量和桥梁纵坡评价桥面泄水孔的泄水能力，并评价桥面泄水对桥下车辆和行人通行的影响。

5　桥墩、台

应根据桥墩、台与路侧净空区的关系评价桥墩设置位置对行车安全性的影响；当桥墩位于路侧安全净空区范围时，应对桥墩防护措施的安全性进行评价。

4.4.4　桥面侧风影响评价

当桥梁位于6级以上大风多发地段时，应评价侧风对桥面行车安全的影响。

4.5　隧道

4.5.1　隧道洞口接线段

1　速度协调性评价

隧道洞口接线段速度协调性按隧道设计速度与洞口接线段的运行速度差值进行评价。

1）评价方法

隧道段设计速度按批准的项目技术标准采用。隧道洞口接线段运行速度按两端洞口接线段加无隧道状态下的相同技术指标的等长路段连续计算，并根据运行速度预测方法对洞口接线段的线形特征点（直线起终点、平曲线起终点及中点、竖曲线变坡点）进行双向运行速度预测。洞口接线段运行速度计算方法见附录B。

2）评价标准

隧道设计速度与洞口接线段的运行速度差小于10km/h时，运行速度协调性好，不需进行调整。

隧道设计速度与洞口接线段的运行速度差为10～20km/h时，速度协调性较好。条件允许时，可适当调整洞口接线段平面、纵断面、横断面技术指标，使隧道设计速度与洞口接线段的运行速度差小于10km/h。

隧道设计速度与洞口接线段的运行速度差大于20km/h时，速度协调性不良，需调整洞口接线段设计。条件困难时，应在洞口接线段采取减速措施。

2　线形一致性评价

线形一致性按照无隧道状态下的预测运行速度，对隧道各洞口接线内外的平、纵面线形进行评价，要求洞口接线内外至少各3s运行速度行程长度范围的线形应保持一致。洞口接线横断面过渡应设置在洞口接线外，其过渡段长度应不小于3s运行速度行程。

4.5.2　横断面

隧道横断面布置应根据隧道长度以及交通量情况，评价侧向宽度，人行道、检修道的宽度，并对紧急停车带、避车洞及横洞等设置的必要性及其防护措施进行评价。

4.5.3　视距

曲线隧道的横向视距应按照设计速度的标准进行检查。当横向视距不足时，可加大隧道横断面尺寸或采取减速措施。

4.5.4　路面及排水设施

根据隧道内行车安全要求，对隧道内（特别是隧道洞口）路面结构形式、抗滑性能以及排水沟的形式，对特殊荷载的承载能力等进行评价。评价方法与4.3.2和4.3.3条相同。

4.5.5　通风、照明及监控设施

根据隧道位置、长度和交通量情况，评价设置通风、照明及监控设施的必要性，并对通风、照明、监控设施及其使用效果等对行车安全性的影响进行评价。

4.5.6　消防及救援

根据隧道位置、长度和交通量情况，评价设置消防救援设施及其对行车安全性的影响。

4.6 路线交叉

4.6.1 平面交叉

1 平面交叉位置

平面交叉位置应根据连接道路、交叉口地形以及主线平纵面线形指标状况，按照有利于保证可识别性及视距三角形区域内通视，并便于控制行车速度的原则进行评价。平面交叉口应设置在视野开阔的区域，避免设置在凸形竖曲线之后或长大纵坡的底部。

2 间距

平面交叉最小间距应根据交织长度、左转弯车道长度和视距进行评价。当平交口距离过小时，应通过改移被交道路位置，将相邻平交口合并设置。

3 交叉角度

平面交叉范围内两相交公路的交叉角度应正交或接近正交。当交角小于70°时，应根据相交公路线形指标、主交通流方向、地形等对次要公路扭正改线的设计方案进行评价。

4 形式

平面交叉形式应根据转弯交通量大小、主线及被交路等级、交通管理方式以及相邻道路的分布情况等，按照尽量减少冲突点数量、最大限度缩小冲突区、主流交通优先的原则，从有利于行车安全性方面进行评价。

5 速度协调性

1）评价方法

在不考虑平面交叉设置影响的情况下，对平面交叉路段预测平交口的线形特征点（平交口起、终点及中心点）运行速度进行评价。运行速度计算方法见附录B。

平交口设计速度按批准的项目技术标准采用。平交口速度协调性采用平交口运行速度计算值与设计速度之差进行评价。

2）评价标准

平交口运行速度计算值与设计速度之差小于20km/h时，速度协调性较好。

平交口运行速度计算值与设计速度之差大于或等于20km/h时，速度协调性不良，应对平交口加铺转角的圆曲线半径或附加车道的平、纵面线形指标，横坡，视距，安全设施等按预测运行速度的标准进行调整。

6 附加车道

附加车道包括变速车道和转弯附加车道（右转弯和左转弯）。

1）变速车道

变速车道应按照预测运行速度的标准、交叉角度对其几何设计指标（长度、宽度、纵坡、辅助车道以及渐变段的宽度、长度等）进行评价。

2）转弯附加车道

左、右转弯附加车道应根据公路等级、交叉角度、交通组成及交通量等评价其设置必要性，并应按照预测运行速度的标准评价其右转弯车道半径以及左转弯等候车道的长度等几何指标。

7 视距

1）评价方法

平交口评价视距采用预测运行速度计算的引道视距（*ASD*）。引道视距量取标准为：眼高1.2m，物高0 m。停车视距计算方法见4.2.3条，一般情况下反应时间按2.5s计，困难时可按2.0s计。当纵坡大于2%时，应按眼高1.2m、物高0m的标准对凸形竖曲线的影响进行修正。

2）评价标准

采用运行速度计算的两相邻岔路间各自停车视距（*SSD*）所组成的三角区内不得有阻碍通视的物体，如图4.6.1-1所示。

当条件限制不能保证两岔路间由停车视距所组成的通视三角区时，应保证如图4.6.1-2所示的在主要公路上的安全交叉停车视距，次要公路上至主要公路车道中心线为5～7m所组成的三角区应保持通视。安全交叉停车视距（*SISD*）采用式（4.6.1）计算。

$$SISD=(3v_{85}/3.6)+SSD=0.833\ v_{85}+SSD \tag{4.6.1}$$

式中：*SISD*——安全交叉停车视距（m）；

SSD——停车视距（m）；

v_{85}——运行速度计算值（km/h）。

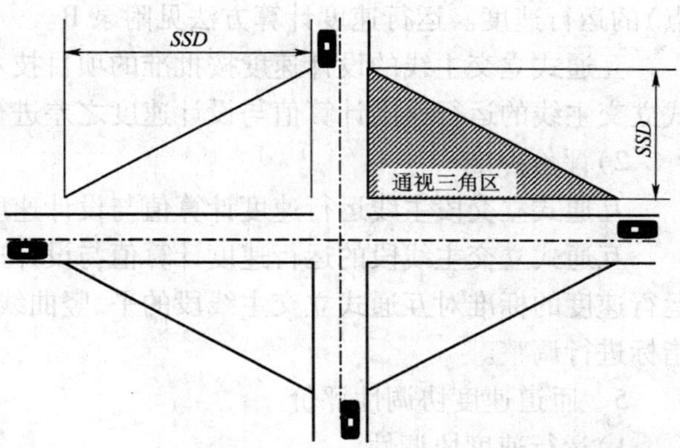

图4.6.1-1　停车视距通视三角区

8　交通岛和其他交通管理设施

1）交通岛

交通岛应根据预测运行速度、路基横断面布置以及交叉角度，对其形式、岛端圆弧半径、渐变参数以及路缘石类型等进行评价。

2）其他设施

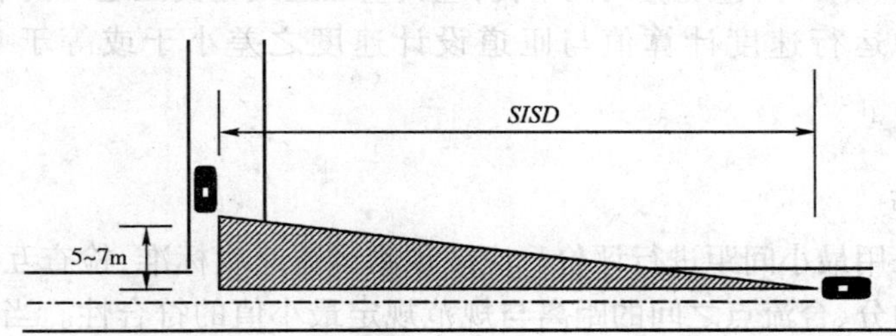

图4.6.1-2　安全交叉停车视距三角区

其他交通管理设施包括：行人越路设施、标志、标线和信号、护栏、栅栏、绿篱等，以上设施应按设计规范要求逐项进行评价。

4.6.2　互通式立体交叉

1　位置

互通式立交位置应根据交叉口地形、主线及被交道平纵面线形指标以及转弯交通量等情况，按照有利于主流交通方向匝道布置和保证视距的原则进行评价。

2　间距

互通式立交间距是指互通式立交之间或互通式立交与服务区、停车场等服务管理设施及隧道之间的间距，采用最小间距进行评价。其评价主要内容如下：

（1）互通式立交之间是否有足够的交织区构造长度及变速车道（包括辅助车道）长度。

（2）能否给前置标志留出充分距离，并对立交出口发出预报信息。检查是否能设置合理的标志牌，以确保主线具有良好的行车条件。

（3）当互通式立交间距小于规范规定的最小间距时，应对采取的安全措施的有效性进行评价。

3　形式

互通式立交形式应根据转弯交通量、互通式立交等级、交叉口地形、收费方式以及相邻道路的分布情况进行评价。评价内容如下：

（1）匝道技术指标与各方向转向交通量的适应性。

（2）主流交通的连续性。

（3）整条公路上一系列互通式立交布局的一致性及不一致时采取的安全措施。

4　主线速度协调性评价

1）评价方法

在不考虑互通式立交设置影响的前提下，预测互通式立交路段主线线形特征点（变速车道起、终点)的运行速度。运行速度计算方法见附录 B。

互通式立交主线的设计速度按批准的项目技术标准采用。互通式立交主线的速度协调性采用互通式立交主线的运行速度计算值与设计速度之差进行评价。

2)评价标准

互通式立交段主线运行速度计算值与设计速度之差小于或等于 20km/h 时,速度协调性较好。

互通式立交主线段的运行速度计算值与设计速度之差大于 20km/h 时,速度协调性不良,应按预测运行速度的标准对互通式立交主线段的平、竖曲线的半径,纵坡,横坡,视距及加、减速车道长度等技术指标进行调整。

5　匝道速度协调性评价

1)运行速度协调性

按照附录 B 的计算方法,预测互通式立交匝道运行速度,初始速度采用匝道设计速度。互通式立交匝道运行速度协调性评价按 4.1.3 条的方法和标准进行。

2)设计速度与运行速度协调性

互通式立交匝道的设计速度按批准的项目技术标准采用。互通式立交匝道的运行速度计算值与匝道设计速度之差大于 10km/h 时,速度协调性不良,应调整互通式立交匝道的技术指标。

互通式立交匝道的运行速度计算值与匝道设计速度之差小于或等于 10km/h 时,速度协调性好。

6　匝道出、入口

1)相邻出、入口间距

相邻出、入口间距采用最小间距进行评价。应按预测运行速度标准,检查互通式立交相邻出、入口以及出、入口至匝道上的分、合流点之间的距离与规范规定最小值的符合性。当相邻出、入口间距小于规范规定的最小间距时,应调整匝道出、入口位置。

2)车道数平衡

在互通式立交出、入口,应按规范规定的车道数平衡原则对加、减速车道的车道数进行检查;匝道为双车道时,应检查辅助车道的设置长度是否符合规范要求。

车道数减少应根据渐变段位置对视距以及标志牌设置要求进行评价。

3)加、减速车道长度

加、减速车道长度应根据主线预测运行速度标准以及匝道车道数、主线纵坡进行评价。

4)分流鼻端

根据主线预测运行速度,对分流鼻处最小曲率半径、回旋曲线参数 A 值以及分流鼻端偏置加宽渐变率进行评价。

7　匝道

1)匝道横断面布置

匝道横断面宽度应按预测交通量和通行能力验算结果进行评价。当单车道匝道长度较长时,应评价设置超车道的必要性。

2)平、纵面线形和超高、加宽

匝道平、纵面线形应按照预测运行速度进行评价。当预测运行速度超过设计速度 10km/h 时,应对匝道平、纵面线形全部指标进行检查和调整,评价方法和标准参见 4.2 节路线的有关内容。

8　视距

1)匝道

匝道采用停车视距进行评价,评价方法和标准参见 4.2.3 条。

2)分流点

分流点视距应根据主线预测运行速度,采用分流识别视距进行评价。识别视距按10 ~ 13s 的行程进行计算。整个出口端部,包括分流点后 40m 的匝道路段范围,按识别视距应保持通视,如图 4.6.2 所示。

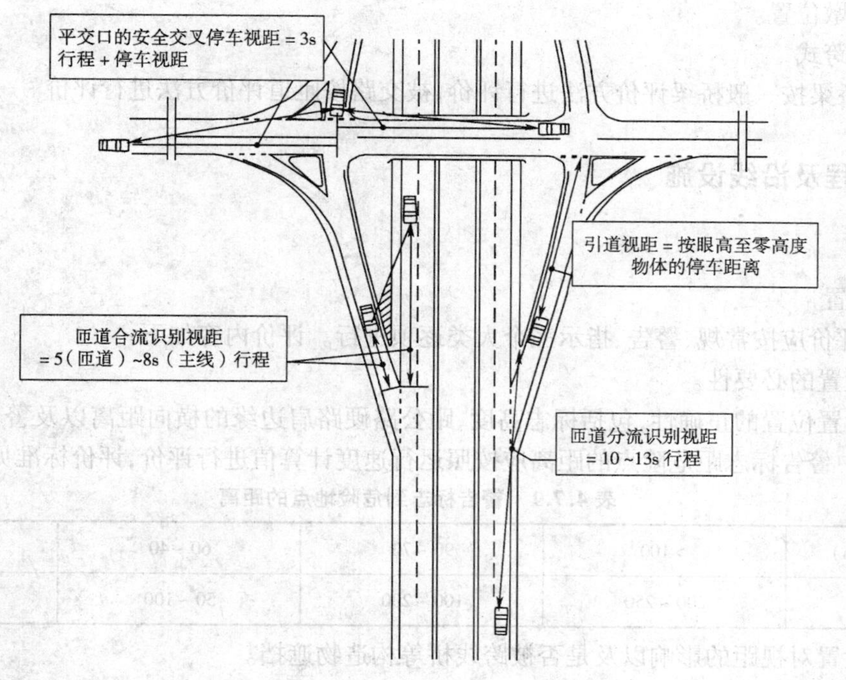

图4.6.2　互通式立交视距参数图

3)合流点

合流点视距应根据主线预测运行速度标准,采用合流识别视距进行评价。合流识别视距,匝道按行驶5s的距离进行计算,主线按行驶8s的距离进行计算。在合流点、主线识别视距和匝道识别视距三角区内应保持通视,如图4.6.2所示。

9　路基路面

按4.5节评价内容和方法对主线和匝道分别进行评价。

4.6.3　分离式立交

1　主线下穿式

1)净空

当分离式立交主线位于凹形竖曲线范围时,应检查长大车辆在桥下的净空是否满足要求(如图4.6.3所示)。

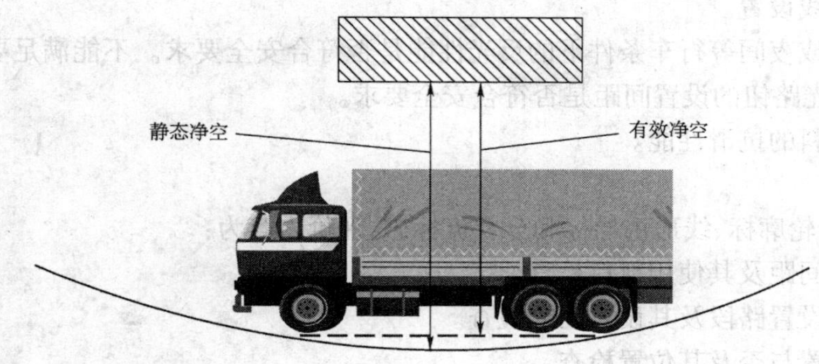

图4.6.3　长大车辆的净空减小

2)桥墩

根据桥墩与路侧安全净空区的关系评价桥墩设置位置对行车安全性的影响。当桥墩位于路侧安全净空区范围时,应对桥墩防护措施的安全性进行评价。

3)视距

根据预测运行车速,检查跨线桥的桥墩、桥台是否位于视距包络图内。当桥墩或桥台位于包络图内时，应调整其桥墩位置。

2　主线上跨式

主线跨线桥梁按一般桥梁评价方法进行评价，被交路按匝道评价方法进行评价。

4.7　交通工程及沿线设施

4.7.1　标志

1　标志设置

标志设置评价应按常规、警告、指示三个大类逐项进行。评价内容如下：

（1）标志设置的必要性。

（2）标志设置位置的正确性，包括标志高度、距公路硬路肩边缘的横向距离以及警告标志距危险点的距离等。其中警告标志距危险点的距离应按照运行速度计算值进行评价，评价标准见表4.7.1。

表4.7.1　警告标志到危险地点的距离

运行速度（km/h）	>100	90～70	60～40	<30
距离（m）	200～250	100～200	50～100	20～50

（3）标志设置对视距的影响以及是否被跨线桥等构造物遮挡。

（4）标志的反光强度等级与光线（白天、黑夜）、气候条件（雨、雪、雾等）及运行速度的适应性。

（5）标志基础和立柱的影响。当标志基础位于路侧净空区内时，标志杆是否采用了解体消能或易折断的材料，或设置了安全护栏。

（6）标志信息内容变化的连续、有效和正确性。

（7）标志与标线对同一信息内容表述的一致性。

2　标志尺寸和字高

标志尺寸和标志版面上的字高应根据标志的功能类型，按运行速度计算值对应的尺寸标准进行评价。当设计标志尺寸和字高对应的设计速度小于运行速度计算值20km/h时，应增大标志尺寸和标志版面上的字高。

4.7.2　标线及视线诱导标

1　标线

标线设置评价内容如下：

（1）设置公路边线及行车道线路段的标线宽度、厚度、线型（虚、实）、颜色等进行规范符合性检查。

（2）禁行区的标线设置。

（3）标线在潮湿或夜间等行车条件下的反光性能是否符合安全要求。不能满足要求时是否设置了反光路钮，并评价反光路钮的设置间距是否符合安全要求。

（4）标线划线材料的抗滑性能。

2　视线诱导标

视线诱导标包括轮廓标、线形诱导标和分合流标志，评价内容为：

（1）轮廓标设置间距及其使用材料检查。

（2）线形诱导标设置路段及其设置间距检查。

（3）分合流标设置与否及其位置检查。

4.7.3　护栏

1　路侧护栏

评价内容为：

（1）路侧净空宽度范围内存在路堤、桥墩（柱）、树木、排水沟、标志、灯杆的刚性立柱或基础等可能对失控车辆产生安全隐患的路段护栏设置及其形式。

（2）路侧存在悬崖、溪流、铁路或其他道路等安全隐患时护栏的形式和高度。

(3)护栏设置的连续性和一致性及其端头处理方式。

(4)桥梁、隧道等结构物与引道护栏、路段上不同形式护栏之间(如新泽西护栏与波形梁护栏)的衔接及过渡方式。

2　中央分隔带护栏

评价内容为:

(1)根据中央分隔带宽度和预测运行速度评价护栏设置的必要性及其形式。

(2)中央分隔带存在桥墩(柱)等刚性固定物时的护栏设置形式。

(3)中央分隔带护栏对建筑净空限界的影响。

(4)中央分隔带开口段护栏的形式。

4.7.4　中央分隔带防眩设施

1　设置的必要性

中央分隔带防眩设施设置的必要性应根据平纵面线形指标、中间带宽度进行评价。防眩设施可采用植物防眩或设防眩板的方式。

2　防眩效果

(1)植物防眩:根据灌木长成后的树冠大小评价灌木株距对防眩效果的影响。

(2)防眩板:根据平曲线曲率半径评价防眩板的设置间距和折光角度对防眩效果的影响。

3　视距影响

当连续设置的防眩板和植物防眩将对视距产生影响时,应按运行速度计算值对视距影响进行评价,评价方法按4.2节执行。当连续设置的防眩板和绿篱不能满足视距要求时,宜改用非连续设置的植物进行防眩。

4.7.5　收费站位置

收费站位置应按货车运行速度计算值及货车停车视距对进入收费站的路段进行评价。货车停车视距的计算方法和评价标准参见4.2节有关内容。

4.7.6　监控系统

监控系统应根据交通工程及沿线设施的分级、交通量及其组成、特大桥梁、隧道、互通式立交以及特殊气候和气象路段的分布、长大纵坡等评价监控设施设置的合理性。

4.7.7　服务区和停车区

服务区和停车区的评价内容包括其位置、数量以及主线和出入口匝道的几何设计参数等。

1　服务区和停车区的设置位置和数量应根据沿线管理和服务设施的总体布局、交通量及其组成、长大纵坡分布等进行评价。

2　服务区和停车区的主线和出入口匝道的几何设计参数评价方法及标准与互通式立交相同,详见4.6.2条有关内容。

5 运营阶段

5.1 公路状况评价

5.1.1 设计符合性

运营阶段的公路项目,应根据施工过程中的设计变更情况,对建成公路的状况进行设计符合性评价。评价按照批准的施工图设计文件及变更设计文件进行。评价的内容包括平面、纵断面、横断面、平纵面线形组合、路基路面、桥梁、隧道、路线交叉、交通工程及沿线设施等的变更设计、施工部分。评价采取现场调查与设计文件或技术标准对照的方式进行。

1 现场调查内容

现场调查应在白天和夜间分别进行,有条件时还应对事故多发路段进行雨、雪、雾天等恶劣气候条件或交通高峰期的调查。路段调查前,应沿公路双方向进行考察,并采取连续摄像或拍照的方式先将全路状况进行记录,以找出全线的安全敏感区,然后现场对影响安全的主要区域或路段进行详细勘查。

现场调查主要内容清单如下:

1)平纵面线形

(1)对平曲线半径较小、纵断面线形指标较低的路段,按照设计速度根据不同公路使用者的视线高度,现场进行平纵面线形连续性和视距的安全性检查。

(2)夜间沿路检查对向行车产生眩光的路段的安全性。

2)路基横断面

(1)沿路检查是否有在未进行预告的情况下,出现路基宽度或车道数量发生变化的情况。

(2)从通行能力的角度进行观测,是否存在非预期或不正常理由的交通拥挤现象的路段。

(3)检查公路建筑限界内是否有固定物侵入。

3)路侧

(1)检查并记录路侧安全净空区(安全净空区宽度规定见附录C)内所有固定物是否采取了保护措施,包括未加盖板的深边沟及其他高出路面的排水设施、未设护栏的路堤边坡、跨线桥(互通立交)桥墩(柱)及其基础、标志杆、照明灯杆、大树等。

(2)检查公路路缘石的形式和高度。

(3)检查路侧安全净空区范围的涵洞洞口形式对行车安全性的影响。

(4)检查路侧安全净空区宽度延伸范围存在陡崖、深水、垂直边沟或其他道路等较大隐患时采取的保护措施。

4)路面及排水

(1)对路面养护状况、路面平整度进行检查,特别注意路面破损对行车安全的影响。

(2)对陡坡、急弯等路段,以及其他路表抗滑能力明显衰减的路段,进行路面抗滑性能检测评价。

(3)对路面排水设施养护状况进行检查,同时对泄水能力进行检查。

5)桥梁、涵洞(含分离式立交跨线桥)

(1)检查桥梁护栏(一般为钢筋混凝土)与桥头接线护栏(一般为波形梁)的衔接方式。

(2)检查桥头接线处、桥梁伸缩缝处是否产生桥头跳车,检查桥面铺装养护状况,桥面平整度。

(3)桥上设人行道或非机动车道时检查其与行车道的隔离设施。

(4)桥上路侧安全净空区范围的照明灯杆防护措施。

(5)桥面铺装和桥面排水系统检查方法与"路面及排水"相同。

(6)调查桥梁所在地区是否经常存在桥面侧向6级以上大风,侧风存在时有无应急安全措施(包括特大风时禁止通行的交通管制措施)。

6)隧道

(1)检查隧道洞口形式、隧道洞口附近路基横断面变化等的设计或技术标准符合性以及对行车可能产生的不安全影响。

(2)检查洞口段路面构造深度,测定摩阻系数。

(3)在设计条件下,测定进出口照明灯亮度。

(4)测定空气质量,检查通风效果。

(5)检查消防及救援设施的配置情况。

7)平面交叉

(1)检查辅助车道和转弯车道是否设置,及其设计指标的符合性。

(2)按运行速度根据不同车型的视线高度对视距三角形区域进行检查,同时对交叉口所在区段的纵向视距进行检查。

(3)对排水系统的养护状况和设计指标的符合性进行检查。

(4)检查交通渠化设施以及行人越路设施、标志、标线和信号、护栏、栅栏、绿篱等设施的设置情况。

(5)检查被交道路等级、坡度、路面状况及其对本项目交叉口车辆运行安全的影响,同时根据被交道路以及本项目交通量检查交叉口控制方式(有信号、无信号)对行车安全的影响。

8)互通式立交

(1)变速车道设置、交织区长度设计符合性检查。

(2)车道平衡检查以及辅助车道是否设置及其设计符合性检查。

(3)按运行速度对匝道以及分、合流三角区的安全视距进行检查。

(4)各部位的路缘石形式和高度以及路面排水系统检查。

(5)指示标志和标线内容正确性和可视性检查。

9)交通工程及沿线设施

(1)对各类标志的可见性、标志内容的识读性进行检查。

(2)其他检查内容参见设计阶段评价内容。

10)临时施工区

(1)检查临时施工区的可见性、施工警告标志(警示灯等)的设置及位置对行车安全的影响。

(2)检查临时施工区对正常路段交通运行的影响、施工期间采取的交通组织措施对行车安全的影响。

2 评价方法和标准

参见第4章设计阶段评价。

5.1.2 运行速度协调性

运行速度协调性评价采用实测运行速度进行,条件不具备时也可采用第4章的运行速度计算模型进行预测。实测评价运行速度采用断面测速进行统计后得出代表车型的运行速度(v_{85})。在交通事故调查分析的基础上,实测断面应布置在事故多发段和预测运行速度协调性不良段的线形特征点,测速数据量应满足v_{85}统计数量要求。

运行速度评价标准与第4.1节相同。

5.1.3 设计速度协调性

同一路段设计速度与运行速度的协调性根据实测代表车型运行速度(v_{85})进行评价,条件不具备时也可采用第4章的运行速度模型进行预测。

评价标准见第4.1节。

5.2 事故调查

调查运营公路事故路段的类型、技术指标、路面状况,事故发生的时间、天气状况,事故形态、事故车辆速度、事故车型及实载率,交通控制方式等。

5.3 事故分析

应对交通事故的时间分布、空间分布、气候特征、事故程度、事故原因及形态等进行分析,并根据运行速度和设计速度协调性评价结果等综合因素对事故黑点进行全面分析,提出解决措施和改进方案。

附录 A(1) 公路项目安全性评价报告格式（可行性研究阶段）

目次

第一章 概 述

一、工作依据；
二、工作过程；
三、主要结论。

第二章 技术标准

根据拟建或改建项目的预测交通量、交通组成、项目功能以及在路网中的地位、沿线地形等，从行车安全性方面评价公路等级、设计速度、路基横断面宽度等技术指标选择的合理性及可行性。

第三章 技术方案

根据交通量及其组成、平纵面技术指标、气候条件等，从行车安全性方面对技术指标，起、讫点，平面交叉，互通式立交，跨线桥及通道方案，改建项目施工期间的分流方案或不中断交通施工时的交通组织方案进行评价。

第四章 环境影响

一、气候；
二、不良地质；
三、动物。

附录 A(2) 公路项目安全性评价报告格式
（设计阶段）

目　　次

第一章　概　　述

一、工作依据；
二、工作过程；
三、主要结论。

第二章　工 程 概 况

说明项目的地理位置、起讫点、主要控制点、建设规模、技术标准等。

第三章　总 体 评 价

一、说明预测路段运行速度的方法、参数及结果；
二、评述相邻路段运行速度协调性的情况；
三、评述同一路段运行速度与计算行车速度协调性的情况。

第四章　路　　线

一、根据同一路段运行速度与计算行车速度协调性评价的结果，提出路段平面、纵断面、横断面等技术指标的调整建议；

二、根据评价运行速度对停车视距进行检查，并对爬坡车道、紧急避险车道设置的必要性以及设置方案进行评价。

第五章　路 基 路 面

一、根据评价运行速度对路侧安全净空区进行检查，提出调整建议；

二、根据同一路段运行速度与计算行车速度协调性评价的结果以及行车安全性要求，提出路基路面等设计方案的调整建议。

第六章　桥　　梁

一、根据同一路段运行速度与计算行车速度协调性评价的结果，提出桥梁接线路段的平、纵、横调整建议；

二、根据项目特点和行车安全要求，提出桥梁护栏、桥面铺装、排水设施以及桥头衔接等方面的调整建议。

第七章　隧　　道

一、根据同一路段运行速度与计算行车速度协调性评价的结果，提出隧道接线路段平、纵、横等方面的调整建议；

二、根据项目特点和行车安全要求，提出隧道与路基衔接、路面、排水以及运营管理设施等方面的调整建议。

第八章　路线交叉

一、根据平面交叉或立体交叉运行速度与计算行车速度协调性评价的结果，提出平面交叉或立体交叉的位置、形式等方面的调整建议；

二、根据评价运行速度对变速车道的长度、视距三角区以及匝道的平、纵、横等方面的技术指标进行检查，并提出调整建议。

第九章　交通工程及沿线设施

一、根据路段运行速度与计算行车速度协调性评价的结果，对标志位置、版面和字体尺寸以及收费设施的位置等方面提出调整建议；

二、对标志基础及系统性、护栏位置和形式、标线和诱导标志的有效性等进行检查，提出调整建议。

附录 A(3)　公路项目安全性评价报告格式（运营阶段）

目　次

第一章 概 述

一、工作依据；

二、工作过程；

三、主要结论。

第二章 工程概况

说明项目的地理位置、起讫点、主要控制点、建设规模、技术标准等。

第三章 交通事故调查及统计分析

一、根据事故统计资料对交通事故的时间、空间、气候特征、事故程度、事故原因、车型、实载率以及形态等进行分析。

二、根据协调性评价结果对事故黑点进行分析。

第四章 总体评价

一、说明运行速度实测或预测的方法、参数及结果。

二、评述相邻路段运行速度协调性的情况，结合事故调查分析结果提出整改建议。

三、评述同一路段运行速度与设计速度协调性的情况。

第五章 路 线

根据评价运行速度对停车视距进行检查，并对爬坡车道、紧急避险车道设置的必要性以及设置方案进行评价。

第六章 路基路面

一、根据评价运行速度对路侧安全净空区进行检查，提出调整建议；

二、根据现场调查结果以及行车安全性要求，提出路基路面的调整建议。

第七章 桥 梁

一、根据同一路段运行速度与计算行车速度协调性评价的结果，提出桥梁接线路段安全设施的整改建议。

二、根据现场调查结果提出桥梁护栏、桥面铺装、排水设施以及桥头衔接等方面的整改建议。

第八章 隧 道

一、根据同一路段运行速度与计算行车速度协调性评价的结果，提出隧道接线路段安全设施的整改建议。

二、根据现场调查结果提出隧路衔接、路面、排水以及运营管理设施等方面的整改建议。

第九章 路线交叉

一、根据平面交叉或立体交叉运行速度与计算行车速度协调性评价的结果，对匝道与主线运行车速的适应性提出整改建议。

二、根据评价运行速度对变速车道的长度、视距三角区以及匝道的平、纵、横等方面的技术指标进行检查，并提出调整建议。

第十章 交通工程及沿线设施

一、根据路段运行速度与计算行车速度协调性评价的结果，对标志位置、版面和字体尺寸以及收费设施的位置等方面提出调整建议。

二、对标志基础及系统性、护栏位置和形式、标线和诱导标志的有效性等进行检查，提出调整建议。

三、根据事故分析结果，针对事故主要原因提出交通工程及沿线设施整改方案。

附录B(1)　运行速度计算方法(一)

B(1).0.1　运行速度分析路段划分

根据曲线半径和纵坡坡度的大小将整条路线划分为直线段、纵坡段、平曲线段和弯坡组合段等若干个分析单元,每个单元的起、终点为预测运行速度线形特征点。其中,纵坡坡度小于3%的直线段和半径大于1 000m的大半径曲线自成一段;其余小半径曲线段和纵坡坡度大于3%、坡长大于300m的纵坡路段以及弯坡组合段,作为独立单元分别进行运行速度测算;当直线段位于两小半径曲线段之间,且长度小于临界值200m时,则该直线视为短直线,车辆在此路段上的运行速度保持不变。

B(1).0.2　运行速度 v_{85} 的测算

在任选一个方向进行第一次的运行速度 v_{85} 测算时,首先要推算与设计路段衔接的相邻路段速度,作为本路段的初始运行速度 v_0,然后根据所划分的路段类型,按直线段、平曲线段和长大纵坡路段等分别进行运行速度 v_{85} 的测算。

1　初始运行速度 v_0

一般可通过调查点的现场观测或按表B(1).0.2-1估算各种设计速度对应的小客车和大型货车的运行速度,作为预测路段的初始运行速度 v_0。

表B(1).0.2-1　设计速度与运行速度 v_0 间的对应关系表

设计速度(km/h)		60	80	100	120
初始运行速度 v_0	小客车	80	95	110	120
	大型货车	55	65	75	75

2　直线段上的加速过程和稳定运行速度

在平直路段上,小客车和大货车在直线上都有一个期望行驶速度。当初始运行速度 v_0 小于期望运行速度时为变加速过程,直至达到稳定的期望车速后匀速行驶。平直路段上车辆的加速过程,按式(B(1).0.2-1)和表B(1).0.2-2测算车辆在直线上的运行速度。

$$v_s = \sqrt{v_0^2 + 2a_0 S} \tag{B(1).0.2-1}$$

式中:v_s——直线段上的期望车速(m/s);

v_0——驶出曲线后的运行速度(m/s);

a_0——车辆的加速度(m/s²);

S——直线段距离(m)。

平直路段上期望运行速度和推荐加速度值见表B(1).0.2-2。

表B(1).0.2-2　平直路段上期望运行速度和推荐加速度值

车　型	小 客 车	大 货 车
期望运行车速 v_e(km/h)	120	75
推荐加速度值 a_0(m/s²)	0.15~0.50	0.20~0.25

3　小半径曲线段的运行速度

对于平曲线半径小于1000m的路段,分别对曲线中部和曲线出口处的运行速度进行预测。根据曲线入口速度 v_{in}、当前路段的曲线半径 R_{now} 和前接曲线的半径 R_{back},预测曲线中部的速度 v_{middle};然后根据曲线中部速度 v_{middle}、当前路段的曲线半径 R_{now} 和后续路段的曲线半径 R_{front},预测曲线出口处的运行速

度 v_{out}。

曲线中部速度 v_{middle} 和曲线出口处的运行速度 v_{out} 分别按表 B(1).0.2-3 中的速度预测模型进行计算。

表 B(1).0.2-3　平曲线上的速度预测模型

曲线连接形式		平曲线模型
入口直线-曲线	小客车	$v_{middle} = -24.212 + 0.834v_{in} + 5.729\ln R_{now}$
	大货车	$v_{middle} = -9.432 + 0.963v_{in} + 1.522\ln R_{now}$
入口曲线-曲线	小客车	$v_{middle} = 1.277 + 0.924v_{in} + 6.19\ln R_{now} - 5.959\ln R_{back}$
	大货车	$v_{middle} = -24.472 + 0.990v_{in} + 3.629\ln R_{now}$
出口曲线-直线	小客车	$v_{out} = -11.946 + 0.908v_{middle}$
	大货车	$v_{out} = 5.217 + 0.926v_{middle}$
出口曲线-曲线	小客车	$v_{out} = -11.299 + 0.936v_{middle} - 2.0601\ln R_{now} + 5.203\ln R_{front}$
	大货车	$v_{out} = 5.899 + 0.925v_{middle} - 1.005\ln R_{now} + 0.329\ln R_{front}$

4　纵坡路段

当纵坡坡度大于3%、坡长大于300m 时，按表 B(1).0.2-4 对小客车和大货车的运行速度 v_{85} 进行修正。

表 B(1).0.2-4　特殊纵坡下各车型运行速度的修正

纵 坡 坡 度		速度调整值	
		小客车	大货车
上坡	坡度≤4%	降低 5km/(h·1000m)	按图 B(1).0.2 所示速度折减量与坡长的关系曲线进行调整
	坡度>4%	降低 8km/(h·1000m)	
下坡	坡度≤4%	增加 10km/(h·500m)至期望运行速度	增加 10km/(h·500m)至期望运行速度
	坡度>4%	增加 10km/(h·500m)至期望运行速度	增加 15km/(h·500m)至期望运行速度

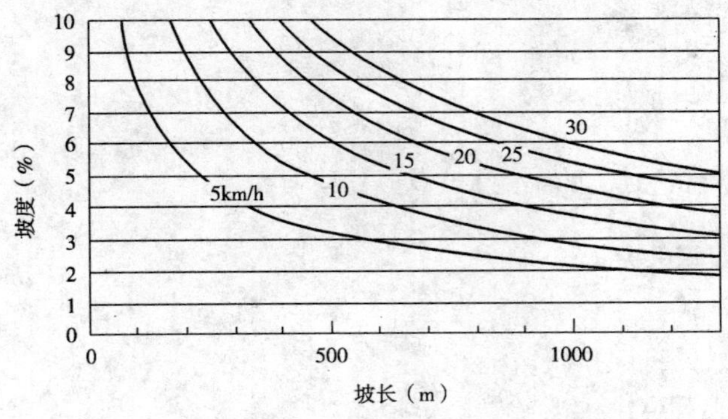

图 B(1).0.2　速度折减量与坡长的关系曲线图

5　弯坡组合路段

根据划分路段曲线前的入口速度、曲线半径和纵坡坡度，按表 B(1).0.2-5 计算小客车和大货车在弯坡组合线形中点的运行速度 v_{85}。

表 B(1).0.2-5　弯坡组合线形下的运行速度预测模型

曲线连接形式		弯坡组合运行速度预测值
入口直线-曲线	小客车	$v_{middle} = -31.669 + 0.574v_{in} + 11.714\ln R_{now} + 0.176 i_{now1}$
	大货车	$v_{middle} = 1.782 + 0.859v_{in} - 0.51 i_{now1} + 1.196\ln R_{now}$
入口曲线-曲线	小客车	$v_{middle} = 0.750 + 0.802v_{in} + 2.717\ln R_{now} - 0.281 i_{now1}$
	大货车	$v_{middle} = -1.798 + 0.248\ln R_{now} + 0.977v_{in} - 0.133 i_{now1} + 0.23\ln R_{back}$
出口曲线-纵坡	小客车	Car: $v_{out} = 27.294 + 0.720V_{middle} - 1.444 i_{now2}$
	大货车	Truck: $v_{out} = 13.490 + 0.797v_{middle} - 0.697 i_{now2}$
出口曲线-曲线	小客车	Car: $v_{out} = 1.819 + 0.839v_{middle} + 1.427\ln R_{now} + 0.782\ln R_{front} - 0.48 i_{now2}$
	大货车	Truck: $v_{out} = 26.837 + 0.109\ln R_{front} - 3.039\ln R_{now} - 0.594 i_{now2} + 0.830v_{middle}$

注：①表中 $R \in [120,1000] \cup [2\%,6\%]$；

②v_{in}、v_{middle}、v_{out}——分别为驶入曲线的速度、曲中或变坡点前的速度、驶出曲线的速度；

③R_{back}、R_{now}、R_{front}——分别为驶入曲线前的半径、所在曲线的半径、前曲线的半径；

④i_{now1}、i_{now2}——分别为曲线前后两段的不同坡度。

B(1).0.3　运行速度断面图

根据各分析单元测算的运行速度值，以 v_{85} 为纵坐标，路线里程桩号为横坐标，加上直线与平曲线、纵坡、竖曲线等栏目，绘制出沿线运行速度变化曲线，即"运行速度断面图"。

附录 B(2) 运行速度计算方法(二)

B(2).0.1 计算图表

(1)表 B(2).0.1-1:路段上小客车的运行车速表。

(2)图 B(2).0.1-1:直线段小客车速度图。

(3)图 B(2).0.1-2:曲线段小客车运行速度图。

B(2).0.2 计算方法

第一步:

(1)按照设计成果绘制平面线形草图。

(2)对须计算车速的路段,考虑 1.0 ~ 1.5km 长度的引道(即到达计算路段以前路段)运行速度。

(3)把一条路线划分成若干个路段,每个直线自成一段,半径大于 600m 的平曲线视为直线。

(4) 将位于表 B(2).0.1-1 第一纵栏范围之一的相邻曲线划分为一个路段,曲线组中一条曲线若不位于表 B(2).0.1-1 第一纵栏范围时,应单独划分成一个路段。

表 B(2).0.1-1 路段上小客车的运行车速表

路段半径范围(m)	路段单曲线半径(m)	路段运行车速 (km/h)
45 ~ 65	55	50
50 ~ 70	60	52
55 ~ 75	65	54
60 ~ 85	70	56
70 ~ 90	80	58
75 ~ 100	85	60
80 ~ 105	95	62
85 ~ 115	100	64
90 ~ 125	110	66
100 ~ 140	120	68
105 ~ 150	130	71
110 ~ 170	140	73
120 ~ 190	160	75
130 ~ 215	175	77
145 ~ 240	190	79
160 ~ 260	210	82
180 ~ 285	235	84
200 ~ 310	260	86
225 ~ 335	280	89
245 ~ 360	305	91
270 ~ 390	330	93
295 ~ 415	355	96
320 ~ 445	385	98
350 ~ 475	410	100

续上表

路段半径范围(m)	路段单曲线半径(m)	路段运行车速(km/h)
370～500	440	103
400～530	465	105
425～560	490	106 *
450～585	520	107 *
480～610	545	108 *
500～640	570	109 *
530 +	600	110 *

注:① * 这些估算在测试数据范围以外;

②除雨雾天气影响视线外,本表仅对潮湿公路有效。

第二步:根据路线草图,按表 B(2).0.1-1 和图 B(2).0.1-1、图 B(2)0.1-2,即可计算出每个行车方向各路段起、终点,线形特征点以及特定点的运行车速。

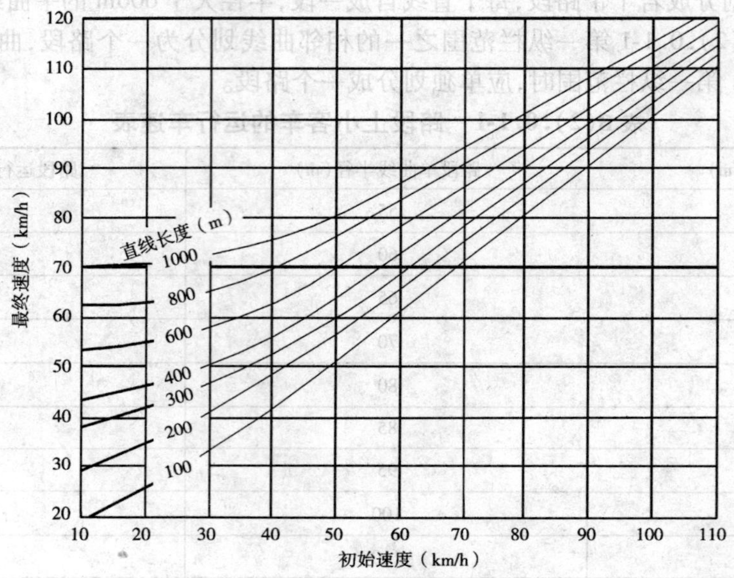

图 B(2).0.1-1 直线段小客车的运行速度

第三步:根据纵坡坡度对运行速度进行修正。

(1)纵坡坡度大于等于 4% 时,运行车速加减 5km/h。

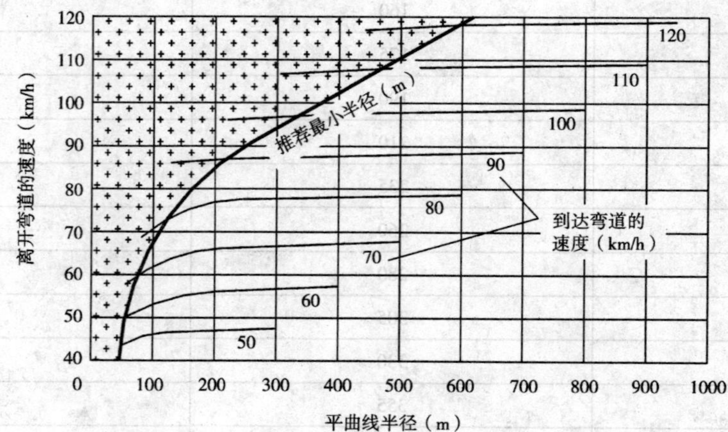

图 B(2)0.1-2 曲线段小客车的运行速度

(2)纵坡坡度大于等于3%，并且纵坡长度(连续上坡或者连续下坡)大于2km，运行车速加减5km/h。

最后，根据以上运行速度预测值绘制出连续的运行速度图。

B(2).0.3 计算说明

(1)本方法仅适用于小客车。

(2)半径超过600m的平曲线按直线段考虑。

(3)车道宽度小于3m时，车速计算值可减小3km/h。

(4)路面状况效应：在有车辙或面层破裂的公路上，车速计算值可酌减5～10km/h。

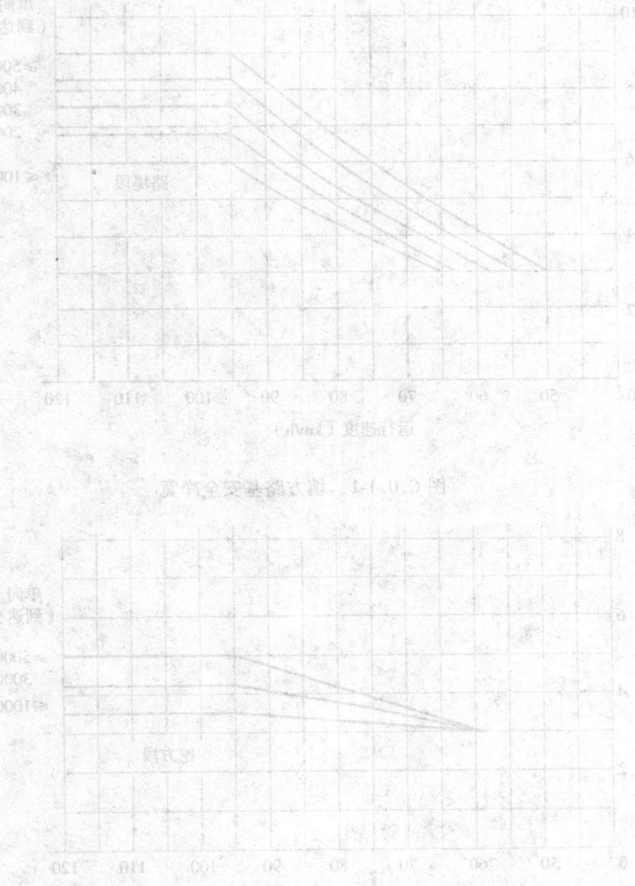

附录C　路侧安全净空区宽度计算方法

C.0.1　直线段安全净空区基本宽度

填/挖方路基直线段路侧安全净空宽度规定分别见图 C.0.1-1 和图 C.0.1-2。

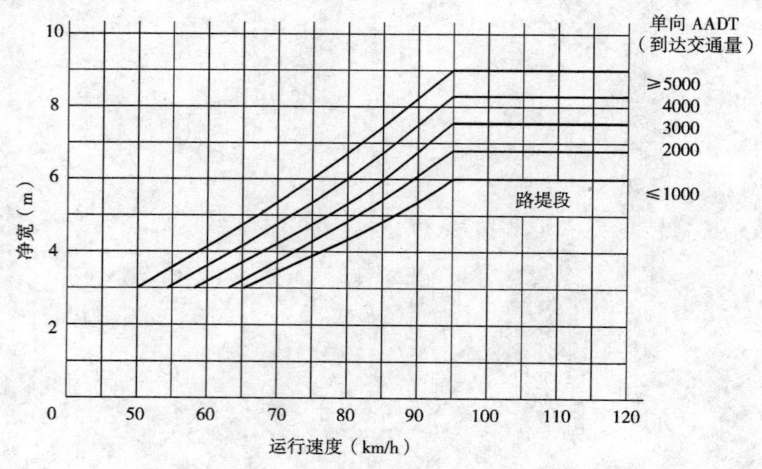

图 C.0.1-1　填方路基安全净宽

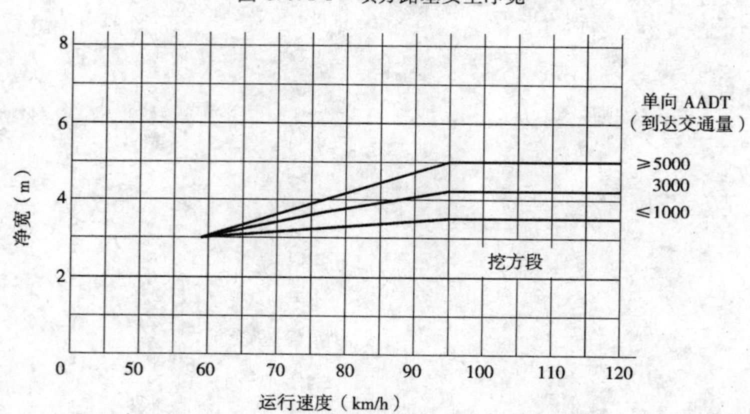

图 C.0.1-2　挖方路基安全净宽

C.0.2　曲线段安全净空区基本宽度

曲线外的安全净空带宽度采用直线段安全净空宽度乘以曲线系数 F_C(见图 C.0.2)求得。

C.0.3　边坡坡率对安全净空区宽度的影响

(1)填方边坡坡度陡于 1:3.5 的边坡上不能行车,故不能作为有效安全净空区。

(2)当填方边坡在 1:3.5 和 1:5.5 之间时,驾驶人就有较多的机会控制车辆下坡,故可以利用 1/2 宽度的边坡为安全净空区。

(3)当边坡坡度为缓于 1:6时,整个坡面宽度均可作为安全净空区。

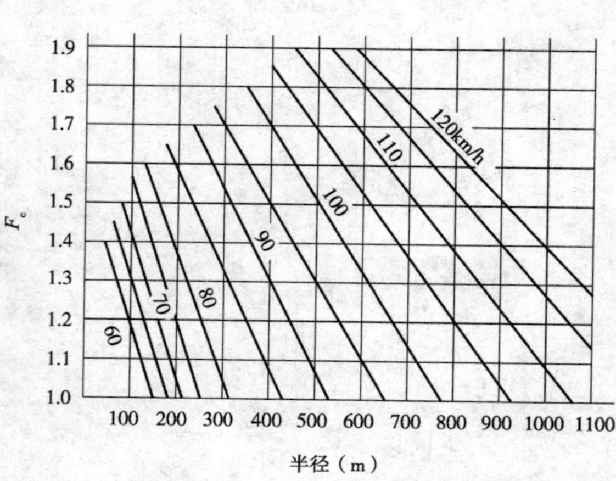

图 C.0.2　曲线段安全净空带宽度调整系数

附件

《公路项目安全性评价指南》

(JTG/T B05—2005)

条　文　说　明

1 总则

1.0.1 目的

公路安全性评价(Highway Safety Audit,简称 HSA)是从公路使用者行车安全的角度对公路设施的规划、研究、设计成果或现有公路路况影响行车安全的潜在因素进行评价。

20 世纪 80 年代以前,世界各国多采用警告标志、限速标志、改线等措施降低运营期间的公路交通事故率,效果虽然很好,但往往需要很长时间,造成很多人员和财产损失之后才来逐步解决。如果能在交通事故发生前或在公路设施规划、研究、设计阶段就能发现公路设施存在着影响交通安全的潜在因素并加以纠正,就能大大减少人员和财产损失。公路安全评价的概念和方法就是在这样的背景下逐步形成的。1985 年前后,英国首先开始研究并逐步推广应用公路安全评价技术,并规定从 1991 年起对所有新建高速公路和汽车专用公路进行公路安全评价。1992 年以后,澳大利亚、新西兰、马来西亚、丹麦、荷兰等国家相继开展了公路安全评价的研究和应用。美国公路安全研究起步很早,1967 年 AASHTO 就发表了“考虑公路安全的公路设计与操作实践”,1974 年修改、扩充再版;1985 年建立了公路安全信息系统,积累交通事故数据,从 1990 年开始进行公路安全评价的理论研究并取得了重要的成果;1991 年形成 AASHTO 标准《道路安全设计与操作指南》,1997 年 AASHTO 又公布了《道路安全设计与操作指南》的最新版;2003 年推出了路侧安全分析程序 Roadside Safety Analysis Program(RSAP)和交互式公路安全设计程序 Interactive Highway Safety Design Model(IHSDM),使公路安全性评价从定性评价方式过渡到了定性与定量评价相结合的方式。

1.0.2 适用范围

由于我国公路安全评价的研究起步较晚,研究工作以高速公路、一级公路为主,因此本指南的适用范围为新建或改扩建高速公路、一级公路,其他等级公路可参照使用。为提高行车安全性,高速公路、一级公路改扩建之前应进行安全性评价,以指导改扩建工程设计。

1.0.3 代表车型

高速公路、一级公路的代表车型一般情况下应为小客车,但对于车型以大货车为主的公路,对大货车控制的技术指标(如视距等)评价时,宜采用大货车车型进行评价。

1.0.4 评价阶段

在目前已开展公路安全性评价的国家,评价工作大都分为可行性研究、初步设计、施工图设计、试通车及运营等五个阶段。由于我国公路基本建设阶段划分及各阶段内容深度与其他国家不尽一致,同时我国公路安全评价的研究也刚刚起步,所以暂分为可行性研究、设计和运营等三个阶段。工程可行性研究、设计阶段的评价工作宜在政府主管部门对项目正式批复前完成;运营阶段的评价工作宜在竣工验收前完成。

公路安全评价宜采用第三方独立工作的方式进行,以达到客观公正评价的目的。通常由项目法人委托并协调。

3 工程可行性研究阶段

3.1 技术标准

项目技术标准对行车安全的影响主要是从行车安全的角度评价公路等级、设计速度、路基宽度等技术指标选择的合理性。

3.1.1 公路等级

在同等交通量的情况下，人口稠密地区宜选用全封闭的高速公路标准；反之，宜选用一级公路标准。

3.1.2 和 3.1.3 设计速度和路基横断面宽度

设计速度的协调性包括相邻路段间设计速度协调性和同一路段设计速度与运行速度的协调性。一般情况下，在平原与山区结合部等地形变化明显路段，由于工程造价的影响，山区路段一般选择较低的设计速度，平原路段一般选择较高的设计速度，导致相邻路段设计速度差距较大，容易形成交通事故隐患。因此从行车安全方面考虑，在设计速度差距较大的相邻路段间应设置过渡段，过渡段长度和线形指标可参照第 4 章的运行速度协调性评价有关规定执行，路基宽度可采用线性过渡方式。

对于同一路段设计速度与运行速度的协调性，存在的主要问题是由于工程造价等条件限制而减小路基宽度和降低设计速度，但平纵面线形指标由于地形限制小而采用了较高的标准，导致绝大部分路段的运行速度超过设计速度 20km/h 以上。针对以上情况，设计速度值应尽量选择接近运行速度的标准，在工程造价受限制时，路基横断面宽度可采用标准规定的低限值。

3.2 技术方案

3.2.1 技术指标

路线技术指标除了评价其与自然地形条件、通行能力以及项目总体功能要求的适应性外，还应评价以大、中型货车为主的交通对技术指标的要求。对于大、中型货车为主的路段，在方案比选时，路线技术指标与大、中型货车行车要求的适应性应作为重要的比选条件。

3.2.2 起、讫点

起、讫点及出入口行车安全性评价除了评价主线本身的行车安全性之外，还要评价主线交通量转换后对连接道路行车安全产生的影响。

3.2.3 施工期间的交通组织

施工期间的交通组织评价是指在可行性研究中，对改建项目的改造方案应充分考虑中断交通后原有公路交通量在施工期间分流到其他公路时对行车安全产生的影响，或不中断交通时采取的交通安全措施对行车的影响。

4 设计阶段

4.1 总体评价

设计阶段评价在国外的评价指南中一般按初步设计和施工图设计两个阶段分别编写。根据交通部部颁《公路工程基本建设项目设计文件编制办法》要求，初步设计和施工图设计文件编制内容基本相同，只是深度上有所差别，因此本指南将两阶段评价内容合并编写。在评价时，可根据设计深度的不同要求分别考虑评价的重点内容。

4.1.1 设计符合性

设计符合性评价是对设计中采用标准、规范、技术指标的正确性进行检查，内容应包括所有与行车安全性相关的技术指标。对不符合现行标准、规范规定的技术指标原则上应进行纠正，但在实际中有时因工程造价或其他工程难度过大原因而出现不符合标准、规范规定的技术指标时，应进行行车安全性影响分析，在不影响行车安全性时可维持原技术指标。

4.1.2 运行速度协调性

附录 B(1) 中提供的运行速度 v_{85} 计算方法(一)为交通部公路科学研究所《运行速度设计方法与标准》的研究成果；附录 B(2)中提供的运行速度 v_{85} 计算方法(二)是按本指南研究成果修正后的澳大利亚计算方法，该方法可采用手工计算，操作简便，但存在预测速度特征点偏少的缺点，二者的预测结果具有较好的符合性，具体评价时可根据实际情况选用。

关于运行速度计算特征点的选择，一般情况下应包括直线起、终点，平曲线起、终点及曲中点，竖曲线变坡点以及大桥和隧道的起、终点和互通式立交的流入、流出点等。当以上特征点距离较小时，也可适当合并(参见图 4-1 所示)。

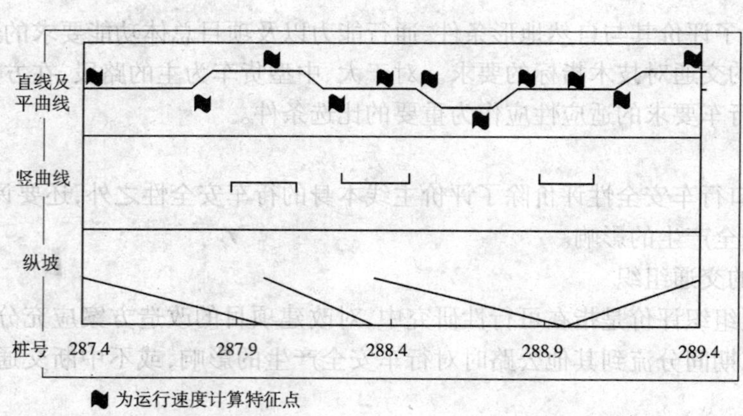

图 4-1 运行速度特征点示意图

运行速度评价标准参考美国联邦公路署(FHWA)研究成果确定，具体数据见表 4-1。

表 4-2 和表 4-3 为我国两条山区高速公路的速度差与事故率的统计结果(缺少运行速度差大于 20km/h 的路段)。该结果与美国联邦公路署(FHWA)的研究成果具有相同的规律，因此本指南通过研究对比分析后采用了美国联邦公路署的评价标准。

表 4-1　平曲线的事故率与设计安全水平

(Accident Rates at Horizontal Curves by Design Safety Level)

设计安全水平 Design Safety Level	平曲线个数 Number of Horizontal Curves	3 年事故累计数 3-yr Accident Frequency	百万车公里 Exposure (million veh-km)	百万车公里事故率 Accident Rate (accident/million veh-km)
协调性好(Good) $\lvert\Delta v_{85}\rvert < 10$km/h	4 518	1 483	3 206.06	0.46
协调性较好(Fair) 10km/h $< \lvert\Delta v_{85}\rvert \leq 20$km/h	622	217	150.46	1.44
协调性不良(Poor) $\lvert\Delta v_{85}\rvert > 20$km/h	147	47	17.05	2.76
合计(Combined)	5 287	1 747	3 373.57	0.52

Δv_{85}:相邻路段间 85% 的运行速度差(km/h)

Δv_{85} = Difference in 85th speed between successive geometric elements (km/h)

注:资料来源于美国联邦公路署研究报告(FHWA—RD—99—174, November 1999)。

表 4-2　我国北方某高速公路运行速度差与事故率统计

序　号	速度差值区间	平曲线个数	平均事故率
1	≤10km/h	14 个	0.85 次(公里·年)
2	10~20km/h	3 个	1.94 次(公里·年)

表 4-3　我国南方某高速公路运行速度差与事故率统计

序　号	速度差值区间	事 故 数	路 段 数	平均事故率
1	≤10km/h	110 起	118	194 次(亿车·公里)
2	10~20km/h	18 起	10	375 次(亿车·公里)

4.2　路线

4.2.1　评价范围

路线设计评价内容是在 4.1 总体设计运行速度与设计速度协调性评价的基础上进行的,要求按照设计速度采用的线形技术指标符合预测运行速度的行车安全性要求。评价的一般路段是指除独立大桥、长度大于等于 100m 的隧道、互通式立交及平面交叉等以外的路基、桥梁和隧道路段。

4.2.2　平面

1　平曲线半径

横向力系数 μ 值的大小与人的承受能力和乘车舒适感有关,根据运行速度的不同,其最大采用值见表 4-4。

表 4-4　运行速度与横向力系数关系一览表

运行速度 v_{85}(km/h)	120	100	80	60
横向力系数 μ	0.10	0.12	0.13	0.15

2　缓和曲线

(1)为避免相邻缓和曲线的运行速度相差过大,相邻缓和曲线参数之比不宜大于1.5。

(2)《公路路线设计规范》中缓和曲线最小长度是按横向加速度变化率为 0.60m/s³ 确定的。对于设计车速较高的公路,其横向加速度变化率宜减小为 0.45m/s³,缓和曲线最小长度相应调整见表 4-5。

表 4-5 缓和曲线最小长度调整表

运行速度 v_{85}(km/h)	120	100	80	60
缓和曲线最小长度 L_s(m)	130	120	100	60

4.2.3 视距

高速公路和一级公路只需评价停车视距,对向双车道的二级及以下等级公路应评价会车视距和超车视距。由于本指南适用于高速公路和一级公路,因此仅对停车视距进行评价。

视距一般采用视距包络线图进行检查。根据各路段不同的运行速度要求,绘制出视距平面包络线图,然后检查视线高度以上的路堑边坡线及其他所有路侧设施等是否进入包络线范围内,对所有进入视距包络线图范围的设施均应移除。其他应检查的内容还有:

(1)景观设计布置的树或灌木及其长大后的视距。

(2)对必须设置防眩板的路段应按照运行车速计算值逐段进行视距检查。当设置防眩板后不能满足视距要求时,应通过加宽中央分隔带增大横向净距等办法来满足视距要求。

(3)在小半径路段,应按照运行车速计算值评价中央分隔带和路侧护栏设置后对视距的影响;当不能满足视距要求时,可通过加大平曲线半径、改善纵断面设计、加宽中央分隔带或土路肩的方法来满足视距要求。

4.2.4 纵断面

纵坡对小客车运行速度的影响很小。坡度小于5%时,小客车的运行速度不会有明显变化,因此纵坡安全性评价主要是对货车进行,特别是对可能出现的大量超载货车的长大、连续纵坡路段的评价等。在工程经济条件允许时,应尽量避免采用最大纵坡;在超高渐变段尽量避免采用小于0.3%的缓坡,在接近最大超高值的路段尽量避免采用陡坡。在工程经济条件允许时,一般应尽量采用较大的竖曲线半径;竖曲线采用极限最小半径时应根据运行车速计算值对视距进行检查,不能满足时应加大竖曲线半径或采取其他速度控制措施。

在设计方案比选时应尽量避免采用长下坡方案。对于不能避免的长下坡路段,宜按4km以内的间距设置缓坡路段,用于布置停车、加水区等服务设施,已达到降低货车刹车鼓温度、提高刹车性能,降低事故发生率的目的。

4.2.5 横断面

2 爬坡车道

当爬坡路段坡顶运行速度低于设计速度20km/h时,应设置爬坡车道。特别是在预测重载货车比例较高的路段,评价设置爬坡车道的必要性时宜将通行能力要求提高一级进行考虑。

爬坡车道一般情况下应采用通过加宽硬路肩的方式进行设置。当横断面加宽受地形或造价限制时,可以采取适当调整双向路幅横断面布置的方式来达到设置爬坡车道的功能要求,但对变窄一侧的横断面应评价视距是否满足安全行车要求,并检查标志、标线等交通安全设施是否能满足正确引导行车的要求。

3 紧急停车带

美国AASHTO的《道路安全设计与操作指南》要求,当右侧硬路肩宽度在连续1.5km以上的长度范围小于2.5m时,应设置紧急停车带。

4 紧急避险车道

北京八达岭、广东京珠北等高速公路设置的紧急避险车道使用效果表明,在长、陡下坡路段设置的紧急避险车道可以有效降低或消除刹车失灵等失控车辆(特别是重载汽车)的事故危害程度。由于紧急避险车道设置的条件灵活而简单,造价增加不多,因此应根据地形、纵坡及其长度、运行车速及环境等因素,综合评价设置紧急避险车道的必要性。紧急避险车道的设置应注意以下事项:

(1)紧急避险车道的线形应采用直线。

(2)避险车道路面材料全路段应采用等粒径材料(砂或石均可)路面,路侧和车道末端的砂堆采用袋装砂或用废轮胎堆放,并在路面下设置排水盲沟和土工织物等排水设施,以使砂床保持干燥,以保证消能效果。

(3)在避险车道右侧应设置专用的救援车道,以提高故障车撤离速度,避免二次甚至三次事故的发生。

(4)路侧应采用加强型护栏。

4.2.7 超高

超高设计评价应按照运行车速计算值,结合项目所在地的水文、气候等自然条件,对超高横坡度值的采用、超高渐变过渡段的位置及过渡方式的选择、其他不良平纵线形条件对超高产生的负面影响等进行行车安全性评价。

1)一般超高横坡度

平曲线超高横坡度的采用应根据项目所在地的气候条件、养护水平和运行车速进行综合评价。

在大部分北方积雪冰冻地区,积雪冰冻日在全年中所占比例很小,而且高等级公路一般配备有先进的除雪设备,因此真正的积雪冰冻日更少,为避免正常行驶的车辆在大部分正常天气下因超高不足而导致高事故率,北方一般冰冻区宜采用《公路路线设计规范》中"一般地区"的超高横坡度标准,其他积雪时间长且较严重的地区可采用"积雪冰冻地区"的超高横坡度标准。为降低严重积雪冰冻区公路在非冰冻日的交通事故率,应在工程条件允许的前提下,尽量加大平曲线半径,并避免设置小半径曲线。

2)最大超高横坡度

《公路路线设计规范》规定高速公路和一级公路的超高横坡度值不应大于10%。在超高较大的路段上,当货车的运行速度小于曲线的设计车速时,将受到向心加速度的作用,当超高为10%时,上述作用足以使货物发生位移并导致翻车;在不利的侧向风发生时,也会影响车辆稳定性。因此从保证行车安全的角度考虑,高速公路和一级公路采用的最大超高横坡度值不宜超过8%,在积雪冰冻地区,最大超高横坡度值不宜大于6%。

当小半径平曲线要求设置超过8%(积雪冰冻区6%)的超高时,可采取如下措施:

(1)增大平曲线半径,满足设置8%(积雪冰冻区6%)以下超高横坡度的要求;

(2)设置限速标志,并辅以其他强制减速手段,使超高值符合运行速度要求。

3)纵坡路段上的超高影响

下坡路段与平曲线组合在一起时,拖挂车等大型车辆的行驶稳定性将受到不利影响。当半拖挂车在下坡路段实施制动时,货物位移作用使得由车辆后轴支撑的侧向力减小,当车辆的运行速度接近曲线的最大安全速度时,后轮可能偏离轨迹,导致车辆翻转。为了抵消下坡路段与平曲线组合在一起对拖挂车稳定性造成的不利影响,位于大坡度的下坡路段的平曲线超高横坡度宜适当提高。

4)超高渐变段

超高渐变段评价主要应检查缓和曲线长度是否小于设置超高渐变段所需长度及超高渐变段起点(终点)的曲线半径是否大于不设超高的最小半径等。

在较长的缓和曲线上,为避免超高渐变率过小(不小于1/330),或为方便施工将超高渐变段避开桥梁构造物路段,而将超高渐变段设在缓和曲线的某一区段之内,对此应检查超高渐变段起点(终点)的曲线半径是否满足不设超高的最小半径要求。

为方便施工,高速公路和一级公路的硬路肩一般采用与行车道相同的路面结构和横坡度,硬路肩的超高渐变率与行车道相同,因此超高旋转宽度应包括硬路肩全宽,超高渐变段长度应根据超高旋转宽度增加而相应加长。

5)超高渐变产生的平坡区段

当路线纵坡为平坡或接近平坡时,超高渐变段就可能形成平坡路段,从而导致排水不畅,影响行车安全。因此对纵断面平坡或接近平坡的路段进行超高渐变评价时,应检查设计是否采取了以下措施消除或缓解平坡段的排水问题:

(1)局部调整纵坡,使横坡为零的路段保持适当的纵坡;

(2)对于S形曲线,在横坡接近零的路段采用较大的超高渐变率,尽量缩短可能的平坡段长度;

(3)增设一道或多道路拱线,以减小水流长度及汇水面积,从而达到降低路面积水深度的要求。

4.2.8 平纵面线形组合

由于《公路路线设计规范》中对平纵组合设计没有明确的定量标准，运行速度协调性可作为对平纵组合设计的定量评价。定性方面的评价可按以下原则进行检查：

(1)在凸形竖曲线的顶部和凹形竖曲线底部，不得插入小半径平曲线，该处的竖曲线半径与平曲线半径的比值不宜小于20，并不得与反向平曲线的拐点重合。

(2)当竖曲线半径与平曲线半径的比值小于20时，应按照驾驶人的视线高度作透视图检查，结合运行速度和视距要求，确保视距范围内不出现暗凹，也应避免在前方更远视线上出现暗凹。

(3)直线段内不能插入长度短、半径小的竖曲线。

(4)小半径竖曲线不宜与缓和曲线相互重叠。

(5)应避免在长直线上设置陡坡。

(6)对路线透视图逐段进行检查，要求行车视线范围内地形与平面线形迹象清晰连续，确保路面和路侧状况不至形成暗凹等模糊不清或误导信息。

4.3 路基路面

4.3.1 路侧安全净空区

路侧安全净空区是与行车道毗邻的区域，其内应禁止对失控车辆有潜在危险的障碍物存在(如树木、立柱、涵洞端墙和陡坡等)。当安全区宽度范围存在障碍隐患时，可采用下列方法：

(1)排除障碍，如将涵洞洞口建成可越式。

(2)将障碍至少排除在净空区外。

(3)控制障碍，降低障碍的危害程度，如可利用解体消能式灯杆、易断的标志杆等。

(4)在危险区域内安装冲击衰减或再导向设备，如安全护栏和防撞垫等。

为减少占地，我国现有设计标准中填方路堤边坡坡率一般为1:1.5，挖方路堑碎落台宽度一般不大于2m，按照附录C计算出的路侧安全净空区宽度一般均超出土路肩范围。由于陡于1:3.5的填、挖方边坡不能作为有效安全净空范围，因此从保证行车安全的角度出发，在经济条件允许时，高速公路的挖方路段宜设置防撞护栏。

对于我国现有的一级公路，按照附录C计算出的路侧安全净空区宽度，要求在一般路段也需要设置防撞护栏，但工程造价将大大增加。为提高一级公路的路侧安全性，一级公路应尽量减少路侧障碍物，在存在严重障碍物隐患的路段，应设置防撞护栏。

4.3.3 排水设施

1 排水沟

为减少公路用地，我国现有高等级公路普遍采用梯形或矩形排水沟，并用浆砌片石进行铺砌，具有整齐美观并便于养护清理的优点，但该形式的排水沟对于进入车辆将陷住而不能安全撤离，部分边沟虽设置了盖板，但由于车辆超载而不能承受也大量被压碎，因此排水沟作为事故隐患已越来越明显，宜通过对碎落台、护坡道与排水沟形式综合进行考虑后，尽量采用可越式(三角形、浅碟形等)排水沟。

2 路缘石和泄水槽

路缘石是指位于路基边缘用硬材料铺筑的界石。当路缘石用于分隔行车区域和其他交通方式运行区域时，或者分隔其他用途的区域时，应结合横断面设计和路侧安全，综合考虑驶出路外事故自身和二次事故的风险。

路缘石有三种基本形式，分别为可越式路缘石、半可越式路缘石和栏式路缘石。其各自的使用范围为：

(1)可越式路缘石适用于匝道曲线外侧、明岛的近端点。

(2)半可越式路缘石适用于交叉口的轮廓线和排水设施、所有公路、位于在桥梁栏杆前偏移的桥梁路线。

(3)栏式路缘石适用于护栏后的排水设施，限速60km/h或更小的村镇道路上车辆与行人的隔离。栏式路缘石不宜设在设计车速大于60km/h的公路上，这种路缘石更容易绊倒和撞翻失控的车辆。在高速公路的护栏下不建议使用这类路缘石，因为护栏在冲击力的作用下扭曲变形，会与栏式路缘石一起形成一个斜面,将失控车辆弹射出去。

4.4 桥梁

4.4.1 评价范围

本节按独立大桥评价内容进行编写。一般线路上的桥梁其桥头引线应随路线一起进行评价,其余评价内容与独立大桥相同。

4.4.2 桥梁引线

桥头护栏衔接主要应考虑不同护栏形式(波形梁与混凝土等)和位置之间的平顺过渡,避免出现路、桥护栏各自设置或单独的护栏端头等现象。

4.4.3 桥梁断面

2 防撞护栏

在特大事故的统计中,大客车从高架桥上冲到沟谷或河滩地的占有较大的比例,主要原因是防撞护栏高度偏低,不能适应大客车和大货车等大型车辆的要求,因此对于深沟壑谷等高架桥路段,建议根据交通组成特点,对桥梁防撞护栏的形式、高度、强度等综合进行比较后确定其选择方案。

3 桥面铺装

在南方部分地区,一般路面不易结冰,但桥下由于风吹影响,导致桥面温度比一般路面温度偏低,容易在桥面形成薄冰,使桥梁引线路面与桥面铺装抗滑能力形成差异,驾驶人员不易引起注意,导致桥面路段事故多发。因此应根据气象条件,提高桥面铺装的抗滑能力或注意改善桥梁引线路面与桥面铺装抗滑能力的协调性。

4.4.4 桥面侧风影响评价

桥面侧风对行车安全有一定的影响,条件允许时,可采取安全措施。当风速大于9级时应对桥面交通进行管制。

4.5 隧道

4.5.1 隧道洞口接线段

隧道路段的实际运行速度与一般路段有一定差别,据了解,现在还没有成熟的隧道段运行速度预测模型,因此本指南暂按无隧道状态下的运行速度对洞口接线段进行评价,隧道洞内范围按设计速度进行评价。

4.5.4 路面及排水设施

为提高隧道内的亮度,隧道内一般采用水泥混凝土路面。与沥青混凝土路面相比,水泥混凝土路面的抗滑能力衰减速度快,导致隧道入口路段经常因路面湿滑而造成事故。西南地区某高速公路隧道采用水泥混凝土路面,在通车的前几年,隧道入口段事故频发,改用沥青混凝土路面提高抗滑能力后事故明显减少。因此,对隧道入口段,在满足照明要求的前提下,建议在隧道洞口接线以内3s行程范围提高路面抗滑标准或采用与隧道洞口接线以外3s行程范围相同的路面类型。

隧道内较多事故形态表现为车轮陷在排水沟中,导致事故影响程度加大。主要原因是隧道内横断面上无土路肩位置,在排水沟与行车道之间未设置护栏,而且在昏暗的光线下,驾驶人员很难把行车道和边沟区分开。由于隧道内路面汇水量较小,可以通过集水井汇集,因此建议排水沟尽量采用暗沟,通过集水井汇集行车道路面积水,避免或减少开口型盖板因不能满足超载重车荷载要求而被压断造成车轮沉陷而导致事故程度加重的情况。

4.6 路线交叉

4.6.1 平面交叉

平面交叉的形式根据公路等级的不同而存在较大差异。本指南主要针对一级公路上的典型平面交叉形式进行规定,对环形平交和信号控制等一级公路一般不采用的平交口形式未做评价。

对于一级公路上任何地点设置的开口均应视作一处平面交叉口,对其位置、可识别性、间距、视距三角区、转弯车道等进行安全评价,评价方法和标准与平面交叉相同。

4.6.2 互通式立体交叉

互通式立交的位置、间距和形式相互影响。在实际中,由于受地形和技术指标的限制,互通式立交之间以及互通式立交与服务区等设施之间的中心距离不能满足规范规定的最小值要求时,应根据互通式立交形式对相邻互通的出口(EX-EX)以及入口与出口(EN-EX)的距离进行检查,确保有条件设置标志牌(包括预报信息等)时方可采用,否则应采取其他安全措施或合并为复合型互通式立交。

评价互通式立交形式时,在其布局一致性方面应注意以下两点:

(1)除枢纽型互通主线分岔可能采用左侧出入外,互通式立交应全部采用右侧出、入口。

(2)所有互通式立交的引道上采用单出口,增加出口时应从辅助车道引出。

(3)出口应避免设置在构造物上。

高速公路直行车道数减少时,位置一般宜选在出口匝道后方的右侧,并要求自车道减少起点处提供相应的停车视距,并把该视距一直保持到车道减少终点,因此凹形竖曲线是进行车道减少的有利位置,凸形竖曲线则要求设计得非常平缓。

当车道减少位于互通式立交之间时,应将其设在距加速渐变段下行方向450~900m处,以使标志设置留有余地。

当车道数减少设在出口匝道之后时,其渐变段位置取决于车道减少标志的位置和形式。如果门架式标志设在分流点处,则车道减少可从鼻端下行方向50m处开始;如果分流点处无门架式标志,则车道减少可从鼻端下行方向150m处开始。

4.7 交通工程及沿线设施

4.7.1 标志

1 标志设置

标志设置必要性检查应重点检查限速、陡坡急弯路段、恶劣气候环境(多雾、侧风、积雪冰冻等)、不良地质路段等警告或提示标志是否遗漏。

标志信息内容变化的一致性是指里程、地名、方向等预告标志的一致性。

2 标志尺寸和字高

根据标志的功能类型,标志尺寸可按运行速度计算值参照表4-6、表4-7、表4-8进行评价。

表4-6 警告标志尺寸与评价运行速度的关系

运行速度(km/h)	>100	90~70	60~40	<30
三角形边长(cm)	130	110	90	70
黑边宽度(cm)	9	7	6	5
黑边圆角半径(cm)	6	5	4	3

表4-7 禁令标志尺寸与评价运行速度的关系

运行速度(km/h)		>100	90~70	60~40	<30
圆形标志	圆形外径(cm)	120	100	80	60
	红边宽度(cm)	12	10	8	6
	红杠宽度(cm)	9	7.5	6	4.5
三角形标志	三角形边长(cm)	—	—	90	70
	红边宽度(cm)	—	—	9	7

表 4-8 指示标志尺寸与评价运行速度的关系

运行速度(km/h)	>100	90~70	60~40	<30
圆形直径(cm)	120	100	80	60
正方形边长(cm)	120	100	80	60
长方形边长(cm)	190×140	160×120	140×100	—
单行线标志(长方形)(cm)	120×160	100×50	80×40	60×30
会车先行标志(正方形)(cm)	—	—	80	60

标志版面上的字高可按运行速度计算值参照表 4-9 进行评价。

表 4-9 汉字最小高度与评价运行速度的关系

运行速度(km/h)	汉字高度(cm)	运行速度(km/h)	汉字高度(cm)
≥120	60	60~80	30
100~120	50	40~60	20
80~100	40	<30	10

4.7.3 护栏

路侧护栏主要依据路侧安全净空区内障碍物隐患情况设置,并注重其端头与桥梁、隧道等不同形式护栏的衔接。根据对已评价项目的统计分析结果,评价主要考虑的内容为:

(1)填方段路基高度与护栏形式的适应性。

(2)挖方段边沟形式、碎落台宽度及防护形式。

(3)桥头护栏衔接。

(4)隧道洞口护栏的过渡和衔接以及隧道内紧急停车带等洞身尺寸变化段。

(5)护栏端头处理方式。

4.7.5 收费站位置

收费站的位置往往受地形控制,特别是对收费的独立大桥,为缩短桥长,一般桥头均采用较大纵坡,紧接收费站,虽然收费广场纵坡符合规范要求,但运行速度受前后纵坡影响较大,导致冲岛事故频发,因此对收费站位置的选择,不仅要考虑收费站广场的纵坡,还要考虑其前后路段纵坡对货车运行速度的影响。

5 运营阶段

5.1 公路状况评价

5.1.1 设计符合性

对已按本指南进行设计阶段安全性评价的公路项目,运营期间的安全性评价应注重评价施工过程中变更设计、施工等造成的事故隐患。对设计阶段未进行安全性评价的公路项目,应注重评价运营公路技术指标的符合性,并进行速度协调性评价。

通过设计符合性检查,将不满足设计符合性的路段作为下一步安全性评价的重点路段。

1 现场调查内容

本指南提供的现场调查内容清单仅为主要内容。实际调查时应根据项目实际情况,参照第 4 章内容酌情增减。

5.1.2 运行速度协调性

运行速度实测时可根据观测设备情况,选用录像法(图像处理,即根据选定的公路断面采用录像后进行图像处理的方法进行),GPS 测速法以及红外、超声检测仪,地磁式检测仪等方法进行。

5.2 事故调查

从目前交通事故统计资料分析,交通事故主要是由超速、超载引起的。因此调查应注重事故路段的技术指标、事故车辆的速度及实载情况等。

5.3 事故分析

交通事故分析的重点是事故的时间分布,空间分布,气候特征,事故严重程度,事故形态与公路路况、设施之间的关系分析,以利提出解决措施。

JTG

中华人民共和国行业推荐性标准　　JTG/T B07-01—2006

公路工程混凝土结构防腐蚀技术规范

Specifications for Deterioration Prevention of Highway Concrete Structures

8

2006-04-30 发布　　2006-09-01 实施

中华人民共和国交通部发布

中华人民共和国交通部公告

2006 年第 12 号

关于公布《公路工程混凝土结构防腐蚀技术规范》(JTG/T B07-01—2006)的公告

现公布《公路工程混凝土结构防腐蚀技术规范》(JTG/T B07-01—2006),自 2006 年 9 月 1 日起施行,作为公路工程行业推荐性标准,在公路行业内自愿采用。

该规范由长沙理工大学与清华大学主编。日常解释和管理工作由长沙理工大学负责。请各有关单位在实践中注意积累资料,总结经验,及时将发现的问题和修改意见函告长沙理工大学(长沙市赤岭路 45 号,邮政编码:410076,联系电话:0731—5219011),以便修订时参考。

特此公告。

中华人民共和国交通部

二○○六年四月三十日

前　　言

在我国过去颁布的公路工程混凝土结构技术标准中,对于工程耐久性和使用年限的要求较低,为满足新时期基础设施工程建设和可持续发展的需要,编制《公路工程混凝土结构防腐蚀技术规范》作为混凝土结构设计和施工规范的一个补充。

本规范根据交通部公路发(2000)722号《关于下达2000年度公路工程标准、规范、定额等编制和修订工作计划的通知》,由长沙理工大学(原长沙交通学院)、清华大学土木系作为主编单位,中交公路规划设计院、国家工业建筑诊断与改造工程技术研究中心、广东虎门大桥管理有限公司作为参编单位,并约请有关专家组成了编制组,在交通部公路司的直接领导下,于2001年1月开始编制。

本规范在编制过程中,对国内公路工程混凝土结构的现状进行了广泛地调查研究,参考、分析了发达国家有关混凝土结构耐久性的技术标准,吸收了国内外有关混凝土和混凝土结构耐久性研究的最新成果,开展了专题研究,并曾先后举办了两次学术研讨会以及从编制大纲、征求意见稿到送审稿的3次审查会,于2005年底完成报批稿。

在使用过程中,如对本规范有意见和建议,请与主编单位联系。

主 编 单 位:长沙理工大学(410076　湖南长沙,E-mail:wang54567@yahoo.com.cn)
　　　　　　清华大学(100084　北京,E-mail:jiegou@tsinghua.edu.cn)
参 编 单 位:中交公路规划设计院
　　　　　　国家工业建筑诊断与改造工程技术研究中心
　　　　　　广东虎门大桥管理有限公司
参与起草人:长沙理工大学　张起森、王卉、陈浩军、姚佳良、王辉、文双武
　　　　　　清 华 大 学　陈肇元、覃维祖、廉慧珍、李克非
其他参与人员:洪定海、鲍卫刚、陈蔚凡、郝挺宇、干伟忠、陈旭东、惠云玲

目　次

1 总 则

1.0.1 为提高公路混凝土结构防腐蚀耐久性,保证工程质量,特制定本规范。

1.0.2 本规范适用于普通混凝土建造的公路桥梁、隧道、涵洞、支挡构筑物等工程结构。

1.0.3 本规范仅考虑常见的环境因素对混凝土结构的腐蚀作用,包括结构使用过程中受水分、冰冻、空气及其污染物(盐雾、二氧化硫、超常浓度二氧化碳、汽车尾气)等大气作用。所接触的土体与水体中含有氯盐、硫酸盐、碳酸等物质的化学与物理作用,以及除冰盐对寒冷地区公路混凝土结构的腐蚀作用。本规范不涉及疲劳荷载、振动和磨损等力学作用对混凝土耐久性的影响,也不涉及生物作用、辐射作用以及电磁作用。

1.0.4 公路混凝土结构的防腐蚀耐久性设计和施工,除本规范已作出的规定以外,尚应符合现行的国家标准和交通行业标准中的有关规定。

1.0.5 本规范所规定的仅为基本要求,设计人员应结合工程及其所处环境的特点,必要时提出更为具体的要求。

2 术语

2.0.1 结构耐久性 durability of structure

结构在预期作用和预定的维护条件下，能在规定期限内长期维持其设计性能要求的能力。

2.0.2 腐蚀 deterioration

材料与环境因素发生物理、化学或电化学作用而呈现的渐进性损伤与破坏。对钢材常称锈蚀（corrosion）。

2.0.3 使用年限 service life

结构建造完成后，所有性能均能满足设计要求的实际期限。

2.0.4 设计基准期 design reference period

在进行结构可靠性分析时，考虑持久设计状况下各项基本变量与时间关系所采用的基准时间参数［参见《公路桥涵设计通用规范》(JTG D60—2004)］。

2.0.5 环境作用 environmental attack

能引起结构材料性能劣化或腐蚀的环境因素如温度、湿度及各种有害物质等施加于结构上的作用。

2.0.6 劣化 degradation

材料性能逐渐降低的行为。

2.0.7 劣化模型 degradation model

描述劣化过程的数学表达式，可用于结构使用年限的预测。

2.0.8 维护 maintenance

在结构使用年限内，为维持其正常使用功能而采取的各种技术和管理活动。

2.0.9 水胶比 water to binder ratio

混凝土的用水量与胶凝材料（水泥和矿物掺和料）总量之比（质量比）。

2.0.10 氯离子在混凝土中的扩散系数 chloride diffusion coefficient in concrete

表示氯离子在混凝土中扩散性的一个参数。氯离子在混凝土中的扩散是氯离子借混凝土中毛细孔孔壁吸附水从高浓度区向低浓度区的迁移。因为氯离子可以同时通过扩散、渗透和吸附等不同机理侵入混凝土内部，并在传输过程中可能有部分氯离子与胶凝材料及其水化产物相结合，所以通过试验和计算得到的扩散系数，有时在一定程度上也包含了其他传输机理与被结合等因素的影响。

2.0.11 大掺量矿物掺和料混凝土 high-volume mineral admixture concrete

本规范中所指的大掺量矿物掺和料混凝土，是指混凝土胶凝材料总量中单掺粉煤灰量≥30%，单掺磨细粒化高炉矿渣（简称矿渣）量≥50%，或各种矿物掺和料掺量之和≥50%。

2.0.12 附加防腐蚀措施 additional corrosion prevention measures

在改善混凝土密实性和增加保护层厚度等常规手段提高混凝土结构耐久性的基础上所采取的防腐蚀措施，如使用环氧涂层钢筋、钢筋阻锈剂、混凝土表面涂层、混凝土防腐面层和阴极保护等。

2.0.13 饱水度 degree of saturation

混凝土内部孔隙的充水程度，为混凝土孔隙中水的总体积与孔的总体积的比值。混凝土的抗冻性能与其饱水度紧密相关。本规范将饱水度定性地分为中度饱水和重度饱水，作为冻融环境下划分环境作用等级的依据之一。

3 基本规定

3.0.1 公路混凝土结构的防腐蚀耐久性,应根据结构的不同设计基准期、不同的使用环境类别及其作用等级进行设计。当同一结构中的不同构件和同一构件中的不同部位所处的局部环境有异时,应予以区别对待(如取不同的保护层厚度)。混凝土结构防腐蚀的耐久性设计应保证结构在其长期使用年限内的适用性、可修复性与安全性的需要,必须提出使用过程中的维修与检测的要求。

3.0.2 公路混凝土结构的设计基准期宜按表3.0.2的分级选取。当结构的使用年限预期会因服务功能的快速变化而提前终结,或受到技术上的制约而不再经济时,经技术经济论证并得到批准,可按较低等级的设计基准期进行设计,但不应低于二级。

表3.0.2 结构的设计基准期

级 别	名 称	举 例	设计基准期
一	重要基础设施工程	特大型桥涵、隧道,立交桥枢纽,二级以上(含二级)公路和城市一般道路上的桥涵等	100年
二	一般基础设施工程	三级公路上的大型桥涵,其他等级公路上的桥涵,其他基础设施工程	50年

注:公路或桥梁上的挡墙和防撞护拦、护墙等部件的设计基准期,原则上宜与主体结构相同。

3.0.3 当技术条件不能保证结构的所有构件在环境作用下均能达到结构的整体设计基准期时,或从经济等角度考虑认为有必要时,则在业主认可的前提下,个别构件的设计基准期可低于结构的整体设计基准期并作定期修复或更换。列为定期修复或更换的结构构件,在其施工过程中应不致严重干扰结构的正常使用。

3.0.4 环境作用按其对钢筋混凝土结构腐蚀作用的严重程度分为6级(表3.0.4-1)。不同环境类别及其作用等级列于表3.0.4-2和表3.0.4-3。当结构同时受到表3.0.4-3中多项化学腐蚀因素的作用时,则以其中单项作用最高的环境作用等级作为化学腐蚀环境下的设计依据;如同时有两个或两个以上化学因素的作用等级均达到相同的最高等级,一般应再提高一级作为化学腐蚀环境下的设计依据。

表3.0.4-1 环境作用等级

级 别	腐蚀程度	级 别	腐蚀程度
A	可忽略	D	严重
B	轻度	E	很严重
C	中度	F	极端严重

表3.0.4-2 环境分类及作用等级

环境类别	环境条件	作用等级⑦	示 例
一般环境(无冻融、盐、酸、碱等作用)	永久湿润环境	A	永久处于静止水中的构件
	非永久湿润和干湿交替的室外环境	B	不受雨淋或渗漏水作用的桥梁构件,埋于土中、温湿度相对稳定的基础构件
	干湿交替环境①	C	表面频繁淋雨、结露或频繁与水接触的干湿交替构件,处于水位变动区的构件,靠近地表、湿度受地下水位影响的构件

公路工程混凝土结构防腐蚀技术规范 3

续上表

环境类别	环境条件	作用等级⑦	示例
一般冻融环境③（无盐、酸、碱等作用）	微冻地区，混凝土中度水饱和④	C②	受雨淋构件的竖向表面
	微冻地区，混凝土高度水饱和④	D②	水位变动区的构件，频繁淋雨的构件水平表面
	严寒和寒冷地区③，混凝土中度水饱和④	D②	受雨淋构件的竖向表面
	严寒和寒冷地区③，混凝土高度水饱和④	E②	水位变动区的构件，频繁淋雨的构件水平表面
除冰盐（氯盐）环境	混凝土中度水饱和（偶受除冰盐轻度作用时按D级）	E	受除冰盐溅射的构件竖向表面
	混凝土高度水饱和④	F	直接接触除冰盐的构件水平表面
近海或海洋环境⑤	大气区：轻度盐雾区 离平均水位15m以上的海上大气区，离涨潮岸线100~200m内的陆上环境	D	靠海的陆上结构，桥梁上部结构
	大气区：重度盐雾区 离平均水位15m以下的海上大气区，离涨潮岸线100m内的陆上环境	E	
	土中区	D	近海土中或海底的桥墩基础
	水下区	D	长期浸没于水中的桥墩、桩
	潮汐区和浪溅区，非炎热地区⑥	E	平均低潮位以下1m上方的水位变动区与受浪溅的桥墩、承台等构件
	潮汐区和浪溅区，南方炎热地区	F	
盐结晶环境	日温差小、有干湿交替作用的盐土环境（含盐量较低时按D级）	E	与含盐土壤接触的墩柱等构件露出地面以上的"吸附区"
	日温差大、干湿交替作用频繁的高含盐量盐土环境	F	
大气污染环境	汽车或其他机车废气	C	受废气直射的构件，处于有限封闭空间内受废气作用的车库、隧道等
	酸雨（酸雨pH<4时按E级）	D	受酸雨频繁作用的混凝土构件
	盐土地区含盐分的大气及雨水作用	D	盐土地区受雨淋的露天构件
土中及地表、地下水中的化学腐蚀环境（海水环境除外）	见表3.0.4-3		与含有腐蚀性的化学介质如硫酸盐、镁盐、碳酸、氯盐等土体、地下水、地表水接触的结构构件

注：①表中环境条件系指配筋混凝土结构钢筋保护层一侧混凝土表面所接触的局部环境，对素混凝土则为结构表面的局部环境。一侧干燥而另一侧潮湿或饱水的配筋混凝土构件，其干燥一侧通常应按表中的干湿交替环境考虑，如接触海水时则应按E级考虑。部分处于含盐的水土环境而另一部分又处于干燥环境中的构件，尚应按盐结晶环境考虑。

②冻融环境下，对于引气混凝土可按表中的作用等级降低一个等级考虑。

③冻融环境按当地最冷月平均气温划分为严寒地区、寒冷地区和微冻地区，其最冷月平均气温分别为 <-8℃，-8℃ ~ -3℃，>-3℃ ~ 2.5℃。

④高度水饱和指冰冻前长期或频繁接触水或潮湿土体，混凝土内高度水饱和；中度水饱和指冰冻前偶受雨水或潮湿，混凝土内水饱和程度不高。

⑤海洋环境中的水下区、潮汐区、浪溅区和大气区的划分，按《海港工程混凝土结构防腐蚀技术规范》（JTJ 275—2000）规定执行。

⑥对可能遭受冻融作用的海水水位变动区及浪溅区混凝土应按抗冻的引气混凝土设计。

⑦表中所列作用等级适用于钢筋混凝土构件。对于素混凝土构件，其在海水和近海环境中的作用等级可比钢筋混凝土构件低一或二个等级取用，但不小于C级。

表 3.0.4-3　化学腐蚀环境分类及作用等级

腐蚀作用级别		C	D	E
水中 SO_4^{2-}(mg/L)		≥200，<1 000	≥1 000，<4 000	≥4 000，<10 000
土中 SO_4^{2-} 总量(mg/kg)	强透水土层	≥300，<1 500	≥1 500，<6 000	≥6 000，<15 000
	弱透水土层	≥1 500，<5 000	≥5 000，<15 000	≥15 000，<50 000
水中 Mg^{2+}(mg/L)		≥300，<1 000	≥1 000，<3 000	≥3 000，<4 500
水的 pH 值	水或强透水土层中	≥5.5，<6.5	≥4.5，<5.5	≥4.0，<4.5
	弱透水土层中	≥4.5，<5.5	≥4.0，<4.5	≥3.5，<4.0
水中 CO_2(mg/L)	水或强透水土层中	≥15，<30	≥30，<60	≥60，<100
	弱透水土层中	≥30，<60	≥60，<100	≥100

注：1. 水中及强透水土层中的硫酸盐和镁盐环境，如无干湿交替，表中数据可乘系数 1.5。

2. 含氯盐咸水中不再单独考虑镁离子的侵蚀作用。

3. 硫酸盐作用等级或 CO_2 作用等级为 D 和 D 级以上的构件，如处于流动地下水中，应考虑在构件的混凝土表面设置防腐面层或涂层的需要。

4. 高压水头可加重硫酸盐化学腐蚀。

5. 地表或地下水中的氯离子对钢筋混凝土构件的作用等级如下：氯离子浓度(mg/L)≥100 且<500 时，可按 C 级；≥500 且<5 000时可按 D 级；≥5 000 时可按 E 级。以上适用于受干湿交替的情况，如永久处于水下，可按降低一级考虑。

3.0.5　当结构及其构件在使用过程中可能遭受表 3.0.4-2 所列的多种环境类别作用时，应能分别满足这些环境类别各自作用下的要求。

4 设计要求

4.1 设计文件内容

公路工程混凝土结构防腐蚀的耐久性设计文件宜包括以下内容：

(1)结构使用环境与环境作用等级，以及周边既有工程受环境腐蚀作用劣化的调查与说明。

(2)结构的设计基准期与结构在设计基准期内需要更换或修复的部件名称及预期的更换或修复年限。

(3)根据不同设计基准期、使用环境类别和环境作用等级，提出基于耐久性所需的混凝土最低强度等级、最大水胶比和对混凝土胶凝材料等原材料选用的要求，确定是否需要采用引气混凝土，必要时提出混凝土耐久性参数的指标，如氯离子在混凝土中的扩散系数、抗冻性等级、最小含气量、气泡间距系数等。

环境严重作用下的重要工程，应由设计工程师会同材料工程师共同拟定耐久混凝土的技术要求。对于一般工程，也可仅提出混凝土的强度等级（应能同时满足承载力和耐久性需要，但在严重环境作用下，混凝土所需的强度等级往往取决于耐久性而非承载力），要求施工单位根据设计规定的结构使用年限与使用环境类别及其作用等级，参照本规范的有关要求，选用混凝土的原材料、水胶比等技术要求。

(4)根据不同设计基准期、使用环境类别和环境作用等级，对结构构件的防排水以及钢筋的混凝土保护层厚度等结构构造与混凝土裂缝控制提出具体规定与要求。

(5)向施工单位提出与耐久性有关的施工质量要求与合格验收标准，主要有混凝土的养护要求与表层混凝土的密实性，钢筋的混凝土保护层厚度及其施工允许误差等。

(6)对于设计基准期不低于100年的重要结构物或处于环境严重作用(D、E和F级)下的结构，向工程的业主和运营管理单位提出使用过程中需要进行的定期维修与检测项目。为便于使用过程中的维修、检测和构件替换，设计时应为施工、检测人员和设备的进入设置通道，并为施工、操作及临时安装机具预留必要的空间和埋设件。

(7)对于重要工程中受环境严重作用(D、E和F级)的结构部位，应考虑是否需要采取附加防腐蚀措施。

4.2 混凝土材料

4.2.1 配有钢筋的混凝土，其最低强度等级、最大水胶比和单方混凝土中的胶凝材料最小用量应满足表4.2.1的规定，且所采用的胶凝材料（水泥与矿物掺和料）种类与用量应根据不同的环境类别满足4.2.2～4.2.7条的有关规定。不同强度等级混凝土的胶凝材料总量要求如下：C40以下不宜大于400kg/m^3；C40～C50不宜大于450kg/m^3；C60及以上不宜大于500kg/m^3（非泵送混凝土）和530kg/m^3（泵送混凝土）。

4.2.2 一般环境下除长期处于湿润环境、水中环境或潮湿土中环境的构件可以采用大掺量粉煤灰（掺量可不大于50%，而水胶比应随掺量增加而减小）混凝土外，对暴露于空气中的一般构件混凝土，粉煤灰掺量不宜大于20%，且单方混凝土胶凝材料中的硅酸盐水泥用量不宜小于240kg。

表 4.2.1 耐久性设计要求混凝土的最低强度等级、最大水胶比和胶凝材料最小用量（kg/m^3）

设计基准期 / 环境作用等级	100 年			50 年		
	最低强度等级	最大水胶比	最小胶凝材料用量	最低强度等级	最大水胶比	最小胶凝材料用量
A	C30	0.55	280	C25	0.60	260
B	C35	0.50	300	C30	0.55	280
C	C40	0.45	320	C35	0.50	300
D	C45	0.40	340	C40	0.45	320
E	C50	0.36	360	C45	0.40	340
F	C50	0.32	380	C50	0.36	360

注：1. 大掺量矿物掺和料混凝土的水胶比应不大于0.42。

2. 大截面配筋墩柱如能提高钢筋的混凝土保护层厚度，则在无氯盐的一般环境下（C级或C级以下），所采用的混凝土强度等级可低于表中的最低要求，但两者差值应不大于10MPa且不应低于对素混凝土强度的要求。当采用的混凝土强度等级比表中规定的低5MPa时，相应的保护层厚度应比表4.3.7中规定值增加5~10mm；当采用的混凝土强度等级比表中规定的低10MPa时，相应的保护层厚度应增加10~15mm。

4.2.3 冻融环境下环境作用等级为D或D级以上的混凝土必须掺用引气剂。对引气混凝土的最低强度等级、最大水胶比和胶凝材料最小用量，可按表3.0.2中规定的环境作用等级降低一个等级取用（即环境作用为D或C级时可分别取用C或B级下的强度等级要求）。冻融环境作用等级为C的混凝土可不加引气剂，但此时的混凝土强度应不低于C40。冻融环境下混凝土胶凝材料中的粉煤灰掺量不宜超过30%，并应限制所用粉煤灰的含碳量（宜不大于2%）。

4.2.4 混凝土的抗冻性（抗冻耐久性指数DF）应不低于表4.2.4所示的数值。对于厚度小于150mm的薄壁构件，表中的DF数值应再增加5（%）。

表 4.2.4 混凝土抗冻性的耐久性指数 DF（%）

设计基准期	100 年			50 年		
环境条件	高度水饱和	中度水饱和	盐冻	高度水饱和	中度水饱和	盐冻
严寒地区	80	70	85	70	60	80
寒冷地区	70	60	80	60	50	70
微冻地区	60	60	70	50	45	60

注：1. 耐久性指数DF为300次快速冻融循环后的动弹性模量与初始值的比值。如在300次冻融循环以前，试件的动弹性模量已降到初始值的60%以下或重量损失已超过5%，则以此时的循环次数N计算DF值，并取$DF=(N/300)\times 0.6$。快速冻融循环试验方法可参照水工混凝土试验标准，试件自现场或模拟现场混凝土构件中取样，如在试验室制作，试件的养护温度及龄期需按实际工程情况选定。对于氯盐或化学腐蚀环境，试验时用于浸泡试件的水，需用与实际工程环境中相同成分和浓度的水。

2. 高度水饱和指冰冻前长期或频繁接触水或潮湿土体，混凝土内高度水饱和；中度水饱和指冰冻前偶受雨水或潮湿，混凝土内饱水程度不高；盐冻腐蚀系指接触除冰盐、海水或其他化学物质时受冻。

4.2.5 引气混凝土的适宜含气量可参考表4.2.5的要求。

4.2.6 在海水和除冰盐等氯盐环境下，不宜单独采用硅酸盐或普通硅酸盐水泥作为胶凝材料配制混凝土，应掺加大掺量或较大掺量矿物掺和料，并宜加入少量的硅灰。海水环境下也不宜单独采用抗硫酸盐的硅酸盐水泥配制混凝土。

4.2.7 用于氯盐腐蚀环境中的钢筋混凝土构件，其混凝土28d龄期的氯离子扩散系数D_{RCM}值，宜符合表4.2.7的要求。

表 4.2.5　混凝土适宜含气量(%)(允许误差 ±1)

集料最大粒径(mm) \ 冻融环境	含气量(%)		
	高度水饱和环境	中度水饱和环境	盐冻环境
10	7.0	5.5	7.0
15	6.5	5.0	6.5
25	6.0	4.5	6.0
40	5.5	4.0	5.5

注:1. 表中所列含气量为在现场新拌混凝土取样测得的平均值。在施工前,应参考表 4.2.5 的要求,对拟用混凝土做抗冻性(快冻法)与含气量的对比试验。混凝土的抗冻性应符合表 4.2.4 中的要求。采用对比试验确定的含气量以及试验用的原材料及水胶比等混凝土工艺参数,进行施工方案编制和质量控制。

2. 在试验室条件下进行新拌混凝土试样的含气量测试时,不论混凝土的坍落度大小,测试前均应在标准振动台上振动不小于 20s 的时间。对于现场泵送和高频振捣的混凝土,应检测试验泵送和振捣过程造成的含气量损失,以判断所用引气剂品种的适用性。

3. 在盐冻、高度水饱和及中度水饱和条件下,气泡间距系数不宜大于 200μm、250μm 及 300μm。气泡间距系数为在现场钻芯取样或模拟现场的硬化混凝土中取样测得的数值。测定方法可参照有关标准。

表 4.2.7　混凝土中的氯离子扩散系数 D_{RCM}(28d 龄期,$10^{-12}m^2/s$)

结构设计基准期 \ 环境作用等级	D	E 以上
100 年	<7	<4
50 年	<10	<6

注:1. 表中的 D_{RCM} 值,是标准养护条件下 28d 龄期混凝土试件的测定值,仅适用于氯盐环境下建议采用的较大掺量和大掺量矿物掺和料的混凝土。对于其他组分的混凝土以及更长龄期的混凝土,应采用更低的 D_{RCM} 值作为抗氯离子侵入性能的评定依据。

2. 扩散系数 D_{RCM} 的测试方法见附录 A。

4.2.8　硫酸盐等化学腐蚀环境下应选用低 C_3A 量的水泥并适当掺加矿物掺和料,严重化学腐蚀环境下的耐久混凝土宜通过专门的试验研究确定。

4.3　结构构造和裂缝宽度限制

4.3.1　结构的形状和布置应有利于通风和避免水汽在混凝土表面的积聚,便于施工时混凝土的捣固、养护,并减少约束与荷载作用下的应力集中。处于严重环境作用下的结构构件,其外形应力求简单,尽量减少暴露的表面积和棱角(在可能条件下宜做成圆角)。

4.3.2　施工缝、伸缩缝等连接缝的位置和构造应仔细设计。结构的连接缝位置宜避开不利的环境作用部位(如桥墩中的浪溅区和水位变动区)。对于可能遭受氯盐腐蚀的环境,宜对连接缝部位的混凝土采取附加防腐蚀措施。

4.3.3　混凝土结构构件的表面形状应有利于排水,对于可能受雨淋或积水的水平表面应做成斜面。桥梁墩台的顶面应设置成向边缘倾斜不小于 5% 的斜坡,或向中心倾斜并在中心处设置内埋的排水管。桥面排水应通过专门设置的管道(非钢质的塑料管等)排出,不得将结构构件的混凝土表面直接作为排水通道。排水管的出口不得紧贴混凝土构件表面,应离开混凝土墩柱或其他构件表面一定距离。

4.3.4　桥梁构件的设计应考虑各种连接部位的水渗漏所造成的局部环境作用,并按表 3.0.4-2 进行分类分级设计。桥面侧边构件的外缘底面应设滴水槽,防止雨水从构件外侧面流向底面。除冰盐环境下可能受氯盐侵蚀的桥梁结构必须设置滴水槽,并严禁排水管道的出口靠近混凝土结构构件表面。对于桥梁预应力构件,应采取构造措施,防止雨水或渗漏水流过锚固封堵端的外表面。

4.3.5　桥面铺装层与桥面结构之间,应设置可靠的防水层。

4.3.6　对于可能处于高度水饱和状态并遭受冻融、硫酸盐、碳酸等侵蚀的薄壁混凝土构件,应适当增加混凝土或混凝土保护层的厚度。

4.3.7 用于构件强度计算和标注于施工图上的钢筋(包括主筋、箍筋和分布筋)保护层厚度(钢筋外缘至混凝土表面的距离),一般不应小于表4.3.7中的保护层最小厚度 c_{min} 与保护层厚度的施工允许误差 Δ 之和,即:

$$c \geqslant c_{min} + \Delta \tag{4.3.7}$$

式中的施工允许误差 Δ 根据施工验收要求的严格程度而定,对现浇混凝土构件一般可取10mm;如有专门的施工质量控制和检验制度,能够严格保证表层混凝土的养护质量和混凝土保护层的厚度时可为5mm;对工厂生产的预制构件可取0~5mm。

表4.3.7 混凝土保护层最小厚度 c_{min}(mm)

环境作用等级		B	C	D	E	F
板、墙等平面形构件	设计基准期不低于50年	20	30	40	45	50
	设计基准期不低于100年	30	40	45	50	55
柱等条形构件	设计基准期不低于50年	30	35	45	50	55
	设计基准期不低于100年	35	45	50	55	60

注:1. 表中的混凝土保护层厚度与表4.2.1的混凝土最低质量要求和4.2节中对不同环境类别下混凝土胶凝材料的选用范围相应。如实际采用的混凝土水胶比低于表4.2.1中的数值(按表4.2.1中水胶比数值的相应级差衡量),且水胶比不大于0.45,或实际采用的混凝土强度比表4.2.1中的最低值高10MPa时,则保护层的最小厚度可比表中数值适当减小,但减小的厚度一般不宜超过5mm。

2. 表中的保护层最小厚度值如小于所保护钢筋的直径,则取 c_{min} 与钢筋直径相同。

3. 引气混凝土的保护层厚度可按表3.0.4-2规定的环境作用等级降低一个等级取用。

4. 直接接触土体浇筑的混凝土保护层厚度应不小于70mm。

5. 受风沙磨蚀,或处于流动水中,或同时受水中泥沙冲击侵蚀的构件保护层厚度应适量增加10~20mm。特殊磨蚀环境下应通过专门研究确定。

6. 如有可靠的附加防腐蚀措施并通过专门的论证,保护层厚度可适当降低。

7. 对于硫酸盐化学腐蚀环境,如无干湿交替,保护层最小厚度可取:板35mm,梁柱40mm。

处于C级和C级以上环境作用下的结构构件,其最外层箍筋或分布筋的保护层厚度必须计入施工允许误差。

钢筋的混凝土保护层最小厚度,尚应满足有关规范规定的关于与混凝土集料最大粒径相匹配的最低要求。

4.3.8 预应力钢筋的混凝土保护层厚度,一般不应小于预应力钢筋保护层最小厚度 c_{min} 与保护层厚度施工允许误差 Δ 之和。后张预应力钢筋的保护层厚度为孔道管(或护套)外缘至混凝土表面的距离。当预应力钢筋的孔道管或护套具有可靠的密封和防锈性能时,保护层最小厚度 c_{min} 取值可与普通钢筋的混凝土保护层最小厚度(见表4.3.7)相同,否则应比表4.3.7中规定的数值增加10mm。先张预应力钢筋的保护层最小厚度 c_{min} 应比普通钢筋的混凝土保护层最小厚度大10mm。预应力钢筋保护层厚度的施工允许误差 Δ,可取与普通钢筋的相同(见第4.3.7条)。

4.3.9 当环境作用等级为C或C级以上时,后张有黏结预应力筋应采用全长连续密封的高密度塑料波纹管作为孔道管(导管),并应用真空压浆技术。预应力筋的锚固端应有可靠的防锈措施,封端混凝土应具良好的抗裂性,水胶比不大于0.4;金属锚具的混凝土保护层厚度一般不小于6cm,在盐类腐蚀环境下应不小于9cm并加塑料密封罩。

4.3.10 混凝土表面裂缝的计算宽度,不宜超过表4.3.10所示的允许值。

4.3.11 普通钢筋应优先选用HRB335级和HRB400级钢筋。受力钢筋最小直径应不小于12mm;当构件处于可能遭受严重锈蚀的环境时,受力钢筋的最小直径应不小于16mm。

4.3.12 当构件有防水要求需严格控制裂缝宽度时,构件每侧暴露面上的分布钢筋配筋率(单位长度内一侧分布钢筋面积与0.5h之比,其中 h 为构件厚度。当 h 大于500mm时按500mm计算)不宜低于0.6%(HPB235级钢筋)或0.4%(HRB335级和HRB400级钢筋);此外,分布钢筋间距不宜大于150mm。

表 4.3.10 混凝土表面裂缝计算宽度的允许值

环境作用等级		钢筋混凝土(mm)	有黏结预应力混凝土(mm)
一般环境,非干湿交替		0.3	0.2
一般环境,干湿交替		0.25	0.1
冻融、氯盐及化学腐蚀环境	D 级	0.2	按部分预应力 A 类构件控制
	E 级	0.15	按全预应力类构件控制
	F 级	0.1	按全预应力类构件控制

注:有自防水要求的混凝土横向弯曲裂缝,表面裂缝的宽度不宜超过 0.25mm。

4.3.13 对于严重锈蚀环境下的构件,浇筑在混凝土中并部分暴露在外的吊环、紧固件、连接件等铁件应与混凝土构件中的钢筋隔离。

5　施工要求

5.1　混凝土的原材料选择

5.1.1　配制耐久混凝土一般应选用品质稳定的硅酸盐水泥或普通硅酸盐水泥。除必须符合现行水泥国家标准外，对于环境严重作用(D、E、F级)下的混凝土，宜采用硅酸盐水泥或低热水泥，否则应详细了解或检测水泥生产中加入的矿物混合材料的品种、掺量和质量，与配制混凝土时掺入的矿物掺和料一并计算所占胶凝材料总量的百分比，并应符合第4章内对于不同环境类别下胶凝材料中掺和料用量的限制要求。

5.1.2　在严重腐蚀环境作用(D、E、F级)下，水泥中的C_3A含量不宜超过8%(对海水环境，可到10%)，水泥细度(比表面积)不宜超过350m^2/kg，游离氧化钙不宜超过1.5%。宜采用C_2S含量较高而水化热较低的硅酸盐类水泥品种，亦可针对具体环境特点而选用低热微膨胀水泥、硫铝酸盐水泥和铁铝酸盐水泥等特种水泥。

5.1.3　混凝土中的总含碱量一般不宜超过3.0kg/m^3。

5.1.4　对于氯盐腐蚀环境，配制钢筋混凝土和预应力混凝土所用水泥的氯离子含量应尽可能低，并满足5.1.9条的规定。

5.1.5　配制耐久混凝土所用的粉煤灰、磨细矿渣、硅灰等矿物掺和料，应保证品质稳定、来料均匀。矿物掺和料的用量与水泥中的粉煤灰、矿渣等混合材料加在一起，在混凝土胶凝材料总量中的比例应符合第4章中对不同环境类别下的要求。最好不用商品复合矿物掺和料，而在配制混凝土时根据工程需要而灵活变动复合的比例。

(1)粉煤灰

选用通过电收尘、干排放的Ⅰ、Ⅱ级低钙粉煤灰(CaO≤10%)，重点控制其含碳量(以烧失量表示)。

(2)磨细高炉水淬矿渣

选用磨细高炉矿渣的勃氏比表面积不宜低于350m^2/kg，一般也不宜超过450m^2/kg。

(3)硅灰

硅灰中二氧化硅的含量宜≥85%，勃氏比表面积≥18000m^2/kg。硅灰掺量一般不超过胶凝材料总重的8%，且宜与其他矿物掺和料复合使用。

5.1.6　新型胶凝材料原料的使用，必须有可靠的科学试验依据，证明其配制的混凝土耐久性能够满足工程使用的环境条件，并通过技术鉴定。

5.1.7　配制耐久混凝土的集料应满足以下要求：

(1)粗集料质地均匀、粒形(针片状颗粒含量<7%)和级配良好、洁净且坚实(压碎指标不大于10%，吸水率不大于2%)，为减少混凝土用水量宜用单粒级石子进行两级配或三级配投料使用。细集料为级配良好的中粗河砂。当缺少河砂资源时，经试配合格，亦可使用符合国家标准的人工砂。

(2)在季节变化或昼夜温差悬殊的环境中使用的混凝土，应选用线胀系数较小的粗集料；处于冻融循环下的重要工程混凝土，应进行集料的坚固性试验和抗冻融试验。集料坚固性试验结果失重率应小于5%(细集料)或10%(粗集料)。

(3)对于可能处于干湿循环、冻融循环下的混凝土，粗、细集料中的含泥量应分别低于0.7%和1%；硫酸盐和硫化物折合SO_3含量均不宜超过胶凝材料重的0.5%。

(4)氯盐锈蚀环境严重作用(D、E、F级)下的混凝土，不宜采用抗渗性较差的岩质(如某些花岗岩、砂岩等)作为粗、细集料。此外,粗集料的最大粒径不宜超过25mm(大体积混凝土除外),且不得超过保护层厚度的2/3。

(5)钢筋混凝土的细集料不得使用未经冲洗的海砂,且冲洗后氯离子含量应合格。预应力混凝土和一级设计基准期要求的重要工程严禁使用海砂。

(6)处于潮湿环境中的混凝土,因条件限制不得不使用有潜在碱活性的集料时,应限制水泥中的含碱量,并掺用大掺量的矿物掺和料(粉煤灰≥40%,矿渣≥50%,火山灰30%)。

5.1.8 配制耐久混凝土选用的化学外加剂应符合如下要求:

(1)选用高效减水剂或复合减水剂,应通过净浆试验检验比较其与工程所用水泥、矿物掺和料以及其他外加剂之间的相容性。高效减水剂中硫酸钠的含量不大于减水剂固体净重的15%。

(2)选用的引气剂或引气型外加剂应有良好的气泡稳定性,符合国家标准(GB 8076)中有关快冻试验检测的要求,并能出示合格数据和在类似的工程施工方法(泵送、振捣等)中成功应用的证明。用于提高混凝土抗冻性的引气剂、减水剂和复合外加剂内,均不得掺有木质磺酸盐组分。

(3)不得采用含有氯盐的防冻剂。在气温不低于-15℃的条件下,应尽量不使用防冻剂而采用蓄热法施工。

5.1.9 混凝土拌和料中因各种原材料(水泥、矿物掺和料、集料、外加剂和拌和水等)引入的水溶氯离子总量,对一般环境下处于潮湿和干湿交替环境条件的钢筋混凝土,应不超过胶凝材料重的0.2%;如不受潮湿,则不超过0.3%。对于海水、除冰盐和其他氯盐环境下的钢筋混凝土,应不超过胶凝材料重的0.1%。预应力混凝土拌和物中的水溶氯离子总量则不应超过胶凝材料重的0.06%。

5.2 混凝土的施工要求

5.2.1 在混凝土施工前,施工单位应按照混凝土结构防腐蚀耐久性设计的要求,制定保证混凝土施工质量的措施与实施细则,根据设计文件提供的环境类别和作用等级、工程设计基准期和对混凝土的技术要求,精心选择原材料,进行混凝土试配,在试验室试验的基础上优选混凝土配合比。重大工程应在现场进行试浇筑。当对设计文件有疑问或疑义时,应主动与设计人员讨论解决。

5.2.2 耐久混凝土的施工质量控制重点有:混凝土的振捣均匀和密实,混凝土的养护,钢筋的混凝土保护层厚度,施工阶段的混凝土裂缝控制。

5.2.3 应仔细规划混凝土结构的施工顺序,以尽量减少新浇混凝土硬化过程中的收缩应力与开裂,如墩、梁、板分段分块浇筑的施工缝间隔、浇筑顺序和设置后浇带等。

5.2.4 浇筑混凝土前,应仔细检查保护层垫块的位置、数量及其紧固程度。构件侧面和底面的垫块应至少为4个/m^2,绑扎垫块和钢筋的铁丝头不得伸入保护层内。保护层垫块的尺寸应保证混凝土保护层厚度的准确性,其形状(宜为工字形或截头锥形)应有利于钢筋的定位。垫块可用细石混凝土制作,其抗腐蚀能力和强度应高于构件本体混凝土,水胶比不大于0.4。为保证钢筋定位的准确性,宜采用定位夹或定型生产的纤维砂浆块。

5.2.5 混凝土的搅拌宜采用卧轴式、行星式或逆流式搅拌机,不使用自落式搅拌机或立轴强制式搅拌机。

5.2.6 拌和物的振捣必须做到均匀密实。用插入式振捣变换插点时,应快插后向上缓慢拔出,不得沿拌和物表层平拖。振捣引气混凝土时应使用振频≤6 000次/min的中低频振捣棒,并控制振捣时间避免过振。对于可能受除冰盐作用的桥面板等构件,必须防止过振、过度抹面,严禁洒水帮助抹面,并不得在泌水停止前进行抹面。泵送混凝土的坍落度不应过大,以免离析、泌水;当浇筑层的高度较大时,尤其应控制拌和物坍落度。

5.2.7 混凝土的养护包括混凝土的湿度和温度控制。新浇混凝土应及早开始养护,避免水分的蒸发。湿养护不得间断,对不同构件,在不同季节应采取不同的初始(初凝前)湿养护和温控的措施。对于水胶比低于0.45的混凝土和大掺量矿物掺和料混凝土,尤其应注意初始保湿养护,避免新浇表面过早暴露在空气中。大掺量矿物掺和料混凝土在结束正常养护后仍宜采取适当措施,能在一段时间内防止混凝土表面快速失水干燥。

5.2.8 钢筋混凝土不得用海水养护。应尽量延长新浇混凝土与海水等氯盐接触前的养护龄期，一般不应短于4周，否则应采取专门的防护措施。对有冻融循环作用的环境，至少应在结冰期到来4周之前完工，否则应采取技术措施，避免冻害发生。

5.2.9 不同组成胶凝材料的混凝土湿养护最低期限宜满足表5.2.9的要求。重要工程的混凝土应有标准养护试件与跟踪养护试件（构件中心和保护层的），分别检测硬化混凝土抗压强度随龄期的发展。大掺量矿物掺和料混凝土结束湿养护时的现场混凝土强度不应低于28d强度的70%。

表5.2.9 不同混凝土湿养护的最低期限

混凝土类型	水胶比	大气湿度50%＜RH＜75%，无风，无阳光直射		大气湿度RH＜50%，有风，或阳光直射	
		日平均气温（℃）	湿养护期限（d）	日平均气温（℃）	湿养护期限（d）
胶凝材料中掺有粉煤灰（＞15%）或矿渣（＞30%）	≥0.45	5 10 ≥20	14 10 7	5 10 ≥20	21 14 7
	≤0.45	5 10 ≥20	10 7 5	5 10 ≥20	14 10 7
胶凝材料主要为硅酸盐或普通硅酸盐水泥	≥0.45	5 10 ≥20	10 7 5	5 10 ≥20	14 10 7
	≤0.45	5 10 ≥20	7 5 3	5 10 ≥20	10 7 5

注：当有实测混凝土保护层温度数据时，表中气温用实测温度代替。所指的混凝土保护层温度是用埋设在钢筋表面的温度传感器实测的混凝土温度。

5.2.10 对断面最小尺寸为0.3m以上的构件，混凝土的施工应实行温度控制：

（1）热天浇筑应尽量降低新浇混凝土与接触的模板、基底和相邻已硬化混凝土构件之间的温差，必要时需有挡风、遮阳的措施，应避免模板和新浇混凝土受阳光直射，混凝土入模前的模板与钢筋温度以及附近的局部气温均不应超过40℃。预制构件蒸汽养护的温度宜低于60℃（其中引气混凝土蒸养温度宜低于50℃）。

（2）热天浇筑混凝土的入模温度应低于大气日平均温度，并不宜高于28℃，同时在混凝土初凝前采取降温措施；若不能控制混凝土绝热温升低于45℃，则浇筑温度需进一步降低。冬季浇筑时的混凝土入模温度应高于气温，并不低于10℃，并在浇筑开始时即采取保温措施；混凝土的冬季施工应提高原材料温度，注意保温蓄热。

（3）重要工程浇筑时应定时测定混凝土温度以及气温、相对湿度、风速等环境参数，并根据环境参数变化及时调整养护方式。在整个潮湿养护过程中，应根据混凝土温度与气温的差别及变化，及时采取和调整保温或降温措施。

（4）不同尺寸构件混凝土内部最高温度的控制：热天应控制混凝土内部最高温度不高于70℃；蒸汽养护温度应不超过60℃。

（5）混凝土内部的最高温度和表层温度之间的温差一般不宜超过20℃。养护水（蓄水或淋水）温度与混凝土表面的温差不应大于15℃。

（6）在混凝土的降温阶段需采用保温措施，降温速率宜控制不大于2℃/d。

5.2.11 用于施工后浇带或填充预留孔洞的混凝土可加入适量膨胀剂，使用前应检验其与水泥和其他外加剂之间的相容性；应采取措施降低混凝土绝热温升使混凝土内部的温度不超过60℃，以免影响膨胀剂的效能。

5.2.12 预应力混凝土孔道灌浆材料的流动度应事先经过测定，以满足施工要求，其水胶比应低于本体混凝土的水胶比，且不宜大于0.40，终凝时间不大于24h。在施工环境温度下，灌浆材料6h内保持可灌性,3h 泌水率不超过 2%,最终不超过 3%,并要求泌出的水在密封状态下 24h 内被浆体重新吸收,或采用膨胀剂保证灌浆的密实性。灌浆材料中可掺入适量减水剂、缓凝剂或引气剂等外加剂,但不得含有铝粉、氯化物、硝酸盐等有害成分。

5.3 质量检验与验收

5.3.1 现场混凝土耐久性质量检验的主要内容如下:

(1)通过无损检测,测定现场混凝土保护层的实际厚度。

(2)通过标准预埋件的拔出试验或回弹仪试验,测定表层混凝土的强度并间接估计保护层混凝土的密实性质量。

对处于严重环境作用下的重要工程或构件,宜通过现场混凝土表层抗渗性测试仪,测定表层混凝土的抗渗性。

(3)对于引气混凝土,测定新拌混凝土的含气量以及硬化后混凝土的含气量、气泡间距系数与抗冻耐久性指数 DF。

(4)对于氯盐环境下的重要工程混凝土,测定混凝土的氯离子扩散系数。

5.3.2 对于重要的工程,设计中应向施工方提出耐久性质量的具体检测要求和合格验收标准,并规定未能达到要求时的补偿办法。当评定结果不合格时,应委托专门咨询机构就其耐久性质量进行评价,并就补救措施提出处理意见。

5.3.3 混凝土保护层厚度的检验方法与合格标准如下:

钢筋保护层厚度检测仪的检测偏差不应大于 1mm。检验的结构部位和构件数量,可根据工程的具体情况选定。对同类的成批构件,一般可各抽取构件数量的 10% 且不少于 10 个构件进行检验。对选定的每一构件,可对各 12 根最外侧的钢筋(一般为箍筋或分布筋)保护层厚度进行检测。对每根钢筋,应在有代表性的部位测量 3 点,并对每一构件的测试数据进行评定。在对同一构件测得的钢筋保护层厚度全部数据中,如有 95% 或以上大于或等于 c_{min},则认为合格;否则可增加同样数量的测点,按两次检测的全部数据进行统计,如仍不能有 95% 及以上的测点厚度大于或等于 c_{min},则认为不合格。

5.3.4 利用回弹仪、标准预埋件的拔出试验或混凝土表层抗渗性测试仪等方法来检验保护层混凝土的密实性时,应事先通过试验室内的标定试验,在与现场相同(原材料和配比)的混凝土试件上取得仪器读数与混凝土某种抗渗性指标之间的标定曲线。现场测试时的测点部位与测点数量,可按照工程和测量方法的具体特点确定。

5.3.5 采用引气混凝土时,应在浇筑现场测定混凝土拌和料的含气量,取样的频率通常与混凝土坍落度的测定频率相同。重要工程应同时在现场取样制作混凝土试件,测定硬化后混凝土的抗冻耐久性指数 DF、含气量与气泡间距系数。有疑问时应在现场构件中取芯进行复核。

5.3.6 氯盐环境下的重要工程,应在现场制作混凝土试件,测定混凝土的氯离子扩散系数及其随龄期的变化。

6 附加防腐蚀措施

6.1 混凝土表面涂层

6.1.1 防腐蚀涂料品质与涂层性能应满足下列要求：

(1)具有良好的耐碱性、附着性和耐蚀性。底层涂料尚应具有良好的渗透能力；表层涂料尚应具有抗老化性。

(2)涂层的性能应满足表6.1.1的要求。涂层与混凝土表面的粘结力不得小于1.5MPa。

表6.1.1 涂层性能要求

项目	使用年限及环境	试验条件	标准	涂层构造名称
涂层外观	8~10年	抗老化试验1 000h后	不粉化、不起泡、不龟裂、不剥落	底层+中间层+面层的复合涂层
	8~10年，湿热	抗老化试验1 500h后		
	15~20年	抗老化试验3 000h后		
	15~20年，湿热	抗老化试验4 000h后		
	耐碱性试验30d后		不起泡、不龟裂、不剥落	
	标准养护后		均匀、无流挂、无斑点、不起泡、不龟裂、不剥落等	
抗氯离子侵入性	活动涂层片抗氯离子侵入试验30d后		氯离子穿过涂层片的透过量在5.0×10^3mg/(cm^2·d)以下	底层+中间层+面层的复合涂层

注：1.涂层的抗老化试验采用涂装过的尺寸为70mm×70mm×20mm的砂浆试件，按国家标准《漆膜老化测定法》(GB 1865)测定。

2.按附录C试验涂层的耐碱性、抗氯离子侵入性、涂层与混凝土表面的粘结力等。

6.1.2 涂层系统应符合下列规定：

(1)涂层系统应由底层、中间层、面层或底层和面层的配套涂料涂膜组成。选用的配套涂料之间应具有相容性。

(2)根据环境状况设计配套的涂料选用及涂层平均厚度等要求可按现行的相关国家标准。

6.1.3 涂装工艺、质量控制、检查、验收及维护应符合附录B的要求。

6.2 混凝土表面憎水处理

6.2.1 混凝土表面硅烷浸渍

宜采用辛基或异丁基硅烷作为硅烷浸渍材料，也可采用符合《海港工程混凝土结构防腐蚀技术规范》的其他硅烷浸渍材料；对侧面或仰面，宜采用硅烷膏体作为浸渍材料。

6.2.2 浸渍硅烷前应进行面积为1~5m^2的喷涂试验，在试验区随机钻取六个芯样，并各取两个芯样分别进行吸水率、硅烷浸渍深度和氯化物吸收量降低效果的测试。当测试结果符合第6.2.3条规定的合格判定标准时，方可在结构上浸渍硅烷。

6.2.3 浸渍硅烷的质量验收应以每500m^2浸渍面积为一个浸渍质量验收单元。浸渍硅烷工作完成后，按附录C规定的方法测试。当任一验收单元浸渍质量的四项测试(接触除冰盐部分尚应进行下列第5项)结果中任意一项不满足下列的要求时，该验收单元应重新浸渍硅烷后测试：

(1)不同时间制备的两批混凝土试件，浸渍硅烷后的吸水率平均值与未浸渍硅烷的相比，应小于

7.5%。

(2)不同时间制备的两批混凝土试件,浸渍硅烷后暴露于碱液的吸水率平均值,与未浸渍硅烷的相比,应小于10%。

(3)在试验区随机钻取的混凝土芯样上,硅烷的有效浸渍深度为:不大于C45的混凝土,应达到3~4mm;大于C45的混凝土应达到2~3mm;水灰比0.70的混凝土应达到10mm。

(4)浸渍硅烷后的干燥速度系数与未浸渍硅烷的相比,其比值应大于30%。

(5)憎水浸渍试件表面在盐水冻融试验中发生质量损失时的冻融循环次数应比未浸渍处理的试件至少多20次。

6.2.4 混凝土掺用憎水外加剂

在盐类侵蚀环境中的混凝土结构,可在混凝土配料时掺加适当憎水外加剂以制备具有表面憎水性能的混凝土。

6.3 水泥基渗透结晶型防水剂

水泥基渗透结晶型防水剂适用于混凝土结构的表层防水处理,特别是渗水裂缝宽度不大于1mm的混凝土。其施工的方法与质量要求可参照现行建筑工程防水涂料的施工规范。从水泥终凝后3~4h起,即应对施工面开始湿养护,24h后可转为直接水养护。在养护期间,应避免雨淋、霜冻、日晒,及4℃以下低温。

6.4 环氧涂层钢筋

6.4.1 采用环氧涂层钢筋的混凝土,应为耐久性混凝土,可同时掺加钢筋阻锈剂。环氧涂层钢筋与阴极保护联合使用时,必须先将未经喷涂的钢筋加工、组装成片(或成笼),再以流化床热溶粘工艺涂装环氧层,方可与阴极保护联合使用。先静电喷涂热溶粘环氧涂层,然后再加工、组装成笼的钢筋,不得与阴极保护联合使用。

6.4.2 涂层钢筋的锚固长度应为无涂层钢筋锚固长度的1.25倍。绑扎搭接长度对受拉钢筋应为无涂层钢筋的1.5倍;对受压钢筋应为无涂层钢筋的1.0倍,且不应小于250mm。

6.4.3 采用环氧涂层钢筋的混凝土构件,其承载力、裂缝宽度和刚度的计算可采用普通钢筋混凝土构件的计算方法,但应将裂缝宽度的计算值增大20%,刚度的计算值降低10%。

6.4.4 环氧涂层钢筋的质量及其检验、验收规则和使用应符合现行行业标准《环氧树脂涂层钢筋》(JG 3042)的有关规定。

6.4.5 架立环氧涂层钢筋时,不得同时采用无涂层钢筋;绑扎环氧涂层钢筋时,应采用尼龙、环氧树脂、塑料或其他材料包裹的铁丝;架立环氧涂层钢筋的钢筋垫座、垫块应以尼龙、环氧树脂、塑料或其他柔软材料包裹。同一构件中,环氧涂层钢筋与无涂层钢筋不得有电连接。

6.4.6 环氧涂层钢筋在施工操作时应严密注意避免损伤涂层。在浇筑混凝土时宜采用附着式振动器振捣,如使用插入式振动器,需用塑料或橡胶将振动器包覆。

6.5 钢筋阻锈剂

6.5.1 对于D级以上的环境,在保证混凝土结构优质设计与施工的基础上可掺加钢筋阻锈剂。钢筋阻锈剂的掺量和使用方法按相应产品的推荐使用,并经试配和适应性试验。

6.5.2 可按《水运工程混凝土试验规程》进行阻锈剂质量验证试验。

6.5.3 阻锈剂可与高性能混凝土、环氧涂层钢筋、混凝土表面涂层、硅烷浸渍等联合使用。

6.5.4 采用阻锈剂溶液时,混凝土拌和物的搅拌时间应延长1min;采用阻锈剂粉剂时,应延长3min。

6.6 混凝土防腐面层

6.6.1 用于严重腐蚀性环境(E、F 级,特别是酸性腐蚀)中的防腐面层应采用聚酯类玻璃钢等聚合物复合材料,在中等腐蚀性环境(C、D 级)下则可采用聚合物水泥砂浆等材料。

6.6.2 防腐面层的厚度、原材料配合比及施工方案,应根据混凝土结构构件的耐久性要求及环境的腐蚀性作用类别和等级,委托专业的研究、咨询机构经试验论证确定。

6.6.3 聚合物水泥砂浆面层的施工,可参照现有水泥砂浆抹面的有关规定。聚合物复合材料面层的施工,需在混凝土构件的表面达到足够干燥时才能进行,并参照标准《工业设备、管道防腐蚀工程施工及验收规范》(HGJ 229—91)。

6.7 透水模板衬里

6.7.1 在 D 级以上环境作用下的混凝土结构宜采用透水模板衬里,特别是施工环境恶劣(高风速、缺水环境等)的混凝土施工。

6.7.2 放置透水模板衬里时,应沿混凝土模板的纵向与横向同时张拉,以免皱褶,同时宜适当延长养护时间(在拆除模板时继续保持该衬里于混凝土表面)。

6.8 电化学保护

6.8.1 对于新建工程中有可能遭受严重的氯盐锈蚀的部位,预期其他措施不能长期有效地阻止钢筋锈蚀的情况下,可选择阴极保护方法。

6.8.2 对于氯盐污染并引起钢筋锈蚀破坏的老结构,宜经过必要的经济技术论证,在钢筋锈蚀破坏的初期及时实施阴极保护,或实施“电化学脱盐”。

6.8.3 以环氧涂层钢筋拼装的构件,不得采用阴极保护;否则,应先设置阴极保护装置,后做钢筋涂层,并确保整个钢筋架构具有良好的电连续性以及阴阳极之间不得有任何短路。含有碱活性集料和无金属护套预应力筋慎用阴极保护与电化学脱盐。

6.8.4 阴极保护、阴极防护或电化学脱盐的设计、施工、运行、检测、管理应由专业人员依据相关规定进行和确认。

附录 A　混凝土氯离子扩散系数快速测定的 RCM 方法

根据德国 Aachen 工业大学建筑材料研究所(IBAC,RWTH Aachen)按照唐路平提出的快速氯离子迁移法(RCM)作局部修改后的试验方法——ibac test,测定混凝土中氯离子非稳态快速迁移的扩散系数。

A.1　试验目的

定量评价混凝土抵抗氯离子扩散的能力,为氯离子侵蚀环境中的混凝土结构耐久性设计与施工以及使用寿命的评估与预测提供基本参数。

A.2　适用范围

本试验方法适用于集料最大粒径不大于 25mm(一般不宜大于 20mm)的试验室制作的或者从实体结构取芯获得的混凝土试件,试验数据可以用于氯离子侵蚀环境耐久混凝土的配合比设计和混凝土质量检验的评定依据,也可按 DuraCrete 提出的方法用于结构使用寿命的评估。

A.3　试验设备和化学试剂

(1)RCM 测定仪(图 A.3)。

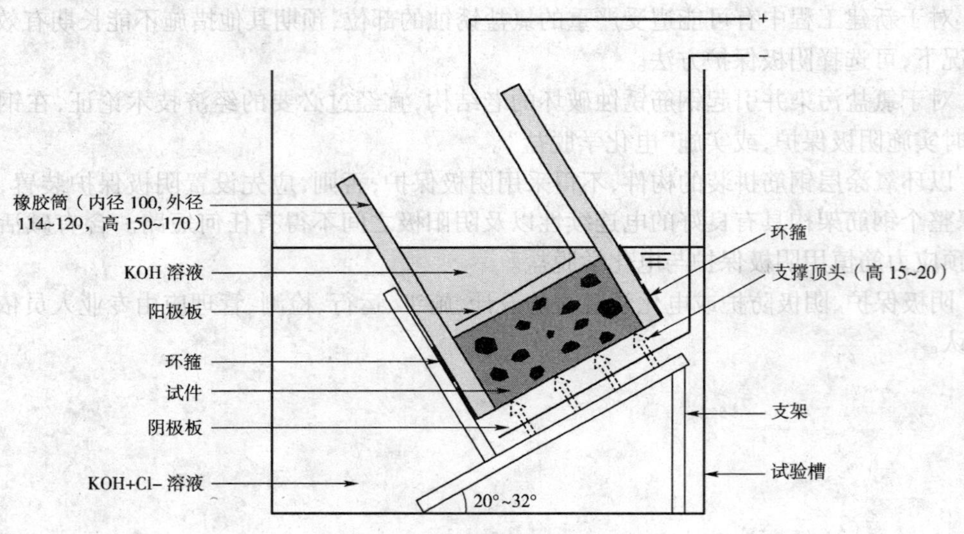

图 A.3　RCM 测定仪示意图(尺寸单位:mm)

(2)含 5% NaCl 的 0.2 mol/L KOH 溶液;0.2 mol/L KOH 溶液。

(3)显色指示剂;0.1 mol/L $AgNO_3$ 溶液。

(4)水砂纸(200 号 ~600 号);细锉刀;游标卡尺(精度 0.1mm)。

(5)超声浴池;电吹风(2000W);万用表;温度计(精度 0.2℃)。

(6)扭矩扳手(20 ~ 100N · m,测量误差 ±5%)。

A.4　试验步骤

(1)试件准备

试件标准尺寸为:直径 ϕ100mm ± 1mm,高度 h = 50mm ± 2mm。

试件在试验室制作时，一般可使用ϕ100mm×300mm 或 150mm×150mm×150mm 试模，制作后立即用塑料薄膜覆盖并移至标准养护室，24h 后拆模并浸没于标准养护室的水池中。试验前 7d 加工成标准尺寸的试件①，并用水砂纸（200 号～600 号）、细锉刀打磨光滑，然后继续浸没于水中养护至试验龄期。

试件在实体混凝土结构中钻取时，应先切割成标准试件尺寸❶，再在标准养护室水池中浸泡 4d，然后才可以进行试验。

（2）试验准备

试验室温度控制在 20℃ ±2℃。试件安装前需进行 120s ±20s 超声浴处理，超声浴槽事先需用室温饮用水冲洗干净。

试件的直径和高度应该在试件安装前用游标卡尺测量（精度 0.1mm），并填入显色深度计算表（表 A.4-1）和试验原始记录表（表 A.4-2）。安装前的试件表面应该干净，无油污、灰砂和水珠。

表 A.4-1　显色深度（mm）计算表

试件编号	直径（mm）	高度（mm）	显色深度（mm）												
			1	2	3	4	5	6	7	8	9	10	11	12	平均值
1															
2															
3															
4															
5															
6															
7															
8															
9															

表 A.4-2　RCM 试验原始记录表

编号	试件制作时间	龄期	试验日期	试验时间	超声浴时间	无载电压	电压	电流	初始 KOH 溶液		初始 KOH + Cl^- 溶液		试验持续时间		试件高度 h	显色深度 x_d	最终 KOH 溶液温度
—	—	d	—	—	min	V		mA	°C	mL	°C	mL	h	min	m		°C

❶ 试件加工时是否切除混凝土表层视实际结构情况和施工方法决定，并在试验报告中予以说明。

RCM 测定仪的试验槽在试验前需用室温饮用水冲洗干净，然后把试件装入橡胶筒内，置于筒的底部（图 A.3）。与试件齐高（50mm）的橡胶筒体外侧处，安装两个环箍（每个箍高 25mm）并拧紧环箍（图 A.4-1）上的螺丝至扭矩 30N · m ±5N · m，使试件的侧面处于密封状态。若试件的柱状曲面具有可能会造成液体渗漏的缺陷，则要用密封剂保持其密封性。

图 A.4-1　不锈钢环箍

（3）电迁移试验过程

在无负荷状态下，将 40V/5A 的直流电源调到 30V ±0.2V，然后关闭电源。把装有试件的橡胶筒安装到试验槽中，安装好阳极板，然后在橡胶筒中注入约 300mL 的 0.2mol/L 的 KOH 溶液，使阳极板和试件表面均浸没于溶液中。

在试验槽中注入含 5% NaCl 的 0.2 mol/L 的 KOH 溶液，直至与橡胶筒中的 KOH 溶液的液面齐平。按图 A.4-2 连接电源、分配器和试验槽，阳极连至橡胶筒中阳极板，阴极连至试验槽的电解液中阴极板。

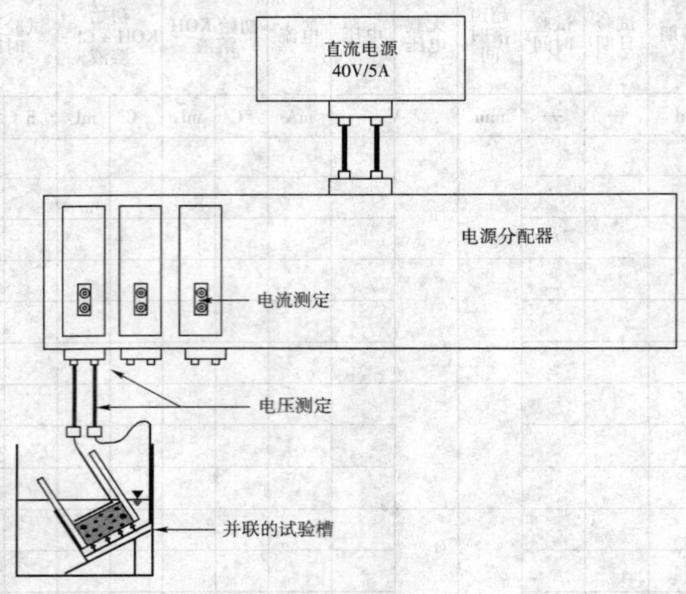

图 A.4-2　RCM 设备接线图

打开电源，记录时间，立即同步测定并联电压、串联电流和电解液初始温度。测量电压时，万用表调到 200V 挡，若电压偏离 30V ±1V，则断开连接，重调电源无荷电压；测量电流时，万用表调到 200mA 挡。溶液的温度测定应精确到 0.2℃。

试验时间按测得的初始电流确定（表 A.4-3）。试验数据填入试验原始记录表（表 A.4-2）。

表 A.4-3　初始电流与试验时间的关系

初始电流 I_0(mA)	应选定的通电试验时间(h)	初始电流 I_0(mA)	应选定的通电试验时间(h)
$I_0<5$	168	$30\leqslant I_0<60$	24
$5\leqslant I_0<10$	96	$60\leqslant I_0<120$	8
$10\leqslant I_0<30$	48	$120\leqslant I_0$	4

试验结束时，先关闭电源，测定阳极电解液最终温度，断开连线，取出装有试件的橡胶筒，倒除 KOH 溶液，松开环箍螺丝，然后从上向下移出试件。

(4)氯离子扩散深度测定

试件从橡胶筒移出后，立即在压力试验机上劈成两半。在劈开的试件表面立即喷涂显色指示剂，混凝土表面一般变黄(实际颜色与混凝土颜色相关)，其中含氯离子部分明显较亮；表面稍干后(约 10 min)喷 0.1 mol/L $AgNO_3$ 溶液；然后将试件置于采光良好的试验室中，含氯离子部分不久(约 1d)即变成紫罗兰色(颜色可随混凝土原材料和指示剂的不同而变化)，不含氯离子部分一般显灰色。若直接在劈开的试件表面喷涂 0.1 mol/L $AgNO_3$溶液，则可在约 15min 后观察到白色硝酸银沉淀。

测量显色分界线离底面的距离，把如图 A.4-3 所示位置[1]的测定值(精确到 1mm)填入表 A.4-1，计算所得的平均值即为显色深度。

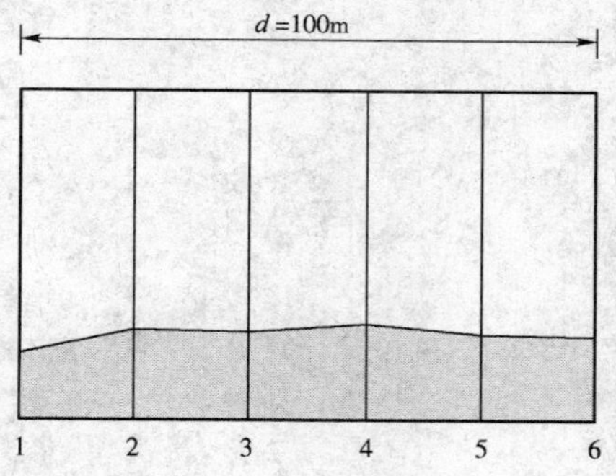

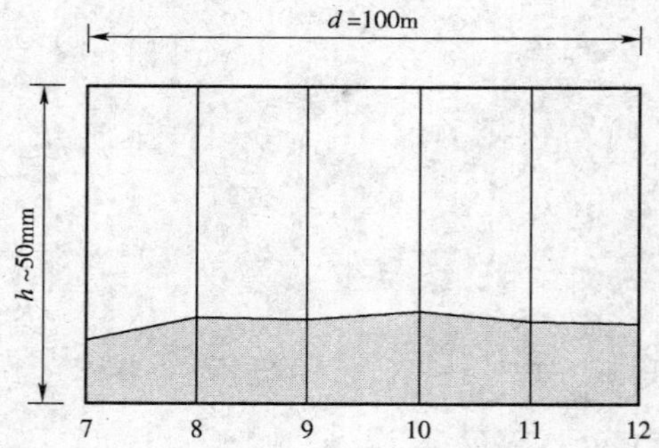

图 A.4-3　显色分界线位置编号

试验后排除试验溶液，结垢或沉淀物用黄铜刷清除，试验槽和橡胶筒仔细用饮用水和洗涤剂冲洗 60s 以上，最后用室温饮用水洗净并用电吹风(用冷风挡)吹干。

A.5　试验结果计算

混凝土氯离子扩散系数按下式计算(中间运算精确到四位有效数字，最后结果保留三位有效数字)：

$$D_{\mathrm{RCM},0}=2.872\times10^{-6}\frac{T\,h(x_{\mathrm{d}}-\alpha\sqrt{x_{\mathrm{d}}})}{t} \tag{A.5}$$

$$\alpha=3.338\times10^{-3}\sqrt{Th}$$

式中：$D_{\mathrm{RCM},0}$——RCM 法测定的混凝土氯离子扩散系数(m^2/s)；

T——阳极电解液初始和最终温度的平均值(K)；

h——试件高度(m)；

x_{d}——氯离子扩散深度(m)；

t——通电试验时间(s)；

α——辅助变量。

[1] 试验表明，测点位置没有必要考虑边缘效应和集料阻挡的情况，但对非常明显的集料阻挡情况，应在试验报告中注明。

混凝土氯离子扩散系数为 3 个试样的算术平均值。如任一个测值与中值的差值超过中值的 15%，则取中值为测定值；如有两个测值与中值的差值都超过中值的 15%，则该组试验结果无效。

A.6　说明

氯离子扩散系数快速测定的试验原理最早由唐路平等人在瑞典提出，北欧以此原理为基础发展了 CTH 法（NT Build 492—1999.11），同时德国亚琛工业大学土木工程研究所（IBAC，RWTH Aachen）也在 DuraCrete Document BE95-1347/R8—1999.03 研究报告和 DAfStb Heft 510—2000 中提出了 RCM 方法。RCM 方法是德国氯离子电迁移快速试验方法发展中的一种版本，而且已先后被瑞士 SIA 262/1—2003 标准和德国 BAW 标准草案（2004.05）采纳。CTH 法和 RCM 法试验原理相同，但在某些技术细节上有差别，如前者的试件在试验前要用饱和石灰水作真空饱水预处理，而后者则用超声浴；前者的试件置于试验槽内的倾角为 32°，而后者为 22°；且试验时采用的阴、阳极电解溶液也有所不同。这些差异对试验结果的影响尚待进一步研究。国外已有对比试验结果，认为两种方法无明显差别，特别当倾角在 20°～32°时，该因素的影响可以忽略。国内的对比试验也验证了这个结论。

附录 B　混凝土表面涂层的施工和管理

B.1　涂层施工

B.1.1　涂装前应进行混凝土表面处理。用水泥砂浆或与涂层涂料相容的填充料修补蜂窝、露石等明显的缺陷，用钢铲刀清除表面碎屑及不牢的附着物；用汽油等适当溶剂抹除油污；最后用饮用水冲洗，使处理后的混凝土表面无露石、蜂窝、碎屑、油污、灰尘及不牢附着物等。

B.1.2　涂装工艺应符合下列规定。

B.1.2.1　为了保持材料的均匀一致性，不得在施工过程中随意变更原选定的涂料品种及其生产厂牌号；当特殊情况需要变更时，应与设计部门共同重新设计及选定相应来源可靠的涂料品种，且不得降低设计基准期要求。

B.1.2.2　对各种进场涂料应取样检验及保存样品，并应按现行国家标准《涂料比重测定法》（GB 1756）和《涂料固体含量测定法》（GB 1729）的有关规定测定涂料的相对密度、固体含量和湿膜与干膜厚度的关系。

B.1.2.3　涂装方法应根据涂料的物理性能、施工条件、涂装要求和被涂结构的情况进行选择。宜采用高压无气喷涂，当条件不允许时，可采用刷涂或滚涂。

B.1.2.4　涂装前在现场进行 $10m^2$ 面积试验区的试验，按第 B.1.1 条的要求处理表面，按涂层系统设计的配套涂料的要求进行涂装试验。涂装试验应测定各层涂料耗用量（L/m^2）和湿膜的厚度，涂层经 7d 自然养护后用显微镜式测厚仪测定其平均干膜厚度和随机找三个点用拉脱式涂层黏结力测试仪测定其涂层的黏结强度。各种测定值应归档。涂装试验的涂层黏结强度不能达到 1.5MPa 时，需另找 $20m^2$ 试验区重做涂装试验。如果仍不合格，应重新做涂层配套设计和试验。

B.1.2.5　涂装应在无雨的天气进行。涂装过程中应做好施工记录。

B.2　质量控制与检查

B.2.1　施工过程中，应对每一道工序进行认真检查。

B.2.2　应按设计要求的涂装道数和涂膜厚度进行施工，随时用湿膜厚度规检查湿膜厚度，以控制涂层的最终厚度及其均匀性。

B.2.3　涂装施工过程中应随时注意涂层湿膜的表面状况，当发现漏涂、流挂等情况时，应及时进行处理。每道涂装施工前应对上道涂层进行检查。

B.2.4　涂装后应进行涂层外观目视检查。涂层表面应均匀，无气泡、裂缝等缺陷。

B.2.5　涂装完成 7d 后，应进行涂层干膜厚度测定。每 $50m^2$ 面积随机检测一个点，测点总数应不少于 30 个。干膜平均厚度应不小于设计干膜厚度，最小厚度应不小于设计厚度的 75%。当不符合上述要求时，应根据情况进行局部或全面补涂，直至达到要求的厚度为止。

B.3　涂层验收

竣工验收应在涂装完成后 14d 内进行。验收时应提交下列资料：

（1）各种涂料出厂合格证或质量检验文件。

（2）原设计文件或设计变更文件。

(3)涂装施工记录。

B.4 涂层管理及维修

B.4.1 涂层在使用过程中应定期进行检查，如有损坏应及时修补。修补用的涂料应与原涂料相同或相容。

B.4.2 当涂层达到设计基准期时，应首先全面检查涂层的表观状态；当涂层表面无裂纹、无气泡、无严重粉化时，再检查涂层与混凝土的黏结力；当黏结力仍不小于1MPa时，则涂层可保留继续使用，但应在其表面喷涂两道原面层涂料。喷涂前，涂层应以饮用水冲洗干净。

B.4.3 当检查发现涂层有裂纹、气泡、严重粉化或黏结力低于1MPa时，可认为涂层的防护能力已经失效。再作涂层保护时，应将失效涂层用汽油喷灯火焰灼烧后铲除，再用饮用水冲洗干净后方可涂装；涂料可使用原配套涂料，或重新设计配套涂料。

B.4.4 对防腐蚀涂层系统应建立档案卡，内容包括涂装竣工资料和涂层使用过程的检查及维修记录等。

附录C　混凝土表面涂层试验方法

C.1　耐碱性试验

C.1.1　试验仪器

（1）试模，尺寸为100mm×100mm×100mm。

（2）涂层湿膜厚度规，量程为0～500μm。

（3）显微镜式测厚仪。

C.1.2　试验步骤

（1）试验用混凝土块应采用不低于C25的混凝土，水泥宜采用32.5MPa普通硅酸盐水泥，用100mm×100mm×100mm试模成型6个混凝土块，并标准养护28d。

（2）涂层试件的制作：每个混凝土块的任一个非成型面，用饮用水和钢丝刷刷洗。如有气孔，用普通硅酸盐水泥砂浆填补。处理完毕后，置于室内，用纸覆盖，自然干燥7d，即可涂装。将试验的配套涂料，依照其使用说明书要求，按底层、中间层、面层的顺序分别涂装，同时控制涂层的干膜总厚度为250～300μm。涂装过程中用湿膜厚度规检测各层的湿膜厚度，并用称重法核实各层涂料的涂布率（kg/m^2 或 L/m^2）。试件制成后，置于室内自然养护7d。

（3）耐碱性试验取3个试件，涂料涂层面朝上，浸于水或饱和氢氧化钙溶液中30d。试验过程中，每隔1～2d检查涂层外观是否起泡、开裂或剥离等。

（4）将余下的3个涂层试件，用显微镜式测厚仪检测涂层干膜总厚度，并计算至少30个测点的平均厚度。

C.1.3　试验结果报告内容

（1）涂料生产厂的名称。

（2）各种涂料的名称、牌号、生产批号。

（3）每一种涂料的涂布率（kg/m^2 或 L/m^2）。

（4）干膜厚度的最大值、最小值和平均值。

（5）耐碱试验后涂层的外观状态描述。

C.2　抗氯离子侵入性试验

C.2.1　试验仪器

试验采用内径为40～50mm的有机玻璃试验槽、湿膜厚度规和磁性测厚仪。

C.2.2　试验步骤

（1）试验用的活动涂层片系采用150mm×150mm的涂料细度纸作增强材料，将其平铺于玻璃板上，将试验的配套涂料，依照使用说明书的要求，先涂底层涂料一道，再涂中间层涂料两道、面层涂料一道。每一道涂膜施涂后，应立即将细度纸掀离玻璃板并悬挂在绳子上，经24h再涂下一道。如此反复施涂，用湿膜厚度规控制涂料形成的涂层干膜总厚度为250～300μm。按此方法共制作三张活动涂层片。制成后，悬挂在室内自然养护28d，再用磁性测厚仪测量涂层片的厚度供试验。

（2）将制得的活动涂层片剪成直径为60mm的圆片试件，按图C.2.2所示方法进行抗氯离子侵入性试验。使试件涂漆的一面朝向3%食盐水；细度纸的另一面朝向蒸馏水。共用三组装置，置于室内常温条件下进行试验，经30d试验终结后，测定蒸馏水中的氯离子含量。

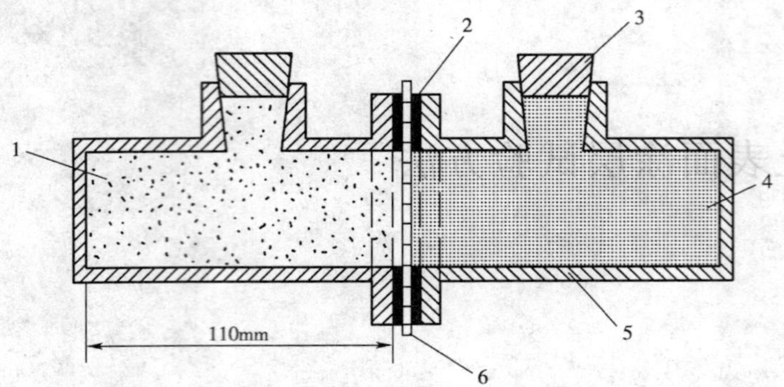

图 C.2.2 涂层抗氯离子侵入性试验装置示意图

1-3% 食盐水;2-硅橡胶填料;3-硅橡胶塞;4-蒸馏水;5-内径为 40 ~ 50mm 的试验槽;6-试件(活动涂层片)

C.2.3 试验结果报告内容

(1)涂料生产厂的名称。

(2)各种涂料的名称、牌号、生产批号。

(3)氯离子穿过涂层片的渗透量[$mg/(cm^2 \cdot d)$]。

C.3 黏结力试验

C.3.1 试验原理及适用范围

涂层黏结力试验系采用直接拉脱试验方法测定涂层与被涂物体之间的黏结力。此法既适用于室内试验,也适用于现场试验。

C.3.2 试验仪器

试验应采用拉脱式涂层黏结力测试仪、湿膜厚度规和显微镜式测厚仪。

C.3.3 室内试验步骤

(1)制作 500mm × 500mm × 50mm 的 C30 混凝土试件 10 件,标准条件下养护 28d。

(2)按附录 B.1.1 条要求,对每试件的 500mm × 500mm 的非浇筑面进行表面处理。

(3)需要进行湿固化涂料黏结力试验的 5 个表湿试件,表面处理后浸泡在清水中,其他 5 个表干试件则放置在室内阴干。

(4)对处理后的 500mm × 500mm 非浇筑面的涂装,按设计的涂层系统和涂料产品使用说明书的要求,依次按底层、中间层和面层涂装。涂装过程中用称重法核实各层涂料的涂布率,并用湿膜厚度规测量各层湿膜厚度。对表干试件,先将涂装面的灰尘吹干净;而表湿试件,从水中捞起后,用湿布抹除涂装面的水滴,然后进行涂装。涂装方法,可以是刷涂、滚涂或喷涂。表湿试件,每涂一道涂层后,经 4h,浸没在 3% 食盐水中。

(5)涂装完成以后,表湿试件经 4h 后,浸没在 3% 食盐水中,12h 后捞起,再过 12h 又浸没,如此反复进行养护 7d;而表干试件放置在室内自然养护 7d。

(6)取经 7d 养护的表干或表湿试件各 3 件,在每一试件的涂层面上随机找 3 个点,每点面积约 30mm × 30mm,用零号细砂纸将每一点的涂层面轻轻打磨粗糙,并用丙酮或酒精等溶剂除油;同时,也对黏结力测试仪的铝合金铆钉头型圆盘座作同样打磨、除油处理。最后用黏结剂把铝圆盘座粘到处理好的涂层上。

(7)待黏结剂硬化 24h 后,用拉脱式涂层黏结力测试仪的配件套筒式割刀,将圆盘座的周边涂层切除,使其与周边外围的涂层分离开。

(8)将黏结力测试仪配件的钢环支座片套住圆盘座,然后把黏结力测试仪的手轮作反时针旋转,使仪器的爪具松下并嵌入铝合金铆钉头型圆盘座,令仪器的 3 个支撑柱立在钢环支座片上,将仪器的指针拨到“0”的刻度位置;最后,顺时针方向旋紧手轮,一直持续到涂层断裂为止,并立即记录指针的读数。

按本步骤重复试验，将每一铝合金铆钉头型圆盘座拔下来，并记录每一次拉拔的读数。

(9)用显微镜式测厚仪测定余下4个试件的涂层干膜厚度。每个试件至少测量30个点，以计算干膜厚度平均值。

(10)对现场喷涂的涂层面黏结力的测试，应在涂层涂装完毕经7d后进行。按每50m^{2}面积随机找3个测点进行检测，具体试验方法应参照C.3.3条的有关规定。

C.4 试验结果的评定方法及报告

C.4.1 试验后立即观察铝合金铆钉头型圆盘座的底面黏结物的情况，如果底面有75%以上的面积黏附着涂层或混凝土等物体，则试验数据有效。

C.4.2 如果底面只有75%以下的面积粘有涂层或混凝土等物体，而且拉力小于1.5MPa，则可在该测点的附近涂层面上重做黏结力试验。

C.4.3 表干或表湿试件各取9个试验点的实测数据分别计算其算术平均值代表涂层的黏结力。

C.4.4 试验结果报告内容：

(1)涂层涂料生产厂的名称。

(2)各种涂料的名称、牌号、生产批号。

(3)每一种涂料的涂布率(kg/m^{2}或L/m^2)。

(4)干膜厚度的最大值、最小值和平均值。

(5)涂料涂层的黏结力。

附录D　混凝土表面憎水处理的检测方法

D.1　干燥系数比值的测定

按欧洲标准《混凝土结构保护与修补用的产品和体系——试验方法——测试用基准混凝土》(EN 1766)以水灰比0.45的混凝土，制作100mm×100mm×100mm 9块立方体试件(试模应无油、无脱模剂)，标准养护28d。其中3块以105℃±5℃烘7d，另6块在20℃±2℃、RH60%±10%环境下六面风干7d，到含水率相当于5.0%±0.5%，取出其中3块，按欧洲标准草案《孔壁憎水浸渍的风干试验》(prEN 13579)在带风扇的通风柜中，各面憎水浸渍120s±5s后，在停止鼓风的通风柜中放48h±1h，然后与其余3块未处理但已风干的试件分别保持于30℃±2℃、RH40%±5%的环境下(下部盛饱和K_2SO_4溶液的气密箱中)放置24h±1h，以测定憎水处理后干燥系数与未处理试件相比的比值。

D.2　憎水浸渍有效深度的测定

将按上述方法制备、养护、风干、憎水浸渍处理的试件(混凝土的水灰比为0.70)，劈开后，在劈开面上喷水，测量劈开面上的干燥区域尺寸。

D.3　吸水率比和抗碱性的测定

将按上述方法制备、养护、风干、憎水浸渍处理的试件(混凝土的水灰比为0.45)憎水浸渍14d后，与未处理的试件一起，分别放入存有足够去离子水和有足够K_2SO_4溶液(5.6g/L)的烧杯中，浸入深度25mm±5mm(指试件顶面至液面的深度，烧杯的开口应用胶粘带密封)，放置21d±0.1d，然后在六面通风下风干至恒重(±2g)，分别求出3块憎水浸渍试件与3块未处理试件相比的吸水率比值和吸碱溶液率的比值(抗碱性)。

本规范用词说明

执行条文严格程度的用词。

(1)表示很严格,非这样不可的用词:

正面词用“必须”;

反面词用“严禁”。

(2)表示严格,在正常情况下应这样做的用词:

正面词用“应”;

反面词用“不应”或“不得”。

(3)表示允许稍有选择,在条件许可时首先应这样做的用词:

正面词用“宜”;

反面词用“不宜”。

(4)表示允许有选择,在一定条件下可以这样做的用词:

采用“可”。

《公路工程混凝土结构防腐蚀技术规范》

（JTG/T B07-01—2006）

条 文 说 明

1 总则

1.0.1 现行的混凝土结构设计施工规范主要考虑荷载作用下结构承载力安全性与适用性的需要，较少顾及环境作用引起结构材料性能劣化和腐蚀对结构适用性与安全性的影响。由于耐久性不足，增加了结构使用过程中的修理与加固费用，影响或限制了结构的正常使用功能并缩短结构的正常使用年限，不仅造成巨大经济损失，而且严重浪费资源。为使公路混凝土结构的设计真正做到经济合理并有利于可持续发展的基本国策，特制定本规范。

混凝土结构的耐久性在很大程度上取决于结构施工过程中的质量控制与质量保证以及结构使用过程中的正确维护与例行检测。本规范同时也为工程的业主和工程交付使用后的运营管理部门提供防腐蚀耐久性要求的相关信息。

1.0.3～1.0.4 材料的耐久性是在各种作用下长期维持其原设计性能的能力。荷载长期作用下的耐久性如持久强度、疲劳强度等通常在结构的承载力(强度)设计中已予考虑，本规范所指的耐久性则为环境腐蚀作用下的耐久性。环境对混凝土结构的腐蚀作用主要体现为钢筋的锈蚀和混凝土的腐蚀或损伤。

钢筋锈蚀的生成物体积膨胀，导致混凝土顺筋开裂和混凝土保护层剥落，锈蚀会损害钢筋与混凝土之间的粘着力，削弱钢筋的截面面积并使钢筋变脆，从而影响结构的适用性(裂缝、表面锈迹等)甚至安全性。在正常情况下，混凝土呈高碱性，此时在钢筋表面会形成钝化保护膜，能隔绝水分和氧气与钢筋金属接触，阻止钢筋锈蚀。主要有两种情况会导致钝化膜失效：

①混凝土的中性化，主要是碳化，即空气中的 CO_2 从混凝土表面扩散到混凝土内部，与呈碱性的水泥水化产物 $Ca(OH)_2$ 发生作用，形成中性的 $CaCO_3$，削弱混凝土的碱度，使钝化膜不能继续维持而破坏，并在水分和氧的参与下发生持续锈蚀；

②氯盐的侵入，即氯离子从混凝土表面扩散到钢筋位置，积累到一定浓度(临界浓度)后也能破坏钝化膜，使钢筋锈蚀。混凝土内的钢筋因碳化引起的锈蚀和因氯盐引起的锈蚀都是电化学过程，都要有水分和氧的参与。

对混凝土材料造成腐蚀或损伤的环境作用主要有反复冻融以及水、土介质中的盐、酸等化学腐蚀。混凝土内的孔隙水经反复冻融而逐渐达到临界饱和度后，冰冻产生的压力很快就会使混凝土表层崩裂并发展到剥落、集料裸露。硫酸盐与混凝土中的水化产物 $Ca(OH)_2$ 和水化铝酸钙发生化学作用生成石膏和钙钒石，这两种反应均可发生体积膨胀而使混凝土开裂剥落；此外，在干湿交替的环境条件下，侵入混凝土毛细孔隙中的硫酸盐溶液浓度会不断增加并因过饱和而结晶，对孔壁产生极大的结晶压力使混凝土破坏。酸能溶解混凝土中的 $Ca(OH)_2$ 和其他含钙水化物，破坏混凝土的内部结构和密实性。空气中的二氧化硫与水结合形成酸雨，对混凝土有很大的侵蚀作用，还会与水泥组分反应生成有害的硫酸盐。除冰盐不但能对钢筋造成严重锈蚀，而且对表层混凝土也有很大的破坏作用，使表面起皮剥落。高水灰比、密实性差的混凝土，即使在中性水的渗透下也能使 $Ca(OH)_2$ 析出。环境作用对混凝土的侵蚀与损伤首先发生在表层混凝土，使混凝土截面或混凝土材料强度受到损失。

1.0.5 本规范提供环境作用下混凝土结构防腐蚀的设计要求与施工要求，是对已有结构设计与施工技术标准所作的一种补充或修正，因此本规范中的规定与现行规范不符之处，一般宜以本规范为准。

3 基本规定

3.0.1～3.0.2 为工程设计对象明确规定设计使用年限，不仅是业主和用户的需要，也是结构设计走向更为经济合理的必要步骤。许多国家在结构设计规范中早已明确提出设计使用年限的要求，我国新修订的建筑结构设计标准也已对不同结构物的设计工作寿命或设计使用年限作出明确规定。

公路桥梁的设计使用年限在国外多为100年，英国为120年，美国的规范未明确标明使用年限但按不低于75～100年考虑。基于可持续发展的要求以及公路工程作为生命线工程的重要性，国际上对重要桥梁的设计寿命有进一步延长的趋向。结构的使用年限，一般指的是结构在技术性能上能够满足要求的年限，即技术使用年限。但一个工程的使用年限还往往取决于其他因素。如因交通流量发展或车载增大而不能满足新的功能要求，或因继续维修所需费用过大而不如拆除重建，均可导致使用年限的终结，后者即为功能使用年限或经济使用年限。这种情况在我国当前所处的经济发展时期尤为突出，所以设计时应慎重考虑。

结构的设计使用年限是具有规定保证率的预定使用年限。为与《公路桥涵设计通用规范》（JTG D60—2004）中的术语保持一致，本规范中用"设计基准期"这一术语替代上面所说的"设计使用年限"。

3.0.3 结构构件的使用年限可通过维修延长，结构中个别部件的使用年限也不一定能够达到与结构整体的设计基准期相同，例如桥梁中的拉索寿命可能仅有20～30年，简支梁桥的球形支座寿命可能仅有40年。因此，结构的个别构件在结构设计基准期内的修理或更换应视为正常。

3.0.4 将环境作用按其严重程度划分类别和等级是混凝土结构设计标准中的一般做法。本规范将环境作用分成7类，对每一环境类别的腐蚀作用程度，再区分不同环境条件，分别纳入A～F六个不同的作用等级。这种分类、分级的方法在一些方面参考了欧洲设计规范。相同的环境作用等级之间由于环境类别不同，在防腐蚀的技术要求上也就并不完全等同；这种差异主要表现在对混凝土组成材料的选择和配比上，如引气剂的使用和胶凝材料品种与用量的限制等。

在对环境的分类中，一般环境下的混凝土结构劣化主要是混凝土碳化后在水分和氧气的作用下造成钢筋的锈蚀，即碳化锈蚀。碳化对混凝土本身一般不会造成伤害，但钢筋锈蚀后反过来能造成混凝土开裂并剥落。对现代混凝土来说，防止一般环境下的碳化锈蚀应该不成问题。已有混凝土结构中存在的严重碳化锈蚀，主要在于设计中采用了过薄的保护层厚度和水胶比过大的混凝土以及施工质量低下所致，这种情况必须纠正。如果混凝土始终处于水饱和状态，空气中的CO_2难以扩散到混凝土体内，混凝土碳化就不会发生或只会非常缓慢地进行，钢筋也不至于脱钝锈蚀，即使开始锈蚀了，空气中的氧气也难以扩散到钢筋表面使电化学腐蚀过程得以延续；如果混凝土很干燥，CO_2和氧气很容易扩散到混凝土内部，但因为缺少水分，碳化与锈蚀过程都很难进行。所以最易造成钢筋碳化锈蚀的环境是干湿交替（我国东南沿海地区尤为严重）。在这种环境下，我国现行混凝土结构设计规范所作的规定，一般都难以满足混凝土结构使用年限（50年或大于50年）内的适用性与安全性要求，应该予以修正。

一般冻融环境下混凝土结构的劣化主要表现为混凝土的损伤和开裂，对钢筋来说则因混凝土的劣化而得不到应有的保护，可能提前发生锈蚀。混凝土的冻害主要与混凝土的饱水程度和水的供给、冻融的循环次数、最低温度及降温速率等多种因素有关。表3.0.4-2中对冻融环境的分级，除了强调饱水程度以外，还按当地最冷月平均气温划分为严寒地区、寒冷地区和微冻地区，这种方法在一定程度上反映了低温和冻融次数的影响。目前，我国各地的气象统计仅有最冷月平均气温而尚缺冻融循环次数的数据。

现场混凝土的饱水度与混凝土受冻前接触外部水体的频繁程度有关。经常受雨淋的混凝土水平表面不易干燥，饱水度高；偶受雨淋的竖向表面不易积水，饱水度低，一般不会发生冻害。当混凝土表面接触水体时，冻融循环可使混凝土内部的饱水程度不断增加。本规范按混凝土受雨淋（或接触水体）的频繁程度及构件表面为水平（如混凝土板）或竖直（如混凝土柱），定性地分为中度饱水和高度饱水。

表 3.0.4-2 中的除冰盐冻融环境与近海或海洋环境，对混凝土结构的腐蚀主要表现为除冰盐和海水中的氯盐对钢筋的严重锈蚀。海水对混凝土也有一定的侵蚀作用，而除冰盐则会加重混凝土的冻融破坏。除冰盐的浓度实际上可因不同地区的喷洒频度而有很大的差别；海水中的氯盐含量也因不同地区而异，靠近江河出口的海湾处，海水的含盐量也有可能较低。表 3.0.4-2 中对海水与除冰盐环境的作用分级是按一般情况考虑的。

盐会加重冻融环境对混凝土的危害程度，尽管盐溶液的冰点下降，却可能由于盐的浓度差产生的渗透压而增加吸水的速率和吸水率，加速混凝土水饱和。但是，除冰盐对混凝土表面的损害和一般冻融循环的作用并不完全相同，前者的作用更为复杂。一方面，反复冻融使除冰盐渗入混凝土中的盐在水蒸发后的浓度不断增加，达过饱和而析出结晶，产生结晶压力；另一方面，除冰盐与冰雪混合后，混凝土表面温度降低，温度骤然下降与内部混凝土之间引起的温差会产生较大应力。虽然除冰盐使溶液冰点下降，但当环境温度进一步降低到该溶液冰点以下时，也会冻结。

表 3.0.4-2 中的盐结晶环境、大气污染环境和土中及地表、地下水中的化学腐蚀环境（海水除外），除了能对混凝土造成化学和物理腐蚀外，往往同时引起钢筋锈蚀。这些环境中有害化学物质对所接触的混凝土结构的腐蚀作用，在很大程度上取决于混凝土的干湿程度，其中干湿交替最为有害；如在土中，则与土体的渗透性或地下水的流动性有极大的关系。

针对土中盐类对混凝土的腐蚀，中国建筑科学研究院依据全国土壤腐蚀网站的混凝土埋设试验，对我国典型的中碱性土、酸性土、内陆盐土、滨海盐土进行了研究。中碱性土，以西安、济南、南充、沈阳、成都等地为代表；酸性土，以深圳、广州、鹰潭为代表；内陆盐土，以敦煌、张掖、新疆、阜康、伊宁、泽普、哈密为代表；滨海盐土，以天津大港为代表。研究结果认为：中碱性土对混凝土的腐蚀性属于弱腐蚀；酸性土对混凝土的腐蚀性属于中等腐蚀，须考虑地下混凝土结构的防腐技术措施；滨海盐土和内陆盐土对混凝土的腐蚀性则属于强腐蚀，主要为各种盐类析晶及钙矾石生长的膨胀性破坏。西部盐湖地区土体对混凝土的腐蚀尤为严重。长沙理工大学赴西北地区调研的结果表明：盐类析晶的破坏，主要与地下盐水活动所引起的混凝土干湿循环有关。在盐碱土地区的混凝土结构设计中，应掌握当地最高地下水位及其渗透高度等基本数据，并对处于该部位的混凝土结构重点设防。滨海盐土对混凝土的腐蚀破坏程度与结构物和地面之间的相对高差密切相关。

多种环境因素的交互作用，可能加剧，也可能减弱其腐蚀作用。如海水环境中同时有氯盐和硫酸盐，氯盐的存在能抑制硫酸盐的危害。

3.0.5 当结构构件同时处于两类或两类以上的不同环境时，应同时满足这些环境类别分别作用下的耐久性要求。

频受潮湿的构件以及频受雨淋的构件需按干湿交替的环境条件设计。

冰冻地区受冻前可能接触雨水或其他水体的结构构件必须按冻融环境设计。

使用过程中可能接触海水或含有氯盐化合物的结构构件，应按海洋或氯化物环境设计。

桥梁构件的设计应考虑由于桥面层、防水层和桥面伸缩缝等各种连接部位的渗漏所造成的局部环境作用。对于桥面板的顶面以及可能遭受来自伸缩缝处渗漏水作用的下部梁、柱（墩）表面，应按干湿交替的环境条件设计，在冻融地区尚需按冻融环境设计。对于除冰盐环境，上述部位需考虑含除冰盐的渗漏水的作用。桥面板的底面，如有防止雨水或伸缩缝处渗漏水从侧边淌入的可能，则底部钢筋可按非干湿交替的露天环境条件设计。

冬季使用除冰盐和将来可能使用除冰盐来融化道路积雪的冰冻地区，其道路两旁的构件、桥梁构件以及附近的车库构件必须考虑除冰盐的侵蚀作用。

沿海地区和盐土地区应考虑当地大气、地下水和土中可能存在的盐类腐蚀性化学物质的作用。这些地区的构件设计不应随意套用一般的标准图。

4　设计要求

4.1　在严重环境作用下，混凝土的强度往往取决于耐久性而非承载力。这时应首先根据耐久性要求按表4.2.1选定混凝土的设计强度，而后再进行结构承载力的设计。

重要工程中受环境严重作用的结构部位，应考虑是否需要采取附加防腐蚀措施，但首先必须要满足表4.2.1中对混凝土最低强度等级和最大水胶比的要求，并应尽可能提高混凝土本身的耐久性质量。

4.2.1　提出最低强度等级与最大水灰比的限制，是混凝土设计施工标准中控制混凝土耐久性的常用做法。影响混凝土结构耐久性的首要因素是混凝土的密实性，而不是强度，所以为了保证混凝土的密实性，首先要规定最大水胶比的限制。本规范用"水胶比"取代以往用"水灰比"来间接表达混凝土的密实性质量，同时用胶凝材料（水泥加矿物掺和料）用量取代以往的水泥用量。混凝土材料中掺用矿物掺和料以占胶凝材料总量的百分比表示（以质量计），但对不同的环境类别，则对胶凝材料的范围（品种与用量）作了不同的要求和限制。掺用矿物掺和料可明显提高混凝土的抗腐蚀能力，但是大多数活性掺和料的密度都比水泥的密度低，当水胶比不变而等量取代水泥后，混凝土中胶凝材料浆体的体积增大，拌和料会因此而胀方，而且由于大多数矿物掺和料参与水化反应的时间晚（例如粉煤灰在28d以前基本上不参与化学反应），在不变的水胶比下，水灰比（水与水泥的比值）增大，硬化体的早期孔隙率会增大，所以掺有矿物掺和料的混凝土水胶比应低于不掺时的水灰比。掺粉煤灰混凝土微结构的发展对水胶比非常敏感。水胶比越低，粉煤灰发挥作用的龄期越可提前。因此必须随矿物掺和料掺量的增大而降低水胶比，以保证粉煤灰作用的效率和28d的密实度。故耐久性设计应以最低强度等级和最大水胶比对混凝土的密实性进行双控。

4.2.2　在一般环境下，大气中的混凝土碳化从混凝土停止施工养护后就有可能开始，不像冻融或氯盐环境那样，在多数情况下要在施工阶段结束交付使用以后才接触所考虑的环境因素作用。在混凝土中掺入粉煤灰会降低混凝土的碱度，但当水胶比不是很低时，能加速混凝土的碳化，故应对一般环境下处于大气中的混凝土限制胶凝材料中粉煤灰的最大用量。

4.2.3　掺入引气剂在混凝土中形成微细均匀的圆形气泡，能缓解混凝土中的冰晶压力，是提高混凝土抗冻性的有效措施。粉煤灰中含有未燃尽的碳，能影响混凝土的含气量；较大掺量的粉煤灰能增加拌和物的粘聚性，也影响气泡的形成。故在D级以上的冻融环境中，要限制粉煤灰掺量，同时限制粉煤灰的烧失量。

4.2.4～4.2.5　混凝土含气量是引气混凝土的重要参数，但与混凝土抗冻性质量关系最大的参数则是气泡间距系数。因为气泡间距系数的测定费时，而新拌混凝土含气量可快速测定，所以常用含气量作为抗冻性的控制指标。除粗集料粒径以外，对混凝土"有效含气量"影响大的因素还有引气剂质量及混凝土水胶比和浆骨比等，混凝土拌和物的坍落度大小也会影响含气量。

目前国产的引气剂多数不耐振，在试验室做出来的含气量很大，一振就变得很小。因此对所有混凝土拌和料，不论坍落度大小，在试验室测含气量时，都要放在测含气量的筒里，先在振动台上振20s，以便接近现场的实际情况。

由于盐冻的机理不同于一般冻融，宜用盐液浸泡混凝土表面的盐致剥落试验方法。但是根据同济大学黄士元教授的试验，目前通用的快速冻融试验方法如能用盐液代替水，得到的结果与盐致剥落试验的结果有一定的相关性。故在表4.2.4中列入"盐冻"下的DF指标，用以评价混凝土抗盐冻的性能。

4.2.6　掺加粉煤灰等矿物掺和料对提高混凝土抗氯盐侵蚀能力特别有利。因此在海洋环境和除冰盐环境下，不宜单独采用硅酸盐水泥作为胶凝材料。本规范提出的氯盐环境下对混凝土保护层厚度等的最低防护要求，都是以大掺量或较大掺量矿物掺和料混凝土作为前提的，如果是硅酸盐水泥混凝土，就不能保证所需的耐久性。硅酸盐水泥水化产物中的$Ca(OH)_2$不论在强度上还是在化学稳定性上都很差,在软水、酸或硫酸盐腐蚀下易被溶解,是混凝土耐久性的薄弱环节。传统观点认为:$Ca(OH)_2$呈碱性,对防止钢筋锈蚀有利,在混凝土中掺入粉煤灰、硅灰等火山灰材料后,与$Ca(OH)_2$发生火山灰反应,消耗$Ca(OH)_2$,同时降低混凝土的碱度,因而不利于防锈,所以对粉煤灰掺量加以严格限制。但是国内外的试验研究和实践表明,只要有合适的配合比,例如低于0.45的水胶比,掺用粉煤灰等掺和料可改善混凝土的微结构,提高混凝土抗水、抗盐和抗化学腐蚀的能力。掺矿物掺和料以后,混凝土内部微结构的形成对于水的敏感性,要大于单用硅酸盐水泥混凝土对水的敏感性,当水胶比大于0.5或不变水胶比而等量取代时,就难以发挥掺和料的作用。因此,发挥粉煤灰等掺和料的作用,尤其需要在较短龄期就发挥粉煤灰改善混凝土微结构以提高其抗腐蚀的作用时,必须以低水胶比为前提。

4.2.7 混凝土的抗渗性是抵抗外界有害物质(水、气及溶于水、气溶液中的其他介质)侵入混凝土内部的能力。抗渗性是衡量混凝土耐久性的综合指标,与混凝土内水泥硬化浆体、集料及其界面的密实性(孔隙率与孔结构特性)有关,也取决于侵入介质的种类。有害介质进入混凝土内部的传输途径可以是扩散、渗透或吸收等,所以抗掺性可相应用扩散系数、渗透系数或吸水率等参数来表示。

渗透是混凝土内部毛细孔作用吸水饱和后流体在压力差的驱动下发生在材料内部的流动,符合达西定律,例如高水头下的水向混凝土的渗透;传统的混凝土抗渗性能测定方法就是采用高压水头的渗透试验,并据此确定混凝土的渗透系数或抗渗标号。可是抗渗标号并不能判定现代混凝土的耐久性,因为有害介质可以在几乎不透水的混凝土中传输;抗渗标号也不能如实反映混凝土的防水性能,对于强度等级超过C30的混凝土而言,它们在抗渗等级上几乎没有不能满足的,所以本规范不再用抗渗标号作为指标。实际工程中的有害介质也很少通过这种渗透的机理进行传输。

当混凝土水胶比很低时,氯离子主要通过扩散的机理传输到混凝土内部,在扩散过程中还可能与混凝土材料发生化学作用或物理吸附作用而被部分结合,扩散的速率与介质的种类、浓度和环境温度有关。氯离子还能通过吸收的机理进入混凝土内部。当表面干燥或半湿的混凝土表面接触到海水时,氯离子就会被吸收,并通过内部的孔隙水继续向里扩散。海洋浪溅区的混凝土表面,通过吸收进入的氯离子浓度可因海水的蒸发而增加并不断累积,这与长期浸泡于海水下的扩散有很大区别,后者在表层混凝土孔隙水中的自由氯离子浓度大体与周围环境中的海水氯离子含量相同。

氯盐环境下的混凝土抗渗性能一般用氯离子在混凝土中的扩散系数表示。用自然浸泡的方法对扩散系数进行测定需要较长时间,而电解质溶液中的离子在外加电场的驱动下会加速迁移,所以氯离子的侵入性或渗透性现在常用外加电场下氯离子快速迁移的扩散系数测定方法。但是,根据自然浸泡法测得的氯离子在试件不同深度上的浓度分布并进而用Fick第二定律拟合得出的扩散系数,与电迁移快速测定的扩散系数在量值上并不一致,二者随龄期增长而降低的速率也不一样。

本规范建议,按照附录A的电迁移快速试验方法测量氯离子扩散系数,用于氯盐环境下混凝土施工阶段的混凝土质量控制。目前,有关不同配合比和用料的混凝土中氯离子扩散系数的数据还不够充分,而氯离子扩散系数的测定值又往往有较大的离散性,所以表4.2.7提出的控制数据只供参考,而且只适用于大掺量矿物掺和料混凝土。

大掺量矿物掺和料混凝土是配制耐久性混凝土的重要途径。鉴于该种混凝土早期水化硬化速率较慢的特点,建议同时对较长龄期(如84d)的标养试件测定其扩散系数与28d龄期的扩散系数进行对比。由于工程现场的环境条件与标养条件往往有较大的差异,还可在施工现场预浇构件钻芯取样作测试,对标养的试件数据及其龄期影响进行比较。实际工程构件的耐久性与其接触氯盐时的龄期有关,所以取这一龄期的标养试件与现场预浇构件的钻芯取样试件进行扩散系数的对比测试,可为工程的使用寿命预测提供更有用的参考依据。

4.3.7 钢筋锈蚀一般总是从最外侧的分布筋或箍筋开始,并能引起混凝土开裂和剥落。所以在耐久性设计中,对混凝土保护层厚度的要求,首先应考虑到的是箍筋和分布筋,而内侧主筋的保护层厚度则往往取决于箍筋或分布筋的需要。值得注意的是,我国现行混凝土结构设计规范中的保护层厚度是对主筋而言的,这也是现行设计规范的要求不能满足耐久性的原因之一。现行混凝土结构设计规范在规定保护层的最小厚度时,也没有充分考虑保护层的施工偏差对耐久性可能造成的巨大影响。所以,用于结构承载力和刚度计算以及标注于施工图上的保护层厚度，应该是保护层最小厚度与一定的施工允许误差之和。在环境作用等级为 A 或 B 的一般环境下，由于钢筋不易锈蚀或锈蚀速度很慢，一般工程的保护层厚度尚可仅考虑受力主筋的需要，但如工程比较重要，或结构处于 C 及 C 级以上的环境作用下，则应保证最外侧箍筋和分布筋的保护层最小厚度也能满足表4.3.7规定的数值，而且用于结构计算和施工图上标明的保护层厚度，应该是保护层最小厚度与施工允许误差之和。

4.3.10 室内与野外试验均表明，混凝土表面的宏观裂缝宽度只要不是过大(0.4mm 以内)，对钢筋碳化锈蚀不会发生明显影响，只是裂缝截面上的钢筋发生局部锈蚀的时间会提前，但是这种局部锈蚀会较快停止，一直要等到保护层下的混凝土碳化和钢筋去钝后，才会一起进入钢筋锈蚀的稳定发展期。但预应力钢筋因能发生应力腐蚀，钢筋在氯盐环境下易发生局部坑蚀，一般认为应该较为严格地限制表面宏观裂缝的宽度。

增加保护层厚度，在同样荷载作用下的构件表面裂缝宽度将增大，但就防止裂缝截面上的钢筋发生锈蚀而言仍然有很大的好处。因此，不能因为表面裂缝宽度有所增加而限制增加保护层厚度。

4.3.11 本条的适用对象主要指地下结构的侧墙等构件。

5 施工要求

5.1.1 为了便于控制胶凝材料中掺和料的品种与掺量，应选用硅酸盐水泥或普通硅酸盐水泥，但其他水泥不是不能选用，只是应了解其中掺和料的品种和掺量来确定混凝土中掺和料的品种与掺量，此时掺和料的份额应以掺和料水泥中的和在混凝土中掺入的一并计为胶凝材料总量的百分比。现行水泥标准只有水泥强度下限的规定，而没有规定上限，不仅影响水泥的匀质性，而且常因水泥实际强度超出标称强度太多而影响开裂敏感性。发达国家的水泥标准都是有强度上限的。

5.1.2 水泥比表面积太大时，早期强度高而后期增长率低，不利于混凝土的抗裂性和裂缝自愈能力。C_3A 是硫酸盐腐蚀的敏感组分，应限制其含量；但在海水中，因 Cl^- 的存在而增加硫酸盐腐蚀产物的溶解度，从而缓解混凝土受结晶膨胀的损伤，则水泥中 C_3A 的含量可适当放宽。

在严重硫酸盐腐蚀环境作用（D、E、F 级）下，低热微膨胀水泥与硅酸盐水泥及抗硫酸盐硅酸盐水泥相比，具备很好的抗腐蚀性，并已在我国水坝工程建设中得到长期应用。低热微膨胀水泥的主要组分是矿渣与硅酸盐水泥，与在混凝土中掺用矿物掺和料的技术路线一致，并有工厂化生产控制的质量稳定优势。按现行国家标准，低热微膨胀水泥的水化热与膨胀值均有出厂控制，对耐久混凝土的生产提供了方便。

5.1.3 水泥中的碱可增加混凝土的收缩和开裂，并且不利于外加剂与水泥的相容性，故无论集料是否有潜在碱活性，都应控制水泥中的含碱量。但是当水泥中含碱量太低时又会使混凝土拌和料易泌水，故还应有含碱量的下限。

矿物掺和料中的含碱量以其中的可溶性碱计算，按试样中碱的溶出量试验确定（当无检测条件时，可按粉煤灰中总碱量的约 1/6、矿渣中总碱量的 1/2 计）。在一般的原材料检测报告中，含碱量是采用酸碱法检测总碱量，包含可溶于水和不溶于水（但溶于酸）的两部分碱量，而在混凝土中并无酸性环境，只有可溶于水的碱才可能发生反应，故上述可溶性碱是指混凝土原材料中能溶于水的碱量（以 Na_2O 当量计）。

5.1.5 当前对粉煤灰主要以 45μm 筛孔的筛子筛余量、需水量比和烧失量三个指标来分级，但是筛余量大的粉煤灰，并不一定有小的比表面积。这是因为筛余量反映的粉煤灰颗粒大小可能是由于其团聚的颗粒造成的，因此筛余量对其反应活性未必有明显的影响，粗颗粒粉煤灰的存在反而有利于混凝土的体积稳定性；由于使用高效减水剂，需水量比只要不大于 105%，也不会有很大的影响。重要的是反映含碳量的烧失量，对混凝土的引气、流动性、强度和体积稳定性都有影响。因此除了强度要求很高外，选择粉煤灰不一定要追求都符合 I 级质量。工程实践表明，只要保证 I 级灰的烧失量，另两个主要指标 I 级、II 级都很好。

矿渣水泥中的矿渣，由于用传统工艺与熟料共同粉磨成比表面积为 $330m^2/kg$ 的水泥，其中的矿渣比表面积最多只有约 $250m^2/kg$，这样粗的矿渣不能发挥其潜在的活性。将矿渣单独磨细后，比表面积越大，活性越高，因此要求所选用的磨细矿渣比表面积要大于 $350m^2/kg$。但是当矿渣比表面积超过 $400m^2/kg$ 掺入混凝土后，胶凝材料的水化热与混凝土的自收缩都随着掺量的增大而增大（除非掺量超过 75%），因此磨细矿渣的比表面积不宜超过 $400m^2/kg$。由于商业行为的操作，目前市售磨细矿渣比表面积都超过此限，但从混凝土结构耐久性的角度考虑，用户可以提出要求。

5.1.7 集料的质量是当前影响混凝土质量的极重要因素。当前因我国绝大部分石子的生产方式落后，石子的针、片状颗粒多，级配极差。公称连续粒级的石子，实际上常常没有粒径 5 ~ 10mm 的颗粒。因此造成混凝土拌和料的需水量居高不下，浆骨比大是混凝土易开裂的主要原因。西方国家大都购进单粒级石子进行连续级配或三级级配。对石子级配的简易方法可按最大松装密度优选，这样还可避免即使采石场的级配合格而在装、卸料和运输过程中破坏级配。对于砂子，目前混凝土的生产一般只注重其细度模量，但细度模量相同的砂子级配并不相同，忽视砂子级配同样会导致增加混凝土的需水量。对砂子级配的简易方法可用公称粒径 5mm、0.63mm、0.15mm 三级控制。合格粒径与良好级配的集料可使混凝土的用水量降低约 20%，有可能减小干燥收缩值约 100×10^{-6}。

5.1.8 引气剂、高效减水剂或各种复合外加剂中均不得掺有木质磺酸盐组分，其原因是目前国产木质磺酸盐（亚硫酸氢盐蒸煮木材排出的废液经浓缩、干燥所得）的原料部分或全部为阔叶树、芦苇和草类，以这类木质磺酸盐为组分的外加剂配制出的混凝土，虽然含气量完全可以满足要求，但抗冻融试验的结果很差。

在喷射混凝土中常应用高浓度钠盐的速凝剂，掺量又较大，有可能引起硫酸盐腐蚀，特别是在隧道工程内受流动地下水冲刷的情况下，能引起极其严重的腐蚀。我国南方多处地下水发育地区的铁路隧道都深受硫酸盐腐蚀之害，需要引起特别注意。

5.1.9 对氯离子总量的限制，在国内外各种标准中都有规定，但具体量值有差异。氯离子引起钢筋锈蚀的阈值（氯离子临界浓度）与环境湿度、温度、混凝土胶凝材料种类和数量、混凝土水胶比以及混凝土碳化程度等许多因素有关，较难提出确定的数值。各国标准中限定的混凝土中氯离子总量，一般都不考虑这么多因素，而是保守地规定一个数值。欧洲各国的标准多规定普通钢筋混凝土内的氯离子限量在非氯盐环境下为0.4%；美国 ACI318 规范规定非氯盐环境下为0.3%，氯盐环境下为0.15%，干燥条件下为1.0%，潮湿环境或氯盐环境均为0.15%，既无潮湿又无氯盐或为其他环境时为 1.0%（美国 ACI318 规范和加拿大规范中均为水溶值）。设计人员可根据工程对象的不同特点，在合理范围内变动。

5.2.6 振捣引气混凝土时应注意控制振捣时间，既要保证混凝土充分密实，又要防止过度振捣而引起含气量过分损失。

5.2.7 混凝土的胶凝材料具有水硬性，保持混凝土中足够的水分，对保证混凝土质量至关重要；尤其对低水胶比的密实混凝土，养护时不仅应保持水分不流失，而且水胶比越低越应当补充水分。水养护不得间断，一旦间断，毛细孔被堵塞后，即使再补水也不会再有用。

现代混凝土由于水泥生产工艺的变化，强度有很大提高，即使构件断面最小尺寸只有 30cm，甚至 20cm，早期开裂也有 60% 以上来自温度收缩。因此在早期控制混凝土的温度和湿养护对保证混凝土的质量同等重要。对混凝土的湿养护要根据不同季节、不同气温和日照条件而变换措施，以免对混凝土的温度控制产生不利的影响。

6 附加防腐蚀措施

附加防腐蚀措施之所以作为附加技术措施提出，主要有如下考虑：

(1)附加防腐蚀措施是在混凝土结构本身的耐久性要求不低于本规范规定的基础上附加的技术措施。

(2)附加防腐蚀措施中的"附加"一词并不意味着辅助的含意。当工程所处环境十分恶劣(例如E级以上的多种腐蚀性介质)又无相似工程的经验可以借鉴，或者工程的设计基准期高(例如一级)且构件的尺寸与形状受限时，附加防腐蚀措施的应用则在整个结构中成了完整的防腐蚀体系构成之一，因而是不可或缺的。

(3)除了碳化腐蚀，多数腐蚀性介质对混凝土材料或钢筋的腐蚀作用均离不开水这一媒介。混凝土结构的施工与使用过程中，开裂问题一直是难以根除的顽疾。因而，除了结构的防排水构造与材料密实性的设计与施工要求以外，具有防水功能的各种附加防腐蚀措施往往成为整个结构防腐蚀体系中必不可少的屏障。尤其对于主要构件大多暴露于自然环境中的公路工程，重要构件的防排水设计与施工要求具有重要的耐久性意义。

6.1.1 近海或海水环境中平均潮位以上的水位变化区的E、F级，一般冻融环境中的中度饱水混凝土(B、C级)，使用除冰盐环境中的E级，盐类结晶侵蚀环境中的F级环境的混凝土均可考虑采用表面涂层。被涂装的混凝土结构，只有通过验收合格，才能发挥涂层的防腐效果。混凝土属于强碱性的建筑材料，采用的涂料应具有良好的耐碱性、附着性和耐蚀性，环氧树脂、聚胺酯、丙烯酸树脂、氯化橡胶和乙烯树脂等涂料均适用。混凝土结构的腐蚀破坏一般都在平均潮位以上的部位；在潮位以下，由于混凝土处于饱水状态，供氧条件差，钢筋的腐蚀极为缓慢，同时考虑涂装施工问题，故将涂装位置确定在平均潮位以上的部位。

在水位变动区，因受海浪的飞溅和冲刷，表面常处于潮湿状态，使用的涂料应具有湿固化、耐磨损、耐冲击和耐老化等性能。

6.1.2 混凝土表面涂层系统应由底层、中间层和面层等配套涂料涂膜组成。底层涂料(封闭漆)应具有低黏度和高渗透能力，能渗透到混凝土内起封闭孔隙和提高后续涂层附着力的作用；中间层涂料应具有较好的防腐蚀能力，能抵抗外界有害介质的入侵；面层涂料应具有抗老化性，对中间层和底层起保护作用。各层的配套涂料要有相容性，即后续涂料涂层不能伤害前一涂料所形成的涂层。

混凝土表面涂层的耐久性和防护效果，与混凝土涂装前的表面处理关系很大。良好的表面处理，能使涂层经久耐用，防护效果也显著。

涂层的质量与采用的涂料的品种和牌号关系很大。不同品种或虽为同一品种而生产厂家不同的涂料组成的涂层，其性能相差可能很大。

高压无气喷涂容易控制和保证涂层厚度和均匀性，涂料飞散较少，且具有很高的涂装效率(高达200～600m^2/h)，可确保涂装质量。

6.2.3 浸渍硅烷的质量验收可参考欧洲标准草案(prEN 13580)。

与阴极保护、环氧涂层钢筋相比，浸渍硅烷较经济，施工简便，因此近十年在欧美已广泛应用于跨海桥、喷洒除冰盐的混凝土桥，憎水效果可保持15年以上。硅烷浸渍已于1986年列入公路结构修补规范。考虑到异丁基硅烷分子量较异辛基硅烷小，渗入深度较大，对于喷洒除冰盐的公路桥面板顶面这类受到较大磨耗作用的部位，采用异丁基硅烷将具有较高的耐久性。

工程上为了加强对硅烷浸渍的质量控制，除按上述prEN规定对水灰比0.70的混凝土试件检测硅烷浸渍深度外，尚应保留原来《海港工程混凝土结构防腐蚀技术规范》(JTJ 275—2000)根据澳大利亚道路与交通管理局混凝土结构浸渍规范、英国运输部标准BD43/90和香港相关标准所规定的，对工程试验区芯样的硅烷有效浸渍深度的检测评定规定。

6.2.4 在盐类结晶侵蚀环境中的混凝土结构，在地表以上的毛细管吸收盐渍水的上升段，与表层一样，会产生盐类结晶侵蚀。如在混凝土配料中掺入活性成分含量为50%的硅烷乳液，当掺量占水泥重量的3%、采用42.5级普通硅酸盐水泥和0.50水灰比时，其7d、28d标准养护的抗压强度可达28MPa和40MPa；吸水率和氯化物吸水量，与未掺硅烷外加剂的同配比混凝土相比：在混凝土试体上均可降低到10%；从掺硅烷外加剂的混凝土结构上钻取芯样实测的吸水率，在表层降为1/6，内部降为1/3。

6.3 这种化学活性物质，以水为载体，向所涂覆或掺入的混凝土内部逐渐渗透可深达300mm（也可以干粉料撒覆并压入未完全凝固的混凝土表面），形成不溶于水的蔓枝状非溶性晶体，堵塞毛细孔道，使混凝土致密，整体防水。对于结构使用过程中新产生的宽度为0.44～1mm的细裂缝，会遇水产生新的晶体，对裂缝具有自我愈合密封的功能。

6.4.1～6.4.2 国内目前无缺陷环氧涂层钢筋产品的使用只有约12年。因其一旦失效则无法更换，故在使用时绝不能降低混凝土结构本身的耐久性要求。其与耐久混凝土或阻锈剂联合使用，可具有叠加的保护效果。

6.4.3～6.4.6 我国建设部1997年颁布的现行行业标准《环氧树脂涂层钢筋》，基本上体现了国外现行有关标准。环氧涂层钢筋在跨海公路工程混凝土结构上的应用，基本上应符合该现行行业标准的要求。考虑到国际现行标准的新发展，以及我国现在生产的螺纹钢筋的特点、我国跨海公路工程的特点和实践经验等，为保证和提高环氧涂层钢筋在跨海公路工程混凝土结构上更好地应用，本规范对该现行行业标准的部分条款作了少量补充和修改。

6.5.1 保护钢筋混凝土的基本措施，应按本规范第4章的要求严格控制混凝土具有规定的水胶比、保护层厚度和低含盐量，以确保混凝土保护层本身具有长期的抗氯离子扩散性。只有在本规范第6.5.1条规定的条件下，才采取掺加高效可靠的阻锈剂作为补充防腐蚀措施，以适当提高混凝土的护筋性；而保证掺阻锈剂长期维持可靠的补充防腐蚀效果，仍有赖于混凝土保护层本身具有长期的高抗氯离子扩散性。

6.6 混凝土防腐面层是一种较直观的防腐蚀防护构造，并易于检查和修复。通常，在新建工程中实施的造价比既有工程的修复低60%～80%（主要由施工支架费用引起）。在新建工程的设计过程中应充分考虑这个技术经济特点、灵活运用。采用聚酯类玻璃钢等聚合物复合材料，施工的质量控制简便但造价较高；采用聚合物水泥砂浆材料，施工的质量控制要求较高但造价较低。

6.7 模板的透水衬里又称为渗透性模板衬里，多采用聚丙烯纤维熔粘成具有大量微孔的透水毡片面层（或用合成纤维束编织成的网片），中间夹有蓄水性颗粒经共同压制而成。支模板时，将该衬里固定在模板内面，聚集在模板-混凝土界面上的气泡和水分，能自动地从振捣液化的混凝土拌和物表面透过网片衬里逸出，或吸入毡片衬里的蓄水层，使表层混凝土含水量有控制性地降低而使混凝土致密化。毡片衬里所吸入的水还对混凝土有保水养护作用，当需要时可在拆除模板时继续保持该衬里于混凝土表面。

采用带透水衬里的模板，可明显改善混凝土保护层的施工质量，提高表层混凝土的密实度。该衬里有多种产品，效果也各异，应注意使用前的试验对比与选择。

6.8 需要考虑对钢筋混凝土结构作电化学修补时，一般在10%～30%的结构表面积上已发生了顺筋胀裂或层裂，表明其中钢筋已经发生腐蚀。

传统上，无论采取何种修补对策，都必须完全凿除已破损的混凝土，露出其中的钢筋，完全清除腐蚀产物，再用优质、耐久的砂浆或混凝土材料补平（钢筋严重腐蚀，断面损失过大时，还需要适当加固）。但是，混凝土结构中钢筋的腐蚀通常都是电化学腐蚀，腐蚀区是腐蚀电偶的阳极区。进行上述传统的局部修补后，即使修补质量好，能使该处的钢筋不再成为阳极区，在其周边（虽然修补时周边的混凝土尚健全，但在该处混凝土已被氯盐污染或已碳化到钢筋）的钢筋仍有可能成为腐蚀电偶的新阳极区而继续损伤该结构。经过近二十年的工程实践，已日趋成熟的电化学修补技术，是唯一能制止局部修补后周边钢筋发生新的腐蚀危险、且较为经济而现实的技术。在E级以上环境中的重要钢筋混凝土结构工程，当发生钢筋锈蚀现象时，应考虑采用电化学修补技术。

按传统习惯，往往重治轻防，大多数结构是按“发病才治”的观点进行管理的，往往在钢筋腐蚀已引起结构严重损伤的情况下才考虑修补。这样，采用上述电化学修补与传统修补相比，其技术经济优势就会降低。如果能按“维护比修补更好”的新概念进行管理，在盐污染或混凝土碳化尚未引起钢筋显著腐蚀的“萌发”阶段及时实施，则电化学修补无疑将大大提高修补效果，节约大量维修经费。

电化学脱盐多用于使用除冰盐的桥面或路面以代替阴极保护，可免除被保护结构在长期使用过程中持续施加并检测、监控阴极保护电流工作带来的不便。

《公路工程标准规范汇编全书》
总目录

一、基础卷(已出版)

1.《公路工程技术标准》(JTG B01—2003)
2.《公路工程名词术语》(JTJ 002—87)
3.《公路自然区划标准》(JTJ 003—86)
4.《公路工程抗震设计规范》(JTJ 004—89)
5.《公路建设项目环境影响评价规范》(JTG B03—2006)
6.《公路环境保护设计规范》(JTJ/T 006—98)
7.《公路项目安全性评价指南》(JTG/T B05—2004)
8.《公路工程混凝土结构防腐蚀技术规范》(JTG/T B07-01—2006)

二、勘测卷(已出版)

1.《公路勘测规范》(JTJ 061—99)
2.《公路工程地质勘察规范》(JTJ 064—98)
3.《公路摄影测量规范》(JTJ 065—97)
4.《公路全球定位系统(GPS)测量规范》(JTJ/T 066—98)
5.《公路工程地质遥感勘察规范》(JTG/T C21-01—2005)
6.《公路工程水文勘测设计规范》(JTG C30—2002)

三、公路设计卷(已出版)

1.《公路路线设计规范》(JTG D20—2006)
2.《公路路基设计规范》(JTG D30—2004)
3.《公路水泥混凝土路面设计规范》(JTG D40—2002)
4.《公路沥青路面设计规范》(JTG D50—2006)
5.《公路土工合成材料应用技术规范》(JTJ/T 019—98)

四、桥隧设计卷(即将出版)

1.《公路桥涵设计通用规范》(JTG D60—2004)
2.《公路桥梁抗风设计规范》(JTG/T D60-01—2004)
3.《公路桥涵地基与基础设计规范》(JTJ 024—85)
4.《公路钢筋混凝土及预应力混凝土桥涵设计规范》(JTG D62—2004)
5.《公路圬工桥涵设计规范》(JTG D61—2005)
6.《公路桥涵钢结构及木结构设计规范》(JTJ 025—86)
7.《公路斜拉桥设计规范(试行)》(JTJ 027—96)
8.《公路隧道设计规范》(JTG D70—2004)
9.《公路隧道通风照明设计规范》(JTJ 026.1—1999)

五、公路施工卷(即将出版)

1.《公路路基施工技术规范》(JTG F10—2006)

2.《公路路面基层施工技术规范》(JTJ 034—2000)
3.《公路水泥混凝土路面施工技术规范》(JTG F30—2003)
4.《公路水泥混凝土路面滑模施工技术规程》(JTJ 037.1—2000)
5.《公路沥青路面施工技术规范》(JTG F40—2004)

六、桥隧施工卷(即将出版)

1.《公路桥涵施工技术规范》(JTJ 041—2000)
2.《公路隧道施工技术规范》(JTJ 042—94)
3.《公路工程基桩动测技术规程》(JTG/T F81-01—2004)
4.《公路工程施工安全技术规程》(JTJ 076—95)
5.《公路工程施工监理规范》(JTG G10—2006)
6.《公路工程质量检验评定标准(土建工程)》(JTG F80/1—2004)

七、试验检测卷(已出版)

1.《公路土工试验规程》(JTJ 051—93)
2.《公路工程无机结合料稳定材料试验规程》(JTJ 057—94)
3.《公路路基路面现场测试规程》(JTJ 059—95)
4.《公路工程沥青及沥青混合料试验规程》(JTJ 052—2000)
5.《公路工程水泥及水泥混凝土试验规程》(JTG E30—2005)
6.《公路工程岩石试验规程》(JTG E41—2005)
7.《公路工程集料试验规程》(JTG E42—2005)
8.《公路土工合成材料试验规程》(JTG E50—2006)

八、交通工程卷(即将出版)

1.《道路交通标志与标线》(GB 5768—1999)
2.《公路交通安全设施设计规范》(JTG D81—2006)
3.《公路交通安全设施设计细则》(JTG/T D81—2006)
4.《公路交通安全设施施工技术规范》(JTG F71—2006)
5.《高速公路护栏安全性能评价标准》(JTG/T F83-01—2004)
6.《公路隧道交通工程设计规范》(JTG/T D71—2004)
7.《公路工程质量检验评定标准(机电工程)》(JTG F80/2—2004)
8.《高速公路交通工程及沿线设施设计通用规范》(JTG D80—2006)

九、养护管理卷(即将出版)

1.《公路养护技术规范》(JTJ 073—96)
2.《公路水泥混凝土路面养护技术规范》(JTJ 073.1—2001)
3.《公路沥青路面养护技术规范》(JTJ 073.2—2001)
4.《公路桥涵养护规范》(JTG H11—2004)
5.《公路隧道养护技术规范》(JTG H12—2003)
6.《公路养护安全作业规程》(JTG H30—2004)
7.《公路养护质量检验评定标准》(JTJ 075—94)
8.《高速公路养护质量检评方法(试行)》